ESTADO DE DIREITO DEMOCRÁTICO E ADMINISTRAÇÃO PARITÁRIA

PEDRO MACHETE

ESTADO DE DIREITO DEMOCRÁTICO E ADMINISTRAÇÃO PARITÁRIA

Dissertação de Doutoramento em Ciências Jurídico-Políticas pela Faculdade de Direito da Universidade Católica Portuguesa

ESTADO DE DIREITO DEMOCRÁTICO
E ADMINISTRAÇÃO PARITÁRIA

AUTOR
PEDRO MACHETE

EDITOR
EDIÇÕES ALMEDINA, SA
Avenida Fernão de Magalhães, n.º 584, 5.º Andar
3000-174 Coimbra
Tel: 239 851 904
Fax: 239 851 901
www.almedina.net
editora@almedina.net

PRÉ-IMPRESSÃO • IMPRESSÃO • ACABAMENTO
G.C. GRÁFICA DE COIMBRA, LDA.
Palheira – Assafarge
3001-453 Coimbra
producao@graficadecoimbra.pt

Maio, 2007

DEPÓSITO LEGAL
258996/07

Os dados e as opiniões inseridos na presente publicação
são da exclusiva responsabilidade do(s) seu(s) autor(es).

Toda a reprodução desta obra, por fotocópia ou outro qualquer processo,
sem prévia autorização escrita do Editor,
é ilícita e passível de procedimento judicial contra o infractor.

Agradecimentos

O texto que agora se publica corresponde à dissertação de doutoramento em Ciências Jurídico-Políticas apresentada em Janeiro de 2006 na Faculdade de Direito da Universidade Católica Portuguesa e objecto de discussão pública em Fevereiro do corrente ano perante um júri constituído pelo Magnífico Reitor, Professor Doutor Manuel Braga da Cruz, que presidiu, e pelos Senhores Professores Doutor José Carlos Vieira de Andrade, Doutor Diogo Freitas do Amaral, Doutor Jorge Miranda, Doutor Nuno Espinosa Gomes da Silva, Doutor Luís Alberto Carvalho Fernandes, Doutor Manuel Afonso Vaz, Doutora Maria da Glória Garcia e Doutor Vasco Pereira da Silva. A todos estou grato pela disponibilidade manifestada para o integrarem. Agradeço especialmente as observações críticas que me dirigiram nas respectivas arguições os Senhores Professores Doutor José Carlos Vieira de Andrade e Doutor Diogo Freitas do Amaral.

Neste momento que me é especialmente grato, gostaria ainda de lembrar e de agradecer a todos os que, de algum modo, contribuíram para o tornar possível.

Recordo, antes de mais, o estímulo, o encorajamento e a pronta disponibilidade sempre manifestada pelos meus orientadores, o Senhor Professor Doutor Diogo Freitas do Amaral, num primeiro momento, e a Senhora Professora Doutora Maria da Glória Garcia, depois. Os seus conselhos e palavras amigas foram decisivos para levar a bom porto a tarefa que me propusera.

À Direcção da minha Faculdade, e em particular aos seus sucessivos Directores, os Senhores Professores Doutor Germano Marques da Silva, Doutor Rui Medeiros e Doutor Luís Sousa da Fábrica, agradeço todo o incentivo e apoio recebido ao longo da preparação da dissertação e da sua discussão.

Gostaria de evocar, muito especialmente, o exemplo inspirador do Doutor Rui Medeiros e a solidariedade e o compromisso do grupo dos que aceitaram o desafio de responder positivamente ao Despacho NR – 032/2001, do Senhor Reitor: a Dra. Maria da Graça Trigo, a Dra. Margarida Mesquita Palha, o Dr. Evaristo Mendes, o Dr. António Nunes de Carvalho e o Dr. Luís Paulo Barreto Xavier.

À Dra. Margarida Vilhena de Carvalho e à Dra. Isabel Nazareth, responsáveis na Biblioteca Universitária João Paulo II pelo serviço de empréstimos interbibliotecários, agradeço as extraordinárias dedicação e disponibilidade com que localizaram e me facultaram rigorosamente todas as obras e todos os periódicos de que necessitei, onde quer que se encontrassem, em Portugal ou no estrangeiro.

A todos os meus amigos, aos meus colegas da Faculdade e da Vieira de Almeida e Associados agradeço os muitos gestos de estímulo e de amizade com que me acompanharam ao longo deste, por vezes, solitário caminho.

Lembro também reconhecidamente a dedicação e o apoio da Teresa durante as minhas estadias em São Martinho do Porto.

Aos meus Pais, à Tia Mitó e ao Tio Luís, meus Sogros, à Joana, à Madalena, à Joaninha e à Teresinha, por muito mais do que alguma vez serei capaz de exprimir.

Lisboa, Maio de 2007

Principais abreviaturas e siglas utilizadas

al.	alínea
Abs.	Absatz (parágrafo)
Ac.	acórdão
AD	*Acórdãos Doutrinais do Supremo Tribunal Administrativo*
AöR	*Archiv des öffentlichen Rechts*
art.	artigo
Art.	Artikel (artigo)
Aufl.	Auflage (edição)
BauR	*Baurecht - Zeitschrift für das gesamte öffentliche und zivile* Baurecht
BayVBl	*Bayerische Verwaltungsblätter*
begr.	begründet (fundado[a])
Begr.	Begründer (fundador[es])
BGB	Bürgerliches Gesetzbuch
BVerfG(E)	(*Entscheidungen des*) Bundesverfassungsgericht(*s*)
BVerwG(E)	(*Entscheidungen des*) Bundesverwaltungsgericht(*s*)
BWVBl.	*Baden-Württembergisches Verwaltungsblatt*
BWVPr.	*Baden-Württembergisches Verwaltungspraxis*
cap.	capítulo
cfr.	conferir
cit.	citado/a
Cód.	Código
DÖV	*Die Öffentliche Verwaltung*
DStR	*Deutsches Steuerrecht*
DV	*Die Verwaltung*
DVBl.	*Deutsches Verwaltungsblatt*
DVP	*DeutscheVerwaltungspraxis*
ed.	edição
GewO	Gewerbeordnung
Hrsg.	Herausgeber (coordenadore[s] ou organizador[es])
JA	*Juristische Arbeitsblätter*
JURA	*Juristische Ausbildung*
JuS	*Juristische Schulung*

JW	*Juristische Wochenschrift*
KKZ	*Kommunal-Kassen-Zeitschrift*
KritV	*Kritische Vierteljahresschrift für Gesetzgebung und Rechtswissenschaft*
LKV	*Landes- und Kommunalverwaltung*
MDR	*Monatsschrift für Deutsches Recht*
NJW	*Neue Juristische Wochenschrift*
n.°(s)	número(s)
Nr.	Nummer
NuR	*Natur und Recht*
NVwZ	*Neue Zeitschrift für Verwaltungsrecht*
NWB	*Neue Wirtschaftsbriefe*
NWVBl.	*Nordrhein Westfälische Verwaltungsblätter*
NZV	*Neue Zeitschrift für Verkehrsrecht*
ob. cit.	obra citada
p.(p.)	página(s)
parágr.	parágrafo (§)
polic.	policopiado(a)(s)
reimp.	reimpressão
Rkeg	Gesetz über die religiose Kindererziehung
Rn.	Randnummer (número à margem)
RSTA	Regulamento do Supremo Tribunal Administrativo
Rz.	Randziffer (número à margem)
S.	Satz (frase)
SächsVBl	*Sächsische Verwaltungsblätter*
Séc.	Século
ss.	seguintes
STA	Supremo Tribunal Administrativo
StKV	*Staats- und Kommunalverwaltung*
v.	ver
VBl.BW	*Verwaltungsblätter für Baden-Württemberg*
VD	*Verkehrsdienst*
VerwArch	*Verwaltungs-Archiv*
v.g.	verbi gratia
vol.	volume
VR	*Verwaltungsrundschau*
VVDStRL	*Veröffentlichungen der Vereinigung der Deutschen Staatsrechtsleher*
VwVfG	Verwaltungsverfahrensgesetz
VwGO	Verwaltungsgerichtsordnung
WiVerw	*Wirtschaft und Verwaltung*
ZAP	*Zeitschrift für die Anwaltspraxis*
ZStW	*Zeitschrift für die gesamte Staatswissenschaft*

Estrutura

Introdução

1. A autonomização da Administração como um poder público
2. O uso da força pública contra os particulares e o poder de autotutela da Administração
3. A posição jurídica recíproca da Administração e dos particulares no quadro do Estado de Direito democrático: da Administração-poder à Administração-sujeito de relações jurídicas administrativas
4. O âmbito e o modo de actuação da Administração moderna e as suas implicações na dogmática do direito administrativo
5. Razão de ordem

Primeira Parte
A ADMINISTRAÇÃO PÚBLICA E A CONSTITUIÇÃO

6. A conexão entre direito administrativo e Estado constitucional
7. Soberania e Estado moderno
8. A Constituição e o Estado constitucional: a perspectiva teorético-constitucional

Segunda Parte
A CONCEPÇÃO TRADICIONAL DA ADMINISTRAÇÃO PÚBLICA COMO UM PODER

9. Razão de ordem

A) A emergência do poder administrativo em França

10. A separação dos poderes como garantia da liberdade individual
11. O Estado legal e o problema da fiscalização da legalidade, em especial, dos actos do poder executivo
12. O desenvolvimento do direito administrativo material a partir do contencioso administrativo

B) A Administração Pública no direito inglês

13. O *rule of law*
14. Os poderes da Administração no direito britânico

10 *Estado de Direito Democrático e Administração Paritária*

C) A emergência do poder administrativo na Alemanha

15. A soberania do direito e o conceito original de Estado de Direito
16. A soberania do Estado e o conceito de Estado de Direito formal
17. A "legalização do Estado de polícia" como base da teorização do poder administrativo em Otto Mayer
18. Apreciação crítica das bases autoritárias da construção de Otto Mayer relativamente ao acto administrativo

D) O caso português, em especial, a concepção de Marcello Caetano

19. A concentração de poderes jurídico-públicos na Administração e o consequente esvaziamento do Estado de Direito como base da teorização do poder administrativo
20. Apreciação crítica das bases autoritárias da teoria do direito administrativo de Marcello Caetano

Terceira Parte
O ESTADO DE DIREITO DEMOCRÁTICO E A NOVA COMPREENSÃO
DAS POSIÇÕES JURÍDICAS RECÍPROCAS DA ADMINISTRAÇÃO
E DOS PARTICULARES

21. Razão de ordem
22. A democratização do Estado de Direito
23. O sentido fundamental da subordinação da Administração à lei
24. O estatuto constitucional dos particulares e as suas consequências para o relacionamento com a Administração
25. As posições jurídicas subjectivas dos particulares e da Administração e os modos de compreensão das suas posições recíprocas

Introdução

1. A autonomização da Administração como um poder público

A presente dissertação tem por objecto a posição jurídica recíproca da Administração e dos particulares no quadro do Estado de Direito democrático consagrado pela Constituição da República Portuguesa[1]. Porque tal posição não foi sempre a mesma ao longo da História, importa ter presente o caminho percorrido.

Na sua origem, o direito administrativo visou disciplinar as condições em que a Administração podia usar da força em vista da realização dos interesses postos pela lei a seu cargo. A comparação com o quadro histórico antecedente em que prevalecia um sistema de pura e simples autotutela de interesses da autoridade pública torna clara a importância e o significado da legalidade administrativa. Na verdade, em tal quadro – correspondente, no essencial, ao Estado absoluto – os poderes públicos actuavam norteados apenas pelo objectivo de efectivação dos seus interesses, sem consideração pelos bens jurídicos dos particulares afectados e sem ter de observar formalismos pré-estabelecidos ou limites ao âmbito da sua actuação.

A partir da autonomização da Administração no quadro da separação dos poderes, reconhece-se à lei a função primordial de disciplinar as condições de emissão de actos administrativos. Estes, por sua vez, são concebidos como fundamento legitimador do uso da força pela Administração contra particulares, proporcionando-lhes

---

[1] Cfr. o respectivo art. 2.º. Sobre o alcance da expressão "Estado de Direito democrático", v. *infra*, na Terceira Parte, o n.º 22, alíneas b) e c).

12 *Estado de Direito Democrático e Administração Paritária*

não apenas a possibilidade de uma defesa antecipada, como também segurança e previsibilidade a partir de uma determinação clara e actualizada da sua situação normativa perante aquela. E à definição do dever-ser concreto sucedia, na ausência de acatamento voluntário, a execução coerciva por parte da própria Administração[2-3]. Ou

---

[2] A "execução (derivando etimologicamente de *ex* e *sequi*) significa fazer aquilo que se contém em qualquer coisa principal", ou seja, e considerando um significado jurídico corrente, "a actividade que realiza qualquer coisa já existente em abstracto" (assim, BENVENUTI, *Disegno della amministrazione italiana – linee positive e prospettive*, Padua, 1996, p. 88). Ainda que a execução realizada pela própria Administração se refira a um quadro tão amplo quanto o da própria actividade administrativa (cfr. SACCHI MORSIANI, "Esecuzione amministrativa" in *Enciclopedia Giuridica*, vol. XIII, Roma, 1989, p. 1), no texto estão em causa apenas os "actos constitutivos de deveres ou encargos" na esfera jurídica dos particulares (cfr. o art. 132.º do Código do Procedimento Administrativo, aprovado pelo Decreto-Lei n.º 442/91, de 15 de Novembro, e modificado pelo Decreto--Lei n.º 6/96, de 31 de Janeiro). A sua execução é coerciva, uma vez que, perante o incumprimento do dever concretamente imposto ao particular pelo acto em causa, a Administração substitui-o, directa ou indirectamente, na realização da actividade correspondente ao cumprimento ou coage-o a cumprir. Em qualquer dos casos, a Administração pode usar da força em vista da realização do interesse prosseguido através daquele acto.

Nos citados actos administrativos verifica-se uma relação específica entre a declaração de vontade em que se consubstancia o acto administrativo e o resultado prático por ele visado: por um lado, o efeito jurídico do acto é instrumental relativamente àquele resultado e, por outro lado, este mesmo resultado não é mais do que a "situação consequente à execução do efeito jurídico por parte do destinatário" daquele acto (nestes termos, v. GIANDOMENICO FALCON, "Esecutorietà ed esecuzione dell'atto amministrativo" in *Digesto delle Discipline Pubblicistiche*, vol. VI, Turim, 1991, p. 143, que exemplifica a situação com a ordem de demolição e a demolição efectiva). Enquanto a produção do efeito jurídico – a constituição do dever – depende exclusivamente da observância por parte da Administração dos requisitos de eficácia legalmente previstos para o tipo de acto concretamente em causa, já a obtenção do resultado prático visado – e que, no fundo, constitui a razão de ser do próprio acto – depende do cumprimento da obrigação por parte do seu destinatário, sucedendo, por norma, que a conduta exigida é contrária aos seus interesses. Daí a asserção de que os "actos administrativos de comando" (*befehlende Verwaltungsakte*) são não apenas exequíveis, mas carecem de execução coerciva no caso de não serem voluntariamente acatados" (assim, v. ARNDT, *Der Verwaltungsakt als Grundlage der Verwaltungsvollstreckung*, Köln, 1967, p. 7).

[3] Nas hipóteses em que o dever primário não recai sobre o destinatário do acto administrativo importa ter em atenção a diferença entre «posições jurídicas pretensivas» – aquelas que conferem ao particular a faculdade de exigir da Administração Pública uma prestação – e «posições jurídicas «opositivas» ou «defensivas» – aquelas que

Introdução 13

seja, no plano específico do direito administrativo, passou a exigir-se, seguindo o modelo do processo civil, que entre o preenchimento dos pressupostos da norma e a realização coerciva da sua estatuição a Administração defina os seus direitos face aos particulares mediante um acto formal a praticar na sequência de um procedimento em que os particulares interessados também podem participar[4]. Somente no caso de o particular não acatar as obrigações que aquele acto lhe impõe é que os poderes públicos podem proceder à sua execução coerciva. Esta fundar-se-á, então, no citado acto, o qual fixa também os limites da intervenção na esfera jurídica do particular em causa[5].

Ainda assim, a diferença relativamente à posição dos particulares é patente: estes, para conseguirem um determinado resultado prático a partir das relações jurídicas em que intervêm, necessitam da intervenção do tribunal; enquanto a Administração pode obter o

---

conferem ao particular a faculdade de exigir da Administração Pública que esta se abstenha de agir.

Com referência às primeiras, o cumprimento do dever compete, em primeira linha, à Administração: ela própria tem de realizar a prestação devida, a qual pode consistir juridicamente, quer num acto administrativo, quer numa operação material. A violação de tal "dever de prestar" pode desencadear reacções diversas, consoante a natureza jurídica da prestação (cfr. os arts. 2.º, n.º 2, alíneas e) e i), 37.º, n.º 2, alínea e), e 66.º, todos do Código de Processo nos Tribunais Administrativos, aprovado pela Lei n.º 15/2002, de 22 de Fevereiro, e alterado pela Lei n.º 4-A/2003, de 19 de Fevereiro).

No que se refere às segundas, e no caso de se tornar necessária uma execução em virtude da intervenção ilícita de um terceiro particular, o que releva primariamente é a violação do dever de abstenção por parte deste, traduzindo-se a «execução do acto» numa actuação coerciva sobre o mencionado terceiro. É com referência a estas situações que MARCELLO CAETANO afirma que "mesmo nos actos permissivos há qualquer coisa de imperativo, na medida em que contêm implícita a ordem de não embaraçar o exercício da actividade permitida" (v. Autor cit., *Manual de Direito Administrativo*, I, 10.ª ed. (4.ª reimpr.), Coimbra, 1973 (1990), p. 519). Contudo, hoje, estas mesmas situações tendem a ser perspectivadas a partir da teoria dos deveres de protecção dos direitos fundamentais (cfr., sobre esta última, na doutrina portuguesa, VIEIRA DE ANDRADE, *Os Direitos Fundamentais na Constituição Portuguesa de 1976*, 3.ª ed., Coimbra, 2004, pp. 147 e ss.).

[4] Sobre esta evolução, v. a síntese de PIETZNER, "Unmittelbare Ausführung als fiktiver Verwaltungsakt – Zu den historischen Entwicklungslinien der Dogmatik des sofortigen Polizeizwanges in der Rechtsprechung des Preußischen OVG" in *Verwaltungs-Archiv* 1991, pp. 291 e 292; e "Rechtsschutz in der Verwaltungsvollstreckung" in *Verwaltungs-Archiv* 1993, pp. 261 e 262.

[5] Cfr. o art. 151.º, n.ºs 1 e 3, do Código do Procedimento Administrativo.

resultado prático desejado pelos seus próprios meios. Para tanto, começa por constituir, por via do acto administrativo, as suas próprias pretensões[6] e, depois, em caso de não cumprimento voluntário por parte do particular obrigado, pode realizá-las, recorrendo, se necessário, à força contra o particular inadimplente.

No primeiro momento, a Administração exerce um «poder de decisão unilateral» ou uma «autotutela declarativa»: ao praticar um acto administrativo, "a Administração declara o direito no caso concreto, e essa declaração tem valor jurídico e é obrigatória, não só para os funcionários subalternos, mas também para todos os particulares"[7]. Isso mesmo decorre, ao menos para o respectivo destinatário, do conceito legal de acto administrativo consignado no art. 120.º do Código do Procedimento Administrativo:

> "[C]onsideram-se actos administrativos as decisões dos órgãos da Administração que ao abrigo das normas de direito público visem produzir efeitos jurídicos numa situação individual e concreta".

No segundo momento, diz-se que a Administração goza do «privilégio da execução prévia» ou de um «poder de autotutela executiva»[8]. Como salienta Maria da Glória Garcia, seguindo Benvenuti, o poder de autotutela executiva (entendido, neste contexto, no sentido da aludida faculdade de execução coerciva) destina-se "a defender não o interesse objectivo do ordenamento jurídico violado indirectamente pela renitência do particular obrigado à execução do

---

[6] As pretensões a que se reporta o texto devem ser entendidas no seu sentido material ou substantivo de direito da Administração de exigir de uma pessoa determinada a adopção de certa conduta, positiva ou negativa (em alemão: *Anspruch*; em italiano: *pretesa*). Não confundir com a pretensão processual objecto do direito de acção: o pedido dirigido pelo requerente ao tribunal no sentido de este definir a posição daquele perante o direito objectivo. Neste último sentido, v., por exemplo, o art. 2.º, n.º 1, do Código de Processo nos Tribunais Administrativos. Cfr. também *infra* o n.º 2, alíneas a) e b), e, na Terceira Parte, a nota 343.

[7] V. DIOGO FREITAS DO AMARAL, *Curso de Direito Administrativo*, II (com a colaboração de Lino Torgal), Coimbra, 2001, p. 23.

[8] Cfr., por todos, DIOGO FREITAS DO AMARAL, *Curso...*, II, cit., pp. 25 e ss.

Introdução 15

acto administrativo – para isso existe a sanção – mas o interesse que a Administração pretende garantir através do acto que praticou"[9].

A desconformidade da concreta actuação do particular obrigado com o direito feito acto pela Administração "é entendida na perspectiva da defesa da realização material dos interesses que a Administração, para cumprir a sua missão, tem de empreender, e não na perspectiva da ilicitude"[10-11].

Contudo, o poder de a Administração executar coercivamente os seus próprios actos constitui hoje apenas uma das respostas possíveis ao problema suscitado pelo incumprimento de obrigações objecto desses mesmos actos (é a solução típica do *régime administratif* ou dos sistemas de administração executiva, na expressão consagrada de Maurice Hauriou[12], ou de auto-execução – *Selbstvollstreckung* –, segundo a doutrina alemã). Em Portugal tal poder está consagrado no art. 149.º, n.º 2, do Código do Procedimento Administrativo:

> "O cumprimento das obrigações e o respeito pelas limitações que derivam de um acto administrativo podem ser impostos coercivamente pela Administração sem recurso prévio aos tribunais, desde que a imposição seja feita pelas formas e nos termos previstos no presente Código ou admitidos por lei".

---

[9] V. Autora cit, *Breve Reflexão sobre a Execução Coactiva dos Actos Administrativos*, separata do vol. II de Estudos – pp. 525 e ss. – editado pela Direcção-Geral das Contribuições e Impostos, Lisboa, 1983, p. 12.

[10] V. *idem, ibidem*.

[11] Resulta do texto a diferença entre a «sanção executiva» e a «sanção punitiva». Em ambos os casos existe uma desconformidade entre a situação de facto, correspondente ao comportamento adoptado pelo devedor, e a situação de direito, tal como declarada pela autoridade competente. A partir daí, a execução visa imediatamente modificar a situação de facto, conformando-a ao seu dever-ser concreto, independentemente de saber se tal modificação é operada pelo devedor ou por terceiro e independentemente de qualquer juízo de censura sobre a pessoa do devedor; a sanção, diferentemente, visa, antes de mais, infligir um mal à pessoa do devedor em razão da censurabilidade da omissão de cumprimento do dever que sobre ele recaía.

[12] V. Autor cit., *Précis de Droit Administratif et de Droit Public*, 11.ª ed., Paris, 1927, pp. 2 e 3.

A este modelo contrapõe-se, ainda no âmbito dos sistemas de administração executiva, o da execução autorizada pelos tribunais: "um sistema em que a Administração [tem] o poder de definir unilateralmente o direito, mas, depois, na fase executiva [é] obrigada a recorrer, na generalidade dos casos, a tribunal para conseguir a imposição forçada dessa declaração aos particulares recalcitrantes"[13].

Muitos administrativistas vêem nestes poderes um «privilégio» da Administração que determina a caracterização da posição recíproca daquela e dos particulares em termos de supra e infra-ordenação. Com efeito, enquanto os particulares se relacionam entre si numa base de igual subordinação à lei, a Administração é ela própria concebida como uma entidade que participa do poder soberano ao lado dos poderes legislativo e jurisdicional ou, ao menos, que é dotada de um poder de autoridade (ainda que não soberano) paralelo ao dos tribunais. Em qualquer dos casos, a Administração não se relaciona com os particulares numa base jurídica paritária, designadamente a mencionada comum subordinação à lei, mas a partir de uma posição de superioridade jurídica.

Em Portugal afirmou-o claramente Marcello Caetano: "a Administração é um verdadeiro poder porque define, de acordo com a lei, a sua própria conduta e dispõe dos meios necessários para impor o respeito dessa conduta e para traçar a conduta alheia naquilo que com ela tenha relação. Para isso a lei dá às suas decisões força obrigatória que os particulares têm de acatar sob pena de, sem necessidade de sentença judicial, a Administração poder impor coercivamente o que decidiu"[14]. É o chamado privilégio da execução prévia: a execução coerciva da vontade administrativa pode "ser anterior à discussão contenciosa e à decisão jurisdicional"[15]. Trata-

---

[13] Nestes termos, v. DIOGO FREITAS DO AMARAL, *Curso...*, II, cit., pp. 25 e 26). O mesmo Autor acrescenta ser justamente essa a perspectiva adoptada por alguns administrativistas portugueses (v. *idem, ibidem*, p. 26).

[14] V. Autor cit., *Manual de Direito Administrativo*, I, cit., p. 16. V. a reafirmação daquele princípio *ibidem* na p. 447: "os órgãos administrativos podem tomar resoluções obrigatórias para os particulares e que em caso de não observância são impostas coercivamente". V. a análise mais detalhada da posição deste Autor *infra*, na Segunda Parte, no n.º 19.

[15] V. *idem, ibidem*, p. 448.

Introdução 17

-se, deste modo, de um "poder da Administração que para a prosse-cução dos interesses públicos a coloca no mesmo plano da Justiça e em situação privilegiada relativamente aos meros particulares"[16]. A Administração Pública é, portanto, ela própria, um "poder paralelo ao Judiciário"[17].

Também para Diogo Freitas do Amaral a Administração Pública "é, efectivamente, uma autoridade, um poder público – é o poder administrativo"[18]. Entre as suas manifestações, contam-se justamente o "poder de decisão unilateral" e o "privilégio da execução prévia": perante um caso concreto, individualizado, "a Administração públi-ca tem o poder de definir unilateralmente o direito aplicável a esse caso concreto", isto é, "essa declaração tem valor jurídico e é obri-gatória, não só para os funcionários subalternos, mas também para todos os particulares"[19]; acresce que "a lei dá à Administração pública a faculdade de impor coactivamente aos particulares as decisões unilaterais constitutivas de deveres ou encargos que tiver tomado e que não sejam por aqueles voluntariamente cumpridas", ou seja, "a Administração tem o direito de executar coactivamente (sem recurso prévio aos tribunais) a declaração que ela própria efectuou, embora só o possa fazer pelas formas e nos termos previstos no CPA ou na

---

[16] V. *idem, ibidem*, pp. 447 e 448.

[17] V. *idem, ibidem*, p. 447.

[18] V. Autor cit., *Curso...*, II, cit., p. 19. No mesmo sentido, e entre os Autores mais recentes, v., por exemplo, MARCELO REBELO DE SOUSA, *Lições de Direito Admi-nistrativo*, vol. I, Lisboa, 1999, pp. 76 e 77; PAULO OTERO, *Legalidade e Administração Pública – O Sentido da Vinculação Administrativa à Juridiciadade*, Coimbra, 2003, pp. 847 e ss. (salientando a importância do privilégio da execução prévia: este traduz ainda hoje, no entender do Autor, um elemento caracterizador do sistema administrativo portu-guês e "parte integrante da Constituição administrativa em sentido material"); e LUÍS SOUSA DA FÁBRICA, *Reconhecimento de Direitos e Reintegração da Esfera Jurídica* (policop.), Lisboa, 2003, pp. 697 e ss. (acolhendo o essencial da construção de Henke, este Autor considera que a Administração goza de um "estatuto de supremacia jurídica": a lei atribui à Administração, não apenas pretensões jurídico-materiais, mas também o direito formal de as declarar em termos imperativos num acto administrativo, o qual representa, assim, a declaração formal de uma pretensão material; sobre tal construção, cfr. *infra*, na Primeira Parte, a nota 38 e, na Terceira Parte, a nota 271 e o texto correspondente).

[19] V. DIOGO FREITAS DO AMARAL, *Curso...*, II, cit., pp. 21 e 23.

lei"[20]. A executoriedade é a "potencialidade jurídica" correspondente a tal possibilidade[21]. Por isso, são "executórios os actos administrativos simultaneamente exequíveis e eficazes cuja execução coerciva por via administrativa não seja vedada por lei"[22].

O próprio legislador do Código do Procedimento Administrativo reconhece expressamente corresponder a execução do acto administrativo a uma "zona particularmente sensível e importante da actividade da Administração, onde esta mais claramente se manifesta como poder"[23].

Resulta do exposto, que, na perspectiva que se vem acompanhando, a Administração goza de supremacia jurídica perante os particulares em resultado de um duplo privilégio que se pode reconduzir ao poder de autotutela declarativa e ao poder de autotutela executiva[24]. O primeiro consiste na faculdade de a própria Administração, por sua decisão, definir o direito a aplicar numa dada situação; o segundo na faculdade de, perante a resistência dos particulares destinatários daquela decisão, transformar a realidade fáctica de modo a fazê-la corresponder à definição por si decidida.

---

[20] V. *idem, ibidem*, pp. 25 e 26.

[21] V. *idem, ibidem*, p. 284.

[22] V. *idem, ibidem*, p. 285.

[23] Cfr. o n.º 11 do preâmbulo do Decreto-Lei n.º 442/91, de 15 de Novembro – o diploma que aprovou o Código referido no texto.

[24] GARCÍA DE ENTERRÍA e TOMÁS-RAMÓN FERNANDEZ definem a posição sistemática da Administração perante os tribunais como "um sistema de autotutela: a Administração tem capacidade, como sujeito de direito, de tutelar, por si mesma, as suas próprias situações jurídicas, incluindo as suas pretensões que implicam uma modificação do *statu quo*, ficando, deste modo, isenta da necessidade comum aos demais sujeitos de procurar uma tutela jurisdicional" (v. Autores cits., *Curso de Derecho Administrativo*, I, 10.ª ed., Madrid, 2000, p. 505).

2. O uso da força pública contra particulares e o poder de autotutela da Administração

O uso da força contra particulares por parte do poder público, não sendo necessariamente ilegítimo – aliás corresponde frequentemente a uma exigência de justiça[25] –, envolve sempre o risco de abusos e de consequentes injustiças. Se é assim nos litígios entre particulares em que o Estado é chamado a intervir como terceiro imparcial a fim de assegurar a realização prática do direito subjectivo de um deles, com muito mais razão tal risco está presente nos casos em que o Estado ou outras entidades públicas sejam admitidos a recorrer à força para assegurar a realização prática das suas pretensões, isto é, de interesses que o ordenamento colocou a seu cargo. Compreende-se, deste modo, a preocupação do direito em estabelecer garantias que previnam abusos na realização coerciva de posições jurídicas substantivas contra particulares[26].

---

[25] Neste sentido, v., por exemplo, BAPTISTA MACHADO, *Introdução ao Direito e ao Discurso Legitimador*, Coimbra, 1982 (7.ª reimpr. – 1994), p. 35. De resto, como salienta PIETZNER, o dever de garantir a justiça, nomeadamente, empregando os meios de coerção públicos para assegurar a tutela de posições jurídicas subjectivas de particulares (*Justizgewährpflicht*), está correlacionado com a proibição da autodefesa e o monopólio do uso da força por parte do Estado, uma vez que este só pode legitimamente proibir aos cidadãos o recurso à força com o fim de realizar ou assegurar o próprio direito se, em contrapartida, lhes disponibilizar a intervenção de meios públicos de coerção (*Vollstrekkungsanspruch*) (cfr. Autor cit., "Vorbemerkung, § 167", Rn. 2, in SCHOCH, SCHMIDT- -AßMANN und PIETZNER (Hrsg.), *Verwaltungsgerichtsordnung Kommentar*, München, Stand: Januar 2003). Com efeito, um Estado que se torne demasiado complacente e se abstenha do uso da força quando este é necessário para fazer respeitar o direito nega-se a si próprio enquanto Estado (neste sentido, BAPTISTA MACHADO, ob. cit., p. 37, embora reportando-se apenas ao Estado de Direito). Aliás, é precisamente a hipótese de excepcionalmente a aludida correlação entre «justiça pública» e monopólio do uso da força não funcionar que fundamenta e legitima os casos legalmente previstos de «justiça privada» (v. PIETZNER, "Vorbemerkung, § 167", cit., Rn. 2, nota 7).

[26] A execução coerciva contra os poderes públicos em benefício de posições jurídicas de particulares, nomeadamente a execução de sentenças dos tribunais administrativos proferidas contra a Administração, e de modo particular no quadro de sistemas de administração executiva como o português, suscita problemas diferentes (cfr., por exemplo, MARCELLO CAETANO, *Tratado Elementar de Direito Administrativo*, I, Coimbra, 1943, p. 354). Na verdade, em tais casos é a própria Administração "quem vai ter de, com boa fé e boa vontade, executar uma sentença contra si própria. Como é que a Administração

a) *O processo civil e o direito de acção cível*

No que se refere aos litígios entre particulares, a garantia de protecção jurídica dos seus direitos concretiza-se, em obediência ao chamado princípio da «paz jurídica»[27], nos processos declarativo e

---

Pública, que dispõe da força – nomeadamente tem a seu cargo a força pública –, pode ser obrigada a executar uma sentença? Não é possível nem ao particular nem ao tribunal, em hipóteses-limite, usar da força pública contra a Administração. Não é possível ao tribunal administrativo requisitar a Polícia de Segurança Pública para a mandar executar uma sentença contra o Ministro da Administração Interna, que é o superior hierárquico daquela polícia! Como diz Jean Rivero, qualquer selvagem compreenderia que não é possível brandir o machado de guerra contra quem o traz à cintura" (assim, DIOGO FREITAS DO AMARAL, *Direito Administrativo* (lições polic.), vol. IV, Lisboa, 1988, p. 232).

Se durante muito tempo foi discutida a sua admissibilidade e conveniência, hoje é claro e pacífico que a garantia da efectividade da tutela jurisdicional dos direitos e interesses legalmente protegidos dos administrados (art. 268.º, n.º 4, da Constituição da República Portuguesa) implica uma execução eficaz das sentenças condenatórias proferidas contra a Administração. O Estado de Direito não pode ser concebido como uma entidade monolítica relativamente à qual seja impensável a imposição coerciva de comportamentos que ela própria estatuiu para si mesma. Justamente o que resulta da separação dos poderes característica de um Estado de Direito é, além do mais, a mobilização de um poder contra o outro em ordem a preservar e garantir a liberdade dos cidadãos (o *checks and balances*). Esta perspectiva foi, de resto, a adoptada pelo legislador português (cfr. os arts. 157.º e ss. do Código de Processo nos Tribunais Administrativos). Sobre este conjunto de questões, v. a síntese de PIETZNER, "Vorbemerkung, § 167", cit., Rn. 8 e 9, e, na doutrina portuguesa, DIOGO FREITAS DO AMARAL, *A Execução das Sentenças dos Tribunais Administrativos*, 2.ª ed., Coimbra, 1997; e MÁRIO AROSO DE ALMEIDA, *Anulação de Actos Administrativos e Relações Jurídicas Emergentes*, Coimbra, 2002, em especial, pp. 425 e ss.

[27] Sobre este princípio, v. GARCÍA DE ENTERRÍA e TOMÁS-RAMÓN FERNANDEZ, *Curso de Derecho Administrativo*, I, cit., pp. 487 e 488: "qualquer pessoa que pretenda alterar perante um terceiro a situação de facto existente (*statu quo*), não o pode fazer por sua própria autoridade; caso o terceiro não aceite voluntariamente a alteração pretendida, o interessado tem o ónus de submeter a sua pretensão a um tribunal que a apreciará face ao direito objectivo e a declarará conforme, ou não, com este. No primeiro caso, dará à pretensão força executória, isto é, uma qualidade especial que a torna indiscutível e de cumprimento forçoso para a parte obrigada. Em seguida, mesmo que esta decisão executória não seja cumprida voluntariamente, a pessoa beneficiária da mesma não a pode impor à outra parte através da sua própria força, devendo, ao invés, pedir o apoio coactivo mediante a apresentação de uma segunda pretensão ao tribunal que determinará a assistência da coacção pública (a única legítima), caso considere que, na verdade, a decisão que se pretende impor goza de força executória. O primeiro ónus de submissão a um tribunal é o ónus de um juízo declarativo; o segundo, o de um juízo executivo".

Introdução 21

executivo, devendo a respectiva disciplina normativa assegurar um equilíbrio entre o interesse do demandante numa efectiva tutela dos seus direitos e o interesse legítimo do demandado em ver respeitados os seus direitos fundamentais. Com efeito, o monopólio do uso da força por parte do Estado e a consequente proibição da autodefesa impõem uma separação do direito subjectivo da sua realização coerciva.

Como refere Antunes Varela, a proibição da justiça privada implica para a comunidade, designadamente para o Estado, o dever "de reparar por seus próprios meios as ofensas da ordem jurídica que se [traduzem] em violação ou ofensa dos legítimos interesses dos particulares. Quanto mais [prende] a mão dos indivíduos lesados com a agressão alheia, não os deixando recorrer à força para executarem ou assegurarem o seu direito, maior [é] necessariamente o compromisso que [recai] sobre a organização político-social da comunidade, no sentido de ser ela própria a repor o sistema perturbado. Assim se compreende que, ao lado da proibição da *autodefesa*, proclamada no artigo 1.º da lei processual civil portuguesa, o legislador tenha começado por entronizar, paredes meias com essa interdição, o princípio de que «a todo o direito, excepto quando a lei determine o contrário, corresponde uma *acção*, destinada a faze-lo reconhecer em juízo ou a realizá-lo coercivamente, bem como as providências necessárias para acautelar o efeito útil da acção»"[28]. Assim, "o indivíduo lesado no seu direito deixou de *poder agir directamente* na defesa deste, é certo, mas passou a ter a possibilidade de *fazer agir* o Estado no seu próprio interesse. E é a esse *poder de fazer agir* os tribunais para declarar, executar ou salvaguardar o direito do requerente ou queixoso que a doutrina deu o nome de direito de *acção*"[29].

---

[28] V. Autor cit., "O Direito de Acção e a sua natureza jurídica" in *Revista de Legislação e de Jurisprudência*, n.os 3824 e ss. (1993), pp. 325 e ss. (N.º 3824, p. 328; itálicos no original). Em nota o mesmo Autor transcreve a seguinte afirmação de Rosenberg-Schwab: "o Estado só pode proibir a *autodefesa* (*die Selbsthilfe*), se ele mesmo, através dos seus órgãos, garantir às partes protecção jurídica, e fá-lo, efectivamente, através do processo civil" (itálico no original).

[29] V. *idem*, *ibidem*, pp. 328 e 329 (itálicos no original). A propósito da aparente contradição entre a proibição da autodefesa e o direito de acção – "a acção compete àquele

22   Estado de Direito Democrático e Administração Paritária

Existe, assim, uma autonomia estrutural entre o direito de acção e o direito subjectivo em que a pretensão processual do requerente se baseia: "o direito subjectivo reconhecido ou concedido pelo direito substantivo privado é um poder conferido no plano das relações entre as partes, inteiramente à margem de qualquer conflito real, concreto, entre elas. Pelo contrário, o direito de acção só nasce no momento de conflito concreto entre os sujeitos da relação privatista, por virtude da violação ou da ameaça dos direitos emergentes dessa relação ou da incerteza que afecta qualquer deles. E o facto de o direito de acção só surgir porque a ordem jurídica vigente não permite que o lesado ou ameaçado faça justiça por suas mãos, obrigando-o a recorrer aos tribunais, imprime necessariamente a esse direito uma fisionomia própria"[30].

É um direito que se dirige, "antes de tudo, contra o Estado, que se obriga a agir em conformidade, desde que não permita aos particulares defender-se por sua própria iniciativa"[31]; atento o princípio do contraditório, a acção implica um diálogo mais ou menos longo entre as partes e o tribunal, pelo que se torna ainda maior "a distância que o processo civil cava entre o direito de acção, nascido sob o signo do conflito ou litígio, e o direito subjectivo dos particulares, definido num plano superior ao dos conflitos concretos entre os sujeitos da relação"[32]; acresce que o autor, ao exercer o direito de

---

a quem já não é lícito agir" (Pekelis) –, Antunes Varela exemplifica: "tal como se diz que *vai* ou *caminha* de *automóvel* o indivíduo que *não anda* nem *caminha* pelo *seu pé*, mas fica apenas comodamente sentado no automóvel que *vai* ou *caminha* de *um ponto ao outro*" (*ibidem*; itálicos no original; a referência a Pekelis encontra-se na nota 1 da p. 328).

[30] V. Antunes Varela, "O Direito de Acção..." cit., N.º 3825, p. 359. V. também, *ibidem*, N.º 3824, pp. 329 e ss., sobre a autonomia do direito de acção: "o direito subjectivo, tal como o direito civil o foca, sob o prisma dogmático da relação jurídica, decompõe-se numa série numerosa de poderes, deveres, ónus, faculdades ou sujeições que ligam directamente o respectivo titular à pessoa da contraparte. Pelo contrário, o *direito de acção* começa por constituir uma pretensão dirigida pelo pretenso lesado ou ameaçado ao Estado para que defina a posição concreta do requerente perante o direito objectivo aplicável. Definição que não pode fazer-se apenas sobre o depoimento unilateral do requerente: há-de realizar-se naturalmente sob o signo do *princípio do contraditório* (*audi alteram partem*), depois de ouvida a pessoa contra a qual a providência é requerida" (p. 330; itálicos no original).

[31] V. *idem, ibidem*, N.º 3825, p. 359.

[32] V. *idem, ibidem*, p. 359

acção, pode, "não só isolar elementos (prestações) que a relação privatista liga causal ou sinalagmaticamente entre si, mas até fragmentar ou atomizar elementos parcelares da mesma relação"[33]; por outro lado, "o direito de acção existe e funciona, mesmo quando inexiste o direito subjectivo (privado) sobre o qual o autor apoia a sua pretensão e até quando o tribunal se recusa a conhecer do mérito da causa"[34]; e o mesmo direito "existe, em alguns casos, como arma autónoma no arsenal dos meios de tutela facultados pelo direito processual civil, sem necessidade de apoio em qualquer direito subjectivo (privado) correspondente"[35].

No plano funcional, "o direito de acção continua a ser, embora com plena autonomia, um instrumento de realização coerciva do direito subjectivo do autor, e não um simples detonador da infracção da lei, para a reparação, necessariamente incompleta e imperfeita, da ordem jurídica violada"[36]. O impulso processual a que corresponde o direito de acção reporta-se ao pedido formulado pelo autor e não, como sucede, por exemplo, com a queixa do lesado no âmbito do direito penal, à realização do direito objectivo: "quando acode ao chamamento do autor, através da proposição da acção, o tribunal não age como o corpo de bombeiros que se propõe extinguir o incêndio que deflagrou no seio da *ordem jurídica*, o ataca onde quer que ele se tenha instalado e não cessa a sua missão enquanto o fogo se não mostre inteiramente apagado, qualquer que seja a intenção de quem o chamou. O tribunal actua, pelo contrário, numa ordem jurídica posta ao serviço do homem e numa área onde o titular do direito, em princípio dispõe livremente dele, para averiguar apenas se o direito *alegado* realmente existe e se a providência *requerida* contra o demandado através do tribunal tem fundamento à luz do direito objectivo aplicável, para em caso afirmativo tomar a providência adequada"[37].

---

[33] V. *idem, ibidem*, pp. 360 e 361.

[34] V. *idem, ibidem*, pp. 360 e 361.

[35] V. *idem, ibidem*, p. 361

[36] V. ANTUNES VARELA, "O Direito de Acção…", cit., N.º 3831, p. 169.

[37] V. *idem, ibidem*, pp. 168 e 169; itálicos no original.

Com efeito, um particular que pretenda ver realizada uma sua pretensão substantiva é remetido para o processo declarativo a fim de obter uma sentença condenatória que a titule, confirmando-a e tornando-a exigível coercivamente. Apenas com base num título executivo – e a sentença condenatória é o título executivo por excelência – pode o credor exigir ao Estado que force o devedor inadimplente a cumprir. O processo declarativo destina-se, assim, a proteger este último contra uma execução coerciva injustificada, assegurando-lhe uma tutela jurídica antecipada[38]. E, na verdade, do ponto de vista jurídico-constitucional, o processo declarativo apresenta-se como um procedimento, dotado das garantias de defesa próprias de um Estado de Direito, quanto à admissibilidade de uma intervenção coerciva do Estado relativamente aos direitos fundamentais do devedor; a sentença condenatória, por sua vez, coloca o poder coercivo do Estado na disponibilidade do credor em vista da efectiva realização do seu direito[39].

b) A chamada «autotutela declarativa» e a função tituladora do acto administrativo

Nos litígios em que os poderes públicos são parte directamente interessada e podem decidir do uso da força contra os particulares que não cumpram voluntariamente, a garantia dos direitos destes últimos torna-se ainda mais premente: agora, quem tem legitimidade para intervir coercivamente no domínio dos direitos fundamentais do particular devedor, tem também um interesse directo no resultado prático de tal intervenção.

A autotutela declarativa põe em evidência a função tituladora do "acto administrativo constitutivo de deveres para os particulares" ou "acto administrativo de comando" em paralelo com uma sentença

---

[38] Cfr. PIETZNER, "Vorbemerkung, § 167", cit., Rn. 4. Como refere o mesmo Autor, o devedor pode prescindir da citada protecção, constituindo, de resto, tal faculdade a base do reconhecimento legal de outros títulos executivos para além da sentença (v. *idem*, *ibidem*, nota 12).

[39] Cfr. PIETZNER, "Vorbemerkung, § 167", cit., Rn. 4.

Introdução

condenatória que põe termo ao processo declarativo[40]. Decerto esta não é a única função do acto administrativo enquanto forma típica de actividade administrativa, nem sequer a principal. Desde logo, por não ser geral, mas específica de certo tipo de actos – precisamente aqueles que imponham aos particulares determinadas obrigações sendo, por isso mesmo, exequíveis. No entanto, foi justamente a existência daquela função que esteve na base da juridicização da actividade administrativa. Como refere Otto Mayer, antes de agir fisicamente sobre o particular ou os seus interesses a Administração define a sua posição jurídica perante o particular e a deste perante ela mediante um acto de autoridade; a acção decorrerá, então, de tal acto como uma operação material juridicamente determinada e vinculada[41]. De resto, este Autor desenvolveu o conceito de acto administrativo, seguindo o modelo da sentença judicial, justamente por causa da respectiva função tituladora[42]: o acto administrativo (constitutivo de deveres) assume com referência à actividade de execução coerciva desenvolvida pela Administração a função equivalente à da sentença (condenatória) relativamente ao processo de execução[43].

---

[40] A doutrina alemã refere, a este propósito, muito significativamente o "privilégio da auto-titulação" (*Vorrecht der Selbstitulierung*) por contraposição ao "sistema da heterotitulação" (*System der Fremdtitulierung*) (v., por todos, PIETZNER, "Vorbemerkung, § 167", cit., Rn 5 e 6).

[41] Cfr. o Autor cit., *Deutsches Verwaltungsrecht*, I, 3. Aufl., Berlin 1924 (reimpr. de 1961 da Duncker & Humblot), p. 59.

[42] Assim, v. PIETZNER, "Unmittelbare Ausführung..." cit., p. 292, nota 5. Sobre o conceito de acto administrativo perfilhado por Otto Mayer, v. *infra*, na Segunda Parte, o n.º 17, alíneas b), ponto (iii), e c).

[43] Como salienta POSCHER, o que está em causa é uma equivalência de funções no quadro de uma perspectiva funcional, razão por que a questão de saber se o acto administrativo cumpre todos os requisitos tidos como característicos de um título executivo não seja relevante (cfr. Autor cit., "Verwaltungsakt und Verwaltungsrecht in der Vollstreckung – Zur Geschichte, Theorie und Dogmatik des Verwaltungsvollstreckungsrecht" in *Verwaltungs-Archiv*, 1998, p. 115 e nota 17). No mesmo sentido, PIETZNER afirma que o acto administrativo constitui o título da execução administrativa, uma vez que consubstancia a respectiva base procedimental garantidora da sua segurança jurídica e previsibilidade (v. Autor cit., "Vorbemerkung, § 167", cit., Rn. 7). Negando que o acto administrativo seja um verdadeiro título, v. WINTERSTETTER, *Der Verwaltungsakt als Vollstreckungstitel*, München, 1967, pp. 86 e ss.

26 Estado de Direito Democrático e Administração Paritária

A aludida função tituladora do acto administrativo obriga a considerar na actividade material desenvolvida pela Administração em vista da aplicação prática de normas jurídicas[44] duas situações distintas: a execução coerciva do acto administrativo pela própria Administração[45] e a autotutela propriamente dita, enquanto manifestação do princípio da autodefesa[46].

c) A autotutela administrativa propriamente dita enquanto manifestação do princípio da autodefesa

A autotutela, embora eliminada como regra, constitui uma figura geral do ordenamento jurídico e pode analisar-se, quer numa vertente activa – a acção directa –, quer numa vertente puramente passiva – a legítima defesa[47]. Em qualquer dos casos, a citada autotutela, até do ponto de vista etimológico, caracteriza-se precisamente por ser quem age a tutelar directa e imediatamente, através do uso da sua própria força, o seu interesse ou o de terceiro[48]; e contrapõe-se à heterotutela,

---

[44] Na ausência de tais normas, a actuação material da Administração é ilegítima: corresponderá, então, a uma situação de facto contrária à lei e ao direito – e, nesse sentido, aquela actuação é uma "via de facto", por contraposição à "via de direito" – e, por isso mesmo, geradora de novas questões jurídicas, nomeadamente novas pretensões na esfera jurídica daqueles que tenham sido lesados.

[45] Também neste caso a doutrina alemã refere a "auto-execução" (*Selbsvollstreckung*) por contraposição à "hetero-execução" (*Fremdvollstreckung*) (v., por todos, PIETZNER, "Vorbemerkung, § 167", cit., Rn 5 e 6).

[46] E para qualquer um destes casos importa considerar igualmente a possibilidade de situações patológicas: a ilegalidade do acto exequendo ou dos actos de execução e, bem assim, a ilegalidade das operações materiais desenvolvidas, quer com base num desses dois tipos de acto, quer com base directa na norma aplicável.

[47] Como salienta ANTUNES VARELA, "O Direito de Acção...", cit., N.º 3824, p. 326, nota 1, "as expressões *acção directa* – e também *autodefesa* – [...], ao invés do que sucede com os conceitos da *legítima defesa* (*Notwehr*) e do *estado de necessidade* (*Notstand*), não correspondem a figuras jurídicas de perfil essencial bem definido. São mais expressões ideográficas, reveladoras da ideia básica muito imprecisa da justiça privada, a que [...] o artigo 336.º do Código Civil português (quanto à *acção directa*) [procura] dar o mínimo de precisão conveniente, sem nenhuma sedimentação histórico-doutrinária bastante na sua base" (itálicos no original).

[48] Analisem-se os casos paradigmáticos da legítima defesa e do estado de necessidade. Assim, no primeiro caso "considera-se justificado o acto de afastar qualquer agres-

visto que, nesta última, a defesa daquele interesse já é assegurada pelos tribunais através do direito de acção.

Porém, esta é somente uma das dimensões do problema, porventura a mais evidente. Mas existem outras. Com efeito, e como referido, mesmo na autotutela privada não é necessário que esteja em causa uma pretensão do próprio sujeito que age. Basta pensar na legítima defesa de terceiro.

O que distingue estruturalmente a autotutela da heterotutela, enquanto formas jurídicas de resolução de conflitos, é a correlação, ou a autonomia, entre, por um lado, o dever de agir inerente à disciplina do conflito de interesses pelo direito material e, por outro lado, a permissão de intervenção na esfera jurídica do devedor e a correspondente sujeição deste[49].

Nos casos de autotutela, a citada permissão de intervenção e a correspectiva sujeição são rigorosamente acessórias do dever de agir disciplinador do conflito de interesses: as primeiras só existem na medida em que o segundo também existir. Isto tem como consequência que, a propósito da intervenção na esfera jurídica do sujeito passivo, este possa discutir a legitimidade da pretensão material do sujeito activo e opor-lhe resistência legítima. Nas hipóteses de heterotutela, diferentemente, aquela possibilidade de intervenção funda-se não já imediatamente na pretensão material, mas nesta última enquanto titulada por um acto a que a lei confere um determinado

---

são actual e contrária à lei contra a pessoa ou património do agente ou de terceiro" e, no segundo caso, "é lícita a acção daquele que destruir ou danificar coisa alheia com o fim de remover o perigo actual de um dano manifestamente superior, quer do agente, quer de terceiro" (v., respectivamente, os arts. 337.º, n.º 1, e 339.º, n.º 1, ambos do Código Civil). Cumpre ter em atenção que a previsão do estado de necessidade é, quanto à origem do perigo para os bens a defender e aos sujeitos afectados pela acção justificada, muito mais ampla do que no caso da legítima defesa, uma vez que abrange situações de perigo puramente objectivas ou causadas por acções lícitas, isto é, não originadas pela violação de qualquer dever jurídico, e, além disso, contempla a possibilidade de danificação de bens pertencentes a terceiros totalmente alheios à origem da situação de perigo considerada. Porém, na medida em que esta última seja imputável à omissão de alguém, determinado ou indeterminado, a estrutura do conflito de interesses é similar à daquele que subjaz à actuação em legítima defesa. Tal não pode obviamente fazer esquecer que a autotutela privada contempla, além destas, ainda outras situações.

[49] Cfr. POSCHER, "Verwaltungsakt..." cit., pp. 118 e ss.

28   *Estado de Direito Democrático e Administração Paritária*

valor legitimador, a sentença. Assim, o título torna-se essencial para estabelecer uma nova correlação entre a declaração do direito e a sua realização prática.

Com efeito, a separação operada pelo título entre o direito material e a actuação executiva liberta a realização do direito da querela sobre o direito material. Perante uma actuação executiva devidamente titulada, o devedor deixa de poder invocar situações de necessidade ou de legítima defesa. O que releva é a sua sujeição perante as actuações objecto da permissão de intervenção fundada no título. A heterotutela caracteriza-se, deste modo, como possibilidade de uso da força em vista da realização de pretensões constantes de um título que, por lei, habilita o agente a intervir na esfera jurídica do devedor.

Como se referiu, no direito administrativo essa função tituladora (que, por sua vez, pressupõe uma concretização ou individualização vinculativa) é reconhecida ao acto administrativo. A evolução histórica confirma o aparecimento desta figura como resposta às exigências garantísticas do Estado de Direito e destinada a assegurar a interposição de um acto formal da Administração entre o preenchimento dos pressupostos de facto legalmente previstos e a actuação material das consequências da estatuição. Com efeito, é no acto administrativo que assenta o modelo fundamental de realização coerciva de deveres administrativos num Estado de Direito, o qual inspirado no exemplo do processo civil, se concretiza num procedimento administrativo de execução estruturado em diferentes fases. Deste modo, "a execução administrativa deve ser, em princípio, execução de um acto administrativo"[50].

---

[50] Nestes termos, PIETZNER, "Rechtsschutz..." cit., p. 261. Este Autor salienta ainda que mais importante do que as funções concretizadora e tituladora do acto administrativo é a afirmação que se pode retirar de um tal instituto relativamente "à específica autocompreensão e à ideia de cidadão do Estado de Direito democrático". Este último, "correspondendo à sua orientação de princípio antropocêntrica, toma a sério a dignidade, a titularidade de direitos e a responsabilidade do cidadão. Vê-o como ser racional e responsável, enquanto, a si mesmo, se entende como quadro institucional da autodeterminação democrática dos seus cidadãos, devendo, por isso, e por princípio, poder contar com a respectiva lealdade, compreensão e colaboração". É na sua qualidade de ser moralmente responsável que o acto administrativo interpela o cidadão. "A Administração age no exercício da sua autoridade com poderes de vinculação unilateral, mas dirige-se a alguém

A autotutela, entendida como actuação imediata e eventualmente coerciva da pretensão administrativa material, continua a existir no âmbito do direito administrativo. Mas, tal como no direito privado, é excepcional: corresponde às situações em que a Administração actua sobre a esfera jurídica dos particulares sem previamente ter definido o direito da situação concretamente em causa através de acto administrativo em virtude de, por causa da urgência, não ser exigível uma prévia determinação jurídica formal da situação dos interessados. É esse o sentido fundamental da excepção ao princípio da legalidade da execução ou do acto administrativo prévio (*nulla executio sine titulo*) consagrado no art. 151.º, n..º 1, do Código do Procedimento Administrativo[51]:

> "Salvo em estado de necessidade, os órgãos da Administração Pública não podem praticar nenhum acto ou operação material de que resulte limitação de direitos subjectivos ou interesses legalmente protegidos dos particulares, sem terem praticado previamente o acto administrativo que legitime tal actuação".

de quem pode esperar, em princípio, obediência voluntária e compreensão relativamente ao que é juridicamente necessário. Por isso mesmo, para obter o seu acatamento voluntário, o cidadão é ouvido antes da prática do acto (§ 28 VwVfG) e a Administração fundamenta o seu acto de autoridade (§ 39 VwVfG). Antes da acção, da utilização dos meios de coacção, o Estado de Direito utiliza a palavra e dá ao cidadão oportunidade de, através do cumprimento da sua obrigação, evitar a execução coerciva. E tal é repetido e intensificado, antes de se passar à acção, em sucessivas fases procedimentais através do aviso (*Androhung*; § 13 BVwVG) e da definição do meio de coacção (*Festsetzung*; § 14 BVwVG). Deste modo, o Estado faz preceder a utilização efectiva da força de uma fase de mera coacção psicológica veiculada verbalmente na esperança de que o obrigado não recuse a sua colaboração e que a coacção moral (*der Beugezwang*) torne dispensável a realização coerciva da prestação debitória (*den Erfüllungszwang*)". V. Autor cit., "Rechtsschutz ..." cit., pp. 262 e 263).

[51] V. DIOGO FREITAS DO AMARAL, *Curso...*, II, cit., p. 482. PIETZNER também reconduz o que designa por "resquícios do sistema absolutista de coacção imediata" – ainda que lhes reconheça hoje uma forma e uma base constitucional diferentes – a um "direito de necessidade da Administração" (*Notrecht der Verwaltung*) relativo a casos de urgência motivada por perigos iminentes em que não seja possível ou exigível mediar através de um acto administrativo prévio a intervenção na esfera jurídica do particular (cfr. Autor cit., "Unmittelbare Ausführung..." cit., p. 292). No mesmo sentido, v. MARTENS, "Der Bürger als Verwaltungsuntertan?" in *Kritische Vierteljahresschrift für Gesetzgebung und Rechtswissenschaft*, 1986, pp. 104 e ss. (p. 110, nota 29).

3. A posição jurídica recíproca da Administração e dos particulares no quadro do Estado de Direito democrático: da Administração-poder à Administração-sujeito de direito de relações jurídicas administrativas

a) *O acto administrativo como expressão do poder administrativo*

O acto administrativo, enquanto decisão unilateral de uma autoridade pública dirigida a um particular que, mesmo quando ilegal[52], possui força para modificar a esfera jurídica deste e que, sendo necessário, designadamente por o mesmo particular não dar cumprimento às obrigações emergentes desse acto, legitima que a Administração proceda à sua realização coerciva corresponde a um modelo de actuação administrativa de origem prussiana, primeiro, alemã, depois[53], o qual não é totalmente idêntico ao francês. Com efeito, neste último, além do conceito de acto administrativo integrar comandos individuais e normas, o incumprimento das obrigações decorrentes de um acto desse tipo determina, em regra, a aplicação pelos tribunais comuns de sanções punitivas ao destinatário do acto; somente no caso de não se encontrar prevista sanção alguma é que é admitida a execução coerciva pela própria Administração daquelas obrigações[54].

---

[52] Cfr. o art. 127.º do Código do Procedimento Administrativo, em especial, o seu n.º 2.

[53] É a tese de ANSCHÜTZ, "Das Recht des Verwaltungszwanges in Preußen" in *Verwaltungs-Archiv,* 1893, pp. 429 a 431, segundo a qual a recepção do princípio da separação dos poderes no direito alemão não implicou a eliminação do "direito ancestral" da autoridade de quebrar a resistência que seja oposta à efectivação das suas decisões. Daí a vigência do princípio da coacção administrativa (*Prinzip des allgemeinen Verwaltungszwanges*) – o poder de execução como atributo da competência decisória (*die Vollstreckungskompetenz als Attribut hoheitlicher Anordnungskompetenz*) – e do *régime administratif*, quanto à disciplina jurídica positiva da execução administrativa (assim, BRUNNER, *Die Lehre vom Verwaltungszwang – Eine rechtsvergleichende Darstellung aus dem schweizerischen, deutschen und französischen Verwaltungsrecht*, Zürich, 1923, pp. 39 e 59 e ss.).

[54] Cfr. o Ac. do Tribunal de Conflitos de 2 de Dezembro de 1902, *Société Immobilière de Saint-Just*, por exemplo, em LONG, WEIL, BRAIBANT e outros, *Les grands arrêts*

Introdução 31

Em todo o caso, e como referido anteriormente, a força jurídica dos actos administrativos – e tal é válido independentemente das diferenças quanto aos regimes de execução naqueles dois modelos – começou por se fundamentar na superioridade jurídica do Estado relativamente ao cidadão: o Estado é poder e, como tal, dirige os súbditos e a sociedade através de comandos unilaterais apoiados na ameaça de coacção em caso de incumprimento; o Estado-poder é a fonte do direito público, o qual representa uma forma de autolimitação daquele perante os súbditos. Com efeito, o direito público disciplina as relações entre o Estado e os seus súbditos. A sua vontade, embora limitada pelo direito, não perde as suas qualidades inatas: é uma vontade que exprime o poder do soberano e que, por isso, prevalece sobre qualquer outra vontade. Consequentemente, aquelas relações são relações entre desiguais, entre quem é poder e manda e quem é súbdito e deve obedecer.

Foi justamente a partir da ideia de um poder executivo autónomo participante da soberania do Estado, existente tanto em França como na Alemanha, que Otto Mayer «inventou» o acto administrativo como instituto paralelo à sentença judicial[55]. Para o efeito aquele

---

de la jurisprudence administrative, 9ème ed., Paris, 1990, pp. 72 e ss. V. uma síntese da discussão sobre o *régime judiciaire* (correspondente à tese de Berthélemy) e a *action directe* (tese defendida por Hauriou) em BRUNNER, *Die Lehre vom Verwaltungszwang...*, cit., pp. 74 e ss.

[55] É PEINE quem fala de Otto Mayer como «inventor» do acto administrativo (cfr. Autor cit., *Allgemeines Verwaltungsrecht*, 6. Aufl., Heidelberg, 2002, § 7, Rn. 102, p. 74). No entanto, tal conceito já existia. Sobre a sua evolução histórica, v. STOLLEIS, *Geschichte des öffentlichen Rechts in Deutschland*, II (Staatsrechtslehre und Verwaltungswissenschaft 1800-1914), München, 1992, p. 411 (referindo o antecedente de Friedrich Franz von Mayer).

Salientam a natureza materialmente administrativa do mesmo conceito na teorização de Otto Mayer RUPP *Grundfragen der heutigen Verwaltungsrechtslehre – Verwaltungsnorm und Verwaltungsrechtsverhältnis*, 2. Aufl. Tübingen 1991, pp. 9 e 251 (o acto administrativo não é uma criação instrumental do direito processual – *eine Zweckschöpfung* – mas a fonte do direito substantivo do caso concreto – *die inhaltsbestimmende Rechtsquelle des Einzelfalls*); e SCHMIDT-DE CALUWE, *Der Verwaltungsakt in der Lehre Otto Mayers – Staatstheoretische Grundlagen, dogmatische Ausgestaltung und deren verfassungsbedingte Vergänglichkeit*, Tübingen, 1999, p. 215 (no sistema de Otto Mayer o acto administrativo tem um carácter duplo: ele é simultaneamente definição autoritária do direito – *autoritative Rechtsbestimmung* – e fonte de direito para o caso concreto – *Rechtsquelle des*

32 Estado de Direito Democrático e Administração Paritária

Autor verificou que a Administração é, tal como os tribunais, uma instância decisória e que as suas decisões, desde que não impugnadas tempestivamente, também são definitivas. Num caso e no outro estão em causa expressões imediatas da soberania interna do Estado. Segundo o mesmo Autor, o exercício do poder executivo é soberano e insindicável na exacta medida em que o mesmo não se auto-limite através do direito e da sua submissão ao controlo jurisdicional.

Uma tal autolimitação ocorre justamente através do acto administrativo: este representa, inicialmente, um modo de canalizar o poder em vista da sua submissão ao direito. Com efeito, os tribunais apenas podem controlar o exercício do poder por parte da Administração através da fiscalização da legalidade dos actos administrativos por ela praticados. Daí a função de protecção jurídica também associada àquela forma de actividade administrativa: somente o exercício do poder precipitado naquele tipo de acto pode ser sindicado jurisdicionalmente[56].

Porém, esta mesma função evidencia que o que está em causa é a limitação de um poder que, em si mesmo e na sua origem, não se funda no direito, mas na força: o acto administrativo surge, deste modo, como um "meio de formalizar juridicamente o poder do Estado" e não como "uma faculdade especial da Administração carecida, ela própria, de uma fundamentação jurídica"[57]. E, por isso, tal poder apresenta-se como superior face aos particulares, caracterizando-se,

---

Einzelfalles). Cfr., no mesmo sentido, já HANS KELSEN: "o que deve valer como direito é definido pela norma jurídica (*Rechtssatz*). Se o poder público no Executivo o pode fazer sem aplicar uma norma jurídica, então, ele próprio tem de ser a norma para o caso concreto" (v. Autor cit., "Zur Lehre vom öffentlichrechtlichen Rechtsgeschäft" in *Archiv des öffentlichen Rechts*, 1913, pp. 53 e ss. (capítulos 1 e 2) e pp. 190 e ss. (capítulos 3 e 4), p. 205).

Sobre o conceito de acto administrativo perfilhado por Otto Mayer, v. *infra*, na Segunda Parte, o n.º 17, alíneas b), ponto (iii), e c). V. também a crítica de tal conceito *infra*, na Segunda Parte, no n.º 18, alínea b), ponto (i), em especial, as notas 361 e 362 e, bem assim, o texto correspondente.

[56] Os autores alemães falam, a este propósito, na concessão aos cidadãos, através da forma do acto administrativo, de uma *actio* (cfr., por exemplo, SCHMIDT-DE CALUWE, *Der Verwaltungsakt...*, cit., p. 26).

[57] Assim, v. SCHMIDT-DE CALUWE, *Der Verwaltungsakt...*, cit., p. 26.

assim, a posição recíproca da Administração e dos particulares em termos de supra e infra-ordenação. O chamado "privilégio da execução prévia", mesmo na sua expressão atenuada de «simples» autotutela declarativa, pretende conceptualizar tal realidade.

b) A Administração como sujeito de relações jurídicas administrativas

Esta construção, à primeira vista, parece continuar válida. Basta considerar, no tocante a Portugal, o disposto nos arts. 120.º e 149.º do Código do Procedimento Administrativo[58].

Porém, a definição constitucional da República Portuguesa como Estado de Direito democrático baseado na dignidade da pessoa humana e na vontade popular impõe um entendimento diferente[59]. Agora o "Estado subordina-se à Constituição e funda-se na legalidade

---

[58] Cfr. igualmente os Autores cits. *supra* na nota 18.

[59] Nesse sentido, v. VASCO PEREIRA DA SILVA, *Em Busca do Acto Administrativo Perdido*, Coimbra, 1996, pp. 206 e ss. ("o cidadão e as autoridades administrativas são, em face da Constituição, sujeitos de direito autónomos, em identidade de posições de base, e que se relacionam juridicamente «de igual para igual». A Constituição afasta, sem qualquer sombra de dúvida, o entendimento do cidadão como «administrado», ou como objecto do poder [...]"; v. *ibidem*, p. 207 e pp. 281 e ss.).

Sobre o sentido da fórmula "Estado de Direito democrático", v. *infra*, na Terceira Parte, o n.º 22, alíneas b) e c). Em todo o caso, o seu sentido imediato parece suficiente para afastar os três argumentos invocados por PAULO OTERO em defesa do reconhecimento constitucional do "privilégio da execução prévia" da Administração (cfr. Autor cit., *Legalidade e Administração Pública*, cit., p. 848). Com efeito, a obrigação de a Administração prosseguir o interesse público corresponde à sua própria razão de ser: porque se entende que há certos interesses comuns a todos ou à maior parte dos cidadãos, são criadas entidades incumbidas de os prosseguir activamente e que podem, ou não, ser dotadas de uma capacidade jurídica diferente da dos particulares. Assim e, em primeiro lugar, daquela obrigação não resulta que os interesses públicos só possam ser prosseguidos por uma entidade dotada do poder de autotutela executiva. Em segundo lugar, é justamente a diferenciação da capacidade jurídica de entidades públicas que está na origem e justifica muitas das cautelas que integram a compreensão do conceito de Estado de Direito, entre elas justamente a garantia da tutela jurisdicional efectiva dos direitos ou interesses legalmente protegidos dos "administrados", a qual, nos termos constitucionais, inclui o reconhecimento desses direitos ou interesses, a impugnação de quaisquer actos administrativos que os lesem, a determinação da prática de actos administrativos legalmente

34   *Estado de Direito Democrático e Administração Paritária*

democrática", dependendo a validade de todos os seus actos, e bem assim dos actos de quaisquer outras entidades públicas, "da sua conformidade com a Constituição"[60].

Além disso, os cidadãos são titulares de posições jurídicas subjectivas imediatamente fundadas na Constituição – os direitos, liberdades e garantias – e oponíveis às entidades públicas[61], sendo-lhes "assegurado o acesso ao direito e aos tribunais para defesa dos seus direitos e interesses legalmente protegidos"[62]. A Administração, por seu lado, é concebida como subordinada à Constituição e à lei e a sua actividade é norteada pela prossecução do interesse público[63], no respeito pelos direitos e interesses legalmente protegidos dos cidadãos, é balizada por determinados princípios e canalizada através de um procedimento formalizado[64].

---

devidos e a adopção de medidas cautelares adequadas (cfr. o art. 268.°, n.° 4, da Constituição da República Portuguesa). Se o poder de autotutela executiva não é condição necessária da capacidade jurídica administrativa e se esta, só por si, é condição suficiente da existência do Estado de Direito e das suas garantias, então a previsão constitucional destas últimas não implica o reconhecimento daquele poder. Na verdade, mesmo que o poder de autotutela executiva da Administração não exista, continua a justificar-se (i) que a Administração prossiga o interesse público; (ii) que se possam impugnar contenciosamente os actos administrativos lesivos por ela praticados; e (iii) que se prevejam medidas cautelares adequadas em ordem a garantir o princípio da tutela jurisdicional efectiva. De resto, estas duas últimas garantias não são mais do que uma especificação, quanto à Administração, do direito de todos de aceder "ao direito e aos tribunais para defesa dos seus direitos e interesses legalmente protegidos" (cfr. o art. 20.°, n.° 1, da Constituição da República Portuguesa), o qual constitui um dos «elementos formais» mais importantes do princípio do Estado de Direito.

[60] Cfr. o art. 3.°, n.os 2 e 3, da Constituição da República Portuguesa.

[61] Cfr. o art. 18.°, n.° 1, da Constituição da República Portuguesa.

[62] Cfr. o art. 20.°, n.° 1, da Constituição da República Portuguesa. Para defesa dos direitos, liberdades e garantias pessoais são assegurados "procedimentos judiciais caracterizados pela celeridade e prioridade, de modo a obter tutela efectiva e em tempo útil contra ameaças ou violações desses direitos" (*ibidem*, n.° 5). Cfr., por exemplo, a "intimação para protecção de direitos, liberdades e garantias" prevista nos arts. 109.° e ss. do Código de Processo nos Tribunais Administrativos.

[63] Cfr. o art. 266.°, n.° 1, da Constituição da República Portuguesa.

[64] Cfr., respectivamente, os arts. 266.°, n.° 2, e 267.°, n.° 5, ambos da Constituição da República Portuguesa.

Também são referidas formas de actividade administrativa[65] unilaterais, designadamente o acto administrativo e o regulamento, mas o acento tónico é posto na defesa das posições jurídicas subjectivas dos particulares, independentemente do modo como são afectadas pelos mencionados actos unilaterais ou por actos de outra natureza, designadamente por contratos administrativos, operações materiais ou simples omissões. Na verdade, e concretizando a garantia de acesso ao direito e aos tribunais para defesa de todas e quaisquer posições jurídicas subjectivas dos cidadãos, a Constituição assegura "aos administrados tutela jurisdicional efectiva dos seus direitos ou interesses legalmente protegidos, incluindo, nomeadamente, o reconhecimento desses direitos ou interesses, a impugnação de quaisquer actos administrativos que os lesem, independentemente da sua forma, a determinação da prática de actos administrativos legalmente devidos e a adopção de medidas cautelares adequadas" e, bem

---

[65] No que respeita a esta expressão, cfr. a epígrafe da Parte IV do Código do Procedimento Administrativo: "da actividade administrativa". MARCELLO CAETANO falava em "formas da actividade administrativa", referindo-se ao acto administrativo e ao contrato administrativo (cfr. a epígrafe do Título I da Parte II do seu *Manual de Direito Administrativo*, I, cit.) por contraposição, quer ao regulamento – uma fonte de direito (*ibidem*, p. 95) –, quer às operaçõs materiais (*ibidem*, p. 420). DIOGO FREITAS DO AMARAL, pelo seu lado, qualifica todas aquelas formas de actuação da Administração como "modos de exercício do poder administrativo" (cfr. *Curso...*, II, cit., pp. 147 e ss.).

Na doutrina alemã WALTER PAULY propõe a distinção entre "formas (de actuação) jurídicas" (*Rechtsformen* – regulamento, acto administrativo e contrato administrativo) e "simples formas de actuação" (*schlichte Handlungsformen* – as actuações materiais clássicas e as modernas actuações informais) com base na ideia de que só as primeiras contêm uma determinação própria de dever-ser (*Regelung*); só elas se integram na estrutura das fontes de direito (v. Autor cit., "Der Regelungsvorbehalt" in DVBl. 1991, p. 521). Igualmente no sentido de uma distinção, v. SCHMIDT-ASSMANN, *Das allgemeine Verwaltungsrecht als Ordnungsidee – Grundlagen und Aufgaben der verwaltungsrechtlichen Systembildung*, 2. Aufl., Berlin-Heidelberg-New York, 2003, cap. 6, n.os 32 e ss., pp. 297 e ss. (este Autor atribui às "formas jurídicas" (*Rechtsformen*) – por contraposição às "formas de actuação" (*Handlungsformen*) – uma função prática de «acumulação» de consequências jurídicas que facilita a descoberta de soluções jurídicas – *Speicherfunktion*; e uma função dogmático-construtiva que permite estruturar a actividade da Administração segundo critérios de concentração e de correspondência com as adequadas consequências jurídicas – *Ordnungsfunktion*).

36 *Estado de Direito Democrático e Administração Paritária*

assim, o "direito de impugnar as normas administrativas com eficácia externa lesivas" daqueles direitos ou interesses[66].

Estes dados jurídico-positivos – nomeadamente a consagração constitucional da dignidade da pessoa humana e, como seus corolários, do Estado de Direito democrático, dos direitos, liberdades e garantias imediatamente oponíveis a quaisquer entidades públicas e da garantia de uma tutela jurisdicional efectiva de tais posições jurídicas subjectivas – pretendem evidenciar as causas-fundamento da mudança operada no sistema administrativo português pela Constituição da República Portuguesa de 2 de Abril de 1976. O Estado-Administração deixa de ser caracterizável como um poder que confronta os cidadãos a partir da sua posição de supremacia jurídica; ao invés, e tal como eles, é um sujeito de direitos e deveres. Compreende-se, deste modo, a importância do conceito de relação jurídica administrativa: o vínculo entre dois ou mais sujeitos constituído com base numa norma de direito administrativo e com referência a uma situação concreta, pelo qual um deles tem o poder jurídico de exigir do outro uma determinada conduta, positiva ou negativa[67].

A defesa das posições jurídicas subjectivas dos particulares frente à Administração é assegurada directa e imediatamente, não dependendo já da circunstância de aquela agir sob determinada forma jurídica. Agora o acto administrativo, do ponto de vista processual, apenas releva para a determinação da forma de protecção jurídica – o seu *quomodo* –, e não já da existência da própria protecção jurídica em si mesma considerada – o seu *an*. Ou seja, tal protecção, porque no plano constitucional é dispensada directamente às posições jurídicas subjectivas dos particulares, depende apenas da respectiva lesão e não já da forma jurídica de que a actividade administrativa se reveste.

Por ser assim, a própria Constituição delimita a jurisdição dos tribunais administrativos e fiscais em função do conceito de relação jurídica e não já dos meios de tutela jurisdicional previstos para

---

[66] Cfr. o art. 268.º, n.os 4 e 5, da Constituição da República Portuguesa.

[67] Sobre a relação jurídica administrativa, v. *infra*, na Terceira Parte, os n.os 24, alínea b), ponto (i), e 25, alíneas b) e c).

Introdução   37

determinadas formas de actividade administrativa[68]. Acresce que a mencionada opção constitucional tem consequências decisivas quanto ao sentido da justiça administrativa constitucionalmente garantida: através da protecção dos direitos subjectivos públicos, a defesa da individualidade e da personalidade é um vector determinante da ordem jurídica marcada pelos direitos fundamentais; a defesa do direito não é assegurada por causa do Estado, mas, em primeiro lugar, em razão de cada indivíduo que é pensado numa relação de tensão com a Administração[69].

---

[68] Cfr. o art. 212.°, n.° 3, da Constituição da República Portuguesa. Perante o aludido reposicionamento da Administração, tornou-se uma questão meramente técnica e objecto de um juízo de conveniência saber quais os tribunais que devem conhecer dos litígios referentes aos direitos e deveres recíprocos mencionados no texto. É nessa perspectiva que se deve entender a instituição plena e a nível constitucional da jurisdição administrativa e fiscal, a delimitação do conjunto da sua competência através de uma cláusula geral e, ainda, a consagração do princípio da tutela jurisdicional efectiva das posições jurídicas subjectivas integradas em relações jurídicas administrativas (cfr., respectivamente, os arts. 211.°, n.° 1, alínea b), 214.°, n.° 3, e 268.°, n.° 4, na redacção dada pela Lei Constitucional n.° 1/89, de 8 de Julho; hoje, e na sequência da Revisão Constitucional de 1997, correspondentes aos arts. 209.°, n.° 1, alínea b), 212.°, n.° 3, e 268.°, n.os 4 e 5).

[69] Na verdade, a solução constitucional expressa no citado art. 212.°, n.° 3, e desenvolvida no art. 268.°, n.os 4 e 5, de resto, em concretização do estatuído no art. 20.°, n.os 1 e 5, vai claramente no sentido de um sistema de protecção subjectiva (em detrimento de um sistema de controlo objectivo). Como refere SÉRVULO CORREIA, "a Constituição perspectiva um exercício da função jurisdicional administrativa primariamente dirigido à protecção de situações jurídicas subjectivadas em parceiros relacionais da Administração. Este posicionamento da Constituição não equivale à imposição de um «sistema subjectivista puro», baseado na exclusividade da função de tutela directa de situações jurídicas subjectivadas, mas embarga um Contencioso Administrativo primariamente centrado numa meta de reposição da legalidade objectiva [... e veda também] ao legislador uma colocação no processo administrativo do particular que age por interesse próprio como alguém cujo papel seja tão só o de colaborar com o Estado através de uma iniciativa processual que propicie aos tribunais a simples eliminação dos preceitos administrativos ilegais, genéricos ou individuais. O particular tem antes de ser posicionado como sujeito de uma relação processual, através de cujo desenvolvimento promove a efectivação de pretensões dirigidas à reposição dos seus direitos substantivos ou à observância dos seus interesses legalmente protegidos" (v. Autor cit., *Direito do Contencioso Administrativo*, I, Lisboa, 2005, p. 633; *ibidem* a pp. 637 e ss., e a pp. 735 e ss., este Autor defende, a par da citada função subjectivista reforçada, uma paralela função objectivista, a título de "imperativo constitucional", relacionando-o com a atribuição do Ministério Público de defesa da legalidade democrática prevista no art. 219.°, n.° 1, da Constituição da República Portuguesa – contudo, este preceito, ressalvada a matéria do exercício da acção penal, limita-se a remeter a definição das atribuições do Ministério Público para a lei). Cfr., numa perspectiva de

38   *Estado de Direito Democrático e Administração Paritária*

enquadramento sintético das várias dimensões finalísticas do sistema de justiça administrativa português, SÉRVULO CORREIA, *ibidem*, p. 694 (tutela jurídica subjectiva, tutela jurídica de interesses metaindividuais materialmente qualificados e controlo jurídico objectivo); e sobre a aludida dimensão subjectivista, *ibidem*, pp. 718 e 719. Sobre a contraposição entre os sistemas de tutela jurisdicional subjectivo e objectivo, v. KREBS, "Subjektiver Rechtsschutz und objektive Rechtskontrolle" in ERICHSEN, HOPPE, v. MUTIUS (Hrsg.), *System des verwaltungsgerichtlichen Rechtsschutzes – Festschrift für Christian--Friedrich Menger*, Köln-Berlin-Bonn-München, 1985, pp. 191 e ss.

A tal sistema acresce, sem o pôr em causa, o direito de acção popular previsto no art. 52.º, n.º 3, da Constituição, em ordem à defesa dos bens e valores aí expressamente mencionados (cfr. a concretização de tal direito no art. 9.º, n.º 2, do Código de Processo nos Tribunais Administrativos e nos arts. 12.º e ss. da Lei n.º 83/95, de 31 de Agosto). Sobre tal direito, cfr. SÉRVULO CORREIA, *Direito do Contencioso Administrativo*, I, cit., pp. 649 e ss., e pp. 722 e ss., e *infra*, na Terceira Parte, a nota 436.

Por outro lado, por causa da citada "não imposição de um «sistema subjectivista puro»", o legislador ordinário não está impedido de criar outras possibilidades de controlo, nomeadamente através da acção pública ou da acção popular ou de outros modos de controlo objectivo ou de mero controlo estatutário. Com efeito, e sem prejuízo das necessárias cautelas adiante referidas, a possibilidade de defesa dos direitos subjectivos ou interesses legalmente protegidos pelos próprios titulares constitui uma garantia mínima e preferencial, mas não impõe nenhum modelo fixo.

O direito comunitário procede justamente a um tal alargamento, quer no respeitante à impugnação de actos praticados por órgãos da União Europeia – execução directa do direito comunitário; quer em relação à impugnação de actos praticados por órgãos de Estados membros lesivos de posições jurídicas conferidas por normas comunitárias – execução indirecta do direito comunitário (sobre esta última, v. CLASSEN, *Die Europäisierung der Verwaltungsgerichtsbarkeit – Eine vergleichende Untersuchung zum deutschen, französischen und europäischen Verwaltungsprozeßrecht*, Tübingen, 1996, pp. 73 e ss.; v., também, WAHL, "Vorbemerkung, § 42 Abs. 2", Rn. 121 e ss., in SCHOCH, SCHMIDT-AßMANN und PIETZNER (Hrsg.), *Verwaltungsgerichtsordnung Kommentar*, München, Stand: Januar 2003); e HALFMANN, *Verwaltungs-Archiv,* 2000, pp. 74 e ss. (81 a 83). O legislador ordinário português enveredou igualmente por tal via, atento o disposto nos arts. 55.º, n.ºˢ 1 e 2, e 68.º, n.º 1, ambos do Código de Processo nos Tribunais Administrativos.

A propósito da legitimação cumulativa de interessados e de titulares de direitos ou interesses legalmente protegidos consignada no art. 55.º, n.º 1, al. a), daquele Código e, bem assim, das demais entidades referidas naqueles dois preceitos que não sejam titulares de direitos subjectivos ou interesses legalmente protegidos nem dos direitos de acção popular garantidos na Constituição, importa ter presentes as cautelas formuladas na doutrina alemã em ordem à salvaguarda das opções constitucionais em matéria de finalidades precípuas do sistema de justiça administrativa (v., por todos, WAHL, "Vorbemerkung, § 42 Abs. 2", cit., Rn. 16, que menciona, como limites negativos ao alargamento por via da legislação ordinária da protecção jurisdicional constitucionalmente garantida, a sobrecarga e descaracterização da jurisdição administrativa e o desequilíbrio das relações de poder entre executivo e tribunais administrativos a favor destes últimos). Cfr. *infra*, na Terceira Parte, o n.º 25, alínea d), ponto (ii).

c) A relevância das formas típicas de actividade administrativa no novo quadro relacional

As mencionadas formas de actividade administrativa continuam a relevar, mas agora exclusivamente em função das disposições constitucionais e legais que prevêem determinadas qualificações de comportamentos da Administração, imputando-lhes consequências jurídicas distintas. Assim, por exemplo, no âmbito do Código do Procedimento Administrativo, quanto às figuras do regulamento, do acto administrativo e do contrato administrativo. A posição da Administração face aos particulares não é constante nos três casos, em especial no que se refere à possibilidade de, por sua iniciativa e decisão, assegurar a satisfação das suas próprias pretensões.

Com efeito, aquelas que se fundem num acto administrativo e não sejam voluntariamente satisfeitas pelo particular podem, em determinadas circunstâncias, ser executadas pela própria Administração[70]; as que resultem de contrato administrativo, em idêntica hipótese de incumprimento, e por regra, já têm de ser apreciadas e executadas pelos tribunais administrativos[71]. Acresce que, diferentemente do que sucede relativamente aos actos administrativos – estes, porque são praticados "ao abrigo de normas de direito público", para serem válidos, pressupõem uma lei que habilite o seu autor a praticar o tipo de acto em causa na situação considerada[72] –, o contrato administrativo pode sempre ser utilizado na prossecução das atribuições de uma pessoa colectiva pública, "salvo se outra coisa resultar da lei ou da natureza das relações a estabelecer"[73]. Ou seja, a celebração de contratos administrativos, não só não está sujeita a reserva de lei,

---

[70] Cfr. o art. 149.º, n.º 2, do Código do Procedimento Administrativo.

[71] Cfr. os arts. 186.º, n.º 1, e 187.º do mesmo Código.

[72] Cfr. o art. 120.º daquele diploma. Sobre o âmbito do princípio da legalidade, v., por todos, DIOGO FREITAS DO AMARAL, *Curso...*, II, pp. 55 e ss. Distinguindo quanto aos requisitos de validade relativos aos elementos do acto administrativo ("as realidades que integram o próprio acto em si mesmo considerado": sujeito, forma e formalidades, objecto e conteúdo) e os pressupostos ("as situações de facto de cuja ocorrência depende a possibilidade legal de praticar um certo acto administrativo ou de o dotar com determinado conteúdo"), v., *idem, ibidem*, pp. 249 e 344 e ss.

[73] Cfr. o art. 179.º, n.º 1, do Código do Procedimento Administrativo.

40   Estado de Direito Democrático e Administração Paritária

como é, em princípio, alternativa à prática de actos administrativos[74].

Os regulamentos constituem uma das fontes de direito administrativo[75]: tal como a lei, são a base a partir da qual se praticam actos que constituem pretensões administrativas. Mas, igualmente como sucede por vezes com a lei, também existem regulamentos cujos "efeitos se produz[e]m imediatamente, sem dependência de um acto administrativo ou jurisdicional de aplicação"[76]. A lei é aparentemente

---

[74] Trata-se dos "contratos administrativos com objecto passível de acto administrativo" (cfr. a referência contida no art. 185.º, n.º 3, alínea a), do Código do Procedimento Administrativo).

No sentido de que hoje a Administração "pode escolher discricionariamente a forma de actuação que mais eficazmente prossiga o interesse público a que a actuação se dirige" e que tal possibilidade resulta, também, "da consagração expressa da permissão de utilizar o contrato administrativo em todos os casos não excluídos pela lei ou pela natureza das relações a estabelecer (art. 179.º do CPA)", v. Luís Sousa da Fábrica, *Reconhecimento de Direitos...*, cit., p. 835, nota 18.

Mas mesmo antes da entrada em vigor do Código do Procedimento Adminstrativo já Sérvulo Correia havia defendido, com base na conjugação do princípio constitucional da participação individual consagrado no art. 267.º, n.º 4 (hoje n.º 5) com a admissibilidade de contratos administrativos atípicos prevista no art. 9.º, n.os 1 e 2, do Decreto-Lei n.º 129/84, de 27 de Abril, "que se deve considerar implícita uma base de *legalidade formal* para a celebração de contratos administrativos nas normas de competência material que não imponham expressa ou implicitamente a forma do acto administrativo para a produção dos efeitos de direito" (v. Autor cit., *Legalidade e Autonomia Contratual nos Contratos Administrativos*, Coimbra, 1987, p. 613; itálico no original). Com efeito, "não se pode duvidar de que o processo mais consequente de participação dos cidadãos na formação das decisões e deliberações que lhes digam respeito é o da celebração de contratos administrativos, pois que estes traduzem, no próprio plano da constituição da relação jurídica, a colaboração entre Administração e administrado na determinação do conteúdo do acto. Assim sendo, o favor constitucional concedido a tal meio de conduta administrativa deve, numa perspectiva sistemática, contribuir para entender a admissibilidade do contrato administrativo atípico, expressa genericamente no artigo 9.º do ETAF, como o reconhecimento legislativo da igual dignidade do contrato administrativo, relativamente ao acto administrativo, como instrumento de constituição, modificação e extinção de relações jurídico-administrativas" (v. *idem*, *ibidem*).

[75] Cfr., por todos, Diogo Freitas do Amaral, *Curso...*, II, p. 153.

[76] Cfr. o art. 73.º, n.º 2, do Código de Processo nos Tribunais Administrativos. Trata-se dos chamados regulamentos imediatamente operativos ou exequíveis por si mesmos. Saliente-se que esta característica, por si só, pode não tornar desnecessária uma actividade de execução; basta, para tanto, que o efeito constituído pela norma na esfera

omissa, ou seja, nada refere sobre a sua exequibilidade pela própria Administração ou sobre a necessidade de recurso ao tribunal. No entanto, a própria natureza da execução administrativa, enquanto sucedâneo de uma execução jurisdicional, e a sua história, evidenciam bem a necessidade de um título, o qual não pode deixar de ser individual e concreto. Neste sentido, e independentemente da autonomia do procedimento executivo, importará considerar o princípio da legalidade da execução consignado no art. 151.º, n..º 1, do Código do Procedimento Administrativo como afloramento de um princípio mais geral, segundo o qual, entre a verificação pela Administração dos pressupostos objectivos constantes da previsão de uma norma geral restritiva da actividade dos particulares e o uso da força em vista da actuação da respectiva estatuição no caso concreto, deve sempre interpor-se um acto de autoridade que declare o direito aplicável nesse mesmo caso (função individualizadora ou concretizadora do acto administrativo) e titule a posterior actuação concreta das consequências jurídicas estatuídas para o incumprimento dos deveres constantes da previsão da mesma norma (função tituladora do acto administrativo)[77]. Consequentemente, das duas uma: ou existe

---

jurídica do particular seja uma obrigação. Nesse caso, suscita-se questão de natureza idêntica à das chamadas obrigações *ex lege*.

De referir que a não existência de um acto administrativo justifica a não aplicabilidade da solução prevista no art. 52.º, n.os 2 e 3, do citado diploma: aí o não exercício do direito de impugnar actos contidos em diplomas normativos ou actos que não individualizem os seus destinatários não obsta à impugnação dos respectivos actos de execução ou aplicação. No caso em apreço o que está em causa é justamente a questão de saber se existe a possibilidade de executar administrativamente pretensões administrativas que resultam directa e imediatamente de uma norma.

[77] Alguma doutrina refere, a este propósito, o conceito de «procedimento executivo autónomo». Parece, todavia, resultar do princípio da legalidade da execução que nesses casos, ressalvadas as situações de estado de necessidade, a actuação do procedimento executivo deve ser precedida de um acto administrativo que defina a situação *de iure* destinada a ser realizada materialmente. No sentido da conclusão defendida no texto, v. GIANDOMENICO FALCON: "mesmo quando a pretensão executória seja legitimada por meros factos juridicamente relevantes (por exemplo, a deterioração de um bem sujeito a protecção histórico-artística), a decisão de proceder às necessárias intervenções (no caso, os actos de conservação) deverá ser sempre assumida mediante acto administrativo (*provvedimento*). Assim, o fazer valer o carácter executório de uma pretensão parece implicar sempre uma deliberação administrativa" (v. Autor cit., "Esecutorietà ed esecuzione…" cit, pp. 141 e 142, nota 2).

42 *Estado de Direito Democrático e Administração Paritária*

uma lei que preveja a prática de um acto administrativo declarando a obrigação em causa aplicável a um dado sujeito e que possa titular uma eventual execução coerciva ou, na falta desta, a Administração tem, tal como sucede com os demais sujeitos do ordenamento, de submeter a sua pretensão à apreciação de um tribunal em ordem a obter um título executivo[78].

d) Cont.: em especial, a relevância do acto administrativo

Cada tipo de forma de actividade administrativa constitui, deste modo, uma espécie de «acumulador» de proposições jurídicas abstractas que possibilita respostas-tipo a problemas, também eles, típicos[79]. Assim, "a qualificação de uma medida como acto administrativo significa decidir que para tal medida devem valer as consequências jurídicas que a lei prevê em conexão com o conceito de acto administrativo"[80]. Entre tais consequências avultam, por exemplo, no ordenamento português justamente a conformação imediata da esfera jurídica do destinatário do acto administrativo, a executoriedade deste tipo de acto e o poder administrativo de execução coerciva.

---

[78] É a questão da reserva de lei quanto à prática de actos administrativos: a pretensa «relação desigual» entre a Administração e os particulares – a relação de poder – não é um «dado natural» que funcione como pressuposto ou condição suficiente para a prática de actos administrativos; ao invés, a lei, à qual tanto a Administração como o particular se encontram submetidos, é que tem de prever a possibilidade de aquela praticar aquele tipo de actos.

[79] Destacando a função jurídico-prática do acto administrativo, nomeadamente como «acumulador» (*Speicher*) no sentido indicado no texto, v. SCHMIDT-ASSMANN, "Die Lehre von den Rechtsformen des Verwaltungshandelns – Ihre Bedeutung im System des Verwaltungsrechts und für das verwaltungsrechtliche Denken der Gegenwart" in DVBl., 1989, p. 533; e *Das allgemeine Verwaltungsrecht als Ordnungsidee...*, cit., cap. 1, n.º 4, p. 4.

Sobre a estrutura da teoria das formas de actividade administrativa (*Handlungsformenlehre*), v. *idem*, *ibidem*, respectivamente, p. 533 e cap. 6, n.os 34 a 39, pp. 297 e ss.; LÖWER, "Funktion und Begriff des Verwaltungsakts" in JuS, 1980, pp. 805 e ss.; WALTER PAULY, "Der Regfelungsvorbehalt" cit., p. 522; BAUER, "Verwaltungsrechts-lehre im Umbruch? – Rechtsformen und Rechtsverhältnisse als Elemente einer Zeitgemäßen Verwaltungsrechtsdogmatik" in *Die Verwaltung*, 1992, pp. 301 e ss. , (pp. 310 e 311).

[80] Assim, P. STELKENS e U. STELKENS in STELKENS, BONK und SACHS, *Verwaltungsverfahrensgesetz Kommentar*, 6. Auflage, Munique, 2001, § 35, Rn. 3, p. 844. No mesmo sentido, SCHMIDT-AßMANN afirma caracterizar-se o acto administrativo, enquanto instituto dogmaticamente preciso, justamente pela clareza das respectivas consequências

O acto administrativo não é, deste modo, uma relíquia do passado, mas continua a ser hoje um instrumento ao serviço da autoridade pública: a Administração, ao praticar actos administrativos e ao executá-los, exerce poderes jurídicos. A razão dessa continuidade, não obstante todas as críticas e dúvidas, reside fundamentalmente na utilidade prática e na eficácia do acto administrativo enquanto instrumento de regulação utilizável na prossecução das tarefas da Administração, para o que contribui, em termos não negligenciáveis, a sua unilateralidade, a sua função estabilizadora e, bem assim, a sua executoriedade[81].

Contudo, a diferente fundamentação da força jurídica do acto administrativo – primeiro o poder público, depois exclusivamente a Constituição e a lei – e a vinculatividade imediata dos direitos, liberdades e garantias não deixam de ter implicações no relacionamento recíproco da Administração e dos cidadãos.

Se antes a autoridade administrativa aparecia fundamentalmente no seu papel de instância decisória e os cidadãos-particulares como

---

sistémicas, concretizadas nas suas funções material, procedimental, executiva e processual (Autor cit., *Das allgemeine Verwaltungsrecht als Ordnungsidee...*, cit., cap. 6, n.º 101, p. 336). Cfr., todavia, uma relativização do significado racionalizador de tal qualificação e a afirmação da necessidade de considerar o acto administrativo integrado na relação jurídica em BAUER, "Verwaltungsrechtslehre im Umbruch?" cit., pp. 311 e ss. e a nota 77. Sobre a importância da relação jurídica numa perspectiva jurídico-material, v. BACHOF, "Die Dogmatik des Verwaltungsrechts vor den Gegenwartsaufgaben der Verwaltung" in VVDStRL, Heft 30 (1972), pp. 193 e ss. (p. 231) – a relação jurídica administrativa, além de poder ser constituída, modificada ou extinta por outros factos que não o acto administrativo, permite uma perspectiva mais abrangente, quer no que se refere aos interesses em causa, quer no tocante à sua dinâmica e dimensão temporal.

[81] Neste sentido, v. SCHMIDT-AßMANN, "Die Lehre von den Rechtsformen..." cit, p. 536; MAURER, *Allgemeines Verwaltungsrecht*, 15. Aufl., München 2004, § 9, Rn. 40, p. 213; ERICHSEN in ERICHSEN und EHLERS (Hrsg.), *Allgemeines Verwaltungsrecht*, 12. Aufl., Berlin, 2002, "Das Verwaltungshandeln", § 12 I, Rn. 5, p. 273; e SCHMIDT-DE CALUWE, *Der Verwaltungsakt...*, cit., pp. 31 e 32. Este último Autor salienta que a omnipresença da figura do acto administrativo nos mais diversos domínios da actividade administrativa constitui um indício claro da sua adequação para a prossecução de tarefas executivas e que as dúvidas e críticas formuladas quanto à eficácia e utilidade de tal instrumento no âmbito de procedimentos complexos, alem de respeitarem a um número de domínios restrito, mesmo em tais domínios, e de um modo geral, não vão ao ponto de preconizar uma substituição completa da forma de decidir por via unilateral e imperativa, ficando-se antes pela proposta, a título complementar, de formas consensuais (*ibidem*, nota 62).

44 Estado de Direito Democrático e Administração Paritária

subordinados à respectiva decisão – em paralelo com a fenomenologia processual –, agora a decisão administrativa é necessariamente entendida no quadro de uma relação jurídica material de que tanto aquela como estes são sujeitos: a produção de efeitos jurídicos numa situação individual e concreta – objecto imediato do acto administrativo nos termos do respectivo conceito legal – respeita a uma relação jurídica preexistente entre a Administração-autora e os particulares afectados[82]. O acto administrativo surge agora não já como meio de juridicizar um poder preexistente relativamente à lei e apenas por esta limitado, mas como concretização de uma posição jurídica conferida pela própria lei à Administração de, num caso concreto, fixar unilateralmente o direito aplicável. Consequentemente, o ponto de partida da análise de qualquer questão jurídica é necessariamente esta relação, o mesmo é dizer, os direitos e deveres recíprocos da Administração e dos particulares nas situações concretamente em causa. A posição constitucional de uma e de outros aparece mediada pela relação. Não basta considerar apenas o ponto de vista da Administração – nomeadamente os princípios fundamentais que regem a sua actividade –, porquanto nem a decisão administrativa se confunde com a jurisdicional nem a posição da Administração face aos cidadãos é assimilável à de um tribunal perante as partes. Por outras palavras, a continuidade do modelo de actuação correspondente ao acto administrativo é tão-só aparente e não deve iludir a profunda alteração verificada no modo como os poderes públicos que integram a Administração se relacionam com os cidadãos no quadro do actual Estado de Direito democrático.

O Estado deixou de poder ser concebido como uma realidade pré-constitucional apenas limitada pela Constituição, passando a ser compreendido como realidade juridicamente constituída[83]. Ao nível

---

[82] Cfr. SCHMIDT-DE CALUWE, *Der Verwaltungsakt...*, cit, p. 270.

[83] Sobre as consequências conceptuais e dogmáticas das modificações operadas nas estruturas constitucionais, nomeadamente na Alemanha em relação à substituição da monarquia constitucional pela democracia parlamentar, v. JESCH, *Gesetz und Verwaltung – Eine Problemstudie zum Wandel des Gesetzmäßigkeitsprinzipes*, Tübingen, 1961, pp. 5 e ss. Este Autor chama a atenção para a dependência funcional da formação dos conceitos jurídico-constitucionais relativamente às estruturas constitucionais e para a circunstância de os mesmos conceitos continuarem a ser utilizados em textos normativos mesmo depois

Introdução 45

do direito administrativo, esta mudança, evidenciando a dependência do direito administrativo face ao direito constitucional[84], vai determinar uma nova perspectiva em que tanto a Administração como os particulares são sujeitos de direitos e deveres e, como tais, ambos subordinados em termos idênticos ao direito. Os conceitos relativos às tradicionais formas de actividade administrativa mantêm a sua validade, mas aquelas formas integram-se agora num quadro relacional, razão por que a sua unilateralidade também surge relativizada. Daí a perspectivação do acto administrativo como forma de exercício de posições jurídicas subjectivas no quadro de uma relação jurídica administrativa.

---

de as estruturas constitucionais que os originaram terem desaparecido. Em Portugal importa ter presente que o Estado de Direito democrático da Constituição de 1976 sucedeu ao «Estado Novo» – um Estado autoritário – da Constituição de 1933 e que foi na vigência desta que Marcello Caetano teorizou e concebeu o seu sistema de direito administrativo.

[84] Recorde-se a fórmula que intitulou um artigo de FRITZ WERNER, o "direito administrativo como direito constitucional concretizado" (Autor cit., "Verwaltungsrecht als konkretisiertes Verfassungsrecht" in DVBl. 1959, pp. 557 ss.) por oposição à tese de OTTO MAYER de que o "direito constitucional passa, o direito administrativo permanece" (Autor cit., *Deutsches Verwaltungsrecht*, I, cit., prefácio à 3.ª ed.).

Em todo o caso, cumpre ter presente que esta última não respeita a uma afirmação sobre o relacionamento daqueles dois ordenamentos em abstracto, mas sim em relação à situação concreta observada por aquele Autor nos anos 20 (assim, ACHTERBERG, *Allgemeines Verwaltungsrecht – Ein Lehrbuch*, 2. Aufl., Heidelberg, 1986, p. 91, Rn. 1). Conforme explica HAVERKATE, Otto Mayer sustenta não ter de tomar em consideração os novos dados da Constituição de Weimar (1919), uma vez que na sua obra se preocupa apenas com o Estado que permanece inalterado, representado justamente pelo direito administrativo. Deste modo, "a seguir a 1919 a velha Constituição (do Império) foi pura e simplesmente identificada com o Estado (o que foi muito fácil devido às suas características autoritárias) e a nova Constituição (a da República de Weimar) foi compreendida apenas como uma cobertura da moda para o Estado que permanecia inalterado – uma cobertura que muitos em breve pretenderam abandonar" (v. Autor cit., *Verfassungslehre – Verfassung als Gegenseitigkeitsordnung*, München, 1992, p. 42). Sobre a aludida afirmação do prefácio à 3.ª ed. do *Deutsches Verwaltungsrecht* de OTTO MAYER, v. também *infra*, na Segunda Parte, o texto referente à nota 350 e a nota 388.

46   *Estado de Direito Democrático e Administração Paritária*

4. O âmbito e o modo de actuação da Administração moderna e as suas implicações na dogmática do direito administrativo

Importa, por outro lado, não esquecer a perspectiva sistemática relativamente ao direito administrativo e à sua ciência (ou seja, a respectiva perspectivação enquanto sistema de normas e enquanto sistema de conhecimentos), porquanto a mesma constitui condição indispensável da viabilidade da satisfação das funções jurídico-prática, dogmática, jurídico-política e de direcção da recepção do direito comunitário exigida por uma Administração moderna e eficaz[85]. Na sistematização do direito administrativo é corrente a distinção entre uma parte geral – o direito administrativo geral que inclui "as normas fundamentais deste ramo do direito, os seus conceitos basilares, os seus princípios gerais, as regras genéricas aplicáveis a todas as situações, quaisquer que sejam as suas características particulares ou específicas"[86] – e as partes especiais – os ramos de direito administrativo especial definidos em função do objecto específico da actuação administrativa[87]. A disciplina comum é concretizada a propósito de questões sectoriais de tal modo que, em concreto, para cada relação jurídica, se procede à aplicação de normas de direito administrativo comum com as adaptações impostas pelo princípio da especialidade[88]. A estrutura do Código do Procedimento Administra-

---

[85] Sobre a importância da perspectiva sistemática no direito administrativo, v., por todos, SCHMIDT-AßMANN, "Zur Reform des Allgemeinen Verwaltungsrechts – Reform-bedarf und Reformansätze" in HOFFMANN-RIEM, SCHMIDT-AßMANN und SCHUPPERT (Hrsg.), *Reform des Allgemeinen Verwaltungsrechts – Grundfragen*, Baden-Baden 1993, pp. 11 e ss., p. 11; e *idem, Das allgemeine Verwaltungsrecht als Ordnungsidee...*, cit., cap. 1, n.os 1 e ss., pp. 1 e ss.

[86] Assim, v. DIOGO FREITAS DO AMARAL, *Curso de Direito Administrativo*, I, 2.ª ed., Coimbra, 1994, p. 164.

[87] V. *idem, ibidem*: as normas do direito administrativo especial "são as que versam sobre cada um dos sectores específicos da administração pública".

[88] SCHMIDT-AßMANN salienta que a colocação de todas as mencionadas partes num mesmo quadro conceptual – o *Verwaltungsrecht*, tal como o direito administrativo português, abrange a parte geral (*allgemeines Verwaltungsrecht*) e as partes especiais (*besonderes Verwaltungsrecht*) – pretende justamente salientar a "referência recíproca" (*wechselseitige Bezogenheit*) daqueles dois domínios como expressão da conformação do próprio conteúdo (*Ausdruck inhaltlicher Gestaltung*) do direito administrativo e não como simples separação ou arrumação de matérias, à semelhança do que sucede no âmbito da

Introdução 47

tivo e o respectivo âmbito de aplicação são, neste particular, elucidativos[89].

A formação do direito administrativo geral resulta fundamentalmente de duas fontes: os dados jurídico-constitucionais por via dedutiva; e, por via indutiva, as normas de determinados domínios da actividade administrativa, as quais são tomadas como referência e consideradas de aplicação geral. Os problemas e casos surgidos naqueles domínios e as respectivas soluções – ou seja, normas e princípios de direito administrativo especial – são considerados como casos e problemas típicos cuja solução sectorial constitui expressão de normas e princípios de aplicação geral. Acresce que mesmo a aplicação das normas e princípios de direito administrativo geral apuradas por via dedutiva é depois ilustrada e testada em função de hipóteses de direito administrativo especial. Por isso mesmo, os domínios em causa são qualificados como "domínios de referência"[90].

Relativamente a estes últimos, cumpre assinalar a importância e o significado da sua selecção: o direito administrativo geral espelha, em grande parte, as soluções do direito administrativo especial vigentes em tais domínios. Daí a questão do acerto ou adequação da sua escolha: saber se os mesmos são representativos das tarefas que uma Administração moderna e eficaz tem de desempenhar. Nessa perspectiva, importa reconhecer a importância crescente de domínios em que a actuação da Administração é conclusiva por contraposição com aqueles cujos litígios são tipicamente objecto da jurisprudência dos tribunais administrativos[91].

---

exposição do *administrative law* ou do *droit adminstratif* em que estas designações abrangem apenas as teorias e princípios gerais, sendo os diversos sectores em que se desenrola a actividade administrativa designados em razão do respectivo objecto (cfr. Autor cit., *Das allgemeine Verwaltungsrecht als Ordnungsidee...*, cit., cap. 1, n.º 9, pp. 6 e 7). V. a concretização dos termos da citada reciprocidade em SCHMIDT-AßMANN, "Zur Reform des Allgemeinen Verwaltungsrechts..." cit., p. 14.

[89] Cfr., designadamente, o respectivo art. 2.º, n.º 6.

[90] *Referenzgebiete*; v. SCHMIDT-AßMANN, *Das allgemeine Verwaltungsrecht als Ordnungsidee...*, cit., cap. 1, n.ºs 12 e 13, pp. 8 e 9.

[91] V., em especial e com referência ao direito alemão, SCHMIDT-AßMANN, *Das allgemeine Verwaltungsrecht als Ordnungsidee...*, cit., cap. 1, n.º 14, p. 9. As suas considerações valem, em grande medida, igualmente para o direito português.

48 *Estado de Direito Democrático e Administração Paritária*

Com efeito, no número anterior foi já referida a emergência do Estado de Direito democrático e a sua relação fundamental com os cidadãos, nomeadamente a titularidade por parte destes últimos de direitos fundamentais e a garantia da respectiva tutela jurisdicional efectiva. Cumprirá acrescentar o alargamento das tarefas fundamentais do Estado no sentido de concretizar a ideia de Estado social: "promover o bem-estar e a qualidade de vida do povo e a igualdade real entre os portugueses, bem como a efectivação dos direitos económicos, sociais, culturais e ambientais, mediante a transformação e modernização das estruturas económicas e sociais"[92]. Abrem-se aqui inúmeros novos campos de actuação à Administração, por confronto com a situação existente no Estado liberal. Por outro lado, a crescente complexificação e intensificação das relações entre o Estado-Administração e a sociedade e o próprio desenvolvimento de poderes sociais cria novos problemas no que respeita à garantia dos direitos de liberdade dos particulares, suscitando-se, com cada vez maior frequência, a questão do dever público de protecção de tais direitos.

Uma outra modificação resultou da adopção por parte da própria Administração de um novo estilo de actuação: a «administração cooperante»[93] ou «administração concertada»[94]. Tal novidade foi

---

[92] Cfr. o art. 9.º, alínea d), da Constituição da República Portuguesa. Cfr. também *infra*, na Terceira Parte, o n.º 22, alíneas a) e d).

[93] Cfr. ERNST-HASSO RITTER, "Der kooperative Staat" in *Archiv des öffentlichen Rechts,* 1979, pp. 389 e ss.; BAUER, "Verwaltungsrechtslehre im Umbruch?" cit., p. 305; e SCHMIDT-AßMANN, *Das allgemeine Verwaltungsrecht als Ordnungsidee...,* cit., cap. 1, n.os 45 e ss., pp. 26 e ss.

[94] Cfr. BARBOSA DE MELO, "Introdução às Formas de Concertação Social" in *Boletim da Faculdade de Direito da Universidade de Coimbra,* vol. LIX (1983), Coimbra, 1985, pp. 65 e ss.; e BAPTISTA MACHADO, *Participação e Descentralização. Democratização e Neutralidade na Constituição de 76,* Coimbra, 1982, pp. 35 e ss. A partir do momento em que a Administração se tornou um "órgão de transformação da sociedade", intervindo de forma crescente no domínio económico e social, a mesma foi confrontada com a necessidade de modificar os seus métodos e práticas. Com efeito, a Administração burocrática do Estado liberal "viu-se perante dificuldades insuperáveis para dirigir, por si só, a economia. Por um lado carecia de conhecimentos e de experiência indispensáveis a uma eficaz e acertada regulamentação das complexas e altamente dinâmicas relações económicas; por outro lado, era-lhe difícil senão impossível levar à prática medidas unilateralmente decididas que não contassem com a boa vontade e o espírito de colaboração dos

Introdução 49

defendida em França por Laubadère com referência à administração concertada: "um método de troca de pontos de vista e de negociações entre a Administração e os administrados interessados, na mira de tentar discernir em comum uma linha de conduta" e que tem na negociação ou ajuste entre a autoridade pública e os particulares o seu momento marcante e decisivo[95]. Na verdade, "uma decisão concertada, qualquer que seja a sua forma jurídica final, pressupõe, em suma, o processo dinâmico, bilateral e iterativo da negociação. [...] Por isso, na concertação administrativa releva, em rigor, não o conteúdo da decisão ou os seus efeitos jurídicos, mas o modo ou processo de formação dela. [...] Uma negociação lograda terminará num acordo, consenso ou entendimento entre os parceiros deste processo dinâmico e bi-ou plurilateral. Em todo o caso, o acordo pode ser informal ou assumir uma pluralidade de formas possíveis: ora traduzindo-se numa mera declaração comum de intenções, ora tomando a forma jurídica de acto administrativo unilateral, ora atingindo, mesmo, a forma contratual. O acordo apresenta-se, assim, como conteúdo social e sociológico que ou é juridicamente irrelevante ou pode ser relevante sob várias formas jurídicas"[96].

Este novo modo de actuar, tendo surgido no domínio da administração económica, cedo passou a caracterizar outros domínios da actuação administrativa, principalmente no âmbito da chamada

---

agentes económicos. Por isso, à medida que se foi alargando o domínio da intervenção pública, o modelo administrativo foi sofrendo uma adaptação no que concerne à actividade económica. O mecanismo típico desta adaptação foi a representação de interesses: a autoridade administrativa devia consultar os agentes económicos antes de tomar as suas decisões unilaterais neste domínio" (v. BARBOSA DE MELO, "Introdução às Formas de Concertação Social" cit., pp. 90 e 91).

[95] V. BARBOSA DE MELO, "Introdução às Formas de Concertação Social" cit., pp. 92 a 94. BAPTISTA MACHADO define a «concertação» ou «acção concertada» como "um método flexível de governar ou de administrar em que os representantes do Governo ou da Administração participam em debates conjuntos ... com vista à formação de um consenso sobre medidas de política económica e social a adoptar. ... [É] um processo que assenta na comunicação e cooperação entre as partes" (v. Autor cit., *Participação e Descentralização...*, cit., pp. 45 a 47).

[96] V. BARBOSA DE MELO, "Introdução às Formas de Concertação Social" cit., pp. 94 a 96.

50 Estado de Direito Democrático e Administração Paritária

"administração constitutiva"[97] ou "administração social e infra-estrutural"[98] (direito social, direito do urbanismo, direito do ambiente). Por outro lado, as exigências de rapidez, eficácia, mas também de confiança e de previsibilidade, tornam apelativas, face à crescente complexidade das regulamentações e ao valor dos investimentos a realizar nos novos domínios de actuação, os contactos informais prévios destinados a "aplainar o terreno" para as decisões formais[99]. As "negociações preliminares" (*Vorverhandlungen*) com os interessados na obtenção de uma autorização administrativa constituem justamente um exemplo paradigmático desse tipo de actuações[100].

Acresce que hoje se volta a falar em mudança de perspectiva ou mesmo de paradigma. A europeização do direito público, a tendencial privatização de muitas matérias objecto do mesmo direito e o consequente desenvolvimento do conceito de «auto-regulação regu-

---

[97] Cfr. ROGÉRIO EHRHARDT SOARES, "Princípio da legalidade e administração constitutiva" in *Boletim da Faculdade de Direito da Universidade de Coimbra*, vol. LVII (1981), Coimbra, 1983, pp. 169 e ss.

[98] Cfr. HEIKO FABER, *Verwaltungsrecht*, 4. Aufl., Tübingen, 1995, pp. 350 e ss.

[99] V., em especial, EBERHARD BOHNE, "Informales Verwaltungs- und Regierungshandeln als Instrument des Umweltschutzes – Alternativen zu Rechtsnorm, Vertrag, Verwaltungsakt und anderen rechtlich geregelten Handlungsformen?" in *Verwaltungs-Archiv*, 75. Band (1984) – Heft 4, pp. 343 e ss.; e BAUER, "Informelles Verwaltungshandeln im öffentlichen Wirtschaftsrecht", *ibidem*, 78. Band (1987) – Heft 3, pp. 241 e ss. Na doutrina portuguesa, v. SUZANA TAVARES DA SILVA, "Actuações Urbanísticas Informais e «Medidas de Diversão» em Matéria de Urbanismo" in *Revista do Centro de Estudos de Direito do Ordenamento, do Urbanismo e do Ambiente*, Ano III (2000), N.º 1, pp. 55 e ss. Sobre a delimitação recíproca entre "actuações informais" (*informelles Verwaltungshandeln*) e actuações materiais (*schlichtes Handeln*), mormente sobre as dficuldades de proceder à mesma, v., por exemplo, WALTER PAULY, "Der Regelungsvorbehalt" cit., p. 521, nota 5.

[100] V. os exemplos referidos por BOHNE, "Informales Verwaltungs- und Regierungshandeln..." cit., p. 347, e por BAUER, "Informelles Verwaltungshandeln..." cit., p. 247. O caso decidido pelo Ac. STA, de 16.07.87, P. n.º 22 368, in *Acórdãos Doutrinais do Supremo Tribunal Administrativo*, N.º 316, pp. 454 e ss., evidencia que tais práticas também não são desconhecidas em Portugal. Nesse aresto, com efeito, foi decidido que "não vincula a câmara municipal a deferir futuro pedido de licença de loteamento e emissão de alvará, a deliberação que, em resultado de negociações preliminares com o interessado, estabelece as bases da concessão da licença, designadamente quanto a quantias a serem pagas a título de mais-valia. Consequentemente, a deliberação que indefere o pedido de loteamento, formulado posteriormente, não representa revogação ilegal da anterior".

Introdução 51

lada» (*regulierte Selbstregulierung*) e a abertura ao exterior do Estado constitucional determinada pelas possibilidades de comunicação vêm suscitar novos problemas quanto à viabilidade e ao modo de assegurar a efectividade dos valores constitucionais[101]. Contudo, são precisamente estes últimos, muito em especial a liberdade, a democracia e o Estado de Direito, que impõem limites e referências inultrapassáveis às múltiplas possibilidades de desenvolvimento determinadas por aqueles factores.

De qualquer modo, nos novos domínios de referência, e mesmo nos tradicionais, importa assinalar as limitações inerentes a um modelo de actuação administrativa meramente ou fundamentalmente regulador. Hoje o direito administrativo no seu todo, isto é, enquanto sistema, não pode ser compreendido apenas a partir de uma perspectiva defensiva do cidadão perante actuações de autoridade da Administração. As novas tarefas, designadamente a conformação social e a garantia do futuro da ordem social, impõem formas de organização e de actuação diferentes. Como defende Eberhard Schmidt-Aßmann, o direito administrativo hoje não pode ser entendido apenas como um "«direito de colisão» entre os interesses públicos e particulares, mas tem de ser compreendido também como «direito de distribuição» de interesses privados sob mediação dos poderes públicos. Ao lado da Administração que decide surge a Administração que medeia e que exige um direito que seja adequado à mesma"[102]. De resto, a mencionada alternatividade entre as formas acto administrativo e contrato administrativo aponta justamente nesse sentido.

A cooperação entre Administração e particulares, indivíduos ou pessoas colectivas, e tanto no plano organizacional como no da actuação, permitem decerto equacionar a solução de novos problemas. Mas, ao mesmo tempo, também suscitam novos perigos, quer para os particulares (por exemplo, a salvaguarda da distância devida

---

[101] Cfr., entre muitos, OSSENBÜHL, "Öffentliches Recht im Umbruch" in *Akademie-Journal der Union der deutschen Akademien der Wissenschaften*, 2002, Nr. 2, pp. 4 e ss.; e SCHMIDT-AßMANN, *Das allgemeine Verwaltungsrecht als Ordnungsidee...*, cit., cap. 1, n.º 50 e ss., pp. 31 e ss. (sobre a europeização do direito administrativo e das estruturas administrativas).

[102] Cfr. SCHMIDT-AßMANN, "Der Beitrag der Gerichte zur verwaltungsrechtlichen Systembildung" in VBlBW 1988, pp. 381 e ss. (pp. 383 e 384).

52 Estado de Direito Democrático e Administração Paritária

ou a consideração dos interesses de terceiros), quer para a própria Administração (desde logo, a preservação da sua imparcialidade e eficácia). Deste modo, a função do direito administrativo já não é apenas a disciplina da actuação da Administração Pública numa perspectiva defensiva ou garantística; cumpre-lhe igualmente assegurar a sua capacidade de concretização e realização das respectivas tarefas. Com efeito, o direito administrativo pode ser desrespeitado tanto pelo excesso de actuações administrativas como pela sua ausência[103].

Perante a aludida caracterização sistemática do direito administrativo e da Administração Pública dos dias de hoje, fica claro que a perspectiva dos poderes administrativos – ainda que indispensável[104] – é necessariamente parcial, deixando de fora muitos aspectos e questões essenciais para a sua racionalização e compreensão (por exemplo, a consideração da posição jurídica dos particulares, da dimensão temporal e das relações jurídicas poligonais). Acresce que são hoje frequentes as vozes que contestam o domínio da teoria do acto administrativo e a perspectivação da dogmática administrativa principalmente em função das formas de actividade administrativa[105],

---

[103] Cfr. SCHMIDT-Aßmann, *Das allgemeine Verwaltungsrecht als Ordnungsidee...*, cit., cap. 1, n.os 30 a 32, pp. 16 e ss.

[104] Cfr., por exemplo, WOLFF, BACHOF e STOBER, *Verwaltungsrecht*, II, 6. Aufl., München, 2000, § 45 I, Rn. 2a, p. 14; e SCHMIDT-Aßmann, "Die Lehre von den Rechtsformen..." cit, p. 536.

[105] SCHMIDT-DE CALUWE salienta que existe uma correlação estreita entre o aludido domínio e a citada perspectivação, porquanto o acto administrativo constitui a principal forma de actividade administrativa (v. Autor cit., *Der Verwaltungsakt...*, cit., p. 8, nota 39). A preponderância da forma acto administrativo encontra-se historicamente associada – e é por ela explicável – à sua função de protecção jurídica: a mesma constituiu durante muito tempo pressuposto da tutela jurisdicional (salientando este aspecto, cfr., por exemplo, OSSENBÜHL, "Die Handlungsformen der Verwaltung" in *Juristische Schulung* 1979, pp. 681 e ss. (p. 683). Contudo, em Portugal, como de resto na Alemanha (cfr. o § 54 S. 2 do VwVfG), a competência legal para a prática de um acto administrativo não exclui a possibilidade de que, em alternativa, seja celebrado um contrato administrativo com idêntico objecto (cfr. o art. 179.º, n.º 1, do Código do Procedimento Administrativo e *supra* a nota 74.

Quanto à valorização da categoria da relação jurídica na dogmática jusadministrativa, v., por exemplo, em Portugal, VASCO PEREIRA DA SILVA: "a utilização da figura [da relação jurídica] revela-se [...] útil, de uma perspectiva técnico-jurídica, na medida em que possibilita uma «chave de leitura» adequada da generalidade dos fenómenos da Administração moderna, oferecendo uma possibilidade de resposta para todas aquelas questões

surgindo a figura da relação jurídica administrativa como alternativa ou, ao menos, como complemento.

É verdade que do lado da teoria das formas de actividade administrativa se procurou reagir às novas questões e tarefas que hoje se colocam à Administração Pública. Nesse sentido foram propostos novos tipos de actos – o acto provisório, o acto precário, o acto parcial ou o acto prévio – em ordem a evidenciar a capacidade de adaptação do instrumento de regulação acto administrativo[106]. Contudo, estes desenvolvimentos traduzem especialidades relativamente ao acto administrativo clássico – assim, no que se refere, por exemplo, ao acto provisório – e tendem a extravasar da caracterização dogmática habitual deste tipo de acto, inviabilizando, também, uma ou algumas das suas funções típicas – no exemplo referido, a estabilização. Por outro lado, os mesmos não iludem o aparecimento e a importância crescente de novas formas de actuação alternativas ao acto administrativo – por exemplo, as mencionadas actuações informais e, sobretudo, as formas contratuais. Torna-se, deste modo, compreensível a busca de um novo quadro de referência e de ordenação dogmática do direito administrativo[107].

Como referido, muitos encontram-no na figura da relação jurídica administrativa. Esta surgiria, neste contexto, como resposta às novas exigências colocadas ao direito administrativo. Acresce que a mesma tem a vantagem de corresponder às exigências constitucionais de uma reorientação deste ramo de direito no sentido de se afastar da supra-ordenação da Administração relativamente aos par-

---

que a dogmática tradicional, centrada no acto administrativo, tinha transformado em autênticos «becos sem saída»" (v. Autor cit., *Em Busca do Acto Administrativo Perdido*, cit., p. 188). V. também *infra*, na Terceira Parte, os n.ºs 24, alínea b), ponto (i), e 25, alíneas b) e c).

[106] Cfr., por exemplo, SCHMIDT-DE CALUWE, *Der Verwaltungsakt...*, cit., pp. 11 e 12; e FRANZ-JOSEPH PEINE, "Sonderformen des Verwaltungsakts" in *Juristische Arbeitsblätter* 2004, pp. 417 e ss.

[107] Afirmam tal necessidade, por exemplo, BAUER, "Verwaltungsrechtslehre im Umbruch?" cit., pp. 315 e ss.; LADEUR, "Die Zukunft des Verwaltungsakts – Kann die Handlunsformenlehre aus dem Aufstieg des «informalen Verwaltungshandelns» lernen?" in *Verwaltungs-Archiv* 1995, pp. 511 e ss.; SCHOCH, "Der Verwaltungsakt zwischen Stabilität und Flexibilität" in HOFFMANN-RIEM e SCHMIDT-AßMANN (Hrsg.), *Innovation und Flexibilität des Verwaltungshandelns*, Baden-Baden, 1994, pp. 199 e ss.

54 *Estado de Direito Democrático e Administração Paritária*

ticulares, preconizando antes a paridade das respectivas posições jurídicas, nomeadamente na comum subordinação à lei.

Porém, como salienta Schmidt-De Caluwe, o que sucede, por regra, é que o acto administrativo, na sua concepção tradicional, é pura e simplesmente integrado – isto é, sem quaisquer modificações do respectivo enquadramento dogmático – na relação jurídica administrativa: "o modelo corrente de acto administrativo é deixado intocado, apenas desaparecendo a sua posição privilegiada"; se é verdade que a valorização crescente da teoria da relação jurídica administrativa coloca em questão a orientação tradicional da dogmática do direito administrativo centrada nas formas de actividade administrativa, não é menos verdade que a teoria destas últimas, em especial a que se refere ao acto administrativo, em nada se alterou devido a esse facto[108].

Tal situação – em grande parte resultante de uma mera justaposição das duas teorias em causa, sem verdadeiramente as harmonizar entre si – torna patente o que aquele Autor designa como "um certo anacronismo": a teoria da relação jurídica administrativa assenta na igualdade jurídica da Administração e dos particulares – o Estado e o indivíduo podem ser titulares de direitos e deveres diferentes, mas a nenhum deles corresponde uma prevalência jurídica de base sobre o outro; contudo, uma das premissas ainda hoje correntes da teoria do acto administrativo é a ideia de uma supra-ordenação do Estado relativamente ao cidadão[109]. Em seu entender, e atenta a adequação constitucional da primeira daquelas teorias, torna-se necessária uma reformulação radical da dogmática do acto administrativo fundada na subordinação do cidadão ao poder administrativo. Enquanto tal não suceder, a categoria da relação jurídica administrativa não se tornará a figura central da dogmática administrativa, uma vez que tal supõe que o acto administrativo, já concebido numa base de paridade jurídica, possa ser integrado na teoria da relação jurídica administrativa[110]. Daí a sua proposta: a reconstrução da dogmática do acto administrativo baseada na lei e orientada segundo o direito constitucional[111].

---

[108] V. Autor cit. *Der Verwaltungsakt...*, cit., pp. 12 e 13.

[109] V. *idem, ibidem*, p. 13.

[110] V. *idem, ibidem*, pp. 13 e 14.

[111] V. *idem, ibidem*, p. 14.

5. Razão de ordem

A Administração ocupa no ordenamento jurídico uma situação especial perante os particulares, uma vez que a estes últimos é, em regra, vedada a possibilidade de, por decisão unilateral, constituírem deveres na esfera jurídica de terceiros e de usarem da força com vista à realização das suas pretensões materiais (proibição da autodefesa). Aliás, a efectivação do monopólio da coacção constitui justamente uma das condições de emergência do Estado moderno. Todavia, daqui não resulta necessariamente uma superioridade jurídica inata do Estado e da sua Administração relativamente aos cidadãos. Tudo dependerá do conceito de Estado em causa.

Se na sequência da superação do Estado absoluto o que relevava era a subordinação do Estado ao direito, hoje a afirmação plena do conceito de Estado de Direito impõe uma compreensão do Estado exclusivamente a partir do direito positivo: o Estado não existe para além ou fora do direito, uma vez que é por ele constituído. E o direito positivo numa democracia é necessariamente o direito estabelecido pelo povo nos termos da Constituição, isto é, o direito aprovado por uma determinada comunidade nas formas constitucionalmente previstas para valer em cada momento. "O Estado existe por causa das pessoas e não estas por causa daquele"[112]. A Constituição da República Portuguesa faz afirmação substancialmente idêntica, vincando ainda a essencialidade do poder das pessoas: a República Portuguesa, baseada na dignidade da pessoa humana e na vontade popular, é um Estado de Direito democrático que, como tal, se funda na legalidade democrática[113].

Assim, o Estado e todas as suas manifestações não podem mais ser concebidos como superiores juridicamente, ou mais valiosos do que os indivíduos; a sua posição e o seu valor perante estes últimos resultam exclusivamente das regras jurídicas concretamente aplicá-

---

[112] *Der Staat ist um des Menschen willen da, nicht der Mensch um des Staates willen.* Cfr. a formulação do Art. 1 Abs. 1 do Projecto elaborado no *Verfassungskonvent auf Herrenchiemsee*, reunido de 10 a 23 de Agosto de 1948, cit. *apud* STERN, *Das Staatsrecht der Bundesrepublik Deutschland*, III/1, München 1988, § 58 III 3 a), p. 37.

[113] Cfr. os arts. 1.º, 2.º e 3.º, n.º 2, daquele normativo.

veis, por igual, àquele e a estes. A referência da actividade do Estado já não é constituída pelo povo ou pela nação, entendidos como grandezas metafísicas, mas sim pelo conjunto de indivíduos que num dado momento histórico integram o povo de um certo Estado[114]. "A República assume-se como *res publica – res populi* para excluir qualquer título de legitimação metafísico"[115].

E hoje, não só a Administração está subordinada à Constituição e às leis, como cada um desses indivíduos é titular de posições jurídicas subjectivas fundamentais que, além de não estarem na disponibilidade daquela, ainda a limitam em todas as suas actividades, formais ou materiais, incluindo aquelas que visam apenas a realização prática dos seus direitos. A determinação da "observância dos direitos fundamentais consagrados na Constituição e do respeito devido à pessoa humana" prevista no art. 157.º, n..º 3, do Código do Procedimento Administrativo, a propósito da coacção directa sobre os indivíduos obrigados por acto administrativo, constitui, por isso, o afloramento de uma regra geral aplicável "a toda e qualquer actuação da Administração Pública, ainda que meramente técnica ou de gestão privada"[116].

A Administração já não se apresenta perante os particulares como um poder, mas como um sujeito de direito igualmente subordinado à lei que pode, ou não, consoante as determinações legais, exercer certas faculdades. A sua capacidade jurídica pode diferir – e normalmente difere – da de um particular. Contudo, a mesma capacidade é, tal como a capacidade jurídica deste último, conformada pela lei que, com referência a cada tipo de relação jurídica, define os direitos e vinculações de uma e de outros. Acresce que, diferentemente dos particulares, até o exercício de tal capacidade jurídica da Administração é igualmente regulado pela lei.

A Administração «aplica» a lei tanto como os particulares; *rectius* ambos exercem as posições jurídicas subjectivas que a lei, apli-

---

[114] Neste sentido, v. SCHMIDT-DE CALUWE, *Der Verwaltungsakt...*, cit., p. 281.

[115] Nestes termos, v. GOMES CANOTILHO, *Direito Constitucional e Teoria da Constituição*, 7.ª ed., Coimbra, 2004, p. 224.

[116] Cfr. o art. 2.º, n.º 5, do Código do Procedimento Administrativo, nomeadamente no que se refere às "normas que concretizam preceitos constitucionais".

cável por igual a ambos, prevê. E, como referido, no caso da primeira, até o exercício das suas posições jurídicas se encontra disciplinado normativamente. Em caso de litígio, a actuação, quer da Administração, quer dos particulares é examinada à luz da lei aplicável por um órgão – o tribunal – que visa exprimir com referência à situação concreta os juízos legais. E, perante a lei, a posição jurídica da Administração é estruturalmente igual à dos particulares, não à do tribunal. O conteúdo das posições de uma e de outros é que pode diferir, de acordo com a lei concretamente aplicável.

A vontade da Administração concretizada em relação a um determinado particular tem, assim, apenas e só o valor que a lei lhe conferir para a situação em causa. Em especial, as faculdades de actuação unilateral adquirem uma relevância técnico-funcional no sentido de assegurarem a satisfação eficaz e eficiente de tarefas e missões definidas pelo legislador democrático. Na verdade, a Administração está ao serviço da lei: os poderes que esta lhe confere destinam-se a satisfazer os interesses que a mesma coloca a cargo da Administração. São poderes jurídicos funcionalizados à satisfação de interesses igualmente jurídicos. É a legalidade de uns e de outros que no Estado de Direito democrático veicula a respectiva legitimidade[117].

Deste modo, o acto administrativo exprime não uma autoridade particular da Administração, mas uma faculdade de actuação da mesma no quadro de uma dada relação jurídica de que o particular destinatário também é sujeito. De igual modo, a possibilidade de execução desse acto, até ao limite do uso da força, também se integra em relações jurídicas de que tanto a Administração exequente como o particular executado são sujeitos. Consequentemente, é necessário considerar as posições jurídicas subjectivas de uma e do outro. Por outras palavras, no âmbito da actividade administrativa, incluindo a de execução, os particulares não são meros objectos da actuação de um poder que prossegue fins próprios, mas, tal como a própria Administração, são sujeitos de direitos e de deveres.

---

[117] Trata-se da função de legitimação material inerente à legalidade democrática que, juntamente com os modos de legitimação funcional e institucional e organizatórios e pessoais, permitem estabelecer e garantir uma efectiva influência do povo sobre o exercício do poder público (cfr. *infra*, na Terceira Parte, o n.º 22, alínea c), ponto (ii)).

58 Estado de Direito Democrático e Administração Paritária

O conceito de Estado de Direito consagrado constitucionalmente determina, por isso, um reposicionamento da Administração e dos particulares nas suas relações recíprocas com implicações nos conceitos de legalidade administrativa, de acto administrativo e mesmo de justiça administrativa. Com efeito, o citado reposicionamento constitucional do poder executivo obriga a abandonar a ideia de um poder superior ao qual se encontraria submetido o particular e que se exprimiria através de actos de autoridade. Hoje vigora uma paridade entre Administração e administrados na subordinação à lei: nas suas relações recíprocas ambos podem exercer apenas aquelas posições jurídicas que a lei prevê em relação a tais situações; e tão vinculativos são, para os particulares, os poderes administrativos concretos como, para a Administração, os direitos de liberdade. Consequentemente, a substituição da unilateralidade e superioridade típicas do Estado de Direito formal por uma reciprocidade fundadora do próprio Estado e das suas relações com os cidadãos vai determinar uma subjectivização tendencial da lei administrativa e a consequente perspectivação da Administração e dos particulares como sujeitos de relações jurídicas conformadas pela mesma lei.

Neste quadro relacional o acto administrativo inscreve-se necessariamente apenas como um dos possíveis modos de actuação da Administração. E o processo administrativo, sem prejuízo de poder continuar a assegurar o controlo da legalidade da actuação administrativa, constitui, na sua função principal, uma especificação da garantia fundamental de "acesso ao direito e aos tribunais para defesa dos [...] direitos e interesses legalmente protegidos" de cada um, ou seja, dos seus *iura* – as posições jurídicas subjectivas de direito material –, correspondendo, por isso, a um modo de concretização de verdadeiras *actiones*[118].

O esclarecimento das questões suscitadas pela posição jurídica recíproca da Administração e dos particulares no quadro do actual Estado de Direito exige que se comece por clarificar os tipos de conexões possíveis entre a Administração e a Constituição. Com

---

[118] Cfr. os arts. 20.º, n.º 1, e 268.º, nos 4 e 5, ambos da Constituição da República Portuguesa.

efeito, o direito administrativo é correlativo do Estado constitucional, nomeadamente da ideia de separação dos poderes. No Estado absoluto, embora existisse actividade administrativa, a sua perspectivação jurídica não era diferente das demais actividades exercidas pelos poderes públicos, reconduzindo-se todas elas, no essencial, à vontade do rei.

Sucede que a Constituição pode assumir em relação ao Estado constitucional e à sua Administração funções muito diversas. Ela pode, desde logo, ser concebida como mero quadro organizatório de um poder estatal preexistente; ou a mesma pode ser considerada como fundamento legitimador do próprio Estado. Num e noutro caso é diferente o modo como a Administração se posiciona perante os administrados: no primeiro, a mesma constituirá uma expressão do poder unitário do Estado, limitada pela Constituição e pela lei; no segundo, a Administração apenas poderá deter os poderes que constitucional e legalmente lhe forem conferidos. Acresce que a aplicabilidade imediata dos direitos fundamentais torna inexorável a consideração de um posicionamento recíproco da Administração e dos particulares em que estes deixam de poder ser vistos apenas como meros «objectos» dos cuidados dispensados pelo Estado por via da actuação administrativa.

Estes diferentes entendimentos subjazem ao modo como o direito administrativo tem sido entendido. Num primeiro momento, correspondente à sua origem, aquele ramo do direito tendia a conceber a Administração Pública como um poder. Posteriormente as aludidas modificações decorrentes da democratização do Estado de Direito vieram exigir uma reavaliação de tal perspectiva.

Em razão do exposto, haverá que começar por analisar a posição constitucional da Administração, nomeadamente o tipo de referência desta última à Constituição. Num segundo momento, examinar-se-ão as condições em que o direito administrativo emergiu no quadro do constitucionalismo moderno e que estão na origem da concepção tradicional da Administração como um poder. Finalmente, será considerada a nova compreensão das posições jurídicas recíprocas da Administração e dos particulares no quadro do Estado de Direito democrático.

Primeira Parte

A Administração Pública e a Constituição

6. A conexão entre direito administrativo e Estado constitucional

A questão da posição jurídica recíproca da Administração e dos particulares tende a ser perspectivada principalmente em função dos esquemas delineados para o controlo da actividade administrativa[1].

---

[1] Pretende-se aludir, em especial, à importância estruturante do fim prosseguido através do procedimento de controlo da actividade administrativa e que está na base da contraposição entre um contencioso objectivo (um procedimento que visa controlar a legalidade da acção administrativa), tal como concretizado em França e na Prússia sob a influência de von Gneist, e um contencioso subjectivo (um procedimento que visa tutelar os direitos subjectivos dos particulares), tal como concretizado nos Estados do Sul da Alemanha sob a influência de Sarwey. Sem que se trate de uma contraposição absoluta – um controlo objectivo pode proteger posições individuais e a tutela subjectiva também desempenha funções de controlo geral –, a verdade é que a perspectiva do fim de tal procedimento é aquela que permite sistematizar um número mais alargado de questões suscitadas a propósito do controlo da actividade administrativa (natureza da instância de controlo, poderes de tal instância, nomeadamente quanto à possibilidade de condenar a Administração, tutela cautelar e provisória). Sobre a citada importância, v., por exemplo, BROHM, "Zum Funktionenwandel der Verwaltungsgerichtsbarkeit" in NJW 1984, pp. 8 e ss. (8 e 9); KREBS, "Subjektiver Rechtsschutz und objektive Rechtskontrolle" cit., pp. 191 e ss.; e WAHL, "Vorbemerkung, § 42 Abs. 2", cit., Rn. 4 e ss (em especial, 6).

Saliente-se que na doutrina portuguesa, no seguimento da lição de MARCELLO CAETANO, é frequente estabelecer a distinção entre contencioso objectivo e contencioso subjectivo em razão da "índole das entidades que podem utilizar os meios contenciosos: o interessado em obter uma sentença favorável e o Ministério Público, aquele movido pela necessidade de garantia dos seus direitos, este pelo interesse geral da legalidade" (v. Autor cit., *Manual de Direito Administrativo*, II, 9.ª ed., 1972, 3.ª reimpressão, Coimbra, 1990, p. 1212 [a reimpressão apresenta-se como respeitante à 10.ª ed., a qual, todavia, não existiu]). A tal distinção não é, por isso, reconhecida qualquer importância estruturante: o procedimento de controlo é o mesmo independentemente da entidade que o inicie.

62   *Estado de Direito Democrático e Administração Paritária*

Apesar de existirem interligações, a mencionada questão é logicamente anterior e, até certo ponto, autónoma em relação a este último problema. Sucede, isso sim, que ambos têm um pressuposto comum no princípio da separação dos poderes, uma vez que só a partir desta é possível identificar a Administração e a sua actividade destinada a ser objecto de fiscalização e, bem assim, o parâmetro correspectivo – a legalidade.

Na verdade, a autonomização jurídica da administração pública, enquanto actividade imputável ao Estado, é correlativa daquele princípio no quadro de valores próprio do "constitucionalismo moderno"[2]: os sujeitos e órgãos responsáveis pelo exercício de tal actividade aparecem diferenciados dos demais poderes e órgãos do Estado (Administração em sentido subjectivo ou orgânico) e a actividade pública de administração surge bem individualizada relativamente às restantes actividades públicas (administração em sentido objectivo ou material)[3]. Esta autonomização da administração no seu duplo sentido resulta da lógica do aludido constitucionalismo em vista da limitação do poder pelo direito. Consequentemente, a mesma é decisivamente influenciada pelas características que este assumiu na experiência constitucional dos diferentes países[4].

Os poderes públicos exerceram desde sempre actividades materiais no interesse geral da colectividade com vista à satisfação regular e contínua das necessidades colectivas de segurança e de

---

[2] A Constituição em sentido moderno pretende, por um lado, fundar, ordenar e limitar o poder político, e, por outro lado, reconhecer e garantir os direitos e liberdades perante o mesmo poder. Trata-se de um conceito ideal enquadrado por uma perspectiva teórica – "constitucionalismo moderno" entendido como técnica específica de limitação do poder com fins garantísticos – e por uma perspectiva histórico-descritiva – "constitucionalismo moderno" enquanto movimento político, social e cultural que questiona nos planos político, filosófico e jurídico os esquemas tradicionais de domínio político e inculca uma nova forma de ordenação e fundamentação do poder político (assim, v. GOMES CANOTILHO, *Direito Constitucional...*, cit., pp. 51 e ss.).

[3] Sobre estes conceitos de administração, v., respectivamente, e por todos, DIOGO FREITAS DO AMARAL, *Curso...*, I, cit, pp. 34 e ss. e 39 e ss.

[4] Os "movimentos constitucionais" a que se reporta GOMES CANOTILHO, *Direito Constitucional...*, cit., p. 51.

bem-estar[5]. Acresce que tais actividades eram frequentemente disciplinadas por normas jurídicas e que as violações correspondentes podiam ser sancionadas pelos tribunais. Também é verdade que existiam muitas excepções às regras – nomeadamente, dispensas e privilégios – não fundadas em critérios pré-definidos e que os tribunais conheciam diversas limitações – orgânicas e funcionais – no respeitante à fiscalização daquelas actividades. No limite, a coerência do sistema era salvaguardada devido à concentração do poder no rei. Este era o soberano e a sua vontade era a lei, como, além disso, também era na sua vontade que, em última análise, se fundava a decisão dos litígios (especialmente aqueles que o opunham a particulares) e, bem assim, a decisão concreta de agir em vista dos interesses gerais.

A emergência do Estado constitucional com a ideia de divisão de funções ou de separação dos poderes[6] veio alterar profundamente esta situação, uma vez que impôs a subordinação das actuações concretas dos poderes públicos à «vontade geral», isto é, à vontade do povo – o novo soberano – expressa sob a forma de lei, em regra, geral e abstracta. Assim, a mesma actividade material exercida no interesse geral da colectividade passa a ter de ser enquadrada pela

---

[5] Como refere BENVENUTI, "qualquer que tenha sido o contexto político e social da comunidade humana, sempre nela existiu, necessariamente, um tipo de actividade que corresponde, em substância, aos elementos da administração actual" (v. Autor cit., *Disegno della amministrazione italiana – linee positive e prospettive*, Padova, 1996, p. 6). A tal propósito, o mesmo Autor também justifica o "ler a história segundo a visão moderna da Administração, a fim de ver o que da mesma é possível identificar, como suas raizes, no que já desapareceu" (v. *idem, ibidem*). Em vez de um «fazer a história», também aqui as incursões históricas a fazer se limitarão – e muito mais sinteticamente ainda – à "utilização dos factos e dados da história para a compreensão do presente" (v. *idem, ibidem*), nomeadamente para a elaboração de modelos de compreensão.

No que se refere à história do direito da Administração anterior às revoluções liberais, v. as "leituras" de BENVENUTI, *Disegno della amministrazione...*, cit., pp. 10 e ss. (feudalismo, sistema dos comuns e principados, Estado absoluto e Estado de polícia); de OTTO MAYER, *Deutsches Verwaltungsrecht*, I, cit., pp. 25 e ss. (direitos senhoriais e Estado de polícia); de DIOGO FREITAS DO AMARAL, *Curso...*, I, cit., pp. 51 e ss. (Estado oriental, Estado grego, Estado romano, Estado medieval, Estado corporativo e Estado absoluto); e, com especial referência a Portugal, de MARIA DA GLÓRIA GARCIA, *Da Justiça Administrativa em Portugal – Sua origem e evolução*, Lisboa, 1994, pp. 27 e ss. (Estado de Justiça e Estado de Polícia).

64   *Estado de Direito Democrático e Administração Paritária*

lei, sob pena de não ser possível a sua imputação ao soberano, o mesmo é dizer, compreendê-la como manifestação do poder público. O sentido exacto da legalidade administrativa assumirá diversas modalidades. Por ora, o que importa salientar é que a lei, enquanto expressão do poder político, se tornou a fonte legitimadora da administração pública e que, por conseguinte, esta passou a ter de se definir por referência àquela[7].

Daqui resulta, por outro lado, uma estreita conexão entre o direito administrativo e o Estado constitucional e o seu direito: o primeiro existe porque este último exigiu uma distinção entre os poderes legislativo e administrativo[8]. Mais: as características do direito administrativo são determinadas pelo direito constitucional em que o mesmo se baseia, visto ser a este que compete definir cada um dos poderes em que se analisa a soberania do Estado e os termos das respectivas relações. Tem, por isso, plena justificação a tese de Fritz Werner de que o direito administrativo é direito constitucional concretizado[9].

---

[6] Sobre a relação entre «poderes do Estado» e «funções do Estado», v., por exemplo, MARCELLO CAETANO, *Manual de Ciência Política e de Direito Constitucional*, I (Introdução. Estudo descritivo de algumas experiências constitucionais estrangeiras. Teoria geral do Estado), 6.ª ed., Lisboa, 1970, pp. 202 e 203; e adiante o n.º 8.

[7] Parece não ser outro o alcance do conceito de administração em sentido material proposto por MARCELLO CAETANO, *Manual de Direito Administrativo*, I, cit., p 8 (v., em especial, a referência às "orientações gerais traçadas pela Política"). Mais claramente ainda, DIOGO FREITAS DO AMARAL propõe uma reformulação da noção do mesmo conceito de administração em sentido material que apresentara algumas páginas antes, a fim de que este possa tomar em consideração o quadro constitucional das funções do Estado (Autor cit., *Curso* ..., I, cit., respectivamente, pp. 39 e 50; v., em particular, a introdução do inciso "sob a direcção ou fiscalização do poder político").

[8] No texto omite-se a referência ao poder judicial, uma vez que aí apenas está em causa a conexão entre direito administrativo e Estado constitucional. Sobre a autonomização do poder judicial face ao legislativo e, no quadro da função executiva, relativamente ao poder administrativo, v. adiante.

[9] V. Autor cit., DVBl. 1959, p. 527. Já antes Ludwig v. Rönne (1883) sustentara que "a administração se deve realizar com o sentido e o espírito da Constituição, pelo que o direito administrativo deve ter como base os princípios constitucionais, tanto formais como materiais, e jamais os pode violar" (cfr. SCHMIDT-AßMANN, *Das allgemeine Verwaltungsrecht als Ordnungsidee...*, cit., cap. 1, n.º 17, p. 10); e Lorenz von Stein (1887) defendera que a "administração é a Constituição em acção" (*die Verwaltung ist tätig werdende Verfassung*; cfr. RUPP, *Grundfragen...*, cit., p. 7 e nota 20). De resto, e

A *Administração Pública e a Constituição* 65

contrariamente ao que se poderia concluir a partir de uma leitura apressada do prefácio à 3.ª ed. do *Deutsches Verwaltungsrecht* de OTTO MAYER, este tem bem presente a interacção entre o direito constitucional e o direito administrativo: ao olhar para a respectiva história (*rectius*: pré-história), aquele Autor verifica que a mesma se processou por "saltos", os quais modificaram por completo as bases daquele ramo de direito. Assim, "a relação entre o poder público e os seus súbditos, cuja disciplina é objecto do direito administrativo, é, à partida, concebida de modo completamente diferente no Estado dos direitos senhoriais (*Staat der landesrechtliche Hoheitsrechte*) por comparação com o Estado de polícia e, bem assim, no Estado de Direito do presente" (v. Autor cit., *Deutsches Verwaltungsrecht*, I, cit., p. 25; para a explicação da tese afirmada no citado prefácio, v. *infra*, na Segunda Parte, o texto referente à nota 350 e a nota 388).

RUPP, que além da posição de Werner, refere também as posições, de sentido idêntico, de Bachof, Reuss e Zeidler (v. Autor cit., *ibidem*, nota 21), infere da proposição citada no texto "uma ligação indissolúvel (*eine unlösbare Klammer und Verhaftung*) entre a estrutura constitucional e o direito administrativo (v. Autor cit., *ibidem*, p. 7). Sobre o conceito de estrutura constitucional e a sua importância, cfr. *infra*, na Terceira Parte, o n.º 23, alínea a), ponto (iv), e JESCH, *Gesetz und Verwaltung*, cit., pp. 67 e ss.

Sobre a interacção direito constitucional – direito administrativo, v. ainda SCHMIDT--AßMANN, *Das allgemeine Verwaltungsrecht als Ordnungsidee...*, cit., cap. 1, n.ºs 19 e 21, respectivamente, pp. 11 e 12 e pp. 12 e 13 (a tarefa de definição sistemática mais importante do direito constitucional é a de determinar os termos da relação fundamental entre o cidadão e a Administração; nessa perspectiva, cfr. a conhecida Decisão sobre Assistência Social (*Fürsorgeentscheidung*) do *Bundesverwaltungsgericht* de 24 de Junho de 1954 – "o indivíduo, embora subordinado ao poder, não é súbdito, mas cidadão. Por isso, e em regra, ele não pode ser mero objecto da acção do Estado. Ao invés, ele é reconhecido como uma personalidade autónoma, moralmente responsável e, como tal, titular de direitos e de deveres" [BVerwGE 1, 159 (161)] – e *infra*, na Terceira Parte, o n.º 24); WAHL, "Die Aufgabenabhängigkeit von Verwaltung und Verwaltungsrecht" in HOFFMANN-RIEM, SCHMIDT-AßMANN e SCHUPPERT (Hrsg.), *Reform des Allgemeinen Verwaltungsrechts – Grundfragen*, Baden-Baden 1993, pp. 177 e ss., p. 212 (a fórmula de Fritz Werner respeita, em primeira linha e com maior eficácia, ao direito administrativo geral: este tem a função de articular juridicamente o direito constitucional e a disciplina normativa contida em leis administrativas especiais, pelo que o mesmo se deve tornar uma espécie de correia de transmissão para que os dados jurídicos constitucionais se tornem eficazes no âmbito das matérias administrativas concretas e do respectivo tratamento); e SCHMIDT-DE CALUWE, *Der Verwaltungsakt...*, cit., pp. 272 e ss. (a modificação da situação constitucional irradia para todo o direito administrativo, penetrando a dogmática dos respectivos institutos).

Na doutrina portuguesa, v, por exemplo, MARCELLO CAETANO, *Manual de Direito Administrativo*, I, cit., p. 51: "sem dúvida, o Direito Político, compreendendo as normas que regulam a estrutura do Estado, designam as suas funções e definem as atribuições e os limites dos órgãos supremos do poder político, está na base de todo o sistema de Direito público de um país. Mas o Direito Administrativo tem com ele maior conexão do que qualquer outro ramo de direito, pois as suas normas e instituições são o corolário dos princípios fundamentais da orgânica do regime e do sistema político"; no mesmo sentido

66 *Estado de Direito Democrático e Administração Paritária*

A ideia de soberania popular, que marca o Estado constitucional mesmo naqueles casos de soberania partilhada entre o povo e o rei – as monarquias constitucionais –, encontra o seu fundamento teórico na ideia do contrato social: a justificação do poder político resulta da autonomia e da autodeterminação dos indivíduos, já que esta última é transformada, mediante o contrato, em poder de disposição social. Contudo, a partir daqui divisa-se uma separação clara: "para uma orientação que culmina com Rousseau, o princípio da autonomia desloca-se do indivíduo para o povo; este é perspectivado como um todo unitário e é detentor daquela liberdade, autodeterminação e soberania que no estado de natureza competia ao indivíduo; a liberdade deste realiza-se na sua participação na vontade colectiva que é soberana. Para a outra orientação, representada por John Locke e pela Declaração de Independência dos Estados da Nova Inglaterra de 1776, o princípio da autonomia determina, além da constituição do poder político, também o respectivo fim, o qual consiste na garantia dos direitos naturais do indivíduo, operando, por isso, em termos de limitação do poder"[10].

---

afirma DIOGO FREITAS DO AMARAL, *Curso...*, I, cit., p. 171: "o Direito Constitucional está na base e é o fundamento de todo o direito público de um país, mas isso é ainda mais verdadeiro, se possível, em relação ao Direito Administrativo, porque o Direito Administrativo é, em múltiplos aspectos, o complemento, o desenvolvimento, a execução do Direito Constitucional: em grande medida as normas de Direito Administrativo são corolário de normas de Direito Constitucional". Em síntese, e como refere JORGE MIRANDA, *Manual de Direito Constitucional*, I (Preliminares. O Estado e os sistemas constitucionais), 7.ª ed., Coimbra, 2003, p. 19, o direito administrativo e o direito constitucional surgiram ambos na sequência do constitucionalismo moderno.

MARIA DA GLÓRIA GARCIA atribui à citada afirmação de FRITZ WERNER não o sentido da definição de uma correlação, em si mesma materialmente aberta (mais ou menos liberal ou autoritária), mas um sentido materialmente determinado: "de um lado, indicia a base jurídica da acção do Estado, permitindo ver esta como um todo; de outro, faz participar a administração do poder que o Estado exerce, retirando-lhe o estatuto de menoridade a que a caracterização estritamente executiva da lei, da concepção liberal, conduzira – a administração abandona o papel de mera função executiva e assume-se como poder" (v. Autora cit., *Da Justiça Administrativa em Portugal...*, cit., pp. 528 e 529).

[10] Assim, BÖCKENFÖRDE, "Demokratie als Verfassungsprinzip" in ISENSEE, KIRCHHOF (Hrsg.), *Handbuch des Staatsrechts der Bundesrepublik Deutschland*, Band II (Verfassungsstaat), 3. Auflage, Heidelberg, 2004, § 24, Rn. 3, p. 431. O mesmo Autor, no que se refere ao conceito de democracia norte-americano, salienta a respectiva orientação primordialmente liberal, pautada pelos direitos individuais: tal democracia visa a insti-

A *Administração Pública e a Constituição* 67

Deste modo, o conceito de Estado constitucional não é unívoco: define-se, por contraposição ao Estado moderno, em virtude de negar a concentração do poder soberano exclusivamente no rei; positivamente, porém, pode significar realidades distintas em função do conceito de Constituição considerado. Com efeito, relativamente ao Estado constitucional e aos seus poderes, a mesma pode ser entendida como um mero quadro organizatório ou, ainda antes e além disso, como o respectivo fundamento legitimador. Fazendo a Administração Pública parte de um dos poderes constituídos – o poder executivo –, é evidente a importância de tal diferença para a compreensão da própria Administração.

E, na verdade, a posição constitucional desta última assume significados muito diversos no contexto das diferentes experiências constitucionais, marcadas, além do mais, também por estilos culturais e circunstâncias históricas específicas. São exemplos: a Administração como sujeito de direito comum submetida à jurisdição dos tribunais comuns; a Administração como um poder público submetida à fiscalização de órgãos integrados na própria Administração; e a Administração como sujeito de um direito especial – o direito administrativo – submetida à fiscalização de tribunais de uma ordem diferente da dos tribunais comuns, a ordem dos tribunais administrativos. Esta diversidade evidencia que, embora partindo de uma mesma perspectiva básica – justamente a ideia de limitação do poder

---

tuição de um *government* destinado a garantir direitos naturais de que cada um já é titular pelo simples facto de ter nascido; um poder político soberano, superior ao direito vigente, não só não existia, como não era necessário, já que não estavam em causa reformas políticas e sociais contra a resistência de camadas até então privilegiadas. Diferentemente, na tradição da Europa Continental, o conceito de Estado surge impregnado pela ideia de soberania – um poder supremo e absoluto –, pelo que o citado conceito de democracia não pode ser transposto para esta realidade sem mais (cfr. o Autor cit., *ibidem*, Rn 85, p. 486). Em todo o caso, hoje, mesmo nas democracias continentais, as interligações (*Verschränkungen*) entre o princípio do Estado de Direito e o princípio democrático asseguram tanto uma "liberdade *no* processo democrático" como uma "liberdade *perante* ou *face* ao processo democrático, de modo a que a liberdade não se reduza à possibilidade de participação democrática (*demokratische Mitwirkungsfreiheit*; cfr. *idem, ibidem*, Rn 92 e ss., pp. 489 e ss., e, em especial, Rn 94, p. 490; SCHMIDT-AßMANN, "Der Rechtsstaat" in ISENSEE, KIRCHHOF (Hrsg.), *Handbuch des Staatsrechts der Bundesrepublik Deutschland*, Band II, cit., § 26, Rn. 96, p. 598; e *infra* , na Terceira Parte, o n.º 22, alínea c), ponto (iii).

68   Estado de Direito Democrático e Administração Paritária

público inerente ao constitucionalismo moderno –, às diferentes experiências constitucionais correspondem modos distintos de compreensão, de fundamentação e de limitação daquele poder – *rule of law* (constitucionalismo inglês[11]), o *reign of law* entendido a partir da ideia de *always under law*[12] (constitucionalismo norte-americano), *État légal* (constitucionalismo francês) e *Rechtsstaat* (constitucionalismo alemão) – os quais, por sua vez, vão determinar o modo de conceber e entender a Administração, a sua submissão ao direito e aos correspectivos órgãos de fiscalização. A mesma diversidade evidencia igualmente a importância do citado posicionamento constitucional da Administração para a compreensão do tipo de relação fundamental que esta mantém com os particulares.

Tal relação e a evolução por ela registada ao longo da história do constitucionalismo contribui ainda decisivamente para explicar as diferenças no que toca às relações entre direito objectivo e direito subjectivo nos âmbitos jusprivatístico e juspublicístico[13]. Enquanto no primeiro, uma vez autonomizado o direito subjectivo da *actio*, o direito objectivo, enformado pelo princípio da autonomia privada, prevê e garante as pretensões materiais daqueles que, como sujeitos das mesmas, as podem concretizar; o direito público, diferentemente, nasce da submissão da Administração ao direito, encontrando-se o problema da sua subjectivização indissociavelmente ligado ao reconhecimento de um estatuto jurídico dos particulares.

---

[11] Embora respeite ao Reino Unido da Grã-Bretanha (Inglaterra, País de Gales e Escócia) e Irlanda do Norte, justifica-se falar em constitucionalismo inglês (ou britânico) em virtude de o direito constitucional de toda a Grã-Bretanha assentar e vir na continuidade imediata do da Inglaterra (assim, JORGE MIRANDA, *Manual...*, I, cit., p. 124; v., também, MARCELLO CAETANO, *Manual de Ciência Política e de Direito Constitucional*, I, cit., pp. 48 e 49).

[12] V., quanto aos descritores, GOMES CANOTILHO, *Direito Constitucional...*, cit., p. 94.

[13] É a tese defendida por RUPP em relação ao direito administrativo alemão, mas generalizável aos demais sistemas da família romano-germânica. V., por último, a síntese da sua posição em "Unsicherheiten zum Thema des subjektiven öffentlichen Rechts" in BRENNER, HUBER e MÖSTL (Hrsg.), *Der Staat des Grundgesetzes – Kontinuität und Wandel – Festschrift für Peter Badura zum siebzigsten Geburtstag*, Tübingen, 2004, pp. 995 e ss. (em especial, pp. 997 e ss.).

7. Soberania e Estado moderno

Cumpre começar por esclarecer o conceito de Estado moderno. Este é frequentemente identificado como Estado soberano: a soberania, enquanto poder supremo na ordem interna e independente na ordem externa, seria uma das características essenciais do Estado moderno[14]. Tal Estado, devido ao *summum imperium*, conserva a paz ou estabelece-a, tanto interna como externamente. É a velha ideia da *pax romana* transposta para uma idade em que a força já não reside no império mas nos Estados-nações emergentes, a que também não foi alheio o fenómeno do Renascimento do Direito Romano e a sua recepção nos ordenamentos daqueles Estados (*rex imperator in regno suo*)[15-16].

---

[14] V., por exemplo, JORGE MIRANDA, *Manual...*, I, cit., pp. 63 e ss.; GOMES CANOTILHO, *Direito Constitucional...*, pp. 89 e 90. Segundo o primeiro daqueles Autores, o Estado moderno de tipo europeu apresenta, para lá das características gerais da entidade política Estado (v. *ibidem* pp. 47 e 48), as seguintes características específicas: carácter nacional (a comunidade histórica de cultura como factor de unificação política), carácter secular ou laico e carácter soberano (*ibidem*, pp. 63 e 64).

MARCELLO CAETANO, que se reporta ao Estado moderno – "a forma que nos nossos dias reveste a sociedade política nos países civilizados" e que se caracteriza pelo senhorio de um território, pela funcionalização do poder (um meio ao serviço do interesse geral) e, bem assim, pela despersonalização do mesmo (titular do poder é a colectividade, limitando-se os governantes a exercê-lo como suporte dos órgãos da mesma colectividade); cfr. *Manual de Ciência Política e de Direito Constitucional*, I, cit., p. 122 – e para quem a soberania é uma forma do poder político – v. *ibidem*, p. 132 –, compreende este último como "um irresistível poder de domínio" apoiado na possibilidade do emprego da coacção que a sociedade política reivindica com superioridade sobre todas as outras formas sociais (v. *ibidem*, p. 7) ou como "uma autoridade de domínio, isto é, que impõe obediência a quantos pertençam à sociedade política, constrangendo-os à observância das normas jurídicas e quebrando resistências eventuais" (v. *ibidem*, pp. 9 e 10; v. também a definição de poder político constante da p. 130). Para o mesmo Autor, o poder político é a razão de ser da sociedade política: "forma-se e organiza-se essa sociedade porque é necessário que o poder político se institua como único meio eficaz de definição do Direito Comum essencial à convivência pacífica" (v. *ibidem*, p. 8). Sobre a concepção de Estado de MARCELLO CAETANO, cfr. *infra* o n.º 19, em especial a alínea a).

[15] Salienta a importância do despontar das nações e da recepção do Direito Romano, por exemplo, JORGE MIRANDA, *Manual...*, I, cit., p. 68.

[16] OTTO MAYER em *Deutsches Verwaltungsrecht*, I, cit., p. 54, refere-se ao poder do Estado, enquanto um poder geral e imperativo, "no sentido da velha *majestas populi Romani*". Em "Zur Lehre vom öffentlich-rechtlichen Vertrage" in *Archiv des öffentlichen*

Do ponto de vista jurídico, a soberania pode analisar-se em dois elementos: a faculdade de estabelecer o direito e o monopólio da força[17]. O primeiro significa a disponibilidade do direito por decisão unilateral do Estado; o segundo a execução ou aplicação prática do direito estabelecido unilateralmente pelo Estado, recorrendo, se necessário, a meios de coerção física. O monopólio da força apresenta ainda um lado negativo e outro positivo: salvo situações de necessidade, é excluído o uso da força por parte de particulares; a faculdade do uso da força é atribuída apenas ao Estado e em vista da preservação ou da consecução da paz, tanto no interior das suas fronteiras, como fora delas.

As razões que determinaram a emergência do conceito de soberania são complexas e o modo como a mesma se concretiza varia de Estado para Estado[18]. Como explica Marcello Caetano, a palvra «soberania» "foi posta em voga com o sentido actual por um escritor francês do século XVI, Jean Bodin, cujo tratado intitulado *Les six*

Rechts, 1888, 1 ss (p. 33), o mesmo Autor refere expressamente que "a ideia de Estado dos romanos foi redescoberta no que se refere à relação entre Estado e súbdito, pelo menos na medida em que a mesma revista natureza jurídico-pública".

[17] Assim, v. HAVERKATE, *Verfassungslehre – Verfassung als Gegenseitigkeitsordnung*, München, 1992, pp. 26 e ss. V., também, BÖCKENFÖRDE, "Geschichtliche Entwicklung und Bedeutungswandel der Verfassung" in *Staat, Verfassung, Demokratie. Studien zur Verfassungstheorie und zum Verfassungsrecht*, 2. Aufl., Frankfurt a.M., 1992 (publicado originalmente em JA 1984, pp. 325-332), pp. 29 e ss. (33). No mesmo sentido, MARCELLO CAETANO – para quem a soberania é uma forma do poder político correspondente à sua plenitude enquanto poder político supremo e independente (v. *infra* a nota 19 e o texto correspondente) – afirma "íntimas relações de interdependência" entre o direito estadual e o poder político: este "é o instrumento de definição e imposição do direito positivo, e a realização dessa função jurídica legitima a força em que essencialmente o poder consiste" (v. Autor cit., *Manual de Ciência Política e de Direito Constitucional*, I, cit., p. 288); o mesmo poder "serve de seu [do direito positivo] suporte como autoridade e [realiza-o] como aparelho de coacção" (v. *idem, ibidem*, p. 302).

[18] Nesse sentido, v., por exemplo, STOLLEIS, Michael, "Die Idee des souveränen Staates" in *Der Staat – Zeitschrift für Staatslehre, öffentliches Recht und Verfassungsgeschichte*, Beiheft 11 (*Entstehen und Wandel verfasssungsrechtlichen Denkens*), Berlin, 1996, pp. 63 e ss. (66 e 67). V., também, HAVERKATE, ob. cit., pp. 30 e 31. No respeitante à doutrina portuguesa, v. uma indicação sintética das diversas situações (incluindo uma referência específica ao caso português) em JORGE MIRANDA, *Manual...*, I, cit., pp. 71 e ss.

livres de la Republique e publicado em 1580 ficou clássico. Na altura em que Bodin escreveu (1576) a Europa mal tinha saído da Idade Média que assentara o poder político no *pacto feudal*: os vassalos prometiam fidelidade e obediência a um suserano em troca da protecção que este lhes dispensava e o suserano por sua vez podia ser vassalo de outro. As relações de autoridade nasciam, pois, de pactos de fidelidade pessoal. Os reis eram vassalos do Imperador do Sacro Império e dependiam também, nas matérias que pudessem relacionar-se com os fins espirituais dos homens, do Sumo pontífice, chefe da Cristandade, isto é, chefe da sociedade dos povos cristãos. Por outro lado, nos países feudais os reis eram apenas suseranos, entre outros, e nem sempre os mais importantes senhores do reino. Ora é para afastar de vez estas concepções políticas que Bodin expõe a doutrina da soberania. Cada povo erigido em Estado (a *República* no sentido romano) tem um Príncipe soberano. A soberania quer dizer: em relação a todos quantos constituem o Estado, um *poder supremo* que dita a lei e nenhuma lei positiva limita (*princeps a legibus solutus*); e em relação a todos os outros poderes humanos, um *poder independente*. A soberania (*maiestas, summum imperium*) significa, portanto, um *poder político supremo e independente*, entendendo-se por poder supremo aquele que não está limitado por nenhum outro na ordem interna e por poder independente aquele que na sociedade internacional não tem de acatar regras que não sejam voluntariamente aceites e está em pé de igualdade com os poderes supremos dos outros povos"[19].

É frequente ver defendida, no plano da teoria do Estado, a necessidade de um poder soberano como condição da paz interna. É o caso, por exemplo, de Isensee: o Estado moderno é a "superação

---

[19] V. Autor cit., *Manual de Ciência Política e de Direito Constitucional*, I, cit., pp. 131 e 132; itálicos no original. Quanto à importância do conceito de soberania na teoria do Estado, v., por exemplo, MARCELLO CAETANO, *ibidem*, p. 132 ("*poder político e soberania* não são a mesma coisa. A soberania é uma forma do poder político, correspondendo à sua plenitude: é um poder político *supremo e independente*", o que deixa de fora o poder político dos Estado federados e dos Estados protegidos; itálicos no original); e JORGE MIRANDA, *Manual...*, I, cit., pp. 70 e 71.

institucional da guerra civil"[20]. Para o efeito, a monarquia absoluta –
a primeira forma que revestiu o Estado moderno – submeteu e desar-
mou todas as partes actuais e potenciais num conflito desse tipo,
reservou para si o *ius belli*, afirmou a superioridade do seu poder
sobre todos e, por essa via, tornou-o apto a decidir vinculativa e
definitivamente quaisquer conflitos internos[21]. Deste modo, a monarquia absoluta desenvolveu as estruturas fundamentais do Estado
moderno.

O mesmo entendimento aparece igualmente perfilhado ao nível
da teoria política. Thomas Hobbes, por exemplo, defendeu a necessidade de um Estado absoluto como condição necessária da paz
social e da própria vida em sociedade: o Leviatã ou aquele *"Deus
Mortal*, ao qual devemos, abaixo do *Deus Imortal*, a nossa paz e
defesa"; a liberdade individual, correspondente ao estado de natureza,
ao invés, constituiria um impedimento à vida em sociedade, já que
"durante o tempo em que os homens vivem sem um poder comum
capaz de os manter a todos em respeito, eles [encontram-se] naquela
situação a que se chama guerra; e uma guerra que é de todos os
homens contra todos os homens. [Numa tal situação] não há sociedade [...] e a vida do homem é solitária, pobre, sórdida, selvagem e
curta"[22].

---

[20] V. Autor cit. "Staat und Verfassung" in ISENSEE und KIRCHHOF (Hrsg.), *Handbuch des Staatsrechts der Bundesrepublik Deutschland*, Band II, cit., § 15, Rn. 83, p. 52.
Segundo o mesmo Autor, o Estado moderno corresponde ao modelo universalmente
reconhecido de poder político e é o Estado por antonomásia (cfr. *idem, ibidem*, Rn. 61,
p. 41). O seu "problema vital (*das Lebensproblem*) do Estado moderno consiste em saber
se hoje as forças históricas que o fizeram nascer e desenvolver a partir do Renascimento
ainda são eficazes" (v. *idem, ibidem*). Cfr. a sua caracterização *idem, ibidem*, Rn. 65,
pp. 43 e 44.

[21] V. *idem, ibidem*, Rn. 83, p. 52. E o mesmo Autor prossegue: o Estado constitucional assumiu as estruturas fundamentais do Estado moderno, tal como configuradas pela
monarquia absoluta, adaptou-se-lhes e desenvolveu-se a partir das mesmas (cfr. *idem,
ibidem*).

[22] V. Autor cit., *Leviatã ou Matéria, Forma e Poder de um Estado Eclesiástico e
Civil*, trad. de João Paulo Monteiro e Maria Beatriz Niza da Silva, Lisboa, 1995, capítulos
XVII ("Das causas, geração e definição de um Estado"), p. 146, e XIII ("Da condição
natural da humanidade relativamente à sua felicidade e miséria"), p. 111; itálico no original. A justificar a ideia do "Deus Mortal", é conhecida a imagem que figura na portada de
tal obra: "por trás dum monte, um gigante coroado, composto de mil homúnculos, tendo

A própria teorização do Estado de Direito não ficou imune à atracção exercida pelo conceito de soberania. Böckenförde, por exemplo, refere que a "doutrina do Estado de Direito" (*rechtsstaatliches Denken*) tem a tendência de fundar e explicar o Estado moderno apenas a partir do direito sem, todavia, o compreender ao mesmo tempo como o suporte determinante da formação do direito que, mediante o estabelecimento de uma situação de normalidade – a paz interna – cria as condições indispensáveis para a vigência do direito legislado: "a dialéctica do direito e do poder, tal como a do direito e do Estado, não é reflectida no conceito de Estado de Direito. Por isso, caso o Estado de Direito não seja tomado (apenas) como uma parte, mas a totalidade da ordem estatal, surge uma doutrina do Estado de Direito «introvertida» [expressão de Forsthoff] que não considera as condições de possibilidade do próprio Estado de Direito. Por muito importante que seja a garantia da liberdade própria do Estado de Direito para uma ordem estatal hoje, nenhum Estado pode constituir-se ou conservar-se apenas com base na garantia daquela liberdade. É necessário um fio que una, uma força que confira homogeneidade, que é anterior àquela liberdade e que conserva o Estado como unidade política"[23].

Contudo, na discussão entre críticos e apologistas do conceito de soberania não está em causa a consideração do poder no âmbito do direito constitucional, visto que ninguém pretende pensar o direito dissociado do poder de o realizar coercivamente. O núcleo da discussão é outro: os críticos do conceito de soberania advertem contra um apoio ingénuo ao poder estatal, salientando os perigos inerentes

---

na mão direita uma espada, um báculo na esquerda, aos pés uma majestosa cidade e sobre a cabeça o moto bíblico: *non est potestas super terram quae comparetur ei*" (é a descrição feita por PAULO MERÊA, "Suárez – Grócio – Hobbes", estudo publicado em 1941 e republicado em PAULO MERÊA, *Estudos de Filosofia Jurídica e de História das Doutrinas Políticas*, Lisboa, 2004, pp. 297 e ss. [p. 329]). Sobre a doutrina política de HOBBES, v., na doutrina portuguesa, além do estudo citado, DIOGO FREITAS DO AMARAL, *História das Ideias Políticas*, vol. I, 4.ª reimpr. da edição de 1998, Coimbra, 2004, pp. 351 e ss., em especial, pp. 374 e ss.

[23] V. Autor cit., "Entstehung und Wandel des Rechtsstaatsbegriffs" in *Recht, Staat, Freiheit. Studien zur Rechtsphilosophie, Staatstheorie und Verfassungsgeschichte*, 2. Aufl., Frankfurt a.M. 1992 (publicado originalmente em *Festschrift für Adolf Arndt zum 65. Geburtstag*, Frankfurt a.M. 1969, pp. 53-76), pp. 143 e ss. (168 e 169).

à soberania do Estado; os apologistas do mesmo conceito referem, ao invés, o aspecto domesticador e pacificador daquele mesmo poder, considerando que a alternativa à soberania é a anarquia[24].

Por outro lado, no respeitante ao Estado de Direito, o que importa é determinar o sentido exacto em que tal Estado é «de Direito», isto é, qual a função deste último relativamente à concepção do próprio Estado e aos poderes que o mesmo necessariamente exerce e, bem assim, no que se refere aos direitos reconhecidos aos seus cidadãos.

Acresce que, não só a realidade histórica, não permite corroborar as mencionadas asserções relativas à paz interna, como o monopólio da força por parte do Estado tem um alcance menos linear do que aquele que comummente lhe é atribuído. A este propósito, salienta muito justamente Görg Haverkate[25] que aquele monopólio pode ter um duplo alcance: o poder de conservar ou de estabelecer a paz implica igualmente a possibilidade de a quebrar. O Estado moderno, com tal monopólio, é tanto a "superação institucional da guerra civil" de que fala Isensee, como a "pré-condição institucional" para a mesma, uma vez que a "guerra civil" em causa significa a luta pela conquista do poder do Estado entre grupos sociais ou comunidades autónomas. Aquele dos contendores que o conseguir conquistar poderá impor aos demais, em nome do monopólio estatal da força, a deposição das armas. Ou seja, a conquista do aparelho de poder parece assegurar uma superioridade sobre os demais grupos sociais – esta seria a primeira causa para a guerra civil. A segunda é conexa: perante o abuso do poder estatal e a opressão exercida através do Estado, os grupos submetidos procurarão libertar-se das cadeias que os amarram.

Mais importante ainda – sendo este aspecto o que verdadeiramente importa para a compreensão actual do Estado – é a insuficiência do ponto de vista da guerra civil para esclarecer a relação entre o indivíduo e o Estado. Com efeito, o individualismo de natureza reli-

---

[24] Cfr. HAVERKATE, ob. cit., p. 27.
[25] V. Autor cit., ob. cit., p. 32.

A Administração Pública e a Constituição 75

giosa que impeliu a Reforma[26] é apenas parte de uma consciência mais geral relativa ao valor e importância do indivíduo que despertou no Renascimento. "O Estado moderno, que surge nessa altura, é um modelo de ordenação que pressupõe o indivíduo como um dado fundamental. O Estado em apreço é «moderno», não por causa da soberania que exerce – o exercício centralizado do poder já havia existido noutros tempos e em outros lugares –, mas porque se vê confrontado com o problema da liberdade individual. E está em causa tanto a liberdade daqueles que querem mandar, como a liberdade daqueles que têm de obedecer"[27].

Na verdade, os pontos de apoio da ideia de Estado moderno surgiram no Renascimento: a autonomização do indivíduo – que deixa de ser visto como parte de uma ordem objectiva que antecede o próprio poder do Estado –, a idealização do Estado – que é concebido como um projecto a realizar no futuro, frequentemente, em termos de utopia – e a associação destas duas ideias no contrato social: este é celebrado pelos indivíduos em vista da definição conjunta do projecto de Estado que, juntos também, pretendem tornar real. Como sintetiza Haverkate, "o próprio Estado moderno é o

---

[26] Sobre a importância da Reforma, v. SOBOTA, *Das Prinzip Rechtsstaat. Verfassungs- und verwaltungsrechtliche Aspekte*, Tübingen, 1997, pp. 304 e 305: "o Estado moderno retira o poder à Igreja e assume de forma irrestrita toda a actividade em prol do bem comum". Segundo a mesma Autora, o Estado constitucional e jurisdicional correspondente ao Sacro Império Romano-Germânico transforma-se num Estado administrativo: uma nova organização com tarefas por cumprir e que, portanto, tem de ajustar os meios aos fins. Por isso, o mesmo Estado tende para a centralização, para a uniformização e para a gestão por autoridades; o direito correspectivo assume a forma de instruções internas e a sua aplicação concretiza-se numa «justiça de gabinete».

[27] V. HAVERKATE, ob. cit., p. 33. Na verdade, para poder mandar no seu domínio, o senhor tinha de ser independente; e ao exercer livremente o seu poder, o senhor também se confrontava com a liberdade dos súbditos. BENVENUTI refere, a este propósito, "um sistema de «liberdades senhoriais»" e as liberdades dos "burgueses" ou "comuns" (cfr. Autor cit., *Disegno della amministrazione...*, cit., pp. 10 e 11). Sobre a liberdade como dimensão do poder, v. também MARCELLO CAETANO, *Manual de Ciência Política e de Direito Constitucional*, I, cit., p. 5: é "a possibilidade de impor aos outros o respeito da própria conduta" em vista da prossecução do interesse colectivo nas relações com os membros da sociedade política e com as outras sociedades da mesma espécie (cfr. igualmente *idem, ibidem*, p. 280).

76   Estado de Direito Democrático e Administração Paritária

resultado mais importante do individualismo da Idade Moderna"[28]. Tal Estado, num primeiro momento, "não é mais do que o projecto de uma Constituição que devia tomar o lugar de uma ordem mais antiga. Nessa medida, importa reconhecer que foi a Constituição que criou o Estado moderno; o Estado moderno surgiu a partir de um projecto de Constituição e foi marcado por tal projecto: é a Constituição preconizada pela doutrina da soberania que, desde logo, cria o Estado moderno"[29].

São, por conseguinte, compreensíveis as dificuldades de superação deste individualismo radical. Mesmo os Autores ou construções teóricas anti-individualistas – *maxime* o caso de Thomas Hobbes – acabam por lhe prestar o necessário tributo: as teorias do Estado, com ressalva das utopias colectivistas de finais do Séc. XIX, princípios do Séc. XX, tiveram, desde então, de perspectivar a ordem política a partir do indivíduo[30]. Em especial, quer o absolutismo, quer a sua negação – o Estado subordinado ao direito – procuram enquadrar-se naquele modelo contratual. Para o efeito terá contribuído decisivamente a tentativa de, na sequência do desaparecimento da unidade religiosa, encontrar na razão humana um novo denominador comum que servisse de base à unidade do Estado necessária à paz social[31].

---

[28] V. Autor cit., ob. cit., p. 34, que acrescenta: "o conceito de indivíduo está, desde logo, contido no conceito de Estado moderno. Este representa uma resposta específica ao problema da liberdade individual".

[29] V. *idem, ibidem*, p. 41.

[30] É o que HAVERKATE refere como "questão incómoda e problemática": o Estado moderno como projecto de carácter individualista (*den individualistischen Entwurfscharakter des modernen Staates*; cfr. Autor cit., ob. cit., p. 35).

[31] Nestes termos, cfr. HAVERKATE, ob. cit., p. 48; v., também, SOBOTA, ob. cit., pp. 304 e 305. Como o primeiro daqueles Autores observa, a referência comum ao contrato social, como facto constitutivo da sociedade, todavia, não obstou a que a mesma fosse perspectivada em termos radicalmente opostos: na base de teorias do Estado que contemplam a separação dos poderes e a vinculação desta aos direitos fundamentais; e na base de teorias homólogas em que o Estado dispõe livremente do direito (v. *ibidem*, p. 49). É que, conforme refere, o contrato social evidencia na maior parte das teorias seiscentistas e setecentistas uma dupla natureza, em virtude da sua filiação racionalista: enquanto princípio constituinte, aquele contrato corresponde a uma proposta de reformulação do direito positivo fundada na união recíproca dos cidadãos; contudo, o mesmo contrato surge também como um imperativo racional: as teorias nele fundadas apresentam-

A Administração Pública e a Constituição

Tal modo de equacionar o problema do Estado, nos casos em que justamente se procurou neutralizar o elemento subjectivo do respectivo conceito, e independentemente dos objectivos políticos visados, teve como característica comum a compreensão daquele como uma realidade objectiva, indisponível e não conformável através da acção dos cidadãos[32]. As construções teóricas em apreço são todas fixadas no conceito de soberania: todas elas conservam a "estrutura de unilateralidade" conexa ao respectivo conceito[33]. Esta consiste mais exactamente num conjunto de instrumentos que emer-

---

-se como ditados da razão (*Vernunftdiktate*), tendo em conta, ora que o conteúdo contratual corresponde ao resultado de uma dedução de princípios racionais, ora que aquele contrato é um dado histórico e que, portanto, o seu cumprimento é exigido com base no princípio jusracionalista *pacta sunt servanda* (v. *ibidem*, p. 54). Deste modo, apesar de aquelas teorias anunciarem o princípio da livre união recíproca dos cidadãos, a verdade é que, por força de um "princípio da racionalidade concebido em termos de monólogo unilateral" (*das monologisch-einseitig aufgefaßte Vernunftprinzip*), acabam por encerrar tal reciprocidade numa prisão (v. *idem*, *ibidem*). Por isso, o que sobressai nessas teorias contratualistas é a sua unilateralidade: o direito – expressão da razão – resulta não de uma descoberta partilhada entre aqueles a quem se destina, mas de uma decisão da autoridade esclarecida ou iluminada.

[32] Neste sentido, v. HAVERKATE, ob. cit., p. 34: o impulso individualista inicial é esquecido ou encoberto. O mesmo Autor descreve nas páginas seguintes os diversos esquemas delineados para fazer esquecer, esconder ou ultrapassar o ponto de partida individualista. Saliente-se, após a Revolução Francesa, o que HAVERKATE designa por "produção consciente de mitos" – mitos do poder – em vista do confronto com a perspectiva individualista (*ibidem*, pp. 37 e 38): o "mito do Estado enquanto fim em si mesmo" (a continuidade jurídica do Estado é reinterpretada como independência fundamental da vontade dos indivíduos; o Estado é um organismo), o "mito do povo" (o Estado representa um instrumento ao serviço do povo, entendido como realidade a-histórica e supra-individual e contraposta ao somatório dos indivíduos existentes em cada momento) e o "mito do movimento da história" (o Estado ao serviço das instituições sociais que são retiradas da disponibilidade dos indivíduos). O elemento comum a todos estes mitos é a apresentação do Estado como realidade objectiva indisponível e não conformável pelos indivíduos nas suas relações recíprocas e a sua consequente fixação no poder desse mesmo Estado, na sua soberania.

Na doutrina portuguesa v., por exemplo, na linha do mencionado "mito do povo", a concepção orgânica da colectividade constitutiva da sociedade política Estado defendida por MARCELLO CAETANO: à luz da mesma, a «soberania popular» releva como «soberania do Estado» (cfr. Autor cit., *Manual de Ciência Política e de Direito Constitucional*, I, cit., p. 278; v. também *infra* o n.º 19, alínea a)).

[33] V. HAVERKATE, ob. cit., p. 38.

78 Estado de Direito Democrático e Administração Paritária

giram com o Estado moderno: faculdade normativa unilateral, poder tributário, execução unilateral do direito e monopólio da força. É a atracção exercida por tal estrutura, nomeadamente a sua aparente necessidade para a manutenção da ordem, que explica a tese da soberania como aspecto nuclear do Estado moderno.

8. A Constituição e o Estado constitucional: a perspectiva teorético-constitucional

A Constituição moderna[34] e o Estado constitucional são conceitos correlativos: aquela reporta-se necessariamente (mas não exclusivamente) ao poder do Estado; este é constitucional, desde logo, por o seu poder se encontrar dividido e, por isso, organizado nos termos de uma Constituição. Esta última pode ser compreendida a partir de diversos pontos de vista o que, por sua vez, implica diferentes entendimentos do Estado constitucional. Como defende Gomes Canotilho, se o constitucionalismo (moderno) é uma teoria normativa do gover-

---

[34] Ou seja, aquela que resulta do constitucionalismo moderno – "a ordenação sistemática e racional da comunidade política através de um documento escrito no qual se declaram as liberdades e os direitos e se fixam os limites do poder político" – entendida como "conceito ideal" com o sentido e o alcance referidos por GOMES CANOTILHO, *Direito Constitucional...*, cit., pp. 52 e 53. No mesmo sentido, v. SOBOTA, ob. cit., pp. 28 e 29: a Constituição, enquanto elemento do Estado de Direito, não é, do ponto de vista do seu conteúdo, neutral, porquanto deve equacionar a questão do modo como o detentor da autoridade (*Hoheitsträger* – coroa, Estado, povo) exerce o seu poder e, bem assim, o problema de saber como devem ser estruturadas determinadas relações entre ele e os restantes destinatários da Constituição (súbditos, cidadãos). Tais objectos de regulamentação, qualquer que seja a solução concretamente adoptada, obrigam a que alguns sectores do exercício do poder sejam subordinados ao direito e a que se admita a existência de determinadas relações disciplinadas pelo direito entre o detentor de autoridade e aqueles que lhe estão submetidos. Cria-se, assim, uma ordem jurídico-pública que, no mínimo, limita o poder da autoridade.

Sobre os antecedentes ideológicos e históricos do constitucionalismo, v. BENVENUTI, *Disegno della amministrazione...*, cit., pp. 24 e ss. (iluminismo, enciclopedismo, liberalismo). Contudo este Autor não estabelece qualquer relação entre a modernidade e o constitucionalismo; *rectius*, para ele, as concepções políticas modernas surgem apenas em setecentos, na sequência das revoluções científicas do século anterior, designadamente Newton e, mais remotamente, Galileu.

A Administração Pública e a Constituição

no limitado e das garantias individuais, justifica-se a abordagem desta teoria a partir de modelos de compreensão, ou seja, de estruturas teoréticas capazes de explicar o desenvolvimento da ideia constitucional[35].

---

[35] V. Autor cit., *Direito Constitucional...*, cit., p. 55. O objectivo do tipo de abordagem em causa "é fornecer *modelos de compreensão* das palavras e das coisas que estão na génese do constitucionalismo moderno" (v. *idem, ibidem*; itálico no original). O mesmo Autor refere, a tal propósito, os modelos historicista, individualista e estadualista, segundo um critério fundamentalmente histórico-genético.

A perspectiva seguida no texto, ao invés, é fundamentalmente teorético-constitucional: procura atender ao modo como a questão da liberdade individual e da consequente autonomia da sociedade perante o Estado – os problemas maiores da modernidade constitucional – são considerados ao nível da própria compreensão da Constituição e, por conseguinte, também, do Estado constitucional. Está, assim, em causa a própria legitimidade da ordem de domínio consubstanciada no Estado – o problema da legitimação do Estado e da sua Constituição: porque é que uma dada Constituição vale como direito positivo? Porque é devida obediência aos comandos estatuídos pelos órgãos constitucionais? De resto, GOMES CANOTILHO parece referir-se a uma perspectiva deste tipo a propósito da reserva de Constituição: "em termos teorético-constitucionais, a reserva de constituição implica também a ideia de todos os poderes políticos serem conformados normalmente pela constituição em vez de serem considerados como entidades pré-constitucionais às quais a constituição traria apenas limites jurídicos" (v. Autor cit., *Direito Constitucional...*, cit., p. 247, nota 7).

É àquelas questões que desde o aparecimento do Estado moderno no Séc. XVI procuram responder duas proposições normativas (*Sollenssätze*) alternativas e que correspondem, respectivamente, às normas fundamentais de determinados modelos de compreensão do Estado e da sua Constituição (cfr. HAVERKATE, ob. cit., pp. 101 e ss.). A norma fundamental do modelo da unilateralidade é a de que se deve obedecer à vontade daquele que detém o poder político; a norma fundamental do modelo da reciprocidade é a de que o indivíduo é vinculado pelo acordo resultante da troca de declarações de vontade com outros indivíduos, ou seja, de declarações de vontade recíprocas (v. *idem, ibidem*, p. 102). Como HAVERKATE bem salienta, as duas proposições em análise constituem premissas; nenhuma delas deriva de uma dada ordem jurídica, uma vez que a pretensão de ambas é justamente a de fundar tal ordem jurídica (v. *idem, ibidem*). Daí que a questão colocada a propósito de cada ordem jurídica e com referência ao Estado constitucional seja a de saber qual a proposição mais adequada à sua compreensão e explicação: o indivíduo é vinculado juridicamente pela decisão de quem detém o poder ou porque consente em vincular-se por acordo com os demais? Neste segundo caso – a hipótese da norma fundamental fundada no acordo dos indivíduos – é óbvio que não são apenas os indivíduos que são vinculados, mas também o Estado: assim como cada indivíduo fica obrigado àquilo a que, juntamente com todos os outros, tenha dada o seu consentimento, o Estado fica vinculado a exercer apenas os poderes que lhe tenham sido atribuídos por tal acordo.

Saliente-se que as mencionadas proposições se propõem explicar, não só a formação do direito (*Rechtsentstehung*), mas também a sua validade ou vigência (*Rechtsgel-*

80   *Estado de Direito Democrático e Administração Paritária*

Nessa perspectiva, e colhendo inspiração na proposta de Haverkate[36], importa analisar, no quadro do próprio Estado constitucional, a contraposição entre um modelo de unilateralidade e um modelo de reciprocidade entendidos, cada um deles, como conjuntos de teorias normativas que têm, respectivamente, uma perspectiva básica ou princípio comum com referência à formação do direito e ao fundamento da sua validade e, bem assim, à vinculação jurídica do Estado[37-38].

---

tung): segundo o modelo da unilateralidade, o direito vale desde que seja positivado pelo órgão estatal competente sem necessidade de qualquer aceitação adicional por parte dos cidadãos; já segundo o modelo da reciprocidade, o direito vale com base na vontade daqueles que se encontram em relação de reciprocidade. "Dado que esta relação de reciprocidade se vai reconstituindo permanentemente – o nascimento de novas gerações evidencia-o bem – a aplicação do direito positivo é constantemente mediatizada pela vontade dos destinatários das normas" (assim, v. HAVERKATE, ob. cit., p. 104). O modelo da reciprocidade implica, por conseguinte, "uma teoria do contrato [social] que se renova constantemente" (v. *idem, ibidem*).

[36] Este Autor, ob. cit., pp. 6 e ss., na verdade, desenvolve a sua tese a partir da contraposição de duas ideias constitucionais: a liberal, fundada na autodeterminação do povo, e a autoritária, fundada no poder do Estado. O Estado constitucional contrapõe-se ao Estado absoluto e a outras formas autoritárias, entre as quais também a monarquia constitucional. Para uma comparação entre esta última e o Estado constitucional, v. BÖCKENFÖRDE, "Geschichtliche Entwicklung und Bedeutungswandel der Verfassung" cit., pp. 33 e ss. e pp. 42 e ss.

A linha argumentativa seguida no texto pretende chamar a atenção para a divisão que se estabelece no âmbito do próprio Estado constitucional e que está intimamente ligada com a posição recíproca dos particulares e dos poderes públicos, em especial no que respeita à Administração.

[37] A abordagem de HAVERKATE visa esclarecer qual a teoria constitucional mais adequada à compreensão das opções fundamentais do Estado constitucional e das questões a que as mesmas procuram dar resposta. A hipótese de que parte é a de que a Constituição do Estado constitucional é, na sua essência (*Kern*), uma ordem jurídica de reciprocidade entre os cidadãos (v. Autor cit., ob. cit., p. 1). Esta integra necessariamente estruturas de unilateralidade as quais, todavia, só se podem fundar em estruturas de reciprocidade e que, além disso, têm de ser por estas complementadas (v. *ibidem*, p. 46). As teorias em causa são normativas no sentido em que procuram compreender e criticar a Constituição e, bem assim, redescobrir ou reformular as questões a que as opções fundamentais da Constituição vieram dar resposta (v. *ibidem*, p. 45). Por isso, têm de pensar por alternativas: têm de equacionar os problemas como se as respostas não tivessem sido dadas definitivamente. Deste modo, as controvérsias fundamentais permanecem sempre actuais.

[38] Aos modelos referidos no texto poderia acrescentar-se uma perspectiva dialógica, tal como preconizada por HENKE: a ordem jurídica para abarcar, reflectir e ordenar a

realidade da vida quotidiana, que é constituída por relações entre pessoas concretas, tem de se estruturar, não a partir do indivíduo isolado com as suas pretensões nem a partir da ordem objectiva de que aquele seja apenas um elemento não autónomo, mas com fundamento na relação jurídica. Esta é concebida como a disciplina de uma relação real entre pessoas que se encontram ligadas entre si juridicamente mediante a atribuição recíproca de direitos e deveres. "A opção pela relação jurídica como fundamento de todos os direitos subjectivos significa, no que se refere ao direito público, que não é nem o indivíduo soberano com o seu círculo de autonomia delimitado pelos direitos fundamentais nem o Estado soberano, enquanto «ordem de domínio» (*Herrschaftsordnung*), ou a sociedade, enquanto «sistema de funções» (*Funktionssystem*), mas sim a relação entre, por um lado, o Estado – os cargos, as autoridades e as pessoas que neles agem – e, por outro lado, o cidadão que é colocada na base de toda a sistematização jurídica do direito administrativo, compreendendo-se tal relação como relação jurídica determinada pelas leis" (v. HENKE, "Das subjektive Recht im System des öffentlichen Rechts – Ergänzungen und Korrekturen" in DÖV 1980, pp. 621 e ss. [623]).

Sucede que uma tal perspectiva, ao tomar o Estado e seu poder como um dado elementar da experiência quotidiana sem procurar esclarecer a sua própria constituição jurídica, acaba por se reconduzir inexoravelmente ao modelo da unilateralidade. E, na verdade, aquele Autor, embora reconduzindo os poderes de autoridade a direitos subjectivos, perspectivando-os, por conseguinte no quadro de uma relação jurídica (cfr. *idem*, *ibidem*), não deixa de reconhecer à Administração um «direito de declaração» (*Feststellungsrecht*) que se concretiza na prática dos actos administrativos e que seria determinante da sua supremacia relativamente ao particular (cfr. *idem*, *ibidem*, p. 628). Com efeito, segundo HENKE, a maior parte das vezes a Administração só pode opor o seu direito material (uma dada pretensão) ao particular na forma resultante do exercício de um direito (formal) de declaração, ou seja, praticando um acto administrativo que, à semelhança de uma sentença judicial, declara o direito naquela situação concreta. Como aquele Autor reconhece, "este «direito de declaração» da Administração é o verdadeiro núcleo da sua «supra-ordenação» relativamente ao cidadão" (v. *ibidem*). Com efeito, "as pretensões jurídico-públicas começam por ter, tal como as jurídico-privadas, um carácter material; mas, diferentemente destas, surgem em princípio ligadas com direitos subjectivos formais destinados à respectiva declaração e execução. Que a autoridade, enquanto titular de pretensões materiais, tenha simultaneamente o direito formal de as declarar e que, na maior parte dos casos, tenha igualmente esse direito em relação às pretensões materiais que lhe sejam opostas pelos cidadãos, caracteriza o direito público no seu todo e, de modo especial, o direito subjectivo público" (v. *idem*, *ibidem*). Numa outra ocasião o mesmo Autor explicitou o seu conceito de relação jurídica em termos que tornam a sua posição inquivocamente unilateral: "no Estado de Direito também uma relação de supra-ordenação (*ein Überordnungsverhältnis*) – antes dizia-se: relação de poder – é uma relação jurídica. A supra-ordenação consiste apenas em que aquele que actua no exercício de um cargo pode determinar unilateralmente para o cidadão aquilo que para ele deve valer como direito (*was für ihn Rechtens sein soll*) – ao contrário do que sucede no direito civil, onde tal só pode acontecer de forma consensual, por via bilateral -; e «relação jurídica» significa que, para o fazer, ele tem de ter um direito" (v. Autor cit., "Wandel der Dogmatik des öffentlichen Rechts" in *Juristenzeitung* 1992, pp. 541 e ss. [543]).

82 Estado de Direito Democrático e Administração Paritária

O primeiro continua o modelo pré-constitucional. A sua base é o conceito de Estado soberano. Este é perspectivado como uma organização com uma substância e um valor autónomos que procura realizar os seus fins exercendo em vista dos mesmos todos os poderes necessários. É uma realidade institucional *a se* ao serviço de fins que lhe são próprios. A sociedade e os súbditos estão-lhe subordinados. É essa circunstância que, a partir do momento em que no seio da sociedade surgem com força própria exigências de autonomia, justifica a necessidade de uma limitação do poder do Estado. Esta implica a necessidade de distribuir aquele poder por diversas instâncias o que, por sua vez, exige um determinado quadro organizatório. O objectivo da separação dos poderes neste quadro conceptual é a obtenção de um *status mixtus* em vista da aludida limitação do poder do Estado. Na verdade, e como sintetiza Joachim Martens, em tal quadro, "a evolução histórica é caracterizada pelo esforço de defender o cidadão individual perante todas as manifestações do poder superior e originário do Estado"[39].

---

[39] V. Autor cit., "Der Bürger als Verwaltungsuntertan?" cit., p. 111. E o mesmo Autor acrescenta: "depois de os direitos adquiridos – que, pelo menos teoricamente, conferiam ao respectivo titular uma posição jurídica paritária (*eine zumindest theoretisch gleichgeordnete Rechtsposition*) à do senhor – terem sucumbido perante a soberania do Estado, a limitação jurídica do poder deste último figurou no primeiro plano de todos os esforços ordenados à protecção do indivíduo" (v. *idem, ibidem*). Todavia, por causa da citada substituição, "quando na segunda metade do Séc. XIX se descreveu a relação entre o Estado-poder e o cidadão referenciado como súbdito em termos de direito e contra-direito, a mesma já não significava uma relação entre direitos iguais, mas uma relação de subordinação" (v. *idem, ibidem*). Na verdade, depois de a «lei geral» ter substituído aqueles direitos e de a mesma «lei» se ter afirmado como uma unidade valorativa que faz a síntese dos interesses individuais e do interesse colectivo, só lentamente se chegou à conclusão de que, na sua aplicação ao caso concreto, aquela unidade valorativa podia ser frustrada devido à incorrecta aplicação da lei pelo órgão competente para a mesma (v. *idem, ibidem*). Sobre tal evolução, v. ERICHSEN, *Verfassungs- und verwaltungsgerichtliche Grundlagen der Lehre vom fehlerhaften belastenden Verwaltungsakt und seiner Aufhebung im Prozeß – ein dogmengeschichlicher Beitrag zu Rechtsbindung, Rechtswidrigkeit und Rechtsschutz im Bereich staatlicher Eingriffsverwaltung*, Frankfurt a.M. 1971, em especial, pp. 24 e ss. (*die Rechtsbindung der Staatsgewalt im Territorialstaat bis zum Ende des Reichs*), 64 e ss. (*der Rechtsschutz gegen Maßnahmen der Staatsgewalt*), 121 e ss. (*die Rechtsbindung der Staatsgewalt* – agora já no Séc. XIX) e 207 e ss. (*Rechtsschutz gegen fehlerhafte Eingriffsverfügungen der Verwaltung*).

A *Administração Pública e a Constituição* 83

No plano infra-constitucional os cidadãos (e a sociedade), sem prejuízo da cidadania activa, continuam a caracterizar-se pela sua sujeição: perante o exercício concreto do poder são, à partida, meros objectos e não sujeitos. Como poder que é, o Estado actua unilateralmente tanto para estabelecer o direito, como para o executar[40]; a sua expressão prototípica é a ordem do poder público. Segundo o modelo em análise, vale como direito a decisão da autoridade legítima, uma vez que tal modelo postula a necessidade de existência no âmbito do Estado de um poder que institua e garanta a ordem objectiva[41].

O modelo da reciprocidade perspectiva o Estado como união dos cidadãos – a sua relação de reciprocidade (*das Gegenseitigkeitsverhältnis*) – mediada pela Constituição, a qual consagra e garante o duplo papel daqueles – enquanto sujeitos que activamente conformam as normas e a elas se subordinam[42]. Nesta concepção o Estado é uma realidade de tipo associativo fundada na união daqueles que em cada momento histórico integram a sociedade. E o direito é constituído pelo acordo resultante de recíprocas declarações de vontade dos cidadãos. A Constituição é perspectivada como ordem de reciprocidade, nos termos da teoria do contrato social: ela é o resultado e a expressão da união dos indivíduos. Deste modo, o direito e

---

[40] V. HAVERKATE, ob. cit., pp. 39 e 42.

[41] V. *idem*, *ibidem*, pp. 39 e 106. V. também *ibidem*, p. 149, a caracterização de uma ordem de unilateralidade (*Einseitigkeitsordnung*): do ponto de vista formal, a Constituição e demais ordenamento jurídico são positivados pela instância do Estado competente e valem por força de tal positivação; materialmente, as normas jurídicas não carecem de ser legitimadas pela verificação de que as mesmas também poderiam resultar da declaração recíproca dos cidadãos.

[42] V. HAVERKATE, ob. cit., pp. 39 e 108. Sobre a essencialidade da mediação constitucional ou jurídica, v. *ibidem*, pp. 144 e ss. Com efeito, uma ordem de reciprocidade constituída sobre normas jurídicas impede que os homens se matem uns aos outros (contrariando, assim, a reciprocidade elementar e imediata baseada numa antropologia pessimista: *homo homini lupus*), através do monopólio da força; ao mesmo tempo tal ordem permite – mas não obriga – que os homens se amem uns aos outros (não impondo a reciprocidade elementar e imediata baseada numa antropologia optimista: como o estado de natureza descrito por Rousseau), mediante o princípio da liberdade. V. a caracterização de uma ordem de reciprocidade (*Gegenseitigkeitsordnung*), *ibidem*, p. 149: do ponto de vista formal, positivação da mesma através de recíprocas declarações de vontade – acordo, contrato; materialmente, o conteúdo das normas jurídicas é determinado pela união factual ou hipotética dos cidadãos.

84 Estado de Direito Democrático e Administração Paritária

a Constituição fundam-se na intenção declarada dos cidadãos de se vincularem reciprocamente. Acresce que a Constituição institui órgãos com competências normativas e de execução. Ou seja, o Estado *qua tale* é uma abstracção; não tem uma existência própria ou autónoma fora da Constituição. Os seus poderes existem apenas e na medida da previsão constitucional. Por isso, também não se justifica uma sua limitação; o que está em causa é, no essencial, uma divisão de funções: saber qual o tipo de órgão mais adequado para cada uma das funções imputadas constitucionalmente ao Estado.

A diferença fundamental deste modelo face ao da unilateralidade consiste em que a base de todo o direito, incluindo o que é positivado pelos órgãos infra-constitucionais, continua a ser a promessa de vinculação recíproca dos cidadãos. Todo o direito vale por causa do consentimento e na medida do consentimento dos cidadãos unidos no contrato, ou seja, segundo a medida daquilo que foi e é querido pelos cidadãos ou que teria sido querido pelos mesmos[43]. O direito, em última análise, constitui as autoridades legítimas e impõe-se-lhes; não é uma consequência da vontade destas últimas.

---

[43] V. HAVERKATE, ob. cit., pp. 39 e 104 (a teoria da reciprocidade reporta-se a um contrato que se renova constantemente). No mesmo sentido, BÖCKENFÖRDE salienta que "justamente a utilização da figura do contrato significa que no início, e antes de todo o compromisso social e político, está o indivíduo considerado de per si. O Estado surge a partir da decisão dos indivíduos determinada pela razão e pela conveniência, os quais desse modo exercem a sua liberdade originária e consentem na respectiva limitação. Do mesmo modo, também as tarefas e fins do Estado, que são fixados no respectivo contrato constitutivo, estão na disponibilidade dos indivíduos" (v. Autor cit., "Demokratie als Verfassungsprinzip" cit., Rn. 36, p. 453). E o mesmo Autor, reportando-se ao poder constituinte, defende que este último, que pertence ao povo, tem de evidenciar uma relação com o povo histórico-concreto, enquanto realidade política. O poder em causa consiste, assim, na força e autoridade do povo de gerar uma Constituição com a sua normativa pretensão de validade, de a sustentar e de a afastar. Nesta perspectiva, aquele poder não se esgota no seu exercício pontual, nomeadamente na aprovação de uma Constituição, mas subsiste durante toda a sua vigência, sustentando-a e conferindo-lhe força normativa. "Caso falte, relativamente às opções fundamentais da Constituição, um apoio efectivo (*seinsmäßiger Getragensein*), permanente e sempre renovado nas convicções políticas e jurídicas da comunidade histórico-concreta correspondente ao Estado, a Constituição entra inexoravelmente num processo de erosão e a sua normatividade dilui-se entre convições político-constitucionais conflituantes que pretendem uma ordem diferente ou cai numa apatia geral" (v. Autor cit., "Die verfassungsgebende Gewalt des Volkes – Ein Grenzbegriff des Verfassungsrechts" in *Staat, Verfassung, Demokratie – Studien zur Verfassungstheorie und zum Verfassungsrecht*, Frankfurt a.M., 1991 (publicado originalmente em *Würzburger Vorträge zur Rechtsphilosophie, Rechtstheorie und Rechtssoziologie*, Heft 4, 1986), pp. 90 e ss. (99 e 100).

A *Administração Pública e a Constituição* 85

Verifica-se, deste modo, que os dois modelos se distinguem quanto à origem e significado do direito público. Segundo o modelo da unilateralidade, sendo o Estado uma realidade autónoma e anterior à Constituição, esta apenas organiza o modo como o poder daquele é exercido; aliás, a mesma e, bem assim, todo o restante direito público, nomeadamente o direito administrativo, já são expressões desse poder e da sua força. Diferentemente, nos termos do modelo da reciprocidade, tanto o Estado como o seu direito – isto é, aquele que é «posto» ou positivado pelos órgãos constituídos – se fundam na Constituição. Assim, no caso da unilateralidade, o Estado, porque é poder pré-constitucional, pode ser limitado e disciplinado, mas não é uma realidade *ab initio* juridicamente constituída e conformada por normas jurídicas que se lhe imponham; no caso da reciprocidade, o Estado (*rectius*: o conjunto dos poderes públicos constituídos) é, desde logo, uma realidade jurídica: existe apenas na medida das normas jurídicas que o constituem e é por elas conformado.

Para o modelo da unilateralidade o ponto de partida e a referência fundamental de todo o direito público é o «facto» poder político: este existe e a sua acção traduz-se na criação e imposição de direito. A vinculação jurídica de tal poder só é concebível como autovinculação: o próprio Estado declara vincular-se à ordem jurídica por ele estabelecida[44]. Já para o modelo da reciprocidade todo o direito

---

[44] A teoria da autovinculação do Estado, enquanto fonte de limitação do poder político, foi desenvolvida nomeadamente por Jellinek: "o Poder político é instaurado para estabelecer a Ordem jurídica em dado grupo social; daqui resulta que é da sua essência o constituir o suporte da Ordem jurídica. Pode esta Ordem ser uma ou outra, pode o Estado variar de Constituição, mas o que não seria concebível é que o Poder político tivesse a faculdade de abolir a Ordem jurídica e de estabelecer a anarquia, tornando impossível a sua própria subsistência. Em resumo: o Poder político é instituído para fazer reinar o Direito e não se compreende senão no exercício dessa sua função. O Poder político assim necessariamente limitado pela existência de uma Ordem jurídica que se traduz na sua Constituição e no acatamento voluntário das normas internacionais: é um poder *jurídico* e consequentemente tem de estar submetido ao direito" (v. MARCELLO CAETANO, *Manual de Ciência Política e de Direito Constitucional*, I, cit., p. 301; itálico no original).

Para uma crítica de tal teoria, v., entre muitos outros, HAVERKATE, ob. cit., pp. 103 e 104: em rigor, não há vinculação jurídica a um dado direito positivo e os padrões culturais não positivados mas enformadores da pré-compreensão constitucional não são sequer considerados; e MARCELLO CAETANO, *ibidem*, pp. 301 e 302, comentando o reconhecimento pelo próprio Jellinek do carácter relativo e formal da autovinculação do

Estado por si proposta: "o Estado pode libertar-se de todos os limites que tenha imposto a si próprio desde que o faça respeitando as formas do Direito e impondo-se novos limites. O que é permanente não é tal limite, em especial, mas a limitação em si"; o poder político "está limitado pela existência *das leis*, mas não se sabe *quais leis*. O Estado deve acatar as suas leis *enquanto as mantiver em vigor* mas pode, a todo o tempo, de acordo com as regras vigentes sobre a elaboração da legislação, revogá-las e substituí-las por outras leis" (itálicos no original).

Marcello Caetano afirma a juridicidade de todo o poder político também no sentido de que se trata de um poder que pretende ser legítimo (v., *idem, ibidem*, p. 141). Com efeito, "a instituição do poder político justifica-se [...] pela necessidade sentida num meio social de dar corpo a certos anseios de Justiça e de Segurança: ora isto corresponde já ao sentimento do direito, é a expressão de princípios superiores de um Direito Natural ou, como alguns dizem, a realização de uma «ideia de Direito». O Direito em obediência a cujos imperativos nasce o Poder político, como instrumento da sua tradução em Direito positivo, é, portanto, anterior e superior ao Estado" (v., *idem, ibidem*, p. 288).

Decerto que, em razão do seu carácter social e institucional, o poder político não se reconduz simplesmente à força factual. Como refere Baptista Machado, "o poder, seja ele qual for, não retira a legitimidade de si próprio, enquanto simples poder. Na sua actuação social tem, pois, que legitimar-se por referência a uma ideia de Direito ou de justiça – tem que trazer em si uma pretensão de legitimidade e uma pretensão de validade para a ordenação social a estabelecer. E o certo é que todo o poder social, mesmo o poder revolucionário, nos aparece sempre como Força portadora de um novo *Ethos*, de uma nova ideia de Direito – e se procura legitimar com base nessa sua pretensão ou *por remissão* para esse seu *sentido*" (v. Autor cit., *Introdução ao Direito e ao Discurso Legitimidor*, cit., p. 41; itálicos no original). Contudo, a aludida «ideia de Direito» só é cognoscível a partir da sua invocação concreta pelo poder político: parte-se necessaria-mente do resultado do exercício do poder – a ordem por este estabelecida – para o conhecimento da respectiva pretensão de validade – a verdade ou justiça material corres-pondente aos "princípios superiores de um Direito Natural" –, sendo certo que a mesma validade é invocada como fonte de legitimidade do próprio poder, já que este é entendido como "instrumento da sua tradução em direito positivo". No limite, prevalece uma noção de legitimidade de exercício, ou seja, aquela que é invocada pelo poder efectivo e, conse-quentemente, uma noção de direito justo que se reconduz ao direito positivo: o poder político é legítimo porque se encontra ao serviço do direito justo que invoca e a ordem jurídica que o mesmo estabelece é justa porque estabelecida por um poder legitimado naqueles termos. O ponto de partida continua, portanto, a ser o «facto político». Isso mesmo acaba por reconhecer Marcello Caetano quando afirma a impossibilidade de assegurar a limitação jurídica do poder político: "a *função política*, embora deva obedecer aos imperativos superiores do Direito Natural e corresponder no seu exercício às condi-ções e aspirações do Povo, não é susceptível de limitação efectiva mediante processos jurídicos. No exercício da função política o Estado é essencialmente *Poder*: a sua regra é a realização do *interesse geral*. Só por meios também políticos, isto é, também ordenados segundo o interesse geral, será possível tentar fazer com que o Poder se mantenha dentro de certa orientação e observe certos limites. [...] É aqui que o Estado aparece verdadeira-mente como soberano, pois as garantias políticas de limitação têm carácter precário, são falíveis visto no fundo serem manifestações do próprio Poder" (v. Autor cit., *ibidem*, p. 335; itálicos no original). Cfr. também *infra* a nota 54.

público se funda necessariamente na Constituição, ou seja, no acordo resultante das declarações dos indivíduos consentindo em vincular-se reciprocamente. A referência inicial e fundamental daquele direito é agora, por conseguinte, a união daqueles indivíduos[45]. E são os mesmos indivíduos, todos juntos, que mediante a previsão na lei fundamental constituem os poderes públicos. Estes surgem, assim, como poderes conformados juridicamente e, portanto, subordinados ao direito.

Na verdade, e como refere Schmidt-De Caluwe[46], enquanto o Estado não for pensado como constituído pelo direito e consequentemente o soberano não for por ele vinculado, a Constituição limita-se a ser um estatuto organizatório, uma espécie de lei orgânica que distribui competências, mas não consagra direitos. A ausência de determinações materiais para a legislação impede uma primazia da Constituição; as garantias de direitos fundamentais exprimem meras reservas de lei não previamente limitadas, desenvolvendo efeitos

---

[45] Cada um dos indivíduos em causa é, pelo seu lado, uma pessoa humana dotada de uma dignidade própria cuja tutela justifica e exige a existência do Estado. Consequentemente, a Constituição deste último, não só não implica a alienação daquela, como é *a priori* por ela limitada. A relação entre Estado e indivíduos não se reconduz, por isso, a uma simples relação de autoridade: à autoridade, ao poder, contrapõem-se os direitos fundamentais dos cidadãos. Estado e cidadãos são todos sujeitos de direito: o que um e outros podem fazer mutuamente é necessariamente mediado pelo direito. Cfr. *infra*, na Terceira Parte, o n.º 24.

Por outro lado, também devido à intangibilidade da citada dignidade pessoal, a socialidade inata de cada indivíduo não pode justificar a sua perspectivação e compreensão prevalentemente a partir de quaisquer grupos sociais. Mesmo quando integrado numa sociedade primária – família, município ou outra – o indivíduo tem de conservar intacta a sua autonomia fundamental. Não parece, deste modo, aceitável, neste particular, a relevância da distinção por vezes proposta entre individualismo e personalismo (v., por exemplo, MARCELLO CAETANO, *Manual de Ciência Política e de Direito Constitucional*, I, cit., p. 332, nota 1). Ao invés, nesta perspectiva, é de subscrever a afirmação de JORGE REIS NOVAIS: "num Estado baseado na dignidade da pessoa humana é a pessoa que é fim em si, como indivíduo singular e não enquanto membro de qualquer corpo ou realidade transpersonalista, seja a família, a corporação, a classe ou casta, a nação ou a raça; o Estado é instrumento que não existe para si, mas que serve as pessoas individuais, assegurando e promovendo a dignidade, autonomia, liberdade e bem-estar dessas pessoas concretas" (v. Autor cit., *Os Princípios Constitucionais Estruturantes da República Portuguesa*, Coimbra, 2004, p. 52).

[46] V. Autor cit., *Der Verwaltungsakt...*, cit., pp. 83 e 84.

apenas perante o executivo; o controlo jurisdicional da legislação é impensável devido à ausência de um parâmetro constitucional. Para a defesa das liberdades dos particulares aquela Constituição representa apenas um "mecanismo formal": o procedimento legislativo em que participa a representação parlamentar, a forma de lei que vincula o executivo e a actuação procedimentalizada (*Justizförmigkeit*) da Administração. A separação dos poderes assegura o domínio da lei. Contudo, esta exprime o poder ilimitado do legislador baseado no poder do Estado, e não na Constituição. Ou seja, a separação dos poderes – vista como a essência do constitucionalismo – corresponde substantivamente a uma simples divisão interna da soberania do Estado que, enquanto tal, subsiste intacta.

No pensamento alemão a distinção entre aqueles dois modelos tem uma correspondência com a influência de dois grandes filósofos: Kant e Hegel. Para este, a concretização da ideia de direito corresponde à realização da razão na história. O conceito de Estado defendido por Otto Mayer – "a colectividade organizada em que um povo se unifica para na história exprimir e desenvolver o seu carácter" (*Eigenart*)[47] – é directamente inspirado no de Hegel – "o povo, enquanto Estado, é o Espírito na sua substancial racionalidade e imediata realidade, logo o poder (*Macht*) absoluto sobre a Terra"[48]. O Estado é, nesta perspectiva, o instrumento de uma ideia superior, é uma realidade institucional. Já para Kant, o Estado é a união das pessoas sob leis, ou seja, corresponde a uma associação de pessoas destinada a possibilitar a prossecução dos respectivos fins individuais[49].

No primeiro caso, o Estado existe e actua em função de fins que transcendem as pessoas concretas que constituem o povo em cada momento histórico: os fins do Estado são autónomos e podem justificar o sacrifício daquelas pessoas. Na perspectiva em apreço, o poder legitima-se por ser exercido ao serviço da comunidade política

---

[47] V. Autor cit., *Deutsches Verwaltungsrecht*, cit., p. 1.

[48] Neste sentido, v. SCHMIDT-DE CALUWE, *Der Verwaltungsakt...*, cit., p. 58. No respeitante ao conceito de Estado de HEGEL, v. a sua obra *Grundlinien der Philosophie des Rechts*, ed. Suhrkamp Taschenbuch Wissenschaft, Frankfurt a.M., 1986, § 331, p. 498; e *infra*, na Segunda Parte, o n.º 18, alínea b), ponto (iii).

[49] V. *infra*, na Segunda Parte, em especial, o n.º 15, alínea b).

"considerada na sua continuidade e sem esquecer que a sobrevivência ou a mera felicidade das gerações futuras podem exigir sacrifícios das gerações presentes (*non per populum sed pro populo*)"[50].

No segundo caso, o Estado é uma realidade instrumental ao serviço daquelas pessoas: os fins do Estado são o resultado da agregação de interesses que pertencem às pessoas que em cada momento histórico integram o povo num quadro axiológico por elas reconhecido e aceite e de acordo com a respectiva mundividência. Como refere Haverkate, "o contrato social, cuja celebração se vai renovando, constitui sempre de novo e ao mesmo tempo limita o poder do Estado", visto que tal contrato assenta no consenso dos cidadãos enquanto destinatários das decisões do poder político[51].

A dupla função dos cidadãos, que existe necessariamente no quadro de uma democracia – como órgão legislativo ou legitimador da legislação e como destinatários das normas –, na perspectiva do modelo da unilateralidade e com referência à validade do direito, não é essencial mas meramente casual (*zufällig*)[52]. Com efeito, segundo o mesmo modelo, a validade objectiva do direito não tem de ser fundamentada: "quando o direito não é mais do que a vontade do detentor do poder, aquele que se encontra subordinado a tal vontade até pode obedecer-lhe – aliás, não tem alternativa; mas num tal modelo a «validade» do direito é um mero postulado"[53]. Por isso, as suas proposições normativas apresentam-se aos respectivos destinatários essencialmente como imperativos. A respectiva validade (no sentido de verdade ou justiça material), quando tematizada, é postulada apenas com referência à legitimidade (de título ou de exercício,

---

[50] Cfr. MARCELLO CAETANO, *Manual de Ciência Política e de Direito Constitucional*, I, cit., p. 279. O conceito de povo correspondente a tal perspectiva é, por isso mesmo, o de "uma entidade orgânica, é a sociedade política já organizada, compreendendo as pessoas singulares e as sociedades primárias integradas num todo dominado pelos interesses gerais e servido pelo poder" (v. *idem, ibidem*, pp. 277 e 278). Em tal enquadramento, e como o mesmo Autor esclarece, "em vez de *soberania popular*, há a *soberania do Estado*: o eleitorado não é soberano, não exerce nem transmite um direito originário, funcionando como mero órgão do Estado, no desempenho de uma actividade deste, para escolher os membros da minoria governante" (v. *idem, ibidem*; itálicos no original).

[51] V. Autor cit., ob. cit., pp. 104 e 105.

[52] V. HAVERKATE, ob. cit., p. 107.

[53] V. *idem, ibidem*.

90 Estado de Direito Democrático e Administração Paritária

não importa) da própria autoridade que os edita[54]. Assim, de acordo com o modelo em análise, o que o poder político legítimo faz ou

---

[54] Como HAVERKATE explica, existe uma certa continuidade entre o modelo da unilateralidade e um modelo de formação e validade do direito metafísico ou religioso ("Deus «quer» – e nessa medida constitui o direito. O direito, enquanto vontade de Deus, «vale» para aquele que está subordinado às normas"; v. Autor cit., ob. cit., p. 105). Com efeito, a proposição fundamental do modelo da unilateralidade – o que o detentor do poder quer, vale como direito – vive da circunstância de a autoridade positivadora do direito, em tempos, se ter legitimado por outra forma que não a mera referência ao poder efectivo do Estado, nomeadamente a vontade de um Deus-entidade pessoal ou o «querer» inerente ao «ser» de uma ordem objectiva. Nesta mesma linha aquele Autor considera que as principais reacções às "perdas de certeza" (*Gewißheitsverluste*) características da modernidade – nomeadamente, as verdades de fé, as «verdades sociais» e outras que marcaram a Idade Média passam a ser objecto de crítica e são postas em causa no seu «ser verdade» – são a concepção do «Estado moderno», que pode dispor unilateralmente do direito, e a concepção de um «direito positivo», que vale por força da sua positivação pelo órgão do Estado competente e não já pela sua justiça material ou verdade (cfr. Autor cit., ob. cit., p. 120; mais adiante, na p. 139, o mesmo Autor afirma que, no quadro da «teologia política» [Carl Schmitt] – e que em seu entender equivale à teoria constitucional concebida segundo o modelo da unilateralidade –, "todos os conceitos jurídico-constitucionais essenciais correspondem, na verdade, a conceitos religiosos secularizados").

Em conformidade com o referido *supra* na nota 44, a propósito da pretensão de legitimidade de todo o poder político defendida por Marcello Caetano, o modelo da unilateralidade compagina-se e pode procurar legitimar-se numa concepção ontológica do direito natural, ainda que esta última não tenha com aquele uma correlação necessária. Com efeito, tal concepção é "fundada na «verdade do ser», na órbita de um modelo metafísico de «ser», «essência», «natureza-substância», [a qual postula] como ponto de partida absoluto uma noção de verdade *objectiva*, de todo independente da função vital do conhecimento (da sua função na *praxis* de certa forma de vida) e, portanto, do problema da legitimação discursivo-normativa da conduta humana. Este último problema, no modelo ontológico, surgiria já, em segundo lugar, como problema a resolver por referência a uma natureza ou essência do homem, ontologicamente pré-fixada. Estabelecida metafisicamente esta essência, o problema da legitimação normativa da conduta humana (das normas por que esta se deve reger) seria resolvido derivando daquela essência ou natureza as normas básicas e universais da conduta recta" (assim, BAPTISTA MACHADO, *Introdução ao Direito e ao Discurso Legitimador*, cit., pp. 287 e 288; itálicos no original; v. também HAVERKATE, ob. cit., p. 106: o que é essencial a uma concepção metafísico-religiosa do direito é a recondução das normas jurídicas a um determinado «dado do ser» [*seinsmäßige Gegebenheit*] fora da disponibilidade do homem). Esse poderia ser justamente o papel do Estado num quadro de unilateralidade que, para legitimar a sua ordem, invocaria a «ideia de Direito» correspondente àquela verdade objectiva.

Simplesmente, como se refere no texto e resulta da crítica feita *supra* na nota 44 à capacidade de legitimação da «ideia de Direito» invocada pelo poder político, este tipo de raciocínio é circular: limita-se a reconduzir a validade da ordem jurídica positivada por uma dada autoridade à legitimidade desta última, a qual, por sua vez, se funda na circuns-

manda fazer, por definição, está bem feito e é em ordem ao bem comum.

Já para o modelo da reciprocidade, além de ser essencial, a referida dualidade da posição dos cidadãos explica simultaneamente a vinculatividade da ordem jurídica (fundada na declaração recíproca de consentimento daqueles que se submetem às normas) e o seu carácter não absoluto.

Assim, e em primeiro lugar, os cidadãos são não apenas os destinatários da ordem jurídica, mas igualmente os seus autores: "o Estado não é mais do que a relação recíproca dos cidadãos mediada pelo direito, pela Constituição"[55]. A subordinação à lei não esgota a função dos cidadãos, uma vez que estes também participam activamente na sua feitura. "Ambas as funções estão ligadas através da Constituição enquanto garantia de reciprocidade"[56]. Consequentemente, o modelo da reciprocidade "compreende a «validade» («*Geltung*») do direito como expressão das relações de reciprocidade entre os cidadãos"[57]. É o princípio da união que tem a sua expressão

---

tância de estar ao serviço daquela mesma validade. Ou seja, o que o poder vigente decidiu está certo porque o mesmo poder se encontra ao serviço do verdadeiro direito. Acresce que o que torna vinculativos os conteúdos jusnaturalísticos – existiram e existem vários «direitos naturais» – é a específica forma de argumentação por que os mesmos são expostos: a proposição normativa é deduzida de um dado inerente à natureza do objecto a que a mesma proposição normativa se reporta, correspondendo tal dado ao que se deseja impor como devido. Como salienta HAVERKATE, a «natureza» corresponde a verdades evidentes por si mesmas para uma dada comunidade jurídica, isto é, que nela são aceites como tais. E, nesses termos, nada há a opor a tal forma de argumentação: dizer «natural» é sinónimo de comummente aceite. O perigo surge quando a argumentação em causa se apresenta como modo de demonstração de uma verdade indiscutível, porquanto implica a introdução nas premissas daquilo que se pretende demonstrar como verdadeiro. A demonstração incorre, em tal hipótese, num círculo vicioso (cfr. o Autor cit., ob. cit., p. 52; v. a referência do mesmo Autor, *ibidem*, pp. 123 e 123, ao carácter «monológico» – por contraposição a dialógico – do "método axiomático de obtenção do direito justo"). No mesmo sentido, BAPTISTA MACHADO refere que as "normas universais são retiradas do conceito de natureza do homem por isso mesmo que já nele haviam sido introduzidas" (v. Autor cit., *Introdução ao Direito e ao Discurso Legitimador*, cit., p. 288).

[55] V. HAVERKATE, ob. cit., p. 107.

[56] V. *idem, ibidem*, p. 108.

[57] V. *idem, ibidem*. O mesmo Autor acrescenta: "o conceito de validade deixa de servir para tornar o direito insensível à falta de aceitação pelos cidadãos, passando antes a firmar a sua dupla função, como conformadores activos das normas e seus destinatários" (v. Autor cit., *ibidem*).

92   *Estado de Direito Democrático e Administração Paritária*

mais significativa na ideia do contrato social: a justiça (*Richtigkeit*) daquele contrato ou da Constituição reside na aceitação por parte daqueles que querem formar uma comunidade e que estão de acordo quanto aos princípios estruturantes da mesma[58].

---

[58] Cfr. HAVERKATE, ob. cit., pp. 123 e 124. A perspectiva referida no texto não deve ser entendida como simples manifestação de um positivismo jurídico antimetafísico, eventualmente alicerçado numa «teoria do consenso como critério de verdade». Como o próprio HAVERKATE afirma, "a positividade do direito não afasta por muito tempo a questão da sua legitimidade material", não obstante todas as incertezas características da modernidade (v. Autor cit., ob. cit., p. 120, para quem a incerteza é um problema específico da Idade Moderna e, por conseguinte, do Estado soberano e do Estado constitucional, por contraposição à Idade Média). Com efeito, não se pretende discutir as insuficiências do positivismo jurídico, enquanto posição hermenêutica e filosófico-jurídica de princípio. Como refere BAPTISTA MACHADO, "escapa, na verdade, ao *Positivismo*, enquanto «metafísica antimetafísica», que tudo aquilo que o homem pode apreender como facto, como acontecimento, como norma positiva ou como sentido da norma positiva é já predeterminado por elementos «prescritivos» decorrentes de estruturas gnoseológicas e de estruturas de sentido que, em cada momento, transcendem o nível de reflexão ou o horizonte visual em que o homem historicamente se situa – nível e horizonte esses que só podem ser reflectidos num ulterior movimento de reflexão, a que corresponde uma nova etapa histórica em que se constitui uma diferente relação do homem com a realidade" (v. Autor cit., *Introdução ao Direito e ao Discurso Legitimador*, cit., p. 288; itálico no original). Acresce que "o homem não renuncia à ideia de um Direito Justo nem à exigência de uma validade ideal, intemporal, desse direito, por isso que tal ideia e tal exigência correspondem a uma postulação intrínseca do ser hominal em todas as épocas e culturas e está intimamente articulada com a necessidade radical (experimentada logo nas experiências elementares da vida) de procura de um sentido para a vida social-humana. [...] E, com efeito, existem designadamente princípios que encontram determinadas concretizações no Direito Positivo (e que, nessa medida, participam do seu modo de vigência) para que todos reivindicamos a qualidade de princípios do Direito Justo dotados de validade intemporal. A nossa reivindicação poderá vir a revelar-se porventura errónea ou infundada no futuro, mas o certo é que é uma vivência humana originária, elementar, aquela que nos força a «pressupor» e a postular a validade intemporal de um Direito Justo. Não podemos renunciar a tal ideia, porque em último termo ela é uma «condição transcendental» da possibilidade de dar sentido à vida e às próprias interrogações que dela emergem" (v. *idem*, *ibidem*, pp. 288 e 289). E o mesmo Autor remata: "nós, como homens, temos de nos ver sempre confrontados com a questão das condições da possibilidade do agir humano, isto é, do agir com um sentido, e, portanto, de nos ver confrontados com os pressupostos do Direito Justo. Esta é uma questão a que não logramos escapar – porque não podemos escapar ao *problema da legitimação* dos nossos juízos e das nossas acções. E, se a resposta que damos a esta questão, ou seja, a concepção que temos do Direito Justo, muda em cada época, isto não tem de significar que mudem os ditos princípios. Dir-se-á, antes, que o que muda é o nosso conhecimento acerca deles" (v. Autor cit., *ibidem*, p. 291; itálico no original).

Sucede que as dificuldades cognoscitivas que estão na origem de tais mudanças se acentuam no domínio do direito público, especialmente no que se refere aos valores e

A Administração Pública e a Constituição   93

directrizes constitucionais e ao próprio direito administrativo. Em primeiro lugar, a Constituição referente a uma sociedade livre e plural – como é aquela a que se reporta o modelo da reciprocidade –, se é verdade que tem de concretizar os princípios indispensáveis à existência da própria comunidade relacional a que se destina, pode, não só procurar compatibilizar «ideias de Direito» muito diversas, como se torna necessariamente objecto de leituras que assentam em pré-compreensões igualmente distintas. Acresce que as suas proposições normativas são, em regra, ainda mais abertas do que a generalidade das normas jurídicas. Em tal quadro, quem determina o que «diz» a Constituição? Não é por acaso que a primazia da função concretizadora é assumida pelo legislador democrático em detrimento da função jurisdicional. Aliás, o mesmo critério de proximidade relativamente à fonte de legitimação democrática tenderá frequentemente a dar preferência à Administração em detrimento dos tribunais, enquanto instância concretizadora do direito legislado (sobre este particular, v. BROHM, "Zum Funktionenwandel der Verwaltungsgerichtsbarkeit", cit., pp. 11 e 12; e "Die staatliche Verwaltung als eigenständige Gewalt und die Grenzen der Verwaltungsgerichtsbarkeit" in DVBl. 1986, 321 (329 e ss.)). Em segundo lugar, o próprio BAPTISTA MACHADO reconhece que as considerações que faz relativamente à articulação entre a sua «concepção hodierna de Direito Natural» e o direito positivo se reportam, no essencial, ao que designa por «Direito Comum» – em que inclui o direito privado, o direito penal "e os princípios de certos ramos do Direito Público que contendem com os direitos, liberdades e garantias dos cidadãos" – mas não já ao «direito organizativo» e ao direito de mera ordenação social (cfr. Autor cit., *Introdução ao Direito e ao Discurso Legitimador*, cit., p. 306; no que se refere à concepção de direito natural deste Autor, v. *ibidem*, pp. 296 e ss.). "Este «direito organizativo», como direito que obedece à lógica da organização eficiente – e que por isso é de sua natureza conjuntural e contingente, por vezes mesmo constituído por medidas tomadas a prazo –, é na realidade constituído por imperativos da autoridade e a fundamentação da sua validade só mediatamente através da legitimidade da autoridade que o edita, poderá vir a achar suporte nos referidos princípios de Direito Natural" (v. *idem, ibidem*, p. 306; itálico no original). Acresce que, segundo o mesmo Autor, "o Direito Positivo tem de *organizar* a garantia da observância das normas que edita em concretização daqueles princípios fundamentais da comunidade comunicativa e, ao instituir assim organizações votadas ao cumprimento dessa missão, torna-as em destinatárias de normas que são verdadeiros imperativos heterónomos, segundo a lógica da organização e da eficiência" (v. Autor cit., *ibidem*; itálico no original).

Saliente-se, por outro lado, que, ao nível da consideração do agir ético, também se verificou uma mudança imposta justamente pela diversidade de posições: em vez do agir apenas de quem reflecte, passou a estar muitas vezes em causa uma acção única decidida por uma pluralidade de pessoas. Consequentemente, o agir ético passou a ter de ser considerado a partir das declarações daqueles que interagem, sendo insuficiente a consideração apenas da consciência moral daquele que age. Aliás, cada um dos interlocutores só tem acesso à moralidade dos outros através das mencionadas declarações. Como observam os especialistas em ética, o debate ético aproxima-se, deste modo, da discussão política. De resto, o consenso intencionado diz respeito justamente ao agir ou à decisão a adoptar em comum.

Nesta sede importará tão somente explicitar os pressupostos subjacentes à presente investigação.

Do ponto de vista filosófico-jurídico, as questões de fundo suscitadas pela tese afirmada no texto a que se refere a presente nota são: *primo*, a de saber se, perante um ordenamento jurídico que vigora por força de actos do poder praticados por órgãos com-

94 Estado de Direito Democrático e Administração Paritária

Depois, a vinculação dos cidadãos apenas na medida do consentimento previamente dado justifica o aludido carácter não absoluto da vinculatividade da ordem jurídica: "a união dos cidadãos entre si funda uma ordem de protecção recíproca e, portanto, a vinculação ao Estado só se dá precisamente nesse âmbito – não é, nem deve ser, absoluta"[59]. Daí que as leis tenham de ser observadas, mas apenas

---

petentes e não já em razão da sua justiça ou verdade materiais, ainda se pode colocar o problema da respectiva justiça (*Richtigkeitsfrage*); em caso de resposta afirmativa, *secundo*, se, apesar de todas as perdas de certeza características da modernidade, ainda é pertinente ou conveniente discutir aquele problema. Para o efeito, a síntese proposta por HAVERKATE, ob. cit., pp. 120 e ss., constitui a referência principal.

No que se refere à primeira questão, importa ter presente que o problema do direito justo é tão somente o reverso das perdas de certeza próprias da Idade Moderna: justamente porque o direito é experimentado como algo que se produz, que se faz, suscita-se a questão de saber porquê decidir de um modo e não de outro, quais as razões da disciplina normativa aprovada e se a mesma é, ou não, racional e ajustada aos problemas a que visa responder (cfr. HAVERKATE, ob. cit., pp. 120 e 125).

Relativamente à questão da proficuidade da discussão sobre o direito justo, HAVERKATE adverte para a necessidade de não perder de vista o citado contexto em que a mesma se coloca – as aludidas perdas de certeza – e a consequente conveniência de, tanto quanto possível, discutir a justiça material de concretas soluções jurídicas (e não das proposições normativas em geral ou de um ordenamento globalmente considerado), tendo presente que as mesmas constituem sempre respostas a problemas jurídicos que se colocam numa dada sociedade, respostas essas que se pretendem susceptíveis de aceitação geral no seio da mesma sociedade (v. Autor cit., *ibidem*, pp. 125 e 126 e a exemplificação referente à proposição «a dignidade da pessoa humana é inviolável» na p. 127). Com efeito, as pessoas, para observarem voluntariamente a ordem jurídica – e, se assim não suceder relativamente à generalidade das pessoas, a ordem em causa cessa a sua vigência – têm de estar convencidas da sua justiça material. Se para o pensamento jurídico medieval o direito era um dado a revelar e que se impunha a todos, incluindo os governantes, a partir da modernidade o direito passa a ser positivado pelas autoridades e por elas imposto. Não sendo mais o direito revelado a partir de uma ordem justa, mas posto, nada garante que tal direito seja um direito justo. Daí o ónus de explicar em que consiste a justiça ou verdade do direito, uma vez assente a possibilidade de tal qualificação, em coerência com a rejeição do positivismo jurídico (cfr., por outro lado, a refutação das objecções teorético-constitucionais à aceitação da possibilidade de um direito justo fundadas no princípio democrático, nomeadamente no princípio maioritário, e na autoridade do Estado, em HAVERKATE, ob. cit., pp. 129 e 130). Com efeito, o direito constitucional do constitucionalismo apresenta-se como a resposta à incerteza criada pela positividade do direito: é o resultado de uma escolha, designadamente a opção a favor da dignidade de cada pessoa humana. Cada indivíduo é único, mas, na sua dignidade de pessoa, é exactamente igual a todos os demais. "O direito constitucional formula aquela dignidade nos direitos de liberdade do indivíduo. Ele «constitui» o Estado como garante (e ameaça; *Gefährder*) de tal dignidade.

A Administração Pública e a Constituição

[...] O Estado não pode dispor da mesma; tem de a respeitar; ela é a orientação (*Richtmaß*) da actuação estatal" (v., HAVERKATE, ob. cit., p. 142). Nessa perspectiva, o modelo da reciprocidade concebe a Constituição como «razão provisória» mediadora e compatibilizadora da pluralidade de razões e de conceitos de verdade que coexistem numa dada sociedade (mundividências, culturas, interesses), visto que a superação jurídica dos conflitos entre tais razões e conceitos só é possível através da «razão do direito» (*Rechtsvernunft*). Na verdade, segundo aquele modelo, a solução jurídica dos conflitos em causa resulta *"do espaço que reciprocamente nos concedemos quando tornamos o que para nós é racional (ainda que questionado por outros) vinculativo (ainda que de forma revisível) para outros*. Está, assim, em causa o que nós no direito podemos considerar racional, tendo em conta precisamente que as opiniões sobre a razão e a falta dela (*Unvernunft*) se encontram divididas. A razão jurídica é uma «raison par provision» – uma razão provisória" (nestes termos, v. HAVERKATE, ob. cit., p. 143; itálicos no original).

A Constituição é, deste modo, não tanto uma base de consenso (*Konsensgrundlage*), mas uma base de dissenso (*Dissensgrundlage*). Nesse sentido, já Arndt afirmava que "a votação como forma de formação da vontade política e de conformação jurídica pressupõe o acordo sobre o que não pode ser votado" (v. Autor cit. em BÖCKENFÖRDE, "Entstehung und Wandel des Rechtsstaatsbegriffs", cit., p. 167). Concordando com tal proposição, BÖCKENFÖRDE questiona, todavia, se tal acordo não deve ser pressuposto; e, sendo o mesmo, em caso de conflito, criado ou conservado por um imperativo constitucional, se isso não redunda em «totalitarismo constitucional» (v. *idem, ibidem*).

A verdade é que o próprio BÖCKENFÖRDE aceita que a defesa dos valores constitucionais possa ser imposta, sendo certo, por outro lado, e como referido acima, que tal defesa só se justifica com referência a uma ordem constitucional vigente, isto é, aceite como tal pela comunidade a que se destina. Por isso mesmo, é importante que o consenso à volta da Constituição seja o mais amplo possível. E, em vista disso, a mesma deve consagrar apenas "uma disciplina normativa sobre o modo de discutir e de lutar por interesses de forma honesta (*wie man anständig miteinander streitet*), por um lado, mediante o estabelecimento de uma ordem de discussão em termos de ordem procedimental; e, por outro lado, através da previsão do que materialmente deve estar fora de discussão. A Constituição é uma ordem mínima que possibilita uma discussão civilizada das orientações políticas [...] Quanto mais a Constituição consagrar soluções normativas que vão além do que é necessário enquanto base de dissenso e, à semelhança de uma brochura de campanha eleitoral, procure referir tudo o que é verdadeiro, bom e bonito, tanto mais a discussão política tenderá a degenerar numa discussão sobre a *interpretação da própria Constituição*" (v. HAVERKATE, ob. cit., pp. 143 e 144). E, de qualquer modo, importa ter presente que o direito constitucional é «direito concentrado» (Lerche), pelo que o mesmo deixa sempre um espaço razoável à liberdade de conformação do legislador democrático (cfr. SCHMIDT-AßMANN, *Das allgemeine Verwaltungsrecht als Ordnungsidee...*, cit., cap. 1, n.º 18, pp. 10 e 11).

Da perspectiva dos actores sócio-políticos, para que a interacção que entre si necessariamente estabelecem no espaço de liberdade definido e tutelado pela Constituição possa resultar num diálogo produtivo, devem os mesmos observar na defesa dos respectivos pontos de vista – no limite, as suas concepções sobre o verdadeiro e o justo objectivos – uma atitude marcada pela procura sincera da verdade e sua afirmação, pelo respeito da

96 Estado de Direito Democrático e Administração Paritária

enquanto não estiverem em causa bens jurídicos mais importantes. "Esse é precisamente o sentido da subordinação à Constituição da legislação do Estado: que a protecção dos bens jurídicos mais importantes seja garantida, mesmo contra a lei. Segundo a concepção fundamental do Estado constitucional, importa considerar o fim prosseguido pela lei cuja observância esteja em causa, ou seja, determinar em vista de que fim é que se deve obedecer. A obediência ao direito não pode, consequentemente, ser vista como um fim em si mesma"[60].

A diferença entre aqueles modelos radica no modo como o problema da liberdade-autonomia individual é perspectivado, nomeadamente a questão das relações entre o Estado e a sociedade. A partir do momento em que são os cidadãos quem governa e tendo em conta que estes, todos juntos, formam a sociedade, suscita-se a questão do papel do Estado relativamente à sociedade, ou seja, saber se os fins do primeiro podem continuar a ser dissociados e autónomos

---

liberdade dos outros, mesmo quando a mesma se concretize em afirmações tidas por contrárias à verdade, pelo diálogo como exercício de persuasão livre de toda a coerção externa e pela disponibilidade para, em função dos resultados desse mesmo diálogo, questionar os pontos de partida próprios. O consenso alcançado na observância de tais condições habilitará inclusive à modificação do próprio parâmetro constitucional; na ausência de tal consenso, prevalece a Constituição e os espaços por esta deixados em aberto só podem ser preenchidos em conformidade com o princípio democrático.

[59] V. HAVERKATE, ob. cit., p. 109.

[60] V. *idem, ibidem*. De qualquer modo, HAVERKATE, sem prejuízo de reconhecer a superioridade da teoria da reciprocidade, designadamente por permitir uma compreensão mais rica das normas constitucionais e da correspectiva realidade, advoga uma utilização conjunta das duas perspectivas: a teoria da unilateralidade abarca a forma do direito positivo – a Constituição e as leis são objecto de uma decisão política, são positivadas; porém, a mesma teoria já não permite explicar o conteúdo das normas (não compreende que uma norma retira a sua força da racionalidade dos argumentos que a sustentam; desconhece o contexto da discussão política que antecede e sucede à aprovação da norma; fecha os olhos à mudança dos princípios fundamentais do direito, sobretudo nos casos em que a mesma se verifica sem a concomitante alteração das fontes formais; não consegue captar a alteração do direito por via hermenêutica); somente a teoria da reciprocidade proporciona uma visão realista da formação e do desenvolvimento da Constituição (*idem, ibidem*, pp. 119 e 120). Esta teoria tem de assumir da primeira o conhecimento da positividade do direito vigente; mas só ela consegue perspectivar tal positivação no contexto da discussão política que ocorre antes e depois da decisão (v. *idem, ibidem*).

desta ou se, pelo contrário, é a subsistência desta última que está na origem e justifica a acção daquele.

Em primeiro lugar, importa reconhecer o carácter histórico da distinção entre Estado e sociedade: a mesma, não só não existe desde sempre, antes surgindo em conexão com a Idade Moderna, como no mesmo tempo histórico não se estabelece necessariamente nos mesmos termos em todos os lugares[61]. Segundo Conze, a separação do Estado e da sociedade representa uma "expressão concentrada do amplo movimento de emancipação em que a história europeia culminou desde o Séc. XVIII"[62]. No sentido de tal emancipação, nomeadamente criando as condições culturais e sociais para a mesma, concorreram decisivamente "a «desestatização» (*Entstaatlichung*), aliás «privatização», primeiro da religião, depois da ciência e da cultura e, finalmente e sobretudo, da economia"[63].

Ao lado do Estado e da sua ordem política (*res publica*) surge uma autónoma esfera de vida com estrutura própria (*societas civilis*). Na verdade, enquanto a organização política medieval se caracterizava justamente por uma dispersão do poder pela sociedade sem que existisse uma instância política detentora do poder supremo («*societas civilis cum imperio*»), a emergência do Estado moderno assinala a concentração de tal poder numa única entidade – precisamente o Estado – e o consequente esvaziamento político da sociedade («*societas civilis sine imperio*»)[64]. Esta tende a uniformizar-se e a definir-se

[61] Neste sentido, v. RUPP, "Die Unterscheidung von Staat und Gesellschaft" in ISENSEE und KIRCHHOF (Hrsg.), *Handbuch des Staatsrechts der Bundesrepublik Deutschland*, Band II, cit., § 31, Rn. 2, p. 881, que salienta a importância das pré-compreensões culturais e políticas. Sobre os termos e a relevância jurídica actuais da distinção entre Estado e sociedade, v. a síntese de KAHL, "Die rechtliche Bedeutung der Unterscheidung von Staat und Gesellschaft" in JURA 2002, pp. 721 e ss.

[62] V. Autor cit., "Staat und Gesellschaft in der frührevolutionären Epoche Deutschlands" in BÖCKENFÖRDE (Hrsg.), *Staat und Gesellschaft*, 1976, p. 37.

[63] Assim, RUPP, "Die Unterscheidung von Staat und Gesellschaft" cit., Rn. 3, p. 881.

[64] Assim, BÖCKENFÖRDE, "Die Bedeutung der Unterscheidung von Staat und Gesellschaft" in *Recht, Staat, Freiheit. Studien zur Rechtsphilosophie, Staatstheorie und Verfassungsgeschichte*, 2. Aufl., Frankfurt a.M. 1992 (publicado originalmente em *Rechtsfragen der Gegenwart. Festgabe für Wolfgang Hefermehl zum 65. Geburtstag*, Stuttgart 1972, pp. 11-36), pp. 209 e ss. (211-212). V. também QUARITSCH, *Staat und Souveränität*, Frankfurt a.M., 1970, pp. 178 e ss. Na doutrina portuguesa, v., por todos, JORGE MIRANDA, *Manual...*, I, cit., pp. 59 e ss. e 66 e ss.

98 *Estado de Direito Democrático e Administração Paritária*

exclusivamente pela sua subordinação imediata a um poder político igualmente uniforme. É uma evolução conhecida: os poderes intermédios e as ordens estatutárias desaparecem e os indivíduos surgem uns perante os outros livres – livres dos senhores da terra, dos poderes da cidade, dos mosteiros e conventos, das corporações – e imediata e igualmente subordinados ao poder concentrado na pessoa do rei. Na sequência da institucionalização de tal poder, surge o Estado como organização detentora de um poder político supremo sobre uma sociedade de homens livres nas suas relações entre si[65-66].

Aquele poder político, embora seja frequentemente descrito como absoluto, é na realidade concebido e compreendido como funcionalizado à consecução de fins do Estado e, nessa mesma medida, vinculado e limitado. Como refere Böckenförde, "tais fins acompanham a construção e desenvolvimento do poder do Estado desde o início: são eles que constituem a razão de ser do Estado e justificam racionalmente a sujeição dos indivíduos ao seu poder; são eles que permitem distinguir o Estado, enquanto instituição social, de uma concentração de poder ocasional"[67]. Por isso mesmo, os fins do Estado determinam e limitam o âmbito de actuação do poder público relativamente aos indivíduos e à sociedade por eles constituída: a respectiva sujeição não é total, mas determinada apenas pela

---

[65] HENKE, "Wandel der Dogmatik des öffentlichen Rechts", cit., p. 542, sintetiza: "no absolutismo os direitos do senhor condensaram-se na soberania e os direitos dos súbditos na liberdade natural".

[66] A institucionalização significou uma autonomização e simultânea objectivação do poder político relativamente à pessoa do monarca e ao seu arbítrio pessoal. Assim, por exemplo, procedeu-se à separação de patrimónios (o rei não é proprietário dos meios necessários à governação e administração) e à exclusão do aproveitamento de direitos de autoridade para fins puramente privados do monarca. A ideia de serviço ou função (*Amtsgedanke*) teve para o efeito uma importância decisiva, contribuindo para a atribuição dos poderes públicos à pessoa moral e, numa fase mais adiantada, para o desenvolvimento da personificação do Estado enquanto entidade diferente da pessoa do monarca. Cfr. BÖCKENFÖRDE, "Die Bedeutung der Unterscheidung von Staat und Gesellschaft", cit., p. 215, nota 11; e QUARITSCH, ob. cit., pp. 471 e ss. Sobre a personalização do poder e a evolução posterior no sentido da sua institucionalização, v., também, MARCELLO CAETANO, *Manual de Ciência Política e de Direito Constitucional*, I, cit., pp. 179 e 181 e ss.

[67] V. Autor cit., "Die Bedeutung der Unterscheidung von Staat und Gesellschaft", cit., p. 215.

medida necessária à consecução dos fins do Estado; o que esteja para além disso permanece pré-estatal (*vorstaatlich*), no sentido de ficar livre da organização e acção do Estado[68]. É a esfera livre dos indivíduos e da sociedade – o domínio da liberdade natural (ou, na perspectiva dos seus principais beneficiários, a liberdade burguesa). O Estado conserva-a através da criação e da garantia da nova ordem jurídica aplicável por igual a todos os súbditos[69].

Contudo, o exercício do poder político, no quadro de uma separação estrita entre Estado e sociedade, suscita o problema da liberdade política: a impossibilidade de os súbditos – em especial a burguesia, cujo poder económico é crescente – participarem de forma institucionalizada no exercício do poder político. O Estado constitucional vem dar resposta precisamente a este problema: o Estado não pode subsistir separado da sociedade; aliás, o Estado nem sequer corresponde necessariamente a um «ser colectivo» ou a uma «entidade substancial», podendo ser, diferentemente, perspectivado como uma organização em que indivíduos provenientes da sociedade actuam. Os fins do Estado e a sua acção podem, assim, ser determinados a partir da sociedade. Estado e sociedade devem contrapor-se e ser distinguidos como garantia da liberdade-autonomia; mas, por causa da liberdade-participação, não devem ser concebidos como realidades separadas[70].

As perspectivas teorético-constitucionais da unilateralidade e da reciprocidade procuram equacionar o problema da submissão do poder do Estado ao direito suscitado pela emergência do Estado constitucional e, bem assim, a questão colocada a todas as Constituições modernas de saber como é que, no âmbito do Estado, se resolve

---

[68] Cfr. *idem*, *ibidem*.

[69] Cfr. *idem*, *ibidem*, p. 217.

[70] É a tese fundamental de BÖCKENFÖRDE que situa o modelo liberal-democrático entre os extremos do autoritarismo (decisão política independente da influência social, mas no quadro do reconhecimento da separação entre Estado e sociedade) e do totalitarismo (abolição da contraposição Estado – sociedade com expansão das competências públicas a todos os domínios). V. Autor cit., "Die Bedeutung der Unterscheidung von Staat und Gesellschaft", cit., pp. 224-225 (o mesmo Autor situa entre os modelos autoritário e liberal-democrático o modelo institucional que procura tornar presente o Estado em instituições intermédias ainda ligadas à sociedade: funcionalismo, corporações profissionais, autarquias locais).

100   *Estado de Direito Democrático e Administração Paritária*

o problema da liberdade individual e da autonomia da sociedade. Importa, nomeadamente, determinar se esta autonomia dos indivíduos, considerados em si mesmos e nas suas relações recíprocas, fundamenta, ou não, uma garantia institucionalizada da vinculação jurídica do Estado, nomeadamente através de um juiz[71].

---

[71] Nesse sentido HAVERKATE afirma: "somente onde exista uma vinculação jurídica do Estado pode a sua vinculação aos direitos do homem ser assegurada. A ideia de vinculação jurídica exige uma garantia institucional: é necessária uma instância que controle se o Estado respeita os direitos do homem. Tal instância é o juiz independente" (v. Autor cit., ob. cit., p. 7; v. também p. 13, a propósito do primado da Constituição); e um pouco adiante: "esta vinculação jurídica do Estado, a sua vinculação aos direitos do homem, entendidos como direitos individuais e baseados numa fundamentação jusnaturalista, a separação dos poderes e a democracia representativa constituem o Estado constitucional moderno. Desde que o mesmo surgiu, distinguimos entre Constituição sem vinculação jurídica institucionalmente garantida e Constituição com vinculação jurídica institucionalmente garantida" (v. *ibidem*, p. 8). Na verdade, este Autor reconhece que desde o Séc. XVIII as Constituições escritas visam todas a protecção dos direitos do homem. O que se lhe afigura difícil e discutível é a questão de saber se o conceito de Constituição se deve considerar enriquecido com uma propriedade adicional, nomeadamente a vinculação jurídica do poder do Estado fundada nos direitos do homem (v. *ibidem*, p. 7). Por outro lado, para este Autor, a ideia de vinculação jurídica do Estado, não só exige, como parece implicar sempre a garantia institucional da mesma (v. *ibidem*), razão por que se justificará contrapor, como tipos constitucionais fundamentais, a «Constituição com vinculação jurídica do poder» (institucionalmente assegurada) e a «Constituição sem vinculação jurídica do poder» (institucionalmente assegurada). V. o exemplo indicado na p. 25.

A verdade, porém, é que, dos pontos de vista histórico e teorético, se justifica a distinção, quanto ao aspecto referido da garantia institucional da vinculação jurídica, mesmo no âmbito das Constituições com vinculação jurídica. De resto, o mesmo Autor considera o modelo da unilateralidade como um tipo fundamental de entendimento da Constituição (*Grundtyp des Verfassungsverständnisses*) presente tanto nos ordenamentos constitucionais com vinculação jurídica do Estado, como naqueles em que tal vinculação não existe (*ibidem*, p. 39).

No texto, tendo em conta o objecto da presente dissertação, nomeadamente o problema das relações entre o Estado e o cidadão, é valorizado o aspecto da garantia institucionalizada da vinculação jurídica de todos os poderes públicos (legislador e Administração). Em todo o caso, mesmo sem tal garantia, a verdade é que, devido ao princípio da legalidade da Administração, nomeadamente nas suas vertentes de prevalência da lei e de reserva de lei, aquela também fica limitada. Deste modo, a Constituição não implica somente uma reorganização do poder soberano na base de um fundamento de legitimidade diferente; por si só, ela já implica uma limitação do poder executivo e, consequentemente, exige uma protecção dos cidadãos perante tal poder, nomeadamente a garantia do aludido princípio da legalidade. A intensidade dessa protecção é que pode variar. E varia funda-

a) A Constituição como simples quadro organizatório do Estado constitucional

Na perspectiva do modelo da unilateralidade, o Estado-poder é pensado como anterior à Constituição. O direito constitucional limita-se a definir e organizar o exercício de um poder preexistente. A mudança na titularidade da soberania – a substituição do rei pelo povo –, por si só, obriga a uma nova organização do poder do Estado, agora na base da separação dos poderes. O poder é o mesmo – o que mudou foi apenas o respectivo titular[72] –, mas tem de ser exercido segundo um esquema organizatório diferente. A Constituição, ao consagrar a nova organização do poder político, converte-se num pressuposto fundamental do Estado constitucional. Mas este, considerado em si mesmo, continua a ser uma instância separada e superior à sociedade: porque é Estado e detentor do poder de autoridade, a sua vontade tem um valor acrescido[73].

---

mentalmente em função do modo como a primazia da Constituição é entendida: como simples quadro organizatório ou, também, como fundamento legitimador dos poderes do Estado.

[72] Cfr. a observação de SCHMIDT-DE CALUWE, *Der Verwaltungsakt...*, cit., p. 66, a propósito da concepção do Estado de Otto Mayer: a soberania popular não é, na perspectiva considerada no texto e que corresponde basicamente à deste último Autor, essencialmente diferente da soberania do príncipe, ou seja, não é soberania do povo, mas a soberania do Estado ocupada pelo povo. Por outras palavras, a soberania popular releva apenas como um "modo de organização" do poder do Estado que é concebido como anterior à Constituição. Daí que não seja reconhecida àquela qualquer função constituinte (designadamente a titularidade do poder constituinte) ou legitimadora do Estado e da Constituição (cfr. SCHMIDT-DE CALUWE, *Der Verwaltungsakt...*, cit., p. 107, nota 286). Como se verá, essa é também, no essencial, a perspectiva de Marcello Caetano (cfr. *infra* o n.º 19).

[73] V. a descrição da continuidade fundamental do poder do Estado entre absolutismo e soberania popular feita por OTTO MAYER, "Die juristische Person und ihre Verwertbarkeit im öffentlichen Recht" in *Staatsrechtliche Abhandlungen – Festgabe für Paul Laband*, I, Tübingen, 1908, pp. 1-94 (54-55): partindo de uma perspectiva institucional do Estado (*die Anstalt Staat*), aquele Autor observa que o príncipe toma as suas providências mobilizando de forma organizada meios pessoais e materiais em vista do governo do país. Tal corresponde à ideia de instituto (*Anstalt*). E a população é objecto da sua actuação. Na hipótese de o príncipe ser deposto pelos jacobinos e de estes instituírem no lugar dele uma comissão destinada a operar a «velha máquina» em nome do eleitorado soberano, suscita-se a questão de saber se, por tal facto, a «máquina» se torna uma coisa diferente. E OTTO MAYER responde: antes chamava-se Estado; e assim continua a acontecer. Anteriormente o rei "dizia: *l'État c'est moi*; agora vem o *citoyen*, a massa de eleitores,

102 Estado de Direito Democrático e Administração Paritária

Daqui não se pode nem se deve inferir que os direitos e liberdades dos cidadãos não sejam importantes, porquanto são esses mesmos direitos e liberdades, em especial a igualdade entre todos, que, num quadro de governo democrático, justificam a legitimidade do novo titular do poder soberano. Acredita-se, isso sim, que a nova organização do poder necessária à actuação da soberania popular, *maxime* a separação dos poderes, constitui condição suficiente da garantia daqueles direitos e liberdades[74]. De resto, e como referido, tais direitos e liberdades já existem na sociedade, são anteriores ao Estado e ao seu poder; sucede é que os fins do Estado, para mais agora determinados pela vontade dos cidadãos, não estão por eles limitados em termos absolutos. O espaço de liberdade acaba, no limite, por ficar à mercê da vontade do Estado. Com efeito, o Estado sob a forma de lei continua a poder tudo. A sua soberania permanece intacta[75].

---

e diz o mesmo de si". Trata-se exactamente da mesma realidade. Ele também afirma que é idêntico ao povo, enquanto conjunto de cidadãos, e ao povo que se manifesta na História para o qual tudo pode ser exigido; e comporta-se em conformidade. A «máquina» permanece, no essencial, a mesma. "Portanto: o Estado é um grande instituto. O poder do Estado significa a direcção (*Leitung*) desse instituto. Tal implica um povo e um território, sem os quais o fim da história de tal instituto não pode ser pensado. A direcção pode ser cometida a um príncipe, à colectividade dos cidadãos (*Bürgerschaft*) ou a realidades intermédias. No caso de se tratar de uma colectividade de cidadãos, pode designar-se o Estado como uma associação (*Gesellschaft*); todavia, não se vislumbra grande vantagem em fazê-lo".

[74] Como refere RUI MACHETE, "a garantia da liberdade, através da repartição da autoridade por uma pluralidade de órgãos, constitui a preocupação dominante da teoria da separação dos poderes" (v. Autor cit., "Contencioso Administrativo" in *Estudos de Direito Público e Ciência Política*, Lisboa, 1991 [publicado inicialmente no *Dicionário Jurídico de Administração Pública*, vol. II, Coimbra, 1972], pp. 183 e ss. [p. 186]).

[75] Nesse sentido afirma OTTO MAYER, *Deutsches Verwaltungsrecht*, I, cit., p. 79: "como é sabido, o Estado não se encontra limitado (*nicht gebunden*) quando a sua vontade se manifesta sob a forma de lei conforme à Constituição; juridicamente tal vontade prevalece sobre tudo, incluindo a norma legal anterior". V. também *ibidem*, p. 12, a propósito das leis individuais, e p. 70, nota 12, e texto correspondente, no que se refere às restrições e limitações de direitos fundamentais: "a lei pode tudo; todos os direitos de liberdade previstos nos arts. 4.º a 11.º da Declaração (dos Direitos do Homem e do Cidadão de 26 de Agosto de 1789) podem ser limitados por lei. Mas a lei também é o Estado". De referir que nesta mesma nota OTTO MAYER reconhece a diferença do seu ponto de vista – o da monarquia constitucional (v. adiante) – face ao constitucionalismo norte-americano. Aí a Constituição continua a poder contar com a acção do legislador constituinte – *We the people* – e as limitações constitucionais impõem-se a todos os poderes constituídos.

A Administração Pública e a Constituição   103

Na verdade, a fonte de legitimação dos poderes constituídos é a vontade do novo titular da soberania, do povo ou da nação. Esta exprime-se directa e imediatamente sob a forma de lei através do exercício do poder legislativo. Daí a subordinação à lei dos restantes poderes, sem prejuízo das suas funções específicas. Com efeito, tal subordinação, quer no respeitante ao modo de designação dos titulares desses poderes, quer no que toca ao respectivo exercício, constitui uma condição indispensável da imputação de cada actuação concreta aos poderes públicos. No que se refere em especial à administração pública, a lei, sendo um seu pressuposto organizatório, constitui igualmente um limite à sua actuação que pode ser mais ou menos apertado, deixando largos espaços à autonomia administrativa.

O Estado constitucional, de acordo com esta perspectiva, corresponde efectivamente a uma diferenciação do Estado moderno, como pretende Isensee, e constitui o modelo explicativo mais adequado da génese do constitucionalismo francês (*État légal*). Acresce que o mesmo modelo, em especial no que se refere às suas consequências no plano do direito administrativo, se aproxima muito da monarquia constitucional, podendo também ser utilizado para a sua compreensão[76]. Com efeito, para aquela, a Constituição limita-se a

---

Sobre a concepção de Otto Mayer do legislador como soberano no Estado constitucional, v. SCHMIDT-DE CALUWE, *Der Verwaltungsakt...*, cit., pp. 82 e ss. (o legislador é simultaneamente o garante e a condição da liberdade).

[76] De resto, para muitos Autores oitocentistas a monarquia constitucional era um Estado constitucional. É, nomeadamente, o caso de OTTO MAYER que em *Deutsches Verwaltungsrecht*, I, cit., p. 1, considera que o Estado constitucional exige apenas a separação dos poderes e, muito em particular, a participação da representação popular no exercício do poder legislativo. Para o Autor em apreço, tal é condição suficiente para a caracterização do Estado como Estado constitucional, a partir do qual se desenvolve a ideia do Estado de Direito como Estado de direito administrativo (cfr. *ibidem*, p. 2; v. também *infra*, na Segunda Parte, n.ºs 16 e 17, as considerações sobre o Estado de Direito formal e a análise da posição de OTTO MAYER). Nessa mesma perspectiva, compreende-se que a emergência da soberania popular com a República de Weimar não seja vista como alteração substancial: o poder executivo continua nas mãos de um governo dotado de autonomia (*Selbständigkeit*) que é necessária do ponto de vista prático e mais ou menos promovida pelas leis (v. *ibidem*, p. 57).

Sobre a monarquia constitucional alemã (monarquia enquanto "verdadeira forma de Estado") e a sua contraposição à monarquia parlamentar (monarquia apenas como "forma de Governo e elemento organizatório do executivo"), v., em especial, CARL SCHMITT,

104   *Estado de Direito Democrático e Administração Paritária*

organizar o poder; não o constitui, uma vez que o mesmo preexiste no rei (caso das Constituições outorgadas) ou no rei e no povo (caso das Constituições pactícias)[77].

Verfassungslehre, (unveränderter Nachdruck der 1928 erschienenen ersten Auflage, Berlin 1965, pp. 288 a 290; BÖCKENFÖRDE, "Der deutsche Typ der konstitutionellen Monarchie im 19. Jahrhundert" in *Recht, Staat, Freiheit. Studien zur Rechtsphilosophie, Staatstheorie und verfassungsgeschichte*, 2. Aufl., Frankfurt a.m. 1992 (publicado originalmente em CONZE, Hrsg., *Beiträge zur deutschen und belgischen Verfassungsgeschichte im 19. Jahrhundert*, Stuttgart, 1967, pp. 70-92), pp. 273 e ss.; JESCH, *Gesetz und Verwaltung*, cit., pp. 76 e ss.; RUPP, "Die Unterscheidung von Staat und Gesellschaft" cit., Rn. 4 e 5, pp. 882 e 883, e 17, pp. 890 e 891 (a monarquia constitucional representa um «desvio redutor» da doutrina da liberdade – *eine Umbiegung der Freiheitslehre*) e STOLLEIS, *Geschichte des öffentlichen Rechts...*, II, cit., pp. 102 e ss. Na doutrina portuguesa, v. JORGE MIRANDA, *Contributo para uma Teoria da Inconstitucionalidade*, Lisboa, 1968 (reimpressão de 1996 pela Coimbra Editora), pp. 46 e ss. V. também *infra*, na Segunda Parte, o n.º 16, alínea b).

[77] Referem a Constituição da monarquia constitucional como estatuto organizatório ou norma organizatória, BÖCKENFÖRDE, "Geschichtliche Entwicklung und Bedeutungswandel der Verfassung" cit., p. 36, e SCHMIDT-DE CALUWE, *Der Verwaltungsakt...*, cit., pp. 83 e 84. Este último caracteriza-a como uma "ordem de domínio" (*Herrschaftsordnung*), não já pura "ordem da vontade" (*Willensordnung*), que procede a uma distribuição interna da soberania entre o poder legislativo e o poder executivo sob a forma de uma "ordem jurídica" (*Rechtsordnung*).

Diferentemente do que é preconizado no texto com base na apreciação histórica da realidade político-constitucional, SCHMIDT-DE CALUWE, *ibidem*, p. 77, valoriza, para efeitos de construção jurídica, a diferença entre Constituições outorgadas e Constituições pactícias: no primeiro caso, o Estado e seu poder seriam o ponto de partida de todo o direito público, enquanto que, no segundo, a premissa do Estado seria a Constitução e o direito. De acordo com a perspectiva seguida no texto, o que é característico da monarquia constitucional, e independentemente da sua origem, é a Constituição ser o quadro organizatório de um poder preexistente que ora se concentra numa única instância social (o rei absoluto), ora se distribui por mais do que uma dessas instâncias (por hipótese, o rei e a burguesia), exigindo então o respectivo exercício um entendimento prévio entre todas elas. É evidente que a posição do rei é mais forte no primeiro caso do que no segundo; porém, no que tange à relação entre o Estado e o direito, não existe diferença, porquanto em ambos os casos o poder que vai ser objecto da Constituição é nesta assumido como (pré)- -existindo à sua margem, não sendo pela mesma constituído. Em tal perspectiva, a Constituição limita-se a organizá-lo. A diferença entre Constituições pactícias e outorgadas apenas evidencia o carácter transitório da monarquia constitucional originado pela indefinição quanto à sede da soberania: no rei ou neste e no povo. Porém, não se discute que a soberania existe e é anterior à própria Constituição, competindo a esta apenas organizar o modo do seu exercício. De resto, esta mesma perspectiva explica que, para Otto Mayer, a República de Weimar e a sua Constituição não tenham significado o início de um novo ciclo. Como o próprio SCHMIDT-DE CALUWE reconhece, o que releva para aquele Autor é

b) A Constituição como fundamento legitimador do Estado constitucional

Na perspectiva do modelo da reciprocidade, ao invés, é o próprio direito, nomeadamente a Constituição, que constitui o poder, no sentido de não ser considerado nenhum poder anteriormente existente. O poder político releva enquanto tal, e não como mera força factual, porque é juridicamente constituído. O direito é, assim, uma dimensão básica do próprio Estado; a Constituição moderna é, também ela, indissociável do Estado constitucional. Importa, pois, distinguir entre a perspectiva histórico-genética e a da auto-compreensão da Constituição.

Parte da doutrina constitucional vem defender, nesta última perspectiva, o abandono do conceito de soberania, ao menos no plano dos poderes constituídos: cada um destes desenvolve a sua função em subordinação à Constituição, não se salientando nenhum como o mais elevado ou sequer como o detentor de poderes concentrados para fazer face a situações extraordinárias ou de necessidade[78].

---

unicamente a "soberania do Estado" (*Staatssouveränität*), independentemente de saber quem a "ocupa": se o príncipe, se o povo, se um e o outro em simultâneo (v. Autor cit., *Der Verwaltungsakt...*, cit., pp. 64 e ss., em especial, p. 66: "o Estado, em si, permanece como uma instância acima do povo, entendido como sociedade civil no sentido de Hegel, uma realidade abstracta com uma dignidade superior, a qual, apesar de ter perdido o substrato pessoal unificador sob a forma do monarca, continua a ser pensada como uma pessoa").

[78] V., por exemplo, HAVERKATE, ob. cit., p. 40: "o *summum imperium*, o poder e a faculdade máximos de unilateralmente estabelecer o direito e de o executar é imputado ao Estado. Contudo, a questão de saber se o Estado detém o poder supremo num dado território converte-se facilmente na questão de saber quem é que no Estado é o poder mais elevado, quem é que pode estabelecer regras unilateralmente, quem é que pode «dar ordens». Numa Constituição que consagre a separação dos poderes tal questão não tem sentido para o dia-a-dia da divisão de tarefas entre os órgãos de soberania e a delimitação recíproca das suas competências. No funcionamento quotidiano de uma Constituição que consagre a separação dos poderes nenhum dos órgãos de soberania surge como «o mais elevado», nenhum deles aparece como o «órgão de comando» por excelência (*das letzlich maßgebende «Befehlsorgan»*). É necessário considerar uma situação fora do comum – um estado de excepção. «Soberano é o que decide sobre o estado de excepção» (Carl Schmitt). Quem quiser ver a soberania em acção tem de espreitar para o que se passa com o estado de excepção. Soberania, neste sentido, não designa o poder de ordenação (*Ordnungsmacht*) do Estado, mas o colapso de toda a ordem. A soberania é, nesta medida, um conceito de catástrofe (*Katastrophenbegriff*). Soberano é quem, no quadro do desmoronamento de

106 *Estado de Direito Democrático e Administração Paritária*

O que o legislador, a jurisdição ou a administração podem fazer e como o podem fazer e, bem assim, quais as relações que entre os respectivos actos se estabelecem, tudo isso resulta exclusivamente da Constituição. Esta é a lei fundamental porque constitui o próprio Estado e define as formas de exercício do poder público, que, por isso, não pode deixar de se subordinar à Constituição[79]. O direito é o meio através do qual o Estado adquire a sua forma.

Como refere Haverkate, se é verdade que o Estado constitucional, do ponto de vista histórico, resulta de uma "diferenciação do Estado moderno", daí não se segue que as características essenciais desse mesmo Estado, tal como se desenvolveram antes do aparecimento do Estado constitucional – em especial, as mencionadas "estruturas de unilateralidade" em matéria de formação e de aplicação do direito – integrem este último: "não há «estruturas preexistentes do Estado moderno» que, como tais, sejam parte integrante da Constituição. A única questão que se coloca necessariamente a todas as Constituições modernas é a de saber como é que o Estado resolve o problema da liberdade individual. Esta questão está iniludivelmente colocada e a resposta à mesma é dada necessariamente pela Constituição de cada Estado. Tal resposta tem de ser desenvolvida a partir dela própria"[80].

---

toda a ordem, ganha uma posição de predomínio. A realidade do «Estado constitucional» não pode ser descrita por este conceito. Tem razão Martin Kriele quando afirma: «no Estado constitucional não existe qualquer soberano» – isto é, alguém que disponha da totalidade da ordem constitucional de competências".

No mesmo sentido, SOBOTA, ob. cit., pp. 455 e ss., insurgindo-se contra o que designa por "medida schmittiana da prova existencial" (p. 456). Em primeiro lugar, as normas constitucionais, predispostas para uma situação de normalidade, não podem ser entendidas a partir da situação de anormalidade, como o "estado de catástrofe". Acresce que a própria Constituição já prevê regimes especiais para esse tipo de situações, nomeadamente o estado de sítio e o estado de emergência, pelo que a decisão sobre estados de excepção perdeu a sua "heroicidade supralegal". Finalmente, os valores postulados pela Constituição, que, não só são juridicamente vinculantes, como, de acordo com a experiência, parecem razoáveis, prescrevem uma orientação em função do êxito da ordem constitucional e não do seu fracasso.

[79] Cfr. os arts. 3.º, n.os 1 e 2, 108.º, 110.º e 111.º, todos da Constituição da República Portuguesa.

[80] V. Autor cit., ob. cit., p. 41. O mesmo Autor, em crítica directa a Isensee, reforça a ideia afirmada no texto ao acrescentar: "se se tentar retirar conclusões de estruturas

A Administração Pública e a Constituição 107

Ao contrário do que subjaz ao modelo da unilateralidade, não é possível dissociar o Estado da respectiva Constituição, uma vez que esta não é como um simples «veste» que o Estado possa envergar, tirar e trocar por outra, permanecendo sempre igual a si mesmo: "as Constituições mudam, o Estado fica. A verdade é que a matéria Estado não pode ser pensada sem a forma de uma Constituição. A realidade Estado só existe enquanto realidade juridicamente organizada relativa a uma dada ordem de competências. Se por qualquer razão se pensar o Estado constitucional sem a Constituição correspondente, o que resta não é o Estado enquanto tal, mas um Estado com uma Constituição que não tem as características próprias do constitucionalismo"[81].

A Constituição é, assim, o fundamento legitimador do poder do Estado; não se limita a organizá-lo, pressupondo-o como existente,

---

aparentemente aprioristicas do Estado moderno, incorre-se no perigo de desfigurar a Constituição [do Estado de Direito democrático]. Quando se procura identificar características constantes do Estado anteriores à «diferenciação» do Estado constitucional, o que se encontra são as características do Estado absoluto" (v. *idem, ibidem*). Isto porque, como o mesmo Autor explica, não é exacto que o Estado moderno, enquanto tipo histórico, seja mais antigo do que o projecto de Constituição para tal tipo: o Estado moderno correspondeu justamente ao projecto de uma Constituição que deveria substituir uma ordem mais antiga. Todo o Estado tem de ser constituído juridicamente e, portanto, pressupõe uma Constituição – assim também o Estado moderno. Na verdade, foi a Constituição correspondente à doutrina da soberania que criou o Estado moderno. Cfr. *supra* o número anterior.

[81] Assim, v. HAVERKATE, ob. cit., p. 42. No mesmo local este Autor refere, como exemplo da perspectiva de unilateralidade criticada no texto, a célebre afirmação de Otto Mayer de que "o direito constitucional passa, o direito administrativo permanece". Sobre o alcance da mesma na perspectiva referida no texto, v. *supra*, na Introdução, a nota 84.

No mesmo sentido, e com referência à história constitucional da Alemanha, RUPP refere que a substituição do princípio monárquico pelo princípio democrático determinou uma modificação da estrutura fundamental da relação entre o Estado e a sociedade: esta última deixou de se posicionar fora do Estado, passando a ser ela quem o cria e quem o possui (*dessen Inhaber und Schöpfer*; v. Autor cit., "Die Unterscheidung von Staat und Gesellschaft" cit., Rn. 17, p. 895). De qualquer modo, e como o mesmo Autor também salienta, subsistiram algumas inconsistências relativamente à nova estrutura, entre elas, "a mistificação de um Estado que seria anterior à Constituição e não nela fundado" ou a ideia "da Constituição como mera limitação do poder de um Estado preexistente e legítimo e não enquanto a respectiva fonte e legitimação e a ordem fundamental da comunidade" (v. *idem, ibidem*). Aliás, são tais «inconsistências» que estão na base das teorias da unilateralidade no quadro do Estado constitucional (cfr. *supra* a alínea a) do presente número).

108　　Estado de Direito Democrático e Administração Paritária

mas constitui-o enquanto dimensão da comunidade. Nessa exacta medida, é também uma lei superior que limita o exercício dos poderes públicos em ordem a garantir a autonomia da sociedade. Consequentemente, a obediência à lei no Estado constitucional deve ser fundamentada – e limitada – a partir das características específicas deste último e não de pretensos dados inerentes ao conceito de Estado moderno[82]. A medida de tal dever no âmbito do Estado constitucional não é inferior, mas de qualidade diferente: está em causa a obediência a normas emitidas em nome do destinatário (quem tem de obedecer) e pelas quais este é responsável e em virtude das quais outros respondem perante ele.

De certo modo, e como referido, todo o constitucionalismo moderno procura garantir a liberdade. O que individualiza a perspectiva ora em análise é a afirmação e o reconhecimento da autonomia – não separação nem subordinação – da sociedade perante o Estado: este existe naquela ou a partir daquela e só é legítimo enquanto respeitar a sua autonomia. Daí a vinculação constitucional imediata de todos os poderes constituídos também à matéria dos direitos e liberdades[83]. Por isso, esta parece ser a perspectiva mais adequada à compreensão da génese dos constitucionalismos britânico (*rule of law*) e norte-americano e da origem da ideia de *Rechtsstaat*, um Estado em que o soberano é o direito.

---

[82] V. HAVERKATE, ob. cit., p. 41, nota 82.

[83] HAVERKATE, ob. cit., p. 43, considera justamente a questão referida no texto como uma dificuldade maior para o modelo da unilateralidade. Este raciocina na base de «ordens» («*Ordnungen*»), de estruturas «objectivas» e dificilmente consegue compreender a dimensão subjectiva inerente aos direitos e liberdades fundamentais: tal como aquele modelo perspectiva a Constituição como uma peça de roupa que veste o Estado – ou seja, como algo acessório – também tem de conceber a liberdade dos cidadãos como acessória relativamente ao dado fundamental que é o Estado (*Staatlichkeit*); este seria uma realidade preexistente (*Vorgegebenheit*). "A liberdade como um luxo a assegurar por via da autoridade apenas depois de garantida tal realidade? Esta será, na verdade, uma conclusão necessária quando se crê que a «liberdade nada constitui» («*Freiheit konstituiert nichts*»; cfr. CARL SCHMITT, ob. cit., p. 200, concordando com a afirmação de Mazzini)" (v. *ibidem*).

Segunda Parte

A concepção tradicional
da Administração Pública como um poder

9. Razão de ordem

Apesar de cronologicamente a experiência constitucional do *rule of law* anteceder a do *État légal*, justifica-se começar por analisar a posição da Administração no quadro deste último, uma vez que, principalmente no que respeita ao direito administrativo, as diferenças entre os dois modelos foram equacionadas a partir da emergência da Administração como uma realidade autónoma e submetida a um direito especial, quer por confronto com os demais poderes do Estado, quer por confronto com os particulares. A consciência de tal autonomia surgiu primeiro e mais claramente afirmada entre os autores franceses. Só depois, e sobretudo para negar a existência de uma tal autonomia ou para a afirmar em termos diferentes, a questão vem a ser discutida no âmbito do direito inglês[1]. De resto,

---

[1] V., em especial, DICEY, *Introduction to the Study of the Law of the Constitution*, 10.ª ed., 1959 (reimp. de 1961), pp. 183 e ss. (The rule of law: its nature and general applications). Sobre as posições posteriores de autores ingleses relativamente à autonomia de um *administrative law*, e sem prejuízo do predomínio da "orientação pragmática de estudar as matérias e os casos judiciais típicos sem se envolverem demasiado nas questões mais gerais e abstractas do enquadramento dogmático do direito que cultivam", v. as referências em RUI MACHETE, "Contencioso Administrativo" cit., pp. 251 e ss. V. também as sínteses de WADE e FORSYTH, *Administrative Law*, 8.ª ed., London, 2000, pp. 582 e ss.; e de SÉRVULO CORREIA, *Direito do Contencioso Administrativo*, I, cit., pp. 123 e ss. (génese e evolução do controlo jurisdicional da actividade administrativa), e 146 e ss. (situação actual e perspectivas).

110   *Estado de Direito Democrático e Administração Paritária*

a referência autónoma a este último e, bem assim, a brevidade da mesma, justificam-se precisamente no quadro de tal dialéctica, permitindo, devido ao contraste, compreender melhor o alcance e a especificidade dos sistemas com «regime administrativo».

Por outro lado, e não obstante toda a sua importância a nível constitucional[2], o direito norte-americano, no plano jusadministrativo, filia-se clara e fundamentalmente no modelo britânico[3]. Daí não se justificar uma sua análise autónoma.

---

[2] V. a afirmação e justificação de tal importância, por exemplo, em GOMES CANO-TILHO, *Direito Constitucional...*, cit., pp. 58 e ss. Cumpre, desde logo, referir a experiência concreta da insuficiência do princípio democrático para evitar a tirania do Parlamento britânico (*taxation without representation*). A partir da mesma, a sociedade constituiu-se em povo que toma decisões (*We the People*), procurando salvaguardar as suas liberdades contra as leis do legislador parlamentar soberano. Deste modo, a lógica e finalidade do constitucionalismo americano e do constitucionalismo francês são diferentes: "não se pretendia tanto reinventar um soberano omnipotente (a *Nação*), mas permitir ao corpo constituinte do povo fixar num texto escrito as regras disciplinadoras e domesticadoras do poder, oponíveis, se necessário, aos governantes que actuassem em violação da constituição concebida como lei superior" (v. *idem, ibidem*, p. 59; itálico no original). Quer dizer: a Constituição aqui aparece, sobretudo, como regra jurídica, e não tanto como uma descrição do quadro pressuposto das relações de poder numa dada sociedade. Por outras palavras, "o modelo americano de constituição assenta na ideia da *limitação normativa* do domínio político através de uma lei escrita" (v. GOMES CANOTILHO, *ibidem*, p. 59; itálico no original). A Constituição é "um acordo celebrado pelo povo e no seio do povo a fim de se criar e constituir um «governo» vinculado à lei fundamental" (v. *idem, ibidem*). Os seus autores "procuraram revelar numa lei fundamental escrita determinados direitos e princípios fundamentais que, em virtude da sua racionalidade intrínseca e da dimensão evidente da verdade neles transportada, ficam fora da disposição de uma *«possible tyranny of the majority»*" (v. *idem, ibidem*; itálico no original). Neste termos, a citada limitação consiste na indisponibilidade da lei constitucional pela maioria que exerce o poder legislativo ordinário. Assim, uma lei ordinária não pode valer com um sentido contrário ao da lei constitucional. Esta, como lei superior, constitui a medida da validade daquela; e uma lei nula (*void*) não pode ser aplicada pelos tribunais. Deste modo, o poder judicial converte-se em defensor da Constituição e guardião dos direitos e liberdades (*judicial review*; v. GOMES CANOTILHO, *Direito Constitucional...*, cit., p. 60).

Sobre as particularidades do conceito de democracia nos Estados Unidos da América, v. também, BÖCKENFÖRDE, "Demokratie als Verfassungsprinzip" cit., Rn. 85, p. 486; e, sobre o constitucionalismo norte-americano, JORGE MIRANDA, *Manual...*, I, cit., pp. 141 e ss. (em especial, sobre a *judicial review*, v. pp. 149 e ss.).

[3] No sentido da proximidade afirmada no texto, v. RUI MACHETE, "Contencioso Administrativo", cit., p. 294; e DIOGO FREITAS DO AMARAL, *Curso..*, I, cit., p. 99. Cfr. também FEZAS VITAL, *Garantias jurisdicionais da legalidade na Administração pública:*

A referência ao aparecimento e evolução do poder administrativo na Alemanha será mais desenvolvida, procurando dar conta das conexões do mesmo com diferentes conceitos de *Rechtsstaat* e da sua complexidade resultante da estrutura da monarquia constitucional. Por outro lado, proceder-se-á a uma análise crítica da teoria do direito administrativo desenvolvida por Otto Mayer, atentando na indissociabilidade da ideia de um Estado que é essencialmente poder defendida por aquele Autor e dos traços de autoritarismo que marcam a sua dogmática jusadministrativa. O maior desenvolvimento desta secção fica a dever-se, não só à influência não negligenciável daquele Autor sobre a doutrina nacional, como também à necessidade de compreender as diferentes matrizes de um sistema jurídico--administrativo que funcionou como padrão de referência para muitas das soluções estruturantes do sistema jurídico-administrativo português.

Finalmente, com referência a Portugal, proceder-se-á a uma análise sintética das concepções de Estado e de Administração defendidas por Marcello Caetano e, bem assim, das suas implicações para a construção do direito administrativo perfilhada pelo mesmo Autor. Recorde-se que Marcello Caetano foi autor material de muitas das soluções legislativas em matéria de contencioso administrativo aprovadas na vigência da Constituição de 1933 e o primeiro a fazer uma exposição sistemática completa do direito administrativo geral português, destacando-se, em especial, o seu *Tratado Elementar de Direito Administrativo* de 1943. Além disso, tal exposição foi sendo precisada e actualizada ao longo das sucessivas edições posteriores do seu *Manual de Direito Administrativo*. A maior brevidade da análise justifica-se apenas devido à circunstância de aquelas suas obras serem das mais estudadas, comentadas e discutidas entre os Autores portugueses.

França, Inglaterra e Estados Unidos, Bélgica, Alemanha, Itália, Suiça, Espanha e Brasil, Coimbra, 1938, pp. 49 e ss. (a pp. 54 e ss., são, todavia, apontados alguns caracteres diferenciais entre os sistemas inglês e norte-americano).

A) A EMERGÊNCIA DO PODER ADMINISTRATIVO EM FRANÇA

10. A separação dos poderes como garantia da liberdade individual

A separação dos poderes foi concebida por Montesquieu como fórmula de organização e distribuição do poder do Estado pela sociedade (o *status mixtus*) destinada a garantir a liberdade de todos e de cada um: "a liberdade política de um cidadão é essa tranquilidade de espírito que resulta da opinião de cada um sobre a sua segurança; e para que se tenha tal liberdade é necessário que o governo seja tal que um cidadão não possa temer um outro cidadão"[4]. Estabelecendo em função deste critério a importância política dos poderes do Estado, nomeadamente pelo perigo que representam para a aludida noção de liberdade, Montesquieu defende que os mesmos poderes, todos juntos ou dois a dois, não devem estar unidos sob uma mesma direcção a fim de não ser posta em causa a citada liberdade[5].

A ideia da separação dos poderes nesta perspectiva liberal, conjugada com a garantia dos direitos individuais, aparece, assim, como a novidade da sociedade emergente da ruptura com o *Ancien Régime*:

> "Toda a sociedade em que não esteja assegurada a garantia dos direitos nem determinada a separação dos poderes não tem Constituição"[6].

---

[4] V. Autor cit., *De L'Esprit des Lois*, 1758 (tome premier, ed. por Gonzague Truc, Éditions Garnier Frères, Paris 1956), Livre XI, Chapitre VI, p. 164.

[5] V. Autor cit., *ibidem*: "caso o poder legislativo esteja unido ao poder executivo na mesma pessoa ou no mesmo corpo de magistrados, não há liberdade, uma vez que é de temer que o mesmo monarca ou o mesmo senado aprovem leis tirânicas para as executar de modo tirânico. Também não há liberdade se o poder de julgar [aquele que se exerce directamente sobre os particulares, punindo os crimes ou dirimindo os diferendos entre eles] não estiver separado dos poderes legislativo e executivo. Se aquele poder estiver junto com o poder legislativo, a decisão (*pouvoir*) sobre a vida e a liberdade dos cidadãos será arbitrária, porque o juiz será o legislador. Se o mesmo poder estiver junto com o poder executivo, o juiz poderá ter a força de um opressor. Tudo estaria perdido se o mesmo homem ou o mesmo corpo de notáveis (*principaux*) ou de nobres ou do povo exercesse esses três poderes: o de fazer as leis, o de executar as resoluções públicas e o de julgar os crimes ou os diferendos dos particulares".

[6] Cfr. o art. 16.º da Declaração dos Direitos do Homem e do Cidadão de 1789.

A Concepção Tradicional da Administração Pública como um Poder   113

Na nova ordem social – a *res publica* liberal[7] – os homens nascem livres e iguais em direitos, devendo todas as diferenças entre eles fundar-se apenas na lei. Com efeito, os direitos do homem e do cidadão, porque compreendidos como direitos individuais naturais[8], são anteriores ao próprio Estado e, do ponto de vista jurídico-positivo, além de lhe assinalarem o fim precípuo enquanto associação política[9], apenas justificam a participação de todos na definição dos destinos da Nação, nomeadamente através da aprovação de leis (seja por via da representação parlamentar, seja através dos mecanismos de democracia directa)[10].

---

[7] Como salienta GOMES CANOTILHO, *Direito Constitucional...*, cit., p. 88, "a constituição é a constituição da sociedade"; "a constituição aspirava a ser um «corpo jurídico» de regras aplicáveis ao «corpo social»". Esta "estruturação articulada do corpo político e do corpo social através de um *corpus jurídico* recolhia ainda a ideia de *res publica* ou *Commonwealth* «constituída» ou «conformada» por uma lei fundamental" (v. *ibidem*).

[8] V. VIEIRA DE ANDRADE, *Os Direitos Fundamentais...*, cit., p. 22. V. também MARCELLO CAETANO, *Manual de Ciência Política e de Direito Constitucional*, I, cit., pp. 311 e ss.

[9] Cfr. o art. 2.º da Declaração dos Direitos do Homem e do Cidadão de 1789: "o fim de toda a associação política é a conservação dos direitos naturais e imprescritíveis do homem. Tais direitos são a liberdade, a propriedade, a segurança e a resistência à opressão".

[10] Não se desconhece nem se contesta o significado e as implicações – hoje consensuais – da consagração constitucional, ou mesmo supra-constitucional daqueles direitos (v., por todos, VIEIRA DE ANDRADE, *Os Direitos Fundamentais...*, cit., pp. 22 e 23). Pretende-se salientar, isso sim, que a identificação do Estado como mera dimensão da sociedade e a consequente identificação do cidadão com o particular – na linha da «liberdade dos antigos» vigente nas cidades-Estado gregas –, em virtude do desconhecimento de uma real autonomia da sociedade, justificavam a perspectivação dos direitos em causa como expressão concretizadora de uma «filosofia de liberdade». Não se tratava de um «mal-entendido»: os direitos individuais tinham decerto uma função orientadora, a sua tutela constituía uma das razões de ser do Estado; porém, este último, na sua essência e na sua estrutura e com referência à sociedade, continuava a ser tão soberano como o Estado absoluto. A diferença residia "apenas" na titularidade de tal soberania: no *Ancien Régime*, o rei e, depois da Revolução, o Povo ou a Nação. Daí a inexistência de garantias da efectividade dos direitos no plano jurídico e a afirmação da soberania ou primado da lei típica do "Estado legal" (v. também GOMES CANOTILHO, *Direito Constitucional...*, cit., p. 95).

De resto, será justamente uma leitura deste tipo que fundamentará a distinção entre o direito civil – centrado nos direitos subjectivos que o indivíduo adquire, exerce e perde – e o direito administrativo – fundado no poder do Estado sobre o indivíduo e que corresponde àquele, nos termos constitucionais, enquanto poder legislativo e executivo e que o mesmo não adquire nem perde, mas apenas exerce – e que levará a considerar os direitos dos

114   Estado de Direito Democrático e Administração Paritária

"A lei é a expressão da vontade geral. Todos os cidadãos têm o direito de concorrer pessoalmente ou através dos seus representantes para a sua formação"[11]. Ela exprime, deste modo, a vontade do todo que constitui a Nação: "o princípio de toda a soberania reside essencialmente na Nação. Nenhuma corporação, nenhum indivíduo pode exercer autoridade que daquela não emane expressamente"[12]. Ao rei-soberano sucede a Nação soberana[13]. E, como tal, a vontade do novo soberano revela-se em normas gerais garantindo, assim, a igualdade perante a lei e a abolição das *leges privatae* (privilégios e dispensas) frequentes no *Ancien Régime*[14]. Para além da função legislativa, o Estado tem igualmente de agir na prossecução dos fins que

---

cidadãos perante o Estado como meros "direitos reflexos" (*Reflexrechte*) e não verdadeiros direitos subjectivos (v., neste sentido, OTTO MAYER, *Theorie des Französischen Verwaltungsrechts*, Sraßburg, 1886, pp. 21 e 22).

[11] Cfr. o art. 6.º da Declaração dos Direitos do Homem e do Cidadão. No mesmo sentido, MONTESQUIEU, *De L'Esprit des Lois*, cit., p. 167, afirma que o poder legislativo não é mais do que "a vontade geral do Estado".

[12] Cfr. o art. 3.º da Declaração dos Direitos do Homem e do Cidadão.

[13] TOCQUEVILLE salienta vários traços de continuidade entre o Antigo Regime e a Revolução fundados, nomeadamente, na uniformidade, unidade e centralização do poder público perante uma sociedade nivelada. Aquele Autor afirma nessa perspectiva: "tudo o que a Revolução fez, ter-se-ia feito, não duvido, sem ela; ela não foi mais do que um processo (*procédé*) violento e rápido com a ajuda do qual se adaptou a situação política à situação social, os factos às ideias e as leis aos usos (*moeurs*)" (assim, Autor cit, *L'Ancien Régime et la Révolution*, éd. Flammarion, Paris, 1988, "État social et politique de la France avant et après 1789", pp. 43 e ss. (pp. 84 e 85)). *Ibidem*, no Livro II de "L'ancien régime et la Révolution", pp. 87 e ss., o mesmo Autor refere como exemplos da aludida continuidade: a centralização administrativa (cap. 2.º, pp. 127 e ss), a tutela administrativa (cap. 3.º, pp. 136 e ss.) e a justiça administrativa e a garantia dos funcionários (cap. 4.º, pp. 146 e ss.). No mesmo sentido da continuidade entre a Revolução e o Antigo Regime, v., por exemplo, BÖCKENFÖRDE: "a Revolução Francesa limitou-se, neste particular [a subordinação de uma sociedade uniforme a um poder do Estado igualmente uniforme], a completar o que os monarcas absolutos já haviam ambicionado, substituindo, todavia, o detentor do poder uniforme do Estado" (v. Autor cit., "Die Bedeutung der Unterscheidung von Staat und Gesellschaft", cit., pp. 213 e 214).

[14] Cfr. GOMES CANOTILHO, *Direito Constitucional...*, cit., p. 96. No entanto, e dada a ausência da previsão de reservas de competência, seja da assembleia legislativa, seja do executivo, a noção de lei no constitucionalismo francês tenderá a fixar-se num conceito puramente orgânico-formal como decisão, de carácter geral ou individual, da assembleia legislativa e revestindo a forma própria dos actos deste órgão. V. *infra*, na Terceira Parte, o n.º 23, alínea a), ponto (i).

justificam a sua existência, nomeadamente a segurança (em sentido amplo) e a justiça. Tais funções são cometidas, respectivamente, ao poder executivo e ao poder judicial, ambos subordinados à lei.

O primeiro integra o Governo – órgão político – e a Administração, competindo àquele assegurar as relações constitucionais com o Parlamento e as relações externas do Estado e a esta "prover à satisfação das necessidades de ordem pública e assegurar o funcionamento de certos serviços públicos para a satisfação dos interesses gerais e a gestão dos assuntos de ordem pública"[15-16]. Fala-se em

---

[15] É a descrição das "funções administrativas" feita por HAURIOU, *Précis de Droit Administratif...*, cit., p.1.

Saliente-se que MONTESQUIEU se referia ao "poder executivo das questões (*choses*) que relevam do direito das gentes" pelo qual o príncipe, ou o magistrado, "faz a paz ou a guerra, envia ou recebe embaixadas, estabelece a segurança, previne as invasões" (v. Autor cit., *De L'Esprit des Lois*, cit., p. 164). Entendia o mesmo Autor que tal poder, assim como o poder legislativo – e contrariamente ao poder de julgar –, "podem ser entregues a magistrados ou a corpos permanentes, porque não são exercidos sobre nenhum particular; não sendo um mais do que a vontade geral do Estado e o outro a execução dessa vontade geral" (v. *idem, ibidem*, p. 166). Modernamente, porém, a execução das leis tem um sentido mais amplo. VEDEL e DELVOLVÉ, por exemplo, falam da "execução das leis no sentido mais lato do termo": não uma execução pontual, lei a lei ou artigo a artigo, mas a manutenção da ordem pública e a garantia do funcionamento dos serviços públicos; aquele termo comporta "uma tarefa mais geral que é a de assegurar o mínimo de condições necessárias à continuidade da vida nacional, o mesmo é dizer, a manutenção da ordem pública e o funcionamento dos serviços públicos, e isto mesmo independentemente de prescrições formais do legislador" (v. Autores cits., *Droit administratif*, I, 12ème éd., Paris, 1992, p. 29, os quais se reportam a duas decisões do *Conseil d'État*: os *arrêts Labonne* (C.E., de 8 de Agosto de 1919) e *Heyriès* (C.E., de 28 de Junho de 1919); v. *ibidem*, pp. 29 e 30).

[16] No que se refere às relações entre poder executivo e administração (em sentido material ou funcional), importa ter presente a concepção tradicional do direito administrativo francês sintetizada na seguinte proposição: "a administração não constitui a *única* tarefa do executivo, mas a administração é *exclusivamente* tarefa do executivo" (v., por exemplo, VEDEL e DELVOLVÉ, *Droit administratif*, I, cit., p. 34; itálicos no original). Acresce que a Administração (em sentido orgânico ou institucional) se integra no poder executivo como uma sua componente inferior ou subordinada, pelo que a mesma também se encontra submetida às regras constitucionais referentes a tal poder (neste sentido, v. PIERRE KOENIG, "Le statut constitutionnel de l'administration en France" in BURMEISTER (Hrsg.), *Die verfassungsrechtliche Stellung der Verwaltung in Frankreich und in der Bundesrepublik Deutschland – Le statut constitutionnel de l'administration en France et en République Fédérale d'Allemagne*, Köln-Berlin-Bonn-München, 1991, pp. 20 e ss. (25)).

116 *Estado de Direito Democrático e Administração Paritária*

«poder executivo» devido às especificidades da execução das leis pelo Governo. Em primeiro lugar, só o Executivo dispõe da força armada e é a ele que compete o exercício organizado e legítimo da coacção: "não é o único incumbido da execução das leis, mas só ele pode dispor da força para assegurar tal execução"[17]. Em segundo lugar, devido ao princípio da separação das autoridades administrativas e judiciais instituído a partir da Revolução Francesa[18], os litígios emergentes da acção do Executivo estão subtraídos à jurisdição ordinária, controlada pela *Cour de Cassation*, sendo o respectivo conhecimento e a sua decisão cometidos aos tribunais administrativos sob a autoridade do *Conseil d'État*, o qual, ao não aplicar o direito privado, determinou o aparecimento de um direito especial aplicável à Administração – o direito administrativo[19].

O segundo, o poder judicial, corresponde aos tribunais judiciais e, por força do aludido princípio da separação das autoridades administrativas e judiciárias, tem por objecto a resolução dos litígios entre particulares (jurisdição cível) bem como a decisão sobre a pretensão punitiva do Estado (jurisdição criminal)[20]. É, por conseguinte, um poder que se exerce imediatamente sobre os cidadãos e, como tal, aquele que mais directamente pode pôr em causa "a tranquilidade de espírito que resulta da opinião que cada um tem da sua segurança". Daí a conveniência de o neutralizar politicamente: tal poder "não deve ser atribuído a um senado permanente, mas exercido por pessoas sorteadas a partir do corpo do povo em determinadas alturas do ano, de acordo com um procedimento prescrito por lei, que formem um tribunal que não dure mais do que o tempo necessário. Deste modo, o poder de julgar, tão terrível entre os homens, não se encontrando ligado nem a um certo estado nem a uma certa profissão, torna-se, por assim dizer, invisível e nulo. Não se tem continuamente perante os olhos os juízes; teme-se a magistratura, e não os magistrados"[21].

---

[17] V. VEDEL e DELVOLVÉ, *Droit administratif*, I, cit., p. 27.

[18] Sobre este princípio, v. o número seguinte.

[19] Cfr. VEDEL e DELVOLVÉ, *Droit administratif*, I, cit., pp. 27 e 28.

[20] Cfr., por exemplo, MONTESQUIEU, *De L'Esprit des Lois*, cit., p. 164.

[21] Assim, v. MONTESQUIEU, *De L'Esprit des Lois*, cit., p. 165. E o mesmo Autor prossegue com a exigência de que os juízes sejam da condição do acusado ou seus pares, "a fim de que este não possa pensar que caiu nas mãos de pessoas que lhe pretendem fazer

11. O Estado legal e o problema da fiscalização da legalidade, em especial, dos actos do poder executivo

Na sua lógica inicial, e enquanto princípio estruturante da soberania, a separação dos poderes corresponde à forma de organização política de uma sociedade em que todos e cada um dos seus membros são igualmente soberanos. A citada organização, aliás, constitui uma dimensão da própria sociedade. Daí a importância central e fundamental da lei: esta constitui a expressão directa e imediata da vontade do soberano.

A crescente preponderância do poder legislativo (e, consequentemente, do Parlamento) é um corolário lógico do princípio da soberania popular. À supremacia absoluta do rei – Estado absoluto – sucede a supremacia absoluta do povo, nomeadamente da sua «vontade geral» – "Estado legal"[22]: mediante a lei, ou subordinada à lei, a actividade do Estado não encontra limites. Nessa perspectiva, a lei

---

mal" (v. *ibidem*, p. 166). Por outro lado, "se os tribunais não devem ser fixos, os juízos devem sê-lo a um ponto tal que não sejam mais do que um texto preciso da lei. Caso tais juízos correspondessem à opinião particular do juiz, viver-se-ia em sociedade sem conhecer com rigor os compromissos aí assumidos" (v. *ibidem*). Daí que os juízes da nação devam ser apenas "a boca que pronuncia as palavras da lei; seres inanimados que não podem moderar nem a sua força nem o seu rigor" (v. *ibidem*, p. 171). As afirmações anteriores e, bem assim, aquela que foi transcrita no texto são, deste modo, indispensáveis para contextualizar o juízo afirmado mais à frente pelo mesmo Autor, *ibidem*, p. 168: "dos três poderes de que falámos, o de julgar é, de certa forma, nulo".

[22] A expressão é de Carré de Malberg (cfr. RUI MACHETE, "Contencioso Administrativo" cit., p. 218, nota 93; e GOMES CANOTILHO, *Direito Constitucional...*, cit., pp. 95 e 96). RUI MACHETE observa, a propósito de tal expressão, que "a doutrina francesa se [tem mostrado sempre] pouco receptiva ao conceito de Estado de Direito e à forma como em seu redor se costumam sistematizar os problemas da Teoria Geral do Estado" (v. Autor cit., *ibidem*). V. também. AFONSO VAZ, referindo-se embora ao "sistema político moderno-iluminista" em geral, fala de "Estado-de-Direito-de-legalidade", o qual se caracterizaria por se constituir "com base na essencialidade do Parlamento, como fonte «monista» de legitimidade, e na entidade da lei, como «norma primária universal» ou «ratione pressupositi»: somente por precedência duma lei aprovada no Parlamento podem surgir poderes para os demais órgãos públicos ou obrigações impostas ao cidadão. A lei está na origem de tudo, tanto de decisões em si mesmo operativas, como de todo um sistema posterior de decisões públicas que têm na lei uma premissa constitucionalmente exigida" (v. Autor cit., *Lei e Reserva da Lei – A Causa da Lei na Constituição Portuguesa de 1976*, Porto, 1992, pp. 103 e ss., em especial a p. 107).

118 *Estado de Direito Democrático e Administração Paritária*

não constitui tanto um limite do poder, quanto um seu veículo ou modo de manifestação. O poder do Estado, que antes se manifestava a partir da vontade do rei, agora, depois da conquista do mesmo Estado pela Nação, manifesta-se como vontade do povo sob a forma de lei.

De igual modo, os actos de execução da lei, nomeadamente a sua aplicação em casos concretos, estão legitimados pela mesma vontade, constituindo, assim, expressões ou manifestações derivadas da «vontade geral», o mesmo é dizer, do poder soberano. Mas, pela mesma razão, a subordinação à lei dos poderes não legislativos e a correspondente fiscalização adquirem uma importância crítica, porquanto é da legalidade do seu exercício que depende afinal a efectividade da soberania popular.

No que respeita ao poder judicial, e considerando o respectivo objecto natural, a questão é relativamente linear, atenta a neutralidade política das suas decisões: decidir os litígios entre particulares ou perseguir infracções criminais exige tão-só uma aplicação correcta da lei. Daí esperar-se que os juízes sejam "a boca que pronuncia as palavras da lei; seres inanimados que não podem modificar nem a sua força nem o seu rigor"[23].

Maiores dificuldades apresenta o problema da fiscalização da legalidade das actuações do poder executivo, como, de resto, é evidenciado pela própria evolução da legislação revolucionária e, bem assim, de toda a legislação posterior. Considerando apenas os aspectos relevantes para a presente dissertação[24], cumpre ter presente que

---

[23] V. MONTESQUIEU, *De L'Esprit des Lois*, cit., p. 171.

[24] Sobre a origem e evolução do contencioso administrativo francês, v. VEDEL e DELVOLVÉ, *Droit administratif*, I, cit., pp. 97 e ss. Na doutrina portuguesa, v. especialmente RUI MACHETE, "Contencioso Administrativo" cit., pp. 189 e ss. (separação de poderes), 218 e ss. (princípio da legalidade) e 258 e ss. (contencioso administrativo em França); e SÉRVULO CORREIA, *Direito do Contencioso Administrativo*, I, cit., pp. 43 e ss. (génese e evolução) e 50 e ss. (situação actual e perspectivas). Este Autor salienta que o *Conseil Constitutionnel* "supriu o silêncio da Constituição Francesa, procedendo pela via jurisprudencial à definição do estatuto constitucional do *Conseil d'État* como órgão de jurisdição. Foram assim declarados pelo órgão de jurisdição constitucional como *princípios fundamentais reconhecidos pelas leis da República* a existência de uma ordem jurisdicional administrativa (1987), o estatuto de independência dos seus juízes (1980) e a titularidade por essa ordem jurisdicional de uma esfera reservada de competência de anulação e reforma das decisões tomadas pelas autoridades administrativas no exercício de prerrogativas de poder público (1987)" (v. *ibidem*, pp. 66 e 67; itálicos no original).

A Concepção Tradicional da Administração Pública como um Poder   119

o legislador revolucionário consagrou o «princípio da separação das autoridades administrativas e judiciais» em ordem a assegurar a independência do poder executivo relativamente ao judicial: começou por proibir os tribunais comuns de apreciarem os litígios que opõem os particulares às autoridades administrativas[25] e, depois, e em alternativa, estabeleceu, relativamente a tal matéria, um sistema de recursos hierárquicos[26].

---

[25] Cfr. o art. 13.º da Lei de 16-24 de Agosto de 1790: "as funções judiciais são distintas e permanecerão sempre separadas das funções administrativas. Os juízes não poderão, sob pena de alta traição, perturbar seja de que maneira for a actividade dos corpos administrativos nem citar os funcionários para comparecerem em juízo por razões ligadas ao exercício das suas funções". Idêntica proibição foi estatuída por um Decreto de 16 de Fructidor do Ano III (1795): "os tribunais estão proibidos de conhecer de quaisquer actos administrativos" (*défenses itératives sont faites aux tribunaux de connaître des actes adminstratives, de quelque espèce qu'ils soient*). Como salientam VEDEL e DELVOLVÉ, em si mesmo, este decreto nada veio acrescentar à lei de 1790; mas recorda a sua vigência, a qual muitas vezes terá sido esquecida (v. Autores cits., *Droit administratif*, I, cit., p. 102). Segundo os mesmos Autores, aqueles dois textos legais continuam hoje em vigor (v. *idem, ibidem*).

[26] V. a Lei de 7-11 de Setembro de 1790 que atribui aos directórios dos departamentos e dos distritos o julgamento das questões litigiosas. V. igualmente a Lei de 7-14 de Outubro de 1790 que, ao menos desde a Monarquia de Julho e até 1940, desempenhou idêntica função de fundamentar o recurso por excesso de poder e cujo art. 13.º é tido como afloramento do princípio da competência exclusiva dos órgãos da ordem jurisdicional administrativa para exercício da jurisdição administrativa em matéria de anulação de actos do poder público – um "princípio fundamental reconhecido pelas leis da República", segundo uma decisão do Conselho Constitucional de 1987. Sobre as duas leis em apreço, v. RUI MACHETE, "Contencioso Administrativo" cit., p. 189, nota 15, e SÉRVULO CORREIA, *Direito do Contencioso Administrativo*, I, cit., p. 44 e a nota 1 dessa mesma página.

Posteriormente, em 1799, são criados órgãos especialmente vocacionados para as matérias contenciosas: o *Conseil d'État* (art. 52.º da Constituição do ano VIII) – órgão de mera consulta – e os *conseils de préfecture* (Lei do 28 Pluvioso) – órgãos com competência decisória relativamente às matérias expressamente atribuídas (jurisdição por atribuição). Com efeito, o primeiro daqueles órgãos limitava-se a instruir os processos e a preparar os projectos de decisão a que só a concordância dos órgãos executivos, nomeadamente do Chefe do Estado, conferia força executória ("jurisdição reservada"). A Lei de 24 de Maio de 1872 (na sequência de um antecedente fugaz durante a Segunda República), ao deferir ao *Conseil d'État* a competência para "decidir soberanamente sobre os recursos em matéria contenciosa administrativa e sobre os pedidos de anulação por excesso de poder" referentes a actos de autoridades administrativas, assinala justamente a passagem da "jurisdição reservada" à "jurisdição delegada". De qualquer modo, embora conhecidos como tribunais administrativos (*tribunaux administratifs*), os conselhos de prefeitura (de resto, a partir da Reforma de 1953, redenominados "tribunais administrativos" e dotados

120 *Estado de Direito Democrático e Administração Paritária*

De acordo com com tal sistema, todos os actos do poder executivo – os actos de carácter normativo[27], os actos individuais, positivos ou negativos, e, bem assim, as omissões ou silêncios[28] – são susceptíveis de impugnação junto de órgãos administrativos mediante o recurso por excesso de poder. Tal excesso consiste precisamente no extravasar dos termos da lei que a Administração activa invoca como fundamento da sua actuação[29]. Segundo a tipificação tradicio-

---

de uma competência por definição na sequência da qual passaram a ser o juiz comum nas matérias administrativas) e o *Conseil d'État* (a partir de 1953, tribunal de apelação com competências especialmente atribuídas para julgar em primeira instância) integram a Administração e não o poder judicial (não são *cours*).

Sobre a reforma de 1986-1987 (instituição das *cours administratives d'appel* e reforço da independência dos magistrados dos tribunais administrativos e daquelas *cours*, v. SÉRVULO CORREIA, *Direito do Contencioso Administrativo*, I, cit., pp. 48 e 49.

[27] Como assinala RUI MACHETE, "Contencioso Administrativo" cit., p. 225, "o carácter normativo do regulamento, aproximando-o da lei, levou os revolucionários franceses, partidários decididos de uma rigorosa separação dos poderes, a negar ao executivo, pelo menos num primeiro momento, qualquer faculdade regulamentária". No entanto, as necessidades práticas cedo impuseram o retorno da competência regulamentar: primeiro ao nível da prática constitucional, na vigência da Constituição do ano III (1795); e depois na sequência da previsão expressa de tal poder na Constituição do ano VIII (1799) e, bem assim, nos diplomas constitucionais posteriores. Como assinala aquele Autor relativamente ao período de vigência das Constituições anteriores à de 1958, trata-se, contudo, de uma concessão, de uma quebra do rigor do princípio, o que explica que a maioria da doutrina tenha caracterizado o regulamento pela falta de novidade e como simples execução da norma primária (v. *ibidem*).

[28] A regra da decisão prévia – admissibilidade do recurso somente depois de a Administração activa se ter pronunciado mediante decisão de autoridade – impunha a equiparação da falta de decisão sobre reclamação previamente apresentada à autoridade competente, ao fim de um determinado prazo, a uma decisão negativa (v. RUI MACHETE, "Contencioso Administrativo" cit., p. 262). Cfr. também a síntese de LUÍS SOUSA DA FÁBRICA, *Reconhecimento de Direitos...*, cit., pp. 10 e ss. Como este Autor refere, a citada regra também é aplicável no âmbito do contencioso de plena jurisdição (nomeadamente o contencioso indemnizatório e o contencioso contratual), sucedendo apenas que, no âmbito do mesmo, a anulação do indeferimento constitui "um mero ponto de passagem para a parte mais característica da sentença, onde se procede ao reconhecimento do direito violado e se adoptam as medidas exigidas pela sua tutela [...Tal] significa, em suma, que embora exista um acto administrativo de autoridade, um recurso contencioso desse acto e uma pronúncia anulatória, não estamos perante um meio centrado na questão da ilegalidade objectiva do acto administrativo de autoridade, tendo como horizonte a sua anulação" (v. Autor cit., *ibidem*, pp. 13 e 14).

A Concepção Tradicional da Administração Pública como um Poder   121

nal, as ilegalidades que estão na base de um tal recurso como condições de provimento (*cas d'ouverture*) são a incompetência, o vício de forma, a violação de lei e o desvio de poder. A finalidade do processo consiste, assim, em controlar se a actuação da Administração enferma de algum destes vícios, o mesmo é dizer, em verificar se a situação concreta resultante de tal actuação se conforma com a situação legalmente prevista ou com aquela que resultaria de uma actuação conforme com os termos da lei.

A limitação da possibilidade de os tribunais comuns apreciarem a legalidade das actuações do poder executivo, tal como a formação de um corpo de funcionários hierarquizado e dependente do poder central com competências no domínio do contencioso, representam linhas de continuidade com o *Ancien Régime*. Com efeito, a partir do início da Idade Moderna os reis de França procuraram que a concentração do seu poder também abrangesse o âmbito da justiça, desde meados do séc. XV descentralizada por doze *parlements* locais dominados pela nobreza. Perante a resistência destes últimos, os primeiros proíbem que os *parlements* interfiram na sua administração[30] e

---

[29] Como se referiu anteriormente no texto, é a lei que permite qualificar a actuação imputável à Administração como administrativa e, consequentemente, como legítima e justa (*voie de droit*). As ilegalidades correspondentes ao excesso de poder e cuja correcção é visada pela jurisdição administrativa não são suficientes para uma descaracterização da actuação da Administração, enquanto administrativa e, portanto, submetida a um regime especial – o *régime administratif* na expressão consagrada de HAURIOU (v. Autor cit., *Précis de Droit Administratif...*, cit., p. 2). Contudo, em situações de ilegalidade muito grave pode ocorrer uma tal desqualificação, valendo, então, a actuação da Administração como via de facto (*voie de fait*). É o caso, por exemplo, de operações materiais não precedidas de uma decisão executória (*manque de droit*) ou do desrespeito absoluto da forma legal da própria decisão executória (*manque de procédure*). Em tais hipóteses, justamente porque a actuação da Administração já não é administrativa, os tribunais comuns não estão impedidos de conhecer dos litígios delas emergentes e de os decidir de acordo com o direito civil aplicável, tal e qual como se se tratasse de um conflito entre particulares. Cfr. a síntese e as críticas, relativamente ao anacronismo e à coerência interna do instituto, de LUÍS SOUSA DA FÁBRICA, *Reconhecimento de Direitos...*, cit., pp. 61 e ss.

[30] V., a título de exemplo, o que Luís XIV dispôs no Édito de Saint-Germain de 1641 (transcrição de RUI MACHETE, "Contencioso Administrativo" cit., p. 258): "Declarámos que o nosso sobredito Parlamento de Paris e todos os outros tribunais foram criados apenas para fazer justiça aos nossos súbditos; proibimo-lhes expressamente, não só de conhecer no futuro de questões semelhantes às que já enunciámos, mas em geral, de todas as que respeitem ao Estado, à Administração ou ao governo daquele".

122 Estado de Direito Democrático e Administração Paritária

atribuem aos órgãos administrativos sob a sua dependência – em especial, o Conselho do Rei e os intendentes – as competências contenciosas.

Este antecedente, além de justificar a desconfiança dos deputados da Assembleia Nacional francesa face ao poder judicial, tê-los-á encorajado na busca de uma solução que conservasse a tradicional liberdade de acção do poder executivo[31]. Tal preocupação justificava-se tanto mais quanto a legislação revolucionária vinha consagrar e tutelar uma nova ordem de interesses e valores – a da burguesia – conflituantes, em princípio, com os da aristocracia, amplamente representada na magistratura dos *parlements*: ou seja, a garantia da ordem revolucionária também exigia a separação entre a administração e a justiça[32]. Acresce que, na lógica do princípio da separação dos poderes, o controlo administrativo por juízes não corresponde originariamente à função do poder judicial, constituindo antes uma "ruptura sistemática" (*Systembruch*), uma vez que tal tipo de controlo releva do "cruzamento" (*Verschränkung*) e não da "separação" dos poderes[33]. Deste modo, a chamada interpretação francesa do princí-

---

[31] Sobre as razões que terão levado a Assembleia Nacional francesa a optar pelo sistema do administrador-juiz, v. RUI MACHETE, "Contencioso Administrativo" cit., pp. 190 e ss.

[32] Salienta este aspecto BERNATZIK: "se se pensar que naquele tempo em França os tribunais e a Administração, não só decidiam espécies diferentes de relações jurídicas, como também simultaneamente representavam diferentes ordens sociais e seus interesses, é natural que, com a vitória rápida da ordem burguesa sobre a ordem aristocrática (dos Estados), se tornasse necessária uma Administração obediente às novas tendências e que não pudesse ser impedida de as prosseguir por direitos adquiridos ao abrigo do direito privado e pelos respectivos guardiões, os tribunais" (v. Autor cit., *Rechtsprechung und materielle Rechtskraft*, Wien, 1886, p. 221, cit. *apud* SCHMIDT-DE CALUWE, *Der Verwaltungsakt...*, cit., p. 91, nota 215).

[33] Nestes termos, cfr. WAHL, "Vorbemerkung, § 42 Abs. 2", cit., Rn. 3, citando uma expressão de Herzog. Sobre o âmbito material do poder judicial no quadro da separação dos poderes delineado por MONTESQUIEU, v. o seu *De L'Esprit des Lois*, cit., p. 164: a punição de crimes e o julgamento dos diferendos entre particulares. Cfr., também, *supra* o número anterior.

WAHL refere, a propósito do aludido "cruzamento" de poderes, que a sujeição da Administração ao controlo por parte de tribunais administrativos nunca é total, razão por que a extensão da mesma constitui uma "questão prévia e fundamental da jurisdição administrativa", independentemente da opção por um sistema de controlo jurisdicional predominantemente subjectivo ou objectivo. Assim, por exemplo, no primeiro, orientado

A *Concepção Tradicional da Administração Pública como um Poder*   123

pio da separação dos poderes – *juger l'administration c'est encore administrer* – impôs-se como a solução simultaneamente mais conveniente e mais coerente com o espírito que presidiu à Revolução: substituir a monarquia, entendida como soberania de um só, pela soberania de todos, a soberania popular.

12. O desenvolvimento do direito administrativo material a partir do contencioso administrativo

Cumpre, na verdade, distinguir entre o plano da legitimação do poder executivo – a actuação de um poder legal – e o do seu modo de agir, atenta a respectiva função precípua de satisfação das necessidades de ordem pública – a iniciativa em vista da prossecução dos interesses correspondentes àquela função. Se, quanto ao primeiro aspecto, o poder executivo se encontra num plano idêntico ao do poder judicial, visto que ambos retiram a razão de ser das suas decisões da lei, expressão da «vontade geral», parece evidente que, relativamente ao segundo, os dois poderes se têm de diferenciar. O poder executivo não pode limitar-se a reproduzir os juízos legais perante casos concretos; aliás, se o fizesse, não cumpriria a sua função constitucional de prover à satisfação de necessidades públicas. O mesmo poder deve, isso sim, "chegar lá" aonde o legislador, pelas suas limitações intrínsecas, não pode alcançar: deve "fazer",

---

para a defesa de posições jurídicas subjectivas (*Individualrechtsschutz*), as decisões em matéria de legitimidade processual activa para a impugnação de actos administrativos delimitam, à partida, as normas jurídico-públicas que o tribunal vai poder conhecer e aplicar ao conflito entre a Administração e o cidadão. Ou seja, tais regras além de condicionarem o conhecimento do fundo da causa, restringem o âmbito do controlo jurisdicional (v. Autor cit., *ibidem*, Rn. 2). Já num sistema de contencioso objectivo o legislador vem frequentemente delimitar positiva e negativamente o âmbito do controlo jurisdicional da Administração (cfr. *idem*, *ibidem*, Rn. 3). Sem prejuízo da exactidão de tais observações no quadro da separação de poderes em que são formuladas – e que é fundamentalmente o quadro traçado por MONTESQUIEU –, a questão que se pode suscitar é se a relevância imediata dos direitos fundamentais e a consequente subjectivização da legalidade administrativa não impõem, desde logo, um alargamento do âmbito material originário do poder judicial por forma a considerar, ao lado das relações de direito privado, as relações jurídicas administrativas. Cfr. *infra*, na Terceira Parte, o n.º 24.

124 Estado de Direito Democrático e Administração Paritária

deve realizar aquilo que a lei preconiza e prevê como objectivo. Daí a imagem tradicional do poder executivo como "extensão do braço do legislador".

Esta perspectiva sublinha igualmente as diferenças entre a lei civil e a lei administrativa: enquanto a primeira se limita a tutelar pretensões preexistentes e resultantes do exercício da autonomia privada, a segunda concorre, ela própria, para a constituição das pretensões dos poderes públicos. Nesse sentido, Otto Mayer observará: "no direito civil a norma jurídica e o negócio jurídico estão separados. A primeira representa apenas a forma vazia dentro da qual a vontade do indivíduo se move e que é preenchida em resultado das particularidades de tal acção; toda a determinação de fins e objectos resulta da utilização daquela forma pelo negócio jurídico. As normas jurídicas administrativas, enquanto acções do Estado, já são elas próprias ordenadas à consecução de determinadas finalidades do seu autor"[34].

Compreende-se, deste modo, a emergência de um direito especial – o direito administrativo – que tem em conta, nomeadamente, as exigências do serviço público e a necessidade de conciliar o interesse público com os direitos dos particulares[35]. A unificação de todas as funções administrativas – a administração activa (incluindo a consultiva) e a contenciosa (*le pouvoir juridique*) – sob um único poder – o poder executivo – e a separação deste último do poder judicial – os dois aspectos que, conjugados, constituem a essência do *régime administratif*[36] – foram, como referido, condição indispensável para o efeito.

---

[34] V. Autor cit., *Theorie des Französischen Verwaltungsrechts*, cit., p. 19. RÜDIGER BREUER sustenta mesmo que a estrutura normativa no direito administrativo francês é fundamentalmente finalística, isto é assente em directivas ordenadas à consecução de um dado fim, concedendo, por isso, um papel dominante ao poder discricionário (cfr. Autor cit., "Konditionale und finale Rechtssetzung" in *Archiv des öffentlichen Rechts* 2002, pp. 523 e ss., em especial, pp. 542 e ss.).

[35] Cfr. o Ac. do Tribunal de Conflitos de 8 de Fevereiro de 1873, *Blanco*, por exemplo, em LONG, WEIL, BRAIBANT e outros, *Les grands arrêts de la jurisprudence administrative*, cit., pp. 15 e ss.

[36] Cfr. a caracterização do *régime administratif* feita por HAURIOU: "*d'une part, toutes les fonctions administratives y* [en France] *ont été fortement centralisées et confiées à un pouvoir unique; d'autre part, ce pouvoir, en tant que juridique, c'est à dire en tant que chargé de l'administration du droit et de la loi en ce qui concerne son activité, n'est*

A Concepção Tradicional da Administração Pública como um Poder   125

A partir de tal base, o *Conseil d'État*, reportando-se a algumas leis escritas antigas[37] e desenvolvendo uma jurisprudência criadora, irá submeter a actividade da Administração a "princípios gerais de direito" deduzidos segundo o mencionado princípio filosófico-político do equilíbrio entre os interesses gerais e os interesses particulares: por exemplo, os regimes da responsabilidade civil, do domínio público ou dos actos administrativos. De salientar, ainda, que as interpretações da lei feitas pelo *Conseil d'État* e, bem assim, as suas deduções são, não só insindicáveis, como fundadas na legislação ordinária, o que bem evidencia a tradicional autonomia do direito administrativo francês relativamente ao correspondente direito constitucional[38].

O *régime administratif* implica a subordinação à lei anterior de todas as decisões administrativas, uma vez que "a existência de um direito administrativo, de normas diferentes das comuns do direito civil que disciplinem as actividades da Administração, postula o dever de obediência às suas prescrições por parte dos órgãos administrativos, sem o que seríamos forçados a negar juridicidade a esse

---

pas le pouvoir judiciaire, mais bien le pouvoir exécutif" (por um lado, aí [em França] todas as funções administrativas foram concentradas e confiadas a um poder único; por outro lado, esse poder, como poder jurídico, o mesmo é dizer, enquanto incumbido da aplicação do direito e da lei relativamente à sua actividade, não é o poder judicial, mas sim o poder executivo; v. Autor cit., *Précis de Droit Administratif...*, cit., p. 2). E o mesmo Autor conclui: "*la définition du régime administratif se résume dans une centralisation des fonctions administratives sous l'autorité juridique du pouvoir exécutif et, par suite, d'une séparation des attributions entre le pouvoir exécutif et le pouvoir judiciaire en ce qui concerne l'administration du droit*" (a definição do regime administrativo resume-se na ideia de uma centralização das funções administrativas sob a autoridade jurídica do poder executivo e, consequentemente, numa separação das atribuições do poder executivo e do poder judiciário no que respeita à aplicação do direito; v. *idem, ibidem*, pp. 2 e 3).

[37] Por exemplo, as já mencionadas Leis de 16-24 de Agosto de 1790 (separação das funções administrativa e judicial) e de 24 de Maio de 1872 (início da jurisdição delegada) ou a Lei *le Chapelier* (liberdade de comércio e indústria).

[38] Salienta este aspecto PIERRE KOENIG, "Le statut constitutionnel de l'administration en France" cit., p. 24. O mesmo Autor refere um exemplo impressivo: o *Conseil d'État* infere o princípio relativo aos direitos de defesa de diversos textos legais ou regulamentares e não de um dispositivo constitucional como a Declaração dos Direitos do Homem e do Cidadão de 1789 (v. *ibidem*). V. também SÉRVULO CORREIA, *Direito do Contencioso Administrativo*, I, cit., pp. 57 e 58, salientando o impacte, neste domínio, da jurisprudência do *Conseil Constitutionnel* em matéria de liberdades públicas.

126   *Estado de Direito Democrático e Administração Paritária*

ramo do ordenamento"[39]. Contudo, é a recorribilidade contenciosa daquelas decisões que assinala a medida da vinculação legal: "a susceptibilidade de recurso contencioso do acto é elevada a índice seguro da existência do dever de submissão à lei, enquanto a ausência da possibilidade de recurso traduz a efectiva liberdade de que a Administração goza no caso concreto, norteada, apenas num plano muito abstracto, pelos fins gerais de interesse público que a animam"[40]. Saliente-se em todo o caso que, mesmo nesse âmbito, o poder concretamente exercido continua a ser legítimo. Contudo, também é claro que a protecção jurídica da legalidade, ao ficar entregue aos órgãos da própria Administração activa, torna-se menos fiável "e, em definitivo, desprovida de real eficácia"[41].

Daí a importância da determinação dos limites dos poderes de cognição dos tribunais administrativos no quadro de apreciação do recurso por excesso de poder. Cumpre referir, em especial, a superação de doutrinas jurisprudenciais – como, por exemplo, a "teoria dos actos de governo" ou a "doutrina dos actos de pura administração ou discricionários" – que isentavam totalmente certos actos do controlo jurisdicional. Acresce que a própria concepção de legalidade administrativa também evoluiu no sentido de uma densificação crescente do controlo jurisdicional.

Resulta do exposto, que o direito administrativo francês, sem prejuízo do valor político-jurídico das declarações de direitos, é originariamente concebido em função do poder do legislador. A vontade geral expressa na lei é absoluta: define os direitos individuais e as acções e objectivos a concretizar pela Administração. Deste modo, e, por princípio, a acção da Administração conforme à lei não contende com os direitos individuais. Ela visa justamente executar a lei e esta é que define tais direitos. Daí também que se deva reconhecer à Administração força idêntica à da lei. Tal só não sucederá no caso de a actuação administrativa se descaracterizar ao ponto de já não poder ser reconduzida à lei (*voie de fait*); então age como um particular, estando sujeita às regras correspondentes.

---

[39] Assim, v. RUI MACHETE, "Contencioso Administrativo" cit., p. 222.
[40] V. *idem, ibidem*, p. 223.
[41] V. *idem, ibidem*.

A especialidade do direito administrativo encontra aqui a sua razão de ser: é um direito que tem por objecto a disciplina de situações em que intervém o poder *qua tale* em vista da execução da «vontade geral». Essa é igualmente a justificação para o controlo objectivo da legalidade da actividade administrativa. Para o efeito, foi desenvolvido um acto de autoridade que define a situação jurídica concreta do particular de acordo com os termos da lei – o acto administrativo. Nestas condições, a acção dos particulares apenas pode relevar como condicionamento exterior do poder administrativo destinado a ser precipitado em acto, desde que a lei assim o preveja: eles são requerentes em procedimentos de iniciativa particular; a sua audição ou outras formas de intervenção procedimental constituirão requisitos da forma legal; perante as decisões ilegais desfavoráveis aos seus interesses, poderão recorrer contenciosamente.

B) A ADMINISTRAÇÃO NO DIREITO INGLÊS

13. O *rule of law*

O constitucionalismo inglês, no seguimento da tendência para travar o absolutismo real, é inicialmente marcado pela luta entre o Rei e o Parlamento. Como refere Marcello Caetano, a crise política do séc. XVII (*Petition of Rights*, as Revoluções de 1648 e de 1688 – a *Glorious Revolution* – e a *Bill of Rights*) "rematou uma evolução vinda de trás no sentido de impedir que a vontade do rei prevalecesse sobre os costumes constitucionais firmados no direito natural e em que se alicerçavam os direitos individuais e as liberdades dos cidadãos"[42]. Na separação de funções que depois se estabeleceu o Parlamento (*King in Parliament*, *Lords* e *Commons*) tinha o exclusivo da competência legislativa e o Rei e os seus ministros actuavam de acordo com a vontade desse órgão, submetidos às mesmas normas que obrigavam todos os cidadãos. Aos tribunais cabia revelar e interpretar as «leis do país» – tanto as regras consuetudinárias (*common law*), como as leis aprovadas pelo Parlamento (*statute law*).

---

[42] V. Autor cit., *Manual de Direito Administrativo*, I, cit., pp. 19 e 20.

128   *Estado de Direito Democrático e Administração Paritária*

Este último aspecto evidencia uma característica particular do direito inglês muito importante para compreender o alcance do *rule of law*: os direitos (*rights*) só existem na medida em que o juiz acolha os meios processuais (*remedies*) destinados a fazê--los valer em concreto. Neste sentido, Dicey fazia corresponder o *rule of law* (também) à Constituição, entendida como o conjunto de regras que são consequência dos direitos dos indivíduos, tal como definidos e aplicados pelos tribunais na sequência da utilização dos *remedies* facultados aos cidadãos pela *common law*[43].

À semelhança do que sucedia no direito romano, vigora no direito inglês um sistema de *actiones*, pelo que o *ius* pressupõe uma *actio* para o fazer valer. O direito, em vez de ser entendido como um conjunto de normas de comportamento, apresenta-se como um conjunto de possibilidades processuais de sancionar comportamentos. Ou seja, parte-se do processo para o direito (perspectiva processual do direito[44]): ocorrendo uma determinada situação de facto, é possível requerer ao tribunal que obrigue a parte contrária a adoptar uma determinada conduta (concluindo-se, assim, pela existência de um direito à conduta em causa); em vez de se afirmar o carácter instrumental do processo (perspectiva do direito subjectivo): ocorrendo uma determinada situação de facto, é possível exigir à parte contrária um determinado comportamento (e, no caso de esta recusar, pode requerer-se ao tribunal que a obrigue a adoptar tal conduta).

---

[43] Este é, com efeito, um dos três significados atribuídos por DICEY à expressão *rule of law* ou corresponde a um dos três pontos de vista a partir dos quais aquele princípio pode ser perspectivado (cfr. Autor cit., *Introduction...*, cit., p. 203: "as regras que em países estrangeiros fazem naturalmente parte do código constitucional não são a fonte, mas a consequência dos direitos dos indivíduos, tal como os mesmos são definidos e aplicados [*defined and enforced*] pelos tribunais"). No mesmo sentido afirma MAURICE HAURIOU: "os anglo-saxões permaneceram fiéis à autêntica tradição clássica para a qual o juiz é o órgão essencial do direito. Na verdade, definem o direito através do juiz: é direito o que é aplicado pelo juiz. [...] No desempenho da sua missão o juiz anglo-saxónico é senhor do direito; o que ele não aplica não é direito. E, na verdade, ele é senhor da *common law*, por ser ele que a faz e continua a fazer mediante a sua jurisprudência. Também perante a *statute law* o domínio é quase igual. [...] Em Inglaterra o juiz não pode recorrer à fiscalização da constitucionalidade, mas serve igualmente os princípios da *common law*, mediante a interpretação de leis novas que repõe no curso da tradição" (v. Autor cit., *Précis de Droit Constitutionnel*, 2.ª ed., Paris, 1929, pp. 229 e 230). Salienta também este aspecto RUI MACHETE: "os *rights* vivem na medida em que tiverem *remedies* que lhes dêem cobertura judicial" (v. Autor cit., "Contencioso Administrativo" cit., p. 293).

A Concepção Tradicional da Administração Pública como um Poder   129

Do ponto de vista teórico, e no quadro de uma rigorosa correspondência entre direito subjectivo e acção, as perspectivas em causa poderão ser apenas isso mesmo: um modo de ver o direito, ora a partir do juiz, ora a partir do ordenamento material[45]. Contudo, a

---

[44] Cfr. relativamente ao direito inglês, WADE e FORSYTH, *Administrative Law*, cit., p. 551: "os direitos dependem das acções" (*rights depend upon remedies*; sobre a tradução de *remedy* por acção, cfr. a justificação de SÉRVULO CORREIA, *Direito do Contencioso Administrativo*, I, cit., p. 124, nota 167).

Sobre o sentido e a evolução da perspectiva referida no texto, v. HORST KAUFMANN, "Zur Geschichte des aktionenrechtliches Denkens" in *Juristenzeitung*, 1964, N.ºs 15/16, pp. 482 e ss. Sobre a concepção do "direito-como-acção" (*aktionenrechtlich*) e suas projecções no direito do contencioso administrativo, v. também FRANZ WIEACKER, *Privatrechtsgeschichte der Neuzeit*, 2.ª ed., Göttingen, 1967, p. 187, nota 48 (na tradução portuguesa de António Hespanha – ed. Fundação Calouste Gulbenkian, Lisboa, 1980 –, cfr. pp. 203 e 204); RUPP, *Grundfragen...*, cit., p. 159, nota 164 (este Autor reporta-se aí à 1.ª ed. da obra de Wieacker); HENKE, "Das subjektive Recht..." cit., pp. 625 e 626; e SCHENKE, "Der Anspruch des Verletzten auf Rücknahme des Verwaltungsakts vor Ablauf der Anfechtungsfristen" in *Staat, Kirche Verwaltung – Festschrift für H. Maurer*, München, 2001, pp. 723 e ss., em especial, pp. 723 e 724.

[45] Saliente-se, em todo o caso, que a dualidade de perspectivas referida no texto só foi possível a partir da autonomização da pretensão material operada por Bernhard Windscheid na sua obra *Die Actio des römischen Civilrechts vom Standpunkte des heutigen Rechts*, Düsseldorf, 1856 (nem todo o direito de acção pressupõe a violação de um direito subjectivo; e o direito de acção não é a consequência necessária da violação de um direito, mas a pretensão material, entendida como o direito à eliminação de tal violação e de suas consequências). Sobre a importância histórica e sistemática da "descoberta" de Windscheid, cfr. HELMUT COING, "Zur Geschichte des Begriffs «subjektives Recht»" in COING, LAWSON und GRÖNFORS (Hrsg.), *Das subjektive Recht und der Rechtsschutz der Persönlichkeit*, Frankfurt a.M., 1959, pp. 7 e ss., em especial, pp. 14 e ss.; e a síntese de HELMUT COING, *Europäisches Privatrecht*, II (19. Jahrhundert; Überblick über die Entwicklung des Privatrechts in den ehemals gemeinrechtlichen Ländern), München, 1989, pp. 274 e 275. A nova perspectiva da pretensão material significou a transição do direito da esfera do juiz, da decisão concreta, para a esfera do legislador, da regra abstracta; além disso, o direito objectivo aparece agora como dirigido ao titular de um poder da vontade que, enquanto sujeito da pretensão, o pode realizar. Salientando estes dois aspectos, v. RUPP, "Unsicherheiten zum Thema des subjektiven öffentlichen Rechts" cit, pp. 997 e 998.

HENKE estabelece uma correlação entre direito formal e Estado e direito material e sociedade: uma ordem jurídica puramente formal corresponderia a uma "total estatização" (*vollständige Verstaatlichung*) do direito; enquanto que uma ordem jurídica puramente material correspoderia a um direito "totalmente desestatizado" (*vollständig entstaatlicht*; cfr. Autor cit., "Das subjektive Recht..." cit., p. 625). Para aquele Autor, a ordem jurídica positiva seria uma conjugação de direito material e direito formal (v. *idem, ibidem*). Isso é verdade, mas não legitima a citada contraposição naqueles termos. A presença do Estado

130   *Estado de Direito Democrático e Administração Paritária*

aludida correspondência, para ser comprovada, exige um parâmetro normativo que permita a avaliação crítica das decisões judiciais, mormente por parte da doutrina. Acresce que as regras sobre o acesso aos tribunais, designadamente em matéria de legitimidade processual, podem condicionar decisivamente o sentido ou a finalidade da tutela jurisdicional: por exemplo, defesa da legalidade objectiva em vez de defesa de direitos subjectivos. Finalmente, a perspectiva processual explica também a óptica defensiva frequentemente adoptada pelos autores ingleses no que se refere à actividade administrativa[46].

Os meios processuais disponíveis no direito inglês – os *remedies* – são os mesmos para todos os sujeitos de direito e a sua utilização é, em princípio, necessária para fazer valer qualquer uma das suas pretensões perante terceiros. Por outro lado, a actuação dos tribunais está, já desde a *Magna Charta Libertatum* de 1215, submetida à exigência de um processo justo regulado por lei (*due process of law*) sempre que estejam em causa a liberdade e a propriedade dos cidadãos[47].

Compreendem-se, assim, os outros dois significados atribuídos por Dicey ao *rule of law*. Em primeiro lugar, a supremacia absoluta da lei e a consequente eliminação de qualquer poder arbitrário: a ninguém é permitido, incluindo aos poderes públicos, impor aos outros as suas pretensões apenas com base na sua própria vontade, o

---

ou do poder público é inerente à própria realidade do processo: este é a forma da justiça pública. Outra coisa é saber se as fontes de direito material são necessariamente estatais. Até podiam ser todas consuetudinárias. Ainda assim, poderia continuar a perspectivar-se o direito ora em termos processuais, ora em termos de direito subjectivo. A mencionada desestatização total do direito corresponderia a um cenário em que, por um lado, nenhuma das fontes de direito fosse estatal e, por outro lado, vigorasse um sistema de justiça privada.

[46] V., por exemplo, as observações de RUI MACHETE, "Contencioso Administrativo" cit., p. 251, em relação a Dicey.

[47] Cfr. o respectivo art. 39.º: "nenhum homem livre será detido ou sujeito a prisão, ou privado dos seus bens ou colocado fora da lei, ou exilado ou, de qualquer modo molestado, e nós não procederemos nem mandaremos proceder contra ele senão mediante um julgamento regular pelos seus pares ou de harmonia com a lei do país" (cfr. JORGE MIRANDA (org. e trad.), *Textos Históricos do Direito Constitucional*, 2.ª ed., Lisboa, 1990, p. 15).

que exclui a admissibilidade do arbítrio, de prerrogativas de autoridade e mesmo de ampla discricionariedade; aliás, a citada imposição só é possível com base na lei e na medida em que a mesma seja reconhecida pela decisão de um tribunal: "os ingleses são regidos pela lei e só pela lei"[48]. E, em segundo lugar, a igualdade de todos, autoridades e funcionários incluídos, perante a lei, o mesmo é dizer, a sua subordinação à mesma lei – a lei comum do país – e, por conseguinte, aos tribunais comuns. Daí a conclusão do mesmo Autor: "o *rule of law*, neste sentido, exclui a ideia de qualquer isenção das autoridades (*officials*) ou de outras entidades do dever de obediência à lei que rege os cidadãos em geral ou da jurisdição dos tribunais comuns: não pode haver realmente entre nós nada que corresponda ao *droit administratif* ou aos *tribunaux administratifs* de França"[49].

É certo que Dicey também reconhece a existência de leis que atribuem certos poderes de autoridade a funcionários da Coroa ou às autoridades locais. Porém, não só tais poderes têm de ser exercidos de acordo com os princípios da *common law*, como a fiscalização do respectivo exercício se mantém a cargo dos tribunais comuns, o que excluiria a existência do *droit administratif* e preservaria a garantia fundamental do *rule of law*[50]. Assim, enquanto aquele modifica os direitos que resultariam para os cidadãos da aplicação das regras de direito comum, este assegura a continuidade de tais direitos mesmo perante prerrogativas de autoridade da Administração. A perspectiva processual aparece aqui como decisiva: uma vez que, segundo o *rule of law*, são os tribunais comuns que estabelecem o direito material, enquanto forem eles a decidir, só pode existir um corpo de normas – justamente as que resultam do conjunto de decisões desses mesmos tribunais[51].

---

[48] Cfr. Autor cit., *Introduction...*, cit., p. 202.

[49] Cfr. *idem*, *ibidem*, pp. 202 e 203.

[50] Cfr. *idem*, *ibidem*, p. 388. Cfr. também RUI MACHETE, "Contencioso Administrativo" cit., pp. 249 e 250; e DIOGO FREITAS DO AMARAL, *Curso...*, I, cit., p. 109.

[51] Em todo o caso, Dicey ainda reconheceu que o aumento de poderes de intervenção pública previstos na legislação mais recente conduzia à formação de um *corpus* normativo semelhante ao direito administrativo francês (v. as referências em RUI MACHETE, "Contencioso Administrativo" cit, p. 250 nota 170).

132   *Estado de Direito Democrático e Administração Paritária*

Pelo exposto, o *rule of law* é uma das características fundamentais da Constituição britânica. Acresce que, como se irá evidenciar a propósito da análise do *Rechtsstaat*, existe uma correspondência, quanto ao essencial, entre os dois conceitos. Daí que frequentemente se proponha a tradução de um pelo outro[52]. Com efeito, em ambos os casos estão presentes as ideias da liberdade individual e política, a recusa do arbítrio em favor de uma prevalência do direito (*supremacy of law – Herrschaft des Rechts*), a igualdade perante a lei e o direito e a garantia da tutela jurisdcional. Em todo o caso, e mercê das características de cada sistema jurídico, existem especificidades do *Rechtsstaat* – por exemplo, no que se refere à garantia da segurança jurídica, à protecção da confiança ou às garantias processuais[53] – que impedem uma sua correspondência integral com o *rule of law*[54].

14. Os poderes da Administração no direito inglês

A verdade é que o direito inglês não pôde ignorar a crescente atribuição de poderes às autoridades administrativas e procurou integrá-las na lógica da *common law*. Nesse sentido, aquelas autoridades foram assimiladas a tribunais inferiores, quanto aos seus poderes de autoridade, e o conceito de «jurisdição» alargou-se de modo a tornar-se sinónimo de exercício de poderes públicos, passando os meios processuais destinados à fiscalização da legalidade do exercício de poderes judiciais (*remedies*) a poder ser utilizados, também, para

---

[52] Cfr. SCHEUNER, "Die neuere Entwicklung des Rechtsstaats in Deutschland" in FORSTHOFF (Hrsg.), *Rechtsstaatlichkeit und Sozialstaatlichkeit – Aufsätze und Essays*, Darmstadt 1968, pp. 461 e ss. (pp. 464 e 472); e HEYDE, "Über Schwierigkeiten im praktischen Umgang mit dem Rechtsstaatsprinzip" in BENDER, BREUER, OSSENBÜHL e SENDLER (Hrsg.), *Rechtsstaat zwischen Sozialgestaltung und Rechtsschutz – Festschrift für Konrad Redeker zum 70. Geburtstag*, München 1973, pp. 187 e ss. (p. 190).

[53] Cfr. HEYDE, "Über Schwierigkeiten…" cit., p. 190.

[54] SCHEUNER refere-se, por isso, à "representação do *rule of law* correspondente à ideia de Estado de Direito" (cfr. Autor cit., "Die neuere Entwicklung des Rechtsstaats in Deutschland" cit., p. 472).

A Concepção Tradicional da Administração Pública como um Poder   133

controlar a legalidade dos actos praticados por autoridades administrativas[55].

Tal controlo – a *judicial review* – funda-se na *common law* e visa eliminar os actos de autoridade pública que excedam os respec-

---

[55] Sobre esta evolução e a descrição dos diferentes meios processuais previstos no direito inglês, cfr. MARCELLO CAETANO, *Manual de Direito Administrativo*, I, cit., pp. 20 e 21; RUI MACHETE, "Contencioso Administrativo" cit., pp. 289 e ss.; DIOGO FREITAS DO AMARAL, *Curso...*, I, cit., pp. 95 e ss., e SÉRVULO CORREIA, *Direito do Contencioso Administrativo*, I, cit., pp. 125 e ss.

Como explica este último Autor, a equiparação da actividade administrativa de aplicação do direito a casos concretos à *adjudication* exercida pelos tribunais e que levou à assimilação dos poderes administrativos com a jurisdição dos tribunais inferiores teve como base dois fundamentos: "por um lado, o facto de, em boa parte dessas competências, a Administração ter assumido poderes que historicamente haviam pertencido a magistrados judiciais e, por outro lado, o entendimento, prevalecente até ao Século XX, de que fazia parte do conteúdo da *rule of law* o princípio segundo o qual «a determinação das questões de direito – ou seja, das questões que requerem a verificação dos factos e a aplicação aos mesmos de regras jurídicas ou princípios determinados – pertencia exclusivamente às *courts*»" (v. Autor cit., *ibidem*, p. 133). E SÉRVULO CORREIA acrescenta criticamente: a ideia do carácter «judicial» dos actos da Administração correspondeu a "uma visão crescentemente artificial, assente numa confusão entre a natureza dos actos (considerados «judiciais» apesar de, na sua grande maioria, os actos da Administração não serem funcionalmente jurisdicionais) e a ideia do «dever de agir judicialmente» (*duty to act judicially*), que era pertinente na medida em que certos deveres de imparcialidade e de audiência dos interesssdos a que o juiz está sujeito devem ser igualmente impostos à Administração, não obstante a natureza diferente das funções que ambos exercem" (v. Autor cit., *ibidem*, p. 134).

Como nota o mesmo Autor, esta indiferenciação entre a natureza administrativa e jurisdicional das actividades objecto dos meios de controlo que integram a *judicial review*, além de ter constituído um obstáculo à autonomização da jurisdição administrativa enquanto instituto jurídico, determinou, já no Séc. XX, limitações sérias à tutela jurisdicional dos direitos dos cidadãos, ao "propiciar à Administração um vasto campo de imunidade perante a *judicial review*. E assim sucedeu por duas ordens de razões: em primeiro lugar, porque se chegou a pensar que as actividades administrativas «não judiciais» não eram passíveis de *judicial review*; e, em segundo lugar, por, em face da dicotomia entre *appeal* e *judicial review* centrada na consideração dos órgãos da Administração como tribunais inferiores dotados, salvo previsão de recurso por lei parlamentar (*statute*), de reserva total de «jurisdição», se ter limitado a cognição das *courts* em sede de *judicial review* às situações de excesso de poder (*ultra vires*), que não se confundiam com a errónea aplicação do direito substantivo regulador da situação concreta" (v. Autor cit., *ibidem*, p. 132; cfr. também *idem, ibidem*, p. 139). Sobre a doutrina *ultra vires* e a distinção entre *judicial review* e *appeal*, v. *infra* no texto.

134 Estado de Direito Democrático e Administração Paritária

tivos poderes legais (doutrina *ultra vires*), distinguindo-se, por isso, do *appeal*, o qual só é admissível quando previsto em lei especial (*statute law*) e se destine a controlar a solução dada pela decisão de autoridade à questão de fundo em aplicação das pertinentes normas legislativas (*merits*). Com efeito, no quadro da primeira, os tribunais superiores apenas podem controlar se os tribunais inferiores agiram no âmbito da respectiva jurisdição. Deste modo, "se determinada autoridade pratica um acto dentro dos limites da sua jurisdição – no largo sentido que a expressão tem no direito inglês – isto é, *intra vires*, e nenhuma lei (*statute*) concede um recurso de apelação, o acto é plenamente legal e imune de qualquer fiscalização por um tribunal"[56]. A *judicial review* corresponde, assim, originariamente e no essencial, "ao controlo dos aspectos respeitantes à competência, à forma e aos princípios de conduta administrativa, dos quais depende a permanência do órgão decidente no âmago da sua jurisdição"[57].

Esta limitação da *judicial review* implicava que os erros quanto à aplicação do direito, fosse quanto à verificação e qualificação dos factos, fosse quanto à própria interpretação das normas aplicáveis, cometidos pelas autoridades administrativas não podiam ser sindicados jurisdicionalmente, salvo nos casos em que uma lei especial previsse um *appeal*. Como observa Sérvulo Correia, "a tutela jurisdicional fundada no instituto do *ultra vires* não cobria portanto todas as situações de lesão ilegal das situações jurídicas subjectivas. Esta significação do sistema de meios processuais era, porém, obnubilada pelo facto de ela ter surgido e continuar a aplicar-se também no âmbito das relações entre tribunais judiciais superiores e inferiores, onde a sua consequência era qualitativamente distinta, visto que se resumia a uma redução das instâncias"[58].

---

[56] V. Rui Machete, "Contencioso Administrativo" cit, p. 290.

[57] V. Sérvulo Correia, *Direito do Contencioso Administrativo*, I, cit., p. 137. E o mesmo Autor especifica: um dos modos mais importantes de *ultra vires* era a violação de princípios da *natural justice*, a qual integra duas proposições: "a de que não se pode decidir contra alguém sem o ouvir primeiro (*audi alteram partem*) e a de que quem decide não pode ter interesse nos efeitos da decisão (*nemo iudex in causa sua*)" (v. Autor cit., *ibidem*, p. 133).

[58] V. Autor cit., *Direito do Contencioso Administrativo*, I, cit., pp. 137 e 138.

A *Concepção Tradicional da Administração Pública como um Poder*   135

Compreendem-se, assim, os esforços desenvolvidos com vista à superação de tal insuficiência relativamente à fiscalização da legalidade de actuações das autoridades administrativas. Nesse sentido, a jurisprudência inglesa alargou o âmbito tradicional do *ultra vires* no tocante aos actos daquelas autoridades de modo a que o mesmo passasse a coincidir com a ideia de juridicidade e, consequentemente, a *judicial review* relativamente àquelas autoridades passou a abranger também o controlo da conformidade com o direito das suas decisões (*error of law*). Por outras palavras, a decisão administrativa que enferme de erro de direito passou a ser considerada *ultra vires*. Com efeito, e sem prejuízo da subsistência de limitações perante conceitos legais imprecisos, "diferenciando dos tribunais judiciais inferiores os tribunais administrativos [- *administrative tribunals* -] e os restantes serviços da Administração, os tribunais judiciais superiores entendem agora que, sempre que a lei concede poderes a entidades não judiciais, se deve presumir que o Parlamento não pretendeu transformar esses órgãos em árbitros últimos da bondade jurídica das suas decisões"[59].

Sujeitos à *judicial review* encontram-se, em princípio, todos os actos do Executivo, sejam eles individuais ou normativos (*delegated legislation*). Exceptuam-se os actos pessoais praticados pelo Soberano, os actos políticos (*acts of state*) e actos no domínio da segurança nacional. Estas restrições ao controlo jurisdicional fundam-se na ideia de separação de funções: a propósito de cada caso, é também sempre apreciada a questão de saber se um tribunal deve poder decidir sobre o conflito que lhe é apresentado e, caso o tribunal considere que não, nega o *locus standi* (a legitimidade activa) ao requerente[60].

---

[59] V. SÉRVULO CORREIA, *Direito do Contencioso Administrativo*, I, cit., p. 138. No tocante aos conceitos legais imprecisos, este Autor refere *ibidem* que "os tribunais judiciais apenas averiguam se o entendimento dado pelo órgão aplicante foi tão aberrante que mereça ser qualificado de irracional".

[60] Como refere WAHL, "Vorbemerkung, § 42 Abs. 2", cit., Rn. 25, nota 53, é característica a afirmação de Lord Denning, proferida num caso de 1977, de que, estando em causa a segurança nacional, nem os direitos de liberdade clássicos podem ser considerados.

136   *Estado de Direito Democrático e Administração Paritária*

A *judicial review* originariamente só podia ser desencadeada pela Coroa, mas a partir de finais do Séc. XVI passou a estar aberta também a particulares. Dada a função objectiva daquele controlo, não se exigia a estes a titularidade de direitos subjectivos para o poderem iniciar. Segundo a classificação corrente desde o Séc. XVIII, o mesmo controlo concretizava-se através de meios processuais denominados *prerogative writs* (mandados de prerrogativa)[61]: o *certiorari* (destinado a anular uma decisão ilegal), o *prohibition* (destinado a proibir a continuação de uma ilegalidade ou que se venha a concretizar uma previsível violação da lei), o *mandamus* (destinado a exigir de uma autoridade pública o cumprimento de determinado dever)[62], o *quo warranto* (destinado a anular a investidura ilegal num cargo público) e o *habeas corpus* (destinado a fazer cessar uma prisão ou detenção ilegal).

Este sistema foi reformado, primeiro, em 1933 e, depois, em 1938 (nomeadamente, a substituição dos *prerogative writs* de *certiorari*, *prohibition* e *mandamus* por *prerogative orders* de igual designação e com idêntico objecto)[63]. Contudo, estas reformas, além de enfraquecerem a posição processual dos particulares, não simplificaram a sua tramitação nem afastaram as mencionadas insuficiências estruturais da *judicial review*. Daí que nos anos 50 se assistisse à tentativa de utilização dos meios processuais comuns contra a Administração.

Com efeito, os particulares dispõem ainda das acções civis ordinárias, os *ordinary remedies* – os meios processuais predispostos para a defesa de direitos próprios contra outros sujeitos da *common law*: a acção de responsabilidade civil, as *injunctions* (ordens do tribunal a determinar que alguém se abstenha de praticar ou de

---

[61] A natureza de prerrogativa significa que está em causa o exercício mediato do poder real (assim, v. SÉRVULO CORREIA, *Direito do Contencioso Administrativo*, I, cit., p. 124).

[62] Este *writ*, além de exigir uma legitimidade particular do requerente, não podia ser proposto contra a Coroa nem era susceptível de ser usado quando a lei previsse um outro meio processual com carácter exclusivo para tutela dos direitos conferidos aos particulares (cfr. RUI MACHETE, "Contencioso Administrativo" cit, p. 293).

[63] Cfr. a síntese de SÉRVULO CORREIA em *Direito do Contencioso Administrativo*, I, cit., p. 126.

A Concepção Tradicional da Administração Pública como um Poder   137

continuar a praticar uma violação da lei, podendo ter um conteúdo positivo – *mandatory injunctions* – ou negativo) e as *declarations* (têm por objecto a mera declaração de situações de facto ou de direito – são uma espécie de acções de simples apreciação). Contudo, na sua utilização contra a Administração estes *remedies* evidenciavam algumas limitações: a *injunction* não podia ser usada contra a Coroa e a *declaration*, além de exigir a titularidade de um direito afectado, só era eficaz desde que o acto da autoridade administrativa fosse *ultra vires* e, em consequência, nulo (*void*)[64].

Foi com o objectivo de obviar às limitações referidas que a reforma de 1977 introduziu a *application for judicial review*, uma forma de processo unitária destinada a veicular, quer pedidos de uma ou mais *prerogative orders*, quer, "quando a relação controvertida couber no âmbito de qualquer delas e o juiz considerar justo e conveniente", de uma *declaration* ou de uma *injunction*[65]. A utilização da citada forma de processo pressupõe que esteja em causa o controlo de poderes e deveres próprios das autoridades – esse continua a ser o sentido fundamental da *judicial review*.

Como sintetiza Sérvulo Correia, no seguimento de Wade e Forsyth, "o âmbito da *judicial review* continua a ser determinado pelas regras que preceituam os dos vários remédios. É certo que as acções empreendidas na *application* são intercambiáveis, o que defende o requerente quanto aos erros na escolha da acção própria. No entanto, é sempre preciso que se trate do controlo de poderes e deveres próprios de autoridades. Nenhuma *declaration* ou *injunction* (meios processuais comuns) pode ser pedida no âmbito da *application for judicial review* se não estiverem reunidos os requisitos que seriam necessários para impetrar um dos *prerogative remedies*"[66].

---

[64] Cfr. RUI MACHETE, "Contencioso Administrativo" cit, p. 293; e SÉRVULO CORREIA, *Direito do Contencioso Administrativo*, I, cit., pp. 126 e 127.

[65] Cfr. SÉRVULO CORREIA, *Direito do Contencioso Administrativo*, I, cit., pp. 127 e 128. A forma de processo em análise foi introduzido por uma reforma das *Rules of the Supreme Court* de 1977 e reafirmada pelo *Supreme Court Act* de 1981.

[66] V. SÉRVULO CORREIA, *Direito do Contencioso Administrativo*, I, cit., p. 128.

C) A EMERGÊNCIA DO PODER ADMINISTRATIVO NA ALEMANHA

15. A soberania do Direito e o conceito original de Estado de Direito

a) A origem do conceito de Estado de Direito

O termo e o conceito de Estado de Direito têm origem no pensamento político alemão do início do Séc. XIX, profundamente marcado pelo jusracionalismo (*Vernunftrecht*). Na perspectiva daqueles que primeiro o utilizaram, com particular destaque para Robert von Mohl que o introduziu na discussão política e constitucional do liberalismo e que foi quem primeiro desenvolveu dogmaticamente a ideia correspondente[67], este não corresponde nem a uma forma de Estado nem a uma forma de governo, mas antes a uma espécie de Estado autónoma (*eigene Staatsgattung*)[68]: é o "Estado da razão"

---

[67] V. SOBOTA, ob. cit., pp. 265 e 266. Sobre von Mohl e a sua obra, v. *ibidem*, em especial pp. 306 e ss. Esta Autora, reconhecendo embora que a forma como Mohl descreve o Estado de Direito corresponde à sua concretização durante um período de tempo não negligenciável, é, de um modo geral, muito severa na sua apreciação: por exemplo, "doutrina rasteira" (*bodennahe Lehre*; p. 310) ou um estilo muito "burguês" (*Biedermeier*; p. 318).

[68] V. BÖCKENFÖRDE, "Entstehung und Wandel des Rechtsstaatsbegriffs" cit., p. 144. Segundo este Autor, o primeiro a utilizar o conceito foi Carl Theodor Welcker na obra *Die letzten Gründe vom Recht, Staat und Strafe*, 1813 (*ibidem*, p. 145, nota 6); depois Johann Christoph Freiherr von Aretin em *Staatsrecht der konstitutionellen Monarchie*, 1824 (*ibidem*, p. 145, nota 7); seguindo-se Robert von Mohl no primeiro volume da obra *Das Staatsrecht des Königsreichs Württemberg*, 1829 (*ibidem*, p. 144, nota 5). Sobre as origens do conceito, v. também SCHEUNER, "Die neuere Entwicklung des Rechtsstaats in Deutschland", cit., p. 461, nota 1; STERN, *Das Staatsrecht der Bundesrepublik Deutschland*, I (Grundbegriffe und Grundlagen des Staatsrechts, Strukturprinzipien der Verfassung), 2. Aufl., München, 1984, p. 769, que afirma ter sido Placidus (provavelmente um pseudónimo de Johann Wilhelm Petersen) o primeiro a utilizar o termo, ao referir-se à Escola dos Professores do Estado de Direito (*Rechts-Staats-Lehrer*); SOBOTA, ob. cit., pp. 263 e ss., que salienta a falta de uniformidade e a inconstância dogmática correspondentes. Mais: atenta a circunstância de a expressão «Estado de Direito» ter sido durante muito tempo pouco familiar, a mesma Autora defende que, desligado de qualquer base textual, num grande número de casos pode ser designado como Estado de Direito o que é "sentido" como tal: monarquia e democracia; Estado de polícia e Estado-polícia;

A Concepção Tradicional da Administração Pública como um Poder 139

(*Staat der Vernunft*; assim, Welcker[69]), o "Estado do entendimento" (*Verstandesstaat*; assim, von Mohl), aquele Estado "em que se governa segundo a vontade racional de todos (*vernünftige Gesamtwille*) e apenas em função do que é melhor para todos (*das allgemeine Beste wird erzweckt*; nestes termos, Aretin)[70]. Daí a sua designação: "Estado de Direito é o Estado do direito racional ou da razão (*Rechtsstaat ist der Vernunftrechtsstaat*), o Estado que torna reais na vida social do homem os princípios racionais emergentes da tradição do jusracionalismo"[71].

---

separação dos poderes e concentração dos poderes; Estado de autoridade e Estado-associação, comuna e império (v. *ibidem*, p. 265). Cfr. ainda GERHARD ROBBERS, "Die Staatsrechtslehre des 19. Jahrhunderts" in *Der Staat*, Beiheft 11 (Entstehen und Wandel verfassungsrechtlichen Denkens), Berlin, 1996, pp. 103 e ss. (116 e ss.); e THOMAS WÜRTENBERGER, "L'État de droit avant l'«État de droit»" in OLIVIER JOUANJAN (dir.), *Figures de l'État de droit – Le «Rechtsstaat» dans l'histoire intelectuelle et constitutionnelle de l'Allemagne*, Strasbourg, 2001, pp. 79 e ss. (p. 79: "na Alemanha, o termo «Estado de Direito» tornou-se um conceito fundamental da linguagem político-jurídica com Welcker, isto é, desde 1813").

SOBOTA chama igualmente a atenção para o que considera ser uma particularidade do conceito de Estado de Direito: o seu reconhecimento pelos mais diversos regimes políticos, desde a monarquia absoluta (por exemplo, no caso da Prússia; v. *ibidem*, p. 28) à democracia, passando pela monarquia constitucional (v. *ibidem*, p. 19). Tal circunstância contribui também para alguma confusão relativamente à compreensão daquele conceito. Sobre algumas de tais dificuldades, incluindo a da própria definição actual, v. *ibidem*, pp. 20 e ss.

[69] O Estado da razão, na perspectiva do Autor em apreço, corrresponde a um estádio cultural no desenvolvimento constitucional posterior aos estádios da teocracia (dominado pelo sentimento e pela fantasia) e do regime despótico (*Despotie*; dominado pelos impulsos mais básicos). V. SOBOTA, ob. cit., pp. 266 e ss.

[70] V. BÖCKENFÖRDE, "Entstehung und Wandel des Rechtsstaatsbegriffs", cit., p.145. V., também, SCHEUNER, "Die neuere Entwicklung des Rechtsstaats in Deutschland", cit., p. 476; e SOBOTA, ob. cit., pp. 268 e ss. (esta Autora refere igualmente a obra de Aretin e Rotteck, *Das Staatsrecht der konstitutionellen Monarchie*, II [1838], em que o Estado de Direito já surge caracterizado pela separação dos poderes e por uma representação parlamentar forte e independente).

[71] V. BÖCKENFÖRDE, "Entstehung und Wandel des Rechtsstaatsbegriffs", cit., p.145. Diferentemente, SOBOTA, ob. cit., pp. 266 e ss., refere duas "fontes": a "fria" do Racionalismo com origem em Kant (em especial, pp. 269 e ss.) e uma "orientação atlântica" (Estados Unidos e Inglaterra); e a "quente" do Romantismo (em especial, pp. 275 e ss.). Esta, além da referência ao pensamento de Aristóteles (ainda que com diferenças muito significativas, em particular no respeitante à abertura material e ao carácter a-histórico do modelo aristotélico), reporta-se também ao Sacro Império Romano-Germânico e

Como explica von Mohl[72], o ponto de partida e de referência é o indivíduo. "Racionalmente este não pode prosseguir outro fim na sua existência terrena que não seja o desenvolvimento completo e equilibrado das suas forças e capacidades; mas isto, que cada membro do povo quer e procura, tem de ser igualmente a vontade de toda a sociedade e a própria ordem da sua convivência, isto é, o Estado, não só não deve dificultar a prossecução de tal fim, como, pelo contrário, deve promovê-lo. Um Estado de Direito não pode ter outro fim que não este: ordenar a vida social do povo de tal forma que cada um dos seus membros seja apoiado e encorajado a exercitar e a usar livre e plenamente todas as suas capacidades. Em que é que deve consistir tal apoio e encorajamento é fácil de entender. A liberdade do cidadão é, nesta perspectiva de vida, o princípio mais elevado".

b) O antecedente kantiano

A teoria constitucional jusracionalista, com particular destaque para Immanuel Kant[73], já havia estabelecido as determinações fun-

---

seu direito (v. *ibidem*, pp. 300 e ss.). O elemento comum àquelas duas "fontes" seria a rejeição do absolutismo prussiano (v. *ibidem*, p. 306). Igualmente no sentido de que as "raízes espirituais" das ideias nucleares do Estado de Direito – a vinculação jurídica e a moderação do poder do Estado e a defesa da liberdade pessoal – se localizam em perspectivas da teoria do Estado muito mais antigas (Aristóteles, pensamento medieval), v. Scheuner, "Die neuere Entwicklung des Rechtsstaats in Deutschland", cit., p. 470.

[72] V. as transcrições da obra daquele Autor, *Die Polizei-Wissenschaft nach den Grundsätzen des Rechtsstaates*, de 1832, feitas em Haverkate, ob. cit., p. 72.

[73] Também é de salientar, por exemplo, o papel de Wilhelm von Humboldt que desenvolve a ideia de um Estado de Direito vocacionado unicamente para a garantia do direito objectivo em vista da protecção dos direitos dos cidadãos. Cfr. Jacky Hummel, "État de droit, libéralisme et constitutionnalisme durant le *Vormärz*" in Olivier Jouanjan (dir.), *Figures de l'État de droit*, cit., pp. 125 e ss. (pp. 126 e 127); e Sobota, ob. cit., pp. 272 e ss.

Thomas Würtenberger, sem negar a influência decisiva de Kant, nomeadamente no que respeita à evolução da Prússia para um Estado de Direito, vai mais longe ao sustentar a tese de que a realização do Estado de Direito na Alemanha se iniciou a partir da segunda metade do Séc. XVIII (cfr. Autor cit., "L'État de droit avant l'«État de droit»" cit., p. 80; cfr. *ibidem*, pp. 81 e ss., com referência a diferentes sub-princípios, a demonstração da mesma).

A Concepção Tradicional da Administração Pública como um Poder   141

damentais correspondentes ao conceito de Estado de Direito[74]. Aquele filósofo define o Estado *a priori* – ou seja, enquanto conceito puramente racional – como "união de um conjunto de pessoas sob

---

[74] A importância fundamental de Kant neste domínio é evidenciada, desde logo, pelo próprio Robert von Mohl que, em *Die Geschichte und Literatur der Staatswissenschaften*, Erlangen, 1855, "na impossibilidade de analisar em pormenor todos os autores que seguiram a linha filosófica do *Rechtsstaat*, [os estuda] em três grandes grupos, funcionalizados pelo pensamento de Kant que ele considera o grande filósofo alemão da época moderna: os precursores de Kant, Kant e a sua escola e os novos filósofos" (cfr. MARIA DA GLÓRIA GARCIA, *As origens da expressão "Rechtsstaat". As concepções de Robert von Mohl, Otto von Bähr e Rudolf Gneist* (policop.), Lisboa, 1988, p. 27). Para aquele Autor, a teoria do Estado de Direito deu um passo decisivo em frente com Kant (cfr. *idem, ibidem*, pp. 28 e 29).

Mas não só. CARL SCHMITT, ob. cit., p. 126, salienta que as formulações de Kant contêm "a expressão mais clara e definitiva das concepções básicas do iluminismo burguês (*bürgerliche Aufklärung*)". No mesmo sentido, SCHMIDT-AßMANN, "Der Rechtsstaat", in *Handbuch des Staatsrechts*, II, cit., Rn. 13, p. 549, refere dever-se a Kant a mais clara fundamentação da ideia de Estado de Direito. V. também HAVERKATE, ob. cit., p. 55: "Kant foi quem, porventura, na história das ideias políticas alemã mais claramente delineou o projecto do Estado constitucional"; SCHEUNER, "Die neuere Entwicklung des Rechtsstaats in Deutschland", cit., pp. 475 e 476; BÖCKENFÖRDE, "Entstehung und Wandel des Rechtsstaatsbegriffs", cit., pp. 146 e 147; e JEAN-FRANÇOIS KERVÉGAN, "L'État de droit dans l'idéalisme allemand: Kant, Fichte, Hegel" in OLIVIER JOUANJAN (dir.), *Figures de l'État de droit*, cit., pp. 101 e ss. (pp. 109 e ss., que sustenta e procura demonstrar a afirmação de um "Estado de Direito kantiano", entendido como «Estado segundo a ideia» ou *respublica noumenon* (cfr. *ibidem*, pp. 110 e 114 e ss.) – o Estado *a priori* ou a república pura a seguir mencionados no texto). Na doutrina portuguesa, cfr. ainda MARIA LÚCIA AMARAL, *A Forma da República – Uma Introdução ao Estudo do Direito Constitucional*, Coimbra, 2005, pp. 142 e ss.

Em sentido contrário, v. SOBOTA, ob. cit., p. 53: não só aquele filósofo nunca utilizou o termo Estado de Direito, como a doutrina do mesmo não terá sido recebida pela literatura jurídica que no Séc. XIX determinou o conceito; aliás, Hegel terá exercido uma influência muito superior (v. *ibidem*, nota 158). Esta Autora, reconhecendo em Böckenförde uma excepção, considera que a partir dos anos 70 do século passado existe uma espécie de "Renascimento Kantiano" (*Kant-Renaissance*), enquanto os escritos anteriores, nomeadamente de Stern e Scheuner, corresponderiam ao lado mais tradicional marcado por um conceito de liberdade pré-moderno (no sentido de pré-kantiano; v. *ibidem*, p. 55). A mesma Autora, ob. cit., pp. 387 e 388, porém, distinguindo entre um "contexto real" (*wirklich*) ou histórico da ideia de Estado de Direito e um "contexto modelar" (*vorbildlich*) ou ideal da mesma ideia, não deixa de reconhecer a este último – em que a influência de Kant é destacada – justificação (*Berechtigung*) para efeitos de elaboração de um quadro histórico destinado à realidade constitucional do *Grundgesetz*, uma vez que em tal contexto se encontram as fontes da democracia e dos direitos de liberdade e de igualdade na Alemanha.

142   *Estado de Direito Democrático e Administração Paritária*

leis" (*Vereinigung von einer Menge von Menschen unter Rechtsgesetzen*)[75]. O seu sentido último é a maior liberdade do indivíduo: a obtenção de uma ordem jurídica que minimize as limitações de todos e de cada um, e, a haver limitação, que nenhum seja mais limitado do que o outro. A liberdade, enquanto somatório das liberdades jurídicas, resulta da realização do direito, entendido como lei geral aprovada pelos representantes dos cidadãos. Daí que o fim único do Estado consista precisamente em tal realização[76]. A cidadania, enquanto situação jurídica (*bürgerlicher Zustand*), assenta nos seguintes princípios *a priori* – ou sejam, condições da possibilidade de constituição de um Estado conforme com os princípios da racionalidade do direito[77]: a liberdade de cada membro da sociedade, enquanto pessoa (*Mensch*); a igualdade dos mesmos, enquanto súbditos; e a autonomia (*Selbständigkeit*) de cada membro de uma comunidade, enquanto cidadão.

O Estado, segundo aquele filósofo, contém em si três poderes que numa república organizada racionalmente – uma república pura (*reine Republik*) – devem ser exercidos por entidades diferentes, porquanto só através da separação do legislador da aplicação das leis e da justiça pode o domínio destas (contraposto ao domínio dos homens e ao arbítrio) ser efectivado[78]. Com efeito, cada um daqueles poderes deve ser vinculado por regras jurídicas: o poder legislativo deve corresponder à vontade unificada dos cidadãos; o poder executivo deve ser exercido pelo regente (*rex* ou *princeps*) no seguimento da lei; e o poder judicial – a cargo de juízes –, enquanto reconhecimento do que pertence a cada um, segundo a lei.

Katharina Sobota refere, a este propósito, a ideia de realização de um domínio democrático das leis (*demokratische Gesetzesherr-*

---

[75] V. KANT, *Die Metaphysik der Sitten*, Königsberg 1797 (hrsg. von Hans Ebeling, Reclam, Stuttgart, 1990), p. 169.

[76] SOBOTA, ob. cit., p. 271, fala, a este propósito, do "dogma da limitação dos fins do Estado à preservação e realização do direito". Cfr. também SCHEUNER, "Die neuere Entwicklung des Rechtsstaats in Deutschland", cit., p. 476 (limitação do Estado à prossecução do fim jurídico).

[77] Cit. *apud* CARL SCHMITT, ob. cit., p.126.

[78] V. KANT, *Die Metaphysik der Sitten*, cit., p. 170, e CARL SCHMITT, ob. cit., p. 127.

schaft) num Estado administrado monarquicamente: o governo e a administração a cargo do monarca e, bem assim, a jurisdição devem vincular-se às leis, as quais se fundamentam na vontade potencial dos cidadãos[79]. Devido a tal vinculação, a entrega do governo a um monarca não representa uma limitação da soberania popular. Diferentemente de Rousseau, para Kant, esta não implica uma participação imediata dos cidadãos na decisão legislativa, mas tão-só a sua concordância com as leis, a qual pode ser presumida, já que estas últimas, devido à sua forma geral e abstracta, não podem prejudicar ninguém (*volenti non fit iniuria*). As leis são expressão da razão e, consequentemente, da presumível vontade racional do povo[80].

Os cidadãos, por seu lado e também como categoria *a priori*, gozam dos seguintes atributos[81]: a "liberdade civil" (*gesetzliche Freiheit*) – não obedecer senão às leis a que tenham dado o seu assentimento[82]; a "igualdade civil" (*bürgerliche Gleichheit*) – não reconhecer ninguém superior a si, salvo a quem possa vincular juridicamente em condições idênticas às que aquele também o pode vincular a si[83]; e a "independência civil" (*bürgerliche Selbständigkeit*) – não depender na sua existência e no seu sustento do arbítrio

---

[79] V. Autora cit., ob. cit., p. 71.

[80] V. SOBOTA, ob. cit., pp. 78 e 79. V., também, KANT, *Die Metaphysik der Sitten*, cit., p. 170: "o poder legislativo só pode ser atribuído à vontade unificada (*vereinigt*) do povo. Uma vez que é de tal poder que deve decorrer todo o direito, aquele não deve ter a possibilidade de, através da sua lei, cometer uma injustiça seja a quem for (*niemand unrecht tun können*). Quando alguém decide contra outrem é sempre possível que cometa uma injustiça, nunca, porém, quando decide sobre si próprio (porquanto *volenti non fit iniuria*). Assim, somente a vontade coincidente e unificada de todos, contanto que cada um sobre todos e todos sobre cada um decidam o mesmo, pode legislar, ou seja, só pode legislar a vontade unificada e geral do povo (*der allgemein vereinigte Volkswille*)".

[81] V. KANT, *Die Metaphysik der Sitten*, cit., p. 171.

[82] O que implica, além do princípio da juridicidade (*Rechtlichkeitsprinzip*), a democracia relativamente ao âmbito de actuação do legislador e o princípio de que só pode valer como liberdade o que, em geral, seja compatível com a liberdade dos outros (assim, SOBOTA, ob. cit., p. 272; v. também KANT, *Die Metaphysik der Sitten*, cit., p. 171).

[83] Ou seja, tem de existir entre governantes e governados uma relação de reciprocidade. Como salienta SOBOTA, ob. cit., p. 273, é a primeira formulação explícita da ordem estatal como um conjunto de relações jurídicas não hierárquicas mas paritárias e que abre perspectivas para a juridicização da posição do rei como órgão político e a construção do Estado como pessoa jurídica.

144   *Estado de Direito Democrático e Administração Paritária*

de nenhum outro (por exemplo, como assalariado) senão de si mesmo, dos seus direitos e das suas forças enquanto membro da comunidade (da sua propriedade ou do seu negócio)[84].

Deste modo, o único e verdadeiro soberano é o direito: um domínio de leis e não de homens – teoria da soberania do direito (*Lehre der Rechtssouveränität*)[85]. O domínio das leis tem de se fundar no domínio do povo, pois é este o titular do poder supremo[86]. É dele que derivam os direitos individuais. O sujeito desse poder não o exerce directamente: "toda a república é, e só pode ser, um sistema representativo do povo" que, em nome deste, exerce os direitos correspectivos[87].

Deste modo, para Kant, o direito é a base, a matéria e a ordem do Estado. Este consubstancia-se numa realidade jurídica: é consti-

---

[84] É a auto-responsabilidade individual. Como explica JEAN-FRANÇOIS KERVÉGAN, a propósito do atributo em causa, importará, depois, na prática, distinguir entre a cidadania activa e a cidadania passiva. Nem todos os cidadãos são "«co-legisladores», ou seja, eleitores: só podem, na verdade, participar na formação da lei (elegendo os representantes) aqueles que gozam de uma independência não apenas jurídica, mas igualmente social e económica, a qual deve oferecer a garantia de independência do juízo e do sufrágio" (v. Autor cit., "L'État de droit dans l'idéalisme allemand: Kant, Fichte, Hegel" cit., p. 111). No mesmo sentido, v. MARIA LÚCIA AMARAL, *A Forma da República*, cit. p. 145.

[85] Cumpre, em todo o caso, atentar na observação de SOBOTA, ob. cit., pp. 52 e 53: a ideia kantiana de soberania do direito exige o reconhecimento de um princípio filosófico-moral – o do imperativo categórico a partir do qual se deduz a necessidade da generalidade da lei – e da ideia democrática. Com efeito, o direito que vigora na república kantiana consiste num conjunto de leis com características muito particulares: elas são gerais e, além disso, legitimadas democraticamente, uma vez que as mesmas devem poder ser aprovadas por qualquer um dos cidadãos (v. KANT, *Die Metaphysik der Sitten*, cit., pp. 170 e 171). Neste sentido, o direito encontra-se subordinado a um princípio de moralidade; a sua soberania não é absoluta.

[86] Assim, KANT, *Die Metaphysik der Sitten*, cit., p. 204.

[87] V. KANT, *Die Metaphysik der Sitten*, cit., p. 204. Contrariamente ao que parece defender SOBOTA, ob. cit., p. 273, KANT não admite que o papel do soberano possa ser transferido para o rei ou para a nobreza. Bem ao invés, este filósofo sustenta expressamente, no quadro de um reformismo do sistema absolutista em que a *littera* se vá ajustando à *anima pacti originarii* (v. *ibidem*, p. 203), que, uma vez alcançado o estádio da república, não é necessário «devolver» as «rédeas do poder» àqueles que anteriormente o detinham e que agora poderiam destruir tudo o que havia sido alcançado (v. *ibidem*, p. 204). De resto, o mesmo Autor considera nulo um contrato que impusesse tal dever (v. *ibidem*, p. 205).

A Concepção Tradicional da Administração Pública como um Poder   145

tuído pelo direito (*Rechtskonstituiertheit*) e só pode agir com base no direito (princípio da competência)[88]. O seu fim único é a realização do direito, enquanto condição suficiente da máxima liberdade dos indivíduos.

c) *O conceito original de Estado de Direito e o programa político correspondente*

Nessa mesma linha, a essência filosófico-política do conceito de Estado de Direito reside na garantia da liberdade e da propriedade dos cidadãos como causa do Estado e na promoção do bem de cada um como o seu fim último. É apenas isto que constitui o seu carácter de «coisa comum» – *res publica*. Como refere Böckenförde, "a substância da existência humana é transferida do domínio do que é público e geral para o domínio do que é privado, passando o que é público a estar-lhe funcionalizado. O sentido da ordem pública do Estado é a auto-realização da subjectividade individual (*die Selbsterfüllung der individuellen Subjektivität*) e não já a orientação em função de bens supra-individuais. O carácter burguês (referido ao lucro e à propriedade) da ordem do Estado de Direito resulta da circunstância de a criação pelo Estado das condições indispensáveis à aludida auto-realização ser vista como limitada à garantia da liberdade e da propriedade (e não, por hipótese, da igualdade social)"[89].

Desde a sua origem, e sem prejuízo da posterior acentuação da dimensão social, o conceito de Estado de Direito é perspectivado simultaneamente em função do Estado e da sociedade, ambos valorizados autonomamente: "o Estado de Direito não se esgota na defesa face ao Estado, antes integra uma dupla incumbência que abrange, por igual, a limitação e a garantia da acção do Estado em ordem a assegurar, por essa via, «a dignidade da pessoa, a liberdade, a justiça e a segurança jurídica», tanto perante o poder do Estado, como no

---

[88] V. SOBOTA, ob. cit., pp. 274 e 275.
[89] V. Autor cit., "Entstehung und Wandel des Rechtsstaatsbegriffs", cit., pp.147 e 148.

146   *Estado de Direito Democrático e Administração Paritária*

domínio das relações dos indivíduos entre si"[90]. Por isso, o Estado de Direito representa a opção por uma estruturação da vida do Estado e da sociedade segundo a medida do direito[91]. Este tem como tarefa fundamental assegurar a distância necessária à preservação da liberdade individual (*rechtsstaatliche Distanz*): garantia ao indivíduo, nas suas relações com os outros e com o Estado, de um espaço para o livre desenvolvimento da sua personalidade; garantia ao Estado de um espaço de actuação independente dos jogos de interesses sociais, de modo a que este prossiga os seus fins com racionalidade e objectividade[92]. Tal pressupõe a diferenciação funcional entre o Estado e a sociedade e, bem assim, a protecção do indivíduo perante os poderes sociais[93]. Por outro lado, o Estado toma o indivíduo como realidade preexistente e tal como ele se apresenta na sua individualidade. É nesta que se concretiza a dignidade de cada um, pelo que a mesma tem de ser respeitada e protegida contra uniformizações descaracterizadoras (*rechtsstaatliche Differenz*)[94].

Compreende-se, assim, a explicação proposta por Carl Schmitt: fundado na ideia da liberdade individual, o Estado de Direito – em

---

[90] Assim, SCHMIDT-AßMANN, "Der Rechtsstaat" cit., Rn. 1, p. 542, e Rn. 21 e ss., pp. 554 e ss.

Entre muitos outros, cfr. também SCHEUNER, "Die neuere Entwicklung des Rechtsstaats in Deutschland", cit., pp. 464 e 465, que, aludindo às "bases políticas mais profundas do Estado de Direito", refere um conceito político do mesmo, e não meramente jurídico, de resto, em consonância com aqueles que primeiro propugnaram tal modalidade de Estado, nomeadamente Mohl ou Gneist (sobre estes, v., respectivamente, *infra* no texto e *infra* o n.º 16, alínea b), ponto (ii)); STERN, *Das Staatsrecht der Bundesrepublik Deutschland*, I, cit., pp. 764 e ss.; e RÜDIGER BREUER, "Konkretisierungen des Rechtsstaats- und Demokratiegebotes" in SCHMIDT-AßMANN, SELLNER, HIRSCH, KEMPER e LEHMANN-GRUBE (Hrsg.), *Festgabe 50 Jahre Bundesverwaltungsgericht*, Köln, Berlin, Bonn, München, 2003, pp. 223 e ss. (pp. 228 e ss., aí distinguindo entre "Estado de Direito formal" e "Estado de Direito material").

[91] No mesmo sentido, HESSE afirma que o Estado de Direito "cria uma ordem global (*Gesamtordnung*) da vida política e social" (v. Autor cit., "Der Rechtsstaat im Verfassungssystem des Grundgesetzes" in MEHDI TOHIDIPUR, Hrsg., *Der bürgerliche Rechtsstaat*, Frakfurt a.M., 1978, pp. 290 e ss. (292).

[92] Cfr., neste sentido, SCHMIDT-AßMANN, "Der Rechtsstaat", cit., Rn. 25, pp. 556 e 557. Salientando também a oposição de uma realidade construída, baseada na contenção, racionalidade e distância, ao domínio emocional, v. SOBOTA, ob. cit., pp. 9 e 10.

[93] Cfr. SCHMIDT-AßMANN, *ibidem*.

[94] V. *idem, ibidem*, Rn. 26 e 27, p. 557.

A Concepção Tradicional da Administração Pública como um Poder   147

coerência com a sua perspectiva, Schmitt reporta-se apenas à componente de Estado de Direito da Constituição moderna (*der rechtsstaatliche Bestandteil jeder modernen Verfassung*)[95] – assenta em dois princípios: um princípio de repartição (*Verteilungsprinzip*) e um princípio de organização (*Organisationsprinzip*)[96]. Nos termos do primeiro, "a esfera de liberdade do indivíduo é pressuposta como um dado anterior ao Estado, sendo tal liberdade, de princípio (*prinzipiell*), ilimitada, enquanto a competência do Estado para interferir nessa esfera é, de princípio, limitada". O segundo destina-se a efectivar o primeiro: "o poder do Estado (de princípio, limitado) é dividido e compreendido num sistema de competências determinadas". Os dois princípios adquirem relevância jurídica, respectivamente, através dos direitos de liberdade consignados nas declarações de direitos e da doutrina da separação dos poderes[97].

O conceito de Estado de Direito dominou o ideário político liberal até à Revolução de 1848 e ao termo dos trabalhos da Assembleia Nacional Constituinte, reunida na Paulskirche em Frankfurt[98]. Correspondia-lhe um certo carácter programático que vai estar presente ao longo da sua história e que impele a considerar específico do próprio conceito o que ainda esteja por concretizar na realidade constitucional[99].

---

[95] Com efeito, para este Autor, o Estado de Direito, não obstante toda a juridicidade e normatividade, continua a ser um Estado, pelo que, além da componente especificamente relacionada com o Estado de Direito burguês (*der spezifisch bürgerlich-rechtsstaatlichen Bestandteil*), integra igualmente uma outra componente especificamente política (*der spezifisch politischen Bestandteil*). Consequentemente, a componente relativa ao Estado de Direito (*das Rechtsstaatliche*) é tão somente uma parte da Constituição moderna. V. Autor cit., ob. cit., p. 125. Sobre a ligação das duas componentes, v. *ibidem*, p. 200.

[96] V. Autor cit., ob. cit., p. 126.

[97] V. *idem, ibidem*, p. 127.

[98] Segundo refere HAVERKATE, nos debates sobre os princípios, o conceito de Estado de Direito era aí utilizado no sentido de «Estado de direitos fundamentais» (*Grundrechtsstaat*; v. Autor cit., ob. cit., pp. 72 e 73).

[99] Salientam particularmente o aspecto programático BÖCKENFÖRDE, "Entstehung und Wandel des Rechtsstaatsbegriffs", cit., p. 151; e HAVERKATE, ob. cit., p. 71 (a propósito da monografia de von Mohl intitulada *Die Polizei-Wissenschaft nach den Grundsätzen des Rechtsstaates*, de 1832). GERHARD ROBBERS refere o conceito inicial de Estado de Direito como sendo um "conceito-programa de um novo tempo" (*Programmbegriff einer neuen Zeit*; v. Autor cit., "Die Staatsrechtslehre des 19. Jahrhunderts" cit., p. 116. JORGE REIS NOVAIS defende expressamente que "a ideia de Estado de Direito

148   Estado de Direito Democrático e Administração Paritária

Originariamente tal programa contempla aspectos relacionados com os fins e com a organização do Estado[100].

---

surge originariamente como conceito de luta política do movimento liberal contra o modelo de Estado de polícia do século XVIII" (v. Autor cit., *Os Princípios Constitucionais...*, cit., p. 145).

MARIA DA GLÓRIA GARCIA, a propósito da obra de Robert von Mohl *Die Geschichte und Literatur der Staatswissenschaften*, Erlangen, 1855, salienta a ruptura, do ponto de vista filosófico, em especial com a "concepção teocrático-cristã" da Idade Média, que a ideia de Estado de Direito representa para aquele Autor (cfr. Autora cit., *As origens da expressão "Rechtsstaat"*, cit., p. 6). O «conceito programático» que aquela Autora também refere e autonomiza no quadro da obra de Mohl – o *Rechtsstaat der Neuzeit* a que corresponde, não obstante algumas críticas, a França revolucionária (cfr. *idem, ibidem*, pp. 43, 44 e 49) – deve ser entendido como uma dimensão prática inerente àquele entendimento filosófico. Na verdade, e como se refere no texto, o conceito de Estado de Direito tem uma essência filosófico-política que justifica, até ao fracasso do movimento que culminou na Revolução de 1848 e na aprovação da Constituição do Reich pela Assembleia Nacional reunida na Paulskirche em 1849 – ou seja, o período habitualmente denominado *Vormärz* –, reivindicações políticas, nomeadamente no tocante ao exercício do poder legislativo pelo povo através da sua representação parlamentar (cfr. *infra* as alíneas a) e c) do número seguinte e, em especial, a nota 145; cfr. também JACKY HUMMEL, "État de droit, libéralisme et constitutionnalisme durant le *Vormärz*" cit., p. 127). De resto, isso mesmo parece resultar da conclusão do estudo daquela Autora: a expressão *Rechtsstaat* "nasceu para cobrir um conjunto de teorias filosóficas que, opondo-se à filosofia teocrático-cristã, vêem no homem, mediata ou imediatamente, o ponto de partida para a construção do Estado, ao mesmo tempo que colocam os valores a ele imanentes como limites à actuação do próprio Estado. Daí que tais teorias elevem a lei a fundamento, critério e limite da actuação do Estado, como único meio de salvaguarda dos direitos do homem, em especial da sua liberdade. Em breve, porém, a expressão abandona tais terrenos, ganhando uma dimensão política. Deixa de se circunscrever a um certo modelo teórico de Estado para se ligar a um determinado tipo de Estado em concreto e aos meios que são susceptíveis de o realizar, não se desligando embora da ideia inicial de uma concepção geral do Estado – recorde-se que é no âmbito do direito constitucional que fundamentalmente R. von Mohl situa o *Rechtsstaat*. [Este nasce,] assim, sob o signo de uma concepção geral do Estado, ao mesmo tempo que sob o signo de uma ideia material de Direito [que] limita a actuação do Estado [...]" (v. Autora cit., *ibidem*, pp. 80 e 81).

[100] Como refere SÉRVULO CORREIA, "a revolução de 1848 fizera-se sob o lema de conquistar as liberdades fundamentais, para através do seu exercício, construir a unidade da pátria alemã" (v. Autor cit., *Direito do Contencioso Administrativo*, I, cit., p. 84; *ibidem*, em nota, o mesmo Autor refere a seguinte palavra de ordem: "*durch Freiheit, zur Einheit, durch Revolution, zum Reich!*").

O texto segue, no essencial, a exposição de BÖCKENFÖRDE, "Entstehung und Wandel des Rechtsstaatsbegriffs", cit., pp. 145 e 146. Cfr. também SCHEUNER, "Die neuere Entwicklung des Rechtsstaats in Deutschland", cit., pp. 476 e 477.

São, desde logo, afastadas todas as representações transpersonalistas do Estado e, bem assim, a ideia de que este prossiga quaisquer fins transcendentes. O Estado é simples *res publica* ao serviço do bem dos indivíduos perspectivados como seres livres, iguais e autodeterminados. A promoção destes e dos respectivos fins terrenos constitui a sua razão de ser, a sua razão legitimadora, e a sua referência fundamental. As tendências espirituais do homem, a moralidade e a religião estão fora do círculo de atribuições do Estado de Direito.

Depois, os fins do Estado e as suas tarefas limitam-se à garantia da liberdade individual, incluindo a segurança da pessoa e dos respectivos bens, e das condições necessárias ao livre desenvolvimento da personalidade[101]. Von Mohl, por exemplo, defende que o Estado de Direito deve assegurar a ordem jurídica e apoiar fins humanos racionais "aí e na medida em que os próprios meios do indivíduo sejam insuficientes"[102].

Finalmente, a organização do Estado e a disciplina da sua actividade são estabelecidas de acordo com princípios da razão, nomeadamente o reconhecimento dos direitos e liberdades fundamentais dos cidadãos (liberdade pessoal, liberdade de consciência e de religião, liberdade de imprensa), da igualdade jurídica, da garantia da propriedade, independência dos juízes, um Governo (constitucional) responsável, domínio das leis, existência de uma representação popular e participação desta no exercício do poder legislativo[103].

---

[101] Não se veja aqui uma limitação necessária aos fins de protecção jurídica; a protecção em causa pode incluir, não só medidas de prevenção de perigos, mais próximos ou mais remotos, e, bem assim, ainda que a título subsidiário, a promoção de bem-estar (neste sentido, v. BÖCKENFÖRDE, "Entstehung und Wandel des Rechtsstaatsbegriffs", cit., p. 146. SCHEUNER, pelo seu lado, salienta expressamente a oposição de von Mohl à concepção kantiana de que o Estado se deve limitar à defesa do direito (cfr. Autor cit., "Die neuere Entwicklung des Rechtsstaats in Deutschland", cit., p. 476, nota 51). No mesmo sentido, a propósito de von Mohl, v. SOBOTA, ob. cit., p. 316, salientando que muito do que aquele Autor refere como medidas negativas a cargo do Estado – a remoção de dificuldades e obstáculos – representa, segundo a compreensão hodierna, a expressão de uma actuação positiva do Estado, senão mesmo dirigista; e JACKY HUMMEL, "État de droit, libéralisme et constitutionnalisme durant le *Vormärz*" cit., p. 141.

[102] V. Autor cit., *apud* SOBOTA, ob. cit., p. 313.

[103] Contra: SOBOTA, ob. cit., p. 310. Segundo esta Autora, o que importa são os resultados materiais da governação, não a forma de governo. Em sua opinião, von Mohl, por exemplo, apoiaria a monarquia constitucional (v. *ibidem*, pp. 311 e 312). No entanto,

150   Estado de Direito Democrático e Administração Paritária

Somente quanto a este último aspecto é que a separação dos poderes é considerada, porquanto em si mesma, compreendida na perspectiva da distribuição equilibrada do poder por diferentes forças sociais (*status mixtus*), tende a ser rejeitada por representar uma ameaça para a unidade do poder do Estado[104].

O conceito original de Estado de Direito é unitário e não se reconduz à alternativa entre Estado de Direito formal e Estado de Direito material; funda um novo espírito do Estado que relativiza as formas de Estado correntes, enquanto simples formas de governo. Os conceitos contrários não são a monarquia ou a aristocracia, mas a teocracia, enquanto domínio de uma dada religião, ou o domínio de déspotas (*Despotie*), enquanto expressão do poder de uma vontade arbitrária – seja a monarquia absoluta ou a democracia ilimitada –, justamente porque não vinculados nem limitados pelos princípios da razão[105]. A lógica fundamental subjacente ao conceito de Estado de Direito é a liberdade do indivíduo, não necessariamente a democracia: esta é valorizada enquanto condição da liberdade política – a participação dos cidadãos na vida do Estado –, isto é, a expressão máxima da autodeterminação dos indivíduos; porém, na medida em que favoreça não já a razão mas a paixão, deve ser limitada[106]. Em

---

a mesma Autora reconhece que para von Mohl nem todas as formas de governo são igualmente adequadas para caracterizar o Estado de Direito (por exemplo, a monarquia absoluta não o seria seguramente; v. *ibidem*). Mais: ela afirma que, para von Mohl, a ordem jurídica está acima do poder do príncipe; aliás, o poder do Estado a exercer pelo monarca deriva da Constituição e é por esta limitado (v. *ibidem*, pp. 313 e 314).

[104] Neste sentido, v. SOBOTA, ob. cit., pp. 72 e 392. Como MARIA DA GLÓRIA GARCIA salienta, para von Mohl – que neste particular aplaude a teoria de Rousseau –, "o poder do Estado é indivisível" (v. Autora cit., *As origens da expressão "Rechtsstaat"*, cit., p. 21 e nota 3). De qualquer modo, na prática, a monarquia constitucional concretizava a ideia de um *status mixtus*, rejeitando expressivamente o modelo absolutista em que aos estamentos não era reconhecido qualquer papel e em que não se excluíam interferências do príncipe no exercício da jurisdição (cfr. SOBOTA, *ibidem*).

[105] Assim, v. BÖCKENFÖRDE, "Entstehung und Wandel des Rechtsstaatsbegriffs", cit., p.148.

[106] Em relação a Robert von Mohl, v. SCHEUNER, "Die neuere Entwicklung des Rechtsstaats in Deutschland", cit., p. 476; SOBOTA, ob. cit., p. 311; e JACKY HUMMEL, "État de droit, libéralisme et constitutionnalisme durant le *Vormärz*" cit., pp. 137 e ss. (von Mohl transforma a categoria descritiva «Estado de Direito» numa noção científica). Na doutrina portuguesa, v. MARIA DA GLÓRIA GARCIA, *As origens da expressão "Rechtsstaat"*, cit., distinguindo entre uma "noção filosófica de *Rechtsstaat*" – pp. 4 e ss.

A *Concepção Tradicional da Administração Pública como um Poder*   151

coerência, os sufrágios censitário e capacitário são amplamente aceites[107].

O conceito de lei constitui o eixo fundamental da Constituição do Estado de Direito: uma regra geral a que a representação popular, na sequência de um procedimento caracterizado pela publicidade e pela discussão, deu o seu assentimento. Como refere Böckenförde, neste conceito que liga de forma indissociável características formais-procedimentais e materiais estão presentes todos os princípios essenciais do Estado de Direito: a exigência do assentimento da representação popular salvaguarda o princípio da liberdade e a posição do cidadão como sujeito; a generalidade da lei impede agressões dirigidas ou selectivas nos domínios da liberdade do cidadão ou da sociedade – a regra deve valer, por igual, para todos; a discussão pública e a própria procedimentalização da decisão visam assegurar o máximo de racionalidade do conteúdo da lei[108]. Nestas condições, a lei representa a vontade livre do Estado: ela integra a vontade geral e a autodeterminação do indivíduo, significando, por isso, o "domínio do princípio da liberdade dos cidadãos"[109]. Daí que a lei se imponha às demais funções do Estado. No que respeita, em particular, à Administração, esta é vinculada e limitada pela lei – princípio

---

(*maxime*, pp. 35 e 36: "a ideia de *Rechtsstaat* apresenta-se como a nova fórmula de justificação do fenómeno do poder" e "o Estado justifica-se através do homem [...] e, como tal, toda a sua actuação deve ser colocada ao serviço do homem, encontrando nos valores imanentes ao homem o seu limite"; e p. 41: está em causa "uma determinada justificação filosófica do Estado, que se opõe às concepções teocrática, patriarcal e patrimonial do Estado") – e um conceito programático inspirado no Estado saído da Revolução Francesa – *der Rechtsstaat der Neuzeit* (cfr. *ibidem*, pp. 43 e ss.; v. também *supra* a nota 99).

[107] Nesse sentido, v. SOBOTA, ob. cit., p. 313, e, em especial, a nota 262.

[108] V. Autor cit., "Entstehung und Wandel des Rechtsstaatsbegriffs", cit., p. 149. O mesmo Autor faz questão de salientar *ibidem* na nota 25 que o aspecto essencial da indissociabilidade entre as características formais-procedimentais e materiais no conceito de lei do Estado de Direito é omitido por Carl Schmitt, quando este analisa o mesmo conceito na sua *Verfassungslehre*. Com efeito, este Autor refere apenas a generalidade da lei como nota essencial, *ratio* contra *voluntas*; o conceito de lei formal aparece aí como conceito político (expressão do Estado que subsiste mesmo sob a «capa» do Estado de Direito; v. pp. 138 e ss.). Tal poderá dever-se à circunstância de a análise de Schmitt se debruçar sobre o Estado de Direito formal.

[109] V. BÖCKENFÖRDE, "Entstehung und Wandel des Rechtsstaatsbegriffs", cit., p. 150.

152   *Estado de Direito Democrático e Administração Paritária*

da legalidade –, ficando todavia por esclarecer em que medida é que a lei é apenas limite ou também condição da acção administrativa.

Von Mohl, por exemplo, defende a reserva de lei relativamente à disciplina de relações jurídicas[110]. Sucede que só muito raramente as normas de polícia – aquelas por que a Administração se rege mais frequentemente – têm por objecto aquele tipo de relações, uma vez que a posição jurídica mais corrente do cidadão é a de súbdito e objecto de uma ordem objectiva. As relações com o Estado circunscrevem-se a faculdades de controlo no âmbito da reserva de lei que Mohl delimita em função de um critério geográfico: as normas a aplicar na totalidade do território devem constar de lei ou basear-se numa lei[111]. Por outro lado, a Administração deve observar o princípio da proporcionalidade em sentido amplo. Contudo, a protecção jurídica contra as ilegalidades administrativas deve ser meramente hierárquica: segundo aquele Autor, o poder do Estado não se poderia submeter ao controlo dos tribunais sob pena de estes se tornarem os dirigentes ilimitados do mesmo Estado[112].

16. A soberania do Estado e o conceito de Estado de Direito formal

a) A discussão entre liberais e conservadores na primeira metade do Séc. XIX

As teorias do Estado na Alemanha prepararam, acompanharam, justificaram e criticaram os desenvolvimentos histórico-políticos durante a primeira metade do Séc. XIX partindo do conceito de Estado de Direito – um projecto jusracionalista de Estado constitucional. Umas – as correntes liberais («*Reformer*») – assumindo-o como vinculativo; outras – as correntes conservadoras («*Reactionäre*») – pro-

---

[110] V. a afirmação nesse sentido em SOBOTA, ob. cit., p. 317. Cfr. também JACKY HUMMEL, "État de droit, libéralisme et constitutionnalisme durant le *Vormärz*" cit., p. 144.

[111] V. SOBOTA, ob. cit., p. 318.

[112] V. SOBOTA, *ibidem*.

curando responder-lhe[113]. Ambas as perspectivas divergiram igualmente a propósito da interpretação da Revolução Francesa. Os representantes da primeira continuam a acreditar no Estado constitucional, considerando a fase do Terror, a partir de 1792, como um desvio lamentável do ideal originário; os representantes da segunda consideram ilusória a possibilidade de autonomizar a fase liberal da Revolução Francesa da fase subsequente do Terror, visto tratar--se, em seu entender, de uma evolução unitária[114].

As correntes conservadoras criticavam a perspectiva unilateral do iluminismo, por entenderem que este último, justamente devido a tal unilateralidade, ficava aprisionado no modelo de pensamento absolutista. Com efeito, neste o Estado é compreendido como um instrumento de poder destinado a moldar a sociedade em função de determinados fins. Na perspectiva dos conservadores, para os iluministas liberais, o Estado também era reduzido a um aparelho de poder, contentando-se os mesmos em limitar os fins que deviam ser prosseguidos, por forma a garantir a liberdade do indivíduo. Assim, o modo de actuação seria idêntico ao do absolutismo: as relações das pessoas com o Estado são marcadas pela unilateralidade e pela superioridade do poder, enquanto as relações de reciprocidade entre pessoas são remetidas para ou circunscritas ao âmbito da sociedade. Diferentes seriam apenas os fins: a «glória do Estado» num caso e a «liberdade dos cidadãos» no outro[115].

---

[113] É a tese de HAVERKATE, ob. cit., p. 55. Na mesma linha, BÖCKENFÖRDE, "Der deutsche Typ der konstitutionellen Monarchie..." cit., p. 273, nota 3, distingue, como "orientações fundamentais do liberalismo político na Alemanha", o liberalismo "histórico--orgânico" e o liberalismo iluminista (*«Aufklärungs»-Liberalismus*). V. também SOBOTA, ob. cit., pp. 275 e ss. e 306, que contrapõe à conotação do Estado de Direito dos liberais com o progresso, a razão e o iluminismo a conotação conservadora do Estado de Direito – operada por Autores como Adam Müller, Haller, Gentz ou os irmãos Gerlach – com um Estado "verdadeiramente orgânico" que procura recuperar a unidade perdida do Estado e da sociedade; do direito, da moral e da religião; do sentimento e do entendimento. Esta Autora não vê a história do conceito de Estado de Direito apenas como um movimento pendular entre as componentes racionalista e romântica – além dessa, importará considerar outras polaridades: romântico-germânico; científico-artístico; sistemático-histórico; objectivo-relacional – nem desconhece o papel político dos que apelida de românticos – junto de Metternich, na Restauração, e junto de Frederico Guilherme IV.

[114] V. HAVERKATE, ob. cit., p. 58.

[115] V. as referências a Marwitz, Hallers e a Savigny em HAVERKATE, ob. cit., pp. 61 e ss. No que se refere aos descritores dos fins do Estado, v. CARL SCHMITT, ob. cit., p. 126.

154 Estado de Direito Democrático e Administração Paritária

Não assim para os conservadores: o Estado é a comunidade considerada no seu todo e, portanto, integra governantes e governados, poderes públicos e sociedade. É uma comunidade global dominada por relações de reciprocidade entre os seus membros; a pura e simples unilateralidade, a relação imediata entre o poder e os súbditos é considerada sinónimo de despotismo[116]. Por outro lado, a Constituição não podia ser arbitrária e, em vista disso, os conservadores exigiam o respeito pelo «direito tradicional» (das überkommene Recht) que, segundo eles, representaria um dado que estaria fora da disponibilidade dos indivíduos e do poder a exercer em cada momento.

Como salienta Haverkate, este é um aspecto particularmente precário da concepção do Estado dos conservadores, uma vez que o «direito tradicional» não representava mais do que uma construção romântica, um projecto idealista sem o menor apoio objectivo: "os teóricos da legitimidade em vez de poderem contar com uma dada tradição, viam-se, melhor ou pior, obrigados a inventá-la"[117]. Acresce que os conservadores não impediram que o seu modelo fosse instrumentalizado pelas forças absolutistas: aqueles, "em função de uma perspectiva que projecta no Estado a totalidade dos interesses humanos, punham em causa a questão relativa aos fins do Estado, considerando-a demasiado estreita. Todavia, somente conseguiram que a totalidade dos fins específicos do poder do Estado predomi-

---

RUPP salienta que a teoria da personalidade jurídica do Estado, nomeadamente a personificação do conjunto isolado e heterogéneo do poder do Estado exercido pelo povo e pelo monarca, assegurou a continuidade com o poder absoluto exercido pelo príncipe: a omnipotência jurídica da pessoa singular do Senhor absoluto foi substituída pela pessoa jurídica «Estado»; tal como o príncipe outrora, também o Estado (liberal) manifesta uma vontade única (einheitlich) face ao súbdito (cfr. Autor cit., Grundfragen..., cit. p. 104). Consequência de tal entendimento, segundo o mesmo Autor, seria a compreensão dos diversos limites ao poder do Estado estabelecidos pelo Constitucionalismo em termos de mera autolimitação e não de verdadeira vinculação jurídica relativamente aos súbditos (cfr. ibidem, p. 105). Deste modo, as leis dirigidas à Administração – as Verwaltungsgesetze – eram entendidas como vinculando esta última apenas perante a norma ou o soberano, e não perante os súbditos. Um reflexo actual de tal modo de conceber o Estado seria, ainda segundo RUPP, a ideia do escalonamento objectivo da ordem jurídica, a qual exige uma compreensão puramente objectiva de todo o direito (cfr. Autor cit., ibidem).

[116] Cfr. SOBOTA, ob. cit., p. 275.
[117] Assim, Autor cit., pp. 60 e 61.

nasse sem qualquer limitação teleológica do aparelho de poder do mesmo Estado"[118].

Por outro lado, se é verdade que o projecto do Estado de Direito, tal como defendido pelos liberais – o Estado de Direito da razão –, não vingou na Alemanha oitocentista, também é verdade que o mesmo não deixou de influenciar a orientação conservadora da política constituinte. Esta, rejeitando embora aquela concepção de Estado de Direito, adoptou dela alguns elementos muito importantes, permitindo, a partir da base da soberania monárquica, o desenvolvimento de uma multiplicidade de sucedâneos ou derivações daquele mesmo modelo[119].

b) A monarquia constitucional e o Estado autoritário

Com efeito, nesse quadro da soberania monárquica a Constituição adquire um sentido fundamentalmente organizatório: o poder monárquico, que subsiste como realidade pré-constitucional, tem de se coordenar com o poder da sociedade representada pela burguesia, o qual, ou também se afirma como pré-constitucional (caso das Constituições pactícias – *vereinbarte Verfassungen* ou *Verfassungsverträge*), ou é expressamente reconhecido como limite negativo do primeiro (caso das Constituições outorgadas por monarcas absolutos – *gewährte* ou *oktroyierte Vefassungen*). Ambos os casos concretizam o compromisso político fundamental entre o Estado(-poder) monárquico e a sociedade burguesa em que se traduz a monarquia constitucional. As diferenças respeitam, sobretudo, ao momento inicial e não se projectam na realidade constitucional, visto que em ambos a questão da soberania é colocada como que «entre parêntesis» ou suspensa[120].

---

[118] V. HAVERKATE, ob. cit., pp. 63 e 64. Cfr. também SOBOTA, ob. cit., pp. 281 e ss.

[119] Neste sentido, v. HAVERKATE, ob. cit., pp. 64 e ss.

[120] Sobre a diferença entre Constituições pactícias e outorgadas e a sua relação com a monarquia constitucional, cfr. *supra*, na Primeira Parte, as notas 76 e 77 e o texto correspondente.

156   *Estado de Direito Democrático e Administração Paritária*

A Constituição não é o fundamento do poder soberano; limita-se a organizar poderes que lhe são anteriores. Isso é evidente no caso das Constituições pactícias. Estas, por definição, consistem num "acordo entre os poderes constituintes no Estado", o rei e o povo[121]. Dada a indefinição quanto à supremacia de um deles, a Constituição exprime o compromisso político entre ambos. E todas as questões constitucionais são resolvidas em função desse compromisso ou das suas renovações. Com vista ao reforço da institucionalização da solução constitucional, a teoria constitucional procurou equacionar o problema a partir da soberania da própria Constituição, sendo os dois poderes concorrentes, monarca e povo, perspectivados como órgãos do Estado sob a Constituição. O Estado surge agora como uma pessoa jurídica de que o monarca e o povo representado no Parlamento são os órgãos políticos principais[122].

A situação não é substancialmente diferente no que respeita às Constituições outorgadas por monarcas absolutos, visto que, também no caso destas últimas, a modificação da Constituição, uma vez outorgada, depende de uma lei que somente pode ser aprovada com a participação do Parlamento[123]. Acresce que a Constituição repre-

---

[121] Assim, V. BÖCKENFÖRDE, "Geschichtliche Entwicklung und Bedeutungswandel der Verfassung" cit., p. 36. Este Autor cita como exemplos de Constituições que expressamente se assumiram como pactícias as de Württemberg de 1819, de Sachsen de 1830 e a da União do Norte da Alemanha (*Norddeutscher Bund*) de 1867 (v. *ibidem*, p. 38). Como o mesmo Autor refere, *ibidem*, p. 36, nota 16, os representantes das ideias liberais, entre eles, Welcker e Gierke, defenderam esta construção.

[122] V. BÖCKENFÖRDE, "Geschichtliche Entwicklung und Bedeutungswandel der Verfassung" cit., pp. 37 e 38.

[123] V. BÖCKENFÖRDE, "Geschichtliche Entwicklung und Bedeutungswandel der Verfassung" cit., p. 39. Como o mesmo Autor explica, a propósito da Constituição bávara de 1818, "a limitação e vinculação constitucionais, uma vez efectivadas, são, dos pontos de vista político e jurídico, definitivas, porquanto a modificação da Constituição só é admissível nos termos nela própria previstos, o que significa, com o assentimento do Parlamento" (v. *ibidem*, p. 34). V., também, BÖCKENFÖRDE, "Der deutsche Typ der konstitutionellen Monarchie..." cit., pp. 281 e seguinte e 291 e seguinte (mesmo nas Constituições outorgadas verifica-se uma auto-vinculação definitiva do príncipe ou monarca: este não se limita a ceder o seu poder *quoad usum* mas cede-o *quoad substantiam*, razão por que a Constituição, uma vez outorgada, não pode ser retirada nem modificada por simples decisão do rei).

A Concepção Tradicional da Administração Pública como um Poder   157

senta igualmente um compromisso: "o povo, representado pela burguesia, não era suficientemente forte do ponto de vista político – e, em parte, também não o queria – para se tornar o titular do poder do Estado e, desse modo, senhor da Constituição; todavia, tinha força suficiente para vincular o monarca relativamente à parcela do poder do Estado que constitucionalmente lhe era atribuída. Deste modo, a questão do soberano (no âmbito do Estado) ficou em suspenso, aliás, enquanto questão central do poder, tornou-se indecidível com base na Constituição"[124].

O sentido político do compromisso concretizado, quer nas Constituições pactícias, quer nas Constituições outorgadas, aponta para a limitação do poder do monarca em ordem à garantia de um espaço de liberdade e de autonomia dos indivíduos e da sociedade – é o dualismo do Estado e da sociedade característico da monarquia constitucional alemã[125] –, mas não – como enfatiza Böckenförde –

---

[124] V. Autor cit., "Geschichtliche Entwicklung und Bedeutungswandel der Verfassung" cit., pp. 34 e 35.

[125] Como salienta RUPP, a relação entre o Estado e a sociedade na Alemanha do Séc. XIX evidencia características particulares: "enquanto nas grandes revoluções do Ocidente a burguesia conquistou o seu direito de autodeterminação (*Selbstbestimmungsrecht*) e com ele, em última análise, o «Estado», a revolução burguesa em solo alemão foi condenada ao fracasso, desenvolvendo-se aquele «desvio redutor» da doutrina da liberdade (*jene Umbiegung der Freiheitslehre*) característico da Alemanha: renunciando à autodeterminação e maioridade políticas, dar-se por satisfeita com as liberdades burguesas, em especial a propriedade (*Eigentumsfreiheit*), e limitar-se (*sich zu erschöpfen*) à afirmação da respectiva sacralidade, enquanto «direito absoluto». Na Alemanha a fraqueza e o insucesso do movimento burguês precipitaram-se numa radicalização particular do movimento jusnaturalista, designadamente num conceito de liberdade que já só abrangia a liberdade privada residual com exclusão da liberdade política de participação no Estado. Deste modo, em solo alemão a doutrina da liberdade do Ocidente acabou numa lamentável (*kläglich*) identificação da liberdade com uma esfera de acção do indivíduo e da sociedade livre do Estado, ou seja, numa liberdade do Estado (*Freiheit vom Staat*), o qual não era o Estado da burguesia, mas o Estado ainda legitimado pelo princípio monárquico (v. Autor cit., "Die Unterscheidung von Staat und Gesellschaft" cit., Rn. 4, p. 882 e *ibidem* a nota 9). O mesmo Autor acrescenta que o «dualismo do Estado e da sociedade» característico da monarquia constitucional alemã da segunda metade do Séc. XIX se reportava, assim, a uma sociedade que se retirara para uma esfera privada livre da acção do Estado e que a procurava defender de ingerências estatais nos domínios da liberdade e da propriedade; e a um Estado que não era o da sociedade, mas da Coroa (cfr. *ibidem*, Rn. 5, pp. 882 e 883).

158   *Estado de Direito Democrático e Administração Paritária*

para a limitação das decisões do poder democrático[126]. Daí que os direitos fundamentais consagrados nessas Constituições sejam entendidos como uma limitação do executivo (monárquico), mas não constituam obstáculo às decisões conformadoras e mesmo restritivas do legislador (em maior ou menor medida, democraticamente legitimado)[127]. Nesse aspecto, a Constituição não estava (hierarquicamente) acima da lei, não vinculava o legislador; e a própria representação parlamentar é que defendia os direitos fundamentais[128].

Este modelo estrutural de Estado é idêntico ao do absolutismo com ressalva da diferença de que o monarca passa a estar limitado quanto à função legislativa por uma representação parlamentar: o rei continua a personificar a unidade da soberania e continua a agir sozinho em certos domínios: o governo e a administração e as forças armadas[129]. Trata-se de uma "estrutura de Estado autoritário" (*obrigkeitsstaatliche Struktur*): uma compreensão do direito e do poder

---

[126] O mesmo Autor refere, a este propósito, "uma orientação normativa unilateral" (*einseitige normative Stoßrichtung*; v., Autor cit., "Geschichtliche Entwicklung und Bedeutungswandel der Verfassung" cit., pp. 35 e 43).

[127] V. Autor cit., "Geschichtliche Entwicklung und Bedeutungswandel der Verfassung" cit., p. 35. Nesse sentido, já OTTO MAYER tinha posto em evidência que "o que é limitado [através da reserva de lei] é a realeza, o poder executivo. E de um modo verdadeiramente democrático. Os aspectos mais importantes em que o homem e o cidadão são mais sensíveis ou vulneráveis ao poder do Estado são colocados sob a protecção da lei e, portanto, da Assembleia Nacional, a qual deverá zelar «para que as coisas não se tornem demasiado insuportáveis» (*die dafür gut steht, daß es nicht allzuschlimm werde*); é esse o seu pacto com a massa. A lei pode tudo; todos os direitos de liberdade previstos nos arts. 4.º a 11.º da Declaração [dos Direitos do Homem e do Cidadão] podem ser restringidos pela lei. Mas a lei também é o Estado" (v. Autor cit., *Deutsches Verwaltungsrecht*, I, cit., p. 70, nota 12).

[128] V. Autor cit., "Geschichtliche Entwicklung und Bedeutungswandel der Verfassung" cit., pp. 35 e 36.

[129] Cfr. BÖCKENFÖRDE, "Der deutsche Typ der konstitutionellen Monarchie..." cit., pp. 285 e ss. O Parlamento era perspectivado apenas como "um órgão de representação de interesses da sociedade e não um órgão do Estado" (Kelsen), já que a função legislativa, enquanto função do Estado, era imputada à Coroa e tão somente limitada por um "direito de co-decisão" (*Mitentscheidungsrecht*) do Parlamento (cfr. RUPP, "Die Unterscheidung von Staat und Gesellschaft" cit., Rn. 6, p. 883, e as referências bibliográficas aí referidas). Em todo o caso, como RUPP salienta, o dualismo do Estado e da sociedade acabou por conduzir a um "dualismo do próprio Estado", concebido como "uma «pessoa jurídica» anónima" (cfr. Autor cit., *ibidem*, Rn. 7, pp. 883 e 884).

A Concepção Tradicional da Administração Pública como um Poder   159

fundada na ideia da subordinação do cidadão, enquanto súbdito, ao Estado, sendo este e, por consequência, também o executivo monárquico, entendido como o soberano que se apresenta perante a sociedade[130].

A emergência política do Segundo Império Alemão – o Segundo *Reich* correspondente à unificação alemã sob liderança da Prússia –, não só reforçou tal situação, como lhe veio dar o brilho do poder imperial. Com efeito, concretiza-se um modelo de «Estado potência» (ou «Estado-poder»; *Machtstaat*) que constitui a manifestação mais pura do modelo unilateral[131]: o Estado é poder, desde logo, para se poder afirmar; ele abrange a vida do povo e protege-a, submetendo-o a uma disciplina e exigindo o seu cumprimento. Significativamente as forças armadas, expressão de um aparelho hierarquizado, são vistas como símbolo do Estado[132]. Conforme ensinava Heinrich von Treitschke, o Estado, "por princípio, não pergunta a opinião, exige obediência; as suas leis têm de ser acatadas, voluntária ou involuntariamente. Se o Estado não conseguir fazer cumprir o que ordena soçobra numa anarquia"[133]. Deste modo, para aquele Autor, o núcleo da soberania reside, do ponto de vista jurídico, na faculdade de determinação autónoma do âmbito dos seus próprios direitos de autoridade; e, do ponto de vista político, no "direito das armas"[134]. É o conceito de soberania do Estado que na literatura juspublicística e ao nível do

---

[130] Assim, SCHMIDT-DE CALUWE, *Der Verwaltungsakt...*, cit., p. 23. O mesmo Autor, *ibidem*, p. 128, nota que, no quadro do Segundo Império, se tornou frequente a referência à "liberdade perante a Administração" em vez da "liberdade perante o Estado", exprimindo tal mudança a substituição da ideia liberal (liberdade ilimitada do indivíduo e um poder político, em princípio, limitado, mensurável e controlado) pela ideia do Estado moderno (poder soberano do Estado, em princípio, ilimitado).

[131] V. HAVERKATE, ob. cit., p. 88. SCHMIDT-DE CALUWE, *Der Verwaltungsakt...*, cit., p. 261, fala de "traços autoritários" (*obrigkeitsstaatliche Züge*).

[132] Assim, V. SOBOTA, ob. cit., p. 349.

[133] V. Autor cit., *apud* HAVERKATE, ob. cit., p. 88. O mesmo Autor salientava ainda a importância crítica da independência ou soberania na ordem externa, entendida principalmente como autonomia jurídica e como disponibilidade de meios materiais suficientes para proteger os interesses do Estado contra influências externas.

[134] V. *idem, ibidem*: "*dieser Kern liegt juristisch in der Befugnis, den Umfang der eigenen Hoheitsrechte selbst zu bestimmen, politisch im Recht der Waffen*".

160 Estado de Direito Democrático e Administração Paritária

direito constitucional substitui o conceito de Estado de Direito[135].

O «Estado-poder» está correlacionado com uma acentuação da importância da coacção ao nível da teoria do Estado e da teoria do direito[136]: este é constituído por regras sociais cuja aplicação pode ser imposta coercivamente; o Estado é a organização que toma a seu cargo a aplicação coerciva de determinadas regras. Prevalece igualmente um "positivismo constitucional" que, além de se conformar com a Constituição vigente rejeitando todas as perspectivas de uma maior influência do parlamento, assume a pretensão de ser a única perspectiva científico-objectiva, tomando a parte (o Estado autoritário) pelo todo (a caracterização do Estado *qua tale*)[137]. Deste modo, a exposição aparentemente neutra de características ou aspectos gerais do Estado, enquanto conceito abstracto, acabava por constituir uma espécie de "cortina de conceitos jurídicos" que escondia opções políticas muito concretas favoráveis à ordem vigente[138]. Acresce que as formulações e conceitos desenvolvidos pela doutrina juspublicista, devido ao respectivo carácter excessivamente genérico ou formal, acabam por perder o seu significado material específico, tornando-se

---

[135] Neste sentido, v. SOBOTA, ob. cit., p. 391, que acrescenta: "ao lado do Estado e da nação, o Estado de Direito surge como um obstáculo (*sperriges Holzgerüst*) que com a constitucionalização da monarquia já desempenhou o seu papel no plano constitucional".

[136] Neste sentido, v. HAVERKATE, ob. cit., p. 88.

[137] V. *idem, ibidem*, pp. 88 e 89. No mesmo sentido, salientando a influência de Hegel, nomeadamente a racionalidade da realidade, v. SOBOTA, ob. cit., pp. 349 e 350. Sobre a emergência de uma perspectiva científica do direito público por esta altura, v., por exemplo, STOLLEIS, "Verwaltungsrechtswissenschaft und Verwaltungslehre 1866-1914" in *Die Verwaltung* 1982, pp. 45 e ss. (v., quanto ao direito constitucional, pp. 49 e ss.; e, quanto ao direito administrativo, pp. 52 e ss.); e, focando a importância do método jurídico, SÉRVULO CORREIA, *Direito do Contencioso Administrativo*, I, cit., pp. 85 e ss. (com referência a Carl Friedrich von Gerber, Paul Laband e Otto Mayer).

[138] Referindo este aspecto, v. HAVERKATE, ob. cit., p. 89. Como nota SOBOTA, ob. cit., p. 351, o conceito de Estado, a ideia de sistema e a compreensão do direito como ciência (*juristisches Wissenschaftsverständnis*) adequavam-se a um aparelho de poder organizado de cima para baixo a que se contrapunham a representação de revolução, de terror, a ideia de igualdade entre proprietários e proletários, instruídos e ignorantes. Por outro lado, a objectividade racional e despersonalizada inerente ao conceito de Estado de Direito tem como efeito a criação de uma aparência de neutralidade política (v. *idem, ibidem*, p. 391).

A Concepção Tradicional da Administração Pública como um Poder   161

pluri-significativas do ponto de vista político: à semelhança do que já sucedera com o conceito de Estado de Direito, outros conceitos como, por exemplo, o de «Estado do povo» (*Volksstaat*) sofreram uma formalização semelhante e igualmente descaracterizadora[139].

c) *O consenso em torno do conceito de Estado de Direito depurado da sua carga liberal*

Na Revolução de 1848 liberais e conservadores lutaram pelo projecto de um Estado de Direito. Para os segundos, este projecto significava uma espécie de «absolutismo sem soberania do príncipe». Haverkate refere, a este propósito, uma recepção e reinterpretação conservadoras do conceito de Estado de Direito que, não obstante o acolhimento de alguns elementos liberais típicos, deixa intocado o princípio monárquico do absolutismo[140].

---

[139] V. HAVERKATE cit., ob. cit., p. 89.

[140] V. Autor cit., ob. cit., pp. 71 e 74. O modelo em apreço, baseado nas recomendações de Kant, prevê que a transição de um Estado não constitucional para o Estado constitucional se realize por iniciativa do soberano e através de uma reforma, não de uma revolução. Durante o período transitório, até à institucionalização plena do Estado constitucional, o monarca-soberano deve governar «de forma autocrática e simultaneamente republicana, ou seja, no espírito do republicanismo e por analogia com o mesmo». O lema seria: segundo a forma de Estado (*Staatsform*), despótico, isto é, absolutista; segundo a forma de governo (*Regierungsform*), republicano (v. *ibidem*, p. 65). As constituições pactícias e outorgadas nos Estados alemães do sul – Bayern, Baden, Württemberg e Hessen – concretizaram esta ideia. Como refere HAVERKATE, tais constituições não estabeleceram nenhuma separação dos poderes real, determinando apenas o modo como o príncipe ou rei, enquanto titular do poder soberano, os devia exercer. De resto, foi assim que tais Constituições se puderam compatibilizar com a ideia de um poder absoluto consignada no art. 57.º da Acta Final do Congresso de Viena de 15 de Maio de 1820: sendo a União Alemã (*Deutscher Bund*) constituída, com ressalva das cidades livres, por príncipes soberanos, a soberania do Estado mantém-se concentrada no Chefe do Estado, o qual pode vincular-se, através de uma Constituição, a colaborar em certos domínios com outros grupos sociais ou órgãos. As Constituições em causa não eliminavam, por isso, o Estado absolutista. Formalmente o Estado conservava, assim, o despotismo; substancialmente as Constituições em causa faziam concessões significativas, razão por que se podia falar de uma aproximação à forma republicana (v. Autor cit., ob. cit. pp. 65 e 70). Cfr. também GERHARD ROBBERS, "Die Staatsrechtslehre des 19. Jahrhunderts" cit., pp. 106 e 107 (o padrão dominante para toda a doutrina juspublicística do Séc. XIX foi o princípio monárquico).

162   *Estado de Direito Democrático e Administração Paritária*

A teorização de Friedrich Julius Stahl – um adversário da Revolução liberal de 1848 – evidencia uma tal evolução do conceito de Estado de Direito. No desenvolvimento institucional da sua concepção do Estado, entendendo-o como coisa pública e não particular do príncipe, aquele Autor veio defender que o mesmo é personificado no rei (*imperium* – que representa o poder que é exercido pelos homens)[141]. Mas esta personificação é insuficiente para descrever a essência do poder do Estado, porquanto existe um segundo elemento a considerar: a lei. Ambos os elementos são originários e limitam-se reciprocamente. Segundo Stahl, o Estado é "o poder soberano na Terra, mas não o poder absoluto" (*die souveräne, so doch nicht die absolute Macht*), sendo formalmente ilimitado mas não do ponto de vista material[142].

Assim, o príncipe, embora soberano, é limitado pelos direitos do povo. Seria isto que permitiria distinguir a monarquia de um regime despótico (*Despotie*). Tais limites concorrem para a definição do poder do príncipe, institucionalizando-o no quadro do Estado: verdadeiramente ilimitado é apenas o poder deste último, o qual integra o príncipe, os súbditos e as demais instituições. Em vez da soberania ilimitada do príncipe (*Fürstensouveränität*), surge a soberania, ilimitada sim, mas do Estado (*Staatssouveränität*).

A lei, pelo seu lado, é entendida como expressão da vontade do povo; porém, de uma vontade já não empírica, mas correspondente à «consciência de uma necessidade moral» (*ein «Bewußtsein sittlicher Notwendigkeit»*) com origem e sede na consciência nacional e que se concretiza na conformação do Estado. Tal vontade encontra-se,

---

[141] Sobre a concepção geral do Estado de Stahl, v. adiante o ponto (i) e, em especial, a nota 159.

[142] V. Autor cit., *Die Philosophie des Rechts*, II (Rechts- und Staatslehre auf der Grundlage christlicher Weltanschauung), 6. Aufl. (Nachdr. der 5. Aufl.), Tübingen 1878, p. 155, cit. *apud* SOBOTA, ob. cit., p. 323. As vinculações materiais do Estado surgem logo que este ouse intervir no domínio dos direitos que, segundo uma ordem superior, são independentes do Estado, como por exemplo, no que se refere à liberdade religiosa, à liberdade de escolha da profissão ou à liberdade de educação dos filhos. De qualquer modo, e no limite da ilegalidade, Stahl apenas admite, além do protesto, uma resistência passiva, quer dos cidadãos, quer dos próprios juízes (a auto-suspensão ou a demissão); não uma qualquer protecção jurisdicional (assim, v. SOBOTA, ob. cit., pp. 323 e 324).

A Concepção Tradicional da Administração Pública como um Poder   163

por isso, vinculada à legislação e às autoridades existentes. A clarificação das relações entre o poder do Estado e a lei – ambos originários – é obtida apenas por via indirecta através do princípio fundamental de que todo o poder do Estado resulta da essência da própria instituição Estado (*entspringt dem Wesen der Anstalt Staat*) sendo, por isso, determinado e limitado pelo respectivo fim institucional.

Como nota Haverkate, para Stahl, diferentemente do que sucedia com os conservadores que o antecederam, a ordem de reciprocidade já não existe nas relações dos cidadãos entre si, mas tão somente entre governantes e governados: o Estado-poder, ou governo, e o povo têm ambos direitos originários e a reciprocidade entre ambos é integrada numa compreensão institucional do Estado[143]. No que se refere aos cidadãos concretos, porém, apenas releva o direito positivo: só este é vinculativo e pode ser imposto coercivamente; perante o mesmo, ainda que injusto, é devida obediência[144].

A partir de um entendimento deste tipo também os conservadores passaram a aceitar o Estado de Direito, considerado como limitação do poder do Estado-poder (do *imperium* personificado no rei) pelo direito. A locução «Estado» agora já não representa o todo – uma vez que para este vigora a soberania ilimitada do Estado – mas apenas uma parte – o poder do rei, o poder executivo. O conceito de Estado de Direito deixa de ter críticos e passa a ser de aceitação generalizada – ainda que, relativamente ao mesmo, se compreendam realidades fundamentalmente distintas. Daí o desconforto de muitos liberais relativamente ao conceito de Estado de Direito[145].

---

[143] V. Autor cit., ob. cit., p. 75.

[144] Cfr. SOBOTA, ob. cit., pp. 323 e 324. Como a mesma Autora refere, a qualificação como injustiça subsiste e pode inclusivamente vir a ser relevante no quadro de uma mudança de governo; sucede, isso sim, que a mesma não é sancionada juridicamente pelo governo que a perpetrou (v. *ibidem*, p. 325).

[145] HAVERKATE, ob. cit., pp. 74 e 75, refere o caso de von Mohl que entende ser a designação Estado de Direito menos feliz devido à sua incompletude (*die Bezeichnung Rechtsstaat: «keine glückliche, namentlich keine vollständige»*). Com efeito, o conceito, na sua reinterpretação conservadora, deixa de exprimir a fundamental diferença entre o Estado constitucional e a monarquia constitucional, caracterizada justamente pela sobrevivência do princípio monárquico de origem absolutista. Liberais e conservadores podiam utilizar a mesma palavra – Estado de Direito – pretendendo significar realidades fundamentalmente distintas. Daí as paráfrases clarificadoras utilizadas com referência ao «verdadeiro» e

164   *Estado de Direito Democrático e Administração Paritária*

Sobretudo a partir do fracasso da Constituição do Reich, aprovada em 28 de Março de 1849 pela Assembleia Nacional reunida na Paulskirche em Frankfurt, o conceito de Estado de Direito passou a ser dominado por conteúdos conservadores[146]. A democracia, designadamente a soberania popular e o domínio político do parlamento, e o Estado de Direito – realidades que até então eram concebidas conjugadamente – passaram a ser dissociados[147]. A definição proposta por Stahl tornou-se de aceitação generalizada e paradigmática[148]:

> "Este é o conceito de Estado de Direito: não que o Estado se limite a aplicar a ordem jurídica sem prosseguir fins administrativos ou que tão somente proteja os direitos de cada um; ele não significa, de todo, o fim e o conteúdo do Estado, mas apenas o modo e o carácter de os realizar".

«autêntico» Estado de Direito de tradição jusracionalista: "a Constituição jusracionalista e livre do Estado de Direito" (*die vernunftsrechtliche freie Verfassung des Rechtsstaates*; Welcker).

[146] Como assinala STOLLEIS, "Verwaltungsrechtswissenschaft und Verwaltungslehre 1866-1914" cit., p. 53, o Estado de Direito tornou-se uma espécie de sucedâneo da participação política e era considerado um pressuposto essencial do desenvolvimento económico.

[147] Nesse sentido, v. GRIMM, *Recht und Staat der bürgerlichen Gesellschaft*, Frankfurt a.M., 1987, p. 300.

[148] *"Dies ist der Begriff des Rechtsstaats, nicht etwa daß der Staat bloß die Rechtsordnung handhabe ohne administrative Zwecke, oder vollends bloß die Rechte der Einzelnen schütze, er bedeutet überhaupt nicht Ziel und Inhalt des Staates, sondern nur Art und Charakter, denselben zu verwirklichen"*; v. Autor cit., *Die Philosophie des Rechts*, cit., pp. 137 e seguinte, cit. *apud* BÖCKENFÖRDE, "Entstehung und Wandel des Rechtsstaatsbegriffs", cit., pp. 150 e 151. Corresponde à segunda parte daquela que é considerada a definição de Estado de Direito mais conhecida e que foi durante muito tempo aplaudida pela doutrina (assim, SOBOTA, ob. cit., p. 319). Sobre o impacte e a influência desenvolvida pela mesma definição, cfr. também SCHEUNER, "Die neuere Entwicklung des Rechtsstaats in Deutschland", cit., p. 483 (a definição em apreço influenciou a deslocação do centro de gravidade do conceito de Estado de Direito do direito constitucional para a esfera da Administração: assinala a tendência para o compreender em termos formais, no sentido da legalidade da administração e da protecção jurídica).

Optou-se pela divisão em virtude de a parte transcrita no texto ter sido tomada como paradigmática do entendimento do Estado de Direito formal (v., por exemplo, CARL SCHMITT, ob. cit., pp. 125 e 126). Além de a própria estrutura gramatical do texto legitimar tal divisão, verifica-se que é esta segunda parte que separa Stahl dos liberais seus contemporâneos. Como observa SCHÖNBERGER, a mesma, ao não incluir um fim positivo do Estado, "recusa, ao mesmo tempo, uma teoria liberal para a qual o Estado de Direito significa todo um programa político-constitucional de liberalização progressiva"; ao limitar

A Concepção Tradicional da Administração Pública como um Poder   165

O Estado de Direito formal "deve ser concebido de tal forma que não afirme quaisquer conteúdos axiológicos, sendo estes alcançados mediatamente através da garantia aos cidadãos do respeito pela ordem legislativa por vias institucionais e procedimentais"[149]. Como salienta Böckenförde, "o Estado de Direito não é mais uma espécie de Estado (*Staatsgattung*) constituída na base de um novo princípio, mas sim um elemento formal (*Formelement*) e, se se qui-

---

o Estado de Direito aos meios do Estado, Stahl priva tal noção do carácter prospectivo que a mesma tinha no pensamento dos liberais, nomeadamente enquanto programa constitucional dirigido a fundar a ordem política na autonomia dos indivíduos (v. Autor cit., "État de droit et État conservateur: Friedrich Julius Stahl" in OLIVIER JOUANJAN (dir.), *Figures de l'État de droit*, cit., pp. 177 e ss. (182)).

A definição completa, como se mostrará adiante (v. *infra* no texto correspondente à nota 162 a primeira parte), corresponde à concepção do Estado do próprio STAHL, que é muito mais complexa e não se deixa reduzir àquele entendimento. Sobre a aceitação generalizada do conceito de Estado de Direito formal, v. também SCHMIDT-DE CALUWE, *Der Verwaltungsakt...*, cit., p. 261. Todavia, quanto ao formalismo e positivismo imputados habitualmente e com um sentido pejorativo a Stahl, importa ter presente a advertência de SCHÖNBERGER, "État de droit et État conservateur: Friedrich Julius Stahl" cit., pp. 186 e ss., *maxime* p. 190 (tal leitura foi desenvolvida, sobretudo, durante a época nazi; "é paradoxal tratar como pai do positivismo um autor para quem o essencial foi justamente o conteúdo metajurídico do direito").

[149] V. SOBOTA, ob. cit., p. 46. A propósito da definição de Estado de Direito transcrita no texto, a mesma Autora refere que a primeira negação – o Estado de Direito não se limita a aplicar a ordem jurídica sem fins administrativos – se dirige ao conceito de Estado de Direito tal como perfilhado por Kant ou Humboldt e que, simultaneamente, afirma o princípio monárquico: não estão em causa apenas os fins legais mas também outros que a Administração entenda prosseguir, relativizando, desse modo, a conclusão formalista ("o acorde final"; v. *ibidem*, p. 322). Além disso, a segunda negação – o Estado de Direito não se limita a proteger os direitos de cada um – evidencia que, segundo Stahl, o Estado não existe por causa dos direitos dos cidadãos (v. *ibidem*). Finalmente, importa salientar a afirmação expressa de que o Estado não se esgota no Estado de Direito: este, *rectius* o conceito correspondente, não significa fim e conteúdo do Estado, mas apenas modo e carácter de os realizar (v. *ibidem*). A conclusão retirada por aquela Autora, ob. cit., p. 323, relativamente à definição completa de Estado de Direito preconizada por Stahl – a sua complexidade não permite etiquetá-la simplesmente como formalista, contrariamente ao que fizeram muitos Autores (entre eles, além de Carl Schmitt, também Ulrich Scheuner) –, vale, desde logo, para a parte da definição transcrita no texto. Cfr. também a interpretação de SCHÖNBERGER, "État de droit et État conservateur: Friedrich Julius Stahl" cit., pp. 181 e 182 (Stahl desenvolve a sua concepção do Estado de Direito pela negativa: recusa do conservadorismo tradicional e do Estado de polícia; rejeição do *Volksstaat* de Rousseau e Robespierre; e recusa do liberalismo progressista do *Vormärz*).

166   *Estado de Direito Democrático e Administração Paritária*

ser, «a-político», dissociado dos fins e do conteúdo do Estado, que modera o poder político"[150].

O mesmo Autor considera que, perante a satisfação de grande número das exigências decorrentes do conceito original de Estado de Direito, o carácter programático de tal conceito terá levado a concentrar a atenção em aspectos ainda não concretizados, nomeadamente os respeitantes ao domínio formal-procedimental e com referência particular à Administração: a inderrogabilidade e o primado da lei frente à Administração; o desenvolvimento de um direito administrativo vinculativo também para a Administração; o desenvolvimento legislativo do direito administrativo material e organizatório no sentido da realização da liberdade dos cidadãos.

Nesse mesmo sentido, Otto Mayer define Estado de Direito como "o Estado do direito administrativo bem ordenado"[151], pressupondo já estabelecido o Estado de Direito ao nível do direito constitucional[152]. Forsthoff considerará mesmo que o período entre a cons-

---

[150] V. Autor cit., "Entstehung und Wandel des Rechtsstaatsbegriffs", cit., p.151. No mesmo sentido, v. SCHÖNBERGER: Stahl "apropria-se da palavra «*Rechtsstaat*», esvaziando o conceito do seu conteúdo prospectivo"; assumindo embora "o tema liberal da estabilidade da ordem jurídica e da protecção de uma esfera privada dos indivíduos, Stahl visa destruir o projecto político-constitucional dos liberais" (v. Autor cit, "État de droit et État conservateur: Friedrich Julius Stahl" cit., p. 183).

[151] "*Der Rechtsstaat ist der Staat des wohlgeordneten Verwaltungsrechts*"; v. Autor cit., *Deutsches Verwaltungsrecht*, I, cit., p. 58. Mais adiante, p. 62, o mesmo Autor entende que "o Estado de Direito significa que a actuação da Administração se processa, na medida em que as circunstâncias o permitirem, segundo o modelo da Justiça" (*der Rechtsstaat bedeutet die tunlichste Justizförmigkeit der Verwaltung*). Sobre a distinção entre Estado de Direito e Estado constitucional em Otto Mayer, v. SCHMIDT-DE CALUWE, *Der Verwaltungsakt...*, cit., pp. 69 e ss., em especial, p. 75, salientando que o segundo (nomeadamente a separação dos poderes) é um pressuposto do primeiro. V. o mesmo Autor, *ibidem*, p. 96, sobre a fórmula relativa ao Estado de Direito, a qual sublinha o paralelismo tendencial entre administração e jurisdição enquanto expressões do poder executivo (*Vollziehung*), nomeadamente na sua vinculação à lei e no modo de exercício do respectivo poder – acto administrativo e sentença.

[152] OTTO MAYER afirma expressamente que "o pressuposto do nosso direito administrativo é o Estado constitucional" (v. Autor cit., *Deutsches Verwaltungsrecht*, I, cit., p. 55. Cfr., sobre a mencionada limitação da relevância do conceito de Estado de Direito ao direito administrativo, SCHEUNER, "Die neuere Entwicklung des Rechtsstaats in Deutschland", cit., p. 462; BÖCKENFÖRDE, "Entstehung und Wandel des Rechtsstaats-begriffs", cit., pp. 151 e 152; e SOBOTA, ob. cit., p. 11, encontrando-se aí, nas notas 66 a 72, as

tituição do II Reich e a Primeira Grande Guerra corresponde à "idade de ouro" ou ao "apogeu" (*Blütezeit*) do Estado de Direito alemão: nessa época clássica "o Estado de Direito burguês estava realmente em vigor (*in Geltung*), o legislador era realmente legislador, a justiça realmente administração da justiça e a Administração realmente administração"[153].

Sucede que, como refere Katharina Sobota, na pretensa "época clássica" do Estado de Direito já a respectiva estrela havia desaparecido; a ideia já só era formalmente executada ao nível do direito administrativo, sendo evitada ao nível das discussões do direito constitucional[154]. Segundo a mesma Autora, "o conceito de um Estado de Direito apenas do ponto de vista formal é uma criação destinada a cobrir com o manto do Estado de Direito um Estado que, em vez de reconhecer como soberano o direito, se considera a si próprio soberano. Um Estado qualificado como Estado de Direito formal pode, porventura, ser um Estado de direito administrativo (*Verwaltungsrechtsstaat*) ou um Estado de justiça (*Gerichtsstaat*); para o predicado Estado de Direito falta-lhe, todavia, uma característica decisiva: o reconhecimento constitucional da vinculação ao direito. O Estado de Direito formal não é mais do que um torso; a cabeça – a afirmação constitucional da soberania do direito – foi cortada em benefício do conceito de soberania do Estado"[155].

O conceito de Estado de Direito é, deste modo, remetido para o plano da aplicação do direito: Estado de Direito respeita apenas à forma de exercício do poder público. Uma perspectiva deste tipo, porém, abstrai dos condicionamentos constitucionais relativamente

---

referências bibliográficas que evidenciam tal juízo, com especial destaque para Jellinek e Thoma. V. também *ibidem* sobre o novo alcance do Estado de Direito, p. 264 ("viragem conceptual num sentido técnico-formal"), p. 391 (conceito que assinala "alguns programas de optimização") e p. 392 ("um programa de execução de segunda ordem").

[153] V. Autor cit., "Der moderne Staat und die Tugend" in *Rechtsstaat im Wandel. Verfassungsrechtliche Abhandlungen 1950-1964*, Stuttgart, 1964, pp. 13 e ss. (19). Criticando o alheamento de tal posição face ao sentido e espírito do *Grundgesetz*, v., por exemplo, SCHEUNER, "Die neuere Entwicklung des Rechtsstaats in Deutschland", cit., pp. 503 e 504.

[154] V. Autora cit., ob. cit., pp. 36 e 37.

[155] V. Autora cit., ob. cit., p. 448.

168   *Estado de Direito Democrático e Administração Paritária*

ao direito administrativo: não há qualquer referência material ao fundamento da liberdade pessoal e à necessidade de uma Constituição moderada[156]. São precisamente condicionamentos dessa natureza que vão estar na base da renovação dogmática daquele ramo do direito a partir da ideia inversa: o direito administrativo como concretização e desenvolvimento do direito constitucional.

Por outro lado, importa ter presente que a caracterização positiva do Estado de Direito nas "grandes monografias do Estado de Direito"[157], não obstante a aceitação da definição proposta por Stahl, evidencia diferenças muito significativas e com implicações importantes para o desenvolvimento do próprio direito administrativo[158].

(i) Stahl e o Estado como realidade espiritual, parte do Império Moral[159]

Desde logo, para o próprio Stahl importa, antes de mais, afirmar a rejeição da orientação jusracionalista e individualista do primitivo conceito de Estado de Direito. O Estado não se limita ao Estado de Direito formal – mero «lado exterior»; ele é, na sua essência, uma realidade espiritual, o Império Moral (*das sittliche Reich*) – um poder real acima dos homens e com carácter pessoal que se funda na unidade entre Deus, o rei e a autoridade.

---

[156] Cfr. SCHEUNER, "Die neuere Entwicklung des Rechtsstaats in Deutschland", cit., pp. 486 e ss.

[157] A expressão é de SOBOTA, ob. cit., p. 356. Segundo esta Autora, é nelas que em grande parte se pode encontrar a descrição do que era realmente, do ponto de vista dogmático, o Estado de Direito no Séc. XIX (*ibidem*, pp. 387 e 388).

[158] V. uma síntese dos diferentes entendimentos em BÖCKENFÖRDE, "Entstehung und Wandel des Rechtsstaatsbegriffs", cit., pp. 152 e ss.

[159] Sobre este Autor, v., além de BÖCKENFÖRDE, já referido, SCHEUNER, "Die neuere Entwicklung des Rechtsstaats in Deutschland", cit., pp. 483 e 484; HAVERKATE, ob. cit., pp. 73 e ss.; SOBOTA, ob. cit., pp. 319 e ss., e, em especial, no que se refere à parte institucional, pp. 330 e ss.; e SCHÖNBERGER, "État de droit et État conservateur: Friedrich Julius Stahl" cit., pp. 177 e ss. Este Autor salienta a dupla imagem histórica de Stahl: a do teórico reaccionário da Prússia protestante, na perspectiva dos liberais oitocentistas; a do «Cavalo de Tróia» do liberalismo e do espírito judeu – Stahl nasceu judeu e converteu-se ao cristianismo luterano –, na perspectiva do nacional-socialismo anti-semita (em especial, Heckel e Carl Schmitt).

O Estado é, assim, uma instituição que torna presente na Terra o poder de Deus. É essa – não a soberania popular – a fonte de legitimidade da sua ordem e o fundamento da vinculatividade das expressões da sua vontade: a lei, a Constituição e a autoridade. O Estado constitui expressão do Império Moral e intelectual que os homens devem construir sobre a Terra. Por isso ele tem direito à obediência dos súbditos e, por isso também, ele é moralmente limitado na sua autoridade. Constitui uma verdadeira comunidade – uma *res publica* –, que é mais do que o somatório dos seus cidadãos, e caracteriza-se por uma ordem de valores.

Nos planos filosófico e teológico o direito por si estabelecido deve formar uma unidade com a moral e tem por objecto a vida social: aquilo que é comum e exterior aos indivíduos. Nesse âmbito, realiza as ideias morais sob a forma de direito, ou seja, mediante comandos e procedimentos externos que, em caso de incumprimento, pode fazer executar coercivamente. Portanto, tais comandos exteriores só podem realizar as ideias morais de maneira limitada, negativamente.

A ideia moral subsiste para além do direito, como objectivo; o direito constitui apenas uma parte da estadualidade. O Estado é soberano, mas não representa o poder absoluto sobre a Terra. Daí a perspectiva apresentada por Katharina Sobota de quatro círculos concêntricos: o direito positivo concretiza parte da acção do Estado, assim como este, por sua vez concretiza parte do Império Moral, o qual exprime sobre a Terra o Reino de Deus[160].

Contudo, enquanto criação de Deus, o Estado também é livre[161]. Por isso, no plano do direito positivo só é reconhecido como norma

---

[160] V. Autora cit., ob. cit., pp. 329 e 330. Sobre os limites e a unidade profunda da obrigação jurídica e da obrigação moral, cfr. também SCHÖNBERGER, "État de droit et État conservateur: Friedrich Julius Stahl" cit., pp. 180 e 181, que fala da "raiz metafísica" – ancorada na teologia luterana da natureza corrompida do homem – do *Rechtsstaat* de Stahl: "é a situação do homem decaído – e livre – que torna necessário o recurso ao direito, enquanto sistema de comandos exteriores" (v. *ibidem*, p. 180); por isso, aquilo que torna o *Rechtsstaat* de Stahl relativamente moderno, "a ideia de uma certa autonomia do direito relativamente à ordem ética, é paradoxalmente o fruto do seu protestantismo tradicional" (v. *ibidem*, p. 181).

[161] Como salienta SOBOTA, ob. cit., p. 329, a autonomização do sistema jurídico relativamente ao âmbito de actuação (*Wirkkreis*) da moralidade é reconduzido por Stahl,

170 Estado de Direito Democrático e Administração Paritária

o que a Constituição vigente e o poder constituído estabelecem. Mas as tarefas e fins morais que para si, enquanto autoridade, resultam da fundamentação transpersonalista, ainda persistem.

Na sua essência, o Estado é, deste modo, simultaneamente um império do direito – um Estado de Direito – e um império da moral, não sendo tal contraditório devido à unidade profunda entre direito e moral. Ao invés, a separação entre estes dois domínios – como, por exemplo, na concepção de Kant – implica, na perspectiva de Stahl, a negação do Estado de Direito. Acresce que, devido à eliminação dos fins do Estado do próprio conceito de Estado de Direito, nada impede que o Estado prossiga fins morais, desde que o faça pela via do direito: o Estado não pode obrigar ninguém a ser cristão; mas o seu ordenamento jurídico pode consagrar soluções consentâneas com os valores cristãos, nomeadamente em matéria de direito matrimonial, de ensino público e noutros domínios.

Na definição do conceito de Estado de Direito que perfilha Stahl procura, por isso, relacionar os dois «lados» do Estado[162]:

> "O Estado deve ser Estado de Direito; esta é a divisa e é, na verdade, também o sentido da evolução dos últimos tempos. Ele deve determinar com precisão, através do direito, e garantir, sem quebras, as vias e os limites da sua actuação e, bem assim,

---

Die Philosophie des Rechts, cit., p. 182, ao princípio cristão da "autonomia (*Selbständigkeit*) que Deus confere a todas as suas criações e instituições". Deste modo, o poder do Estado, embora em última análise fundado na omnipotência divina, é-lhe atribuído de "forma completamente autónoma"; e o direito, pelo seu lado, funda-se na soberania do Estado, e não imediatamente em Deus (v. *ibidem*). É justamente o direito do Estado, "que vincula juridicamente os súbditos, não o direito de Deus. Somente a razão de ser moral profunda do Estado, assim como do próprio direito, se encontra na omnipotência divina" (v. *ibidem*).

[162] "*Der Staat soll Rechtsstaat sein, das ist die Losung und ist auch in Wahrheit der Entwicklungstrieb der neueren Zeit. Er soll die Bahnen und die Grenzen seiner Wirksamkeit wie die freie Sphäre seiner Bürger in der Weise des Rechts genau bestimmen und unverbrüchlich sichern und soll die sittlichen Ideen von Staats wegen, also direkt, nicht weiter verwirklichen (erzwingen), als es der Rechtssphäre angehört d.i. nur bis zur notwendigsten Umzäunung*"; v. Autor cit., *Die Philosophie des Rechts*, cit., pp. 137 e seguinte, cit. *apud* BÖCKENFÖRDE, "Entstehung und Wandel des Rechtsstaatsbegriffs", cit., pp.150 e 151. Corresponde à primeira parte da definição de Estado de Direito anteriormente referida (cfr. *supra* a nota 148 e o texto correspondente).

a esfera de liberdade dos seus cidadãos; não deve, por si, ou seja, directamente, realizar (impor) as ideias morais além daquilo que pertence ao domínio do direito, isto é, até ao limite do que seja necessário regular juridicamente"[163].

Segundo a concepção do Autor em apreço, o poder do Estado concentra-se no rei-soberano. Este admite a colaboração do povo, através dos estamentos, com particular destaque para a nobreza, no exercício da função legislativa e dirige a Administração[164]. A sua acção não está sujeita ao controlo dos tribunais nem depende deles para a transformação da realidade: o poder do Estado-governo é tão originário quanto o da lei e os tribunais julgam apenas conflitos entre pessoas particulares. Aliás, em rigor, não se verifica uma separação dos poderes, mas tão-só uma diferenciação de funções[165].

No que respeita em particular à Administração[166], esta deve respeitar a primazia da lei, mas de modo algum se limita à sua execução. Ela constitui um verdadeiro poder que cria as suas próprias regras (regulamentos) e exerce todos os poderes necessários à prossecução dos seus fins independentemente da respectiva previsão legal. De resto, também não está sujeita a qualquer reserva de lei. O controlo da sua actividade é meramente interno. Com efeito, na perspectiva deste Autor, se se admitisse que os tribunais pudessem pronunciar-se sobre actos do poder público "sempre que um "súbdito"

---

[163] Como salienta SOBOTA, ob. cit., p. 321, esta "metáfora do muro" (*Zaun-Metapher*) consegue aquilo que é logicamente impossível (*leistet das logisch Unmögliche*): para um positivista significa a exclusão de valores supra-legais; para aquele que perfilha um conceito material de Estado de Direito, reconhece um elemento supra-jurídico no Estado de Direito que significa, ao menos, uma delimitação (*Umzäunung*), ou seja, uma condição necessária da moralidade no Estado e que é ininteligível sem a existência de uma ética superior.

[164] V. SOBOTA, ob. cit., pp. 330 e 334.

[165] V. SOBOTA, ob. cit., pp. 331 e 332.

[166] Sobre esta, v., em especial, SOBOTA, ob. cit., pp. 330, 331 e 335. V. também RUPP, *Grundfragen...*, cit., pp. 178 e ss. (a lei é um mero limite [*Schranke*] da actividade livre desenvolvida pela Administração em vista da realização do bem comum; ao passo que, para o juiz, a mesma lei é o conteúdo e linha de orientação exclusiva da sua actividade); SCHÖNBERGER, "État de droit et État conservateur: Friedrich Julius Stahl" cit., p. 189; e RUI MACHETE, "Contencioso Administrativo" cit., pp. 199 e 200.

172 Estado de Direito Democrático e Administração Paritária

invocasse a lesão de um seu direito (*Rechtsverletzung*), o Estado deixaria de ser um verdadeiro Estado, um Império Moral sobre os indivíduos"[167].

(ii) Gneist e a defesa do Estado administrativo[168]

Gneist, embora se apoie expressamente na definição de Stahl, desenvolve o conceito de Estado de Direito em termos institucionais, concebendo uma "ordenação estatal da sociedade", contraposta à ideia liberal da "ordenação social do Estado", nomeadamente a ligação orgânica do Estado com a sociedade. Com efeito, a permanente luta de interesses no seio da sociedade – que é concebida como uma realidade autónoma e dotada de vida própria – exige, em ordem à harmonização daqueles interesses, e como condição necessária da liberdade de cada um, a subordinação da mesma a um poder superior, ou seja, ao Estado; por isso, "a Constituição do Estado é a sua ligação orgânica com a sociedade"[169].

---

[167] V. Autor cit., *Die Philosophie des Rechts*, cit., p. 607, cit. *apud* SCHMIDT-DE CALUWE, *Der Veraltungsakt...*, cit., p. 87.

[168] Sobre este Autor, v., além de BÖCKENFÖRDE já referido, SCHEUNER, "Die neuere Entwicklung des Rechtsstaats in Deutschland", cit., pp. 477 e ss.; SOBOTA, ob. cit., pp. 354 e ss.; e ARGYRIADIS-KERVÉGAN, "Rudolf Gneist: La justice administrative, institution nécessaire de l'État de droit" in OLIVIER JOUANJAN (dir.), *Figures de l'État de droit*, cit., pp. 235 e ss. Na doutrina portuguesa, v. MARIA DA GLÓRIA GARCIA, *As origens da expressão "Rechtsstaat"*, cit., pp. 60 e ss. (esta Autora salienta a índole prática do contributo de Gneist e a redução que o mesmo faz da ideia de *Rechtsstaat* "à expressão política" do povo germânico; cfr. *ibidem*, p. 77).

[169] "*Die Verfassung des Staates ist seine organische Verbindung mit der Gesellschaft*"; v. Gneist, Rektoratsrede "Die Eigenart des preußischen Staates", 1873, cit. *apud* SCHEUNER, "Die neuere Entwicklung des Rechtsstaats in Deutschland", cit., p. 478, nota 60. Sobre a caracterização da sociedade referida no texto, cfr. MARIA DA GLÓRIA GARCIA, *As origens da expressão "Rechtsstaat"*, cit., p. 63. *Ibidem*, pp. 66 e 67, esta Autora refere como uma das ideias fundamentais da concepção do Estado de Direito de Gneist "a inserção da sociedade no Estado", nomeadamente a "«liberdade na ordem» (*Freiheit in der Ordnung*) que toda a sociedade pretende atingir através do Estado" e que, no pensamento daquele Autor, tem implicações concretas, em especial, no domínio da justiça administrativa. Sobre este último aspecto, cfr. *infra* o texto correspondente às notas 174 e ss. Segundo Argyriadis-Kervégan, a concepção constitucional mencionada no texto ainda radica na oposição hegeliana entre Estado e sociedade civil, tal como a mesma foi interpretada por Lorenz von Stein (cfr. Autora cit., "Rudolf Gneist: La justice administrative, institution nécessaire de l'État de droit" cit., pp. 242 e 243 e a nota 48 na p. 245).

O ponto de partida daquele Autor é a avaliação que faz de um crescente alheamento recíproco do Estado e da sociedade, o primeiro dominado por uma burocracia profissionalizada, mas cega; e a segunda voltada exclusivamente para os seus interesses, limitando--se a pagar os serviços públicos. Em tais condições, a Administração, fechada sobre si mesma e integrada por uma hierarquia de funcionários responsáveis apenas uns perante os outros, não pode garantir o direito e a justiça. Pelo contrário, é altamente permeável à influência dos partidos políticos e da imprensa. De modo particular, Gneist sublinha o absurdo de fazer daquelas pessoas, para as quais a lei é concebida como um limite da respectiva actividade profissional, os exclusivos guardiães dessa mesma lei[170]. Neste aspecto existe um traço de continuidade com o regime absolutista que aquele Autor se propõe combater.

A solução que preconiza é o comprometimento dos próprios administrados, em especial dos mais capazes, na Administração do Estado, de forma a que esta última desempenhe as tarefas que constitucionalmente lhe incumbem livre dos interesses da burocracia. Gneist admirava no modelo inglês de *self-government* o desempenho das tarefas administrativas pelos próprios vizinhos interessados, e não por funcionários. No seu próprio modelo procura concretizar, não o auto-governo, mas uma administração pelos próprios interessados e que seja expressão da administração do Estado. Administrar quer dizer desempenhar a nível local determinadas tarefas especialmente atribuídas como parte do executivo do Estado. Trata-se, portanto, de promover uma auto-administração que, todavia, é administração dos interesses do Estado[171].

É a partir deste quadro conceptual que Gneist desenvolve a sua ideia de Estado de Direito.

Este significa, em primeiro lugar, «governar segundo leis», sendo estas últimas, não a base ou fundamento, mas mero quadro e limite

---

[170] V. Autor cit., *Die preußische Kreisordnung in ihrer Bedeutung für den inneren Ausbau des deutschen Verfassungsstaates*, Berlin, 1870, p. IV, cit. *apud* SOBOTA, ob. cit., p. 357.

[171] A "auto-administração é administração do Estado" (*Selbstverwaltung ist Staatsverwaltung*), na síntese de SOBOTA, ob. cit., p. 363. Cfr. também MARIA DA GLÓRIA GARCIA, *As origens da expressão "Rechtsstaat"*, cit., pp. 69 e 70.

174 *Estado de Direito Democrático e Administração Paritária*

de actuação de um Executivo dotado de autoridade própria. Acresce que a representação parlamentar deve ser estruturada de forma «orgânica», excluindo aqueles que na sociedade não podem ter voz activa – as mulheres, as crianças, os deficientes mentais e os criminosos – e privilegiando os cidadãos que já tenham exercido funções no âmbito da Administração: o peso do voto deve corresponder aos deveres assumidos ao serviço da Administração do Estado[172].

Em segundo lugar, a já aludida concepção de auto-administração: a Administração deve ser estruturada com base na desconcentração por níveis e por graus associada a uma íntima ligação com a sociedade: as questões locais (e nos diferentes níveis) devem ser resolvidas pela própria sociedade enquadrada em cargos públicos e segundo as leis do Estado. Em vez de uma auto-administração local livre – autarquia local com autonomia ou *selfgovernment* –, a auto--administração local por encargo do Estado e segundo as leis deste último[173]. A ligação à sociedade é justamente estabelecida através da colaboração de particulares no exercício de funções administrativas: a colaboração de leigos (*Laienmitwirkung*) e o exercício de cargos administrativos por titulares honorários.

Finalmente, o controlo da Administração por entidades jurisdicionalizadas integradas na própria Administração e que actuam segundo procedimentos próprios por forma a assegurar uma proximidade, não só geográfica, como também relativa ao próprio objecto de fiscalização[174].

Subjacente a tal posição está, além do mais[175], uma concepção do direito público como realidade fundamentalmente distinta da

---

[172] V. SOBOTA, ob. cit., pp. 380 e 381.

[173] V. SOBOTA, ob. cit., p. 366. V. também BÖCKENFÖRDE, "Der deutsche Typ der konstitutionellen Monarchie..." cit., p. 286, nota 35, e texto correspondente.

[174] Sobre a concepção de Gneist em matéria de justiça administrativa, nomeadamente sobre a concepção do que veio a ser designado como «modelo prussiano» de justiça administrativa, v., na doutrina portuguesa, especialmente RUI MACHETE, "Contencioso Administrativo" cit., pp. 243 e ss.; MARIA DA GLÓRIA GARCIA, *As origens da expressão "Rechtsstaat"*, cit., pp. 73 e ss.; e SÉRVULO CORREIA, *Direito do Contencioso Administrativo*, I, cit., pp. 79 e ss. Cfr. também a síntese de ARGYRIADIS-KERVÉGAN, "Rudolf Gneist: La justice administrative, institution nécessaire de l'État de droit" cit., pp. 245 e ss.

[175] V. um resumo do argumentário utilizado por Gneist em defesa da entrega da tutela jurídica do direito administrativo a entidades integradas na própria Administração

ordem de reciprocidade em que se analisa o direito privado. Enquanto este se concebe como uma rede de relações jurídicas nascidas do contacto entre os diferentes sujeitos de direito, aquele, a partir do conceito de soberania e do absolutismo, é reconduzido a uma fonte singular: o poder soberano do Estado. Como salienta Katharina Sobota, uma vez que este ponto único é representado, em termos de metáfora espacial, como o topo de uma pirâmide, e, tendo em conta que segundo a metáfora do *Logos*, o «mais elevado» vale como essência do todo, a ordem jurídica gerada e concebida nestes termos surge como abrangente, intemporal e supra-individual, ganhando uma objectividade própria[176]. Um conceito deste tipo pode facilmente reequacionar a soberania do rei fundada na graça de Deus e redefini--la em termos de soberania do Estado fundada na nação[177].

Para Gneist, um direito interpessoal e relacional não se ajusta às necessidades e interesses implicados nas grandes tarefas a cargo da nação unificada. O direito privado é visto por aquele Autor como o âmbito dos pequenos processos destinados a resolver pequenos litígios que não afectam o bem do todo que é o Estado. Ao invés, no direito administrativo está em causa "uma ordem jurídica objectiva que tem de ser aplicada, independentemente de requerimentos de parte, em razão do direito e do bem públicos"[178]. Consequentemente, o que importa assegurar é a "execução integral (*durchgreifende Ausführung*) da legislação do Estado"[179].

---

que operem segundo modos jurisdicionais em SOBOTA, ob. cit., pp. 369 e ss.; e em ARGYRIADIS-KERVÉGAN, "Rudolf Gneist: La justice administrative, institution nécessaire de l'État de droit" cit., p. 247. Entre os diferentes argumentos, saliente-se o temor de que a entrega do controlo da Administração aos tribunais comuns conduziria à "paralisação" daquela (v. *ibidem*, p. 372).

[176] V. Autora cit., ob. cit., p. 374.

[177] V. *idem, ibidem*. SOBOTA chama a atenção para a circunstância de aqui se encontrarem as raízes do totalitarismo do Estado e, bem assim, a possibilidade de diferenciar juridicamente o poder do Estado anteriormente confundido com a pessoa do rei.

[178] V. GNEIST, *Der Rechtsstaat und die Verwaltungsgerichte in Deutschland*, 2. Aufl. (1879), p. 270, cit. *apud* SOBOTA, ob. cit., p. 375, nota 613. Cfr. também ARGYRIADIS-KERVÉGAN, "Rudolf Gneist: La justice administrative, institution nécessaire de l'État de droit" cit., p. 244.

[179] V. GNEIST, *Die preußische Kreisordnung...*, cit., p. 210, cit. *apud* SOBOTA, ob. cit., p. 375, nota 614.

176 *Estado de Direito Democrático e Administração Paritária*

Nessa perspectiva, o sentido do controlo administrativo é justamente o de optimizar o cumprimento da vontade soberana. Por isso, "o centro de gravidade da jurisdição administrativa reside na sua possibilidade de reacção contra os desvios de poder praticados pela Administração, dominada pelos partidos políticos, e contra a corrupção da própria burocracia pelos partidos. A correcção desses desmandos só é possível se se cometer aos tribunais a fiscalização da actividade discricionária da Administração"[180]. Estes, ou seja, os tribunais administrativos, devem integrar-se na própria Administração, uma vez que ninguém melhor do que ela o pode fazer de forma tão competente, rápida e ajustada[181].

No entanto, a Administração activa e a Administração contenciosa não se devem confundir. Para que os tribunais administrativos "possam evitar as contradições de que enferma o sistema em que um órgão com programa partidário (ministro) ou um órgão àquele subordinado deva decidir com imparcialidade em matéria contenciosa, há que dar-lhes independência, desvinculando-os do dever de obediência a superiores hierárquicos. A colegialidade do tribunal e a presença de juízes honorários («*Ehrenämter*») reforçará ainda mais essa imparcialidade. A aplicação do princípio do «*self government*» na jurisdição administrativa reveste natureza representativa, pois faz participar os simples cidadãos numa importantíssima actividade do poder executivo, contrabalançando o poder e a dependência partidária dos funcionários de carreira; mas, para além disso, contribui ainda para a própria educação política do povo, ao dar-lhe a consciência e o hábito das limitações de liberdade que tem de impor a si próprio»[182].

A estrutura do controlo administrativo deve reflectir a respectiva finalidade precípua: contribuir, através da fiscalização da legalidade, para a correcta aplicação do direito objectivo. Contudo, o próprio Gneist reconhece que "logo que o Estado estabelece para si próprio

---

[180] É a síntese de RUI MACHETE, "Contencioso Administrativo" cit., p. 244.

[181] Assim, v. GNEIST, *Der Rechtsstaat...*, cit., p. 325, nota 62, cit. *apud* SOBOTA, ob. cit., p. 370.

[182] V. RUI MACHETE, "Contencioso Administrativo" cit., p. 244. Sobre a "astúcia" (*List*) do último argumento, de resto utilizado por Gneist em relação à totalidade da participação política dos cidadãos, v. SOBOTA, ob. cit., p. 381.

controlos em ordem a uma aplicação uniforme das suas leis administrativas, os mesmos servem igualmente à protecção jurídica dos particulares, ainda que tal não tenha sido intencionado"[183]. Trata-se de um mero efeito lateral e reflexo sem correspondência com os direitos processuais das partes – direito de iniciar o processo, direito de apresentar provas e direito de ser ouvido[184]. Estes últimos resultam do reconhecimento de um interesse da parte na decisão do juiz e, à semelhança do que sucede no processo penal com o direito do arguido a um processo justo, não correspondem a posições jurídicas substantivas invocáveis autonomamente perante um tribunal; são "algo de secundário deduzido a partir do direito público"[185]. O direito da parte (*das Parteirecht*) no direito administrativo corresponde a um «direito de queixa» (*Beschwerderecht*), e não a um «direito individual autónomo» (*selbständiges Individualrecht*), como a propriedade ou os direitos familiares reconhecidos em função do próprio indivíduo[186]. Os meios processuais do direito administrativo não se confundem, assim, com o direito de acção cível[187].

(iii) O Estado como corporação, segundo Bähr e Gierke, [188]

É conhecida a oposição de Otto Bähr e de Otto von Gierke à construção da justiça administrativa defendida por Gneist. Aqueles

---

[183] V. GNEIST, *Die preußische Kreisordnung...*, cit., p. 196, cit. *apud* SOBOTA, ob. cit., p. 376, nota 617

[184] V. GNEIST, *Der Rechtsstaat...*, cit., p. 270, cit. *apud* SOBOTA, ob. cit., p. 376.

[185] V. *idem, ibidem*.

[186] V. *idem, ibidem*.

[187] Como refere SOBOTA, ob. cit., pp. 376 e 377, Gneist não ignorava nem as propostas de Bähr nem os preconceitos civilistas dos "práticos" seus contemporâneos que falavam de um "direito (*Anspruch*) dos súbditos a um tratamento imparcial por parte do poder público". Quanto à proposta do primeiro, de reconhecer aos administrados verdadeiros direitos (*genossenschaftliche Rechte*) cuja violação pela Administração pudesse desencadear processos contra esta, Gneist entende que a consequência seria haver tantas acções quantos os contactos do poder público com a pessoa e o património dos súbditos.

[188] Sobre Bähr, v., além de BÖCKENFÖRDE já referido, SCHEUNER, "Die neuere Entwicklung des Rechtsstaats in Deutschland", cit., p. 484; SOBOTA, ob. cit., pp. 338 e ss.; e WILLY ZIMMER, "Une conception organiciste de l'État de droit: Otto von Bähr et Otto von Gierke" in OLIVIER JOUANJAN (dir.), *Figures de l'État de droit*, cit., pp. 219 e ss. Na doutrina portuguesa, v. RUI MACHETE, "Contencioso Administrativo" cit., pp. 200 e 241 e ss.

178   *Estado de Direito Democrático e Administração Paritária*

Autores defendiam uma solução baseada na jurisdição ordinária (*«justizstaatliche» Lösung*) em alternativa à ideia dos tribunais administrativos (*«rechtsstaatliche» Lösung*). A razão de ser desta discussão prende-se, também ela, com questões que relevam da teoria do Estado.

Com efeito, aqueles dois Autores, com independência um do outro, compreendem o Estado como uma corporação no quadro de uma concepção organicista do direito e do Estado (teoria corporativa do Estado – *genossenschaftliche Staatstheorie*)[189]. Este último é tão-só uma entre as muitas corporações, análoga às comunidades de vida familiar ou paroquial, destacando-se apenas por ser a mais elevada; é a "corporação suprema" (Bähr) ou a "pessoa colectiva

---

(em especial, no que se refere à posição da Administração perante a lei e os tribunais); e MARIA DA GLÓRIA GARCIA, *As origens da expressão "Rechtsstaat"*, cit., pp. 52 e ss.

Sobre Gierke, v. também, especialmente, WILLY ZIMMER, cit. Segundo SOBOTA, ob. cit., p. 37, Gierke apresentou a última concepção abrangente de um Estado de Direito em que as separações entre o Estado e o direito e entre o Estado e a sociedade são superadas.

[189] SOBOTA salienta o citado aspecto da independência recíproca (cfr. Autora cit., ob. cit., p. 343). Contudo, e referindo-se especificamente ao aspecto da protecção jurídica através da jurisdição comum, BÖCKENFÖRDE, "Entstehung und Wandel des Rechtsstaatsbegriffs" cit., p. 154, refere que Gierke segue Bähr. Já WILLY ZIMMER considera que o Estado de Direito, no quadro da concepção organicista, "é uma das consequências do sistema jurídico na sua globalidade, tal como o mesmo é concebido por Gierke" (v. Autor cit., "Une conception organiciste de l'État de droit: Otto von Bähr et Otto von Gierke" cit., p. 221).

Sobre a abordagem organicista, v. a síntese deste Autor, *ibidem*, pp. 221 e ss.: o direito – em especial, aquele que respeita a relações que relevam do todo: o direito social – surge, de forma espontânea e não organizada, na consciência jurídica das diferentes comunidades em que cada indivíduo se encontra integrado [*Gesamtpersönlichkeiten*], desde a nação [aqui, a partir da consciência do povo, como *Volksrecht*] à família, em função do fim unificador de cada comunidade (da sua «ideia de direito»); as diferentes corporações, através dos respectivos órgãos, procedem à «leitura» ou à formalização de tal direito espontâneo através das respectivas fontes formais de direito, originando direitos estatutários ou próprios de cada corporação. Deste modo, os órgãos de cada «pessoa colectiva» (a *Gesamtperson* ou comunidade real, oposta à personalidade jurídica colectiva tradicional – a *persona ficta* do direito romano) "exprimem sob forma estatutária o direito social e este direito social organizado é o direito corporativo", o qual tem por objecto os fins daquela mesma pessoa: "os órgãos da corporação não podem emitir normas que excedam a razão de ser da própria corporação" (v. *idem, ibidem*, p. 223). Sendo o próprio Estado uma corporação, este modelo também lhe é aplicável.

soberana" (*souveräne Gesamtperson*; Gierke): "o Estado é o conceito desenvolvido pelo direito para a corporação correspondente à nação; e o direito constitucional não é mais do que uma espécie de direito corporativo"[190]. Na unidade orgânica do Estado os interesses individuais são absorvidos pelo interesse global. Ao contrário do que havia sustentado Stahl, o Estado não é uma instituição (*Anstalt*) do soberano (*Herrscher*) para administrar ou dominar os súbditos[191].

---

[190] Assim, v. BÄHR, *Der Rechtsstaat. Eine publicistische Skizze*, 1864, p. 45, cit. *apud* SOBOTA, ob. cit., p. 343, nota 437. No mesmo sentido, v. GIERKE, *Das deutsche Genossenschaftsrecht*, I, 1868, p. 830, cit. *apud* SCHMIDT-DE CALUWE, *Der Verwaltungsakt...*, cit., p. 61: "o Estado é o povo organizado. Como Estado, o povo – que enquanto entidade formada historicamente se manifesta em estruturas bem determinadas da vida cultural, moral, económica e mesmo física – alcança também, do ponto de vista jurídico, uma personalidade colectiva (*Gesamtpersönlichkeit*). Assim, a unidade invisível do Estado é, no domínio do direito, a alma, os seus cidadãos, unidos e estruturados de acordo com determinados critérios, são o seu corpo e a Constituição é o organismo do povo que unifica os átomos do corpo numa única pessoa viva".

Cfr. também WILLY ZIMMER, "Une conception organiciste de l'État de droit: Otto von Bähr et Otto von Gierke" cit., p. 224: "enquanto corporação, o Estado é, antes de mais, um organismo ético. Tal eticidade significa que ele assenta sobre um fundamento espiritual e intelectual, o que distingue radicalmente esta concepção da de um organicismo fisiológico, o qual, para simplificar, pretende comparar a vida do Estado ou de qualquer outra pessoa complexa à de um organismo vivo, humano ou vegetal. Esse fundamento espiritual encontra a sua tradução precisamente na ideia de direito que se encontra na base do Estado [- o *Rechtsgedanke* a que se refere Bähr]. Como qualquer corporação, o Estado existe em função de uma *razão social*, que significa o conjunto de fins para cuja prossecução a corporação foi instituída. É em torno de tais fins que se articula a ideia de direito própria da corporação. Tal ideia de direito, que é o princípio unificador de cada corporação, é ao mesmo tempo a marca de identidade que a caracteriza e que a distingue das outras. A realidade orgânica do Estado [...] significa que os seus órgãos articulam uma vontade que se exprime *a priori* e espontaneamente no seio da comunidade popular. O realismo da Escola organicista consiste principalmente na admissão desta vontade primária. A vontade e os actos da corporação surgem como a actuação viva da personalidade imanente à comunidade. Através dos órgãos da corporação é a pessoa colectiva que quer e que age" (itálico no original). Em tal quadro, a Constituição é apenas o acto inicial, não o acto originário, da formação do direito público: ela codifica ou formaliza o direito imanente da comunidade nacional, o "direito social" em que concretiza a «ideia de direito» correspondente à mesma comunidade e que a unifica (cfr. WILLY ZIMMER, *ibidem*, p. 226). O acto legislativo não é compreendido como acto de uma vontade criadora, mas como um acto de conhecimento: "a lei está ao serviço da ideia de direito unificadora e que se situa na base do Estado como corporação" (v. *idem, ibidem*, p. 228).

[191] Assim, v. GIERKE, *Das deutsche Genossenschaftsrecht*, cit., p. 831, cit. *apud* BÖCKENFÖRDE, "Entstehung und Wandel des Rechtsstaatsbegriffs" cit., p. 154. Como

180 *Estado de Direito Democrático e Administração Paritária*

Consequentemente, o direito administrativo não é substancialmente diferente do direito das demais associações. "Para que o Estado de Direito se torne uma realidade, não basta que o direito público seja determinado por leis; é também necessário que exista uma jurisprudência que declare o direito no caso concreto e que, desse modo, crie uma base segura para a sua reconstituição no caso de o mesmo ser violado"[192]. A posição de Stahl de recusar um controlo jurisdicional no domínio do direito público é, assim, rejeitada.

O direito constitui a condição fundamental do Estado, pelo que a relação entre governantes e governados deve ser uma relação disciplinada pelo direito e não uma mera relação de força[193]. O Estado, enquanto Estado de Direito, tem de se situar, tal como as demais associações, dentro do direito e não acima do direito: "o Estado de Direito é um Estado que a si próprio não se coloca acima do direito, mas sim no direito (*zwischen das Recht*)"[194] de modo a que "direito e Estado se desenvolvam em conjunto, sejam determinados um para o outro e sejam ligados um ao outro"[195]. Daí a «unidade entre Estado e direito»[196]. Esta significa: que o «organismo» Estado é ele próprio direito (ou seja, a criação de órgãos e as suas relações entre si); que todos os poderes do Estado só existem e podem ser exercidos com

---

observa WILLY ZIMMER, o Estado "é a garantia jurídica da existência das outras corporações e do sistema na sua globalidade, nomeadamente devido à circunstância de o mesmo ser capaz de regular os conflitos que podem surgir entre as corporações" (v. Autor cit., "Une conception organiciste de l'État de droit: Otto von Bähr et Otto von Gierke" cit., pp. 224 e 225).

[192] Assim, v. BÄHR, *Der Rechtsstaat...*, cit., p. 192, cit. *apud* SOBOTA, ob. cit., p. 340, nota 413. Sobre a imperfeição da lei, na perspectiva organicista, nomeadamente devido à sua generalidade, impessoalidade e abstracção (a lei é a fonte inicial do direito positivo), e a consequente necessidade absoluta do complemento jurisprudencial (a sentença é a manifestação definitiva do mesmo direito), v. WILLY ZIMMER, "Une conception organiciste de l'État de droit: Otto von Bähr et Otto von Gierke" cit., pp. 229 e 230.

[193] V. BÄHR, *Der Rechtsstaat...*, cit., p. 2, cit. *apud* SOBOTA, ob. cit., pp. 341 e 344.

[194] Assim, v. GIERKE, "Die Grundbegriffe des Staatsrechts und die neuesten Staatstheorien" (1874), p. 184, cit. *apud* SOBOTA, ob. cit., p. 37.

[195] Assim, v. GIERKE, *Johannes Althusius und die Entwicklung der naturrechtlichen Staatstheorien*, p. 317, cit. *apud* SOBOTA, ob. cit., p. 37.

[196] Assim, v. GIERKE, *Das deutsche Genossenschaftsrecht*, I, 1868, p. 831, cit. *apud* BÖCKENFÖRDE, "Entstehung und Wandel des Rechtsstaatsbegriffs" cit., p. 154

A Concepção Tradicional da Administração Pública como um Poder   181

base no direito, em concreto a Constituição; e que o direito público é reconhecido e protegido como verdadeiro (*wirklich*) direito. Também neste domínio vale a proposição de que a lei e a sentença são "as últimas fontes formais do direito"[197].

Neste quadro, a submissão da Administração ao controlo dos tribunais comuns, pelo menos na última instância, representa apenas o coroar da construção do Estado como associação e a garantia do domínio do direito no Estado[198].

Cumpre, em todo o caso, ter presente que as bases corporativas do Estado, nomeadamente as relações entre este e os seus cidadãos, não põem em causa o princípio monárquico nem tão-pouco a unidade estrutural do Estado. O controlo jurisdicional do poder do Estado surge como alternativa ao controlo democrático: o poder do direito em vez do poder do povo[199]. O primado do direito, nesta perspectiva, significa uma normatividade que determina e limita o poder, codificada em leis e susceptível de aplicação por tribunais independentes. Uma tal solução permite conservar nas mãos de juristas (e não no povo) o essencial do controlo sobre o poder do Estado, quer no plano da legislação, quer, sobretudo, ao nível dos tribunais[200].

---

[197] A expressão é de BÄHR, *Der Rechtsstaat...*, cit., p. 50, cit. *apud* SOBOTA, ob. cit., p. 341. Sobre o respectivo alcance, v. a mesma Autora, *ibidem* e nas pp. seguintes. Cfr. também WILLY ZIMMER, "Une conception organiciste de l'État de droit: Otto von Bähr et Otto von Gierke" cit., pp. 230 e ss. (a sentença como fonte formal última do direito).

[198] Assim, v. BÄHR, *Der Rechtsstaat...*, cit., p. 71, cit. *apud* SOBOTA, ob. cit., p. 345. Cfr. também WILLY ZIMMER, "Une conception organiciste de l'État de droit: Otto von Bähr et Otto von Gierke" cit., p. 234. A verdade, porém, é que tal opção também tinha um significado político, visto que o poder judiciário dominado pela burguesia significava um contra-poder relativamente a uma Administração dominada pela nobreza (nesse sentido, cfr. ARGYRIADIS-KERVÉGAN, "Rudolf Gneist: La justice administrative, institution nécessaire de l'État de droit" cit., p. 240; e WILLY ZIMMER, *ibidem*, p. 232).

[199] *Rechtsmacht statt Volksherrschaft* – nestes termos, v. SOBOTA, ob. cit., pp. 346 e 347. Cfr., no mesmo sentido, WILLY ZIMMER, "Une conception organiciste de l'État de droit: Otto von Bähr et Otto von Gierke" cit., pp. 228 e 230 (a aparente soberania do direito redunda numa soberania do juiz). Este Autor salienta a proximidade, de que o próprio Bähr tinha consciência, com o modelo do *rule of law* (v. Autor cit., *ibidem*, p. 230, nota 40; cfr. *supra* o n.º 13).

[200] Neste sentido, v. SOBOTA, ob. cit., p. 352.

d) O Estado de Direito e o positivismo jurídico do constitucionalismo tardio

Os autores do constitucionalismo tardio, profundamente marcados pelo positivismo jurídico, procuram uma afinação do conceito de Estado de Direito, eliminando do respectivo conteúdo tudo o que, em seu entender, não seja estritamente jurídico[201]. O Estado de Direito passa a ser entendido apenas como um conceito da dogmática juspublicística. Mas a soberania do direito também é substituída pela soberania do Estado: este é, por definição, um Estado de Direito; qualquer norma ou decisão emanada de uma autoridade pública, desde que respeite os requisitos de validade para ela previamente estabelecidos, vale como direito ou conforme ao direito[202].

Segundo a definição de Anschütz, o Estado de Direito designa "uma determinada ordem das relações entre lei, Administração e indivíduo" de tal modo que "a Administração não pode intervir na esfera de liberdade do indivíduo nem contra uma lei (*contra legem*) nem na ausência de uma base legal (*praeter, ultra legem*)"[203]. Böckenförde observa certeiramente que o Estado de Direito já não se contrapõe ao governo despótico (*Despotie*) ou à teocracia, enquanto espécies de Estado distintas, mas ao Estado de Polícia do Séc. XVIII, em que a relação entre lei, Administração e indivíduo era conformada

---

[201] Assim, foram eliminadas as representações que relevavam da teoria do Estado e da teoria da Constituição, consideradas «questões políticas» («*politisches Raisonnement*»), e, bem assim, os momentos finalísticos. Como anota BÖCKENFÖRDE, "Entstehung und Wandel des Rechtsstaatsbegriffs", cit., p. 155, só agora começa a redução teorética e a simultânea precisão técnico-jurídica do conceito de Estado de Direito.

[202] Chama a atenção para este aspecto, e também para a circunstância de nenhuma das "monografias do Estado de Direito" do Séc. XIX ter acolhido tal posição, SOBOTA, ob. cit., pp. 394 e 395. Contudo, a mesma Autora também reconhece, *ibidem*, pp. 390 e 392, que a obra de Gneist já havia procedido ao corte que separou o conceito de Estado de Direito das suas raízes constitucionais, remetendo a relevância daquele para o plano da mera aplicação do direito. Por outro lado, e como se viu, relativamente a Stahl, a ligação entre os dois planos também já não era jurídica, mas tão somente moral.

[203] V. Autor cit., in MEYER-ANSCHÜTZ, *Lehrbuch des deutschen Staatsrechts*, 7. Aufl., 1919, p. 29, cit. *apud* BÖCKENFÖRDE, "Entstehung und Wandel des Rechtsstaatsbegriffs", cit., p. 155.

A Concepção Tradicional da Administração Pública como um Poder   183

de um modo fundamentalmente diferente[204]. O «domínio da lei» (*Herrschaft des Gesetzes*), enquanto garantia da liberdade dos cidadãos, continua presente; porém, concentrou-se e reduziu-se à legalidade da Administração (prevalência de lei e reserva de lei). Esta, juntamente com a respectiva garantia jurisdicional, constitui o conteúdo do Estado de Direito formal. O seu significado circunscreve-se, assim, à criação de garantias formais e procedimentais que assegurem a «liberdade da lei» (*die gesetzliche Freiheit*).

---

[204] V. Autor cit., "Entstehung und Wandel des Rechtsstaatsbegriffs", cit., pp. 155 e 156. Cfr. também SCHEUNER, "Die neuere Entwicklung des Rechtsstaats in Deutschland", cit., p. 462 (o Estado de Direito parecia reconduzir-se apenas à legalidade de toda a actividade estatal). Cfr. também SCHÖNBERGER, "État de droit et État conservateur: Friedrich Julius Stahl" cit., pp. 186 e ss., *maxime* p. 188 (a emergência do positivismo jurídico foi a razão mais profunda para o afastamento progressivo da noção de Estado de Direito de Stahl).

Na verdade, como explica MARIA LÚCIA AMARAL, razões de ordem científico-cultural (fundamentalmente, o positivismo) e de ordem política (a necessidade de segurança e estabilidade) convergiram no sentido de uma progressiva "*neutralização e tecnicização*" da ideia de Estado de Direito, determinando "um Estado que, por vontade própria, trabalhasse para a construção do direito através da lei ordinária. [... Esta, enquanto] intrumento de construção da ordem jurídica, não precisava, ela mesma de se vincular ao direito" (v. Autora cit., *A Forma da República*, cit. pp. 147 e ss., *maxime* pp. 151 e 152; itálicos no original). No mesmo sentido, JORGE REIS NOVAIS refere a "progressiva redução do anterior ideal de submissão do Estado ao Direito (*justo*) à simples procura de uma integral, mas neutra, subordinação da Administração à Lei. Estado de Direito seria tão simplesmente o Estado onde vigorasse o princípio da legalidade da administração" (v. Autor cit., *Os Princípios Constitucionais...*, cit., p. 28; itálico no original).

Em todo o caso, como salienta este último Autor, "a emergência da construção formal do Estado de Direito legitimava-se, ainda e sempre, numa adesão subjacente e subentendida aos valores dos direitos fundamentais, ainda que a essa vinculação implícita se não reconhecesse relevância jurídica autónoma. Mas quando se reduz o Estado de Direito a Estado que age na forma do Direito, a Estado autolimitado pelo seu próprio direito positivo independentemente do respectivo conteúdo, então estão a criar-se as condições de compatibilização teórica do conceito com qualquer tipo de Estado" (v. Autor cit., ibidem, p. 29). Sobre as diferentes (e mesmo contraditórias) posições relativas ao Estado de Direito na vigência da Constituição de Weimar, v. a síntese de GUSY, "Le principe du «*Rechtsstaat*» dans la République de Weimar: Crise de l'État de droit et crise de la science du droit public" in OLIVIER JOUANJAN (dir.), *Figures de l'État de droit*, cit., pp. 331 e ss. (em especial, pp. 335 e ss.: a decisão global de Carl Schmitt em favor do Estado de Direito liberal-burguês de cariz conservador; o compromisso entre Estado de Direito e ideias sociais defendido por Rudolf Smend; e o carácter prospectivo do Estado de Direito com a relevância dos fins constitucionais, particularmente a justiça social, afirmado por Hermann Heller).

184 *Estado de Direito Democrático e Administração Paritária*

A lei é vista como expressão da vontade de um legislador omnipotente: todas as suas manifestações são tidas, enquanto expressão do direito, como válidas e vinculativas[205]. Ela perde o seu significado filosófico-material, limitando-se a exprimir o acto de vontade de um legislador todo-poderoso[206]. O ponto de chegada desta evolução será o Estado de legalidade: "o Direito está na lei do Estado" e "a lei é a vontade manifestada pelo Poder Político"[207].

---

[205] Sobre o positivismo legalista do constitucionalismo tardio, v. BÖCKENFÖRDE, "Entstehung und Wandel des Rechtsstaatsbegriffs", cit., pp. 156 e 157, e SOBOTA, ob. cit., pp. 92 e 93, ambos com referência ao artigo de Richard Thoma, "Rechtsstaatsidee und Verwaltungsrechtswissenschaft" de 1910.

[206] Como salienta SOBOTA, ob. cit., p. 80, para os filósofos como Aristóteles ou Kant, a lei teria de revestir uma determinada qualidade formal: a generalidade (ou, em termos jurídicos, a generalidade e a abstracção). Era esta qualidade que permitia distinguir a lei de outros actos de vontade, nomeadamente das ordens, e que, ao mesmo tempo, fundava a sua racionalidade, neutralidade, igualdade e continuidade. A lei correspondia, assim, a uma espécie (*Art*) de manifestação de vontade – conceito de lei como norma. A este conceito qualitativo veio sobrepor-se um outro – o conceito político de lei –, segundo o qual, lei é aquilo que corresponde à vontade do legislador. Este conceito reporta-se ao autor da manifestação de vontade: não importa o conteúdo, mas a autoria, nomeadamente a respectiva legitimidade política. A mesma Autora, *ibidem*, p. 81, chama ainda a atenção para a circunstância de a contraposição entre lei formal e lei material corresponder já a uma subdivisão do conceito político de lei, uma vez que o respectivo conteúdo é determinado pela competência do autor da manifestação de vontade. Deste modo, o conceito de lei material não corresponde ao citado conceito qualitativo de lei. Sobre a origem da contraposição entre lei material e lei formal – o conflito sobre a aprovação do orçamento da Prússia entre 1860 e 1866 (*der preußische Budgetkonflikt*) –, v. JESCH, *Gesetz und Verwaltung*, cit., pp. 20 e ss.: a "teoria da dupla natureza da lei" destinada a descrever o âmbito da competência legislativa do parlamento na monarquia constitucional; e, em especial, sobre o significado político-constitucional do citado conflito, v. BÖCKENFÖRDE, "Der deutsche Typ der konstitutionellen Monarchie..." cit., pp. 295 e ss.

[207] Assim, v. a síntese de MARCELLO CAETANO, *Manual de Ciência Política e de Direito Constitucional*, I, cit., p. 323. Sobre a posição deste Autor, v. *infra* o n.º 19, alínea a), ponto (i). Como observa JORGE REIS NOVAIS, "se o Estado de Direito *formal* do positivismo jurídico deixara apenas de se interrogar pelos valores da liberdade que, entretanto, continuava a assegurar politicamente, o novo Estado de legalidade abre-se materialmente a quaisquer fins, desde que prosseguidos na forma de lei. [... Neste último, o princípio da legalidade transmuta-se] "em quadro neutro de realização dos mais diversos projectos políticos, na medida em que os valores que necessariamente nele vêm implicados – a certeza e a segurança jurídicas – são compatíveis com as necessidades de estabilização de qualquer ordem estadual" (v. Autor cit., *Os Princípios Constitucionais...*, cit., pp. 29 e 30; itálico no original).

A Concepção Tradicional da Administração Pública como um Poder   185

A referência à razão que originariamente legitimava o «domínio da lei» é rejeitada como categoria metajurídica; e a sua exteriorização, através da generalidade, é vista como simples *naturale* e não já como *essentiale* do conceito de lei[208].

Subjacente a esta evolução – a politização crescente do conceito de lei – encontra-se a luta política entre a sociedade (personificada fundamentalmente pela burguesia representada no parlamento) e o Estado (personificado pelo rei). Com efeito, a organização do poder legislativo, que implicava o acordo entre o rei e o parlamento, determinou que o respectivo âmbito adquirisse um significado político: o que podia ou devia ser decidido por lei delimitava a intervenção da representação parlamentar no Estado monárquico e, por causa do princípio da legalidade, delimitava igualmente a possibilidade daquela representação influenciar o executivo monárquico[209]. É certo que, devido à participação do rei no exercício do poder legislativo (através do veto absoluto ou da sanção real), aquelas possibilidades de intervenção do parlamento não lhe podiam ser impostas. Daí que o âmbito da legislação não representasse o domínio do legislador democrático, mas o campo em que o rei (ou o Estado monárquico) e a liberdade do povo (ou a sociedade civil) se encontravam e enfrentavam[210]. Se é verdade que a fórmula da «liberdade e da propriedade», oriunda da tradição do Estado estamental[211], enquanto delimitadora do domínio da reserva de lei, tendia a limitar a possibilidade de intervenção do parlamento ao domínio dos interesses pessoais e sociais dos cidadãos, deixando para o domínio regulamentar as questões mais políticas (organização administrativa, forças armadas), não é menos verdade que ao longo do Séc. XIX se verificou uma conti-

---

[208] V. BÖCKENFÖRDE, "Entstehung und Wandel des Rechtsstaatsbegriffs", cit., p.156.

[209] V. BÖCKENFÖRDE, "Der deutsche Typ der konstitutionellen Monarchie..." cit., pp. 282 e ss.; v., do mesmo Autor, *Gesetz und gesetzgebende Gewalt. Von den Anfängen der deutschen Staatsrechtslehre bis zur Höhe des staatsrechtlichen Positivismus*, Berlin, 1958, p. 131.

[210] V. BÖCKENFÖRDE, "Der deutsche Typ der konstitutionellen Monarchie..." cit., p. 283.

[211] Neste sentido, v. JESCH, *Gesetz und Verwaltung*, cit., pp. 123 e ss. E, em especial, p. 125, nota 106.

186   *Estado de Direito Democrático e Administração Paritária*

nuada extensão do âmbito material da legislação e, portanto, também da intervenção parlamentar[212]. Contribuiu para o efeito, tanto uma interpretação extensiva do conteúdo indeterminado da aludida fórmula, como o "sistema da preempção" (*System der «Präokkupierung»*) fundado no princípio da preferência ou prevalência da lei (*Vorrang des Gesetzes*)[213].

Por outro lado, é este positivismo legalista assente na radical subordinação do cidadão ao Estado e na posição de supremacia deste face à ordem jurídica que vai permitir explicar a conciliação prática entre a dogmática jusconstitucional que já aceita os direitos fundamentais como direitos subjectivos (Georg Jellinek e Ottmar Bühler, por exemplo) e a dogmática jusadministrativa, como a defendida, por exemplo, por Otto Mayer, que nega tal natureza às aludidas figuras[214]. Com efeito, mesmo para a primeira, os direitos fundamentais só eram verdadeiramente vinculativos para a Administração; o legislador podia modificá-los e derrogá-los em determinadas circunstâncias (cfr. o art. 76 da Constituição de Weimar). Eles representavam, deste modo, uma simples «liberdade perante a coacção ilegal do executivo». Ou seja, no plano da acção administrativa, a teoria constitucional do Estado de Direito formal e a concepção de Otto Mayer de um «Estado de polícia legalizado» tendiam a compatibilizar-se. Somente naquele plano é que o indivíduo adquiria, por via de regra, uma posição jurídica subjectiva activa e a via tutelada pela ordem jurídica.

---

[212] V. BÖCKENFÖRDE, "Der deutsche Typ der konstitutionellen Monarchie..." cit., p. 284.

[213] V. BÖCKENFÖRDE, *ibidem*.

[214] Sobre esta questão, v. BAUER, *Geschichtliche Grundlagen der Lehre vom subjektiven öffentlichen Recht*, Berlin, 1986, pp. 62 e ss.; e SCHMIDT-DE CALUWE, *Der Verwaltungsakt...*, cit., pp. 188 e ss. Sobre a construção de Otto Mayer, v. *infra* o n.º 17.

A Concepção Tradicional da Administração Pública como um Poder   187

17. A "legalização do Estado de polícia" como base da teorização do poder administrativo em Otto Mayer

a) A importância teórica e dogmática de Otto Mayer

Otto Mayer, por muitos considerado o criador da ciência alemã do direito administrativo[215], concebeu o seu sistema de direito administrativo no quadro do Estado de Direito formal. Como o próprio refere, "uma vez ultrapassado o primeiro ruído da nova vida parlamentar, surgiu um movimento intelectual forte que resumia os seus objectivos na palavra de ordem «Estado de Direito». Esta significa as exigências adicionais que tinham de ser satisfeitas a fim de que o velho Estado de polícia não subsistisse apesar da Constituição. Fala-se de uma efectivação da Constituição, do seu desenvolvimento interno, do Estado constitucional e do Estado de Direito. O Estado de Direito, tal como o Estado de polícia, deve assinalar a forma especial de o Estado agir, consistindo a diferença, relativamente a este último, em que aquele determina toda a sua actuação «segundo o modo do direito»"[216].

---

[215] Assim, por exemplo, FORSTHOFF, *Lehrbuch des Verwaltungsrechts*, I (Allgemeiner Teil), 10. Aufl., München, 1973, p. 51; e STOLLEIS, "Verwaltungsrechtswissenschaft und Verwaltungslehre 1866-1914" cit., p. 63.

[216] V. Autor cit., *Deutsches Verwaltungsrecht*, I, cit., pp. 57 e 58, referindo-se à definição de Estado de Direito proposta por Stahl. Sobre o Estado de polícia, tal como perspectivado por OTTO MAYER, v. *ibidem* pp. 38 e ss.: no quadro do mesmo, o poder do Estado, relativamente às questões administrativas, é incondicionado e exercido pelo príncipe e seus funcionários sem sujeição a regras inderrogáveis no caso concreto. As regras e as decisões individuais não permitem definir a situação jurídica dos respectivos destinatários, contrariamente ao que sucede no domínio das questões da justiça penal e civil, com base na bilateralidade do efeito vinculativo da lei (*das zweiseitig wirkende Gesetz*; cfr. *ibidem*, p. 42) e na independência dos tribunais (cfr. *ibidem*, p. 41). No domínio da administração, ao contrário do que sucede no âmbito da justiça, não existe segurança jurídica: "o súbdito só pode saber com certeza aquilo que a autoridade dele exige a partir do momento em que é confrontado com a sua acção material", ou seja com a execução (*Vollzug*; v. *ibidem*, p. 45); até esse momento, tanto as regras, como as decisões individuais, uma vez adoptadas, podiam sempre vir a ser alteradas pela autoridade. Como OTTO MAYER sintetiza, a actividade correspondente ao que posteriormente se veio a designar administração era conformada por regras, por uma dada ordem normativa; não correspondia a uma anarquia. Simplesmente, "tal ordem era diferente daquela que vigorava em relação à justiça e, sendo esta última desde sempre tomada como medida do que é uma ordem jurídica, então, cumpre verificar que tal ordem jurídica não existia relativamente à administração" (v. *ibidem*, p. 45).

188   *Estado de Direito Democrático e Administração Paritária*

O que está em causa torna-se claro a partir do momento em que se considera o âmbito a que respeitam as aludidas exigências: "a justiça está fora de questão; relativamente a ela, está tudo em ordem. O que ainda falta pôr em ordem" é a actividade denominada administração. "O Estado de Direito é o Estado do direito administrativo devidamente ordenado"[217].

O ponto de partida de Otto Mayer continua a ser a estrutura autoritária do Estado que já existia ao tempo do Estado de polícia: uma compreensão do poder e do Estado fundada na ideia inata e, portanto, pré-jurídica de uma subordinação do cidadão ao Estado e ao seu poder. Na verdade, segundo aquele Autor, o Estado não pode ser compreendido nem tratado como o indivíduo nem está sujeito ao tipo de regras que valem para este último; o que caracteriza o Estado, enquanto entidade colectiva (*Gemeinwesen*), é uma especial força e eficácia jurídica da sua acção, o poder público[218]. Porque o que está em causa se projecta no domínio fáctico, o poder do Estado incarna num soberano capaz de o actuar.

O poder público consiste na força juridicamente superior da vontade imputável às entidades colectivas relativamente às pessoas sob o seu domínio, a qual, no que se refere ao Estado, cria uma desigualdade jurídica originária entre o mesmo e os seus súbditos[219-220]. A cons-

---

[217] *"Der Rechtsstaat ist der Staat des wohlgeordneten Verwaltungsrechts"*; v. *idem, ibidem*, p. 58.

[218] V. Autor cit., *Deutsches Verwaltungsrecht*, I, cit., p. 15. O Estado é "a colectividade organizada, na qual um povo é reunido a fim de projectar e de fazer valer na História a sua especificidade" (v. *ibidem*, p. 1). O mesmo Autor define «colectividade» ou «entidade colectiva» como "uma comunidade de pessoas estabelecida em vista de fins que transcendem aqueles que são prosseguidos pelos seus membros individualmente" (v. *ibidem*, p. 15). Daí a necessidade de reconhecer a tais entidades uma "especial força jurídica" (*eine besondere rechtliche Wirkungskraft*), força essa que se concretiza no poder público.

[219] V. *idem, ibidem*. V., também, HEYEN, *Otto Mayer – Studien zu den geistigen Grundlagen seiner Verwaltungsrechtswissenschaft*, Berlin, 1981, p. 124. Sobre a ideia de «Estado moderno» de Otto Mayer, v. SCHMIDT-DE CALUWE, *Der Verwaltungsakt...*, cit., pp. 56 e ss. Como este Autor refere, tal ideia é a base determinante em que assenta a construção do direito público de Otto Mayer e a partir da qual a mesma é desenvolvida (v. *ibidem*, pp. 119 e ss.). Na verdade, a força vinculativa oriunda da fonte metafísica da «ideia de Estado moderno», anterior ao direito e imanente ao poder do Estado em todas as suas formas, é a sua ideia rectora. De resto, o próprio OTTO MAYER reconhece-o expres-

A Concepção Tradicional da Administração Pública como um Poder   189

trução teorética do direito administrativo daquele Autor corresponde, por isso, a "um sistema das formas jurídicas de exercício autoritário do poder do Estado"[221], sendo o acto administrativo o instrumento de acção típico desse mesmo Estado.

Em todo o caso, cumpre ter presente que o direito público, enquanto domínio da relação de subordinação dos súbditos, não se deixa reconduzir simplesmente ao binómio ordem-coacção; aliás, essa seria uma perspectiva ainda muito marcada pelo Estado de polícia[222]. Segundo Otto Mayer, o que caracteriza o Estado de Direito e, por conseguinte também aquele ramo do direito, são as seguintes instituições: "normas jurídicas através das quais o Estado actua (não se limitando a dominar), actos de autoridade através dos quais o mesmo Estado determina o que deve valer como direito (*bestimmt was Rechtens sein soll*; não se limitando a dar ordens) e, finalmente, o poder de facto (*tatsächliche Macht*), mais ou menos vinculado, em que o Estado surge perante o particular (não se limitando a coagir

---

samente ao referir-se à "força especial da vontade do Estado" como o "fundamento unitário" para o domínio e análise da matéria do direito administrativo (v. Autor cit., "Zur Lehre vom öffentlich-rechtlichen Vertrage" cit., p. 86).

[220] OTTO MAYER nunca utiliza a expressão «particulares», mas sim «súbditos», não obstante toda a carga negativa já então associada à mesma (v. STOLLEIS, "Verwaltungs-rechtswissenschaft und Verwaltungslehre 1866-1914" cit., p. 65). Para ele, o "Estado e o súbdito são juridicamente desiguais e a vontade do Estado, manifestada em conformidade com a Constituição, é sempre a melhor, a mais forte, aquela que vincula juridicamente o outro" (v. Autor cit., recensão da obra de Georg Jellinek, *System der subjektiven öffentlichen Rechte*, publicada in *Archiv des öffentlichen Rechts* 1894, p. 285, cit. *apud* STOLLEIS, "Verwaltungsrechtswissenschaft und Verwaltungslehre 1866-1914" cit., p. 65, nota, 98). Como explica em *Deutsches Verwaltungsrecht*, I, cit., p. 13, nota 2, a partir da emergência do direito administrativo, o súbdito deixou de ser um mero objecto do exercício do poder estatal, passando a conjugar com essa sua qualidade – que, apesar de tudo, se manteve! – a de sujeito de direito (administrativo) perante quem o poder público também se apresenta vinculado juridicamente. Esta é uma das principais consequências da bilateralidade dos efeitos das normas jurídicas característica do advento do Estado de Direito (cfr. *idem*, *ibidem*, pp. 73 e ss., em especial, p. 81; e *infra* na alínea b), o ponto (i)). Para OTTO MAYER, a liberdade reside essencialmente no direito administrativo (por isso que é, como se verá adiante, uma liberdade do arbítrio). Daí a sua conclusão, algo paradoxal, de um «súbdito livre» (*freier Untertan*).

[221] V. MEYER-HESEMANN, *Methodenwandel in der Verwaltungsrechtswissenschaft*, Heidelberg-Karlsruhe, 1981, p. 28.

[222] Assim, v. SCHMIDT-DE CALUWE, *Der Verwaltungsakt...*, cit., p. 121.

190   *Estado de Direito Democrático e Administração Paritária*

– *zwingen*)"[223]. Ou seja, e como justamente salienta Schmidt-De Caluwe, "o que importa para definir o direito público não é a ordem enquanto forma de actuação da autoridade, ainda que a mesma permaneça como uma categoria fundamental deste ramo do direito, mas antes a característica mais geral (*übergeordnet*) da determinação unilateral da relação jurídica entre o Estado e o súbdito, enquanto o critério «da grande ideia da força vinculativa da vontade do Estado» de que emerge a característica essencial do ramo do direito em apreço: a mais-valia jurídica e a supra-ordenação do Estado"[224]. Com base em tal entendimento, a Constituição e a separação dos poderes nela consagrada limitam-se a organizar uma realidade preexistente e unitária – o Estado e o seu poder soberano[225].

---

[223] V. Autor cit., "Selbstdarstellung" in H. Planitz (Hrsg.), *Die Rechtswissenschaft der Gegenwart in Selbstdarstellungen*, Leipzig, 1924, pp. 153-176 (165), cit. *apud* Schmidt-de Caluwe, *Der Verwaltungsakt...*, cit., p. 121.

[224] *"Die rechtliche Mehrwertigkeit und Überordnung des Staates"*. V. Autor cit., *Der Verwaltungsakt...*, cit., p. 121. No mesmo sentido afirma Heyen, *Otto Mayer...*, cit., pp. 124 e 125: "uma vez que o poder público significa «a capacidade de uma vontade juridicamente superior» (*die Fähigkeit eines rechtlich überwiegenden Willens*), a relação do Estado administrador com os seus súbditos é caracterizada por uma «desigualdade jurídica»". Porém, tal «desigualdade jurídica» "não tem necessariamente de se traduzir em ordens unilaterais e em coacção. O Estado não se limita a ser uma «pura autoridade» face à mudança e à diversidade da vida social. Ele próprio toma a iniciativa de intervir como «grande empresário» em vista da satisfação de interesses gerais e, consequentemente, «é adoptado um direito flexível e ajustado às diferentes iniciativas empresariais públicas em função das suas necessidades e dos respectivos fins, tal como no direito civil à economia dos indivíduos.» Deste modo, desenvolveu-se um direito público das coisas, das obrigações e das pessoas" (v. *ibidem*). E o mesmo Autor acrescenta: "desde o início, e por mais de uma vez, Mayer sublinha a «grande riqueza» e a «abundância de formas delicadamente estruturadas» existentes no direito administrativo. São criticados todos aqueles que no direito público apenas tendem a procurar e a ver «o *imperium*» e o «poder de dar ordens» e não têm olhos para «estruturas jurídicas menos duras (*derb*)». Esta acusação também é dirigida a Jellinek e Laband" (v. *ibidem*).

[225] É justamente pela afirmação da preexistência e transcendência jurídica do Estado que Otto Mayer inicia o seu *Deutsches Verwaltungsrecht* (cfr. *ibidem*, p. 1): a teoria do direito administrativo tem por objecto o Estado. Este é perspectivado de modos diversos pela ordem jurídica. O conceito de Administração reporta-se ao aspecto a considerar naquela obra.

Com efeito, atenta a natureza do Estado – "uma colectividade organizada, na qual um povo é reunido a fim de projectar e de fazer valer na História a sua especificidade" –, tal colectividade tem de desenvolver uma certa actividade em vista da prossecução dos

A Concepção Tradicional da Administração Pública como um Poder   191

No que se refere em concreto ao acto administrativo, o mesmo constitui uma expressão imediata do poder do Estado. Como tal, a produção de efeitos jurídicos é inerente à sua existência como declaração de vontade (*Selbsterzeugung*), podendo apenas ser condicionada ou limitada por manifestações de um poder superior. Acresce que o próprio acto administrativo titula os efeitos jurídicos produzidos em vista da sua execução material (*Selbstbezeugung*). Em suma, porque a Administração Pública é poder, as suas declarações de vontade têm um valor jurídico superior às dos particulares; a respectiva validade e a sua força vinculativa fundam-se imediatamente no próprio poder do Estado.

Deste modo, no conceito de Otto Mayer, a submissão do súbdito ao poder público, e concretamente à Administração, não resulta do acto administrativo, sendo-lhe, ao invés, anterior e pelo mesmo pressuposta: o acto administrativo corresponde ao meio de juridicizar um poder preexistente; não decorre de um direito do Executivo a criar vinculações jurídicas por via unilateral. Tal poder é juridicizado, porquanto fica vinculado no quadro de uma relação jurídica: o acto administrativo determina os direitos e deveres recíprocos da Administração e dos súbditos destinatários de tal acto.

Antes da prática do acto o que existe é pura e simplesmente a «relação de poder»: a supremacia da Administração e a sujeição do súbdito, tal e qual como no quadro do Estado de polícia. Daí fazer sentido que Otto Mayer defina acto administrativo como a "declara-

---

seus fins. A administração, no seu sentido mais geral, corresponde à "actividade do Estado em vista da prossecução dos seus fins" (v. *ibidem*).

A Constituição corresponde a uma outra perspectiva. Na verdade, "de todas as demais entidades colectivas, o Estado caracteriza-se pela detenção de um poder supremo sobre um determinado território e as pessoas que nele se encontrem, o poder do Estado (*die Staatsgewalt*). A Constituição significa as regras segundo as quais este poder supremo é formado e organizado" (v. *ibidem*). Mercê da evolução histórica, ao tempo em que OTTO MAYER escreve só é denominada Constituição a organização do citado poder supremo em que a representação popular possa colaborar no exercício do poder legislativo. O Estado constitucional pressupõe, assim, a distinção entre poder legislativo e poder executivo, sendo justamente a partir de tais distinções no âmbito do poder supremo que se autonomiza o direito administrativo. Daí a conclusão: "o Estado constitucional é pressuposto" deste último (cfr. *ibidem*, p. 2).

192 Estado de Direito Democrático e Administração Paritária

ção da autoridade que determina ao súbdito no caso concreto o que para ele deve valer como direito (*was für ihn Rechtens sein soll*)"[226].

Surgindo uma lei, porque esta é expressão de um poder do Estado mais forte do que o poder executivo – é a chamada prevalência da lei (*Vorrang des Gesetzes*) –, a Administração fica impedida de adoptar actos administrativos que a contrariem. Porém, e apesar da afirmação de uma vinculação bilateral da mesma lei poder induzir em sentido contrário[227], a verdade é que a «relação» entre aquela e os súbditos continua a ser uma «relação de poder», não se constituindo, por força de tal lei, qualquer relação jurídica material. A mesma lei apenas condiciona o exercício do poder administrativo, nomeadamente o conteúdo do acto administrativo a praticar com referência a uma situação abrangida por tal lei: se o acto em apreço desrespeitar esta última, o mesmo será ilegal.

É verdade que a ordem jurídica pode atribuir aos súbditos direitos subjectivos públicos. Mas estes dão lugar apenas à constituição de relações jurídicas de natureza formal, procedimental ou processual. Para Otto Mayer, aqueles direitos têm por objecto apenas a colaboração no exercício dos poderes públicos – por isso, os apelida de "direitos de colaboração" (*Mitwirkungsrechte*) – e destinam-se a assegurar que os interesses dos súbditos conexos com tal exercício também sejam considerados: por exemplo, o direito de apresentar requerimentos, o direito de ser ouvido no âmbito de procedimentos administrativos e o direito de impugnar, graciosa ou contenciosamente, decisões administrativas[228].

A reserva de lei (*Vorbehalt des Gesetzes*), pelo seu lado, significa apenas que a lei foi tornada pressuposto de qualquer actividade do Estado relativamente a certos objectos especialmente importantes; "em relação aos demais objectos, o poder executivo é, em si mesmo,

---

[226] V. Autor cit., *Deutsches Verwaltungsrecht*, I, cit., p. 93. Cfr. também, *ibidem*, p. 106, nota 6; e *infra* a alínea b), em especial, o ponto (iii), e a alínea c), em especial, o texto correspondente às notas 334 a 339.

[227] Cfr. *infra* a alínea b), ponto (i), em especial a nota 274 e o texto correspondente, e a alínea c), em especial, o texto correspondente às notas 334 a 339; e o n.º 18, alíneas c), ponto (ii), e d), ponto (i).

[228] Cfr. Autor cit., *Deutsches Verwaltungsrecht*, I, cit., pp. 108 e 109). Sobre tais direitos, cfr. também *infra*, na alínea b), os pontos (i) e (iii).

livre; opera por sua própria força e não com fundamento na lei"[229].
E, mais adiante, Otto Mayer concretiza relativamente às "chamadas habilitações legais" da Administração no domínio da reserva de lei: "o que o poder executivo decide empreender com base em tal habilitação não é nada que o mesmo não pudesse fazer, caso a reserva de lei não o tivesse impedido, uma vez que também ele é poder do Estado e, como tal, capaz de se posicionar perante o indivíduo como autoridade. A habilitação não confere à sua acção uma nova força, mas tão-só um novo âmbito de actuação"[230].

A esta luz, compreende-se e aceita-se a tese de Hans Heinrich Rupp, segundo a qual, a teoria do direito administrativo de Otto Mayer corresponde, no essencial, a "um direito administrativo do princípio monárquico", marcado por todas aquelas correntes subliminares do absolutismo que subsistiam na época constitucional graças ao princípio monárquico, e que, no quadro da mesma teoria, o acto administrativo ocupa uma posição central, não tanto como um acto de aplicação da lei semelhante à sentença, só que menos vinculado, mas enquanto "a fonte formal de direito do caso concreto"[231]. O mesmo Autor salienta, por isso, que a proximidade verbal da definição de acto administrativo relativamente à definição de sentença judicial é enganadora; do ponto de vista conceptual, estão em causa realidades diferentes: Otto Mayer compreende a determinação do *ius*

---

[229] V. OTTO MAYER, *Deutsches Verwaltungsrecht*, I, cit., p. 69.

[230] V. OTTO MAYER, *Deutsches Verwaltungsrecht*, I, cit., p. 73. E o mesmo Autor indica, para efeitos de demonstração da sua tese, a eficácia substitutiva do consentimento do destinatário do acto administrativo, relativamente à habilitação legal, em domínios de reserva de lei: "o acto opera em tais casos pela sua própria força, tudo se passando como se a reserva de lei não existisse" (v. *idem, ibidem*, nota 19). Sobre os problemas suscitados por esta última construção à coerência interna da tese de Otto Mayer, v. SCHMIDT-DE CALUWE, *Der Verwaltungsakt...*, cit., pp. 141 e ss.; do mesmo modo, quanto às "habilitações em branco" (*Blankettermächtigungen*), v. *idem, ibidem*, pp. 143 e ss.

[231] *"Die inhaltsbestimmende materielle Rechtsquelle des Einzelfalls"*. V. Autor cit., *Grundfragen...*, cit., p. 9. Em nota RUPP acrescenta: "quando hoje, [relativamente à posição referida no texto,] de forma generalizada e não contraditada, se afirma que o acto administrativo é uma pura criação do direito processual (*Zweckschöpfung des Prozeß-rechts*), tal é, não só uma prova de raciocínio a-histórico, como também evidencia uma falta de esclarecimento sobre as bases do direito administrativo material contemporâneo" (v. *ibidem*, a nota 31, pp. 9 e 10).

194 Estado de Direito Democrático e Administração Paritária

in concreto por parte da Administração de um modo "completamente diferente"[232]. Com efeito, enquanto o juiz apenas tem de declarar formalmente "o que já se encontra previsto na lei, sendo tão-só a *viva vox legis*"; a Administração, ao invés, encontra-se numa posição muito mais livre, "quer falte em absoluto uma norma legal, desencadeando em tal caso o acto administrativo os seus efeitos com base na sua própria força", quer "a lei deixe à Administração um espaço de «liberdade» maior ou menor em que a mesma, «de modo constitutivo e mediante os seus próprios contributos, defina a vontade do Estado para o caso concreto»"[233].

No mesmo sentido, Schmidt-De Caluwe refere-se à teoria do direito administrativo de Otto Mayer como uma "legalização do Estado de polícia" ou um "direito de passagem" (*Übergangsrecht*) ou "intermédio" (*Zwischenrecht*) – aquela teoria parte da ideia de Estado absolutista e acrescenta-lhe conteúdos próprios da ideia de Estado de Direito, pretendendo, desse modo, ordenar juridicamente o «facto» Estado[234]. O objectivo é «domesticá-lo» através das for-

---

[232] V. *idem, ibidem.*

[233] V. *idem, ibidem.* Sobre a posição da Administração referida no texto, cfr. *infra*, além da nota seguinte, a alínea c) do presente número, em especial, as referências ao duplo paralelismo do acto administrativo com a sentença judicial e com a lei (nota 318), à categoria dos actos administrativos independentes (nota 282), à distinção entre discricionariedade judicial ou vinculada (*gebundenes Ermessen*) e discricionariedade administrativa ou livre (*freies Ermessen*; notas 328 a 333 e o texto correspondente) e, bem assim, à unidade da vontade administrativa, independentemente de a mesma se manifestar através de «decisões» (*Entscheidungen*) ou «actos dispositivos» (*Verfügungen*) (cfr. o texto correspondente às notas 337 e 338).

[234] V. SCHMIDT-DE CALUWE, *Der Verwaltungsakt...*, cit., pp. 47 e ss. e 256 e seguinte. Ou seja: segundo este Autor, a teoria de Otto Mayer, não obstante as suas ligações e referências à ideia de Estado de Direito, não é mais do que uma organização ou disciplina formal (*formale Ordnung*) da ideia de Estado absolutista (v. *ibidem*, pp. 47 e 48). SCHMIDT-DE CALUWE pretende, deste modo, afastar-se de interpretações da obra de Otto Mayer que, como de resto o próprio defendia, vêem nela sobretudo um compromisso entre a ideia de Estado e a ideia de Estado de Direito (assim, por exemplo, HUEBER, *Otto Mayer – Die «juristische Methode» im Verwaltungsrecht*, Berlin, 1982, p. 83). Importa, todavia, determinar o conceito de Estado de Direito concretamente em causa: o original (v. *supra* o n.º 15; ou o Estado de Direito material dos dias de hoje; v. *infra*, na Terceira Parte, o n.º 22) ou o Estado de Direito formal (v. *supra* o n.º 16). Nesta última hipótese – que é a mais plausível, visto que foi esse o quadro constitucional de referência para Otto Mayer – não parece existir contradição com a tese de HUEBER ou,

A Concepção Tradicional da Administração Pública como um Poder   195

mas do direito, funcionando o direito administrativo como um «direito de formas jurídicas».

A aludida base constitucional absolutista explica as características estruturalmente autoritárias do direito administrativo de Otto Mayer e o lugar central que nele ocupa a teoria do acto administrativo: o Estado, porque é poder originário, dirige os que se encontram submetidos ao seu domínio através de ordens e proibições e, enquanto poder, apenas intervém de forma unilateral, utilizando os seus meios de coerção; o direito administrativo visa justamente disciplinar as relações de domínio entre o Estado e os súbditos, as quais evidenciam, como aspecto mais característico, a actuação unilateral impositiva daquele apoiada no respectivo poder de coerção. A desigualdade fundamental que caracteriza a relação geral de poder Estado-súbdito, ainda que atenuada em virtude da vinculação bilateral operada pelo acto administrativo, subsiste no quadro da relação jurídica especial por este constituída. Com efeito, o Estado mantém a sua capacidade de vinculação unilateral e o poder de, através do uso dos meios de coerção, transformar a realidade de acordo com o direito por si definido para o caso.

A ciência do direito administrativo correspondente procurou reconduzir aquelas manifestações de autoridade a formas jurídicas. Daí a eliminação dos aspectos teleológicos – o que, na prática, significou a assunção dos fins do Estado de Direito liberal e burguês – que, conjugada com o entendimento fundamentalmente estatista de Otto Mayer, determinou que a administração agressiva se tornasse o

---

noutra perspectiva, a designação da tese de SCHMIDT-DE CALUWE não inova relativamente àquela. Com efeito, o Estado de polícia representa um desenvolvimento da ideia do Estado moderno e o Estado de Direito formal não é mais do que a tentativa de submeter aspectos parcelares da soberania do Estado, enquanto dado objectivo e, por conseguinte, pré--jurídico, ao domínio do direito. Certo é que a construção de Otto Mayer se baseia no conceito de Estado-poder e na eficácia meramente organizatória, não fundamentante ou constituinte, da Constituição. E, nesse aspecto, a descrição de SCHMIDT-DE CALUWE é exacta: "a ideia de Estado correspondente ao Estado de polícia absolutista, assumida por Otto Mayer, e a que é inerente um poder do Estado abrangente e fundado metafisicamente, é envolvida por formas jurídicas; porém, a mesma ideia continua a ser o ponto fixo a partir do qual todo o direito público é determinado, ela continua a ser a ideia de referência que irradia sobre todo o direito e que, desse modo, marca o carácter do direito administrativo" (v. Autor cit., *ibidem*, p. 47).

196   Estado de Direito Democrático e Administração Paritária

paradigma da acção administrativa: o respectivo meio de acção típico – a imposição autoritária – constitui, por um lado, a base da abstracção do acto administrativo e, por outro, é "domesticado", em virtude de passar a vincular também o executivo[235]. Daí também que, para aquele Autor, a emergência do Estado de Direito esteja associada à juridicização do poder executivo no sentido de uma identificação, nos limites da praticabilidade, do modo de agir da Administração com o modo de agir da Justiça.

Por outro lado, importa ter presente a diversidade de ordenamentos jurídicos existente na Alemanha do Séc. XIX: Otto Mayer não pôde limitar-se ao direito positivo; partiu de determinadas ideias fundamentais e, com referência às mesmas, concebeu um sistema de direito administrativo uniforme que ultrapassou diferenças e contradições existentes no plano do direito positivo[236]. Nesta conformidade, salienta Meyer-Hesemann que aquele Autor "conseguiu através do «método jurídico» a primeira formação conceptual e sistemática do direito administrativo alemão conforme com as exigências próprias de um Estado de Direito. Ele criou uma estrutura consistente de conceitos gerais e de institutos jurídicos, colocou o acto administrativo no centro do direito administrativo e conformou segundo o modelo do direito de polícia – o qual «evidencia de modo tão claro as especificidades do direito público» – outros domínios do direito administrativo especial, ao considerar principalmente as formas de acção e as formas jurídicas"[237].

---

[235] Assim, v. SCHMIDT-DE CALUWE, *Der Verwaltungsakt...*, cit., p. 53.

[236] Salienta este aspecto, por exemplo, SCHMIDT-DE CALUWE, *Der Verwaltungsakt...*, cit., p. 47, nota 2, e texto correspondente, referindo-se à obra principal de Otto Mayer como uma "construção". V. *idem, ibidem*, p. 56. Sobre a compreensão de tais "ideias" e a sua relação (atenuada) com a filosofia de Hegel, v. HEYEN, *Otto Mayer...*, cit., pp. 155 e ss., em especial, pp. 163 e ss. Cfr. também *infra* o n.º 18, alínea b), ponto (iii).

[237] V. Autor cit., "Die paradigmatische Bedeutung Otto Mayers für die Entwicklung der deutschen Verwaltungsrechtswissenschaft" in *Rechtstheorie* 13 (1982), p. 496 (497). Sobre o «método jurídico» de Otto Mayer, v., do mesmo Autor, *Methodenwandel...*, cit., pp. 20 e ss.

b) A juridicização do poder executivo do Estado segundo o modelo da justiça

Como referido, Otto Mayer não abandona a ideia do Estado moderno concretizada no Estado de polícia. Aliás, na sua perspectiva, o Estado de Direito apoia-se naquela ideia e desenvolve-a[238]. O objectivo último prosseguido por aquele Autor é conciliar o poder inerente ao Estado moderno com a ideia do Estado de Direito. Deste modo, na sua concepção, o poder unitário do Estado – a soberania entendida no sentido da *majestas populi romani* – subsiste intacto no quadro do Estado de Direito[239], manifestando-se, desde logo e de modo irrestrito, no legislador[240]. O "domínio da lei" (*Herrschaft des Gesetzes*), em especial na sua vertente de "preferência" ou "prevalência" (*Vorrang*) da lei, significa isso mesmo[241]. Subsiste igualmente a possibilidade de levar o Estado a tribunal nos termos da doutrina do Fisco[242].

---

[238] V. Autor cit., *Deutsches Verwaltungsrecht*, I, cit., p. 54.

[239] V. *idem, ibidem*, quanto ao poder do Estado. Este, enquanto colectividade organizada, na qual um povo é reunido a fim de projectar e de fazer valer na História a sua especificidade (v. *idem, ibidem*, p. 1), tem uma vontade dotada de uma especial força jurídica (*rechtlich überwiegende Macht*) sobre as pessoas que se encontram sob o seu domínio. E é nisso que consiste o poder público (*die öffentliche Gewalt*; v. *idem, ibidem*, p. 15). Essa "força juridicamente preponderante da vontade expressa em nome da colectividade (ou da república; *Gemeinwesen*)" é imputada ao Estado, pensado enquanto pessoa, como algo que lhe é inerente (v. *idem, ibidem*, p. 106). "Sucede que tal vontade só pode ser manifestada por pessoas chamadas especialmente para o efeito e que, assim, recebem um poder de disposição (*Macht*) sobre o poder público; o soberano, príncipe ou povo, sobre a totalidade, os demais apenas sobre parte" (v. *ibidem*). No que se refere à assimilação entre o poder público do Estado moderno e a *majestas populi romani*, v. *ibidem*, p. 15, nota 5, e p. 26.

[240] O Estado não é limitado nem vinculado "quando a sua vontade se manifesta sob a forma de uma lei conforme à Constituição; tal vontade quebra (*durchbricht*) juridicamente tudo, incluindo a norma legal mais antiga. Mas isto não é mais do que a manifestação do poder legislativo. Este é, portanto, livre" (assim, OTTO MAYER, *Deutsches Verwaltungsrecht*, I, cit., p. 79).

[241] V. OTTO MAYER, *Deutsches Verwaltungsrecht*, I, cit., pp. 64 e ss., e, em especial, pp. 68 e 69. V. também *infra* o ponto (i) da presente alínea.

[242] Sobre a doutrina do Fisco, v. OTTO MAYER, *Deutsches Verwaltungsrecht*, I, cit., pp. 49 e ss.

198   *Estado de Direito Democrático e Administração Paritária*

As grandes novidades – os contributos específicos do Estado de Direito – resultam do princípio da separação dos poderes e residem, por um lado, na participação da representação popular no exercício do poder legislativo e, por outro, na juridicização de parte do poder do Estado – o poder executivo-, ou seja, na sua subordinação ao direito[243]. Não a um direito que é comum aos particulares, mas a um direito efectivo e próprio da Administração. "Trata-se de uma realidade completamente nova"[244].

(*i*) *A separação dos poderes legislativo e executivo como base da autonomia da Administração e do seu direito*

O pressuposto deste direito da Administração – o direito administrativo – é o Estado constitucional[245], nomeadamente a separação, graduação e organização constitucional dos dois verdadeiros poderes, o Legislativo e o Executivo[246], ambos expressão do único poder do Estado que é anterior à própria Constituição.

O primeiro, que se concretiza na aprovação de leis, é totalmente livre e continua a exprimir a soberania do Estado moderno: "a lei

---

[243] Como o próprio OTTO MAYER refere, "o poder executivo é o próprio Estado, tal como a lei que o vincula. Este resultado só é possível mediante a ideia da separação dos poderes" (v. Autor cit., *Deutsches Verwaltungsrecht*, I, cit., p. 79). A vontade do Estado é, pela sua própria natureza, dotada de poder público (v. *ibidem*, p. 64). Daí que dizer Estado equivalha a dizer poder público. Este último, por natureza, pré-existe relativamente ao direito, podendo apenas e na medida em que, nos termos do princípio da separação dos poderes se autonomize o poder executivo, ser limitado por um poder, igualmente pertencente ao Estado, só que mais forte – o poder legislativo. Trata-se de um modelo que opera uma espécie de distribuição interna do único poder existente – o poder do Estado – destinado a explicar a vinculação jurídica do poder executivo sem, ao mesmo tempo, pôr em causa a mencionada unidade e o carácter ilimitado daquele poder.

[244] "*Es handelt sich um einen Neubau auf leerem Boden*"; v. *idem, ibidem*, p. 55. Sobre o conceito de direito administrativo perfilhado por OTTO MAYER, v., *ibidem*, p. 14: "a disciplina jurídica própria (*eigentümliches Recht*) das relações estabelecidas entre o Estado no exercício da sua função administrativa e aqueles súbditos que com ele entram em contacto, a propósito de tal actividade".

[245] V. OTTO MAYER, *Deutsches Verwaltungsrecht*, I, cit., pp. 1 e 2.

[246] V. *idem, ibidem*, p. 56: "O chamado poder judicial que ainda costuma ser distinguido não tem um significado autónomo" (v. *ibidem*). A justiça, enquanto actividade do Estado, é objecto do poder executivo (v. *ibidem*, p. 56, nota 3).

A Concepção Tradicional da Administração Pública como um Poder 199

pode tudo"[247]. E, como todo o poder público, "dirige-se aos súbditos. Simultaneamente, porém, o exercício daquele poder também significa uma mais-valia jurídica da vontade do Estado relativamente a todas as demais manifestações da mesma vontade que, por contraposição à lei, surgem unificadas sob a denominação de «poder executivo». Com o «domínio da lei», que o nosso Estado constitucional é suposto ter fundado, é justamente este segundo aspecto que está em causa: a posição privilegiada do poder legislativo relativamente ao poder executivo. Tal posição é moldada sobre aquela que a lei detinha já antes da Constituição no que se refere à Justiça. Importa somente, com referência à realidade mais móvel e variada da Administração, desmontar nas suas diversas componentes aquilo que ali surgia como constante e fechado, para que cada uma delas se torne utilizável e reconhecível"[248].

Surgem, deste modo, os três aspectos (*drei Stücke*) em que se analisa o domínio da lei: a "força criadora de normas jurídicas"[249], a

---

[247] Assim, v. OTTO MAYER, *Deutsches Verwaltungsrecht*, I, cit., pp. 12, 70, nota 12 (incluindo a restrição de todo e qualquer direito fundamental de liberdade), e 79. SCHMIDT-DE CALUWE, *Der Verwaltungsakt...*, cit., pp. 82 e ss., refere, a este propósito, a omnipotência do legislador, enquanto soberano, no quadro do Estado constitucional. Com efeito, a actividade legislativa continua a corresponder ao estabelecimento de normas jurídicas pelo poder supremo no Estado (assim, OTTO MAYER, *Deutsches Verwaltungsrecht*, I, cit., p. 4), visto que a lei continua a ser o tipo mais elevado de manifestação da vontade do Estado (assim, OTTO MAYER, *Deutsches Verwaltungsrecht*, I, cit., p. 64; v. também *ibidem*, p. 68). A tal vontade "é inerente o poder público, mercê do qual a mesma, no confronto com os súbditos, se apresenta como a mais forte juridicamente, aquela que predomina e determina" (v. *idem, ibidem*).

[248] V. OTTO MAYER, *Deutsches Verwaltungsrecht*, I, cit., p. 65. V., também, *ibidem*, p. 79, nota 8. Sobre o alcance da formulação adoptada por aquele Autor, v. SCHMIDT-DE CALUWE, *Der Verwaltungsakt...*, cit., p. 79, nota 145, e o texto correspondente (para Otto Mayer, a legislação consiste, desde sempre, no estabelecimento pelo poder supremo no Estado de normas jurídicas; o que sucede de novo no quadro do Estado constitucional é que tal poder supremo agora só se manifesta através da representação popular que aprova as leis, sózinha ou juntamente com o príncipe).

[249] V. OTTO MAYER, *Deutsches Verwaltungsrecht*, I, cit., p. 65: *die rechtssatzschaffende Kraft*, referida como a característica ou propriedade mais importante da lei (v. *ibidem*, p. 66). No desenvolvimento de tal característica, aquele Autor refere a "força vinculativa" da lei como a "faculdade de a mesma exprimir normas jurídicas" (*Rechtssätze*; v. *ibidem*, p. 66). "A norma jurídica é uma determinação do que deve valer como direito para aquele relativamente ao qual se concretiza uma dada situação hipotética descrita nas

200 Estado de Direito Democrático e Administração Paritária

"prevalência da lei"[250] e a "reserva de lei"[251]. A força e eficácia especiais da lei, enquanto conjunto de capacidades ou de aptidões

---

suas características gerais" (v. *ibidem*). Tal modo de operar – o estabelecimento de normas jurídicas – é algo de muito especial que não é dado nem às pessoas singulares nem a toda e qualquer manifestação do poder público. Segundo a Constituição de Weimar, tal é possível apenas à assembleia representativa do povo; os demais tipos de manifestação de vontade do Estado, que não a lei, carecem de tal faculdade normativa não em virtude de qualquer reserva de lei, mas devido à circunstância de a mesma não lhes pertencer por natureza (cfr. *idem, ibidem*).

[250] V. *idem, ibidem*, p. 68: *der Vorrang des Gesetzes*. A lei é a manifestação de vontade do Estado juridicamente mais forte. Esta característica sobressai principalmente na administração, já que a justiça se destina funcionalmente a aplicar a lei (cfr. *ibidem*, p. 5). Na administração, porém, a lei cruza-se com uma vontade que segue o seu próprio caminho, que não se limita a servir, mas que também tem iniciativa, também domina a partir de instâncias mais ou menos elevadas e que "é capaz de, por si, determinar o que deve e não deve ser de direito" (v *ibidem*, p. 68). Na administração torna-se, por conseguinte, visível e relevante o que na justiça apenas está implícito: "a vontade do Estado expressa sob a forma de lei prevalece juridicamente sobre qualquer outra declaração de vontade estatal; a lei só pode ser revogada por outra lei, mas, pelo seu lado, revoga tudo o que a contrarie ou nem sequer deixa que tal se torne eficaz" (v. *ibidem*).

[251] V. *idem, ibidem*, pp. 69 e ss.: *der Vorbehalt des Gesetzes*. Como o próprio OTTO MAYER faz questão de assinalar, a reserva de lei é "algo de diferente" e não comparável com as duas características da lei anteriormente analisadas (v. *idem, ibidem*, p. 70, nota 11). Com efeito, a posição de domínio da lei exprime-se aqui imediatamente e por antecipação, ao contrário da "força normativa" e da "preferência da lei", as quais implicam a vigência de uma dada lei: a "reserva de lei" significa um âmbito material ou de actividade em que a lei tem, em princípio, a faculdade exclusiva de intervenção primária; ou observado da perspectiva do poder executivo, aquela "reserva" significa a exclusão da intervenção autónoma deste último (sobre a possibilidade de intervenção primária do poder público mediante acto administrativo – v.g. "acto administrativo em vista da submissão" – *Verwaltungsakt auf Unterwerfung* –, v. *ibidem*, pp. 73, nota 19, e 98; v. também *infra*). Uma vez aprovada uma lei em tal domínio, a mesma desenvolve o seu efeito vinculativo e é dotada de prevalência, nos termos anteriormente descritos (cfr. *ibidem*, p. 72). A única diferença é que, daí para a frente, o poder executivo também pode intervir no domínio em causa, nos seus próprios termos, ou seja, executando a lei. Verifica-se, por conseguinte, e na sequência da aprovação de uma lei referente ao domínio reservado, e independentemente de qualquer habilitação legal expressa, um alargamento do âmbito de actuação de tal poder (*Machterweiterung*; *einen neuen Wirkungskreis*). Na verdade, o que o poder executivo faz com base na lei não é diferente daquilo que poderia fazer na ausência da mesma, não fora a proibição resultante da reserva de lei, porquanto "também ele é poder do Estado e, como tal, capaz de se impor ao indivíduo em todas as circunstâncias" (*dem Einzelnen nach jeder Richtung obrigkeitlich gegenüberzutreten*; v. *idem, ibidem*, p. 73).

OTTO MAYER insiste, atento o âmbito material da reserva de lei – o domínio dos direitos de liberdade – e a titularidade dos poderes legislativo e executivo (com exclusão

A Concepção Tradicional da Administração Pública como um Poder   201

de tal tipo de acto, estão naturalmente associadas à respectiva aprovação e publicação regulares. A medida em que, em concreto, isto é, com referência a uma dada lei, as mesmas faculdades são actuadas já depende, naturalmente, do seu conteúdo, ou seja, da vontade de tal lei[252].

---

da componente judicial), no sentido político específico daquele instituto: não se trata de limitar o poder do Estado *qua tale* – como sucede nos Estados Unidos da América onde o verdadeiro soberano é o povo (*We the people*; cfr. *supra* a nota 2) – mas apenas o poder do rei: "o que é limitado [através da reserva de lei] é a realeza, o poder executivo. E de um modo verdadeiramente democrático. Os aspectos mais importantes em que o homem e o cidadão são mais sensíveis ou vulneráveis ao poder do Estado são colocados sob a protecção da lei e, portanto, da Assembleia Nacional, a qual deverá zelar «para que as coisas não se tornem demasiado insuportáveis» (*die dafür gut steht, daß es nicht alllzuschlimm werde*); é esse o seu pacto com a massa. A lei pode tudo; todos os direitos de liberdade previstos nos arts. 4.º a 11.º da Declaração [dos Direitos do Homem e do Cidadão] podem ser restringidos pela lei. Mas a lei também é o Estado" (v. Autor cit., *Deutsches Verwaltungsrecht*, I, cit., p. 70, nota 12).

A propósito da reserva de lei, as diferenças funcionais entre justiça e administração também se fazem sentir. Destinando-se a primeira "a fazer respeitar a ordem jurídica com o poder de autoridade" (*die staatliche Tätigkeit zur Aufrechterhaltung der Rechtsordnung mit obrigkeitlicher Gewalt*; v. OTTO MAYER, *Deutsches Verwaltungsrecht*, I, cit., p. 5), a lei constitui uma sua base indispensável: "não pode haver decisão judicial sem ser com base numa norma jurídica, *nulla poena sine lege*" (v. *idem, ibidem*, p. 69). Já a administração, visando os fins do Estado relativos à segurança pública, cultura e bem-estar, não pode estar tão dependente da lei. Daí que esta última só tenha sido tornada condição de actuação da Administração relativamente aos objectos mais importantes relacionados com os direitos fundamentais de liberdade dos cidadãos (cfr. *idem, ibidem*, pp. 69 e ss., em especial, a referência aos *einfache Freiheitsrechte*).

[252] Cfr. *idem, ibidem*, p. 65. De salientar que, contrariamente ao que sucedia no passado, o «novo conceito de lei» ou «conceito constitucional» – correspondente à lei em sentido formal de Laband (qualquer declaração de vontade do poder supremo, ou seja, a vontade do Estado formulada sob a forma de lei) – não pressupõe que o respectivo conteúdo seja uma norma jurídica (*Rechtssatz*; cfr. *idem, ibidem*, p. 4, nota 6, e p. 64 e a nota 2): "a vontade do Estado expressa sob a forma de uma lei é dotada, em atenção à sua função específica (*um seiner bestimmungsgemäßen Aufgabe willen*), da força (*Wirkungskraft*) necessária à criação de tais normas jurídicas. Tal força é denominada poder legislativo" (v. *idem, ibidem*, p. 65).

Em todo o caso, e como OTTO MAYER também sublinha, a força formal inerente ao conceito de lei (*die besonderen Wirkungskräfte des Gesetzes*), nomeadamente a força criadora de normas jurídicas e a prevalência da lei, só se torna efectiva na medida em que o conteúdo de uma concreta lei seja adequado a tal efectivação (cfr. *ibidem*, p. 65). Ou seja, a lei, enquanto declaração de vontade do Estado tem capacidade para operar uma série de efeitos jurídicos, os quais, todavia, só se produzem na medida em que o conteúdo

O segundo daqueles poderes – o Executivo (*die vollziehende Gewalt*) –, perspectivado em termos subjectivos – como sucede frequentemente em relação às actividades permanentes –, corresponde àquela parte do poder público que apresenta a determinação e a susceptibilidade de ser vinculada por normas jurídicas, significando a vinculação em causa a obrigação de as executar[253]. Ou seja, tal poder aplica, com maior ou menor vinculação, as leis. Torna-as efectivas, determinando com maior precisão a sua vontade em cada caso e, se tal necessário for, actuando-a coercivamente[254].

O sujeito de tal vinculação é igualmente o Estado, agora enquanto poder executivo. Tendo em conta a liberdade do Estado, enquanto poder legislativo – como referido, este é livre porque a Constituição se limita a organizá-lo –, "apenas é vinculada a vontade do Estado que surja por qualquer outro modo", ou seja, o poder executivo, "uma vez que é este que surge como o outro elo da contraposição"[255]. Como o poder legislativo é dotado de características especiais, nomeadamente a capacidade de criar normas jurídicas, "de modo correspondente, o poder executivo é dotado da característica de poder ser vinculado por qualquer norma jurídica, no sentido de lhe dever dar execução"[256]. Contudo, a base da sua legitimidade continua a ser a ideia do Estado moderno, não a Constituição ou a

---

de cada declaração concreta o permitir. Assim, "se se trata de uma mera opinião doutrinal expressa sob a forma de lei, a mesma não vale, apesar daquela forma, como norma jurídica nem adquire a prevalência própria da lei" (v. OTTO MAYER, *Deutsches Verwaltungsrecht*, I, cit., 68). Se é verdade que a lei não tem de ter por objecto normas jurídicas, também é certo que a mesma só pode prevalecer, como lei, desde que o respectivo conteúdo tenha um qualquer significado jurídico. Aliás, de outro modo, tem de questionar-se se uma lei que não tenha por objecto nem uma norma jurídica nem qualquer outra realidade juridicamente eficaz ainda é susceptível de qualquer prevalência jurídica ou, na terminologia de Laband, de exprimir a «força formal de lei» («*formelle Gesetzeskraft*»; cfr. *ibidem*, p. 68, notas 7 e 8). Atenta a resposta negativa, OTTO MAYER não pode deixar de discordar da tese de Laband de que a citada «força formal de lei» seja independente do conteúdo (v. *ibidem*, p. 69, cont. da nota 8).

[253] Cfr. OTTO MAYER, *Deutsches Verwaltungsrecht*, I, cit., pp. 56 e 79.

[254] V. *idem, ibidem*, pp. 72 e 73.

[255] V. *idem, ibidem*, p. 79.

[256] V. *idem, ibidem*: "*[die vollziehende Gewalt ist] entsprechend ausgestattet mit der Eigenschaft, gebunden zu werden durch jeden Rechtssatz, in dem Sinne, daß sie gehalten ist zu seiner Vollziehung*".

A Concepção Tradicional da Administração Pública como um Poder   203

lei a executar; para isso, a actividade da Administração não pressupõe uma norma jurídica[257]. Sendo o poder executivo manifestação do Estado, tal como a lei que o vincula, compreende-se a essencialidade da ideia da separação dos poderes: "é ela que torna concebível este resultado"[258].

Mais: a vigência efectiva da norma jurídica não estaria assegurada caso a mesma não vinculasse sempre a totalidade do poder executivo. "Todas as competências (*Zuständigkeiten*) na Justiça e na Administração são apenas fragmentos daquele poder. Deste modo, a sua vinculação opera através de todos os elos da cadeia que uma questão tenha eventualmente de percorrer, desde a base até ao Chefe do Estado. Nenhum instância (*Stelle*) que devido à sua competência tenha de apreciar tal questão se pode eximir, sob pena de ilegalidade (*Rechtswidrigkeit*), à aludida vinculação"[259].

Fica, deste modo, também assegurada a supremacia do poder executivo relativamente aos súbditos. Com efeito, para estes, aquele poder é tanto expressão imediata do Estado, quanto o poder legislativo; cada acto administrativo ou sentença judicial exprime, tal como cada lei, a vontade do Estado. Atenta a necessária supra-ordenação desta última relativamente à vontade de qualquer outra entidade, toda e qualquer declaração da mesma é expressão do «poder público» e, como tal, é dotada da «mais-valia jurídica» correspondente ao Estado. Como observa Schmidt-De Caluwe, esta ligação do poder executivo e da sua acção ao poder do Estado original e originário confere ao "novo direito da Administração", concebível apenas na base da separação dos poderes, a sua marca essencial: "a relação Administração-cidadão é ordenada juridicamente, mas, ainda assim, a mesma, porque fundada na ideia do Estado moderno, man-

---

[257] Cfr. SCHMIDT-DE CALUWE, *Der Verwaltungsakt...*, cit., p. 80.

[258] V. OTTO MAYER, *Deutsches Verwaltungsrecht*, I, cit., p. 79. Como SCHMIDT--DE CALUWE, *Der Verwaltungsakt...*, cit., p. 80, nota, perante uma tal compreensão da separação dos poderes, esta, em especial no que se refere à relação entre legislação e administração, só pode apresentar-se sob a forma de uma diferenciação do valor do poder próprio de cada um deles, o qual, todavia, ainda é reconduzido a uma raiz comum. E é nessa raiz comum – afinal a concepção hegeliana do poder do Estado (sobre esta, v. *infra* o n.º 18, alínea b), ponto (iii)) – que reside a garantia da unidade do Estado.

[259] V. OTTO MAYER, *Deutsches Verwaltungsrecht*, I, cit., p. 80.

204 Estado de Direito Democrático e Administração Paritária

tém-se intacta como uma relação de poder entre uma autoridade e alguém que se lhe encontra submetido"[260].

No que se refere à justiça, entendida aqui como actividade específica dos tribunais comuns, o respectivo carácter executivo, não só já vinha de trás, em resultado do reconhecimento da independência dos tribunais[261], como se adequa plenamente à sua função específica no quadro das funções do Estado: está em causa, designadamente, "a actividade [deste último] destinada a fazer respeitar (*Aufrechterhaltung* – lit. manter) a ordem jurídica com o poder da autoridade"[262]. Com efeito, desde o Estado de polícia que a justiça é compreendida em conjugação com a inderrogabilidade singular das leis (e das demais normas jurídicas) e a consequente submissão às mesmas dos súbditos e dos tribunais: a norma jurídica vincula ambos, ainda que de modo diferenciado[263]. Tal desenvolvimento, num quadro em que o poder do Estado se tornara absoluto, não deixou de contribuir decisivamente para a estabilidade da regra jurídica e para a consequente confiança no direito. O Estado de Direito, através do desenvolvimento da aludida "força vinculativa da lei", neste domínio, apenas veio aperfeiçoar e generalizar tal estabilidade do direito e, assim, reforçar a confiança correspondente[264]. Daí que os termos da aplicação dos institutos da preferência da lei e da reserva de lei à justiça não tenham suscitado qualquer dificuldade.

Em todo o caso, a compreensão exacta da bilateralidade da vinculação da norma jurídica é decisiva, visto que, segundo defende Otto Mayer, o Estado de Direito, em virtude do desenvolvimento da força vinculativa da lei, generaliza tal modo de actuação à própria administração.

---

[260] V. Autor cit., *Der Verwaltungsakt...*, cit., p. 81. V. também *infra* o n.º 18, alínea b), ponto (ii). Como aquele Autor sintetiza *ibidem* na página seguinte, "o «grande direito originário (*Urrecht*) do Estado à obediência», que na realidade não é um verdadeiro direito, se é verdade que pode ser moderado juridicamente através da ideia da separação dos poderes, permanece, em todo o caso, como o factor determinante do direito público".

[261] Cfr. OTTO MAYER, *Deutsches Verwaltungsrecht*, I, cit., p. 41.

[262] V. *idem*, *ibidem*, p. 5.

[263] Cfr. *idem*, *ibidem*, pp. 42 e ss., e pp. 74 e ss.

[264] Cfr. *idem*, *ibidem*, p. 74.

A Concepção Tradicional da Administração Pública como um Poder   205

Aquele Autor começa por comparar a norma jurídica ou a lei e a instrução ou a ordem de serviço: enquanto esta última se dirige imediatamente aos funcionários ou agentes da Administração, somente atingindo o súbdito por intermédio da acção material daqueles, isto é, não lhe atribuindo nenhuma posição jurídica perante o Estado; a primeira afecta a sua esfera jurídica imediatamente[265]. Sucede que a este "efeito externo" corresponde um "efeito interno", relativo ao tribunal competente, no sentido de o mesmo actuar em conformidade com a norma em causa. Quer no caso das «leis civis», quer no das «leis penais», a norma jurídica opera sempre em dois sentidos: "ela constitui para o súbdito a determinação jurídica de um dever ou de uma permissão relativamente ao poder público e funda simultaneamente, para este último, uma vinculação jurídica relativamente ao primeiro, no sentido de actuar em conformidade. Designamos a primeira situação «efeito externo» e a segunda «efeito interno»; a norma jurídica na justiça produz sempre os dois efeitos ao mesmo tempo"[266].

---

[265] Cfr. Autor cit., *Deutsches Verwaltungsrecht*, I, cit., p. 74. Já antes, *ibidem*, pp. 44 e 45, a propósito do Estado de polícia, OTTO MAYER havia sublinhado a diferença fundamental entre uma "lei de polícia" (*Polizeigesetz*) – entendida como uma determinação dirigida às autoridades administrativas ou aos funcionários no exercício do *ius circa officia* – e uma lei em sentido próprio, por exemplo, uma lei criminal (*Strafgesetz*), aprovada no exercício da *potestas legis iubendae*: a proibição de determinado tipo de acção pela primeira, contrariamente ao que sucede com a segunda, não estabelece nenhuma disposição em relação ao exterior, em relação aos súbditos; se o senhor aceitar ou assim determinar, o funcionário pode não a aplicar ou fazê-lo em função de indicações contraditórias; frequentemente a própria ordem de serviço já contempla uma ampla margem de discricionariedade. Daí que o preceito policial, ao contrário do que acontece no âmbito da justiça, não crie segurança jurídica: "o súbdito só pode saber com certeza aquilo que a autoridade dele exige a partir do momento em que é confrontado com a sua acção material", ou seja com a execução (*Vollzug*).

[266] V. *idem, ibidem*, p. 76. Na página anterior OTTO MAYER descreve, em paralelo com o que já havia feito no contexto do Estado de polícia (cfr. *ibidem*, p. 42), como é que a partir de normas jurídicas substantivas, civis e penais, se constitui o dever jurídico do tribunal de actuar em conformidade com as mesmas e qual a função do processo.

O caso do direito civil é elucidativo. OTTO MAYER começa por afirmar que este só é direito porque também vincula o juiz. Assim, a norma jurídica civil disciplina sempre dois tipos de relações jurídicas ao mesmo tempo: a dos particulares entre si e a de cada particular com o tribunal (representando aqui o poder público). A determinação jurídica de que, verificados determinados pressupostos, alguém deve entregar a coisa a outrem, quer dizer, ao mesmo tempo, que o juiz deve, por um lado, obrigar o detentor a entregar a coisa

206   *Estado de Direito Democrático e Administração Paritária*

O processo judicial – cível ou criminal – representa, neste contexto, a forma através da qual a citada vinculação jurídica do tribunal para com os particulares – a relação jurídica pública – se torna eficaz.

Importa não confundir aqueles dois efeitos, uma vez que a lei não tem o mesmo significado para o súbdito e para o tribunal. Ao primeiro, a mesma "ordena, indica o seu destino jurídico, fixa-lhe autoritariamente as condições da sua existência", determinando o que para ele deve valer como direito. Já o segundo, o tribunal, "é ele próprio detentor de poder público; a *viva vox legis* está do lado da lei; o seu poder só se distingue do da lei pelo seu modo de manifestação próprio e por uma questão de grau. O tribunal não é dominado (*beherrscht*) pela lei como o súbdito, mas sim conduzido (*geleitet*) como um colaborador subordinado"[267]. Simplesmente, e por causa da aludida função da justiça pública, tal «condução» opera de um modo muito rígido e preciso: "a lei prevê para cada caso a determinação completa do que para o mesmo deve valer como direito. O que o tribunal ainda tem a fazer é tão-só descobrir aquela vontade da lei e declará-la formalmente. O tribunal faz, assim, a aplicação da lei"[268].

A situação da Administração (em sentido subjectivo), relativamente à lei, é apresentada por Otto Mayer como sendo fundamentalmente idêntica à do tribunal. Ela também é uma «colaboradora» ou «auxiliar» "dirigida" (*gelenkt*) pela lei que domina o súbdito[269]:

---

e, por outro lado, auxiliar o outro a recuperá-la. Deste modo, à relação jurídico-civil entre os dois particulares, ligam-se duas relações jurídico-públicas de cada um deles com o poder judicial. E o processo corresponde à forma em que as mesmas se tornam eficazes.

No caso do direito penal é determinado que quem praticar determinados factos deve ser punido com certa pena. A ocorrência daqueles constitui o poder público no dever de punir nos termos previstos. E o delinquente apenas pode ser punido nesses mesmos termos; qualquer agravamento constitui para ele uma injustiça. Também aqui o processo penal corresponde às formas em que tal vinculação se torna eficaz.

[267] V. Otto Mayer, *Deutsches Verwaltungsrecht*, I, cit., p. 76.

[268] V. *idem, ibidem*, pp. 76 e 77.

[269] V. *idem, ibidem*, p. 77. E já antes, na sequência da descrição do modo de operar das normas jurídicas civis e penais, o mesmo Autor afirmara: "a norma jurídica administrativa não significa outra coisa senão a transposição desta forma de operar juridicamente (cfr. a antepenúltima nota) para a administração. A ideia de norma jurídica tem agora, uma vez mais, de se desenvolver de um modo mais livre e rico do que no domínio uniforme (*eintönig*; lit. monótono) da justiça" (v. *ibidem*, p. 76).

enquanto aquela, tal como o tribunal, integra o Estado e participa do respectivo poder, este posiciona-se perante o Estado, sujeito às suas manifestações de vontade[270]. Com efeito, estas últimas, sob a forma de sentença ou de acto administrativo, exprimem a vontade do Estado com toda a sua força vinculativa relativamente a uma dada situação concreta; é a mesma vontade veiculada através da lei, agora concretizada pelos seus «colaboradores», o tribunal ou a Administração. O «efeito interno» da lei comunica a vontade do legislador àqueles seus colaboradores que, por sua vez, e por decisão própria, a convertem numa decisão adequada a cada caso em presença. Fica, deste modo, assegurada a unidade da vontade do Estado. Tal unidade apenas é compatível com uma distribuição interna de competências: acto administrativo e sentença permanecem, assim, e independentemente da sua vinculação legal, manifestações imediatas do poder do Estado que se encontra numa posição de supra-ordenação relativamente ao súbdito. Não é, por conseguinte, a lei a causa da eficácia jurídica de tais actos, mas o poder próprio da Administração ou do tribunal, enquanto, precisamente, expressões do Estado.

Cumpre destacar uma outra dimensão da bilateralidade dos efeitos da norma jurídica. Esta significa, desde logo, e como referido, uma dualidade de efeitos: o seu «efeito interno» vincula juridicamente o poder executivo a actuar perante o súbdito em conformidade com o que para o mesmo deve valer como direito – ou seja, o «efeito externo» da mesma norma. Assim, ambos os efeitos se reconduzem à unidade na lei concretamente em causa, já que todas as normas jurídicas derivam imediata ou mediatamente de uma lei, e, em consequência, são tutelados por todos os poderes públicos ordenados à defesa da legalidade[271]. Acresce que os mesmos efeitos se

---

[270] Como refere OTTO MAYER, "Zur Lehre von der materiellen Rechtskraft in Verwaltungssachen", *Archiv des öffentlichen Rechts* 1907, 1 (40) cit. *apud* SCHMIDT-DE CALUWE, *Der Verwaltungsakt...*, cit., p. 147, o Estado é sempre, "uniformemente e sem quebras, apenas autoridade (*Obrigkeit*); a sua actividade surge distribuída por centros de competência, ligada a formas e vinculada materialmente, mas justamente, enquanto e porque autoridade, ordenada a partir do seu interior, e não como a parte que é determinada a partir de fora", por uma vontade que não é a sua.

[271] Nestes termos, v. OTTO MAYER, *Deutsches Verwaltungsrecht*, I, cit., p. 81.

208   *Estado de Direito Democrático e Administração Paritária*

voltam a unir, agora no direito do súbdito que é sujeito da relação jurídica em causa.

Como explica Otto Mayer, o súbdito "não é um mero objecto da norma jurídica que para ele se tenha tornado determinante, visto que a vinculação que a mesma constitui em relação ao outro lado, também opera em seu benefício: a vinculação do poder executivo também existe em relação a si, é-lhe imediatamente oponível. Na medida em que esta o beneficie, através da atribuição de vantagens ou da prevenção ou limitação de desvantagens, ele tem um direito (*Anspruch*) à sua observância, constituindo o desrespeito da mesma para ele uma violação de tal direito (*Rechtsverletzung*)"[272]. Por outras palavras, "através da luta pelo direito que, em vista da sua própria vantagem prossegue, o indivíduo torna-se um colaborador na vigência imperturbada da regra jurídica"[273].

Contudo, mais adiante, e na sequência de uma remissão expressa, Otto Mayer esclarece este passo do seu raciocínio ao tratar *ex professo* dos direitos subjectivos públicos: "verdadeiros direitos públicos só surgem com os direitos de colaboração (*Mitwirkunsrechte*) atribuídos ao indivíduo. A condução dos negócios do Estado por aqueles que são chamados a tal função é feita em vista da vantagem do mesmo Estado, isto é, para o bem público. Mas a mesma actividade liga-se, em larga medida, com a consideração dos indivíduos cujo interesse (*Wohl*) exige que algo aconteça ou não aconteça ou que aconteça de certo modo. Para lhes garantir isso sob a forma de um direito, pode a ordem jurídica atribuir-lhes uma possibilidade de colaboração na actividade do Estado e, por essa via, «poder» – no sentido de capacidade de influenciar – sobre uma parcela do poder público"[274].

---

[272] V. Autor cit., *ibidem*.

[273] V. *idem, ibidem*. É a ideia de que toda a iniciativa e todo o processo que visam a defesa de direitos individuais servem simultaneamente o interesse público relativo à subsistência e aplicação da ordem jurídica global. Foi justamente a partir de tal ideia que Ihering, na sua conferência intitulada *Der Kampf ums Recht* (Viena, 1872), defendeu o dever moral de cada um lutar pelos seus direitos.

[274] "*[...] Um ihnen das in Form eines Rechtes zu sichern, kann ihnen rechtsordnungsgemäß eine Mitwirkung an der staatlichen Tätigkeit zugeteilt werden und damit Macht über ein Stück öffentlicher Gewalt*"; v. Autor cit., *Deutsches Verwaltungsrecht*, I, cit., pp. 108 e 109.

A ordem jurídica «pode» atribuir tais direitos de colaboração (por exemplo, o direito de apresentar requerimentos, o direito de ser ouvido no âmbito de procedimentos administrativos e o direito de impugnar, graciosa ou contenciosamente, decisões administrativas); não tem, contudo, de o fazer, nem tais direitos decorrem automaticamente da existência de uma lei que a Administração tenha de executar. Esta última apenas condiciona o exercício do poder administrativo, nomeadamente o conteúdo do acto administrativo a praticar com referência a uma situação abrangida por tal lei: se tal acto a

---

Para esclarecer esta aparente inconsistência, cfr. *infra*, em especial, a nota 322 e o n.º 18, alínea d), ponto (iv). É verdade que o efeito interno da lei conduz ou dirige o poder executivo: este é um colaborador subordinado; todavia, perante o súbdito, os actos daquele poder também são actos do Estado, ao mesmo título que a lei. Assim, pode suceder que o efeito externo desta última seja anulado por tais actos, nomeadamente por actos administrativos. Nesse caso, são estes últimos que definem a posição jurídica subjectiva do súbdito, o qual não pode invocar contra tal definição a lei. Na verdade, porque tanto na lei como no acto administrativo se exprime a vontade do Estado, compreende-se que, por um lado, a Administração, ao praticar actos desse tipo, ateste a sua conformidade com a lei (*Selbstbezeugung*); e, por outro lado, que, perante os cidadãos, e tendo em conta tal certificação de conformidade, nunca possa surgir um conflito de deveres originado pela contradição entre um acto administrativo e a lei. Ou seja, a lei, caso exista, já só vale na interpretação feita pela Administração. O seu efeito interno continua a relevar, nomeadamente na hipótese de reexame do caso pela autoridade que o praticou ou por uma autoridade com poderes de supervisão.

A esta luz, compreende-se a concepção do direito subjectivo público de Otto Mayer como uma pretensão formal dirigida à decisão da autoridade administrativa sobre o que deve valer como direito num caso concreto que tem a natureza de um «direito de colaboração» no exercício do poder público (*Mitwirkungsrecht*). Com efeito, após o afastamento dos dados de direito material contidos na lei, em virtude da aludida força vinculativa daquele tipo de actos, já só pode ser considerada uma pretensão formal: o direito à protecção jurídica. Aquele que seja lesado por um acto administrativo ilegal, devido ao afastamento da lei nos termos referidos, deixa de poder fazer valer contra tal acto um «direito subjectivo material» consignado nessa lei; na sequência da prática do acto em apreço, a relação jurídica entre o respectivo autor e o seu destinatário – os direitos subjectivos e vinculações materiais recíprocos – passa a ser conformada exclusivamente pelo mesmo acto. O sentido jurídico primário do aludido direito à protecção jurídica não pode deixar de ser, atento o respectivo carácter formal, e independentemente das motivações subjectivas do seu titular, o de determinar o correcto exercício do poder público, ou seja, que a «verdadeira» vontade do Estado seja correctamente manifestada. Nessa mesma medida, corresponde a tal direito e ao seu titular uma atribuição parcial respeitante ao exercício do poder público. Daí também a justificação da referência à «luta pelo direito» mencionada na nota anterior e no texto correspondente.

210 Estado de Direito Democrático e Administração Paritária

desrespeitar, o mesmo será ilegal. Consequentemente, a lei administrativa material, por si só, e ao contrário do que sucede com a lei civil, não cria nem regula qualquer relação jurídica administrativa: a mesma lei não define a posição jurídica do administrado, mesmo em abstracto; tal como no âmbito do Estado de polícia acontecia com as normas internas, ela limita-se a dirigir a Administração. O que pode suceder, mas nem sempre assim acontece, é a ordem jurídica atribuir ao súbdito interessado direitos de colaboração no exercício do poder administrativo dirigido por aquela lei, criando-se, desse modo, uma relação formal entre o mencionado súbdito e a Administração.

Além disso, o quadro referente à actividade da Administração é menos linear do que aquele que se observa no domínio da justiça. Tal prende-se com a diferença das respectivas naturezas. A administração (em sentido objectivo) corresponde à actividade do Estado em vista da realização dos seus fins que, não pertencendo ao domínio da justiça, ainda se situa no âmbito da ordem jurídica; por seu lado, "a execução (*Vollziehung*) é tornar a lei eficaz através do exercício do poder público e com maior ou menor vinculação à mesma"[275]. Deste modo, enquanto actividades, "a administração e a execução coincidem frequentemente. Contudo, há muita administração que não constitui uma expressão do poder executivo e a justiça é execução mas não é administração"[276]. Ou seja: preexistindo uma lei, pode haver execução, quer sob a forma de administração, quer sob a forma de justiça; na ausência de lei, não há execução, mas pode haver lugar a administração.

Para compreender, com referência a esta última afirmação, a articulação entre poder executivo e administração, importa manter bem distintas as perspectivas objectiva e subjectiva, respectivamente, das actividades e dos sujeitos. Com efeito, Otto Mayer, a propósito da questão de saber se a Administração integra o poder executivo,

---

[275] Quanto à primeira parte: v. OTTO MAYER, *Deutsches Verwaltungsrecht*, I, cit., p. 13; v., também, *ibidem*, pp. 8 e 9, a contraposição da administração ao governo ou «quarto domínio» – *viertes Gebiet*: "a actividade do Estado em vista da prossecução dos seus fins", mas não sujeita à ordem jurídica. Quanto à segunda parte, v. *idem, ibidem*, p. 56, nota 3.

[276] V. *idem, ibidem*.

A Concepção Tradicional da Administração Pública como um Poder   211

responde que ambos se situam em planos diferentes[277]. A Administração é, tal como a Justiça, uma "colaboradora subordinada" do Legislador: a lei dirige-as, mas não as domina, como sucede relativamente ao súbdito. A diferença entre justiça e administração, neste particular, e tal como Otto Mayer a apresenta, respeita apenas à intensidade e uniformidade da vinculação: a situação da Administração perante a lei seria essencialmente idêntica à do tribunal anteriormente referida, sucedendo apenas que a "direcção [por parte da lei] neste caso não pode ocorrer de forma tão completa. Manifesta-se aqui antes uma gradação desde a vinculação mais estrita até ao mais livre dos movimentos"[278]. Este último pode corresponder a uma atribuição genérica relativamente a certo objecto ou âmbito de actuação, no sentido de que a própria Administração determine o que é que para a tarefa pública que lhe está confiada é necessário ou conveniente.

Deste modo, a administração, na perspectiva daquele Autor, não é adequadamente descrita como «actuação nos limites da lei» precisamente porque a ideia de colaboração não é suficientemente considerada; "o conceito aqui em causa é o de execução da lei, enquanto actuação conforme com a lei (*gemäß dem Gesetze*), a efectivação da lei, com maior ou menor vinculação à mesma"[279]. Aliás, "é na necessidade jurídica de agir em conformidade com a lei existente, segundo as regras da execução, que consiste a vinculação que surge na administração"[280].

Porém, e como referido, nem toda a administração é execução da lei. Ao contrário da justiça, a administração não pressupõe a lei: enquanto que para aquela vale o princípio da reserva de lei (*nulla poena sine lege*), "a actividade administrativa não pode ficar tão dependente. A lei conforme à Constituição só relativamente a certos objectos especialmente importantes é que foi tornada condição necessária de qualquer actividade do Estado. Em relação aos demais objectos, o poder executivo é, em si mesmo, livre; opera por sua

---

[277] V. Autor cit., *ibidem*, p. 3, nota 3.
[278] V. *idem, ibidem*, p. 77.
[279] V. *idem, ibidem*.
[280] V. *idem, ibidem*, p. 78.

212 Estado de Direito Democrático e Administração Paritária

própria força e não com fundamento na lei"[281]. É, de resto, essa sua natureza que permite explicar, ainda segundo Otto Mayer, quer os actos administrativos independentes[282], quer a natureza livre da discricionariedade administrativa, por contraposição à vinculação característica da discricionariedade judicial[283].

(ii) *A garantia da liberdade política fundada na interacção dos poderes do Estado com as forças sociais*

A finalidade da separação dos poderes é a garantia da liberdade política: "a temível força do poder do Estado não pode surgir perante o cidadão concentrada numa única instância (*Stelle*), devendo antes ser distribuída de modo adequado entre diferentes entidades (*Willensträger*) de forma a poder ser travada e moderada"[284]. O significado

---

[281] V. *idem, ibidem*, p. 69. Cfr. também *ibidem*, p. 97: o acto administrativo "é, ele próprio, poder público que, por si mesmo [e não por força da lei], e enquanto não lhe estabelecerem limites especiais, determina a vinculação jurídica".

[282] *Selbständige Verwaltungsakte*; v. *idem, ibidem*, p. 98. Estes podem surgir fora do âmbito da reserva de lei (acto administrativo não lesivo: v.g. a atribuição de um subsídio ou de outro apoio público) ou no domínio desta, mesmo na ausência de lei, mas com o consentimento do destinatário (acto administrativo lesivo, mas consentido: v.g. os «actos administrativos em vista da submissão» [*Verwaltungsakte auf Unterwerfung*] de que o exemplo mais importante constituirá o ingresso na função pública). Sobre estes actos «em vista da submissão», v. também *ibidem*, p. 73, nota 19.

[283] V. *idem, ibidem*, pp. 98 e 99, e *infra* a alínea c) deste número.

[284] V. OTTO MAYER, *Deutsches Verwaltungsrecht*, I, cit., p. 57. V., do mesmo Autor, já em *Theorie des Französischen Verwaltungsrechts*, cit., pp. 1 e 2, a afirmação da mesma ideia baseada na distinção entre duas forças sociais (*Gewaltträger*) – o rei e o povo – e duas funções jurídico-públicas: o poder legislativo e o poder executivo. Segundo o conceito original, as duas competências (*Machtbefugnisse*) em que se analisa o poder do Estado – os poderes legislativo e executivo – têm de ser distribuídas por "sujeitos jurídicos" (*Rechtssubjekte*) – o rei e a representação popular – que se limitam reciprocamente e, desse modo, quebram a força do Estado relativamente aos súbditos; porém, a sua concretização – uma vez que, por força da unidade do Estado, não pode existir uma total independência nem uma total equiparação entre a representação popular e o Chefe do Estado e, tendo em conta que os poderes que a Constituição prevê não são atribuídos por inteiro a cada um deles – faz-se com referência a duas espécies de funções ou de manifestações da vontade do Estado, a lei e a execução (*Vollziehung*), diferenciadas em razão do respectivo modo de formação (*Entstehungsart*). E a participação dos "detentores de poder" (*Gewaltträger*), ou forças sociais, em cada uma delas é determinada mediante a participação na respectiva formação: para a lei é indispensável a colaboração da representação popular, enquanto que na execução predomina o Chefe do Estado.

real e objectivo daquela distribuição do poder do Estado resulta da sua conjugação com a vontade de centros de poder efectivo ou real (*Gewaltträger*) no Estado cujos direitos são violados sempre que os limites impostos a outros centros de poder não sejam pelos mesmos respeitados. É uma concepção que, assentando embora no poder unitário do Estado e na sua organização formal em funções (os modos formais de manifestação daquele poder), explora a existência no seio do mesmo Estado de contra-poderes fácticos ou sociais em vista da salvaguarda da liberdade dos súbditos-cidadãos. Assim, os instrumentos normativos de limitação de cada poder-função predispostos na Constituição encontram, à partida, um defensor natural: desde logo, a representação popular; mas também o funcionalismo e quem quer que seja chamado a exercer o poder executivo. O jogo de forças entre os detentores de poder deve assegurar a correcta articulação entre os dois poderes funcionais, o legislativo e o executivo. Por isso, o que está em causa com a separação dos poderes não é mera «teoria», mas um mecanismo assente na correlação de forças existente no seio do Estado.

Com efeito, na monarquia constitucional a participação da representação popular no exercício do poder legislativo (composição dualista do poder legislativo) assegurava a limitação do poder do príncipe, o qual, além disso, também era limitado no exercício do poder executivo por um funcionalismo imediatamente vinculado à lei[285]. Deste modo, e contrariamente ao que sucedia no Estado de polícia, o príncipe não podia agir sozinho no estabelecimento das leis e, enquanto poder executivo, tinha de respeitar as leis existentes ou as reservas de lei constitucionalmente previstas, sob pena de ofender os direitos do povo e, bem assim, do funcionalismo.

Neste particular, a República de Weimar trouxe dificuldades construtivas à concepção de Otto Mayer, porquanto com a soberania popular, e a consequente composição monista do poder legislativo, deixou de existir um contra-poder que impedisse a concentração num único centro de poder da função legislativa e que assegurasse a inviolabilidade da lei[286]. No entanto, aquele Autor continuou a defen-

---

[285] Cfr. OTTO MAYER, *Deutsches Verwaltungsrecht*, I, cit., p. 57.

[286] Sobre as aludidas dificuldades, v., por todos, SCHMIDT-DE CALUWE, *Der Verwaltungsakt...*, cit., pp. 64 e ss. (Otto Mayer mantém em relação à República de

214 *Estado de Direito Democrático e Administração Paritária*

der a viabilidade da sua ideia fundamental: embora todo o poder derive do povo ou (!)[287] da sua assembleia representativa, o exercício efectivo do poder executivo tem de ser deixado às entidades que têm a seu cargo os assuntos correntes do Estado, superiormente dirigidas pelo governo, o qual é dotado de uma autonomia necessária, segundo a natureza das coisas e mais ou menos promovida pelas leis[288]. Ou seja, a partir da ideia da necessidade fáctica de um domínio funcional administrativo, o próprio governo passou a ser concebido como um centro de poder autónomo capaz de funcionar como contra-poder, procurando restabelecer, deste modo, o dualismo constitucional inicial.

(iii) A importância do acto de autoridade definidor da acção jurídica e material do poder executivo

O Estado constitucional, além de reforçar, mediante a garantia da legalidade, o poder judicial – anteriormente este último fundava-se apenas na independência do juiz[289] –, criou as condições indis-

---

Weimar a compreensão do Estado e da Constituição própria da monarquia constitucional: o poder do Estado deriva da sua própria natureza e não da Constituição) e pp. 101 e ss., em especial, pp. 113 e ss. Como este Autor salienta, *ibidem*, p. 104, as dificuldades em apreço que, de resto, estão na origem de críticas anti-parlamentares em defesa da autonomia do governo face ao parlamento, só têm razão de ser na lógica de se conceber o poder do Estado como pré-jurídico e anterior à Constituição. Neste caso, a distribuição do poder por diferentes instâncias político-sociais – os poderes fácticos – constitui a única forma de limitar o poder absoluto do Estado (a sua soberania); ao invés, de acordo com o princípio da constitucionalidade, somente são titulares de poderes jurídicos os órgãos aos quais estes sejam atribuídos, sendo cada um desses poderes limitado pela norma que o atribui. V., também, *infra* o n.º 18, alínea b), ponto (ii).

[287] Como faz notar SCHMIDT-DE CALUWE, *Der Verwaltungsakt...*, cit., p. 101, nota 262, esta alternativa não é real nem exacta: numa ordem democrática o poder do Estado deriva do povo, mas o mesmo poder jamais se concentra, na sua totalidade, no legislador.

[288] Cfr. OTTO MAYER, *Deutsches Verwaltungsrecht*, I, cit., p. 57.

[289] V. OTTO MAYER, *Deutsches Verwaltungsrecht*, cit., p. 41: na Prússia de Frederico, o Grande, foi reconhecido que o bem do Estado, que em todos os outros domínios que não a justiça exigia a possibilidade de intervenção pontual do príncipe sem qualquer limite jurídico, no domínio daquela, ao invés, proibia esse tipo de intervenção. Consequentemente, o rei deixou de ter o poder de decidir autoritariamente em questões de justiça e os tribunais tornaram-se uma estrutura de poder independente no seio da ordem estatal.

A Concepção Tradicional da Administração Pública como um Poder   215

pensáveis ao alargamento do domínio da lei a toda a Administração dirigida pelo príncipe e actuada por funcionários que não gozam de uma independência similar à dos juízes[290]. Tal como a Justiça, a Administração passou a poder estar submetida a regras jurídicas para si vinculativas e não derrogáveis em concreto. Daí a exigência, correspondente ao Estado de Direito, de maximizar a disciplina legislativa da actividade da Administração a fim de a aproximar, tanto quanto possível, do modelo da justiça[291]. Aliás, e como referido, segundo Otto Mayer, o Estado de Direito significa justamente o "Estado do direito administrativo bem ordenado", ou seja, aquele em que "a actuação da Administração se processa, na medida em que as circunstâncias o permitirem, segundo o modelo da Justiça"[292]. Questão diferente era, como também já referido, o problema da garantia de tal legalidade objectiva.

A justiça apresenta uma outra característica que contribui decisivamente para o seu carácter modelar, enquanto actividade jurídico-pública do Estado bem ordenada: a sentença. Com efeito, "a sentença, tal como a lei, constitui uma garantia jurídica para o particular, ao fixar aquilo com que ele tem de contar por parte do poder público. Este não o confronta imediatamente com a sua acção material – nem mesmo para a aplicação da regra legal –, mas antes com um acto de autoridade que determina o que para ele, no caso concreto, deve valer como direito. Somente a partir de tal acto e com base nele é que se segue a sua acção material, enquanto acção juridicamente determinada e vinculada. Uma execução coerciva disciplinada por mera ordem interna imediatamente a partir da lei não corresponde à ideia jurídica da justiça"[293].

---

[290] V. *idem, ibidem*, p. 57.

[291] V. *idem, ibidem*, pp. 58 e 59.

[292] *"Der Rechtsstaat ist der Staat des wohlgeordneten Verwaltungsrechts"*; v. Autor cit., *Deutsches Verwaltungsrecht*, I, cit., p. 58; e, mais adiante, na p. 62: *"der Rechtsstaat bedeutet die tunlichste Justizförmigkeit der Verwaltung"*.

[293] V. *idem, ibidem*, p. 59. A salientar a importância do que é referido no texto, OTTO MAYER acrescenta mais adiante: "em contraste com o anterior estádio de desenvolvimento [isto é, o Estado de polícia], o nosso Estado de Direito, não só não se limitou a enquadrar legalmente a massa de acções correspondentes à actividade administrativa, como também permitiu que continuamente fossem aparecendo no âmbito de tal enquadramente

Estado de Direito Democrático e Administração Paritária

A partir desta observação, Otto Mayer considera duas vias para criar uma definição jurídica idêntica relativamente à Administração: a utilização da sentença judicial para a habilitar a agir materialmente ou para controlar a sua acção material; ou a criação, no âmbito da Administração, de algo que corresponda àquela sentença. O mesmo Autor entende que a França e a Alemanha seguiram, neste particular, caminhos idênticos.

Em França, uma vez estabelecida a proibição de os tribunais se imiscuírem nas questões administrativas e a equiparação entre aqueles e as autoridades administrativas, em relação ao respectivo âmbito de atribuições, verificou-se a necessidade de um acto de autoridade próprio da Administração – o acto administrativo – paralelo à sentença judicial em ordem a assegurar a mencionada equiparação. Na verdade, o acto administrativo "não corresponde a uma criação intencional do legislador, tendo antes surgido por si, impelido por uma espécie de necessidade interior; para o efeito, contribuíram os autores, as decisões das autoridades e algumas determinações legais"[294].

Na Alemanha discutiu-se a possibilidade de a Justiça apreciar a legalidade dos actos da Administração[295]. A tal solução objectava-se

---

pontos fixos que oferecem ao indivíduo um porto seguro e lhe dão indicação sobre o que se irá passar daí para a frente. O instituto jurídico que opera tais efeitos é o acto administrativo" (v. *ibidem*, pp. 92 e 93).

[294] V. *idem, ibidem*, pp. 59 e 60. Cfr. também *supra* o n.º 11.

[295] Como observa OTTO MAYER, *Deutsches Verwaltungsrecht*, I, cit., p. 60, nota 12, o maior triunfo do partido justicialista (*Justizpartei*) consistiu no § 182 da Constituição aprovada na Assembleia Nacional Constituinte reunida na Paulskirche em Frankfurt (que, todavia, nunca chegou a entrar em vigor): "é extinta a justiça da Administração (*Verwaltungsrechtspflege*); os tribunais são competentes para decidir sobre todas as violações de direitos (*Rechtsverletzungen*)".

Certamente por lapso, a referência textual é feita ao § 181 do mesmo normativo, o qual, na sua primeira frase, estabelece a separação e a independência recíproca da justiça (*Rechtspflege*) e da administração (*Verwaltung*) e prevê, na sua segunda frase, a instituição legal em cada Estado de um tribunal para decidir os conflitos de competência entre autoridades administrativas e judiciais. Como salienta MENGER, o citado § 182 visava afastar a "justiça administrativa" (*Administrativjustiz*), correspondente à antiga "justiça camarelística" (*Kammerjustiz*) prussiana e ainda subsistente em muitos *Länder*, e estabelecer que (também) os processos da Administração não podem ser decididos por autoridades administrativas sujeitas a supervisão (*weisungsabhängig*), mas tão-só por tribunais independentes (v. Autor cit., *Deutsche Verfassungsgeschichte der Neuzeit – Eine Einführung in die Grundlagen*, Karlsruhe, 1975, Rn. 269, p. 138). Cfr. também SCHEUNER, "Die neuere Entwicklung des Rechtsstaats in Deutschland", cit., pp. 480 e 481.

A Concepção Tradicional da Administração Pública como um Poder   217

com base em juízos de conveniência e invocando a autonomia da Administração. Certo é que o direito positivo acabou por decidir a favor da Administração, optando pela sua justiça, a justiça da Administração (*Verwaltungsrechtspflege*)[296]. A partir daqui ponderou-se que, se as autoridades administrativas podem decidir com força vinculativa o que é juridicamente devido num caso individual e concreto, "desde que o façam sob a designação de «tribunais administrativos» e com observância de certos princípios procedimentais, não se vislumbra porque é que as suas declarações da mesma natureza (*gleichartige Aussprüche*) não devem ter o mesmo tipo de efeitos, apenas sem as particularidades especificamente ligadas àquela denominação e àquele procedimento"[297].

---

[296] A integração da justiça administrativa na administração era, ao tempo, consensual (cfr., por todos, SCHMIDT-DE CALUWE, *Der Verwaltungsakt...*, cit., pp. 220 e ss.). Os tribunais administrativos eram considerados como autoridades administrativas especiais (no entendimento de OTTO MAYER, *Deutsches Verwaltungsrecht*, I, cit., p. 138, o tribunal administrativo é uma autoridade integrada na ordem administrativa que pratica actos administrativos na sequência de um processo de partes).

[297] V. OTTO MAYER, *Deutsches Verwaltungsrecht*, I, cit., p. 61. O mesmo Autor, *ibidem*, p. 131, esclarece que, uma vez que a essência do Estado de Direito se traduz na maximização da actuação de toda a Administração segundo o modelo da Justiça, é forçoso que existam relações entre a jurisprudência (*Rechtsprechung*), a justiça civil (*Zivilrechtspflege*), a justiça administrativa (*Verwaltungsrechtspflege*) e a administração activa (*einfache Verwaltung*). Assim, "o conceito da justiça administrativa parte do da justiça civil", destacando-se deste em razão da natureza da autoridade (*Behördenart*) que exerce a actividade em causa: "em vez do tribunal comum, é uma autoridade pertencente à ordem administrativa". Mas a natureza da actividade (*Tätigkeitsart*) exercida por cada uma daquelas espécies de autoridades é idêntica: "a autoridade pertencente à Administração age como um tribunal e, designadadamente, como um tribunal que decide litígios civis". Ou seja, através do seu acto de autoridade, a sentença, "determina o que no caso concreto deve valer como direito". Ora, devido à aludida essência do Estado de Direito, a verdade é que também a Administração activa procede a tais definições jurídicas do caso concreto, nomeadamente através dos seus actos administrativos. Deste modo, "a sentença administrativa não é, no seu núcleo próprio, nada de diferente". O que sucede é que "o procedimento constitutivo do acto administrativo próprio da justiça administrativa se caracteriza por determinadas particularidades que distinguem esta última da simples administração. E as particularidades em causa têm de se traduzir no facto de a justiça administrativa receber da justiça civil mais – e, portanto, se aproximar mais desta última – do que aquilo que sucede em relação ao acto administrativo comum". O que conta é precisamente esse «mais». OTTO MAYER identifica-o com o processo de partes: a propósito da decisão de um recurso contencioso (*Verwaltungsklage* – cfr. *ibidem*, p. 152; este tipo de recurso visa

218   Estado de Direito Democrático e Administração Paritária

Daí o aparecimento, com referência à Administração activa ou comum – portanto, fora da justiça da Administração ou Administração contenciosa –, de uma figura paralela à sentença civil: "a declaração por parte de uma autoridade administrativa que determina, em relação a um caso individual e concreto, o que deve valer como direito, vinculando toda a actuação futura da Administração com referência ao mesmo caso"[298]. Trata-se de realidade idêntica à que em França é denominada acto administrativo[299].

---

uma reapreciação da própria questão decidida pelo acto administrativo) interposto de um acto administrativo vinculado, que confirme este último, aquele Autor salienta a identidade de conteúdo do acto recorrido – um acto administrativo simples – e daquela decisão – uma sentença administrativa. E conclui: "uma vez que a justiça administrativa tem de ser algo de juridicamente muito significativo, operou-se por essa via uma grande transformação do acto. Esta, todavia, não pode manifestamente localizar-se no respectivo conteúdo, que permaneceu inalterado, mas apenas no modo (*an der Form*) como o mesmo agora foi emitido. A essência da justiça administrativa tem de ser procurada apenas no modo especial de produção dos actos de autoridade" (v. Autor cit., *ibidem*, p. 135). E, nessa conformidade, OTTO MAYER define a sentença administrativa como "o acto administrativo que resulta de um procedimento de partes" (*Parteiverfahren*; v. Autor cit., *ibidem*, p. 138).

Como SCHMIDT-DE CALUWE salienta, existia, ao tempo, no quadro de uma visão paralela com o processo civil, um entendimento pacífico de que tanto o acto administrativo simples como a sentença administrativa constituíam formas de a Administração decidir e que a designação "acto administrativo" (ou "acto administrativo" em sentido amplo) valia para ambas. Entre os actos administrativos procedia-se a uma distinção em função da susceptibilidade de os mesmos poderem adquirir força de caso julgado. O critério decisivo para o efeito acentuava, ora mais o conteúdo decisório (a «decisão» – *Entscheidung* – contraposta ao «acto dispositivo» – *Verfügung*), ora mais o procedimento decisório (processo de partes, ou não) (cfr. Autor cit., *Der Verwaltungsakt...*, cit., p. 222 e nota 91).

[298] V. OTTO MAYER, *Deutsches Verwaltungsrecht*, I, cit., pp. 61 e 62. V. também *ibidem* p. 93, a formulação do mesmo conceito de acto administrativo: "uma declaração da autoridade que determina ao súbdito no caso concreto o que para ele deve valer como direito". Sobre as inconsistências do paralelismo deste conceito com o de sentença judicial, cfr. *infra* o n.º 18, alínea d), ponto (i).

[299] V. *idem, ibidem*, p. 62; e, do mesmo Autor, "Zur Lehre vom öffentlich-rechtlichen Vertrage" cit., pp. 16 e ss. (em especial, a nota 21, onde este salienta a importância do sentido mais restrito e técnico, contraposto ao sentido corrente), e *Theorie des Französischen Verwaltungsrechts*, cit., pp. 91 e 140 e seguinte.

Sobre as origens histórico-jurídicas do conceito de acto administrativo na dogmática alemã e as suas relações com o conceito homónimo da doutrina francesa, v. ERICHSEN, *Verfassungs- und verwaltungsrechtsgeschichtliche Grundlagen...*, cit., pp. 110 e 111 (a expressão *Verwaltungsakt*, correspondendo a conteúdos muito variados, surge no primeiro terço do Séc. XIX como tradução do francês *acte administratif*); e STOLLEIS, *Geschichte*

A Concepção Tradicional da Administração Pública como um Poder   219

Verifica-se, deste modo, que, se o Estado constitucional com a inerente separação dos poderes tornou possível a submissão da administração à lei, à semelhança do que já anteriormente sucedia em relação à justiça, é o Estado de Direito, com a sua exigência de certeza e de segurança jurídica, que desenvolve aquela mesma ideia. Assim, na medida em que tal seja praticável, devem ser aprovadas leis administrativas (isto é, especificamente destinadas a regular a actividade da Administração) e, além disso, devem ser previstos e praticados, igualmente na medida do que for compatível com os fins prosseguidos pela Administração, actos administrativos que determinem em cada caso concreto "o que deve valer como direito" e que, por isso, deve ser executado (realizado materialmente).

Na verdade, Otto Mayer sublinha que também no que se refere a estes últimos se verifica o paralelismo com o que já acontecia em relação à justiça no domínio do Estado de polícia. Daí a sua já mencionada conclusão: "o Estado de Direito significa que a actuação da Administração se deve realizar, tanto quanto possível, segundo

---

des öffentlichen Rechts in Deutschland, II, cit., p. 411. Como refere este último, só no final do Séc. XIX é que a expressão «acto administrativo» passou a ser entendida pela generalidade dos Autores como medida unilateral do poder público destinada a definir o direito aplicável num situação individual e concreta. Para o efeito, muito contribuiu a teorização de Otto Mayer: ele foi o primeiro a desenvolver sistematicamente aquele conceito e tornou-o central na dogmática jusadministrativa (assim, v. SCHMIDT-DE CALUWE, *Der Verwaltungsakt...*, cit., p. 20).

Em certo sentido, pode dizer-se que Otto Mayer colocou um ponto final na evolução do conceito de acto administrativo, tanto no que se refere ao aspecto terminológico, como no respeitante ao aspecto dogmático, ao delimitá-lo claramente de outras formas de actividade administrativa, nomeadamente as não autoritárias e aquelas que não se referem a situações individuais (assim. v. STOLLEIS, *Geschichte des öffentlichen Rechts ...*, II, cit., *ibidem*). Como observa SCHMIDT-DE CALUWE, *Der Verwaltungsakt...*, cit., p. 207, a ideia de acto administrativo de Otto Mayer é uma consequência das ideias fundamentais do Estado moderno e do Estado de Direito; a partir destas, aquele Autor reconheceu aquela ideia no direito positivo e formulou os correspondentes critérios definitórios: deste modo, reservou o conceito para as realidades já existentes que se enquadrassem no conceito definido de acordo com os mencionados critérios e que, no essencial, se orientavam pela delimitação do *acte administratif*). Não será, por isso, totalmente descabido considerá-lo como o «inventor» do acto administrativo (assim, por exemplo, PEINE, *Allgemeines Verwaltungsrecht*, cit., § 7, Rn. 102, p. 74).

220　　　*Estado de Direito Democrático e Administração Paritária*

o modelo da justiça"[300]. Desta proposição decorrem exigências para o legislador, que cria normas jurídicas ou promove a sua criação, e para a Administração, que aprova regulamentos e pratica actos administrativos: "ambos devem levar, na medida do que for possível, tais realidades próprias do Estado de Direito para o campo da actuação prática"[301].

c) *As especificidades do acto administrativo enquanto manifestação do poder executivo do Estado*

Em todo o caso, e como aquele Autor também adverte, a promoção daquela possibilidade exige uma penetração jurídica da matéria administrativa e a consequente adaptação à mesma. Sob pena de se traçarem limites excessivamente apertados relativamente àquela «medida do possível», não pode estar em causa uma pura e simples transposição dos institutos da justiça: "a fim de poder usar tudo o que é útil, os conceitos conhecidos têm de ser decompostos e com as partes correspondentes têm de se estabelecer novas ligações, segundo os respectivos efeitos e utilidades; tudo tem de se desenvolver de um modo mais rico e diversificado"[302]. A questão que importará equacionar no termo de tal operação é se as aludidas diferenças quantitativas não determinam um salto qualitativo, fazendo com que, a final, a administração do Estado de Direito não seja realidade essencialmente diferente da administração do Estado de polícia, ainda que «domesti-

---

[300] *"Der Rechtsstaat bedeutet die tunlichste Justizförmigkeit der Verwaltung"*; v. Autor cit., *Deutsches Verwaltungsrecht*, I, cit., p. 62. SCHMIDT-DE CALUWE, *Der Verwaltungsakt...*, cit., p. 208, comenta, a este propósito: o acto administrativo é para Otto Mayer uma consequência necessária da ideia de Estado de Direito, uma vez que o entende como actuação segundo o modelo da justiça. E o mesmo Autor acrescenta, *ibidem*, p. 210: tal acto, na sua função de criar uma segurança jurídica paralela à da sentença no domínio da justiça, é o último elo na cadeia correspondente à representação que Otto Mayer faz da ideia de Estado de Direito a concretizar no domínio da administração.

[301] V. OTTO MAYER, *Deutsches Verwaltungsrecht*, I, cit., p. 63.

[302] V. Autor cit., *ibidem*. Cfr. uma análise da construção do acto administrativo sob o paradigma da sentença feita por Otto Mayer em LUÍS SOUSA DA FÁBRICA, *Reconhecimento de Direitos...*, cit., pp. 31 e ss. (este Autor, pelas razões que invoca *ibidem*, p. 21, nota 43, reporta-se à tradução francesa da 1.ª ed. do *Deutsches Verwaltungsrecht* de 1895--1896: *Droit Administratif Allemand*, I, Paris, 1903).

cada» por um legislador que já não coincide com o detentor do poder administrativo.

Segundo Otto Mayer, as aludidas «particularidades» da sentença, enquanto modelo do acto administrativo, exigem uma adaptação e o abandono das determinações correlativas dos fins específicos da justiça, como é o caso do processo e da força de caso julgado da decisão que lhe põe termo. Sem prejuízo de tais «particularidades» também poderem ser assumidas no domínio da administração – como sucede relativamente aos actos administrativos praticados no âmbito da justiça administrativa, as sentenças administrativas (*Verwaltungsurteile*) –, é suposto o acto administrativo simples ou comum (*einfacher* ou *gewöhnlicher Verwaltungsakt*) ainda conservar o essencial do modo como o poder público se torna efectivo na sentença judicial, permitindo a sua qualificação paralela como acto de autoridade no âmbito da administração[303]. Ou seja, pressupondo a continuidade de tal poder do Estado relativamente ao que existia no quadro do Estado de polícia, e, portanto, conservando a natureza de determinação autoritária juridicamente vinculativa, o conceito de acto administrativo mostra-se enriquecido, por comparação com o acto de autoridade do mesmo Estado de polícia, com os momentos característicos do Estado de Direito, permitindo, de tal modo, assegurar a segurança jurídica e a previsibilidade da actuação dos poderes públicos relativamente aos súbditos.

A novidade do conceito – e, em especial, o seu paralelismo formal com a sentença judicial, o seu modo de ser como a justiça (a *Justizförmigkeit*) – reside precisamente nas suas funções orientadora e estabilizadora. Com efeito, o acto administrativo assegura que a autoridade administrativa clarifique a sua posição relativamente ao súbdito antes de o atingir com a sua acção material, criando um "ponto fixo" em que o mesmo se possa apoiar e que o esclarece sobre o "caminho a seguir" daí para a frente[304]. Acresce que aquele

---

[303] V. OTTO MAYER, *Deutsches Verwaltungsrecht*, I, cit., p. 93.

[304] V. *idem, ibidem*. Encontrando-se prevista a tutela jurídica perante a Administração activa, o acto administrativo funciona também como o objecto de referência (cfr. *idem, ibidem*, pp. 151 e ss., em especial, pp. 155 e ss.). Em tais casos, concorre com a função de orientação uma função de protecção jurídica.

222 Estado de Direito Democrático e Administração Paritária

acto não se limita a vincular o seu destinatário, mas cria entre este e o poder executivo uma verdadeira relação jurídica, nos termos da qual, e enquanto o acto em causa subsistir, toda a actuação posterior daquele poder tem de se conformar com a definição de direitos e deveres dele constante. O acto administrativo é, deste modo, uma decisão de autoridade que institui o direito aplicável num caso individual e concreto, correspondendo a uma visão paralela não apenas da sentença judicial, mas também, em especial no respeitante à vinculação bilateral, da norma jurídica.

Como salienta Luís Sousa da Fábrica, "nesta construção, uma norma de comportamento apenas surge, sob a forma de autovinculação, com o próprio acto administrativo, enquanto criador de *ius in concreto*. Só a partir do momento da prática do acto administrativo, e no que se refere à sua execução *lato sensu*, é que se torna então possível falar de uma relação *jurídico-material* e de deveres da Administração no plano substantivo. Antes disso, o relacionamento entre a Administração e o particular limitava-se ao plano *formal*: não existia uma relação jurídico-material, com direitos e deveres recíprocos de natureza substantiva, mas uma relação jurídico-formal, que conferia ao particular um direito análogo ao direito de acção (a exercer através de uma solicitação à prática de um acto administrativo primário) ou análogo ao direito de recurso (dirigido à prática de um acto administrativo modificativo ou extintivo, praticado ou não por órgãos da jurisdição administrativa). [...] A protecção dos interesses do particular através do *Direito* traduzia-se assim nos referidos direitos formais de participação no exercício do poder decisório da Administração e de colaboração na aplicação correcta do direito objectivo"[305].

No que se refere em especial ao acto administrativo, o mesmo, tal como a sentença no âmbito da justiça, só pode ser praticado por uma autoridade com base nos seus poderes (*Behörde*), não se encon-

---

[305] V. Autor cit., *Reconhecimento de Direitos...*, cit., pp. 33 e 34. Importa tão somente recordar que mesmo a aludida relação formal não tem de existir sempre nem sequer decorre da norma que se impõe como limite à decisão administrativa (cfr. *supra* a nota 274 e o texto correspondente).

A Concepção Tradicional da Administração Pública como um Poder   223

trando na disponibilidade dos serviços ou do pessoal técnico ou auxiliar[306]. O poder de praticar actos administrativos é inerente às atribuições administrativas da Administração; não carece de consagração legal expressa. "Determinar com autoridade em relação ao súbdito o que para ele deve valer como direito no caso concreto não pertence de todo à reserva de lei. Essa é uma manifestação do poder público que, em si, também pertence ao poder executivo. No que se refere à reserva de lei, tudo dependerá do conteúdo do acto administrativo. Caso este represente uma lesão da liberdade e da propriedade [...], necessita naturalmente de uma base legal. E isto não porque seja definido que para [o destinatário] algo é de direito, mas porque é determinado que deve haver lugar a uma intromissão na sua esfera jurídica"[307]. O poder da própria Administração, supraordenada relativamente ao cidadão, de determinar com força vinculativa o que deve valer como direito no caso concreto é, no entendimento de Otto Mayer, evidente[308].

---

[306] V. OTTO MAYER, *Deutsches Verwaltungsrecht*, I, cit., pp. 93 e 94. Na nota 2 da primeira daquelas páginas o citado Autor esclarece que os agentes – guardas, polícias – ou mesmo o conselho de administração de uma corporação profissional não são "autoridades administrativas" para o efeito de lhes poder ser imputada a prática de actos administrativos.

As autoridades administrativas referidas no texto, igualmente à semelhança do que acontece com as instâncias judiciais, organizam-se hierarquicamente (v. *idem, ibidem*, p. 94). Acima delas e podendo eventualmente praticar actos administrativos, mesmo que sob a forma de lei, situam-se os órgãos políticos – o príncipe e a assembleia representativa; abaixo das mesmas situa-se o pessoal auxiliar e de execução e o pessoal técnico, o qual todavia não pode praticar actos administrativos (v. *idem, ibidem*). A delegação de poderes é admissível em determinadas circunstâncias; no entanto, a mesma não se confunde com o encargo da notificação de decisão previamente tomada pelo órgão competente por um funcionário (cfr. *idem, ibidem*, nota 4).

[307] V. OTTO MAYER, *Deutsches Verwaltungsrecht*, I, 1.ª ed. (1895), p. 97, cit. *apud* SCHMIDT-DE CALUWE, *Der Verwaltungsakt...*, cit., p. 211.

[308] Cfr. SCHMIDT-DE CALUWE, *Der Verwaltungsakt...*, cit., p. 212. Ou seja, para Otto Mayer, a própria possibilidade de utilizar a "forma de acção" acto administrativo numa dada situação – a *Verwaltungsaktbefugnis* e que não se confunde com a possibilidade abstracta (*allgemeine Fähigkeit*) de praticar actos administrativos – não constitui um problema autónomo, já que a mesma decorre da própria superioridade da Administração (sobre a exigência actual de tal norma habilitadora, v. P. STELKENS e U. STELKENS, *Verwaltungsverfahrensgesetz Kommentar*, cit., § 35, Rn. 21 e ss., pp. 856 e ss.; e KOPP e RAMSAUER, *Verwaltungsverfahrensgesetz Kommentar*, 7. Aufl., München, 2000, § 35, Rn. 11, p. 587).

224　　Estado de Direito Democrático e Administração Paritária

Além disso, a eficácia do acto administrativo, dependente da notificação ao destinatário, uma vez iniciada, só cessa no seguimento do exercício de um poder formal idêntico por parte do órgão autor do acto ou de um órgão superior (ou dos poderes próprios dos órgãos da justiça administrativa). Aquele acto é, em princípio, livremente revogável ou modificável por outro acto administrativo[309]. Enquanto tal não suceder, e ressalvada a sua caducidade, o mesmo acto desenvolve uma "força vinculativa", em especial no que se refere à exequibilidade, idêntica à da sentença transitada em julgado[310-311].

A propósito de tal força vinculativa, cumpre ter presente que, para Otto Mayer, a mesma é própria do acto administrativo, não é um efeito jurídico que lhe seja normativamente imputado; ao invés, ela é inerente ao próprio acto – dizer acto administrativo implica considerar a respectiva força vinculativa. Esta é uma característica da situação de facto objecto da previsão normativa (*Tatbestandsmerkmal*) que se refira a um acto administrativo e não uma consequência jurídica objecto da estatuição (*Rechtsfolge*)[312].

---

[309] V. OTTO MAYER, *Deutsches Verwaltungsrecht*, I, cit., p. 96 e, bem assim, pp. 123 (revogação – *Zurücknahme*) e 124, a nota 1 e o texto correspondente (poder de supervisão – *Aufsichtsrecht der Oberbehörde über die untere*). Sobre o acto administrativo proferido no âmbito da justiça administrativa, a sentença administrativa, v. *idem*, *ibidem*, pp. 131 e ss. Esta, sendo proferida na sequência de um processo de partes, adquire, tal como as sentenças judiciais, força de caso julgado material (*materielle Rechtskraft*; v. *idem*, *ibidem*, pp. 163 e ss.: relativamente ao poder executivo, tal força significa que aquele fica vinculado para o futuro à definição jurídica feita pela sentença, não podendo mais modificá-la; cfr., *ibidem*, p. 166).

[310] V. OTTO MAYER, *Deutsches Verwaltungsrecht*, I, cit., p. 96. Cfr. *idem*, *ibidem*, pp. 152 e 163. A referência à sentença transitada em julgado pretende clarificar que, no respeitante ao acto administrativo, a imodificabilidade e a exequibilidade (*Vollstreckbarkeit*), não dependem uma da outra. Com efeito, o acto administrativo é exequível a partir do momento em que é eficaz nos termos referidos no texto: tal força especial é inerente ao acto administrativo eficaz; e a sua eficácia não se suspende nem cessa com a respectiva impugnação Diferentemente, e em regra, a sentença só é exequível uma vez transitada em julgado (cfr., por exemplo, o art. 47.º, n.º 1, do Código de Processo Civil; sobre a distinção entre imperatividade e exequibilidade das sentenças, v. por todos, ANTUNES VARELA, *Manual de Processo Civil*, 2.ª ed., Coimbra, 1985, pp. 699 e 700). Assim, o acto administrativo, salvo nulidade, logo que notificado ao seu destinatário, tem a força jurídica que uma sentença civil só adquire depois do trânsito em julgado, ainda que, ao contrário desta, continue a poder ser modificado ou revogado.

A Concepção Tradicional da Administração Pública como um Poder   225

De resto, a história e o método da «descoberta» do acto administrativo por Otto Mayer evidenciam-no claramente: ele conceptualizou uma dada realidade prática da administração do seu tempo. Nem podia ser de outro modo, uma vez que, não só não existia um instituto legal denominado «acto administrativo», como as referências legais a tipos concretos de actos administrativos não eram para aquele Autor relevantes, porquanto, na sua perspectiva, o acto administrativo "é, ele próprio, poder público que, por si mesmo, determina a vinculação jurídica"[313].

Com ressalva dos casos de nulidade, aquela força vinculativa é desenvolvida mesmo pelos actos inválidos. Com efeito, diferentemente do que sucede com os negócios jurídicos privados – que, em regra, são ineficazes em caso de invalidade – as declarações de vontade da autoridade administrativa relativamente a questões das suas atribuições, porque manifestam a força da vontade do Estado, atestam igualmente a verificação em concreto dos pressupostos de que depende a respectiva validade (*Selbstbezeugung*)[314]. Ou seja, a

---

[311] OTTO MAYER, *Deutsches Verwaltungsrecht*, I, cit., p. 128, admite uma excepção à vinculação jurídica do Executivo no caso de actos administrativos constitutivos de direitos ou interesses legalmente protegidos susceptíveis de recurso administrativo (*Beschwerde*) por parte de terceiros lesados: por exemplo, autorizações ou licenças. Impondo aquele meio impugnatório o reexame da situação objecto do acto impugnado, a autoridade *ad quem* tem de possuir a mesma liberdade de apreciação e de decisão da autoridade *a quo*, razão por que os efeitos favoráveis constituídos pelo acto têm de ficar suspensos enquanto a questão do recurso administrativo não estiver resolvida.

[312] Chama a atenção para este aspecto SCHMIDT-DE CALUWE, *Der Verwaltungsakt...*, cit., p. 212. Em sentido convergente, LUÍS SOUSA DA FÁBRICA sublinha, como um dos aspectos fulcrais da teorização de Otto Mayer, "a prevalência do acto administrativo sobre a lei como fonte de relações jurídico-materiais" (v. Autor cit., *Reconhecimento de Direitos...*, cit., pp. 34 e 35). Cfr. também *supra* as notas 231 a 233 e o texto correspondente (a compreensão da teoria de Otto Mayer por Hans Heinrich Rupp).

[313] V. Autor cit., *Deutsches Verwaltungsrecht*, I, cit., p. 97.

[314] Cfr. OTTO MAYER, *Deutsches Verwaltungsrecht*, I, cit., p. 95. O vício de que um acto administrativo eventualmente enferme não pode é ser determinante de nulidade, visto que, em tal caso, o acto será ineficaz (*ibidem*, p. 95). Na verdade, vícios tão graves como a prática de acto administrativo por quem não revista a natureza de autoridade administrativa ou, sendo-o, por quem não tenha poderes para a adopção do tipo de medidas concretamente em causa impedem, desde logo, que a decisão em causa constitua uma manifestação da força da vontade do Estado (v. *idem, ibidem*).

226 *Estado de Direito Democrático e Administração Paritária*

invalidade de um acto só se torna relevante para a respectiva eficácia se, e quando, a mesma for posta em causa por uma autoridade com poderes bastantes: consoante os respectivos poderes, ela poderá então "declará-lo inválido e, desse modo, torná-lo nulo", destruindo os seus efeitos, ou, ao menos, recusar-lhe a produção de efeitos num determinado domínio como se o acto não existisse[315]. A invalidade nestes termos significa, por conseguinte, uma mera possibilidade de destruição de efeitos[316].

No que se refere à eficácia jurídica do acto administrativo, cumpre salientar ainda os termos em que se efectiva a sua função estabilizadora, nomeadamente o duplo paralelismo com a sentença judicial, como declaração de autoridade, e com a regra jurídica, como vinculação bilateral[317-318]:

> Enquanto a eficácia do acto administrativo não for afectada por novos actos da mesma natureza, aquele "tem a força vinculativa do acto de autoridade individual, como a sentença transitada em julgado. Ele define para o respectivo destinatário o que o mesmo deve e pode. Mas não só a ele: a força vinculativa é aqui bilateral, como sucede com a regra jurídica. Ao que foi determinado ao súbdito em causa, corresponde uma vinculação jurídica do poder executivo em tudo o que este se proponha relativamente àquela pessoa na situação considerada: é a vinculação segundo as regras da execução"[319].

---

[315] V. *idem, ibidem*, p. 95. O mesmo Autor esclarece, *ibidem*, p. 96, nota 8, que se trata da exclusão da possibilidade de verificação da legalidade (*Prüfungsrecht*) do acto em causa relativamente a todos menos àquelas autoridades a que a lei tenha expressamente cometido tal incumbência.

[316] V. *idem, ibidem*. Daí que OTTO MAYER refira, *ibidem* na nota 7, estar em causa "algo mais do que a eliminação de uma mera aparência".

[317] V. OTTO MAYER, *Deutsches Verwaltungsrecht*, I, cit., p. 96. Sobre a bilateralidade da vinculação das normas jurídicas, v. *supra* o ponto (i) da alínea b) deste número.

[318] Como observa SCHMIDT-DE CALUWE, *Der Verwaltungsakt...*, cit., p. 214, nota 52, a eficácia da sentença é igualmente vista por Otto Mayer como "semelhante" à da regra jurídica, visto que aquela também define a situação jurídica da parte perante o poder público, ficando a justiça obrigada a proceder em conformidade, tanto no que se refere à execução da sentença, como em futuras sentenças que venham a ser proferidas sobre o mesmo caso. Todavia, invocar, a propósito da função estabilizadora do acto administrativo, o paralelismo apenas com a sentença não é suficiente, porquanto o Estado, enquanto

A Concepção Tradicional da Administração Pública como um Poder   227

Deste modo, salvo revogação ou anulação daquele acto administrativo, e à semelhança do que sucede relativamente às sentenças condenatórias civis ou penais, os actos posteriores do poder executivo, em especial os actos administrativos adicionais, têm de assentar na base constituída por aquele primeiro acto e, "principalmente, a sua acção material tem de se conformar com o mesmo"[320]. Em todo o caso, e como Otto Mayer observa, aquela acção material é significativamente mais diversificada do que a execução relativamente uniforme das sentenças judiciais, correspondendo aos vários modos de uma administração viva: "dar e tirar, tolerar e coagir, onerar e libertar, desalojar e retirar"[321]. Acresce que a bilateralidade da vinculação jurídica em causa – marca distintiva do acto administrativo relativa-

---

tribunal que julga – e contrariamente ao Estado, enquanto Executivo que decide mediante acto administrativo – não participa, não é sujeito, da relação jurídica definida pela sua própria decisão. Assim, e uma vez que a vinculação da parte privada pela sentença não pode ser considerada por Otto Mayer como modelo da vinculação da autoridade ao seu próprio acto, aquele Autor tem de acentuar o paralelismo com a vinculação da Administração à regra jurídica.

É com base na comparação com a sentença e com a regra jurídica que SCHMIDT-DE CALUWE defende, do ponto de vista teórico, o carácter duplo do acto administrativo no sistema de Otto Mayer: ele é simultaneamente definição autoritária do direito (*autoritative Rechtsbestimmung*) e fonte de direito para o caso concreto (*Rechtsquelle des Einzelfalles*; cfr. Autor cit., *Der Verwaltungsakt...*, cit., p. 214). Segundo o mesmo Autor, e apesar de Otto Mayer nunca haver reconhecido a natureza do acto administrativo como fonte de direito, a construção jurídica da autovinculação da Administração perde-se no jogo das comparações, pelo que, olhando para o resultado, o que se verifica é que no sistema de Otto Mayer o Executivo tem no acto administrativo uma base jurídica com efeitos e força similares à de uma regra jurídica, a qual vincula os seus destinatários e a própria Administração nos mesmos termos de uma regra legal. Deste modo, a relação jurídica que se refira a um dado acto administrativo tem, na realidade, o seu fundamento imediato exclusivamente nesse «acto administrativo-norma» («*Verwaltungsakt-Norm*»; cfr. Autor cit., *Der Verwaltungsakt...*, cit., p. 215).

HANS KELSEN já havia chegado à mesma conclusão: a relação de supra e infra-ordenação entre quem emite uma ordem e quem lhe deve obediência implica que tal ordem seja simultaneamente fonte de direito do caso a que respeita (cfr. Autor cit., "Zur Lehre vom öffentlichrechtlichen Rechtsgeschäft" cit., pp. 194 e 197; v. *infra* as notas 361 e 362 e o texto correspondente).

[319] V. OTTO MAYER, *Deutsches Verwaltungsrecht*, I, cit., p. 96.

[320] V. *idem, ibidem*. Quanto ao confronto do acto administrativo com o tipo de sentenças referidas no texto, v. *ibidem*, p. 100.

[321] V. *idem, ibidem*, p. 96.

228　　*Estado de Direito Democrático e Administração Paritária*

mente à ordem administrativa no Estado de polícia – significa que o desrespeito do acto exequendo, por parte da Administração, ofende o respectivo destinatário nos seus direitos[322].

A comparação do acto administrativo com o negócio jurídico privado e com a sentença judicial, designadamente no que se refere à subordinação à lei, torna evidente o alcance do poder da Administração. Por outro lado, o confronto do mesmo acto com a «ordem» ou «instrução» (*Anweisung*) no âmbito das relações especiais de poder esclarece sobre o progresso que, em matéria de segurança jurídica dos cidadãos, o Estado de Direito representa relativamente ao Estado de polícia.

Enquanto os efeitos do negócio jurídico se reconduzem na sua totalidade à lei[323], o acto administrativo "é, ele próprio, poder público que, por si mesmo, determina a vinculação jurídica, enquanto não lhe forem colocados limites especiais"[324]. Estes decorrem da própria Constituição e concretizam-se, conforme referido, na preferência de lei e na reserva de lei[325].

No respeitante às sentenças judiciais, verifica-se que tanto estas como os actos administrativos são expressões do poder executivo e, portanto, ambas as formas de acção pública estão submetidas à lei. No entanto, aqueles dois tipos de actos distinguem-se quanto ao grau da sua vinculação à lei e, consequentemente, quanto à medida da sua determinação legal e quanto ao seu conteúdo decisório típico. Estas diferenças radicam na essência de cada uma das actividades em que aquele tipo de actos se integra, respectivamente, a justiça e a administração: enquanto a primeira é "a actividade do Estado que visa fazer respeitar a ordem jurídica com o poder da autoridade"[326],

---

[322] V. *idem, ibidem*. Recorde-se que é o acto administrativo – e não a regra jurídica – que define a posição jurídica subjectiva do súbdito perante a Administração, ou seja, o que para ele numa dada situação "deve valer como direito" (cfr., quanto ao o conceito de acto administrativo perfilhado por OTTO MAYER, *ibidem*, p. 93; e, quanto à oponibilidade das normas jurídicas aos súbditos, *supra* a nota 274 e o texto correspondente).

[323] V. OTTO MAYER, *Deutsches Verwaltungsrecht*, I, cit., p. 97.

[324] V. *idem, ibidem*.

[325] Cfr. *supra* o ponto (i) da alínea b) deste número.

[326] V. OTTO MAYER, *Deutsches Verwaltungsrecht*, I, cit., p. 5.

A Concepção Tradicional da Administração Pública como um Poder   229

na segunda "surge o Estado que actua (*der handelnde Staat*), aquele que age para resolver os seus problemas"[327].

Com efeito, a sentença judicial caracteriza-se pela sua vinculação estrita e uniforme – afinal a sua função específica no quadro da justiça é aplicar a lei a uma dada situação. Já no caso da administração, a vinculação pode revestir graus de intensidade muito diversos, até ao ponto de nem sequer ser exigível uma lei prévia (caso dos actos administrativos independentes[328]).

Acresce que na sentença judicial os juízes se limitam a declarar o que, segundo a vontade real ou presumível da lei, vale como direito no caso concreto apurado nos termos do processo. Deste modo, o conteúdo da sentença judicial é totalmente determinado pela lei[329]. Por isso, a discricionariedade judicial eventualmente existente ainda é vinculada, no sentido de se dever procurar conhecer a vontade da lei (*gebundenes Ermessen*)[330]. Em suma, a decisão judicial é sempre aplicação da lei, decisão (*Entscheidung*), *iurisdictio* (*Rechtsprechung*).

Com os actos administrativos passa-se algo de diferente, porque, além dos casos de vinculação estrita (e em que, por isso, também pode haver lugar à aplicação da lei nos mesmos termos em que o fazem os juízes), muitos outros há em que, ou nem sequer existe lei prévia – é o caso dos mencionados actos administrativos independentes –; ou a lei que existe é deliberadamente incompleta, deixando à Administração um amplo espaço de regulamentação autónoma (como, por exemplo, no caso das relações especiais de poder); ou a mesma lei confere graus de discricionariedade muito amplos (quanto ao *an*, *quid* ou *quomodo*) visando que a Administração decida segundo o seu critério. Com efeito, "a lei pode deixar àquela que mediante uma sua decisão pratique o acto ou que o complete em termos inovadores, não para dizer aquilo que a própria lei terá pretendido, mas sim o que a autoridade considera ajustado"[331]. E, na

---

[327] V. *idem*, *ibidem*, p. 100.

[328] Sobre estes, cfr. *supra* a nota 282.

[329] V. OTTO MAYER, *Deutsches Verwaltungsrecht*, I, cit., p. 98. Cfr., também, *supra* o ponto (i) da alínea b) deste número.

[330] V. *idem*, *ibidem*, p. 98.

[331] V. *idem*, *ibidem*, p. 99.

230   Estado de Direito Democrático e Administração Paritária

ausência de uma lei ou de disposição legal aplicável a um dado caso, o acto administrativo actua por si mesmo (*wirkt selbständig*)[332].

Em todos estes casos o conteúdo da vontade do Estado a exprimir já não é determinável apenas a partir da vontade real ou presumível do legislador relativamente à situação concretamente considerada – ou seja, da interpretação e aplicação da lei –, mas, sobretudo, a partir da ponderação concreta, a realizar pela própria Administração, do interesse público, da eficiência e da eficácia das diversas soluções possíveis. Fala-se, então, de discricionariedade administrativa ou de discricionariedade livre (*freies Ermessen*)[333].

Ou seja, a Administração, enquanto manifestação do poder público, e não obstante a sua natureza de, tal como o tribunal judicial, "colaboradora subordinada" da lei[334], de poder executivo[335], tem a capacidade de, por si e apenas com a sua vontade, vincular juridicamente os súbditos. Sem prejuízo da sua natureza executiva, a vontade da Administração preexiste à lei, não se funda nela. A lei, relativamente àquela vontade, apenas pode impor limites exteriores – ela representa um pressuposto, no caso da reserva de lei, e um obstáculo, no caso da preferência de lei – com eventuais consequências sobre a eficácia do acto: o desrespeito de tais limites por parte da Administração implica a possibilidade de destruição dos efeitos jurídicos do acto administrativo (*Vernichtbarkeit*)[336].

---

[332] V. *idem*, *ibidem*, p. 97.

[333] V. *idem*, *ibidem*, p. 99. Subjacente a tal modo de equacionar a questão está, segundo RUPP, a concepção de Stahl de uma posição diferenciada da Administração e do tribunal perante a lei: enquanto para a primeira, a lei é um mero limite (*Schranke*) da sua actividade livre em vista da realização do bem comum, para o juiz, a mesma lei é o conteúdo e a linha de orientação exclusiva da sua actividade (cfr. Autor cit., *Grundfragen...*, cit., pp. 178 e ss.). Tal concepção culmina na contraposição das correlações «aplicação da lei – jurisdição» e «discricionariedade administrativa – administração», sendo esta última insindicável jurisdicionalmente em razão do seu conteúdo inovador relativamente ao padrão legal (cfr. *idem*, *ibidem*, pp. 179 e 180).

[334] V. OTTO MAYER, *Deutsches Verwaltungsrecht*, I, cit., p. 77 e *supra* o ponto (i) da alínea b) deste número.

[335] V. *idem*, *ibidem*, p. 79 e *supra* o ponto (i) da alínea b) deste número.

[336] V. *idem*, *ibidem*, p. 95. Sobre a natureza executiva da actividade da Administração relativamente à lei, v. *supra* o ponto (i) da alínea b) deste número.

A Concepção Tradicional da Administração Pública como um Poder   231

Na verdade, a vontade administrativa é unitária: aquela que se exprime no exercício de poderes discricionários – originando os «actos dispositivos» (*Verfügungen*) – não é de natureza diferente da que se exprime no exercício de poderes vinculados – dando origem às «decisões» (*Entscheidungen*) em que a Administração actua em termos idênticos aos do juiz, ou seja, declarando a vontade da lei para o caso concreto[337]. Em ambos os casos é a vontade da própria Administração que determina os efeitos jurídicos a produzir no caso concreto; simplesmente, nas «decisões» tal vontade é limitada pela lei, enquanto que nos «actos dispositivos» a mesma vontade é livre. O desrespeito dos limites legais implica a mencionada possibilidade de destruição retroactiva daqueles efeitos jurídicos por decisão de um tribunal administrativo.

Como observa Schmidt-De Caluwe, a unidade da vontade administrativa manifestada em qualquer tipo de acto administrativo, com independência do grau de limitação legal, é um conceito indispensável à compreensão da Administração como um poder e da sua força vinculativa autónoma, e, além disso, a sua consideração permite seguir o modo como o acto administrativo foi concebido por Otto Mayer a partir da realidade administrativa do seu tempo[338].

Na medida em que existam dados legais, a Administração, enquanto parte da realidade única que é o Estado e posicionada ao lado da lei, exprime a vontade do mesmo Estado vazada na regra jurídica, concretizando-a vinculativamente com referência a uma dada situação. No seu conteúdo essencial, o acto administrativo apresenta-se, deste modo, como a forma própria de o Estado de Direito manifestar a sua vontade através da Administração. Com tal conteúdo o acto administrativo pode ser facilmente transferido para o domínio extra-legal – aquele que, não sendo objecto de reserva de lei, também ainda não foi abrangido por nenhuma lei –, uma vez que tal declaração da Administração continua a manifestar a vontade do Estado, a qual, neste segundo caso, se consubstancia apenas na vontade daquela, enquanto poder do Estado não vinculado. "O con-

---

[337] V. *idem, ibidem*, pp. 99 e 100.
[338] Cfr. Autor cit., *Der Verwaltungsakt...*, cit., pp. 210 e 211.

232 *Estado de Direito Democrático e Administração Paritária*

ceito de acto administrativo é, assim, simplesmente a qualificação--síntese (*Zusammenfassung*) de qualquer declaração administrativa dirigida ao súbdito mediante a qual se pretende estabelecer uma disciplina normativa"[339]. Nesta perspectiva, Otto Mayer esclarecia na 1.ª edição do seu *Deutsches Verwaltungsrecht*[340]:

> "Para a emissão de actos administrativos não existe, ao invés do que sucede relativamente à lei ou à sentença judicial, um aparelho próprio especificamente destinado a tal efeito e que, assim, os tornasse formalmente cognoscíveis através do modo como surgem ou são praticados. Vale antes o princípio: «quando uma autoridade administrativa dá a conhecer ao súbdito uma declaração (*Ausspruch*) que, pelo seu conteúdo, seja adequada a produzir em relação ao mesmo o efeito de um acto administrativo, tal declaração deve ser entendida como um acto administrativo, a menos que comprovadamente se pretendesse um efeito menor»".

Finalmente, importa considerar as diferenças entre o acto administrativo e a «ordem» ou «instrução» (*Anweisung*) no âmbito das relações especiais de poder[341].

A situação dos súbditos em geral relativamente ao Estado, mesmo no quadro do Estado constitucional, pode caracterizar-se em termos de dependência, de sujeição jurídica abrangente ou de infra-ordenação, a qual apenas é limitada pela ideia própria do Estado de Direito de maximizar a actuação da Administração segundo o modelo da justiça. Nessa conformidade, a legalidade da administração nas suas duas vertentes – reserva de lei e preferência de lei – e a prática de actos administrativos com função idêntica à das sentenças judiciais constituem factores importantes de reforço da segurança jurídica dos súbditos.

---

[339] Nestes termos, v. SCHMIDT-DE CALUWE, *Der Verwaltungsakt...*, cit., p. 211.

[340] V. Autor cit., *Deutsches Verwaltungsrecht*, I (1895), p. 96, cit. *apud* SCHMIDT-DE CALUWE, *Der Verwaltungsakt...*, cit., p. 211.

[341] Cfr. OTTO MAYER, *Deutsches Verwaltungsrecht*, I, cit., pp. 101 e ss.

A *Concepção Tradicional da Administração Pública como um Poder*   233

Existem, todavia, situações em que a prossecução de um determinado fim administrativo exige e justifica uma dependência agravada dos súbditos que em tal contexto entrem em contacto com a Administração. São exemplos as relações entre a Administração e os seus funcionários[342], as relações entre o serviço prestador de água ou electricidade e os seus utentes, as relações entre professores e alunos numa escola pública, as relações entre médicos ou enfermeiros e doentes num hospital público ou as relações entre guardas prisionais e reclusos. Em todas essas relações existe uma situação de diminuição de liberdade dos súbditos, uma vez que têm de conformar a sua actuação de acordo com as exigências do fim prosseguido pela Administração no âmbito daquelas relações. "A concretização do que em concreto têm de fazer ou deixar de fazer é determinada de modo juridicamente vinculante, no quadro do direito aplicável, pela direcção dos serviços e seus auxiliares"[343]. Tal determinação vinculante constitui uma «ordem» ou «instrução»[344].

Esta pode ter carácter individual ou geral. No primeiro caso, ela distingue-se claramente do acto administrativo. Com efeito, a «ordem» ou «instrução» não tem de ser emitida por uma autoridade pública com base nos seus poderes. No âmbito da relação especial de poder, os agentes técnicos ou auxiliares podem emitir ordens: o professor, o médico, o guarda prisional. As suas declarações, que fora de tal relação não seriam mais do que advertências, solicitações ou lembranças, no quadro da mesma, são vinculativas para os respectivos destinatários. Em segundo lugar, a mesma «ordem» ou «instrução» não vincula quem a emite: não constituindo direito entre o poder executivo e o súbdito, limita-se "a desenvolver unilateralmente a obrigatoriedade inerente à relação de poder, a qual, antes como depois, continua livremente disponível. Ela opera do mesmo modo que o acto da autoridade no Estado de polícia"[345].

---

[342] Caracterização não pacífica. V., por exemplo, DIOGO FREITAS DO AMARAL, *Curso...*, I, cit., p. 629. No texto apenas se pretende indicar a posição de Otto Mayer no que se refere à contraposição entre acto administrativo e «ordem» ou «instrução».

[343] Assim, v. OTTO MAYER, *Deutsches Verwaltungsrecht*, I, cit., p. 102.

[344] V. *idem, ibidem.*

[345] V. *idem, ibidem*, p. 103.

234 Estado de Direito Democrático e Administração Paritária

18. Apreciação crítica das bases autoritárias da construção de Otto Mayer relativa ao acto administrativo

a) Razão de ordem

A análise crítica das linhas mestras da construção de Otto Mayer relativa ao acto administrativo no quadro político-constitucional em que a mesma foi concebida – a monarquia constitucional alemã – cria as condições necessárias para avaliar a possibilidade de recepção de tal dogmática nos quadros de um Estado de Direito correspondente às exigências constitucionais contemporâneas. Está em causa, nomeadamente, a determinação dos traços essenciais que o fundamento político-constitucional projectou na dogmática do acto administrativo, uma vez que não foi a concepção do Estado estreitamente ligada à monarquia constitucional perfilhada por Otto Mayer que até hoje exerceu uma influência determinante na dogmática jusadministrativa, mas apenas as estruturas do seu *Deutsches Verwaltungsrecht* e, de modo muito particular, o seu modelo de acto administrativo[346]. Acresce, por outro lado, e não obstante a superação daquele quadro político-constitucional, que somente uma perspectiva imanente ao sistema de Otto Mayer permite entrever a coerência interna da sua construção do acto administrativo e, desse modo, criar as condições necessárias para avaliar a sua eventual adequação ao quadro constitucional actual.

Importa, para tanto, determinar as ligações lógicas e filosóficas entre a teoria do acto administrativo daquele Autor e a teoria do Estado moderno – o seu direito administrativo pode ser compreendido como "uma formalização jurídica da «ideia de Estado moderno» no quadro do modelo da monarquia constitucional"[347] –, as quais parecem não se limitar a uma simples coincidência histórica ou ocasional. Com efeito, o acto administrativo concebido por Otto Mayer, com a sua eficácia específica (incluindo nesta a possibilidade da sua

---

[346] Cfr. SCHMIDT-DE CALUWE, *Der Verwaltungsakt...*, cit., p. 53.

[347] Assim, v. SCHMIDT-DE CALUWE, *Der Verwaltungsakt...*, cit., p. 51. V. também *ibidem*, pp. 259 e ss. Recorde-se igualmente a caractrização feita por RUPP: "um direito administrativo do princípio monárquico" (v. Autor cit., *Grundfragen...*, cit., p. 9).

A Concepção Tradicional da Administração Pública como um Poder   235

execução material por parte da própria Administração), radica numa determinada concepção do Estado – a aludida ideia do Estado moderno como realidade pré-jurídica e superior aos indivíduos, o Estado como poder – e na consideração do modo como o mesmo se submete ao direito – a concepção de Estado de Direito perfilhada por Otto Mayer. É o próprio quem o afirma, ao reconhecer a existência de uma «noção-chave» do direito administrativo: "sou da opinião de que não nos falta a base unitária para o domínio e análise da matéria (do direito administrativo) de que carece um ramo autónomo da ciência do direito. O mesmo encontra-se naquela força especial da vontade do Estado que vemos reconhecida sob diferentes nomes e em diversos âmbitos de actuação"[348]. Esta "base unitária" constitui "«aquele ponto» a partir do qual se torna possível construir a totalidade do sistema jurídico da Administração"[349].

Ele é, por isso mesmo, também «aqueler ponto» a partir do qual o mesmo sistema tem de ser analisado e criticado.

Desde logo, o citado instituto do acto administrativo, tal como teorizado por Otto Mayer, integra-se – e, portanto, recebe na sua própria construção – num determinado modelo da separação dos poderes: aquele que, baseado na unidade e superioridade do poder do Estado, distingue, a partir de uma divisão interna deste último, entre poder normativo (em especial, o poder legislativo) e poder executivo. O instituto em apreço assenta, depois, numa dada representação das relações entre justiça e administração no âmbito do poder executivo e numa certa concepção do princípio da legalidade, caracterizada, nomeadamente, pela vinculação jurídica diferenciada da Administração e dos particulares. Finalmente, e sem prejuízo da sua modificabilidade por iniciativa da própria Administração, o mesmo acto é dotado de uma força vinculativa autónoma que exprime nas situações individuais e concretas a supremacia do poder unitário

---

[348] V. Autor cit., "Zur Lehre vom öffentlich-rechtlichen Vertrage" cit., p. 86. Sobre a ideia de «noção-chave» (*notion-clé*), v., por todos, DIOGO FREITAS DO AMARAL, *Curso*..., I, cit., p. 145: "uma expressão, um conceito, um princípio que tenha o condão de explicar e de reconduzir à unidade todo o sistema do Direito Administrativo".

[349] V. OTTO MAYER, "Zur Lehre vom öffentlich-rechtlichen Vertrage" cit., p. 86, nota 122, citando a expressão de um dos seus críticos, Gumplowickz.

236 *Estado de Direito Democrático e Administração Paritária*

do Estado: porque a Administração é expressão deste último, as suas declarações de vontade têm um valor jurídico superior à dos particulares, designadamente atestam a sua própria validade (*Selbstbezeugung*) e produzem, por si mesmas, os efeitos jurídicos visados (*Selbsterzeugung*).

b) A anterioridade e superioridade do poder do Estado e a sua organização constitucional na base da separação dos poderes legislativo e executivo

Ao contrário do que uma leitura apressada do famoso prefácio à 3.ª edição do seu *Deutsches Verwaltungsrecht* poderia levar a concluir, Otto Mayer tem bem presente a importância do direito constitucional para o desenvolvimento do direito administrativo. Aliás, sem considerar a base constitucional relevante para aquele Autor, não se pode compreender a sua construção. Com efeito, ele afirma, não só que a relação entre o poder público e os súbditos – é esse o objecto da disciplina jurídica contida no direito administrativo – é concebida de modo completamente diferente no "regime dos direitos senhoriais" (*Staat der landesrechtliche Hoheitsrechte*), no Estado de polícia e no Estado de Direito, como, sobretudo, que "o pressuposto do nosso direito administrativo é o Estado constitucional"[350]. Este último, ao qual corresponde o Estado de Direito, é um Estado tão completo quanto o Estado de polícia – isto por contraposição ao "regime dos direitos senhoriais" –, mas marcado pela divisão constitucional dos poderes entre diferentes instâncias com relevância político-social por forma a obter uma moderação ou domesticação do poder do Estado, da sua soberania. As ideias da originariedade e da superioridade de tal poder são o ponto de partida para a construção jurídica do sistema político-constitucional preconizado por Otto Mayer.

Contudo, tal sistema enferma de contradições intrínsecas e, a partir de certo momento histórico, passa a estar em contradição com os seus próprios pressupostos objectivos.

---

[350] Cfr. Autor cit., *Deutsches Verwaltungsrecht*, I, cit., respectivamente, pp. 25 e 55.

A Concepção Tradicional da Administração Pública como um Poder   237

Em primeiro lugar, de um ponto de vista lógico-jurídico, a ideia de Estado de Direito, por contraposição ao Estado de polícia, exige a subordinação do Estado ao direito[351]. Em segundo lugar, verifica-se

---

[351] Neste sentido, v. o estudo já citado de HANS KELSEN, "Zur Lehre vom öffentlichrechtlichen Rechtsgeschäft" (cfr. *supra* a nota 55 da Introdução) – um trabalho publicado na sequência dos *Hauptprobleme der Staatsrechtslehre*, Tübingen, 1911, e dedicado à delimitação recíproca do direito privado e do direito público e aos critérios da distinção entre as normas integradas em cada um desses sistemas normativos (cfr. *ibidem*, (53) pp. 55 e 56). Neste mesmo estudo aquele Autor formula mais duas críticas autónomas à teoria do direito administrativo do seu tempo e, em especial, ao respectivo "chefe de escola" que era precisamente Otto Mayer: uma baseada na unidade do sistema jurídico (v. *ibidem*, (190) pp. 198 e ss.) e a outra no princípio da imputação jurídica (*ibidem*, (190) pp. 208 e 209). No que se refere à primeira, afirma HANS KELSEN que o princípio em causa exige a unicidade da autoridade normativa, "que a competência normativa se deixe reconduzir formalmente a um único ponto", o qual poderia funcionar como uma espécie de instância delegante a que fossem imputáveis as normas emitidas pela instância delegada (pp. 200 e 201); assim, esta seria em relação àquela "um sujeito de direitos e deveres, cumprindo com a sua função um dever jurídico ou exercendo, mediante a mesma, um direito subjectivo. Ela situa-se em relação à instância delegante numa relação material-funcional ou dinâmica e, nesse sentido, ela é Executivo (*Exekutive*), execução (*Ausführung*) da norma delegante" (pp. 201 e 202); já para a instância delegante, o que releva é uma perspectiva estática: importa, não o devir (o constituir-se) da norma, mas o seu ser. Deste modo, "à autoridade da ordem jurídica contrapõe-se a pessoa do Executivo" (p. 202). Num Estado constitucional (*in casu* a monarquia constitucional) a instância delegante corresponde necessariamente ao Legislativo, pelo que a reserva de lei (ainda que meramente formal) referente aos regulamentos (e que ao tempo é já de aceitação generalizada) deveria ser extensiva ao acto administrativo sempre que o mesmo se apresente, não como acto meramente declarativo similar à sentença, mas igualmente como fonte normativa do caso concreto (p. 205). A verdade, porém, é que uma eventual contradição entre norma geral e abstracta (a lei) e norma individual (o acto administrativo) é prevenida no sistema de Otto Mayer, desde logo, pelo princípio da preferência de lei (*Gesetzesvorrang*): "a vontade do Estado expressa sob a forma de lei prevalece sobre qualquer outra manifestação de vontade estatal; a lei só pode ser revogada por outra lei, mas, por sua vez, revoga tudo o que lhe seja contrário ou nem sequer deixa tornar-se eficaz aquilo que a contradiga" (v. Autor cit., *Deutsches Verwaltungsrecht*, I, cit., p. 68; sobre a relação entre administração-actividade, poder executivo e Administração-sujeito, v. *supra* o n.º 17, alínea b), ponto (i)). Acresce que o sentido da reserva de lei, para Otto Mayer, não é rigorosamente o de uma habilitação ou legitimação, justamente porque o Executivo e o Legislativo são ambos expressões do único poder do Estado. Ou seja, a unidade do sistema jurídico para Otto Mayer é assegurada, desde logo, pela unidade do próprio Estado e da recondução de todo o poder público a este último: não há duas autoridades mas apenas uma só – o Estado –, a qual, devido ao princípio da separação dos poderes, se exprime sob as formas do Legislativo e

238   *Estado de Direito Democrático e Administração Paritária*

que, contrariamente ao defendido por Otto Mayer, a mutação histórico-
-política representada pela emergência da soberania popular com a
Constituição de Weimar não foi, nem podia ser, inócua para a construção daquele Autor: a Administração transforma-se de «braço» de
um monarca que, personificando o Estado e fundado numa legitimidade transcendente, se eleva acima da sociedade burguesa, em «instrumento» de uma sociedade igualitária, a qual, mediada pelo parlamento, invoca uma legitimidade democrática imanente[352]. Com
efeito, "logo que, por força da Constituição, o dualismo interno entre
a coroa (governo e executivo) e a representação popular perde a sua
base, das duas uma: ou se tem de abandonar a ideia de um poder
originário do Estado, alcançando-se, desse modo, uma separação
dos poderes constitucionalmente fundada e, com ela, a condição
básica de um Estado de Direito; ou, então, insiste-se em tal ideia –
contra a ordem constitucional republicana e democrática – com a
consequência de a «ideia fundamental» da separação dos poderes
deixar de ser sustentável e, por conseguinte, o Estado de Direito e o
direito administrativo se tornarem precários"[353]. Finalmente, a neces-

---

do Executivo, caracterizando-se este justamente pela susceptibilidade de ser vinculado por
aquele (v. *supra* o n.º 17, alínea b), ponto (i)).

Com a segunda crítica referida HANS KELSEN afirma que a necessidade de distinguir entre o critério normativo que fundamenta a relevância jurídica de aspectos da realidade
e as próprias realidades juridicamente relevantes implica que os comportamentos humanos
qualificáveis como actos jurídico-públicos sejam, relativamente às correspectivas normas
qualificadoras, executivos (*Exekutive*), ou seja, cumprimento dos deveres nelas previstos
ou exercício dos direitos por elas atribuídos (p. 209). Simplesmente este argumento prova
demais, já que, na sua lógica, qualquer ordem jurídica estatal implicaria a existência de um
Estado de Direito no sentido de um Estado subordinado às mesmas regras jurídicas que
vinculam os súbditos – um Estado sujeito de direitos e de deveres (*Rechtssubjekt*). Ora,
como aquele Autor expressamente reconhece, o Estado de polícia constitui uma negação
do Estado de Direito e caracteriza-se justamente por uma ordem jurídica vinculativa apenas
para os súbditos – nessa ordem jurídica o Estado é sujeito apenas da autoridade jurídica
(*Subjekt der Rechtsautorität*; cfr. *ibidem*, (53), p. 65). Sem prejuízo da importância lógico-
-jurídica do princípio da imputação e das suas implicações, a verdade é que, dos pontos de
vista jurídico-político e histórico-jurídico, se torna necessário e conveniente distinguir
entre Estado de polícia e Estado de Direito.

[352] V., neste sentido, BADURA, "Auftrag und Grenzen der Verwaltung im sozialen
Rechtsstaat" in DÖV 1968, 446 (446).

[353] Assim, v. SCHMIDT-DE CALUWE, *Der Verwaltungsakt...*, cit., p. 113.

A Concepção Tradicional da Administração Pública como um Poder 239

sidade de conjugar as ideias do Estado moderno e do Estado de Direito obriga a uma adaptação descaracterizadora das bases filosóficas hegelianas em que a construção de Otto Mayer aparentemente assenta, nomeadamente a ideia do Estado como realização histórica da Razão e o conceito de povo como "grandeza histórica".

(i) Apreciação crítica na perspectiva lógico-jurídica: a incompatibilidade da construção de Otto Mayer com a ideia de Estado de Direito

O ponto de partida da crítica lógico-jurídica é uma concepção do direito – que parece ser também a de Otto Mayer – em que o «dever-ser» (mas o mesmo valerá para o «ser-permitido») de certas condutas correspondente às normas jurídicas e, em geral, ao direito objectivo é estabelecido pela vontade supra-ordenada de uma autoridade jurídica à vontade subordinada do súbdito[354]. Assim, o direito objectivo pressupõe a existência de um poder de determinação normativa, uma fonte de direito em sentido político. Esta última, em si mesma, porém – a proposição que permite fundamentar o juízo que

---

[354] O que se pretende pôr em evidência no texto não é tanto o voluntarismo frequentemente associado à concepção imperativística do direito, mas antes a forma preceptiva das normas jurídicas enquanto expressão de um dever-ser objectivo (cfr. KARL ENGISCH, *Introdução ao Pensamento Jurídico*, trad. da 8.ª ed. alemã, de 1983, por Baptista Machado, Lisboa, 1988, pp. 36 e ss., em especial, p. 47; e BAPTISTA MACHADO, *Introdução ao Direito e ao Discurso Legitimador*, cit., pp. 91 e 92). Daí que não se tenha de discutir, a tal propósito, a questão do costume como fonte de direito. Aliás, para o que aqui está em causa, a comunidade jurídica também pode ser assumida, relativamente à determinação do direito que vigora no seu seio, como autoridade jurídica.

Rigorosamente, aquele dever-ser objectivo nem sequer tem de corresponder a um comando ou imperativo, mas a uma "determinação de validade" (*Geltungsanordnung*): verificada uma situação de facto correspondente à previsão de dada norma, vale para tal situação a consequência jurídica estatuída na mesma norma (cfr. LARENZ e CANARIS, *Methodenlehre der Rechtswissenschaft*, 3. Aufl., Berlin-Heidelberg-New York, 1995, p. 77 [na tradução portuguesa daquela obra por José Lamego – 3.ª ed., 1997 –, v. p. 358]). Daí que, com HANS KELSEN, se deva entender que, naquele dever-ser objectivo, o qual resulta de um acto ou facto fonte, se incluem, quer o «ter permissão», quer o «poder» (a competência; correspondendo a norma atributiva a uma *Ermächtigung*; cfr. Autor cit., *Teoria Pura do Direito*, I [trad. por Baptista Machado], 2.ª ed., Coimbra, 1962, p. 8). Cfr. também *infra*, na Terceira Parte, o texto correspondente às notas 327 a 329 e a segunda parte da nota 328.

240 *Estado de Direito Democrático e Administração Paritária*

afirma, a partir da manifestação de vontade relevante, a existência de uma norma jurídica –, não é, ela própria, jurídica: é uma premissa anterior e exterior ao direito; é, como se evidenciou *supra* na Primeira Parte, no n.º 8, um "modelo de compreensão" assente num dado princípio político-jurídico que é pressuposto da própria norma jurídica.

Deste modo, se o Estado estabelece as normas jurídicas, tenham elas carácter individual ou geral, situa-se antes e acima delas[355]; ao invés, se a elas está subordinado, o Estado, mesmo quando exerce poderes jurídicos, é, face às mesmas e do ponto de vista formal, tão destinatário delas como os demais sujeitos de direito.

Como referido, de acordo com aquela perspectiva, o dever-ser – a norma jurídica – é estabelecido – é posto ou positivado – por um acto de vontade; o dever-ser é um *Diktat* da vontade e, apenas neste sentido, significa um imperativo: "as regras jurídicas exprimem uma vontade da comunidade jurídica, do Estado ou do legislador. Esta dirige-se a uma determinada conduta dos súbditos, exige esta conduta com vista a determinar a sua realização. Enquanto os imperativos jurídicos estiverem em vigor, eles têm força obrigatória. Os deveres (obrigações) são, portanto, o correlato dos imperativos"[356]. A situação não é fundamentalmente diferente quando o dever-ser objectivo respeita à atribuição de direitos subjectivos ou à concessão de poderes para a prática de actos criadores de novos efeitos jurídicos (*Ermächtigungen*)[357]. Em especial, no respeitante a estes últimos

---

[355] Isto sem prejuízo da autovinculação que, todavia, para Otto Mayer, significa uma mera categoria moral (v. Autor cit., *Deutsches Verwaltungsrecht*, I, cit., p. 78, nota 6 e texto correspondente). Como observa Schmidt-de Caluwe, *Der Verwaltungsakt...*, cit., p. 49, nota 9, do ponto de vista da soberania do Estado, tal posição é absolutamente consequente. O mesmo Autor refere, a este propósito, a seguinte afirmação de Laband: "regras de comportamento que alguém dê a si próprio não podem jamais ser prescrições jurídicas; ninguém pode ter perante si mesmo uma pretensão ou um dever jurídico nem provocar a si mesmo uma lesão jurídica".

[356] Assim, v. Karl Engisch, *Introdução...*, cit., p. 38.

[357] V., por exemplo, Karl Engisch, *Introdução...*, cit., pp. 41 e ss., quanto às normas atributivas, isto é, aquelas que conferem direitos subjectivos; e p. 72, nota 3, quanto aos poderes jurídicos; e Hans Kelsen, "Zur Lehre vom öffentlichrechtlichen Rechtsgeschäft", cit., (190) p. 207 (a correlação direito-dever) e p. 224, nota 67 (a afirmação de que o direito subjectivo e o dever, mesmo quando constituídos por acto administrativo, se reconduzem, em última análise, à lei, porquanto o acto administrativo, do ponto de

A Concepção Tradicional da Administração Pública como um Poder 241

poderes jurídicos, a sua actuação concreta pode ser entendida como a constituição de pressupostos de uma determinação, eventualmente adicionais aos já previstos na norma atributiva do poder[358].

Assim, uma concreta afirmação de poder jurídico dirigida a outrem, por exemplo, uma ordem, pode corresponder tanto à afirmação originária de um dever-ser, a um imperativo, como à actuação correspondente a um dever-ser anterior, ao exercício de um poder normativamente disciplinado. A origem da força vinculativa da ordem é diferente nos dois casos.

No primeiro, essa força radica na pessoa do autor da ordem e o seu destinatário é imediatamente confrontado com o respectivo poder, ao qual se encontra submetido: a menos que a relação de domínio cesse, ele cumpre voluntariamente ou é objecto da actuação de tal poder. Não há lugar para qualquer discussão jurídica sobre o que deve ser no caso concreto: a ordem é, ela própria, a resposta a tal questão. Também não há, por isso, lugar para a construção jurídica de tal poder.

No segundo caso, a força vinculativa da ordem funda-se, não no seu autor, mas na norma jurídica que lhe concedeu o poder para a emitir e à qual tanto ele como o destinatário da ordem se encontram submetidos. A ordem é o conteúdo de uma posição jurídica subjectiva, de um dever ou de um direito. Abre-se, deste modo, um espaço em que é possível discutir a legitimidade jurídica da ordem emitida e, portanto, também sobre o que deve valer no caso concreto: se a ordem, se o dever-ser abstracto. Do mesmo modo, a construção jurídica do poder concedido torna-se possível.

---

vista lógico-jurídico, não representa mais do que a concretização de um dos elementos do *Tatbestand* da norma: desempenha função idêntica à dos demais pressupostos cuja verificação concreta desencadeia a consequência jurídica – o direito ou o dever – fixada na estatuição da mesma norma).

No que se refere à categoria do «ser-permitido» (*Dürfen*), cfr. *infra*, na Terceira Parte, as notas 327 e 329 e o texto correspondente. Quanto à natureza da distinção entre direitos subjectivos e poderes jurídicos (*rechtliches Können*) e, bem assim, no que se refere ao carácter livre ou vinculado do respectivo exercício, e, ainda, à questão dos direitos subjectivos públicos e ao problema da admissibilidade de direitos subjectivos do Estado, v. *infra*, na Terceira Parte, o n.º 25, em especial, a alínea c).

[358] V. KARL ENGISCH, *Introdução...*, cit., p. 73, nota 3. Recorde-se que, atenta a sua estrutura, os imperativos jurídicos são condicionais (v. *idem, ibidem*, pp. 48 e ss., em especial, p. 54).

242   *Estado de Direito Democrático e Administração Paritária*

Otto Mayer e seus seguidores defendem, a propósito da especificidade do direito administrativo face ao direito privado, uma mais-
-valia jurídica da pessoa Estado (*ein rechtlicher Mehrwert der Staats-
person*) relativamente aos seus súbditos[359]. Sempre que os poderes
públicos intervêm nessa sua qualidade, não é aplicável o direito
privado; uma relação jurídica é de direito público sempre que tenha
por objecto o exercício do poder público. As duas expressões específicas do *imperium* estatal continuam a ser no Estado de Direito, tal
como antes no Estado de polícia, a ordem (*der Befehl*) e o uso da
força (*die Gewaltanwendung*)[360]. A relação entre o Estado e o súbdito
é de desigualdade jurídica: o Estado tem do seu lado o poder público,
significando este a capacidade de uma vontade juridicamente superior.

Especialmente no que respeita à ordem, a diferenciação jurídica,
em termos de supra e infra-ordenação, entre quem a emite e quem
lhe deve obediência implica que a respectiva força juridicamente
vinculativa (*die rechtsverbindliche Kraft*) derive, não do ordenamento
jurídico, mas da pessoa habilitada para a emitir, porquanto só em tais
condições é que quem dá a ordem é, relativamente àquele que a
deve acatar, autoridade jurídica, ou seja, dotado de uma efectiva
mais-valia jurídica[361]. Isto é: porque a própria ordem estatui um
dever de obediência é que o seu autor é supra-ordenado, tem em si a
autoridade do ordenamento jurídico; "a sua ordem é simultaneamente

---

[359] V. a síntese de tais posições em HANS KELSEN, "Zur Lehre vom öffentlichrechtlichen Rechtsgeschäft", cit., (190) p. 192.

[360] Cfr. OTTO MAYER, *Deutsches Verwaltungsrecht*, I, cit., pp. 52 e 54.

[361] Assim, v. HANS KELSEN, "Zur Lehre vom öffentlichrechtlichen Rechtsgeschäft", cit., (190) p. 194.

No que se refere ao uso da força física, o mesmo Autor considera não existir sequer
uma relação jurídica entre quem, estando habilitado a exercer o poder de coerção, faz uso
dele e as pessoas que são coagidas (*idem, ibidem*). Em tal situação "apenas existe a relação
de um sujeito de direito para com um objecto; aquele que é detido pelo Estado contra a sua
vontade, o recluso que é privado da sua liberdade pela força (*Gewalt*) do Estado não é,
enquanto tal, ou seja, em relação ao Estado que manifesta a sua força, sujeito de direito,
porque não é sujeito de direitos ou deveres, mas sim objecto jurídico (*Rechtsobjekt*), isto
é, a realidade sobre a qual incide a manifestação da força (*Gegenstand der Gewaltäußerung*). Ele só seria obrigado a tolerar a violência (*Gewalt*), caso a resistência à mesma
implicasse uma reacção jurídica (*Unrechtsfolge*); porém, face à manifestação da força, ele
apenas surge como objecto", e não como sujeito de uma obrigação jurídica de tolerar a
aplicação da força em causa (cfr. *idem, ibidem*, (53) pp. 94 e 95).

A Concepção Tradicional da Administração Pública como um Poder   243

também uma proposição juridicamente vinculativa (*verpflichtender Rechtssatz*)"[362].

É esse justamente o conceito de acto administrativo proposto por Otto Mayer: "uma declaração autoritária da Administração que determina ao súbdito o que para ele deve valer como direito num caso concreto", sendo certo que tal declaração é, por si mesma, juridicamente vinculativa sem prejuízo dos limites especiais consubstanciados nos institutos da reserva de lei e da preferência de lei[363]. Com efeito, se o poder executivo pode, perante o súbdito e num caso concreto, definir sem habilitação legal e, portanto, sem fazer aplicação de norma jurídica anterior, o que em tal caso deve valer como direito, então esse mesmo poder é a autoridade normativa relativamente ao caso em apreço[364].

Este conceito enferma, segundo Hans Kelsen, do erro de confundir o Estado como pessoa jurídica – um sujeito de direitos e deveres – com o Estado enquanto suporte (*Träger*) da ordem jurídica – a autoridade jurídica (o sujeito da vontade) que impõe deve-

---

[362] Assim, v. HANS KELSEN, "Zur Lehre vom öffentlichrechtlichen Rechtsgeschäft", cit., (190) p. 194. V., também, *idem*, *ibidem*, (190) p. 197: "segundo Otto Mayer, o acto administrativo distingue-se de uma proposição jurídica apenas porque esta vale em geral – para um número ilimitado de casos – e aquele individualmente para um caso singular (*Einzelfall*). Sucede que a essência de uma qualquer norma, e da norma jurídica em particular, não reside no seu carácter geral – também há normas que estatuem deveres individuais; as normas da moral autónoma podem ser concebidas nesses precisos termos – mas na sua capacidade para estatuir um dever. O acto administrativo, que por si estatui um dever jurídico, seria [assim] uma norma jurídica".

[363] V. Autor cit., *Deutsches Verwaltungsrecht*, I, cit., pp. 93 e 97. A sentença, porque subordinada a uma reserva total de lei – "a sentença judicial é proferida somente com base na lei (*idem*, *ibidem*, p. 97) –, não é auto-constitutiva (não se caracteriza pela *Selbsterzeugung*), limitando-se a aplicar a lei ao caso concreto: determina o que *vale* – e não o que *deve valer* – como direito em tal caso. V. a referência a esta diferença entre sentença e acto administrativo na teorização de Otto Mayer em HANS KELSEN, "Zur Lehre vom öffentlichrechtlichen Rechtsgeschäft", cit., (190) pp. 196, 204 ("a sentença apenas declara verificados no caso concreto os pressupostos de que depende a consequência da violação do dever"; o que nesse caso deve valer como direito não é determinado pela sentença, mas pela norma jurídica) e, mais desenvolvidamente, 213 e ss. (onde o Autor aproxima o acto administrativo propriamente dito da categoria do negócio jurídico).

[364] Cfr. HANS KELSEN, "Zur Lehre vom öffentlichrechtlichen Rechtsgeschäft", cit., (190) p. 205.

res e confere direitos: atribui ao primeiro, num domínio em que só ele pode estar em causa – o domínio executivo –, uma característica que apenas corresponde ao segundo[365]. Somente com base em tal erro de raciocínio é que se pode ser levado a perfilhar a doutrina errada de uma supra e infra-ordenação entre a pessoa jurídica Estado e as restantes pessoas jurídicas.

Acresce o erro lógico de tomar um momento que é pressuposto de qualquer construção jurídica como elemento da própria construção: a qualificação de autoridade (e o correspondente momento de supra-ordenação) respeita à ordem jurídica precisamente devido à sua força normativa ou vinculativa; mas a ordem jurídica – a existência de normas jurídicas – é o pressuposto de toda a construção jurídica[366]. Com efeito, se se tomar esta como a verificação de qualidades atribuídas por aquela ordem às relações entre sujeitos a ela subordinados, nomeadamente a imposição de deveres jurídicos ou a atribuição de direitos subjectivos, é impossível verificar em tais relações uma qualidade que pertence à própria ordem jurídica. "A qualidade de supra-ordenação, que convém à ordem jurídica relativamente às pessoas jurídicas, não é jurídica, mas sim uma qualidade extra ou supra-jurídica, porquanto não é uma qualidade que a ordem jurídica atribua, mas uma qualidade que lhe pertence a fim de que ela, por sua vez, possa atribuir qualidades jurídicas"[367]. Deste modo, a ordem jurídica, enquanto tal, e porque é a fonte de todas as qualidades jurídicas – os direitos subjectivos e os deveres jurídicos – não pode ela própria ser qualificada nem construída juridicamente; aliás, a sua qualificação como autoridade advém-lhe exclusivamente da sua capacidade de constituir direitos e deveres na esfera jurídica das pessoas jurídicas. É, por conseguinte, "logicamente impossível pensar o processo de constituição do direito como um dever jurídico do

---

[365] V. Autor cit., "Zur Lehre vom öffentlichrechtlichen Rechtsgeschäft", cit., (190) pp. 190, 191 e 219.

[366] Cfr. HANS KELSEN, "Zur Lehre vom öffentlichrechtlichen Rechtsgeschäft", cit., (190) pp. 191 e 192.

[367] Assim, v. HANS KELSEN, "Zur Lehre vom öffentlichrechtlichen Rechtsgeschäft", cit., (190) p. 192.

Estado"[368]. Do mesmo modo, caso os actos administrativos fossem auto-constitutivos, a Administração seria, ela própria, também ordenamento jurídico e, como tal, não qualificável juridicamente. "A qualidade de um dever jurídico ou de um direito não pode ser imanente a nenhum facto e, portanto, também não a um acto da Administração; um acto que estatui deveres ou direitos não é ele próprio, por isso, um dever ou um direito"[369].

Partindo de uma compreensão normativa e formal do direito – este respeita à referência de objectos a normas, a juízos de valor sobre factos; as relações jurídicas consistem apenas na qualificação jurídica (a atribuição normativa de direitos ou a imposição normativa de deveres) de situações fácticas preexistentes e não nestas últimas, pelo que aquelas não podem ser identificadas e diferenciadas em função do conteúdo dos direitos atribuídos ou dos deveres impostos, mas sim, e tão-só, em razão da forma dada à relação da situação fáctica preexistente com a ordem jurídica, isto é, da qualidade jurídica de tais situações: a aplicabilidade de uma norma jurídica a uma pessoa (dever jurídico) ou a sua invocabilidade pela mesma (direito subjectivo)[370] –, Hans Kelsen rejeita a ideia de que o Estado de Direito se possa «apoiar» sobre o Estado de polícia.

---

[368] Assim, v. HANS KELSEN, "Zur Lehre vom öffentlichrechtlichen Rechtsgeschäft", cit., (190) p. 198.

[369] V. *idem, ibidem.*

[370] V. HANS KELSEN, "Zur Lehre vom öffentlichrechtlichen Rechtsgeschäft", cit., (53) pp. 87 e ss., onde se contrapõe a perspectiva jurídico-formal à perspectiva material. Em especial, a pp. 89 e 92 e ss., o mesmo Autor critica a distinção entre direito público e direito privado com base no conteúdo das relações jurídicas, designadamente a correspondência estabelecida entre relações de domínio Estado-súbdito e o direito público, em virtude de a mesma se fundar num pressuposto errado. Com efeito, somente porque se considera como relação jurídica a relação fáctica, real, entre os sujeitos, ou seja, o conteúdo de um fenómeno de que apenas o valor é específico elemento jurídico, é que é tomado como critério distintivo um momento que não integra o objecto cuja distinção está em causa. O poder ou o domínio localizam-se no plano da realidade empírica e não no plano valorativo ou dos valores jurídicos; respeitam, por conseguinte, a um momento factual, não jurídico. "A divisão das relações jurídicas, segundo o respectivo conteúdo especial, em relações de domínio e relações de não-domínio, tem aproximadamente o mesmo valor sistemático que uma classificação (*Gruppierung*) estética de quadros, segundo a qualidade da moldura ou a substância das tintas" (v. *idem, ibidem*, (53) p. 92). Para ilustrar o modo inconsequente como aquele critério é aplicado, HANS KELSEN dá conta da existência de

246   *Estado de Direito Democrático e Administração Paritária*

Cumpre ter bem presente a matriz em que se inscreve este último a fim de compreender a denúncia feita por aquele Autor da inconsistência da posição que, no quadro do Estado de Direito, procura traços de continuidade com aquele ao nível da Administração, nomeadamente no que se refere à sua caracterização como um poder originário ainda que inferior à lei.

O Estado de polícia, caracterizado pelo princípio político-jurídico do absolutismo – *princeps legibus solutus est* –, resultou, além do mais, da recepção do Direito Romano, em especial das ideias político--jurídicas dos romanos, activamente promovida pelo Imperador e pelos príncipes alemães em vista da obtenção de uma posição similar à do *princeps* romano[371]. Em conformidade com aquele princípio,

---

relações de domínio fora do âmbito jurídico-público, nomeadamente a relação de trabalho subordinado e a relação entre pais e filhos (v. *ibidem*, (53) pp. 93 e 94).

Acresce, ainda segundo aquele Autor, que o mesmo critério distintivo assente no conteúdo da relação jurídica não toma em consideração que o poder (*Macht*), isto é, a força (*Gewalt*) ou o domínio (*Herrschaft*), a partir do momento em que assume a forma do direito, ou seja, quando as suas manifestações ou o seu exercício efectivo correspondem a um dever jurídico ou a um direito subjectivo, se converte em direito: "embora o poder seja sempre o conteúdo do direito, nem sempre o direito é a forma do poder. Mas o que releva para uma apreciação jurídica é saber se o poder foi forçado a adoptar a forma do direito. Assim como a tinta e a tela, mediante a forma artística, se tornam num quadro, assim o poder se converte em direito. E tal como a estética não tem que ver com as substâncias da tinta e da tela, mas sim com a forma artística, também uma ciência jurídica já não tem que ver com o poder – seja ele económico, moral ou político – mas sim com a forma: com o direito" (v. *ibidem*, pp. (53) 95 e 96).

Cfr. *infra*, na Terceira Parte, no texto correspondente às notas 288 a 296, o desenvolvimento e as implicações da compreensão do direito em apreço.

[371] V. HANS KELSEN, "Zur Lehre vom öffentlichrechtlichen Rechtsgeschäft", cit., (53) pp. 60 e ss., com amplas referências à tese defendida por Laband num discurso reitoral intitulado "Die Bedeutung der Rezeption des römischen Rechts für das deutsche Staatsrecht" (v. *ibidem*, p. 60, nota 11). Sobre o Estado de polícia, v. também OTTO MAYER, *Deutsches Verwaltungsrecht*, I, cit., pp. 38 e ss. (na p. 38 é feita uma referência expressa às "novas ideias" e, bem assim, às "novas tarefas" relativas ao poder público).

HANS KELSEN, *ibidem*, (53) pp. 63 e 64, refere, a propósito da compreensão das diferenças entre direito público e direito privado e, bem assim, do postulado, dominante na teoria do direito público (*Staatsrechtstheorie*) do seu tempo, relativo à necessidade de um tratamento diferenciado do direito público e do direito privado, como se de dois mundos se tratasse, a importância de ter presente a tendência política que conduziu à recepção do Direito Romano e, com ela, à contraposição entre *ius publicum* e *ius privatum*. Além disso, importará considerar ainda que o esforço desenvolvido no sentido de libertar o poder do Estado do direito se socorreu precisamente daquele específico conceito de *ius*

A Concepção Tradicional da Administração Pública como um Poder   247

o exercício do poder público obedece, não às prescrições da ordem jurídica, mas às instruções do príncipe dirigidas a funcionários profissionais. Acresce que o mesmo poder – e com ele toda a organização administrativa dos seus funcionários; e nele o Estado – se deve situar, segundo o modelo romano, fora da ordem jurídica e deve ser *legibus solutus*.

Na verdade, o Estado incarna na pessoa do príncipe e, por isso, é a este que está cometida a magna tarefa de prosseguir os fins daquele. Fá-lo com poder absoluto: "em relação aos súbditos, o seu poder não conhece quaisquer limites jurídicos; o que ele quer é vinculativo"[372]. Se a natureza humana o consentisse, o príncipe "faria tudo sozinho"[373]. Como tal não é possível, ele tem de se socorrer de funcionários que actuam em seu nome, sob a sua supervisão, segundo as suas instruções e com a sua autoridade: perante os súbditos, o funcionário aparece como "um príncipe em ponto pequeno"[374].

A manifestação de vontade do príncipe – tenha ela carácter geral ou individual – estatui deveres jurídicos ou atribui direitos: ela própria é norma jurídica. Deste modo, "o príncipe é sujeito da autoridade jurídica. Todavia, ele não se encontra submetido à ordem jurídica, ele – isto é, o Estado-poder (*Staatsgewalt*) que nele incarna – não é pessoa jurídica (*Rechtssubjekt*), não é sujeito de deveres jurídicos e de direitos subjectivos. O Estado-poder apresenta-se simplesmente como sujeito do domínio, do poder, da força, não como pessoa submetida à ordem jurídica"[375]. Por isso, o seu poder de

---

publicum em que o «direito» integra o poder absoluto do Estado e do príncipe e que, apenas por tal razão, se contrapõe essencialmente (*natürlicher Gegensatz*) ao conceito de direito privado que, como todo o verdadeiro direito, vincula os súbditos. O mesmo Autor lembra *ibidem* também o "processo histórico" que desde a recepção do Direito Romano prosseguiu o objectivo de submeter o poder absoluto do Estado à ordem jurídica e de, assim, criar um verdadeiro e próprio direito público. Nesse processo, nomeadamente a propósito da teorização do conceito de direito público, surge claramente o antagonismo entre direito político (*Staatsrecht*) e política e torna-se igualmente evidente como o esforço de contrapor o direito público ao direito privado corresponde à tendência para trocar o critério puramente formal do direito pelo elemento material do poder político.

[372] Assim, v. OTTO MAYER, *Deutsches Verwaltungsrecht*, I, cit., p. 39.
[373] V. *idem, ibidem*.
[374] V. *idem, ibidem*, p. 40.
[375] V. HANS KELSEN, "Zur Lehre vom öffentlichrechtlichen Rechtsgeschäft", cit., (53) p. 65.

248   *Estado de Direito Democrático e Administração Paritária*

coerção – que se exprime especialmente na realização, face ao súbdito, das consequências decorrentes do incumprimento do imperativo jurídico, nomeadamente a sanção punitiva ou a execução material – também não corresponde ao conteúdo de um seu dever jurídico. "O Estado não é obrigado nem habilitado juridicamente a punir ou a executar. A punição e a execução representam meras reacções fácticas do Estado-poder"[376].

Segundo Hans Kelsen, a subordinação ao direito exigida pelo conceito de Estado de Direito constitui justamente a negação ou a superação da posição pré-jurídica do Estado de polícia[377]:

> "O princípio político que coloca a lei sobre as funções do Estado assegura, com a sua vitória, o pressuposto lógico para uma construção jurídica de todo o poder do Estado. Somente a ideia política do Estado de Direito é que cria a possibilidade de conceber um direito político (*Staatsrecht*) que abarque o Estado em todas as suas relações. Somente agora é que o Estado é, na sua totalidade, um sujeito de direito, uma personalidade única, pois só agora é que todas as suas relações – seja qual for o respectivo conteúdo – podem ser vistas como deveres jurídicos

---

[376] V. *idem, ibidem*, (53) p. 66. Como se refere expressamente no texto, o que aí se descreve em termos sumários é apenas a matriz político-constitucional do Estado de polícia, e não este último em todos os seus desenvolvimentos. Em especial, por não interessar à apresentação do contraste com a matriz própria do Estado de Direito, não é considerada nem a distinção entre "leis de polícia" (*Polizeigestze*) e "leis de justiça" (*Justizgesetze*), fundada na independência dos tribunais, nem a teoria do Fisco (*Lehre vom Fiskus*). Sobre as mesmas, v. OTTO MAYER, *Deutsches Verwaltungsrecht*, I, cit., pp. 42 e ss., quanto à primeira, e pp. 49 e ss., quanto à segunda; e HANS KELSEN, "Zur Lehre vom öffentlichrechtlichen Rechtsgeschäft", cit., (53) pp. 67 e ss., quanto à primeira, e pp. 71 e seguinte, quanto à segunda. Naqueles dois casos verifica-se um desvio à aludida matriz do Estado de polícia, porquanto o Estado surge como verdadeira pessoa jurídica, subordinado à mesma ordem normativa que os demais súbditos. De resto, é justamente essa subordinação do Estado no âmbito da justiça que, para OTTO MAYER, vai estar na origem da definição do modelo da justiça como o ideal a prosseguir pela administração no quadro do Estado de Direito: este "significa a identificação, nos limites da praticabilidade, do modo de agir da Administração com o modo de agir da Justiça" (v. Autor cit., *Deutsches Verwaltungsrecht*, I, cit., p. 62).

[377] V. Autor cit., "Zur Lehre vom öffentlichrechtlichen Rechtsgeschäft", cit., (53) p. 73.

e direitos subjectivos, todas elas se transformaram de relações de força ou de poder em relações jurídicas. Somente agora é que o Estado, enquanto Justiça e enquanto Administração, se tornou súbdito da ordem jurídica e, nessa sua subordinação à mesma ordem, coordenado com as demais pessoas jurídicas em cada uma das respectivas relações. A sua ordem (*Befehl*), tanto no domínio da justiça como no da administração, apenas cria um dever de obediência dos súbditos porque e na medida em que o ordenamento jurídico – que surge sob determinadas formas – ligue (*knüpft*) aquele dever à ordem da pessoa Estado; a sua ordem e, bem assim, a manifestação do seu poder coercivo devem ser apenas entendidas como o cumprimento de deveres jurídicos que lhe são impostos pelo ordenamento jurídico". Daí que a Administração, tal como a Justiça, a qual também se limita a realizar a vontade do Estado de executar e de punir expressa na ordem jurídica, constituam o Executivo, ou seja, o executivo da ordem jurídica. "E, nessa sua qualidade de «cumpridor de deveres jurídicos» (*Erfüller von Rechtspflichten*), o Estado é em toda e qualquer relação, e tal como todas as demais pessoas jurídicas, súbdito da ordem jurídica"[378].

Face ao primado do direito, o Estado só pode agir enquanto sujeito jurídico. Com efeito, a actividade da Administração ou da Justiça tem de ser concebida como conteúdo de deveres jurídicos anteriormente estabelecidos e estes só podem ser constituídos por normas jurídicas. Deste modo, o Estado não pode ser simultaneamente autoridade jurídica (ou poder) e sujeito de direito (ou pessoa jurídica). Esta é também uma condição indispensável para construir juridicamente a Administração e, bem assim, a Justiça.

---

[378] V. também *idem*, *ibidem*, (190) p. 206, nota 54, a distinção entre a "forma Estado de Direito" e o "Estado de Direito constitucional". O que é essencial, para o primeiro, é a distinção entre norma jurídica e o acto jurídico-público que, nos termos da mesma, a concretiza. Porém, como o próprio HANS KELSEN reconhece, "a distinção formal entre norma e acto só tem uma importância prática material no Estado de Direito constitucional em virtude da separação dos poderes que no mesmo é estabelecida entre um poder criador do direito (legislativo) e um poder executivo" (v. *ibidem*).

250 *Estado de Direito Democrático e Administração Paritária*

Na sua qualidade de pessoa jurídica, o Estado encontra-se numa relação de paridade jurídico-formal com as demais pessoas jurídicas: não existe nem supra-ordenação daquele relativamente a estas nem infra-ordenação destas em relação àquele, mas sim a equiparação formal de todos a partir da comum subordinação à ordem jurídica. Consequentemente, os cidadãos já só são súbditos desta última, e não mais do Estado, já que este também está subordinado à mesma ordem. "Em virtude da subordinação da Justiça, assim como da Administração, à ordem jurídica, deixou de ser possível uma graduação das posições relativas da pessoa Estado e das demais pessoas jurídicas, já que, devendo qualquer supra-ordenação do Estado na Justiça ou na Administração resultar necessariamente da possibilidade de vinculação jurídica dos súbditos, se verifica todavia que tal autoridade jurídica, tal mais-valia jurídica, foi absorvida pela ordem jurídica, competindo a mesma agora, por força da ideia de Estado de Direito, apenas à lei"[379].

Em suma, do ponto de vista do direito, só há súbditos da ordem jurídica. A "específica qualidade da mais-valia jurídica" que é inerente à autoridade que estabelece as normas jurídicas, que vincula juridicamente, reside exclusivamente nela[380]. Ela é a única autoridade relevante, é a fonte do justo e do injusto bem como de todo o valor jurídico: todas as apreciações jurídicas da realidade fundam-se exclusivamente nela. Daí que, a partir do momento em que o Estado no Executivo fique subordinado à ordem jurídica, "na medida em que as suas relações tenham de ser apreciadas segundo tal ordem, a relação de poder entre o Estado e o súbdito dê lugar a uma relação jurídica que submeta o Estado, ao lado dos restantes súbditos, à ordem jurídica comum"[381].

Isto sem prejuízo de, caso a caso e de acordo com os poderes concretos concedidos pela mesma ordem jurídica, o Estado ou alguma das demais pessoas jurídicas poderem aparecer nas suas relações recíprocas a ocupar posições de domínio. Com efeito, o Estado,

---

[379] V. HANS KELSEN, "Zur Lehre vom öffentlichrechtlichen Rechtsgeschäft", cit., (190) p. 213.

[380] Nestes termos, v. HANS KELSEN, "Zur Lehre vom öffentlichrechtlichen Rechtsgeschäft", cit., (190) p. 210.

[381] V. *idem, ibidem*, (190) p. 211.

A Concepção Tradicional da Administração Pública como um Poder   251

enquanto pessoa jurídica, não é dotado de nenhuma mais-valia que, só pelo facto de se tratar do Estado, lhe assegure *ab initio* e originariamente uma posição de supremacia jurídica face aos cidadãos. Donde a conclusão de Hans Kelsen, relativamente ao Estado de Direito[382]:

> "É da maior importância – e é esse o sentido da ideia de Estado de Direito – separar formalmente o Estado enquanto sujeito de direitos e deveres, enquanto pessoa, do Estado enquanto suporte da ordem jurídica, enquanto autoridade. Somente como ordem jurídica é que ele surge supra-ordenado aos sujeitos de direito; enquanto pessoa, encontra-se em posição idêntica (*gleichgeordnet*) à de todos os outros sujeitos de direito, independentemente do conteúdo dos deveres e direitos que a ordem jurídica reconhece ao Estado que a ela se encontra submetido".

Sucede que o conceito de acto administrativo de Otto Mayer, como referido, afirma expressamente a sua capacidade auto-constitutiva: contrariamente ao negócio jurídico de direito privado, o acto administrativo não produz efeitos por força de uma norma em que o mesmo se baseie; ele é eficaz porque é praticado por alguém dotado do poder originário de vincular juridicamente terceiros. Aliás, como Hans Kelsen muito justamente salienta, de acordo com tal conceito, o acto administrativo apenas se distingue de uma norma jurídica em virtude da determinabilidade do número de destinatários[383].

---

[382] V. Autor cit., "Zur Lehre vom öffentlichrechtlichen Rechtsgeschäft", cit., (190) p. 191.

[383] Cfr. Autor cit., "Zur Lehre vom öffentlichrechtlichen Rechtsgeschäft", cit., (190) p. 197. Mais adiante o mesmo Autor reforça esta sua ideia de que, para a natureza da normação jurídica, enquanto actividade, e da regra jurídica, enquanto resultado correspectivo, é indiferente se o dever jurídico que é estatuído tem natureza geral ou individual. Aí HANS KELSEN distingue entre uma função normativa (a definição abstracta do dever jurídico) e uma função aplicativa (a constituição concreta, a subjectivização, da posição jurídica definida na regra) e chama a atenção para a circunstância de o acto administrativo, à semelhança do negócio jurídico, também poder representar um dos pressupostos de que, nos termos da regra jurídica em causa, depende a constituição num caso concreto do dever jurídico nela previsto em abstracto. Para tanto, é indispensável que o dever jurídico de respeitar o acto – a vinculação jurídica inerente ao dever constituído – não seja determinado pelo próprio acto, o mesmo é dizer, que tal acto jurídico-público não revista simultaneamente a natureza de norma jurídica.

252 *Estado de Direito Democrático e Administração Paritária*

Simplesmente, uma vez que a essência da normatividade, jurídica ou outra, não reside naquele critério, mas, no caso das normas jurídicas, na capacidade de constituir originariamente deveres jurídicos, ou, em geral, posições jurídicas subjectivas, impõe-se retirar a consequência lógica decorrente daquele conceito de acto administrativo: tal tipo de acto é uma norma jurídica[384]. O que, como se referiu antes, é contrário à ideia de Estado de Direito.

Com efeito, esta última implica, desde logo em termos lógico--jurídicos, e por contraposição ao Estado absoluto, a distinção entre norma jurídica e o acto jurídico-público que, nos termos daquela, a concretiza ou aplica a uma dada situação; no quadro de um Estado constitucional, tal significa uma relação de mútua exclusão entre a ordem jurídica e a Administração, visto que, de outro modo, não seria possível identificar um acto administrativo como conteúdo de uma posição jurídica subjectiva do Estado, já que o próprio acto consubstanciaria a norma atributiva de tal posição. "Somente quando é possível estabelecer uma relação do acto administrativo com uma norma jurídica formalmente distinta dele e superior a ele, é que lhe pode ser imputada a qualidade jurídica que o mesmo acto, segundo o princípio do Estado de Direito, necessariamente deve ter: conteúdo de um dever jurídico ou de um direito subjectivo do Estado"[385].

---

[384] Nestes termos, v. HANS KELSEN, *ibidem*, (190) pp. 197 (segundo Otto Mayer, o acto administrativo só se distingue da norma jurídica em virtude do seu carácter individual) e 204 (segundo o mesmo Autor, o acto administrativo, que deve valer como cumprimento de um dever do Estado e que constitui ele próprio o dever de obediência, é simultaneamente dever jurídico e norma jurídica). Cfr. também *supra* a nota 362 e o texto correspondente e *infra* a nota 495 e o texto correspondente. Recorde-se igualmente a tese de RUPP de que, na construção de Otto Mayer, o acto administrativo é "a fonte formal de direito do caso concreto" (*die inhaltsbestimmende materielle Rechtsquelle des Einzelfalls*; v. Autor cit., *Grundfragen...*, cit., p. 9).

[385] Assim, v. HANS KELSEN, "Zur Lehre vom öffentlichrechtlichen Rechtsgeschäft", cit., (190) pp. 197 e 198. O mesmo Autor salienta *ibidem*, (190) p. 219, nota 65, que a ideia lógico-jurídica referida no texto pode comportar graus de realização político--jurídica muito diferentes, em especial no respeitante ao grau de discricionariedade reconhecido ao Executivo da ordem jurídica. Na sua perspectiva, está essencialmente em causa definir as condições da possibilidade de construção jurídica do Estado. De resto, como também afirma, é esse mesmo quadro conceptual que justifica uma distinção de princípio entre a aludida discricionariedade do Executivo e a liberdade negocial ou autonomia privada dos particulares (cfr., *ibidem*, (190) pp. 241 e 242)

A Concepção Tradicional da Administração Pública como um Poder   253

De outro modo, ou seja, caso a Administração possa ela própria e por acto seu estabelecer originariamente o que deve valer como direito, em geral ou para cada caso, das duas uma: ou é o regresso ao Estado de polícia com a consequente e coerente aplicação do princípio político-jurídico do absolutismo – mas, então, a administração não se distingue da legislação; ou, continuando a fazer profissão de fé no princípio político-jurídico do Estado de Direito, incorre-se na contradição lógica de, em conformidade com o mesmo princípio, conceber o acto administrativo como subordinado às normas de uma ordem jurídica e, todavia, e ao mesmo tempo, de o considerar e de o declarar como norma jurídica[386].

(ii) *Apreciação crítica na perspectiva histórico-jurídica: a ineficácia da separação dos poderes para moderar ou limitar a soberania do Estado*

Como se referiu anteriormente, a separação dos poderes, no Estado constitucional de Otto Mayer, respeitava a um poder preexistente, procurando organizá-lo de forma a conseguir uma ordem jurídica que também vinculasse a Administração[387]. A composição monista do poder legislativo inerente ao conceito de soberania popular consagrado na Constituição de Weimar obrigou Otto Mayer a reformular os termos da sua construção, passando a conceber o próprio governo como um centro de poder autónomo capaz de funcionar como contra-poder. Desse modo, o dualismo entre as funções legislativa e executiva da monarquia constitucional parece poder manter-se no novo quadro da soberania popular. Dada a essencialidade daquela dualidade para o próprio conceito de direito administrativo, Otto Mayer entende que, não obstante todas as modificações constitucionais, o "seu" direito administrativo acaba por ficar into-

---

[386] Cfr., quanto a esta segunda parte, HANS KELSEN, "Zur Lehre vom öffentlichrechtlichen Rechtsgeschäft", cit., (190) p. 206. Quanto à primeira parte, relembre-se a tese afirmada por RUPP, *Grundfragen...*, cit., p. 9, de que a teoria do direito administrativo de Otto Mayer corresponde essencialmente a "um direito administrativo do princípio monárquico" (cfr. *supra* as notas 231 a 233 e o texto correspondente).

[387] V. *supra* o n.º 17, alínea b), ponto (ii) e, quanto ao que se segue, em especial, o texto referente às notas 284 e 286.

254 Estado de Direito Democrático e Administração Paritária

cado: "o direito constitucional passa, o direito administrativo permanece; isto já foi observado noutro lugar há muito tempo"[388].

Convém, em todo o caso, recordar que o modelo inicial de separação dos poderes de Otto Mayer se analisava em dois planos: o jurídico-funcional, em que se distinguiam os poderes legislativo e executivo, e o político-social, em que se confrontavam o poder do rei e o poder do povo. Do ponto de vista jurídico, o legislador continuava a soberania do Estado de polícia. Sob a forma de lei, a vontade do Estado sobrepunha-se a qualquer outra, nomeadamente à da lei mais antiga; o legislador pode tudo, incluindo a prática de actos materialmente administrativos sob a forma de lei ou a adopção de leis individuais[389]. Com efeito, "a qualidade de uma lei conforme com a Constituição não está condicionada a que o seu conteúdo seja efectivamente uma norma jurídica. Sob a forma de lei podem ser aprovadas outras realidades"[390]. "Assim que a lei faz uso da sua

---

[388] "*Verfassungsrecht vergeht, Verwaltungsrecht besteht; dies hat man anderwärts schon längst beobachtet*"; assim o prefácio à 3.ª ed. do *Deutsches Verwaltungsrecht*. OTTO MAYER parece querer referir-se à experiência constitucional francesa. Com efeito, em *Theorie des Französischen Verwaltungsrechts*, cit., pp. 2 e 3, o mesmo Autor já havia chamado a atenção para a necessidade de distinguir entre a perspectiva de cada uma das forças sociais que detêm o poder – os "detentores de poder" (*Gewaltträger*), a representação parlamentar e o Chefe do Estado –, e, bem assim, da sua interacção em vista do exercício das funções do Estado, e a perspectiva dos dois poderes constitucionais – o Legislativo e o Executivo – que actuam aquelas mesmas funções: todas as vicissitudes constitucionais ocorridas desde 1789 respeitariam apenas aos primeiros e às suas relações recíprocas (e OTTO MAYER elucida com um trecho de Cabantous: "*on a toujours désigné sous le nom de lois les actes du pouvoir législatif, quelle que fût d'ailleurs la composition de ce pouvoir*"; *ibidem*, p. 3, nota 6); enquanto a distribuição do poder público entre os dois poderes funcionais se manteria, no essencial, inalterada. Tal seria suficiente para assegurar a continuidade da eficácia do poder do Estado, pelo que, segundo OTTO MAYER, do ponto de vista francês, seria muito natural o contraste (*Gegensatz*) nos termos do qual, "o direito constitucional muda, e o direito administrativo perdura" (*Verfassungsrecht wechselt, Verwaltungsrecht dauert*; v. *ibidem*, p. 3, nota 6). O direito administrativo é visto "*survivre à l'effondrement successif des lois constitutionnelles*" (v. *idem, ibidem*, citando um trecho de Ducroq). No mesmo sentido, v. HEYEN, *Otto Mayer...*, cit., p. 125 (a construção do direito administrativo de Otto Mayer depende essencialmente do princípio da separação dos poderes; a questão jurídico-constitucional que deixou de relevar para tal construção foi a de saber se a soberania reside no príncipe ou no povo).

[389] Cfr. OTTO MAYER, *Deutsches Verwaltungsrecht*, I, cit., pp. 70, nota 12, e 79.

[390] V. OTTO MAYER, *Deutsches Verwaltungsrecht*, I, cit., p. 64.

A Concepção Tradicional da Administração Pública como um Poder   255

soberania, deixa de haver lugar para a Administração, a qual, por definição, está subordinada à ordem jurídica"[391]. O poder executivo, que no modelo em análise integra a Administração, na verdade, sem deixar de ser poder do Estado, define-se em função da susceptibilidade de ser vinculado e limitado pela lei[392]. Ainda assim, há moderação do poder do Estado e espaço para a Administração, devido à circunstância de o poder jurídico supremo – o Legislativo – se encontrar repartido por duas instâncias político-sociais – o rei e a representação parlamentar.

Com efeito, a Constituição reservava à intervenção do rei juntamente com a representação parlamentar determinadas matérias que integravam o domínio da reserva de lei. Fora desse âmbito, o rei, enquanto detentor do poder administrativo, só ficava limitado se assim o entendesse e desde que a representação parlamentar desse o seu acordo. O princípio da preferência da lei procurava exprimir tal realidade em termos da dogmática administrativa. Dentro do mesmo âmbito, a inderrogabilidade da lei, enquanto garantia dos interesses representados no parlamento, também estava assegurada: o poder administrativo, detido pelo rei, só podia agir com a liberdade que lhe tivesse sido concedida pela representação parlamentar ou pelo próprio súbdito interessado – caso dos "actos administrativos em vista da submissão" –, já que a reserva de lei era concebida como um limite pré-ordenado à protecção dos súbditos[393].

Nestes termos, e diferentemente do que sucedia no Estado de polícia, no "Estado de Direito" da monarquia constitucional, apesar de subsistir a supremacia de um poder jurídico-funcional que incorpora a soberania do Estado, a vontade exclusiva do rei já não é suficiente em tudo o que respeite à intervenção de tal poder: o rei não faz a lei sozinho, nem pode ir contra ela. Do mesmo modo, o povo ou os seus representantes não legislam sem o acordo do rei e sabem que este também não pode governar contra a sua vontade,

---

[391] *Sobald das Gesetz seine Souveränität gebraucht, ist es mit der begriffsmäßig unter der Rechtsordnung stehenden Verwaltung zu Ende*; v. *idem, ibidem*, p. 12.

[392] V. *supra* o n.º 17, alínea b), ponto (i).

[393] V. OTTO MAYER, *Deutsches Verwaltungsrecht*, I, cit., p. 98. Cfr. também *supra* a nota 251.

256 Estado de Direito Democrático e Administração Paritária

expressa sob a forma de lei. Ou seja, por causa da composição dualista do poder legislativo, a supremacia do legislador não significa a soberania de um único poder político-social. E, a menos que exista um acordo entre o rei e a representação parlamentar, a administração mantém-se como uma função do Estado autónoma e subordinada à lei. Eram estas as garantias da liberdade, por contraste com o Estado de polícia: a soberania originária do Estado era, mediante o esquema da separação dos poderes, distribuída por diferentes forças sociais, que se controlavam reciprocamente.

A partir do momento em que, no mesmo quadro jurídico-funcional, um dos detentores daquele poder supremo é eliminado, passando o mesmo a ser detido na sua totalidade apenas pelo outro – *in casu* pelo povo –, desaparece o citado equilíbrio político em que assentava a concepção de Estado de Direito de Otto Mayer e regressa-se a uma situação próxima da do ponto de partida: a soberania do Estado, antes incarnada no rei, agora incarna na representação parlamentar ou na vontade da maioria. Esta, sózinha, faz a lei, que, na perspectiva de Otto Mayer, continua a ser a expressão daquela soberania[394]. O argumento da autonomia fáctica ou funcional do Executivo, em substituição da sua anterior legitimidade monárquica, não procede, uma vez que a mesma não constitui um limite jurídico ao poder legislativo, ou seja, uma espécie de reserva do governo ou da Administração. Como o próprio Otto Mayer reconhece, a lei tem um poder absoluto; pode, desde logo, decidir governar em vez do Executivo[395]. Acresce que o poder executivo também deriva do povo e

---

[394] A situação não é exactamente a do Estado de polícia, porque o parlamento (*Reichstag*), diferentemente do rei absoluto, não exerce funções executivas. V., todavia, a nota seguinte. Na Constituição de Weimar as funções executivas eram cometidas ao Governo, concebido essencialmente como uma instância colegial, presidida pelo *Reichskanzler* (arts. 52.º e ss.). Quem detinha uma posição de destaque político-constitucional era o *Reichspräsident* (arts. 41.º e ss.: eleito por sufrágio universal directo para um mandato de sete anos, e com amplos poderes face ao parlamento: v.g. arts. 25.º, 48.º e 73.º). Como nota SCHMIDT-DE CALUWE, *Der Verwaltungsakt...*, cit., p. 103, nota 272, apesar do dualismo existente entre parlamento e presidente, este último, enquanto órgão constitucional, não podia – e Otto Mayer, de facto, também não enveredou por tal via – funcionar como um sucedâneo do rei na adaptação da construção de Otto Mayer aos novos dados constitucionais.

[395] Tal situação corresponde à descrita por MONTESQUIEU: "se o poder executivo não tem o direito de travar as iniciativas do corpo legislativo, este será despótico; porque,

A Concepção Tradicional da Administração Pública como um Poder   257

ao mesmo título – assim, o art. 1.º, segunda frase, da Constituição de Weimar. Ou seja, o povo detém o poder legislativo e o poder executivo. Deste modo, nenhum contra-poder institucionalizado assegura a inderrogabilidade da lei. Em tais condições, a força do poder do Estado já não pode ser eficazmente moderada ou domesticada.

Daí o impor-se a conclusão de que "uma ligação consistente entre a «ideia do Estado moderno» de Otto Mayer e a sua «ideia fundamental» de separação dos poderes não é mais viável na base da soberania popular. Um modelo de separação dos poderes em que seja cometido a um dos poderes a possibilidade de dispor do próprio modelo, em que, portanto, tal poder disponha da faculdade de o ultrapassar (*durchbrechen*), deixa de o ser"[396]. A conjugação da soberania da lei formal com a composição monista do poder legislativo torna, na verdade, precária a separação dos poderes. Num tal quadro, torna-se realidade a hipótese, referida por Carl Schmitt, de o domínio da lei, próprio do Estado de Direito, se transformar num "absolutismo das instâncias com poder legislativo" e de ser eliminada toda a diferenciação entre legislação, administração e justiça: o "absolutismo monárquico" dá lugar ao "absolutismo de muitas cabeças de cada maioria político-partidária"[397].

(iii) Apreciação crítica na perspectiva filosófico-jurídica: o afastamento dos pressupostos filosóficos hegelianos em benefício da defesa da autoridade do poder do Estado num quadro político-constitucional liberal

A "ideia de Estado" de Otto Mayer, caracterizada por um poder supremo e absoluto, é aparentemente muito influenciada pela filoso-

---

tendo em conta que ele poderá atribuir a si próprio todo o poder que puder conceber, ele aniquilará todos os outros poderes" (v. Autor cit., *De L'Esprit des Lois*, cit.pp. 169 e 170). E mais adiante: "o poder executivo, como referimos, deverá participar na legislação através da sua faculdade de impedir (*faculté d'empêcher*); sem o que o mesmo ficará a breve trecho desprovido de prerrogativas. Contudo, se o poder legislativo participar na execução, o poder executivo estará igualmente perdido" (v. *idem, ibidem*, p. 171).

[396] Assim, v. SCHMIDT-DE CALUWE, *Der Verwaltungsakt...*, cit., p. 108.

[397] Cfr. Autor cit., *Verfassungslehre*, cit., pp. 151 e 152. V., também, as referências a um "domínio absoluto da maioria" e a uma "democracia absoluta" em SCHMIDT-DE CALUWE, *Der Verwaltungsakt...*, cit., p. 101.

258 *Estado de Direito Democrático e Administração Paritária*

fia de Hegel, nomeadamente no que se refere à superioridade originária da vontade do mesmo Estado e à correlativa sujeição dos particulares.

A relação de supra e infra-ordenação – a que corresponde um domínio do Estado sobre os súbditos e uma subordinação destes àquele – existente no Estado absoluto mantém-se igualmente no quadro do Estado de Direito concebido por Otto Mayer: mesmo nos casos em que a posição jurídica do Estado se aproxima muito de um direito subjectivo – este é sempre uma realidade limitada –, o seu poder originário e ilimitado acaba sempre por irromper, visto que também tais concentrações jurídicas máximas do poder da sua vontade "mais não são do que corolários e modalidades de exercício do seu único e grande «direito primário» (*Urrecht*) à obediência"[398]. Para o explicitar, a propósito da construção de Georg Jellinek, aquele Autor socorre-se da ideia de uma cadeia (*Kette*): primeiro, o "direito primário «potencial» do Estado"; depois, mediante a "aprovação de lei, o seu «direito actual"; finalmente, "quando o Estado, com base na lei, «se dirige com uma ordem directa ao indivíduo» – constituindo-se somente então uma relação jurídica –, trata-se tão-só de uma «especificação do direito do Estado à obediência"[399].

Deste modo, observa Rolf Gröschner, "o dever de obediência relativamente ao que uma declaração de autoridade dirigida ao súbdito determina no caso concreto é, em última análise, um dever de obediência referente ao «direito primário» à obediência, e não em relação àquilo que «para o súbdito deve valer como direito». O dever de obediência em causa não se funda juridicamente, mas metafisicamente, com uma adaptação, aliás clássica, da filosofia do direito e do Estado de Hegel"[400]. E o mesmo Autor salienta que a ideia fundamental desta filosofia – a objectivação da ideia de direito como

---

[398] V. OTTO MAYER, *Deutsches Verwaltungsrecht*, I, cit., pp. 104 e ss., em especial, p. 106.

[399] "*[E]ine Spezialisierung des Gehorsamsanspruches des Staates*"; v. Autor cit., *Deutsches Verwaltungsrecht*, I, cit., p. 106, nota 6.

[400] V. Autor cit., *Das Überwachungsrechtsverhältnis – Wirtschaftsüberwachung in gewerbepolizeirechtlicher Tradition und wirtschaftsverwaltungsrechtlichem Wandel*, Tübingen, 1992, p. 120.

A Concepção Tradicional da Administração Pública como um Poder   259

realização da Razão na marcha da História – se encontra presente no conceito de Estado proposto por Otto Mayer logo na primeira página do seu *Deutsches Verwaltungsrecht*[401]: "o Estado é a colectividade organizada na qual um povo é reunido a fim de (*um...zu*) projectar e de fazer valer na História a sua especificidade". Com efeito, aquela teleologia – o «a fim de» – exprime "a finalidade da metafísica da História de Hegel. Segundo a mesma, o objectivo último de todo o desenvolvimento do direito e do Estado é que o real se torne racional e o racional real – isto é, historicamente eficaz. É na perspectiva de prosseguir tal objectivo último que Hegel pôde afirmar no § 331 da obra *Grundlinien der Philosophie des Rechts*: «o povo, enquanto Estado, é o Espírito na sua substancial racionalidade e imediata realidade»"[402].

---

[401] V. Autor cit., *ibidem*. Sobre os traços gerais da filosofia do direito e do Estado de Hegel, v., em língua portuguesa, CABRAL DE MONCADA, *Filosofia do Direito e do Estado*, I (Parte Histórica), 2.ª ed., Coimbra, 1955, pp. 279 e ss., em especial, pp. 287 e ss. V., também, um curtíssimo apontamento de MARCELLO CAETANO em "Tendências do Direito Administrativo Europeu" (1967) publicado in *Estudos de Direito Administrativo*, Lisboa, 1974, pp. 429 e ss., pp. 440 e 441 (a transcrição que aí é feita da obra de Hegel reporta-se ao § 258 dos *Princípios da Filosofia do Direito*, e não ao § 248 como, por lapso, aparece indicado).

Especificamente sobre a relação de Hegel com o Estado de Direito, cfr. a referência em MARIA DA GLÓRIA GARCIA, *As origens da expressão "Rechtsstaat"*, cit., p. 34 (Mohl considerava Hegel, apesar de tudo, um defensor do *Rechtsstaat*) e, principalmente, JEAN-FRANÇOIS KERVÉGAN, "L'État de droit dans l'idéalisme allemand: Kant, Fichte, Hegel" cit., pp. 116 e ss. (Hegel, sem percorrer os trilhos dos teorizadores do *Rechtsstaat*, antecipou alguns temas que viriam a corresponder a reivindicações essenciais do Estado de Direito, em especial, a autonomia da sociedade civil – p. 118 – e a garantia institucionalizada dos direitos fundamentais – pp. 119 e ss.; este Autor, por causa do modo como Hegel articulou o Estado e a sociedade civil moderna, em especial, no que respeita às contradições internas desta última e à determinação de as mesmas só poderem ser superadas em termos políticos – o que o levou a adoptar um perspectiva que não coincide com a perspectiva liberal, mas não social, dos doutrinadores do *Rechtsstaat* – não hesita em considerar Hegel mais moderno do que as teorias liberais do *Rechtsstaat* – v. *ibidem*, p. 123).

[402] V. GRÖSCHNER, *Das Überwachungsrechtsverhältnis...*, cit., pp. 120 e 121. E HEGEL, no mesmo passo, continua: "logo [o Estado] é o poder absoluto na Terra" (v. Autor cit, *Grundlinien der Philosophie des Rechts*, cit., § 331 (p. 498). Sobre o conceito de Estado de Hegel, v., também, BÖCKENFÖRDE, "Bemerkungen zum Verhältnis von Staat und Religion bei Hegel" in *Recht, Staat, Freiheit. Studien zur Rechtsphilosophie, Staatstheorie und Verfassungsgeschichte*, 2. Aufl., Frankfurt a.M. 1992 (publicado

260   Estado de Direito Democrático e Administração Paritária

O Estado, enquanto realização da Razão, implica uma orientação em função de fins transcendentes, reportados, não ao povo--realidade histórica contemporânea, mas ao povo, entendido como «grandeza histórica». Tal base metafísica implica um poder absoluto, o único capaz de prosseguir eficazmente aqueles fins: independente na ordem externa, supremo na ordem interna e ilimitado nas tarefas sociais. A defesa da verdadeira liberdade – a do Espírito que se realiza na História, ou seja, a da vontade livre que está na origem do direito e do Estado – deve ser procurada, não na limitação exterior de tal poder, mas através de uma distribuição e canalização do mesmo por expressões constitucionais do Estado, segundo a ideia, com a "designação não muito adequada, de separação dos poderes"[403].

É neste preciso ponto que se verifica o afastamento da perspectiva de Otto Mayer relativamente à de Hegel. Existe uma raiz comum em que assenta a unidade do Estado – precisamente a fundamentação metafísica do seu poder – que impõe um entendimento da separação de poderes compatível com aquela unidade. Porém, é distinto o modo como o esquema constitucional da separação dos poderes é perspectivado e, bem assim, o conceito de lei que a partir do mesmo é desenvolvido. Daí haver quem conclua pelo carácter isolado e inconsequente da adaptação e adopção do conceito de Estado hegeliano por parte de Otto Mayer[404].

Com efeito, a concepção hegeliana da separação dos poderes é desenvolvida a partir da Ideia de Estado do mesmo filósofo. Como referido, o conceito de Estado que formula é filosófico, não jurídico.

---

originalmente em *Der Staat* 21 (1982), pp. 481-503), pp. 115 e ss. (118-123); e JEAN--FRANÇOIS KERVÉGAN, "L'État de droit dans l'idéalisme allemand: Kant, Fichte, Hegel" cit., p. 116 (o Deus terrestre – *le divin terrestre*; o Senhor do mundo).

[403] Nestes termos, v. OTTO MAYER, "Zur Lehre vom öffentlich-rechtlichen Vertrage" cit., (1) p. 30. V., também, em *Deutsches Verwaltungsrecht*, I, cit., p. 55, nota 2, uma referência do mesmo Autor à não compreensão do alcance da separação dos poderes por parte da doutrina juspublicística alemã anterior à sua obra (em especial, Stein e Laband – *"die viel gescholtene und wenig verstandene Trennung der Gewalten"*). Na primeira daquelas obras, na nota 39 da página citada, OTTO MAYER refere o contributo decisivo da Escola Hegeliana para o reconhecimento da natureza superior da vontade do Estado.

[404] É o caso de SCHMIDT-DE CALUWE, *Der Verwaltungsakt...*, cit., p. 109: a adopção da ideia de Estado de Hegel revela-se "isolada e sem consequências internas".

A *Concepção Tradicional da Administração Pública como um Poder*   261

Assim, inscreve-se na sua metafísica da História: ele é simultaneamente geral-abstracto (ordenado ao conhecimento da realidade e da verdade racional) e histórico-concreto (referido ao Estado, tal como o mesmo se apresenta historicamente, depois da Revolução Francesa e no tempo da União do Reno e das reformas prussianas).

O Espírito-do-mundo (*Weltgeist*) ou a Ideia racional desenvolve-se e objectiva-se na História, constituindo nela as suas formas e instituições. "Direito e Estado são, pois, antes de tudo o mais, Espírito, e, como tais, quadra-lhes uma Ideia, não apenas regulativa, mas constitutiva. Se esta na subjectividade da consciência se traduz num conceito, na objectividade da História traduz-se numa realidade, como uma espécie de «precipitado» do Espírito-do-mundo"[405]. O conceito constitui-se na História e adquire aí a sua realidade e a sua realização, sendo, deste modo, que a Ideia, enquanto unidade da existência e do conceito, se realiza[406].

O Estado, para Hegel, corresponde a um todo orgânico, a um sujeito espiritual, ao modo de existência estruturado de um povo. Enquanto conceito histórico-concreto, significa a "realidade da liberdade concreta", já que, por um lado, permite a manifestação da

---

[405] Assim, CABRAL DE MONCADA, *Filosofia do Direito...*, cit., p. 287. V., também, HEGEL, *Grundlinien der Philosophie des Rechts*, cit., § 1, coment., p. 29: só o conceito, enquanto determinação abstracta do entendimento (a forma de ser apenas conceito), tem realidade (*Wirklichkeit*), precisamente aquela que a si próprio se dá (em contraste com o que é apenas efémero, acaso, opinião, inverdade, engano, etc.); a configuração (*Gestaltung*) que o conceito assume na sua realização (*Verwirklichung*) já corresponde ao momento essencial da Ideia. No aditamento ao mesmo parágrafo HEGEL acrescenta duas comparações destinadas a explicitar as relações entre Ideia, conceito e realização: a da alma e do corpo e a das sementes e da árvore. Assim, o conceito e a sua existência (*Existenz*) são dois lados, separados mas unidos, como o corpo e a alma: a existência (*Dasein*) do conceito é o seu corpo e, como este, obedece à alma que o constituiu (*hervorbringen*). As sementes contêm em si a árvore e toda a sua força, embora ainda não sejam a própria árvore. Uma alma sem corpo ou um corpo sem alma não corresponderia a nada de vivo (aliás, seria uma infelicidade); do mesmo modo, a árvore deve corresponder à imagem das sementes. "A unidade da existência e do conceito, do corpo e da alma, é a Ideia. Ela não é apenas harmonia, mas uma interpenetração completa. Nada existe (*lebt*) que não seja, de alguma modo, Ideia. A Ideia do direito é a liberdade e, para ser verdadeiramente entendida, tem de ser conhecida no seu conceito e na sua existência" (v. *ibidem*, p. 30).

[406] Assim, v. BÖCKENFÖRDE, "Bemerkungen zum Verhältnis von Staat und Religion bei Hegel", cit., p. 118.

subjectividade e das particularidades de cada um, nomeadamente no âmbito da família e da sociedade civil, e, por outro lado, vincula tal subjectividade e as particularidades correspondentes ao que é geral, à forma de uma existência racional, e aí as conserva[407]. O indivíduo e as suas manifestações são apenas um momento da ordem superior e transcendente que constitui os pressupostos para o desenvolvimento do próprio princípio da subjectividade. "A especificidade da Ideia do Estado nos tempos mais recentes consiste em que este é a realização da liberdade, não segundo o arbítrio de cada um, mas segundo o conceito da vontade, ou seja, segundo a respectiva generalidade e divindade. [...] A essência do novo Estado reside em que aquilo que é geral (*das Allgemeine*) está ligado com a liberdade completa do que é particular (*die Besonderheit*) e com o bem-estar dos indivíduos, pelo que o interesse da família e da sociedade civil tem que ser junto ao Estado, sem que, todavia, a generalidade do fim possa progredir ignorando o conhecimento e a vontade próprios do que é particular, e que tem de conservar o seu direito. O que é geral tem, portanto, de ser actuado, mas a subjectividade, por outro lado, tem de ser desenvolvida de forma completa e viva. O Estado só deve ser considerado estruturado e verdadeiramente organizado se os dois momentos subsistirem com a sua força própria"[408]. Noutra perspectiva: o que confere solidez ao todo são as instituições (entre elas, por exemplo, o casamento) que fazem aparecer a sociedade civil como uma realidade ética. Deste modo, aquilo que é geral também é assunto de cada um, enquanto particular, e o que é decisivo é que "a lei da razão e da liberdade particular se imponha e o meu fim particular se torne idêntico com o geral, sob pena de o Estado ficar no ar"[409], sem sustentação.

---

[407] Cfr. HEGEL, *Grundlinien der Philosophie des Rechts*, cit., § 260, pp. 406 e 407; e BÖCKENFÖRDE, "Bemerkungen zum Verhältnis von Staat und Religion bei Hegel", cit., p. 119.

[408] Assim, v. HEGEL, *Grundlinien der Philosophie des Rechts*, cit., § 260, aditamento, p. 407. V., também, *idem*, *ibidem*, § 273, coment., pp. 435 e ss., quanto à evolução do próprio Estado até à monarquia constitucional; e § 258, coment., p. 399, a comparação com o ideal liberal (a partir da identificação do Estado com a sociedade civil e a elevação da protecção da liberdade e da propriedade a fins últimos).

[409] V. HEGEL, *Grundlinien der Philosophie des Rechts*, cit., § 265, aditamento, p. 412.

A Concepção Tradicional da Administração Pública como um Poder   263

O organismo em que se concretiza o Estado "é o desenvolvimento da Ideia para as suas diferenciações (*Unterschiede*) e para a realidade objectiva destas últimas. Tais lados ou aspectos diferenciados são, assim, os diversos poderes e seus negócios e eficácias, através dos quais, e em virtude de os mesmos serem determinados pela natureza do conceito, aquilo que é geral (*das Allgemeine*) continuamente se constitui de forma necessária e, pressupondo igualmente aquela produção, se mantém"[410]. E aquele organismo é a Constituição política, isto é, "a organização do Estado e o processo da sua vida orgânica em relação a si próprio, no qual o mesmo Estado distingue, dentro de si próprio, os seus momentos e os desenvolve em vista da existência (*zum Bestehen entfaltet*)"[411]. A mesma Constituição "é racional na medida em que o Estado, em si, diferencie e determine a sua efectividade (*Wirksamkeit*), segundo a natureza do conceito, e o faça de tal modo que cada um destes poderes seja, em si mesmo, a totalidade, em virtude de ter e de conter em si, de forma efectiva, os outros momentos, e que os mesmos poderes, porque exprimem a diferenciação do conceito, permaneçam simplesmente na sua forma ideal e formem apenas um todo individual"[412].

---

[410] V. HEGEL, *Grundlinien der Philosophie des Rechts*, cit., § 269, p. 414. No aditamento ao mesmo parágrafo aquele Autor acrescenta: "este organismo é a Constituição política, a qual provém permanentemente do Estado, uma vez que o mesmo se conserva através dela" (*ibidem*, p. 415).

[411] V. HEGEL, *Grundlinien der Philosophie des Rechts*, cit., § 271, p. 431. Já antes o mesmo filósofo havia esclarecido que o desenvolvimento da Ideia dentro de si mesma se analisava em substancialidade subjectiva – a convicção política (*die politische Gesinnung*), isto é, "a certeza da verdade" (*die in Wahrheit stehende Gewißheit*) resultante das instituições (cfr. § 268, p. 413) – e objectiva – o organismo do Estado (cfr. *ibidem*, § 267, pp. 412 e 413): "a unidade da liberdade que se quer e que se sabe existe, desde logo, como necessidade. O que é substancial existe aqui como existência subjectiva dos indivíduos; o outro modo da necessidade é o organismo, ou seja, o Espírito é um processo em si mesmo, estrutura-se em si mesmo, estabelece em si diferenças através das quais faz a sua circulação" (v. *ibidem*, § 267, aditamento, p. 413).

[412] V. HEGEL, *Grundlinien der Philosophie des Rechts*, cit., § 272, p. 432. Cfr. também JEAN-FRANÇOIS KERVÉGAN, "L'État de droit dans l'idéalisme allemand: Kant, Fichte, Hegel" cit., p. 117 (está em causa uma divisão – *Teilung* –, entendida em termos de diferenciação funcional que não põe em causa a unidade do poder do Estado no seu conceito essencial, e não uma separação abstracta – *Trennung*).

264 Estado de Direito Democrático e Administração Paritária

Por outras palavras, a separação dos poderes é desenvolvida a partir da ideia de Estado: os poderes são os diferentes lados (aspectos) do organismo Estado nos quais este se torna realidade; é nisso que se traduz a Constituição. Deste modo, cada poder incorpora necessariamente o Estado, enquanto ideia. Em especial no que se refere à separação dos poderes, Hegel acrescenta: trata-se de uma determinação que poderia ser vista como "a garantia da liberdade", já que é nela que se localiza "o momento da certeza racional. O princípio da separação dos poderes contém, na verdade, o momento essencial da diferenciação, da racionalidade real"[413]. E "somente a autodeterminação (*Selbstbestimmung*) do conceito em si, e não quaisquer outros fins ou vantagens, é que contém a origem absoluta dos diferentes poderes e só por causa dela é que a organização do Estado é, em si mesma, racional e constitui uma imagem da Razão eterna"[414]. Aliás, a "independência dos poderes, por exemplo, dos que foram designados poder executivo e legislativo, conduz imediatamente, e como se tem visto em geral, à desintegração do Estado ou, desde que o Estado, no essencial, se mantenha, à luta em vista da supremacia de um dos poderes e, por essa via, à unidade, salvando-se assim o essencial, a existência do Estado"[415].

---

[413] V. HEGEL, *Grundlinien der Philosophie des Rechts*, cit., § 272, coment., p. 433.

[414] V. *idem, ibidem*. À aludida autodeterminação do conceito em si mesmo contrapõe HEGEL o modo como o entendimento abstracto (*der abstrakte Verstand*) compreende o princípio em análise: "em parte, a ideia errada da independência (*Selbständigkeit*) absoluta de cada poder, em parte, a unilateralidade de compreender como negativa a relação dos poderes entre si, como limitação recíproca" (v. *ibidem*). E no aditamento ao mesmo § 272, pp. 434 e 435, aquele filósofo acrescenta: "os poderes do Estado têm de ser diferenciados, mas cada um deles tem de constituir em si mesmo um todo e conter em si os outros momentos. Quando se fala na diferente eficácia dos poderes, não se pode incorrer no erro monstruoso de considerar cada poder de per si, em abstracto, uma vez que os mesmos poderes somente devem ser distinguidos como momentos do conceito. Se, ao invés, as diferenças existissem em abstracto, é óbvio que duas realidades independentes não podem formar uma unidade, antes surgindo entre elas a luta que ou faz desagregar o todo ou obriga ao uso da força para reconstituir a sua unidade. Assim, na Revolução Francesa, umas vezes foi o poder legislativo a engolir o executivo, outras este último a engolir aquele e é absurdo formular aqui a exigência moral da harmonia. Com efeito, se se tratasse de uma questão de vontade, então terá faltado o esforço adequado; mas se o sentimento ético também é necessário, então não se podem determinar os poderes do Estado a partir de si próprios".

[415] V. *idem, ibidem*, p. 434.

A Concepção Tradicional da Administração Pública como um Poder   265

Tornam-se, deste modo, evidentes as diferentes perspectivas de Hegel e de Otto Mayer quanto à separação dos poderes. Para o primeiro, trata-se de uma expressão necessária do desenvolvimento da ideia de Estado: o conceito deste último, enquanto concretização da Razão, determina que na sua objectivação histórica o mesmo se manifeste nos diferentes poderes – o legislativo, o governativo (*Regierungsgewalt*) e o do príncipe (*fürstliche Gewalt*)[416]. A separação dos poderes decorre, assim, da realização do conceito de Estado. Já para o segundo, o que está em causa é, na linha de Montesquieu, a obtenção de um equilíbrio efectivo entre poderes jurídico-funcionais assentes em instâncias político-sociais, ou seja, a separação dos poderes é concebida como modo de limitação recíproca dos mesmos poderes[417]. Embora ambos tomem como referência a separação dos poderes da monarquia constitucional, Hegel vê-a como ponto de chegada do desenvolvimento do seu conceito de Estado, enquanto Otto Mayer a perspectiva, a partir da realidade social, como condição do Estado de Direito que se veio juntar à ideia do Estado moderno.

Além disso, para Hegel, o citado poder do príncipe – uma das «diferenciações substanciais» (*substantielle Unterschiede*) do «Estado político» – é compreendido como subjectividade, isto é, "como a última decisão da vontade na qual os diferentes poderes são resumidos numa unidade individual, que é, por conseguinte, o princípio e o fim do todo, ou seja, da monarquia constitucional"[418]. Daí que o soberano unificador esteja acima dos demais poderes, incluindo o poder legislativo. Somente nele é que o Estado alcança, como unidade da vontade que decide, uma existência real. "A personalidade do Estado somente como uma pessoa, o rei, é que é real"[419].

---

[416] Cfr. HEGEL, *Grundlinien der Philosophie des Rechts*, cit., § 273, p. 435. Cfr. também JEAN-FRANÇOIS KERVÉGAN, "L'État de droit dans l'idéalisme allemand: Kant, Fichte, Hegel" cit., p. 118.

[417] V. *supra* o n.º 17, alínea b), ponto (ii), em especial, as notas 284 e 286 e o texto correspondente, e a alínea b), ponto (ii), do presente número.

[418] V. HEGEL, *Grundlinien der Philosophie des Rechts*, cit., § 273, p. 435. *Ibidem*, no § 275 e no respectivo aditamento, ambos p. 441, o mesmo Autor acrescenta que o poder do príncipe contém em si os três momentos do Estado como totalidade a que já se reportava o § 272 (cfr. *supra* o texto correspondente às notas 410 e 412).

[419] V. HEGEL, *Grundlinien der Philosophie des Rechts*, cit., § 279, p. 445. Mais adiante, neste mesmo parágrafo, a pp. 446 e 447, HEGEL considera que a soberania

266 Estado de Direito Democrático e Administração Paritária

Já para Otto Mayer, diferentemente, a soberania do Estado é concebida no quadro da monarquia constitucional e titulada pelo poder legislativo na sua componente dualista[420], com vista à conciliação das ideias de Estado moderno e de Estado de Direito. Como sublinha Schmidt-De Caluwe, com tal passo "Mayer abandonou o edifício filosófico de Hegel. Na medida em que ele institucionaliza o poder legislativo como soberano, a fim de emprestar à sua ideia de Estado uma referência à realidade, não só desiste do conceito de poder legislativo hegeliano, como também da determinação material do conteúdo desse conceito"[421].

Com efeito, para Hegel, a lei é a verdade sob a forma do racional-geral, correspondendo ao poder legislativo a "determinação e fixação do o que é geral"[422]. Ou seja: tal poder é caracterizado pelo seu conteúdo, a lei, a qual é compreendida como *ratio*, não *voluntas*, como norma geral e não como decisão arbitrária; a ele se contrapõe o governo, como o poder que tem por objecto "a subsunção das esferas particulares e dos casos individuais ao que é geral", ou seja, de continuar (ou executar) o que já foi decidido nas leis existentes[423].

Para Otto Mayer, ao invés, "a qualidade de uma lei conforme com a Constituição não está condicionada a que o seu conteúdo seja efectivamente uma norma jurídica. Sob a forma de lei podem ser aprovadas outras realidades"[424]. E a vontade do Estado expressa sob

---

popular, em contraposição à soberania que existe no rei – o povo sem o seu rei e, portanto, sem a inerente estruturação do todo –, corresponde a "uma massa amorfa que já não é um Estado". Num povo, pensado como uma totalidade orgânica desenvolvida a partir de si mesma, a soberania é a personalidade do todo e esta, na realidade correspondente ao seu conceito, é a pessoa do rei.

[420] V. *supra* o n.º 17, alínea b), o ponto (ii), e, quanto ao que se segue, em especial, o texto referente às notas 284 e 286.

[421] V. Autor cit., *Der Verwaltungsakt...*, cit., p. 110.

[422] Nestes termos, v. HEGEL, *Grundlinien der Philosophie des Rechts*, cit., § 273, p. 435. V. também, *ibidem*, §§ 298 e 299, pp. 465 e ss.

[423] Assim, v. HEGEL, *Grundlinien der Philosophie des Rechts*, cit., §§ 273 e 287, pp. 435 e 457, respectivamente. V., também, SCHMIDT-DE CALUWE, *Der Verwaltungsakt...*, cit., p. 110.

[424] V. OTTO MAYER, *Deutsches Verwaltungsrecht*, I, cit., p. 64, referindo-se ao "conceito mais recente (*der neuere Begriff*) ou conforme à Constituição" – e que corresponde ao conceito de lei em sentido formal de Laband – por contraposição ao conceito "mais antigo (*der ältere Begriff*) – as normas jurídicas estatuídas pelo príncipe (v. *ibidem*, nota 2, pp. 64 e 65). Isto sem prejuízo de, também para aquele Autor, o exercício do poder legislativo se traduzir, de ordinário, na aprovação de normas jurídicas (v. *ibidem*, pp. 4 e 66 e ss.).

A *Concepção Tradicional da Administração Pública como um Poder* 267

aquela forma é dotada de uma especial força vinculativa, de uma mais-valia jurídica, que origina o chamado "domínio da lei" (*Herrschaft des Gesetzes*), o qual se caracteriza, nomeadamente, pela prevalência sobre as manifestações de vontade do poder executivo[425]. Aliás, a lei é a espécie de vontade do Estado juridicamente mais forte[426]. A relevância deste conceito de lei «mais recente» – e que corresponde ao conceito de lei em sentido formal de Laband – na construção de Otto Mayer deve-se precisamente à soberania do legislador, já que, de outro modo, o mesmo estaria vinculado materialmente, logo, já não seria soberano.

Acresce que, como observa certeiramente Schmidt-De Caluwe, a indicação que Otto Mayer faz em relação à necessidade fáctica de um domínio das actividades administrativas, destinada a salvaguardar a autonomia do executivo e, por essa via, o seu modelo de separação dos poderes no quadro da Constituição de Weimar, não pode invocar a fundamentação filosófico-racional da distinção entre poder legislativo e poder executivo, justamente por lhe faltar a base correspondente, ou seja, a determinação material do primeiro daqueles poderes[427].

c) *A delimitação entre Administração e Justiça no seio do poder executivo e a consequente vinculação legal diferenciada da Administração e dos particulares*

Na concepção de Otto Mayer, o Estado é, na sua essência, um poder pré-jurídico. Por isso, somente em parte pode ser limitado pelo direito: justamente na medida em que parcelas daquele poder sejam dele juridicamente autonomizadas e simultaneamente a ele submetidas. Trata-se de um modelo organizatório que opera uma espécie de distribuição interna do único poder existente – o poder do Estado –, destinada a explicar a vinculação jurídica de partes do mesmo sem,

---

[425] V. OTTO MAYER, *Deutsches Verwaltungsrecht*, I, cit., p. 65.
[426] Cfr. OTTO MAYER, *Deutsches Verwaltungsrecht*, I, cit., p. 68.
[427] V. SCHMIDT-DE CALUWE, *Der Verwaltungsakt...*, cit., p. 111; quanto à perspectiva de Otto Mayer relativamente à posição constitucional do Executivo, v. *supra* o ponto (ii) da presente alínea.

268   *Estado de Direito Democrático e Administração Paritária*

ao mesmo tempo, pôr em causa a mencionada unidade e o carácter ilimitado de tal poder.

Foi assim que no Estado de polícia o príncipe deixou de poder intervir na actuação concreta da justiça, criando desse modo as condições necessárias para que os tribunais, porque subordinados apenas às leis, se tornassem "elementos autónomos do poder" no seio da organização do Estado[428]. Para aquele Autor, o Estado de Direito, assente no Estado constitucional, visa alargar tal modelo à administração. Em conformidade, o poder executivo, autonomizado nos termos do princípio da separação dos poderes, caracteriza-se pela susceptibilidade de ser vinculado pelas leis, ou seja, deve ser limitado por um poder, igualmente pertencente ao Estado, só que mais forte – o poder legislativo.

Na verdade, a ideia de máxima juridicização da administração segundo o modelo da justiça – *die tunlichste Justizförmigkeit der Verwaltung* – é central na construção de Otto Mayer: correspondendo ao seu conceito de Estado de Direito, assinala igualmente os limites da "domesticação" do poder do Estado[429]. É este último quem está presente, quer na justiça, quer na administração.

Deste modo, todas as relações jurídicas dos cidadãos em qualquer um destes âmbitos são relações com o próprio Estado e, portanto, marcadas por uma fundamental desigualdade entre os sujeitos. Não obstante a vigência do princípio da legalidade, a Administração surge, à partida e de modo semelhante aos tribunais, como colaboradora subordinada da lei; e o cidadão ou particular, como simples súbdito por ela dominado. A juridicidade da actuação daquela não implica a justiciabilidade ou sujeição a controlo jurisdicional do cumprimento da lei, ao invés do que sucede com os cidadãos nos domínios civil e penal. Esta diferente vinculação perante a lei é, assim, fruto da posição institucional da Administração.

Cumpre analisar o paralelismo entre Administração e Justiça no respeitante à subordinação à lei. Para o efeito, importa começar por

---

[428] *Selbständige Machtelemente*; cfr. OTTO MAYER, *Deutsches Verwaltungsrecht*, I, cit., p. 41.

[429] V. Autor cit., *Deutsches Verwaltungsrecht*, I, cit., p. 62. V., também, *supra* o n.º 17, alíneas a) e b).

A Concepção Tradicional da Administração Pública como um Poder   269

clarificar o alcance da divisão dualista do poder executivo e, seguidamente, apreciar a consistência da tese da vinculação legal diferenciada da Administração e dos particulares.

(i) *A divisão dualista do poder executivo e a negação da sujeição da Administração ao controlo jurisdicional*

A bipartição do poder do Estado teorizada por Otto Mayer parece afastar-se do modelo tripartido francês, tal como descrito, por exemplo, por Montesquieu: em vez da autonomização de um "poder de julgar", ainda que tão-só para advogar, em vista da maior defesa da liberdade individual, a conveniência da sua neutralização política[430], Otto Mayer recusa qualquer autonomia ao "poder judicial", integrando, à partida, a actividade correspondente, a justiça, no poder executivo[431]. O seu objectivo é criar as condições necessárias à vinculação jurídica das manifestações infra-legais do poder do Estado. E, para tanto, basta-lhe a separação entre os poderes legislativo – dotado de uma força vinculativa prevalecente – e executivo – caracterizado pela susceptibilidade de ser vinculado por normas jurídicas, significando tal vinculação a obrigação de as executar.

Com efeito, de um ponto de vista lógico, apenas se exige a distinção entre criação da norma e a sua aplicação, pelo que, em relação à lei, tanto a administração como a justiça correspondem realmente à sua execução. Atenta a susceptibilidade de vinculação legal característica do poder executivo e o princípio da preferência da lei, fica assegurado que mesmo as manifestações do poder executivo não cobertas por lei anterior (e, portanto, originariamente não executivas!), podem em qualquer momento vir a ser subordinadas ao poder legislativo: basta, para o efeito, o início de vigência de uma lei posterior incompatível.

Reimund Schmidt-De Caluwe sustenta que o rigor da delimitação orgânico-formal operada entre justiça e administração no seio do poder executivo, também preconizada por Otto Mayer, conduz a um resultado funcionalmente idêntico ao da qualificação daquelas duas

---

[430] Cfr. *supra* o n.º 11.
[431] Cfr. *supra* o n.º 17, alínea b), ponto (i).

270   *Estado de Direito Democrático e Administração Paritária*

esferas de actividade como poderes do Estado e da sua subsequente separação orgânica, nomeadamente no que se refere ao objectivo da exclusão da actividade administrativa do controlo jurisdicional[432].

Contudo, não parece ser nem indiferente nem casual uma ou outra perspectiva.

Com efeito, a aludida autonomização do poder judicial no quadro da separação dos poderes evidencia o reconhecimento formal dos direitos dos particulares legalmente previstos ao mesmo nível dos poderes do Estado: a Constituição não é apenas o quadro organizatório dos poderes do Estado, mas também das garantias da liberdade política dos cidadãos[433].

Se é verdade que em ambos os casos a Administração é concebida como um poder, não é menos verdade que no direito francês esse poder encontra limites que decorrem do reconhecimento aos cidadãos de posições jurídicas substantivas originárias, ainda que a concretizar necessariamente por lei, isto é, por intermédio da vontade geral. Para Otto Mayer, diferentemente, a Administração é apenas

---

[432] Cfr. Autor cit., *Der Verwaltungsakt...*, cit., p. 86. *Ibidem*, na página 95, Schmidt-de Caluwe chega mesmo a afirmar: "no final, o conceito de círculos de poder (*Machtkreise*) autónomos e contrapostos um em relação ao outro (no referente aos âmbitos de actuação e de competência da Administração e da Justiça) sustentado por Otto Mayer não é mais do que a variante da *séparation des pouvoirs* entre a Administração e a Justiça adaptada ao ambiente alemão. As diferenças não se encontram no princípio assumido da separação categórica dos dois domínios, mas sim nas excepções admitidas".

[433] Cfr. o art. 16.º da Declaração dos Direitos do Homem e do Cidadão de 1789 e a referência truncada ao mesmo (omissão da referência à garantia dos direitos) em Otto Mayer, *Deutsches Verwaltungsrecht*, I, cit., p. 1, nota 1.

De resto, a evolução política havia sido muito diferente em França e na Alemanha. "Aqui não tinha, até 1848, havido uma revolução. A transição da sociedade estamental para a sociedade de base individualista fazia-se gradualmente através da evolução natural da economia e das estruturas sociais. Na Alemanha e na França da época, epítetos como «conservador», «liberal», «democrático» ou «reaccionário» não correspondiam às mesmas realidades. [...] Em França a representação nacional estava assegurada (de forma censitária) e a luta política travava-se entre sectores da burguesia. Na Alemanha, o objectivo central das forças sociais ascendentes era o da unificação nacional e a burguesia, menos poderosa do que na França, lutava ainda contra o poder da aristocracia burocrática. Em França, os liberais lutavam entre si pelo poder, na Alemanha contra o poder" (v. Sérvulo Correia, *Direito do Contencioso Administrativo*, I, cit., pp. 88 e 89, seguindo o historiador Johannes Haller).

A *Concepção Tradicional da Administração Pública como um Poder*   271

um dos modos por que se manifesta o poder do Estado, o mesmo exactamente que está presente na legislação e na justiça. E, perante o Estado, os súbditos só têm os direitos que o mesmo lhes reconheça. A esta diferença de perspectivas não é indiferente o respectivo ponto de partida e de referência: o Estado constitucional em sentido restrito, no que se refere a Montesquieu e à doutrina juspublicística francesa em geral; e a monarquia constitucional, quanto a Otto Mayer e à generalidade dos juspublicistas alemães seus contemporâneos.

Por isso, como refere Sérvulo Correia, "não foi o mesmo, na viragem do Século XIX para o Século XX, o significado profundo da figura [do acto administrativo] nos dois Direitos nacionais. Em França, ela fora criada pelo *Conseil d'État* como tópico da defesa jurisdicional dos particulares contra o poder administrativo. E o seu enquadramento numa visão objectivista do Direito Público corres-pondia à preocupação pela preservação do primado da lei como expressão democrática da vontade popular, partindo-se ao mesmo tempo da presunção de que, graças à sua origem e à sua generalidade, a lei representava a melhor protecção da esfera individual contra o arbítrio do poder"[434].

De qualquer modo, é evidente a influência que o modelo francês da separação estrita entre administração e justiça exerceu sobre Otto Mayer. Com efeito, a sua ideia de juridicização da administração em termos paralelos aos previstos em relação à justiça, além de se inspi-rar directamente naquele, só faz sentido num quadro em que a justiça propriamente dita não opere no domínio da administração[435].

As razões do modelo "duplamente dualista" de Otto Mayer[436] – a separação dos poderes legislativo e executivo e, no âmbito deste, a delimitação de círculos de poder da Administração e da Justiça – são fundamentalmente de natureza teorética e prendem-se com a sua

---

[434] V. Autor cit., *Direito do Contencioso Administrativo*, I, cit., p. 89.

[435] OTTO MAYER afirma expressamente que o princípio da legalidade e o acto administrativo são institutos baseados "numa cópia (*Entlehnung*) do que em anterior está-dio de desenvolvimento já se tinha experimentado e confirmado em relação à justiça" (v. Autor cit., *Deutsches Verwaltungsrecht*, I, cit., p. 62).

[436] A expressão é de SCHMIDT-DE CALUWE, *Der Verwaltungsakt...*, cit., p. 94, cuja análise se segue de perto.

Estado de Direito Democrático e Administração Paritária

ideia do Estado moderno. Com efeito, tal modelo corresponde a exigências da ideia pré-constitucional deste último, a qual não admite a Justiça como um poder autónomo do Estado, nem tão-pouco a possibilidade de dois poderes subordinados – a Justiça e Administração – poderem concorrer entre si. A estas razões acresce a tradição institucional alemã, com tradução na realidade constitucional observada por Otto Mayer, que, relativamente à separação entre administração e justiça, era muito menos exigente do que a francesa.

Quanto aos argumentos de índole teorética, está em causa a contraposição entre um conceito de Estado absolutista e monárquico e uma ideia do mesmo Estado mais próxima dos princípios republicano e associativo[437].

Na verdade, a perspectiva de um controlo da legalidade da administração por parte de tribunais independentes seria contrária à ideia de supra-ordenação de todo o poder público inerente ao conceito de Estado moderno, tal como perfilhada por Otto Mayer, uma vez que implicaria a paridade entre a Administração e o súbdito na sujeição à lei e, por conseguinte, ao tribunal (a *viva vox legis*): o Estado, sob a forma de Administração, e enquanto parte processual, ficaria submetido, de modo idêntico ao da contraparte particular, ao direito e ao tribunal. E, nessa mesma medida, existiria paridade, não supra-ordenação, entre o Estado(-Administração) e o súbdito.

O paralelismo e a paridade existem, sim, mas na subordinação à lei do tribunal e da Administração: ambos são «colaboradores subordinados» daquela e simultaneamente expressões imediatas do poder do mesmo Estado[438]. Com efeito, o poder do Estado é único e uno, não obstante a possibilidade de se manifestar sob as formas do poder legislativo e do poder executivo.

A posição de supremacia do poder legislativo relativamente ao poder executivo defendida por Otto Mayer pretende justamente salvaguardar aquele princípio de unidade num quadro de separação dos poderes. Contudo, o mesmo tipo de solução hierárquica não pode ser adoptado relativamente às relações entre Justiça e Administração: a hipotética superioridade da primeira implicaria, como refe-

---

[437] Cfr. *supra* os n.os 15 e 16, em especial, as respectivas alíneas c).
[438] Cfr. *supra* o n.º 17, alínea b), ponto (i).

A Concepção Tradicional da Administração Pública como um Poder   273

rido, uma paridade da Administração com os súbditos na idêntica subordinação à lei e aos tribunais; a hipótese de uma superioridade da Administração sobre a Justiça seria frontalmente contrária à independência dos tribunais, já consagrada no âmbito do próprio Estado de polícia e que o Estado de Direito pretende manter[439]. Ou seja, tal solução representaria um evidente retrocesso, não um progresso em direcção ao Estado de Direito.

Por outro lado, admitir a possibilidade de concorrência ou de oposição entre poderes separados, nomeadamente entre o «poder judicial» e o «poder administrativo», implicaria reconhecer a necessidade de um estatuto jurídico regulador dos mesmos, o que seria incompatível com a premissa de um poder do Estado único e pré-constitucional. Como salienta Schmidt-De Caluwe, "de forma irrecusável impor-se-ia, nesse caso, a conclusão de que os poderes do Estado concorrentes entre si não podiam ser «partes» nem «competências sobrepostas» de uma pressuposta força estatal originária, mas tão somente domínios de actuação delimitados de órgãos juridicamente constituídos (por uma Constituição) e dotados de competências próprias. Sendo, na perspectiva em causa, os poderes do Estado fundados e conformados juridicamente, o mesmo teria de valer em relação ao próprio Estado. Acontece que tal é simplesmente inconciliável com a representação do Estado de Otto Mayer"[440].

Daí a necessidade, afirmada por este Autor, de uma delimitação no âmbito do próprio poder executivo de domínios correspondentes à actuação subordinada à lei da Justiça e da Administração. E tal delimitação tem de fazer-se segundo critérios organizatório-formais. Com efeito, as diferenças funcionais entre justiça e administração e, de modo especial, as suas consequências no que se refere à intensidade e uniformidade da vinculação à lei[441], são insuficientes para estabelecer uma delimitação fundada em critérios materiais, visto que as mesmas apenas permitem concluir que a justiça é sempre uma modalidade de execução da lei caracterizada pela vinculação estrita à mesma, enquanto a administração pode coincidir, ou não,

---

[439] Cfr. OTTO MAYER, *Deutsches Verwaltungsrecht*, I, cit., pp. 41 e 54.

[440] V. Autor cit., *Der Verwaltungsakt...*, cit., p. 94.

[441] Cfr. *supra* o n.º 17, alínea b), ponto (i), em especial a parte final.

274 Estado de Direito Democrático e Administração Paritária

com uma actividade de execução da lei; e, mesmo coincidindo, a direcção por parte da lei pode variar entre uma vinculação idêntica àquela que se verifica no âmbito da justiça e a discricionariedade mais ampla.

Na ausência de um critério distintivo de natureza material, a justiça tende a concentrar-se no objecto que historicamente a definiu – a jurisdição cível e penal – e a excluir a administração. Nesse sentido, Otto Mayer define justiça como "a actuação de autoridade de tribunais cíveis e penais em vista da manutenção da ordem jurídica"[442], acrescentando que a mesma compreende, além da jurisprudência (*Rechtsprechung*) ou declaração do direito que vale num dado momento para o caso concreto, tudo o mais que seja necessário aos tribunais e seus meios auxiliares realizarem em vista da preparação e da execução de tal declaração; o procedimento ao serviço da jurisdição contenciosa; e, bem assim, os casos de jurisdição voluntária[443]. "Tudo o que não preencha simultaneamente os dois pressupostos, já não é justiça: ter os tribunais comuns como ponto de partida necessário e representar uma parte das prestações destes em vista do bem comum. Se faltar uma ou outra destas características à actividade do Estado, a mesma será de imputar, em regra, à administração"[444].

Consequentemente, muitas actividades, correspondentes pelo seu conteúdo e pela sua forma ao que é realizado pelos tribunais, em virtude de se encontrarem a cargo de outras autoridades, não integram a justiça. "Todas as certificações, autorizações, supervisões da jurisdição voluntária têm a sua correspondência na administração; metade de todos os actos administrativos corresponderá, porventura, à jurisprudência; a «justiça da Administração» (*die Verwaltungsrechtspflege*) é objectivamente de natureza idêntica à justiça civil (*Zivilrechtspflege*). A separação é justificada apenas pelo diferente ponto de partida da actividade: o que não parte dos tribunais cíveis, é administração; os tribunais administrativos também são autorida-

---

[442] V. autor cit., *Deutsches Verwaltungsrecht*, I, cit., p. 5.
[443] Cfr. *idem, ibidem*, p. 6.
[444] V. *idem, ibidem*.

A *Concepção Tradicional da Administração Pública como um Poder*   275

des administrativas"[445]. Otto Mayer não é, deste modo, um partidário da sujeição da Administração a controlo jurisdicional. A fiscalização da legalidade dos seus actos – compreendida como actividade administrativa – deverá competir antes à própria Administração (controlo administrativo da legalidade da administração).

No entanto, a segunda ordem de considerações anteriormente referida – nomeadamente, a tradição institucional alemã – opõe-se à pura e simples transposição do modelo constitucional francês de uma radical e rígida separação entre jurisdição e administração[446]. Com efeito, e sem prejuízo do predomínio do aludido controlo administrativo da legalidade da administração, Otto Mayer reconhece a competência dos tribunais cíveis relativamente a questões jurídicas administrativas, quer por força da tradição, quer por determinação da lei[447].

---

[445] V. *idem, ibidem*, pp. 6 e 7. Nessa mesma perspectiva, OTTO MAYER caracteriza a «justiça da Administração» (*Verwaltungsrechtspflege*), como "a actividade de uma autoridade em vista da prática de actos administrativos num processo de partes" (*Parteiverfahren*; v. *idem, ibidem*, p. 138); o «tribunal administrativo», como "uma autoridade pertencente à ordem da Administração que é competente para praticar actos administrativos num processo de partes" (v. *idem, ibidem*); o «contencioso administrativo» (*Verwaltungsstreitverfahren*) ou «processo administrativo» (*Verwaltungsprozeß*), como "o processo de partes tendo por objecto questões administrativas" (v. *idem, ibidem*); e a «sentença administrativa», como "o acto administrativo emergente do processo de partes" (v. *idem, ibidem*). O ponto central deste segmento da actividade da Administração – a justiça administrativa – é, conforme referido no texto, o modo de actuação daquela ser idêntico ao dos tribunais comuns: um processo de partes – um procedimento disciplinado juridicamente em que os intervenientes colaboram activa e de forma relevante como partes (cfr. *idem, ibidem*, pp. 136 e 137).

[446] Cfr. *supra* o n.º 11, em especial, a nota 25 (ref. ao art. 13.º da Lei de 16-24 de Agosto de 1790) e o texto correspondente.

[447] Cfr. Autor cit., *Deutsches Verwaltungsrecht*, I, cit., a epígrafe e o teor do respectivo § 17, pp. 172 e ss.: "Competência dos tribunais cíveis relativamente à Administração". V., em especial, no que se refere à aludida tradição, a interpretação feita por OTTO MAYER do § 13 do *Gerichtsverfassungsgesetz* (GVG; *ibidem*, p. 174 e a nota 6); e, quanto à determinação da lei, a afirmação expressa de que "relativamente à disciplina básica (em matéria de atribuição de competência aos tribunais comuns), pode a lei determinar desvios, remetendo um determinado tipo de questão para um lado diferente daquele a que a mesma pertence" (v. *ibidem*, p. 175). Cfr., também, SCHMIDT-DE CALUWE, *Der Verwaltungsakt...*, cit., pp. 92 e 93 que, a propósito de tal possibilidade da lei, comenta: "que o legislador soberano, não vinculado constitucionalmente, o possa fazer é para Mayer uma evidência" (v. *ibidem*, p. 93).

276 *Estado de Direito Democrático e Administração Paritária*

Como referido, Otto Mayer toma a justiça e o seu modo de agir, em particular a subordinação à lei, como modelo da administração. O seu objectivo é maximizar a submissão da administração ao direito – este é, na sua perspectiva, o programa do Estado de Direito[448]: a vinculação da administração à lei é concebida em termos análogos à do juiz à lei[449]; o acto administrativo é entendido como o par da sentença no domínio da administração[450].

Ao mesmo tempo, porém, e como também já mencionado, o controlo da legalidade da administração é concebido como puramente interno: compete exclusivamente aos órgãos da própria Administração, é uma "justiça" da própria Administração (*Verwaltungsrechtspflege*). Porque esta última é expressão do poder do Estado e, como tal, juridicamente superior ao cidadão, não pode submeter-se aos tribunais; aliás, e tal como estes, a mesma, enquanto parte do poder executivo do Estado, é também uma «colaboradora subordinada» do poder legislativo. Sucede, isso sim, que ela não se limita a ser, como os tribunais, uma *viva vox legis*; diferentemente, visa realizar, com respeito pela ordem jurídica do Estado, os fins deste último fora do âmbito da justiça, ou seja, a segurança e o bem-estar[451]. E fá-lo sem sujeição a qualquer fiscalização externa por parte de um órgão unicamente subordinado à lei, sejam os tribunais, seja o próprio órgão legislativo[452]. Por outras palavras, a vontade superior do Estado expressa sob a forma de lei não possui em relação à Administração nenhuma garantia institucionalizada de prevalência: a Administração, ou cumpre voluntariamente o seu dever de obediência à lei, ou o mesmo não pode ser-lhe imposto.

---

[448] Sobre a dimensão programática do Estado de Direito para Otto Mayer, v., por exemplo, HEYEN, *Otto Mayer...*, cit., p. 126, notas 40 e 41, e o texto correspondente. V., também, SCHMIDT-DE CALUWE, *Der Verwaltungsakt...*, cit., p. 96. Este último resume a perspectiva de Otto Mayer na fórmula: "juridicidade da administração em vez da sua justiciabilidade" (*Justizförmigkeit statt Justitiabilität der Verwaltung*; v. *ibidem*, p. 95).

[449] Cfr. *infra* o ponto (ii) da presente alínea.

[450] Cfr. *infra* a alínea seguinte do presente número.

[451] Cfr. OTTO MAYER, *Deutsches Verwaltungsrecht*, I, cit., pp. 5 e 13.

[452] Salienta este aspecto, quer em relação ao *Reich* da Constituição de 1871, quer em relação à República de Weimar, SCHMIDT-DE CALUWE, *Der Verwaltungsakt...*, cit., p. 97, nota 241.

A *Concepção Tradicional da Administração Pública como um Poder*   277

Na lógica de Otto Mayer, tal situação não suscita qualquer problema, visto que a vontade da Administração e a vontade do legislador pertencem ambas a uma única entidade, ao Estado, ou seja, correspondem a um mesmo querer. A imposição àquela da vontade dos tribunais ou do órgão legislativo nada viria acrescentar: a vontade administrativa também é vontade do Estado, do mesmo Estado que se exprime nas leis e nas sentenças. Daí que o essencial do Estado de Direito, relativamente à Administração, resida na maximização da sua actuação juridicizada, segundo o modelo da justiça, e se reconduza à fórmula: "norma jurídica, acto administrativo, execução"[453].

Mesmo a «justiça da Administração», embora conveniente em si mesma, não é considerada essencial à protecção jurídica dos administrados, porquanto, no âmbito da administração, "verificamos que o Estado cumpre o seu dever de protecção jurídica, em princípio, através das autoridades administrativas comuns e não mediante uma qualquer forma particular de controlo jurídico (*Rechtspflege*) da sua actividade e, além disso, a «justiça da Administração», tal como se encontra estruturada, também compreende casos em que não está em causa um direito (subjectivo) preexistente ou a constituir e em que, portanto, não é de protecção jurídica que se trata"[454].

(ii) A vinculação diferenciada à lei da Administração e dos particulares

Toda a construção jurídica do Estado de Direito de Otto Mayer é orientada pelo modelo de vinculação jurídica da Justiça, no sentido de o tornar aplicável à Administração: "o Estado de Direito significa fazer com que a Administração actue, tanto quanto possível, segundo o modelo da Justiça"[455]. Nesta perspectiva, ganha relevo a teoria da

---

[453] "*Rechtssatz, Verwaltungsakt, Ausführung*" – assim, OTTO MAYER, *Deutsches Verwaltungsrecht*, I, 1. Aufl. (1895), p. 388, cit. *apud* HEYEN, *Otto Mayer...*, cit., p. 126, nota 39, e texto correspondente.

[454] Assim, v. OTTO MAYER, "Zur Lehre von der materiellen Rechtskraft ..." cit, p. 2, cit. *apud* SCHMIDT-DE CALUWE, *Der Verwaltungsakt...*, cit., p. 97.

[455] Assim, v. OTTO MAYER, *Deutsches Verwaltungsrecht*, I, cit., p. 62. A exigência nuclear do Estado de Direito, segundo este Autor, é tornar extensivo ao domínio da administração o modelo de funcionamento da justiça, o qual, mesmo no Estado de polícia, já era exemplar (cfr. *idem, ibidem*, pp. 58, 65, 69 e 74 e seguinte). É este também o

278 _Estado de Direito Democrático e Administração Paritária_

eficácia bilateral da norma jurídica que aquele Autor vai receber de Jhering[456] e, especialmente, a ideia de uma vinculação normativa diferenciada do poder executivo e dos particulares[457]. É a partir desta ideia que Otto Mayer sustenta e procura fundamentar a subsistência, mesmo no quadro do Estado de Direito, de uma relação de supremacia entre a Administração e os particulares, paralela à que, igualmente em seu entender, existe entre o tribunal e as partes.

Com efeito, o tribunal e a Administração, embora submetidos à lei, não são por ela «dominados» do mesmo modo que os súbditos; são antes «colaboradores subordinados», uma vez que tanto um como a outra são detentores originários de poder de autoridade, o qual "só se distingue do da lei pelo seu modo de manifestação e pelo grau"[458]. Acresce que a força vinculativa da lei, no caso de serem atribuídos direitos subjectivos aos súbditos perante o Estado, surge novamente unificada em tais direitos[459]. A força vinculativa da lei administrativa começa, assim, por se dividir numa eficácia diferenciada relativamente à Administração e aos súbditos – respectivamente, o seu «efeito interno» e o seu «efeito externo»; e a mesma pode surgir, novamente unificada, no direito subjectivo do súbdito perante o Estado.

Sucede, todavia, que, nem aquela diferenciação, nem a razão de ser desta união no direito do administrado aparecem suficientemente

---

fundamento do paralelismo entre acto administrativo e sentença. Sobre a identidade da situação da Administração e da Justiça perante a lei, v., também, _idem, ibidem_, pp. 76 e 77, e _supra_, no n.º 17, alínea b), os pontos (i) e (iii).

[456] Cfr. OTTO MAYER, _Deutsches Verwaltungsrecht_, I, cit., p. 74, nota 2. V., também, as observações de SCHMIDT-DE CALUWE, _Der Verwaltungsakt..._, cit., p. 146, nota 200, e pp. 148 e 149 (a eficácia bilateral da norma jurídica é uma condição fundamental do Estado de Direito, uma vez que este visa – é o seu "programa" – justamente a vinculação jurídica da Administração perante o súbdito; problemática é a ligação de tal exigência com a concepção do Estado moderno perfilhada por Otto Mayer).

[457] Cfr. _supra_, no n.º 17, alínea b), o ponto (i). De salientar que OTTO MAYER rejeita a tese da autovinculação do Estado como fundamento jurídico da subordinação do Estado ao direito; em seu entender, aquela representa uma mera categoria moral (cfr. Autor cit., _Deutsches Verwaltungsrecht_, I, cit., p. 78, nota 6, e o texto correspondente).

[458] Cfr. OTTO MAYER, _Deutsches Verwaltungsrecht_, I, cit., p. 76.

[459] Cfr. OTTO MAYER, _Deutsches Verwaltungsrecht_, I, cit., p. 81 e, o desenvolvimento correspondente, pp. 103 e ss., _maxime_ pp. 108 e 109. V., também, _supra_ o n.º 17, alínea b), ponto (i), em especial, as notas 271 a 274 e o texto correspondente.

A Concepção Tradicional da Administração Pública como um Poder   279

fundamentadas. Além disso, a articulação construtiva entre a exigência inerente ao Estado de Direito da eficácia bilateral da lei e as premissas da ideia do Estado moderno, tal como concebida por Otto Mayer – que se caracteriza justamente por o Estado, uma vez que não é constituído pelo direito, se situar acima do mesmo –, não parece viável de forma convincente: o «compromisso entre a ideia de Estado e a ideia de Estado de Direito» acaba por se dissolver num sentido favorável à ideia de Estado.

Schmidt-De Caluwe, cuja análise neste particular se segue de perto, deduz duas objecções fundamentais à aludida teoria da vinculação diferenciada da Administração e dos particulares à lei, defendida por Otto Mayer, a partir da analogia com o modo como as normas jurídicas operam no domínio da justiça[460]: em primeiro lugar, uma concepção errada sobre a vinculação do juiz à norma que decide o litígio e que está na base do referido modelo de vinculação bilateral, mas diferenciada, das normas jurídicas; e, em segundo lugar, a insustentabilidade da identificação estrutural entre justiça e administração, enquanto actividades de execução da lei, mesmo no quadro da monarquia constitucional.

A primeira objecção respeita ao chamado «efeito interno» da norma jurídica: não se pode retirar da mesma norma que estatui deveres jurídicos para os particulares o dever jurídico de um poder público a aplicar. Enquanto que para os primeiros, aquela é uma norma de conduta, isto é, tem por objecto a disciplina do respectivo comportamento; para o segundo, a mesma é tão somente uma norma de juízo, e não a causa do seu comportamento, ou seja, da decisão de aplicar, ou não, a norma em causa. O comportamento correspondente a tal decisão é necessariamente objecto de uma outra norma, que não a norma aplicanda[461].

Otto Mayer sabe bem que a vinculação dos súbditos ao conteúdo de uma dada norma jurídica e a aplicação da mesma por uma autoridade pública são realidades muito diferentes. Por isso fala em vinculação diferenciada da norma. Simplesmente aquele Autor considera

---

[460] V. Autor cit., *Der Verwaltungsakt...*, cit., pp. 150 e ss.

[461] Sobre a distinção referida no texto e as suas implicações, v. *infra*, na Terceira Parte, o n.º 23, alínea b).

280   *Estado de Direito Democrático e Administração Paritária*

o dever de aplicação a cargo do poder público integrado na própria norma a aplicar, definindo, desse modo, a estrutura fundamental da relação jurídica de direito público: nesta o citado poder público surge sempre do lado da lei, visando a sua aplicação ao caso concreto. A supremacia da lei tem a sua continuidade na superioridade do poder que assegura a sua aplicação. Daí a ideia de «colaboração subordinada» relativamente à lei que confere os critérios para o exercício do poder de aplicação; e que se traduz em supra-ordenação na relação jurídica, sem prejuízo dos «direitos subjectivos à legalidade da aplicação». Com este modelo, Otto Mayer consegue conciliar o princípio da legalidade inerente ao Estado de Direito com a superioridade dos poderes públicos decorrente da ideia do Estado moderno.

O exemplo de Otto Mayer referente à aplicação da norma jurídica civil pela Justiça – e que é tomado como paradigma, quer da aplicação da norma criminal, quer da aplicação da norma pela Administração[462] – evidencia bem a incompletude e insuficiência da descrição do modo de actuação dos poderes públicos em que aquele Autor se baseia, nomeadamente a não consideração da relação processual[463].

Supondo, na verdade, que uma norma, verificados os respectivos pressupostos constantes da previsão, determina a entrega de uma coisa, aquele Autor entende que tal norma estatui, ao mesmo tempo, para o juiz, os deveres de obrigar o detentor da coisa a entregá-la e de auxiliar aquele que pretende alcançar a respectiva detenção. Todavia, esta visão das coisas reduz a função judicial à execução de uma pretensão (material) preexistente; toda a actividade de conhecimento e verificação dos pressupostos de tal pretensão – como referido, descritos na previsão da norma em causa –, ou seja, toda a actividade correspondente ao processo declarativo, não é considerada! Na hipótese de os pressupostos da pretensão alegada pelo demandante não se verificarem na realidade, de acordo com tal construção, uma vez que a base da relação jurídica pública – o dever do

---

[462] V. OTTO MAYER, *Deutsches Verwaltungsrecht*, I, cit., pp. 75 e 76, e *supra* o n.º 17, alínea b), ponto (i), em especial, a nota 266.

[463] Sobre a articulação entre a relação substantiva e a relação processual, v. também *infra*, na Terceira Parte, o n.º 25, alínea b), pontos (i) e (ii).

A Concepção Tradicional da Administração Pública como um Poder   281

juiz de, por um lado, obrigar o detentor à entrega da coisa e de, por outro lado, auxiliar a contraparte a alcançar a detenção da coisa – é a própria norma invocada como fundamento da pretensão, o tribunal nem sequer teria o dever de decidir. Com efeito, a relação processual não pode resultar da norma atributiva de uma pretensão quando, no caso, a mesma não confere qualquer pretensão. Diversamente, a relação processual constitui-se com a afirmação de uma pretensão, uma vez que antes de actuado o processo declarativo não se pode ter como seguro que a pretensão em causa exista realmente[464].

Deste modo, verifica-se que, no aludido exemplo de Otto Mayer, o dever do juiz de decidir não resulta da norma jurídica substantiva em causa, mas sim, enquanto consequência jurídica concretizada, do dever geral de protecção jurídica, ao qual corresponde um direito formal e abstracto à protecção jurídica, distinto da pretensão material. Não existe, assim, qualquer «efeito interno» da norma invocada pelas partes – a norma primária; a obrigação do juiz de resolver o caso resulta de uma segunda norma – a norma secundária – que lhe determina, além do mais, que, para tal resolução, tome em consideração a primeira norma. Esta última é norma de conduta apenas para as partes; para o tribunal, é tão somente uma norma de juízo; a norma de conduta do tribunal é aquela que regula o seu modo de agir, o processo.

Por outras palavras, Otto Mayer não considera a autonomia da relação processual nem tão-pouco a sua necessidade[465]. Com efeito, a ideia de que o dever de julgar corresponde a um direito à protecção jurídica do cidadão implica, por si só, uma coordenação, determinada pela ordem jurídica, entre o poder do Estado e o direito do cidadão – um tipo de relação paritária, no que respeita à submissão de ambos ao direito objectivo, incompatível com o axioma de uma mais-valia jurídica inerente a toda e qualquer actuação dos poderes

---

[464] Sobre a articulação entre a accionabilidade da pretensão jurídica material e a autonomia da pretensão processual, v. em especial, *infra*, na Terceira Parte, a nota 343.

[465] Como SCHMIDT-DE CALUWE, *Der Verwaltungsakt...*, cit., p. 154, observa, tal apenas se verifica a propósito da construção dogmática da vinculação jurídica do poder público; noutros contextos Otto Mayer também parece reconhecer a autonomia da citada relação.

282 Estado de Direito Democrático e Administração Paritária

públicos. De resto, tal paridade entre o tribunal e o cidadão, relativamente ao ordenamento jurídico, é encoberta por Otto Mayer, de forma eficaz, em virtude da adopção da perspectiva da «parte», a qual tende a perceber a mencionada subordinação do tribunal ao direito principalmente como o dever de o mesmo aplicar, ao seu caso, a norma jurídica controvertida[466].

No que se refere à Administração, a analogia com o modo de actuar da Justiça vai fundamentar a aplicação do mesmo raciocínio: a lei é percebida apenas na sua função de norma de juízo[467]. Consequentemente, a Administração não é vista como destinatária de uma norma de conduta, mas como uma entidade chamada a aplicar tal norma. Nas palavras de Otto Mayer: a Administração é uma «colaboradora» da lei e por esta «dirigida» mediante o respectivo «efeito interno»[468]. À decisão de aplicação judicial – a sentença – corresponde a decisão de aplicação administrativa – o acto administrativo.

Simplesmente, além da base da pretensa analogia – a aplicação judicial de normas jurídicas – não ser, pelo exposto, correctamente entendida, acresce que a norma jusadministrativa, contrariamente ao que sucede no âmbito juscivilístico ou no domínio do direito criminal, não deixa margem para uma distinção entre «aplicação» por parte de terceiros e «cumprimento» pelos destinatários: a aplicação é necessariamente sinónimo de cumprimento pelo respectivo destinatário da vinculação estatuída pela norma. Ou, se se preferir: não há lugar a qualquer dualidade de efeitos. À obrigação da Administração corresponde necessariamente o direito do súbdito e vice-versa. Consequentemente, também não é possível, à luz da única norma que cumpre considerar, dissociar o juízo da Administração da sua própria conduta. Neste caso, existe uma única relação jurídica: precisamente aquela que se funda na norma aplicanda. Por isso mesmo, também não há lugar a que um qualquer «processo» dê forma à

---

[466] Assim, v. SCHMIDT-DE CALUWE, *Der Verwaltungsakt...*, cit., pp. 154 e 155.

[467] Recorde-se que o ponto de partida da análise de OTTO MAYER, e, por conseguinte, o seu termo de comparação para efeitos de avaliar o progresso entretanto realizado, era a instrução ou ordem de serviço características do Estado de polícia (cfr. Autor cit., *Deutsches Verwaltungsrecht*, I, cit., p. 74; e *supra* o n.º 17, alínea c)).

[468] Cfr. Autor cit., *Deutsches Verwaltungsrecht*, I, cit., pp. 76 e 77.

A Concepção Tradicional da Administração Pública como um Poder   283

vinculação da Administração, ao contrário do que se passa com o processo civil ou criminal, relativamente às vinculações do tribunal[469]. De resto, a identificação estrutural entre justiça e administração, ao reduzir o significado da legalidade administrativa a um dever de aplicação de normas semelhante ao dos tribunais, não procede. Desde logo, porque não abarca a Administração enquanto instância activa e conformadora da realidade em vista da realização dos fins do Estado dentro da ordem jurídica – o que Otto Mayer refere como "o Estado que actua" (der handelnde Staat)[470]. Mas mesmo no domínio considerado, o da administração vinculada, não parece que a actividade correspondente se caracterize pelos traços típicos da actividade jurisdicional, nomeadamente o carácter repressivo ou a posteriori, a independência ou a distância relativamente ao objecto do litígio[471]. Aliás, a maior parte das vezes o que está em causa nem sequer é um litígio.

d) A força vinculativa autónoma do acto administrativo e a sua conciliação problemática com a ideia de Estado de Direito

A força jurídica do acto administrativo é comparada por Otto Mayer, quer à da sentença judicial, quer à da regra jurídica[472]. A referência a esta última destina-se a sublinhar a bilateralidade da vinculação[473]: o acto administrativo define a situação jurídica do seu destinatário, determinando o que ele deve ou pode fazer; mas à definição de tal situação jurídica "corresponde a vinculação jurídica do poder executivo em tudo o que este se proponha relativamente àquela pessoa na situação considerada".

---

[469] Sobre a distinção entre administração e jurisdição e procedimento administrativo e processo judicial, v. infra, na Terceira Parte, o n.º 23, alínea b), em especial, a nota 206.

[470] V. Autor cit., Deutsches Verwaltungsrecht, I, cit., p. 100.

[471] Cfr. a remissão constante da penúltima nota.

[472] Cfr. Autor cit., Deutsches Verwaltungsrecht, I, cit., p. 96, e supra o n.º 17, alínea c).

[473] Cfr. supra a primeira parte da nota 318.

A equiparação de tal vinculação «interna» à da regra jurídica inculca a ideia de uma diferenciação face à vinculação dos súbditos, a vinculação «externa»[474]. Otto Mayer descreve a primeira como a "vinculação segundo as regras da execução": todos actos administrativos subsequentes e demais actuações da Administração (mas o mesmo valerá para a Justiça) têm de tomar como base o acto administrativo inicial e desenvolver-se a partir do mesmo. A «eficácia interna» do acto administrativo surge, também aqui, como uma espécie de autovinculação da Administração que, todavia, não põe em crise a livre revogabilidade daquele mesmo acto. De resto, esta última é a característica principal que distingue a força vinculativa dos actos administrativos simples da dos actos administrativos praticados no âmbito do contencioso administrativo, as sentenças administrativas.

No que se refere à «eficácia externa» do acto administrativo, cumpre ter presente que este, como referido, exprime a definição, por parte do Estado-Administração, do que "deve valer como direito" na situação concreta em que o súbdito se encontra, independentemente de existirem, ou não, dados legais. O efeito vinculativo em causa é inerente ao próprio acto administrativo; este possui uma força vinculativa própria, enquanto expressão imediata do poder público (ou seja, do Estado). Com efeito, a Administração, ao definir mediante um acto administrativo a situação jurídica concreta do cidadão perante si mesma, estabelece ela própria os termos da relação jurídica que a ligam àquele. A lei eventualmente existente não constitui a fonte imediata do direito aplicável àquela relação; a mesma lei apenas condiciona o exercício do poder administrativo, nomeadamente o conteúdo do acto administrativo a praticar com referência a uma situação abrangida por tal lei: se aquele acto desrespeitar esta última, o mesmo será ilegal.

Contudo, não é neste aspecto que o acto administrativo se distingue da decisão autoritária típica do Estado de polícia, a ordem. A novidade do acto em apreço reside, isso sim, na vinculação jurídica do poder executivo. É por isso que o mesmo acto constitui um instrumento da segurança jurídica característica do Estado de Direito: a definição do que "deve valer como direito" num dado caso é

---

[474] Cfr. *supra* a alínea c), ponto (ii), do presente número.

A Concepção Tradicional da Administração Pública como um Poder   285

oponível, não só ao súbdito, como também ao próprio poder executivo. E o modelo para este efeito é a sentença civil. Aliás, o acto administrativo é apresentado por Otto Mayer precisamente como um meio que permite à Administração adoptar um modo de agir similar ao que é característico da Justiça: a juridicização da administração, segundo o modelo da justiça.

Mas esta similitude é limitada, senão mesmo mais aparente do que real.

O acto administrativo, ao contrário da sentença transitada em julgado, pode ser revogado livremente pelo seu autor. Acresce que naquele a Administração decide sobre uma relação em que a mesma é parte, enquanto o tribunal, na sentença, decide sobre uma relação entre terceiros. Daí a comparação adicional com a regra jurídica, igualmente vinculativa para o seu autor e livremente revogável. A grande diferença entre esta e o acto administrativo reside na autoria: a primeira corresponde a uma decisão do legislador que é soberano; o segundo é uma decisão do poder executivo que se caracteriza pela susceptibilidade de ser vinculado.

Suscita-se, deste modo, a questão da coerência ou mesmo da compatibilidade daqueles dois aspectos: a força vinculativa autónoma do acto administrativo e a segurança jurídica decorrente do paralelismo com a sentença judicial e com a regra jurídica. Ao fazer decorrer a vinculação jurídica do súbdito do próprio acto administrativo a ele dirigido, e não da lei, como sucede com os negócios jurídicos de direito privado, acentua-se a posição supra-ordenada da Administração e, nomeadamente, a mais-valia jurídica da sua vontade, enquanto expressão do poder público. Aparecendo a Administração como verdadeira autoridade jurídica, e não como sujeito de direito, qual a consistência possível das vinculações que assume perante o súbdito? E qual a consistência da sua vinculação pelo legislador? A precariedade das vinculações num e no outro caso constitui uma negação prática da segurança jurídica visada pelo Estado de Direito.

Nessa perspectiva, importa começar por analisar se existe um verdadeiro paralelismo entre acto administrativo e sentença judicial e a possibilidade de separar, nomeadamente a propósito da reserva de lei, o poder de praticar actos administrativos e o respectivo conteúdo decisório. Além disso, e tendo em conta o exposto relativamente à posição da Administração no quadro do Estado de Direito, cumpre

286   *Estado de Direito Democrático e Administração Paritária*

apreciar o alcance da ideia de aquela poder atestar a verificação no caso concreto dos pressupostos de que depende a legalidade da sua actuação (*Selbstbezeugung*). Finalmente, haverá que indagar sobre a possibilidade de conciliação entre a força vinculativa autónoma do acto administrativo decorrente da ideia do Estado moderno e a ideia do Estado de Direito.

(*i*) As inconsistências do paralelismo entre o acto administrativo e a sentença judicial

No quadro do poder executivo, entendido como a parte do poder público que pode ser vinculada por regras jurídicas, ou seja, que pode ser obrigada a executá-las[475], Otto Mayer propõe a sentença judicial como modelo para o acto administrativo[476]. Sem prejuízo de reconhecer existirem diferenças relacionadas com as funções estatais em que cada uma daquelas decisões se integra, respectivamente a justiça e a administração, aquele Autor sustenta que as relações das mesmas com a lei são fundamentalmente idênticas[477] e que o modelo de actuação administrativa consubstanciado na sentença carece apenas de uma adaptação, "a fim de o tornar utilizável pela administração livre e móvel", e do "abandono das características ligadas aos fins específicos da justiça"[478].

Nessa conformidade, a sentença e o acto administrativo são concebidos como realidades muito próximas: declarações autoritárias relativas ao que deve valer como direito num caso concreto[479]. Porém,

---

[475] Cfr. *supra* o n.º 17, alínea b), ponto (i).

[476] Cfr. Autor cit., *Deutsches Verwaltungsrecht*, I, cit., p. 93.

[477] V. *idem, ibidem*, p. 77: os respectivos autores são ambos colaboradores subordinados da lei e por esta orientados, não dominados, como sucede com os súbditos.

[478] V. *idem, ibidem*, p. 93.

[479] V. *idem, ibidem*, p. 6, para a sentença judicial, e pp. 62 e 93, para o acto administrativo. Existe, de todo o modo, uma *nuance* na formulação dos dois conceitos: no primeiro caso, OTTO MAYER refere literalmente "a declaração autoritária daquilo que agora num caso concreto deve valer como direito"; no segundo caso, o que está em causa é "a declaração autoritária que determina ao súbdito num caso concreto o que para ele deve valer como direito". Parece dever entender-se – e o desenvolvimento no texto confirma isso mesmo – que na sentença judicial o juiz apenas declara com a sua autoridade o direito que já existe e que, a partir da sua declaração, deve valer no caso concreto; enquanto no acto administrativo o direito que deve valer é determinado, é definido, pela própria decla-

A Concepção Tradicional da Administração Pública como um Poder 287

observando mais em pormenor, verifica-se que a proximidade das formulações encobre verdadeiras e profundas diferenças qualitativas entre ambas as realidades.

Assim, na justiça (entendida como actividade) quem se afirma é o Estado que visa "fazer respeitar a ordem jurídica com a força da autoridade"[480], pelo que, a Justiça (entendida como sujeito, cada um dos tribunais) "só existe para aplicar a lei"[481]. Esta "constitui a base indispensável da sua actividade; não pode haver sentença que não se fundamente numa regra jurídica, *nulla poena sine lege*"[482]. Por isso, o juiz é a *"viva vox legis"*[483], mesmo perante uma lei carecida de ser completada em vista da sua aplicação ao caso. "O conteúdo da sentença do juiz é todo ele determinado pela lei. Ele é apurado mediante a aplicação da regra jurídica à situação de facto que resulta dos termos do processo e exprime apenas o que, segundo a vontade da lei, vale como direito para tal caso"[484]; e "a relação com a lei também não é diferente quando o juiz tem de adaptar a decisão a uma situação que não tenha sido devidamente antecipada, nomeadamente quando ele tem de determinar um mais ou um menos, a fim de que a mesma corresponda à vontade presumível da lei. É a denominada discricionariedade judicial. Esta também é ainda vinculada, é aplicação da lei, decisão, jurisdição" (*Rechtsprechung*)[485].

Pelo exposto, e sem prejuízo da vinculação própria do poder executivo – e que Otto Mayer designa "vinculação segundo as regras

---

ração da autoridade administrativa (cfr. *supra* o n.º 17, alínea c)). Deste modo, não parece proceder a crítica de uma contradição intrínseca no conceito de acto administrativo perfilhado por OTTO MAYER. Com efeito, este Autor não afirma que tal acto se traduza em *"declarar* o que *deve ser* direito" (sugerindo tal crítica, v. LUÍS SOUSA DA FÁBRICA, *Reconhecimento de Direitos...*, cit., p. 38, nota 80, primeira parte); ao invés, tal acto traduz-se, como referido, numa determinação do que no caso deve valer como direito. Cfr. também *infra* a nota 495 e o texto correspondente.

[480] V. OTTO MAYER, *Deutsches Verwaltungsrecht*, I, cit., p. 5.

[481] V. *idem, ibidem*, p. 68.

[482] V. *idem, ibidem*, p. 69.

[483] V. *idem, ibidem*, p. 97. O paralelismo com MONTESQUIEU ("a boca que pronuncia as palavras da lei") é óbvio – cfr. *supra* o n.º 11; cfr. também RUPP, *Grundfragen...*, cit., p. 9, nota 28.

[484] "*[Das Urteil des Richters] spricht nur aus was nach dem Willen des Gesetzes für diesen Fall Rechtens ist*"; v. OTTO MAYER, *Deutsches Verwaltungsrecht*, I, cit., p. 98.

[485] V. *idem, ibidem*. Cfr. *supra* o n.º 17, alínea c).

288   *Estado de Direito Democrático e Administração Paritária*

da execução"[486] –, a sentença judicial não constitui novos deveres, não possui uma força vinculativa própria[487]; limita-se a declarar os deveres legalmente previstos, possuindo apenas a força vinculativa que lhe advém da própria ordem jurídica. A sentença declara o que numa dada situação *vale* como direito, segundo a lei; e não o que aí *deve valer* como tal, de acordo com a sua própria determinação[488]. Por outras palavras, a fonte da relação jurídica material entre as partes de um processo é a lei e não a sentença; aquela é que define "o que deve ser de direito" (*was Rechtens sein soll*), limitando-se esta última a «reafirmá-lo de viva voz» (ou seja, enquanto *viva vox legis*).

Diferentemente, a administração (como actividade) corresponde ao Estado que age em vista da resolução dos assuntos do seu interesse: aí manifesta-se "o Estado que actua", razão por que "não há lugar para meras declarações"[489]; aliás, a aplicação da lei, que é condição necessária da sentença, até pode não existir, sendo "aquilo que deve

---

[486] *Die Gebundenheit nach den Regeln der Vollziehung*; v. Autor cit., *Deutsches Verwaltungsrecht*, I, cit., pp. 96 e 166. Tal vinculação concretiza-se na determinação da conduta futura da autoridade executiva com referência à decisão tomada, nomeadamente no que se refere à execução coerciva da mesma (cfr. *idem, ibidem*, p. 100).

[487] *Die bindende Kraft*. OTTO MAYER indica-a como uma das propriedades da lei e define-a como a "determinação do que deve valer como direito" (cfr. Autor cit., *Deutsches Verwaltungsrecht*, I, cit., p. 66); e, a propósito da dualidade de efeitos da regra jurídica, aquele Autor esclarece que a mesma determina, em relação ao súbdito por ela abrangido, "o que para ele deve valer como direito", enquanto que o poder executivo fica vinculado a proceder relativamente ao mesmo súbdito em conformidade (cfr. *ibidem*, p. 81).

[488] Cfr., por exemplo, OTTO MAYER, *Deutsches Verwaltungsrecht*, I, cit., p. 100: a decisão judicial declara o que, segundo a lei, *vale* como direito (*was Rechtens ist*) num dado caso – é a sentença declarativa (*Feststellungsurteil*); *idem, ibidem*, p. 109: "segundo a lei, o juiz é obrigado a aceitar a acção devidamente proposta, a instruí-la e a declarar relativamente à mesma o que vale como direito"; ou, *idem, ibidem*, p. 132: basta que a justiça administrativa (*Verwaltungsrechtspflege*) seja jurisdição (*Rechtsprechung*), "que declare o que já vale como direito no caso concreto" (*was im Einzelfalle schon Rechtens ist*).

OTTO MAYER define jurisdição como "declaração autoritária do que vale como direito" (*obrigkeitlicher Ausspruch dessen was Rechtens ist*) e considera ser este o objecto essencial da justiça (*Justiz*; no sentido de actividade desenvolvida pelos tribunais), visto existir no âmbito desta "o direito genérico de cada um a obter uma tal declaração sobre as suas relações jurídicas através do processo ordinário" (v. Autor cit., *Deutsches Verwaltungsrecht*, I, cit., p. 134). Assim, "o processo civil vê a actividade judicial na aplicação da lei ao caso concreto, na declaração do que a lei quis que valesse para tal caso" v. *idem, ibidem*, p. 168).

A Concepção Tradicional da Administração Pública como um Poder   289

acontecer determinado com uma discricionariedade criadora"[490]. Com efeito, a administração traduz uma "vontade do Estado que segue o seu próprio caminho, que não se limita a servir mas domina por si mesma a partir de uma instância mais ou menos elevada, e que pode livremente determinar o que deve, ou não, valer como direito"[491]; "ela actua a partir da sua própria força e não com fundamento na lei"[492].

Daí que o próprio acto administrativo seja "poder público que, a partir de si mesmo, é juridicamente vinculante, na medida em que não se lhe coloquem limites especiais"[493]. Por outras palavras, o acto administrativo é uma declaração autoritária que determina para o súbdito no caso concreto o que para ele *deve valer* como direito[494]; ele possui uma autónoma força vinculativa, tal e qual como a lei, apenas restringida no seu âmbito a situações concretas. Donde o acerto da sua qualificação como "fonte formal de direito do caso concreto"[495].

---

[489] *Der handelnde Staat*; cfr. OTTO MAYER, *Deutsches Verwaltungsrecht*, I, cit., p. 100

[490] V. OTTO MAYER, *Deutsches Verwaltungsrecht*, I, cit., p. 100.

[491] V. *idem, ibidem*, p. 68.

[492] V. *idem, ibidem*, p. 69.

[493] V. *idem, ibidem*, p. 97.

[494] Cfr. nas definições de acto administrativo propostas por OTTO MAYER a referência à "determinação do que deve valer como direito" (*die Bestimmung was Rechtens sein soll*). V. Autor cit., *Deutsches Verwaltungsrecht*, I, cit., pp. 61 e 62 e p. 93. Cfr. *supra* a nota 479.

[495] "*Inhaltsbestimmende materielle Rechtsquelle des Einzelfalls*"; assim, v. RUPP, *Grundfragen...*, cit., p. 9. Já antes KELSEN havia afirmado: "segundo Otto Mayer, o acto administrativo, que do ponto de vista jurídico é suposto valer como cumprimento de um dever jurídico do Estado e que determina como consequência jurídica o dever de obediência, deve, na realidade, ser simultaneamente dever jurídico e norma jurídica" (*soll der Verwaltungsakt tatsächlich Rechtspflicht und Rechtsnorm zugleich sein*; v. Autor cit., "Zur Lehre vom öffentlichrechtlichen Rechtsgeschäft", cit., (190) p. 204). SCHMIDT-DE CALUWE também observa que "a actuação administrativa sob a forma de acto administrativo, para [Otto Mayer], não corresponde ao exercício de um direito, mas tem o carácter de positivação normativa (*Normsetzung*), justamente de «aplicação da lei normativamente vinculante» (*autoritativ normierende Gesetzanwendung*; v. Autor cit., *Der Verwaltungsakt...*, cit., p. 159; a expressão entre aspas pertence ao próprio Otto Mayer).

O aludido carácter constitutivo é, deste modo, intrínseco ao acto administrativo, enquanto fonte de direito do caso, e não parece poder ser reconduzido apenas à eficácia constitutiva própria de toda a aplicação autoritária de normas jurídicas a casos concretos,

290 *Estado de Direito Democrático e Administração Paritária*

Deste modo, o acto administrativo, mesmo quando conforme com a lei que o prevê, é constitutivo de relações jurídicas novas entre a Administração e os súbditos. A sentença judicial visa sempre, ao menos, a declaração de relações jurídicas preexistentes e das quais a Justiça não é parte. Deste modo, enquanto aquele cria sempre deveres ou direitos novos, ainda que coincidentes com o que se encontra legalmente previsto, esta nunca assume esse tipo de eficácia inovadora, uma vez que a base daquilo que declara é necessariamente a previsão legal.

Acresce que – e esta é a segunda diferença essencial entre administração e justiça no quadro conceptual de Otto Mayer – o tribunal só intervém como sujeito de uma relação jurídica processual e correspondendo ao direito de acção de uma das partes: a este direito corresponde a sua obrigação de fazer a aplicação da lei ao caso concreto, isto é, de declarar o que a lei quer para situações como aquela que lhe é apresentada pelo autor. Como Otto Mayer explica, a propósito do direito de acção, "segundo a lei, o juiz é obrigado a aceitar a acção devidamente proposta, a instruí-la e a declarar relativamente à mesma o que vale como direito. Tal significa uma vinculação e uma obrigação do Estado, possibilitada pela separação constitucional dos poderes, que, de acordo com o ordenamento legal da justiça, o juiz tem de cumprir; aquela obrigação incide sobre este último através do dever inerente ao seu cargo"[496].

Ao direito de acção corresponde, assim, o dever de protecção jurídica. E tanto um, como o outro, se fundam na lei. Consequentemente, o poder da Justiça de declarar o direito não é tanto uma expressão imediata do poder do Estado no Executivo, mas, mais exactamente, uma concretização da ordem jurídica a que o Estado se encontra submetido.

---

como sucede, por exemplo, com as sentenças judiciais (cfr. na defesa de tal tese, LUÍS SOUSA DA FÁBRICA, *Reconhecimento de Direitos...*, cit., pp. 37 e 38 e nota 79). Na verdade, não só no caso dos actos administrativos independentes não existe qualquer *ius in thesi* destinado a converter-se em *ius in praxi*, como a lei, caso preexista ao acto administrativo, não constitui qualquer relação material que tal acto pudesse declarar (cfr. *supra* a nota 274 e o texto correspondente).

[496] V. Autor cit., *Deutsches Verwaltungsrecht*, I, cit., p. 109.

A Concepção Tradicional da Administração Pública como um Poder 291

Já a Administração, fora do âmbito da reserva de lei e desde que não exista lei anterior, age por sua livre iniciativa, comprometendo-se a si própria ou comprometendo terceiros. Nessa exacta medida, ela é tão livre como a lei, podendo igualmente qualificar-se como expressão imediata do poder do Estado.

> (ii) *A inconsistência da dissociação, no domínio da reserva de lei, entre o poder de decidir livremente através de acto administrativo e o condicionamento do respectivo conteúdo decisório*

A força vinculativa autónoma do acto administrativo implica que o relacionamento do mesmo com a ordem jurídica – quer preexista a lei, quer se trate de um domínio de reserva de lei – se traduza, não em termos de fundamentação ou de habilitação, mas tão-só de limitação. Aquela força é inerente ao poder público que se exprime no acto administrativo; a lei, enquanto manifestação mais forte do mesmo poder, pode, isso sim, limitá-la.

Como Otto Mayer refere, a lei é "o tipo de vontade do Estado juridicamente mais forte" que se caracteriza pela sua primazia: "a vontade do Estado expressa sob a forma de lei prevalece juridicamente sobre qualquer outra vontade estatal; a lei só pode ser revogada por outra lei, mas pelo seu lado, revoga tudo o que a contrarie ou nem sequer deixa que tal se torne eficaz"[497].

No que respeita à reserva de lei, e igualmente segundo o Autor citado, a mesma pretende tornar a lei, com referência a determinadas matérias, como condição necessária de toda a actividade do Estado[498]. Consequentemente, aquela limita o âmbito de actuação do poder público administrativo, visto que, e como referido anteriormente, o acto administrativo é "poder público que, a partir de si mesmo, é juridicamente vinculante, na medida em que não se lhe coloquem limites especiais"[499]. O próprio Otto Mayer afirma, a propósito das

---

[497] V. Autor cit., *Deutsches Verwaltungsrecht*, I, cit., p. 68, e *supra* o n.º 17, alínea b), ponto (i).

[498] Cfr. *idem, ibidem*, p. 69.

[499] V. *idem, ibidem*, p. 97. A afirmação transcrita no texto vale tanto para as «decisões» (*Entscheidungen*) – em que a autoridade administrativa se limita a fazer o

292 Estado de Direito Democrático e Administração Paritária

"chamadas habilitações legais" da Administração no domínio da reserva de lei, que "o que o poder executivo decide empreender com base em tal habilitação não é nada que o mesmo não pudesse fazer, caso a reserva de lei não o tivesse impedido, uma vez que também ele é poder do Estado e, como tal, capaz de se posicionar perante o indivíduo como autoridade. A habilitação não confere à sua acção uma nova força, mas tão-só uma nova esfera de actividade"[500].

Resulta de tal construção que a possibilidade de determinação jurídica do que deve valer como direito para o súbdito numa situação concreta – o acto administrativo em si, enquanto forma de acção administrativa – não integra a reserva de lei, uma vez que aquela possibilidade constitui uma expressão imediata do próprio poder público administrativo; a citada reserva respeita apenas a conteúdos concretos daquela determinação. Por outras palavras, a possibilidade de a Administração praticar actos administrativos decorre exclusivamente da sua natureza de poder público; e a prova de que assim é consiste na admissibilidade dos actos administrativos independentes – aqueles que, sem lei prévia, são praticados fora do âmbito da reserva de lei e aqueles que, igualmente sem lei prévia, são lesivos da liberdade ou da propriedade do seu destinatário, e, portanto, praticados no domínio da reserva de lei, mas são pelo mesmo consentidos[501].

Esta dissociação dogmática entre o poder de decidir por acto administrativo – que, por ser próprio da Administração, é sempre livre – e o respectivo conteúdo decisório – que, devido à superiori-

---

mesmo que o juiz, ou seja, a declarar a vontade da lei relativamente ao caso concreto –, como para os «actos dispositivos» (*Verfügungen*) – em que a Administração tem de fazer uso da sua própria vontade "para determinar o que vale como direito no caso concreto" –, porquanto, como o próprio OTTO MAYER refere, "no seu modo de operar são ambos idênticos" (v. *ibidem*, pp. 99 e 100).

[500] V. *idem, ibidem*, p. 73.

[501] *Selbständige Verwaltungsakte*. Cfr. OTTO MAYER, *Deutsches Verwaltungsrecht*, I, cit., p. 98. A propósito da segunda modalidade de acto administrativo referida no texto – o "acto administrativo em vista da submissão" (*Verwaltungsakt auf Unterwerfung*) –, aquele Autor esclarece que o consentimento do súbdito "afasta o limite constituído pela reserva [de lei] conforme à Constituição, o qual é estabelecido no interesse do mesmo súbdito, e o acto administrativo fica livre" (v. *idem, ibidem*). Ou seja, aquele acto passa a poder desenvolver toda a sua força jurídica originária.

A Concepção Tradicional da Administração Pública como um Poder   293

dade formal do legislador, pode ser limitado pela preexistência ou superveniência de uma lei (caso da preferência da lei); ou, em vista da protecção dos interesses dos súbditos, pode igualmente ser condicionado à preexistência de uma lei (caso da reserva de lei) – revela-se como uma consequência necessária da natureza da administração, enquanto expressão imediata do poder do Estado, tal e qual como a lei. Contudo, a mesma dissociação, face a uma análise mais detalhada, revela-se como um «truque» destinado a evitar a consequência, decorrente da ideia de Estado de Direito, de a Administração ser entendida como um sujeito de direito, logo submetido ao ordenamento jurídico nos mesmos termos dos demais sujeitos de direito: um poder de decisão em abstracto sem qualquer conexão com a disciplina de casos concretos significa a "construção de um absurdo (*Unding*)"[502]. Tal vale especialmente para a teoria de Otto Mayer.

Na verdade, importa recordar que, para este Autor, o poder de decidir não é uma consequência da forma de acção «acto administrativo», mas, ao invés, este último resultou da formalização, por exigência da ideia de Estado de Direito, daquele mesmo poder, tal como precipitado na «ordem» do Estado de polícia. Como referido[503], a «descoberta» ou «invenção» do acto administrativo por Otto Mayer consistiu na conceptualização de determinadas realidades existentes na prática administrativa. Nomeadamente, ele identificou, entre as declarações da Administração, aquelas que, pelo seu conteúdo, fossem adequadas a produzir, em relação ao seu destinatário, um determinado tipo de efeito jurídico. Observa certeiramente Schmidt-De Caluwe que, deste modo, o conteúdo decisório constituiu um pressuposto do acto administrativo[504]. E, assim sendo, impõe-se que a reserva de lei, referente ao conteúdo do que a Admi-

---

[502] Nestes precisos termos, v. SCHMIDT-DE CALUWE, *Der Verwaltungsakt...*, cit., p. 236. Este Autor também salienta a relevância actual da questão respeitante ao problema de saber se a reserva de lei abrange igualmente o próprio poder de decidir por acto administrativo (*Verwaltungsaktbefugnis*; cfr. *ibidem*, p. 235; cfr. também *supra* a nota 308, no que respeita à distinção entre o poder decidir num dado caso por acto administrativo (*Verwaltungsaktbefugnis*) e a capacidade genérica (*allgemeine Fähigkeit*) de praticar tal tipo de actos).

[503] Cfr. *supra* o n.º 17, alínea c).

[504] V. Autor cit., *Der Verwaltungsakt...*, cit., p. 236.

294 Estado de Direito Democrático e Administração Paritária

nistração possa decidir, abranja igualmente o próprio poder de a mesma decidir: encontrando-se a autoridade administrativa, no âmbito da reserva de lei – a qual, por sua vez, na óptica de Otto Mayer, também pode ser delimitada pelo consentimento do lesado – e sem a base legal correspondente, impedida de adoptar uma disciplina jurídica lesiva, a mesma autoridade também não possui, em tal âmbito, um poder de decisão «em si» que lhe permita determinar ao súbdito o que para o mesmo deve valer como direito numa dada situação[505].

> (iii) *A contradição entre a teoria da força vinculativa autónoma dos actos administrativos e a capacidade destes de atestarem a verificação concreta dos pressupostos de que depende a sua validade*

Otto Mayer aceita, como princípio geral, que um acto jurídico só produza os efeitos jurídicos a que tende desde que seja válido[506]. Simplesmente, nos actos administrativos é a própria força da vontade do Estado que se manifesta, a qual tem um valor jurídico fundamentalmente diferente da vontade dos particulares[507]. E é com base em tal diferença que aquele Autor procura explicar o regime específico da eficácia do acto administrativo por comparação com o dos negócios jurídicos de direito privado[508].

Os últimos são ineficazes, caso não se prove a sua conformidade ao direito. Para eles, a validade é um pressuposto da eficácia. Esta regra também se aplica, em princípio, aos actos administrativos. Contudo, tendo em conta o aludido valor jurídico da declaração de vontade da autoridade pública que decide no âmbito dos seus poderes[509], Otto Mayer entende que a mesma, ao notificar o seu acto ao

---

[505] V. *idem, ibidem.*

[506] V. Autor cit., *Deutsches Verwaltungsrecht*, I, cit., pp. 94 e 95.

[507] Cfr. *supra* o n.º 17, alínea a).

[508] V. Autor cit., *Deutsches Verwaltungsrecht*, I, cit., pp. 95 e 96, e *supra* o n.º 17, alínea c).

[509] Os casos de nulidade do acto administrativo caracterizam-se justamente por o mesmo acto, em virtude de não se enquadrar nos poderes de uma autoridade administrativa, não poder constituir uma expressão da força da vontade do Estado (cfr. OTTO MAYER, *Deutsches Verwaltungsrecht*, I, cit., p. 95).

interessado, atesta ou certifica simultaneamente que os pressupostos de validade de tal acto se verificam no caso concreto – é a chamada *Selbstbezeugung* (lit. auto-certificação; auto-comprovação). Segundo o mesmo Autor, esta certificação constitui um "efeito lateral" da notificação[510] que, assim, determina a eficácia imediata daquele acto. A mesma certificação, e com ela a eficácia do acto, só pode ser posta em causa pela própria autoridade que atestou ou por um poder público mais forte[511].

Deste modo, contrariamente ao que sucede no direito privado, os actos administrativos devidamente notificados aos seus destinatários, salvo revogação, são eficazes até que uma autoridade com poderes bastantes decida que os mesmos não são conformes ao direito, sendo, por isso, inválidos. Por outras palavras, e graças a esta capacidade certificadora da autoridade pública, a invalidade de um acto administrativo, por motivo de ilegalidade, não determina a sua ineficácia, mas tão-só a possibilidade de uma posterior destruição dos efeitos produzidos.

Como referido, a capacidade certificadora em apreço funda-se directamente na superioridade jurídica da autoridade pública. Ela tem, por isso, um alcance dogmático-jurídico diferente da tradicional presunção de validade dos actos jurídico-públicos em geral e, em especial, dos actos administrativos[512]. Na verdade, a sua importância prende-se directamente com um dos aspectos nucleares da constru-

---

[510] *Nebenwirkung der Kundmachung*; cfr. Autor cit., *Deutsches Verwaltungsrecht*, I, cit., p. 94.

[511] V. *idem, ibidem*, pp. 95 e 96 e 256.

[512] O valor probatório de tal presunção está sujeito a contingências empíricas, além de a mesma poder ser afastada em determinados domínios do direito administrativo. OTTO MAYER não desconhece a figura da presunção de legalidade dos actos administrativos. É assim que, por exemplo, a propósito do objecto de apreciação de impugnações administrativas, o mesmo Autor afirma expressamente não se dever, sem mais, proceder ao reexame do que foi decidido administrativamente, uma vez que, "em vista da boa ordem, se deve partir sempre da suposição de que aquilo que a autoridade decidiu, foi bem decidido" (v. Autor cit., *Deutsches Verwaltungsrecht*, I, cit., p. 125). Porém, com a «capacidade certificadora» mencionada no texto o mesmo Autor pretendeu ir mais longe do que a simples reafirmação daquela regra prática de funcionamento; por isso, fala em "atestar" ou "certificar" a validade dos actos administrativos com fundamento na superioridade jurídica da autoridade pública.

296 Estado de Direito Democrático e Administração Paritária

ção de Otto Mayer relativa ao acto administrativo: a sua comparação com a sentença judicial.

Esta é eficaz, uma vez transitada em julgado. A partir de tal momento, a definição do direito aplicável ao caso *sub iudicio* não pode mais ser posta em causa através dos meios processuais ordinários e, tratando-se de uma sentença condenatória, a mesma pode ser executada[513]. Tem aqui aplicação o mencionado princípio geral, aceite por Otto Mayer, de que um acto jurídico só produz os efeitos jurídicos a que tende desde que seja válido, visto que a força de caso julgado preclude a possibilidade de questionar a validade jurídica da sentença.

A sentença judicial é apresentada por aquele Autor como o modelo inspirador do acto administrativo[514]. Todavia, a adaptação de tal modelo à realidade administrativa exige o abandono daquelas propriedades que são ditadas pela função específica da justiça, nomeadamente o processo e tudo o que o mesmo implica, em especial, a força de caso julgado[515]. Com tal ressalva, os actos administrativos produzem efeitos idênticos aos das sentenças judiciais condenatórias e constitutivas transitadas em julgado, só que mais variados e desenvolvidos[516]. Entre os efeitos das primeiras, cumpre destacar o efeito executivo: a legitimação e a determinação de que a autoridade proceda em vista da realização prática do direito definido pela decisão[517]. Tal efeito é «próprio» do acto administrativo (simples) – "nasce com ele"[518]- justamente porque o mesmo acto é concebido a partir do modelo da sentença judicial.

Não podendo os actos administrativos adquirir a força de caso julgado, suscita-se a questão de saber, a partir de que momento é que se pode ter como segura a validade dos mesmos, a fim de poderem produzir os efeitos jurídicos a que tendem. Parece ser este o problema dogmático com que Otto Mayer se vê confrontado a partir da concepção daquele tipo de actos como um instituto paralelo à sentença judicial. E, para solucionar o mesmo, a aludida presunção de legalidade parece, na verdade, insuficiente.

---

[513] Cfr. OTTO MAYER, *Deutsches Verwaltungsrecht*, I, cit., pp. 100 e 163.
[514] Cfr. *idem, ibidem*, p. 59.
[515] Cfr. *idem, ibidem*, p. 93.
[516] Cfr. *idem, ibidem*, p. 100.
[517] Cfr. *idem, ibidem*, pp. 59, 96 e 100.
[518] *Die sofortige Vollstreckbarkeit ist [...] ihm angeboren*; cfr. *idem, ibidem*, p. 163.

A *Concepção Tradicional da Administração Pública como um Poder*   297

Uma vez que aqueles actos constituem decisões formais de uma autoridade pública paralela à dos tribunais (estando, por isso, fora de causa a solução prevista em relação aos negócios jurídicos de direito privado), para mais produzidas exclusivamente por via unilateral (ou seja, sem a participação necessária de um terceiro – os actos administrativos simples não pressupõem um processo), Otto Mayer não hesita na resposta: a validade das mesmas é assegurada a partir do momento em que elas sejam notificadas aos seus destinatários, uma vez que a decisão de notificar implica a certificação ou afirmação de tal validade. Esta é a solução coerente com o estatuto de autoridade pública do autor do acto em apreço (em tudo paralelo ao do tribunal), adequada à sua natureza formal e ajustada ao regime da sua livre modificabilidade (contrário ao da imodificabilidade própria do caso julgado das sentenças judiciais).

Por outro lado, tal solução revela-se necessária à sustentação da concepção da Administração como poder: só com a capacidade de a autoridade pública certificar a validade dos seus próprios actos é que a mais-valia jurídica das suas declarações de vontade se torna perfeita, porquanto é assegurada, na prática, aí onde existem dados legais ou onde os mesmos, por força da reserva de lei, são exigidos. Com efeito, a base da eficácia do acto administrativo nesse âmbito é, do ponto de vista da construção jurídica, a certificação feita pela própria autoridade autora do acto de que este é válido e não, como sucede com os actos dos súbditos, a lei[519].

---

[519] Cfr., salientando estes aspectos, SCHMIDT-DE CALUWE, *Der Verwaltungs-akt...*, cit., pp. 240 e 241.

Em sentido diferente, LUÍS SOUSA DA FÁBRICA defende que o acto administrativo, na concepção de Otto Mayer, cria direitos materiais "no exercício de um direito formal, o direito de definir, em aplicação da lei, os direitos e deveres materiais a ser criados. E o que o acto administrativo declara não são os direitos materiais que cria, mas sim que a aplicação da lei foi correcta, que o direito formal foi bem exercido, em suma que ele próprio é legal [... devendo, em coerência, dizer-se] que o acto administrativo *cria* direitos materiais e *declara* o direito formal" (v. Autor cit., *Reconhecimento de Direitos...*, cit., p. 38, nota 80, segunda parte; itálicos no original). Porém, como o próprio OTTO MAYER afirma expressamente, a certificação em apreço não é objecto de uma declaração contida no próprio acto cuja validade é certificada; ela resulta apenas da natureza do sujeito que pratica o acto e o notifica ao seu destinatário: uma autoridade pública (cfr. *supra* a nota 510 e o texto correspondente). Acresce que, apesar de o mesmo Autor recorrer ao modelo da sentença, por força da diferente estrutura da justiça e da administração, a lei acaba por

298   *Estado de Direito Democrático e Administração Paritária*

Acontece que a afirmação da necessidade de uma tal certificação acaba por relativizar a ideia da força vinculativa autónoma do acto administrativo. Com efeito, a mesma significa que a conformidade à lei é entendida como pressuposto da validade e da eficácia do acto administrativo; mas, se é assim, então não se pode dizer que a força vinculativa deste acto resida apenas nele próprio. Como conclui Reimund Schmidt-De Caluwe, "a mais-valia jurídica do poder público que, segundo Otto Mayer, se manifesta no acto administrativo tem obviamente de se legitimar primeiro através da certificação da legalidade, colocando-se, assim – na teoria –, a si própria em causa, uma vez que, desse modo, o poder público se submete ao direito e deixa de conter em si mesmo a razão de ser da sua eficácia. Do ponto de vista prático, a supra-ordenação reduz-se ao exercício de competências quase-judiciais em causa própria"[520].

(*iv*) *A incompatibilidade da força vinculativa autónoma do acto administrativo e da vinculação jurídica ao mesmo da Administração*

O modelo de organização do Estado subjacente à construção do direito administrativo de Otto Mayer funda-se na concepção daquele como um poder pré-jurídico. O Estado é o «grande facto»[521], um poder supremo que, do ponto de vista jurídico, pode tudo. Esta omnipotência jurídica emerge de um poder de facto realmente existente. A origem do Estado não é o direito; "o seu início e o seu fundamento constante é o poder"[522]. A sua supremacia, relativamente aos súbditos, afirma-se no quadro de uma relação geral de poder em que o mesmo pode exigir a estes últimos uma obediência total.

---

ter um alcance diferente em relação aos actos prototípicos de cada uma daquelas actividades. Segundo OTTO MAYER, não só não existe qualquer direito formal de a Administração praticar actos administrativos – ela pratica-os, com ou sem lei, apenas porque é poder público –, como a legalidade dos mesmos actos é atestada devido à circunstância de a sua autoria corresponder à mesma entidade que estabelece os limites legais: a Administração e o Legislador são ambos Estado e, por conseguinte, os respectivos actos são expressões do mesmo poder público.

[520] V. Autor cit., *Der Verwaltungsakt...*, cit., p. 242.

[521] *"Die «große Tatsache»"*; cfr. OTTO MAYER, "Die juristische Person und ihre Verwertbarkeit im öffentlichen Recht" cit., p. 47.

[522] V. *idem, ibidem.*

A Concepção Tradicional da Administração Pública como um Poder   299

O referido modelo organizatório opera uma distribuição daquele poder unitário do Estado por duas instâncias – o poder legislativo e o poder executivo – que, de acordo com as respectivas regras de organização e de acção, exprimem a vontade do mesmo Estado, são ambas poder público[523]. A distinção entre aqueles dois poderes, em conformidade com o princípio da separação dos poderes, visa criar as condições necessárias a que uma parte do poder público – o poder executivo – possa ser vinculado juridicamente pela outra parte do mesmo poder público – o poder legislativo – sem, com isso, pôr em causa nem a unidade nem o carácter ilimitado do poder do Estado. O direito (constitucional) correspondente visa tão-só organizar a limitação do poder público pelo próprio poder público. E as decisões, tanto do poder legislativo, como do poder executivo, são decisões do único poder do Estado e que têm neste último o seu fundamento de validade. Otto Mayer mantém-se, assim, fiel à prevalência da ideia do Estado moderno e não aceita a constituição jurídica do Estado e do poder público: a lei vale (obriga) unicamente porque é uma decisão do poder legislativo; o acto administrativo vale (obriga) apenas porque é uma decisão do poder executivo.

Para o mesmo Autor, a ordem dos poderes das diferentes autoridades públicas consagrada no ordenamento jurídico não se destina a fundar, constituir e atribuir competências ao poder executivo – na lógica da ideia de Estado de Direito à maneira de Kelsen, em que todo o poder resulta da norma jurídica[524] –, mas antes a distribuir e, por essa via, a moderar, um poder único e preexistente, o poder do Estado, por instâncias que, em si mesmas, são desdobramentos desse mesmo Estado – é a ideia do Estado moderno, concebido em termos de poder supremo e absoluto, a que se vem juntar uma ordem jurídica que apenas limita parcialmente e a partir de uma perspectiva externa esse mesmo poder. A citada ordem dos poderes públicos representa, deste modo, uma distribuição interna daquela realidade que lhe é anterior: ela determina quem (que autoridade), em que circunstâncias e com que alcance é que deve exprimir o poder único do Estado[525].

---

[523] Cfr. *supra* o n.º 17, alínea b), ponto (i).

[524] Cfr. *supra*, na alínea b) do presente número, o ponto (i).

[525] V., neste sentido, SCHMIDT-DE CALUWE, *Der Verwaltungsakt...*, cit., p. 247, que esclarece: "com base em tal pré-compreensão [a de Otto Mayer], torna-se claro que a

Estado de Direito Democrático e Administração Paritária

No que se refere em especial ao acto administrativo, fica, deste modo, claro qual o fundamento da sua força vinculativa: não a lei, mas o poder do Estado que é anterior ao direito e uno. Ou seja, o acto administrativo é, de resto, como a lei e os demais actos jurídico-públicos, uma forma de manifestação da vontade do mesmo Estado. Porque esta vontade é a mesma na lei e no acto administrativo, ou seja, uma vez que os seus autores não são mais do que expressões diferenciadas do mesmo Estado e que manifestam, em cada um desses tipos de acto, a respectiva vontade, compreende-se, por um lado, que a Administração, ao praticar os citados actos, ateste a sua conformidade com a lei; e, por outro lado, que, perante os cidadãos, e tendo em conta tal certificação de conformidade, nunca possa surgir um conflito de deveres originado pela contradição entre acto administrativo e lei: no caso concreto aquele acto, desde que eficaz, prevalece sobre esta última.

Daí a caracterização certeira de Schmidt-De Caluwe: no acto administrativo "concentra-se toda a força da vontade do Estado. Na sequência da sua prática, e com referência ao caso concretamente em causa, a lei não é apenas relegada para um segundo plano, como também já só vale na interpretação vinculativa feita pela autoridade e tal como a mesma se apresenta no acto administrativo"[526]. Graças à capacidade de a Administração certificar a legalidade dos actos que

---

teoria de Mayer da força normativa autónoma do acto administrativo não parecesse sequer susceptível de ser atingida pelos argumentos deduzidos por Kelsen [cfr. *supra* a alínea b), ponto (i), do presente número]. Justamente, para Mayer, não é, de todo, forçoso concluir, a partir do facto de que a imputação ou atribuição de poderes ao poder executivo seja feita através de regras jurídicas, no sentido de uma delegação jurídica dos mesmos poderes. Para ele, ao invés: a ideia de uma competência de imposição vinculativa delegada juridicamente numa instância do Estado já seria uma contradição nos próprios termos, porquanto o Estado, em todos os seus órgãos, se define justamente por uma tal força, a qual é pressuposta. Significando a separação dos poderes em Mayer, por isso, a divisão interna do âmbito de actuação do poder de facto do Estado preexistente; sendo o poder executivo, nessa conformidade, apenas dirigido internamente pela lei, ao contrário do que sucede com o cidadão; não podendo a Administração receber da lei nenhuma faculdade, nenhum direito subjectivo, uma vez que tal atribuição não lhe poderia conferir nenhum poder jurídico que a mesma não possuísse já; então, uma ordem de atribuição dos poderes (*eine Zuständigkeitsordnung*) só pode ter a função de moderar o poder do Estado que já existe" (v. *ibidem*).

[526] V., Autor cit., *Der Verwaltungsakt...*, cit., p. 248.

A Concepção Tradicional da Administração Pública como um Poder   301

pratica, e à consequente eficácia dos mesmos actos ainda que ilegais, a disciplina jurídica do caso concreto neles contida afasta, quanto ao respectivo destinatário e àquele mesmo caso, a vigência da lei (a sua «eficácia externa»). Em tal âmbito, esta continua a relevar apenas com a sua «eficácia interna», justificando que, a propósito de um reexame do caso, a própria autoridade autora do acto ou uma autoridade com poderes superiores possam, em nova declaração, manifestar a vontade do Estado com um sentido diferente do inicial[527].

Considerando estas consequências jurídicas da força vinculativa autónoma do acto administrativo, compreende-se, por outro lado, a concepção de Otto Mayer do direito subjectivo público como uma pretensão formal dirigida à decisão da autoridade administrativa sobre o que deve valer como direito num caso concreto, com a natureza de um "direito de colaboração" no exercício do poder público[528]. Na verdade, após o afastamento dos dados de direito material contidos na lei, em virtude da aludida força vinculativa daquele tipo de acto, já só pode ser considerada uma pretensão formal, o direito à protecção jurídica. Aquele que seja lesado por um acto administrativo ilegal, devido ao afastamento da lei, nos termos referidos, deixa de poder fazer valer contra o mesmo um direito subjectivo material consignado nessa lei; na sequência da prática do acto administrativo, a relação jurídica entre o seu destinatário e a Administração – os direitos subjectivos e vinculações materiais recíprocos – passa a ser conformada exclusivamente por tal acto[529].

O sentido jurídico primário do aludido direito à protecção jurídica não pode deixar de ser, atento o respectivo carácter formal, e independentemente das motivações subjectivas do seu titular, o de

---

[527] Cfr. *idem*, *ibidem*. V. também *ibidem*, p. 263: "é com e no regime do acto administrativo que é definida a relação entre lei e Administração, e de um modo claramente favorável a esta. O acto administrativo designa a forma adequada de o Executivo fazer valer sobre o súbdito o poder público; do ponto de vista material, tal acto representa a fixação autónoma de uma norma para o caso concreto que atesta, com pretensão de vinculação autoritária, a sua própria validade jurídica e eficácia".

Quanto à distinção entre «eficácia externa» e «eficácia interna» das leis, v. *supra* o n.º 17, alínea b), ponto (i).

[528] *Mitwirkungsrecht*; v. Autor cit., *Deutsches Verwaltungsrecht*, I, cit., pp. 81 e 103 e ss., em especial, 108 e ss.; cfr., também, *supra* o n.º 17, alínea b), ponto (i).

302 *Estado de Direito Democrático e Administração Paritária*

determinar o correcto exercício do poder público, ou seja, que a «verdadeira» vontade do Estado seja manifestada. Nessa mesma medida, corresponde a tal direito e ao seu titular uma atribuição parcial respeitante ao exercício do poder público. Como Otto Mayer descreve, "através da luta pelo direito que, em vista da sua própria vantagem prossegue, o indivíduo torna-se um colaborador na vigência imperturbada da regra jurídica"[530]. Com efeito, se o direito subjectivo público compreende, em si mesmo, o poder da vontade do próprio Estado, "não pode estar em contradição com esta última nem passar ao seu lado"[531].

Para o súbdito, a força vinculativa do acto administrativo pouco difere daquela que caracterizava a «ordem» ou «instrução» do Estado de polícia. A novidade do conceito reside exactamente na bilateralidade da vinculação jurídica que o mesmo estabelece, a qual fundamenta o referido direito subjectivo público e dá corpo às suas funções orientadora e estabilizadora: o acto administrativo clarifica a posição da autoridade relativamente ao súbdito e, ao mesmo tempo, cria entre o seu destinatário e o poder executivo uma verdadeira relação jurídica, nos termos da qual, e enquanto o acto em causa subsistir, toda a actuação posterior daquele poder tem de se conformar com a definição de direitos e deveres dele constante[532]. É manifesta a analogia com a construção relativa à bilateralidade da vinculação da regra jurídica[533].

Atenta a livre revogabilidade dos actos administrativos, a questão que se pode colocar é a da procedência de tal analogia, porquanto, no respeitante à regra jurídica, está em causa a relação entre dois poderes com forças jurídicas diferentes – o Legislativo que a estabelece e o Executivo que a aplica, concretiza e realiza; enquanto que, relativamente ao acto administrativo, tudo se passa no âmbito do mesmo poder, mais exactamente, no âmbito da própria Administração[534].

---

[529] Cfr. SCHMIDT-DE CALUWE, *Der Verwaltungsakt...*, cit., p. 248.

[530] V. Autor cit., *Deutsches Verwaltungsrecht*, I, cit., p. 81.

[531] V. *idem, ibidem*, p. 104.

[532] Cfr. *supra* o n.º 17, alínea c).

[533] Sobre esta, v. *supra* o n.º 17, alínea b), ponto (i).

[534] Para o caso, apenas importa considerar as decisões da administração activa, ou seja, os actos administrativos simples.

A *Concepção Tradicional da Administração Pública como um Poder*   303

Com efeito, em relação ao primeiro caso, e como acima se referiu, o princípio da separação dos poderes destina-se, na óptica de Otto Mayer, justamente a explicar a vinculação jurídica de um poder do Estado – o poder executivo – por um outro poder do mesmo Estado, só que mais forte – o poder legislativo. Esta diferente força jurídica dos dois poderes assegura a inviolabilidade das regras jurídicas estabelecidas pelo poder legislativo. Consequentemente, a vinculação do poder executivo, ainda que substancialmente corresponda a uma autovinculação do Estado, tem um carácter jurídico.

No segundo caso, não existe diferenciação da força jurídica de um acto administrativo para o outro: todos se caracterizam por uma força vinculativa própria capaz de, na prática, e graças à capacidade de certificação da legalidade reconhecida à Administração, os autonomizar das próprias leis. Como salienta Schmidt-DeCaluwe, "se um acto administrativo deve produzir efeitos e vincular bilateralmente, sem que tal eficácia derive da lei, então, só se pode compreender a vinculação da Administração ao mesmo acto em termos de autovinculação. Sucede que esta última, como o próprio Mayer bem sublinhou a propósito da vinculação do Estado às leis, não constitui uma categoria jurídica, visto faltar-lhe a inviolabilidade indispensável ao direito"[535]. Torna-se, deste modo, claro que a vinculação jurídica da Administração aos seus actos administrativos só pode ser construída se tal vinculação resultar da lei, ou seja, da determinação de um poder diferente e mais forte do que aquele de que emergem os citados actos.

Por exemplo, as mencionadas funções orientadora e estabilizadora do acto administrativo não impõem, atenta a livre revogabilidade do mesmo acto, nenhum dever jurídico à Administração: esta, segundo critérios de oportunidade e conveniência, pode sempre afastar-se da orientação anteriormente definida. O destinatário do acto acaba por não ter nenhuma garantia jurídica de estabilidade. Esta, com efeito, só lhe pode ser dada através da lei, nomeadamente através da definição de critérios legais para a prática de actos revogatórios.

---

[535] V. Autor cit., *Der Verwaltungsakt...*, cit., p. 253. Cfr. também *idem, ibidem*, p. 264. Quanto à mencionada vinculação do Estado às leis, v. *idem, ibidem*, pp. 70 e ss.

304   *Estado de Direito Democrático e Administração Paritária*

D) O CASO PORTUGUÊS, EM ESPECIAL, A CONCEPÇÃO DE MARCELLO CAETANO

19. A concentração de poderes jurídico-públicos na Administração e o consequente esvaziamento do Estado de Direito como base da teorização do poder administrativo

a) A Administração como autoridade pública

(i) A "Administração condicionante" como dimensão do Estado de legalidade

A concepção do Estado de Marcello Caetano é importante para compreender o modo como este Autor perspectiva a Administração Pública, uma vez que esta última é vista como resultado de um desdobramento do Estado soberano: "para executar administrativamente o Direito o Estado soberano cria no seu seio um instrumento adequado a que confere individualidade jurídica e a que também se chama Estado. É o Estado-pessoa colectiva de direito público ou Estado-administração, conjunto de serviços que tem o governo por órgão"[536]. Importaria, assim, e, desde logo, considerar o «poder que se afirma como força criadora do direito» a fim de entender o «poder que executa as suas próprias leis», naturalmente subordinado ao direito que aquele positivou[537].

---

[536] V. Autor cit., *Manual de Ciência Política e Direito Constitucional...*, I, cit., p. 169.

[537] Cfr., *idem, ibidem*, p. 336, no tocante às duas expressões referidas no texto. A ideia de «unidade do poder» e do seu desdobramento em «soberania» e «autoridade» correspondente, respectivamente, a uma «acepção lata» e a uma «acepção restrita» do Estado, aparece afirmada pelo mesmo Autor logo no seu *Tratado Elementar de Direito Administrativo*, cit. Aí o Estado é perspectivado como "organismo social" que se propõe "com todos os meios do seu poder realizar os fins que o solicitam" (v. *ibidem*, pp. 17 e 22). E, mesmo no Estado moderno, "conserva-se a ideia da unidade do Poder: a soberania, fonte de toda a autoridade, é una e indivisível. Mas conhecendo-se teoricamente a diferenciação das funções e desejando-se que ela se pratique na vida do Estado, põe-se o problema da especialização dos respectivos órgãos e das relações a regular entre eles de modo a obter-se um rendimento óptimo para o bem comum e para o bem-estar dos cidadãos. Tal problema existe sobretudo quanto às funções administrativa e judicial. A função governativa é sempre reservada aos órgãos que representam por excelência a soberania" (v. *idem, ibidem*, p. 22; cfr. também, do mesmo Autor, *Manual de Direito Administrativo*, I, cit.,

A Concepção Tradicional da Administração Pública como um Poder   305

Acontece que esta interdependência de conceitos de poder no quadro da soberania surge ainda reforçada pela consideração da transição de um regime de «Administração condicionada» – correspondente aos primórdios do Estado constitucional e ao Estado de Direito "material, jusnaturalista" – para o regime de «Administração condicionante» – típico do Estado de Direito "formal, positivista" ou Estado de legalidade.

Marcello Caetano, na verdade, chama a atenção para a evolução da posição constitucional da Administração verificada desde os primórdios do direito administrativo.

Segundo aquele Autor, este ramo do direito nasceu e desenvolveu-se "como um elemento do Estado de Direito" (em sentido material), ou seja, "aquele em que o poder político aparece como simples meio de realização e garantia dos direitos individuais naturais, fonte de toda a Ordem jurídica"[538]. De acordo com tal «tipo ideal» de Estado – e que se contrapõe ao Estado político-administrativo[539] –,

---

pp. 17 e ss.: referência aos "tipos possíveis de actuação do Estado na execução do Direito, quanto aos órgãos que a exercem", ou aos "tipos de relações" entre Administração e Justiça). Porém, quando o Estado figura como sujeito nas relações disciplinadas pelo direito administrativo, o mesmo "não impõe uma vontade dotada do poder no superlativo, incondicionada portanto: mas a sua vontade está já submetida às regras gerais previamente definidas pelos órgãos de soberania. Como soberano o Estado constitui-se e legisla, mas, ao administrar, o mesmo Estado só tem aquele poder de comandar que as suas próprias leis lhe conferem – um poder que é *autoridade* mas não *soberania*, embora dela derive" (v. Autor cit., *Tratado Elementar de Direito Administrativo*, cit., p. 33; itálicos no original; v. também *ibidem* p. 128).

[538] V. Autor cit., *Manual de Direito Administrativo*, I, cit., p. 51; cfr. também *idem*, *Manual de Ciência Política e Direito Constitucional...*, I, cit., pp. 321 e 322)

[539] Cfr. MARCELLO CAETANO, *Manual de Ciência Política e Direito Constitucional...*, I, cit., pp. 158 e 325. Segundo este Autor, o Estado de Direito e o Estado político-administrativo são «tipos ideais» ou modelos a que correspondem concretizações históricas diversas. O primeiro "concebe um Estado não só submetido ao Direito como colocado exclusivamente ao seu serviço" e supõe "1.º, a crença na racionalidade das normas jurídicas; 2.º, a redução de toda a actividade estadual à criação e execução do direito; 3.º, a existência de órgãos independentes que exprimam a soberania do direito e que assegurem o seu respeito – os tribunais" (v. *idem*, *ibidem*, p. 325; itálico no original). O segundo caracteriza-se pela instrumentalização do direito: este "aparece como mero instrumento – e um dos instrumentos – de que o Estado se serve para realizar objectivos a ele estranhos" (v. *idem*, *ibidem*). Na perspectiva de MARCELLO CAETANO, a realidade histórico-constitucional evidencia uma evolução do Estado (demo-)liberal para o Estado de legalidade com tendência para passar ao Estado social. Enquanto o primeiro foi o que mais se aproximou da realização integral do modelo do Estado de Direito, o último apresenta-se, "claramente,

306   *Estado de Direito Democrático e Administração Paritária*

"o valor supremo da sociedade política [é] a liberdade e a autoridade [consiste] num sistema de restrições reduzidas ao estritamente indispensável à coexistência das liberdades individuais. O seu mecanismo visa pôr todos os órgãos do Poder político sob o domínio do Direito, formado não só pelas leis positivas votadas pela colectividade ou em seu nome (leis em sentido formal, provenientes dos Parlamentos) mas sobretudo pelas leis naturais decorrentes do dogma da liberdade individual originária"[540]. O direito administrativo nasce, neste contexto, em virtude de a Administração ficar vinculada a deveres jurídicos resultantes da necessidade de respeitar os direitos individuais. Fala-se justamente de «Administração condicionada» por a mesma ser "concebida como meio de realização dos direitos dos indivíduos traduzidos na lei positiva ou consagrados pela Natureza"[541].

Posteriormente, ocorrendo a crescente intervenção do Estado em ordem à realização do interesse colectivo e, em vista da agilização de tal intervenção, que frequentemente implicará o sacrifício de interesses particulares e o condicionamento do exercício dos direitos individuais, a atribuição de poderes legislativos a órgãos administrativos que também são órgãos de soberania, verifica-se que a Administração deixou "de estar submetida a uma legislação de origem transcendente, e passou a produzir grande parte das normas que a regulam: nasceu a *Administração condicionante*, ela própria, do exercício dos direitos individuais"[542].

Com efeito, no âmbito do Estado de legalidade, "a importância da submissão da Administração à lei não reside já na subordinação de um poder, que por natureza seria executivo, a outro poder, esse soberano e legislativo. O valor da legalidade passou a estar na generalidade dos comandos que os órgãos administrativos têm de aplicar por igual aos casos idênticos submetidos à sua decisão ou opera-

---

[como] uma forma mista entre o Estado de Direito e o Estado político-administrativo, embora os elementos próprios daquele continuem a aparecer como predominantes" (v. *idem, ibidem*, pp. 325 e 326).

[540] V. MARCELLO CAETANO, *Manual de Direito Administrativo*, I, cit., pp. 51 e 52.

[541] V. *idem, ibidem*, p. 52.

[542] V. *idem, ibidem*, p. 29; itálico no original. Cfr. também sobre tal evolução e a caracterização do Estado de legalidade, *Manual de Ciência Política e Direito Constitucional...*, I, cit., pp. 323 e ss.; e "Tendências do Direito Administrativo Europeu", cit., pp. 453 e ss.

A *Concepção Tradicional da Administração Pública como um Poder*   307

ção"[543]. Ou seja: "a vida do Estado deve submeter-se à legalidade: como no Estado de Direito jusnaturalista, o cidadão tem, portanto, ao seu dispor o recurso aos tribunais para se defender dos actos do poder ofensivos da lei e dos seus direitos, mas os direitos individuais são, apenas, os que a lei positiva conceder. Quer dizer: já não existe aqui o culto de certa concepção do Direito Natural e dos direitos individuais anteriores e superiores ao Estado, tudo isso substituído pela lei positiva. O Direito está na lei do Estado. Se a lei negar os direitos individuais, não há nada a fazer senão acatá-la"[544].

De qualquer modo, "uma autolimitação é sempre limitação e toda uma hierarquia de funcionários deve acatamento no seu procedimento aos decretos legislativos. A ideia do Estado de Legalidade, em que a competência dos órgãos administrativos deriva necessariamente da lei (entendida como norma geral) e por ela é regulada e limitada [...] é, pois, compatível com as finalidades que ao Estado possam definir-se de promoção da Cultura, do Bem-Estar ou da Justiça Social. E como à construção do Direito Administrativo basta o alicerce de legalidade, não se vê onde o carácter deste seja afectado pelos rumos diversos que ao Estado se pretenda imprimir"[545].

(ii) *A concepção do Estado como função do poder político e a consequente noção de «soberania do Estado»*

A mencionada concepção do Estado corresponde, no essencial, ao modelo da unilateralidade[546]: o Estado, por definição, é poder e

---

[543] V. MARCELLO CAETANO, *Manual de Direito Administrativo*, I, cit., pp. 29 e 30.

[544] V. *idem*, *Manual de Ciência Política e Direito Constitucional...*, I, cit., p. 323.

[545] V. *idem*, "Tendências do Direito Administrativo Europeu", cit., p. 455.

[546] Sobre tal modelo, cfr. *supra* o n.º 8, em especial, a alínea a). O contraponto com o modelo da reciprocidade surge bem patente na crítica que MARCELLO CAETANO dirige ao Estado de Direito em sentido material: a sociedade política "tem exigências legítimas dado o seu carácter necessário e a sua função civilizadora e cultural. Todas as conquistas, no domínio do Espírito como no domínio da Natureza, são devidas aos indivíduos, sim, mas sob os estímulos, e graças à contribuição e ao apoio, do meio social. Ora a sociedade política é a forma mais eficiente da vida social e o Poder que a caracteriza é o mais vigoroso promotor de todos os benefícios sociais, mesmo quando se limite a fazer reinar as condições mínimas indispensáveis de Segurança e de Justiça. O Poder político não deve, portanto, ser considerado como inimigo dos indivíduos, como um «mal necessário» a reduzir ao mínimo, mas como um auxiliar benéfico e imprescindível, cuja intervenção é útil e desejável na realização do interesse geral desde que não ultrapasse o domínio

prossegue fins que lhe são próprios; a sua existência implica uma relação de autoridade no âmbito da qual é definido e imposto pelo poder o direito estadual.

Partindo da consideração do "facto político", a perspectiva de Marcello Caetano é marcadamente histórico-genética[547]: "quando um povo proclama a sua independência e organiza um poder soberano, cria a própria fonte do Direito positivo por meio de actos que para buscarem algum fundamento jurídico só no Direito natural poderiam alicerçar-se: o novo Estado começa por exercer a função política e é esta que o leva a decretar uma Constituição"[548]. Ou seja: primeiro o Estado, o poder político, depois, e como consequência do exercício de tal poder, o direito positivo, incluindo neste a Constituição. Assim, "o poder político é o instrumento de definição e imposição do direito positivo [estadual], e a realização dessa função jurídica legitima a força em que essencialmente o poder consiste. Logicamente o poder político é anterior ao direito positivo estadual que ele cria"[549].

Para aquele Autor, com efeito, o Estado (moderno) caracteriza--se por ser uma sociedade política territorial na qual o poder, além

---

próprio da sua acção de harmonia com os fins que naturalmente visa" (v. Autor cit., *Manual de Ciência Política e Direito Constitucional...*, I, cit., p. 322). Este «domínio próprio», por sua vez deve ter em conta o âmbito de actuação específico da pessoa humana e das sociedades primárias – família, município e corporação (cfr. *idem, ibidem,* pp. 306 e 329 e ss.).

[547] Cfr. Autor cit., *Manual de Ciência Política e Direito Constitucional...*, I, cit., pp. 1 e ss. A noção de "facto político" surge na p. 10: "todo o acontecimento ligado à instituição, existência e exercício do poder político".

[548] V. Autor cit., *Manual de Ciência Política e Direito Constitucional...*, I, cit., p. 171. Mais adiante o mesmo Autor insiste: "no exercício da função política o Estado é essencialmente *Poder*: a sua regra é a realização do *interesse geral*" (*ibidem,* p. 335; itálicos no original).

[549] V *idem, ibidem,* p. 288. *Ibidem,* p. 302, aquele Autor reafirma que o poder serve de suporte do direito, como autoridade ("o poder de impor as normas a que deve obedecer a conduta alheia"; cfr. *ibidem,* p. 280); e que realiza o mesmo direito, como aparelho de coacção.

A posição referida no texto não impede, todavia, e como decorre já da transcrição a que se reporta a nota anterior, que MARCELLO CAETANO defenda a juridicidade do próprio poder político. Com efeito, em seu entender, o poder político nasce em obediência a um «direito natural» ou a uma «ideia de direito» e "como instrumento da sua tradução em direito positivo", sendo, por conseguinte, o mencionado «direito natural» – no fundo, a fonte de legitimidade invocada pelo poder político – "anterior e superior ao Estado" (v. *ibidem,* p. 289). V. *supra* na Primeira Parte, nota 44, a análise crítica de tal proposição e a justificação da sua recondução ao modelo da unilateralidade.

A Concepção Tradicional da Administração Pública como um Poder   309

de funcionalizado, se encontra despersonalizado, isto é, em que o titular do poder é a colectividade e em que os governantes se limitam a exercê-lo como suportes dos órgãos da mesma colectividade[550]. No seu sentido mais restrito a palavra «Estado» designará, então, "a colectividade que no seu território possua o poder político soberano"[551]. A compreensão do alcance daquela caracterização e desta noção exige a clarificação dos conceitos de «sociedade política» e de «poder político» e, bem assim, das relações entre ambos[552].

A citada colectividade, correspondente ao «povo» como «elemento do Estado», é "o conjunto de indivíduos que para realização de interesses comuns – designadamente, um ideal próprio de justiça, segurança e bem-estar – se constitui em comunidade política, sob a égide de leis próprias e a direcção de um mesmo poder"[553]. Este último, o poder político, é "a faculdade exercida por um povo de, por autoridade própria (não recebida de outro poder), instituir órgãos que exerçam o senhorio de um território e nele criem e imponham normas jurídicas, dispondo dos necessários meios de coacção"[554]. A soberania qualifica aquele poder como supremo e independente[555].

---

[550] V. Autor cit., *Manual de Ciência Política e Direito Constitucional...*, I, cit., p. 122. Aí MARCELLO CAETANO propõe como "primeira noção" de Estado a de que este corresponde a "um povo fixado num território, de que é senhor, e que dentro das suas fronteiras institui, por autoridade própria, órgãos que elaborem as leis necessárias à vida colectiva e imponham a respectiva execução".

[551] V. MARCELLO CAETANO, *Manual de Ciência Política e Direito Constitucional...*, I, cit., p. 140.

[552] Quanto ao significado do território do Estado, v. MARCELLO CAETANO, *Manual de Ciência Política e Direito Constitucional...*, I, cit., pp. 125 e ss., em especial, a noção proposta na p. 127: "é o espaço no qual os órgãos do Estado têm o poder de impor a sua autoridade: define, assim, o âmbito da competência no espaço dos órgãos supremos do Estado".

[553] V. MARCELLO CAETANO, *Manual de Ciência Política e Direito Constitucional...*, I, cit., pp. 123 e 124. Sobre os fins do Estado, v. *ibidem*, pp. 143 e ss.

[554] V. *idem, ibidem*, p. 130. O "senhorio de um território" traduz-se "no poder de jurisdição (*imperium*) sobre as pessoas e coisas que nele se encontrem e no domínio das partes não individualmente apropriadas que sejam imprescindíveis à utilidade pública" (v. *ibidem*, p. 126).

[555] V. *idem, ibidem*, p. 132. Entende-se por poder supremo "aquele que não está limitado por nenhum outro na ordem interna e por poder independente aquele que na sociedade internacional não tem de acatar regras que não sejam voluntariamente aceites e está em pé de igualdade com os poderes supremos dos outros povos" (v. *ibidem*).

A complexidade estrutural do Estado, nomeadamente a relação de autoridade que determina a necessária distinção entre governantes e governados, radica na sua própria natureza como «sociedade política»[556]. Esta terá resultado da necessidade de superar as diferenças e hostilidades entre os membros de diferentes «sociedades primárias» mediante a submissão destas últimas e dos seus membros a um direito comum, de forma a possibilitar a convivência jurídica entre todos[557]. "Acima dos interesses particulares ou restritos dos grupos sociais primários afirma-se, assim, a existência de um interesse geral superior a todos os outros: *res publica*"[558]. Deste modo, a razão de ser da sociedade política "é o exercício do poder político, como autoridade da colectividade sobre cada um dos seus membros, traduzida pela imposição de um Direito Comum a que todos, quer queiram, quer não, têm de se submeter"[559]. Com efeito, ao contrário da sociedade primária, que é a razão de ser do poder social, "a sociedade política não existe antes do poder político. Forma-se e organiza-se essa sociedade porque é necessário que o poder político se institua como único meio eficaz de definição do Direito Comum essencial à

---

[556] MARCELLO CAETANO parece defender a alternatividade entre a perspectiva do Estado afirmada no texto – e que conduz à consideração de uma estrutura dualista do Estado em que se contrapõem governantes e governados – e uma perspectiva do mesmo Estado baseada na colectividade enquanto titular do poder político e ao serviço da qual o mesmo poder se encontra – que leva a conceber o Estado como "unidade beneficiária e titular do poder" –, chegando mesmo a privilegiar esta última (cfr. Autor cit., *Manual de Ciência Política e Direito Constitucional...*, I, cit., pp. 141 e 142). Contudo, o mesmo Autor afirma expressamente que "seja qual for o regime político, o Poder é sempre detido e exercido por uma minoria, por um escol: o Estado implica uma diferenciação entre governantes e governados, e aqueles têm de ser poucos para exercerem efectivamente o poder" (v. *ibidem*, p. 278).

A razão desta aparente incongruência prende-se com a noção de colectividade considerada. Na verdade, o conceito mais adequado à perspectiva unitária é o orgânico, na tradição do *corpus mysticum* de Francisco Suarez: em vez do conjunto de indivíduos que em cada momento histórico formam determinada sociedade política, está em causa um corpo já ordenado, a própria sociedade política instituída pelo poder político. Cfr. adiante no texto, a propósito da referência à «soberania do Estado»; sobre a mencionada concepção de Suarez, v. MARCELLO CAETANO, *ibidem*, p. 265.

[557] V. *idem, ibidem*, pp. 6 e 7.

[558] V. *idem, ibidem*, p. 7.

[559] V. *idem, ibidem*.

A Concepção Tradicional da Administração Pública como um Poder   311

convivência pacífica: *o poder político é a razão de ser da sociedade política*"[560]. Esta forma-se pela instituição daquele.

Daí o carácter racional e voluntário deste tipo de sociedades, o que, todavia, "não implica necessariamente a ideia de acordo das vontades de todos os seus membros. O pacto de união ou contrato social são hipóteses explicativas, são expressões figurativas, não realidades históricas"[561]. Aliás, "a necessidade racional do poder político pode ser sentida apenas por certos indivíduos, chefes ou condutores de uma colectividade, que interpretem as necessidades instintivas das massas. Os Estados existentes nos nossos dias foram, na sua grande maioria, constituídos por verdadeiros *fundadores* actuando como instrumento de aspirações colectivas"[562]. E o que sucede no momento da fundação do Estado pode acontecer ou acontece necessariamente ao longo da sua existência relativamente ao exercício do poder político. O próprio Marcello Caetano afirma expressamente não sofrer dúvida de "que o exercício do Poder tem de ser minoritário"[563]; aliás, "seja qual for o regime político, o Poder é sempre detido e exercido por uma minoria, por um escol: o Estado implica uma diferenciação entre governantes e governados, e aqueles têm de ser poucos para exercerem efectivamente o poder"[564]. O conceito relevante é, assim, o de «soberania do Estado».

Com efeito, mesmo a «soberania popular» releva como «soberania do Estado»: a colectividade correspondente ao povo é, não o conjunto de indivíduos que em cada momento histórico formam determinada sociedade política, mas "uma entidade orgânica, a sociedade política já ordenada, compreendendo as pessoas singulares e as

---

[560] V. *idem, ibidem*, p. 8; itálicos no original.

[561] V. *idem, ibidem. Ibidem*, a pp. 269 e ss., MARCELLO CAETANO aprecia criticamente as teorias contratualistas.

[562] V. MARCELLO CAETANO, *Manual de Ciência Política e Direito Constitucional...*, I, cit., p. 8 (itálico no original). O mesmo Autor, *ibidem*, p. 271, reitera: "a História desmente que [as] distintas cidades, reinos, repúblicas ou impérios [constituídos por acções voluntárias dos homens] tenham resultado de pactos ou contratos entre os seus membros mostrando, pelo contrário, que na maioria dos casos foram criação de um indivíduo ou de um grupo minoritário como *fundação* ou *instituição* de um poder que a massa aceitou, bem ou mal, e a que na melhor das hipóteses aceitou aderir" (itálicos no original).

[563] V. Autor cit., *Manual de Ciência Política e Direito Constitucional...*, I, cit., p. 276.

[564] V. *idem, ibidem*, p. 278.

312   *Estado de Direito Democrático e Administração Paritária*

sociedades primárias integradas num todo dominado pelos interesses gerais e servido pelo poder. Assim o poder [é] elemento abstracto da sociedade política, atributo necessário dela (sem poder político não há sociedade política) e os indivíduos ou as sociedades primárias não são, isoladamente ou em conjunto titulares ou donos dele, apenas lhes competindo, quando muito designar quem há-de exercê-lo. Em vez de *soberania popular*, há *soberania do Estado*: o eleitorado não é soberano, não exerce nem transmite um direito originário, funcionando como mero órgão do Estado, no desempenho de uma actividade deste, para escolher os membros da minoria governante"[565].

Em tal quadro, se não se exclui a democracia – o governo do povo assente na soberania popular como "expressão da vontade das pessoas ou da maioria" –, também não se exclui o "governo de um indivíduo ou do escol formado pela minoria mais esclarecida e competente do país"[566]. O critério decisivo para aferir da legitimidade do poder político é o melhor serviço à sociedade política: "a legitimidade não resulta de o Poder ser exercido por todos os membros da sociedade política (o que regra geral conduz à demagogia) mas sim *ao serviço da sociedade política* considerada na sua continuidade e sem esquecer que a sobrevivência ou a mera felicidade das gerações futuras podem exigir sacrifícios das gerações presentes (*non per populum sed pro populo*)"[567].

Em suma: "as *sociedades primárias* resultam do impulso da natureza humana cuja índole é essencialmente social, e originam, também naturalmente, no seu seio os poderes necessários para manter a disciplina própria de cada tipo de sociedade; as *sociedades políticas* formam-se por decisão voluntária, geralmente devido à iniciativa e à acção de um chefe ou de um grupo que interpreta os anelos colectivos tornando-os conscientes e dando-lhes realização, mediante a instituição de um poder político que, superior aos pode-

---

[565] V. *idem, ibidem*; itálicos no original. Sobre o alcance da contraposição mencionada no texto (referindo-se, embora, a "soberania nacional"), cfr. MARIA LÚCIA AMARAL, *A Forma da República...*, cit., pp. 201 e 202.

[566] Cfr. MARCELLO CAETANO, *Manual de Ciência Política e Direito Constitucional...*, I, cit., p. 254. V. *idem, ibidem*, pp. 272 e ss., a referência às doutrinas modernas do governo minoritário.

[567] V. *idem, ibidem*, p. 279; itálicos no original.

A Concepção Tradicional da Administração Pública como um Poder 313

res sociais primários, enfeixe interesses particularistas e oriente as vontades individuais numa direcção comum. A *função do poder político* é a de subordinar os interesses particulares ao interesse geral" devendo, para tanto, "restringir a autoridade coerciva das diversas sociedades primárias de modo que aos fins superiores corresponda também a superioridade dos meios"[568]. O poder político "define um Direito Comum a todos os membros da sociedade política, sejam quais forem as sociedades primárias de que façam parte" e a tal direito "têm de corresponder meios de coacção superiores aos dos poderes dessas sociedades: a tendência é até para a *monopolização* dos meios coercivos pelo poder político"[569]. Este consubstancia, assim, "uma *autoridade de domínio*, isto é, que impõe obediência a quantos pertençam à sociedade política, constrangendo-os à observância das normas jurídicas e quebrando as resistências eventuais"[570]. A obrigatoriedade destas normas "torna-se efectiva por provirem de um Poder que dispõe dos meios eficazes de empregar a coacção para punir os desobedientes. Mesmo quando um preceito ou conjunto de preceitos não indique especial e concretamente a sanção aplicável aos desobedientes, o facto de provir do Poder coercivo desde logo lhe imprime a vocação para a coercividade"[571].

(iii) A questão da limitação do poder político

O poder político é, deste modo, uma realidade inerente à existência do Estado que se traduz na autoridade da colectividade sobre todos e cada um dos seus membros, isto é, no poder de determinar a respectiva conduta[572]. A partir daqui Marcello Caetano equaciona a questão de saber se o poder político pode e deve ser limitado e, em caso afirmativo, quais as técnicas adequadas para o efeito[573].

---

[568] V. *idem, ibidem*, pp. 8 e 9; itálicos no original.

[569] V. *idem, ibidem*, p. 9; itálico no original.

[570] V. *idem, ibidem*, pp. 9 e 10; itálico no original.

[571] V. *idem, ibidem*, p. 10.

[572] Cfr. MARCELLO CAETANO, *Manual de Ciência Política e Direito Constitucional...*, I, cit., pp. 5 e 280.

[573] V. *idem, ibidem*, respectivamente, pp. 280 e ss. e 310 e ss.

314 Estado de Direito Democrático e Administração Paritária

No que se refere ao princípio da limitação, aquele Autor começa por afirmar a independência entre o direito e o poder político: "para nós o Estado é apenas uma das formas que a sociedade política pode revestir e esta é caracterizada pela instituição em dado meio social do poder político como instrumento necessário de definição e de imposição de uma conduta comum a um conjunto de sociedades primárias já detentoras dos seus poderes e possuidoras das suas normas próprias. O poder político nasce como instrumento da definição de um novo direito positivo, o direito estadual, cuja característica reside em apoiar-se numa força superior a todas as demais existentes na mesma sociedade"[574]. Acresce que "a instituição do poder político [se justifica] pela necessidade sentida num meio social de dar corpo a certos anseios de Justiça e de Segurança: ora isto corresponde já ao sentimento do direito, é a expressão de princípios superiores de um Direito natural ou, como alguns dizem, a realização de uma «ideia de Direito». O Direito em obediência a cujos imperativos nasce o Poder político, como instrumento da sua tradução em Direito positivo, é, portanto, anterior e superior ao Estado"[575].

Com base em tais premissas, Marcello Caetano defende que o poder político está obrigado a respeitar os princípios de direito natural e, bem assim, "os limites naturalmente decorrentes da sua finalidade específica, o que implica a subtracção ao seu império da zona própria das funções e fins das sociedades primárias e da pessoa humana"[576]. O mesmo Autor reconhece ainda espaço para a autovin-

---

[574] V. idem, ibidem, p. 288.

[575] V. idem, ibidem, p. 289.

[576] V. idem, ibidem, p. 306. Simplesmente, e pelas razões apontadas supra na nota 44, da Primeira Parte, não se vislumbram garantias efectivas que assegurem o respeito de tais limites: "o poder deve acatar certos princípios superiores: mas só existem frágeis garantias políticas postas ao alcance dos governados para o manter na observância desses deveres, predominando aí os imperativos de interesse geral" (v. ibidem, p. 336; itálico no original).

Acresce que esta justificação jusnaturalista também pode ser compreendida em termos organicistas, perspectivando o Estado como uma corporação. Com efeito, "na origem do conceito organicista de Estado de Direito existe a ideia de uma heterolimitação do Estado pelo direito. [...] Já não se trata de saber como é que o Estado pode ser limitado na sua acção pelo direito de que o mesmo é autor exclusivo (tese estadual-legal denominada da autolimitação [e que corresponde à perspectiva da problemática clássica do Estado de Direito]), mas sim de que modo os órgãos do Estado podem ser obrigados a respeitar o

A Concepção Tradicional da Administração Pública como um Poder   315

culação, em especial no que se refere aos "órgãos superiores que superintendem nos órgãos ou agentes" da função executiva: aqueles "devem também respeitar as leis existentes e as aplicações concretas que delas sejam feitas"[577]. Quanto aos «órgãos e agentes da função executiva», esses estão, por força de tal função, vinculados à legalidade vigente.

(iv) *A autonomização do poder administrativo e a caracterização da Administração como um poder paralelo ao Judiciário*

O fundamento e os termos de tal vinculação, no que se refere à Administração Pública, resultam do modo como Marcello Caetano articula o conceito jusadministrativo de administração pública do Estado, ou seja, a actividade desenvolvida em vista da satisfação regular das necessidades colectivas de segurança e de bem-estar, com o conceito jurídico-constitucional de função administrativa do Estado, entendida como actividade específica, complementar de outras actividades também específicas, cujo exercício coordenado é indispensável à produção do efeito de se atingirem os fins do Estado – a segurança, a justiça e o bem-estar[578]. De resto, aquele Autor salienta, logo no início do seu *Manual de Direito Administrativo*, a importância do "problema de saber se o conceito de administração pública coincide com o de função administrativa"[579].

---

direito social espontâneo que preexiste ao direito estatutário" (assim, v. WILLY ZIMMER, "Une conception organiciste de l'État de droit: Otto von Bähr et Otto von Gierke" cit., p. 225). Sobre a concepção organicista que perspectiva o Estado como uma corporação, v. *supra* o n.º 16, alínea c), ponto (iii).

[577] V. MARCELLO CAETANO, *Manual de Ciência Política e Direito Constitucional...*, I, cit., p. 306. No *Manual de Direito Administrativo*, I, cit., p. 30, esta ideia aparece generalizada, em coerência com a recondução do princípio da legalidade à sujeição dos actos da Administração que possam contender com interesses alheios a uma norma geral anterior, a todos os órgãos administrativos com competências normativas (isto é, com a faculdade de fazer leis ou regulamentos): "o órgão de cuja autoridade houverem dimanado as normas gerais não pode dispensar-se de as observar na resolução de casos concretos que a elas devam subordinar-se".

[578] V. do Autor cit., sobre cada um dos conceitos referidos no texto, respectivamente, *Manual de Direito Administrativo*, I, cit., p. 5, e *Manual de Ciência Política e Direito Constitucional...*, I, cit., pp. 148 e 149.

[579] V. Autor cit., ob. cit., p. 7.

316 Estado de Direito Democrático e Administração Paritária

A sua resposta é negativa: "a noção de administração pública não pode ser identificada com a de função administrativa do Estado, entendida como via de execução do Direito"[580]. Com efeito, Marcello Caetano separa a primeira da segunda, ao restringir excessivamente esta última – por não incluir nela a «função técnica» – e ao ampliar o âmbito daquela muito para além do que era tradicional – nomeadamente, através da inclusão de actos políticos e de actos jurisdicionais. Deste modo, a actividade administrativa passa a caracterizar-se apenas por ser exercida pela Administração, sendo certo que esta actua no âmbito de todas as funções do Estado .

É verdade que o ideal inicial do Estado de Direito previa "confiar o exercício das funções jurídicas do Estado (considerando as duas vias de desempenho da função executiva como funções também) a sistemas de órgãos distintos entre si", devendo a função administrativa "ser confiada a órgãos especializados, diferentes e independentes daqueles que exercessem a função legislativa e a função jurisdicional"[581].

Contudo, a experiência revelou a impossibilidade ou inconveniência de tal completa separação e especialização, além de obrigar a "reconhecer que a actividade do Estado não era exclusivamente jurídica e que a par dela se desenvolvem funções não jurídicas que não é possível desconhecer ou subestimar"[582]. Com efeito, importa considerar, ao lado da citada «função executiva do Estado» – que é uma «função jurídica« –, outras «funções não jurídicas», nomeadamente a «função política» e a «função técnica», e ter presente que a administração pública em sentido material "é exercida por órgãos

---

[580] V. *idem, ibidem*, p. 14. No *Tratado Elementar de Direito Administrativo*, cit. pp. 17 e ss., ainda se verificava tal identidade: a função administrativa – contraposta às funções governativa (que incluía a legislação e os actos de governo) e judicial – era aí descrita como "a actividade que o Estado desenvolve como interessado, usando da faculdade de, como os particulares, tomar a iniciativa de relações com outras pessoas e de defender a sua posição em caso de conflito" (p. 21). Com efeito, o Estado, ao exercer uma actividade tendente à satisfação dos interesses compreendidos no âmbito das suas atribuições, apresenta-se como "titular de interesses análogos aos dos particulares, que gere instituindo serviços e travando relações sociais em que figura não já como legislador ou juiz mas como parte. As suas manifestações de vontade produzem-se aqui de interessado para interessado e não já acima dos conflitos de interesses" (v. *ibidem*).

[581] V. *idem, Manual de Direito Administrativo*, I, cit., p. 13.

[582] V. *idem, ibidem*, p. 14.

A Concepção Tradicional da Administração Pública como um Poder   317

instituídos por lei e recebe da lei a indicação dos seus objectivos e o fundamento dos seus poderes", mas que aqueles órgãos não se limitam a "actuar no sector restrito da função executiva do Direito mediante o uso exclusivo da via administrativa"[583]. Os mesmos visam, "é

---

[583] V. *idem*, *ibidem*. A formulação e justificação desenvolvida da «teoria integral das funções do Estado» de MARCELLO CAETANO encontra-se no seu *Manual de Ciência Política e Direito Constitucional...*, I, cit., pp. 157 e ss. Procurando conceptualizar o resultado da evolução sofrida pelo Estado de Direito depois da Primeira Grande Guerra, a citada teoria parece basear-se na natureza jurídica dos actos que integram os vários tipos de actividade do Estado. Assim, as funções jurídicas de criação e de execução do direito traduzem-se na prática de actos jurídicos e as funções não jurídicas, nomeadamente a função política e a função técnica, processam-se através de operações materiais (v. *ibidem*, p. 157). A função executiva, por sua vez, aparece perspectivada, quer em razão do tipo de modalidade de intervenção do Estado na execução das leis (jurisdição cível e criminal, polícia e actividade prestadora; v. *ibidem*, pp. 166 e ss.), quer do processo típico de actuação (processos jurisdicional e administrativo; v. *ibidem*, pp. 168 e 169).

Contudo, e sem prejuízo da consideração das relações de complementaridade e interdependência entre as funções estaduais (v. *ibidem*, p. 174), a verdade é que o sentido próprio de cada uma daquelas funções do Estado não depende da natureza dos actos em que se concretiza. Por exemplo, a inovação característica da criação do direito inerente à função legislativa permite distinguir esta última de outros modos de inovação jurídica, nomeadamente o regulamentar ou o jurisdicional, justamente por causa da amplitude da liberdade de opção de que goza o órgão legislativo e que faz aproximar a lei de outros actos políticos. A polícia e a actividade prestadora desenvolvida pela Administração definem-se em função do fim que, respectivamente, prosseguem, concretizando-se tipicamente em actos jurídicos e operações materiais. De resto, a realização do direito também se faz através de actos desta natureza. Porque assim é, a aludida função técnica só tem sentido como actividade do Estado desde que traduza a execução de uma vontade normativa. De outro modo, nem sequer lhe poderia ser imputada. Aliás, o próprio MARCELLO CAETANO, entendendo por técnica "o sistema de meios de tornar *eficiente* uma vontade", reconhece expressamente com referência às técnicas em que se analisa a função técnica ser "manifesto que elas estão subordinadas às suas leis próprias (a actividade técnica do Estado em matéria de obras públicas está condicionada pelas regras da arte de construção, consoante o que se queira construir) e à vontade que se destinam a realizar, a vontade do Estado, visando certos objectivos concretos expressos na lei" (v. Autor cit., *ibidem*, p. 335; cfr. também, do mesmo Autor, *Manual de Direito Administrativo*, I, cit., pp. 9 e 10).

Se é verdade "que o Estado cerca todas as suas actividades de uma rede de regulamentação jurídica" (v. *Manual de Ciência Política e Direito Constitucional...*, I, cit., p. 157), é precisamente de tais normas jurídicas que se tem de partir para analisar a actividade do Estado nas suas diversas vertentes e não exclusivamente das actividades em si mesmas consideradas. De resto, o conceito de função postula o de fim: a prossecução dos fins do Estado exige uma acção contínua deste concretizada em certas actividades úteis a que se chama funções (cfr. *ibidem*, p. 148). Consequentemente, a classificação destas não pode abstrair da perspectiva teleológica.

318   *Estado de Direito Democrático e Administração Paritária*

certo, a execução do Direito pela via administrativa: mas não só muitas vezes [actuam] também pela via jurisdicional, como a sua acção decorre em larga medida nos campos das funções política e técnica"[584].

Marcello Caetano acaba, deste modo, por fazer assentar toda a sua construção num conceito orgânico de Administração Pública: na sua elaboração dogmática, parte da estrutura orgânica e dos poderes daquela para a análise da sua actividade, e não de um conceito material de actividade administrativa. A Administração caracteriza--se por ser autoridade pública, não actividade pública; por isso, aquela é que qualifica a actividade por si desenvolvida e as relações em que intervém, projectando nelas as suas particularidades subjectivas[585].

Daí a sua conclusão: "não sendo a actividade dos órgãos administrativos homogénea quanto ao seu conteúdo, nem uniforme, é cada vez menos significativo referir no plano do Direito positivo a *função administrativa* do Estado, mero conceito de formulação teórica. A administração pública não nos aparece hoje em dia na maior

---

[584] V. MARCELLO CAETANO, *Manual de Direito Administrativo*, I, cit., pp. 14 e 15. O mesmo Autor acrescenta: "para além da execução do Direito, existe na Administração Pública uma zona metajurídica de actividade política e técnica em que os órgãos administrativos se movem com liberdade, consoante as conveniências e as oportunidades inspiram ou as regras de eficácia determinam. Claro que para os actos resultantes dessa actividade serem imputáveis à Administração é preciso que os motivos determinantes da actuação dos órgãos sejam a satisfação de necessidades colectivas, a realização de interesses gerais – e não o capricho das conveniências e dos interesses individuais" (v. *ibidem*, p. 15). Quanto à competência jurisdicional da Administração, cfr., por exemplo, as referências *idem*, *ibidem*, p. 439 (natureza jurisdicional de certos julgamentos do Conselho de Ministros), pp. pp. 36 e 37 e 1276 e 1277 (natureza administrativa dos tribunais administrativos) e 1288 e 1289 (distinção entre «processo administrativo gracioso» e «processo administrativo contencioso»).

[585] "O que hoje se chama *Administração Pública* é um sistema de órgãos do Estado e de pessoas colectivas que com ele cooperam por força da lei na satisfação das necessidades colectivas" (v. MARCELLO CAETANO, *Manual de Direito Administrativo*, I, cit., p. 14; itálico no original). "No sentido orgânico a Administração Pública é um sistema de órgãos hierarquizados ou coordenados a que está atribuída a promoção e realização dos interesses colectivos por iniciativa própria, para execução de preceitos jurídicos ou por imposição do bem comum, e utilizando todas as técnicas adequadas à obtenção dos resultados visados, podendo também praticar actos jurisdicionais relacionados com a sua actividade fundamental" (v. *idem*, *ibidem*, p. 15).

A *Concepção Tradicional da Administração Pública como um Poder*   319

parte dos países como uma forma típica da *actividade* do Estado, mas antes como uma das maneiras por que se manifesta a sua *autoridade*. A administração deixa de se caracterizar como *função* para se afirmar como *poder*"[586].

Na verdade, "necessitando o Estado de, por iniciativa própria, actuar para a sua própria organização e conservação e para satisfação das necessidades colectivas, carece para esse efeito de que certos órgãos possuam o poder de executar as leis por via administrativa e de desenvolver a acção política e técnica indispensável, com a faculdade de resolver jurisdicionalmente as questões contenciosas que dessa actividade resultem"[587]. Deste modo, surge, por decisão do Estado soberano e como desdobramento do mesmo, o Estado-Administração, isto é, o sistema de órgãos administrativos que recebe "da lei a faculdade de definir a sua própria conduta para realização dos fins que lhe estão designados e de impor à generalidade dos cidadãos o respeito dessa conduta, podendo exigir deles a adopção do comportamento adequado à eficácia da acção administrativa"[588].

Fala-se, então, do privilégio da execução prévia para caracterizar a posição constitucional da Administração em paralelo com a dos tribunais integrados no poder judicial. No exercício da sua actividade jurídica – ou seja, correspondente à função executiva[589] –, a Administração está vinculada à lei em termos similares aos dos tribunais e com idêntico poder de a traduzir no caso concreto. Em ambos os casos é a autoridade pública que se manifesta. Daí que a Administração não dependa dos tribunais para o desempenho das suas tarefas e seja dotada de idênticos poderes de autoridade. E porque Administração e tribunais em cada intervenção no caso concreto estão do lado da lei, como seus colaboradores, necessariamente que se apresentam numa posição de superioridade relativamente aos particulares. Com efeito, as suas decisões, manifestando a posição do mesmo poder público que determinou o parâmetro legal, presumem-

---

[586] V. *idem, ibidem*; itálicos no original.

[587] V. *idem, ibidem*, pp. 15 e 16.

[588] V. *idem, ibidem*, p. 16.

[589] No que se refere aos actos da Administração integrados nas funções política e técnica, cfr. *supra* a nota 584.

320   *Estado de Direito Democrático e Administração Paritária*

-se em conformidade com este último, gozando, por isso, de uma especial força jurídica[590].

O privilégio da execução prévia manifesta-se em vários domínios da mencionada actividade jurídica da Administração[591]. A sua manifestação mais impressiva respeitará, porventura, às decisões unilaterais da Administração no domínio da execução administrativa da lei, ou seja, aos actos administrativos.

Na verdade, sendo a Administração um poder paralelo ao Judiciário, "os órgãos administrativos podem tomar resoluções obrigatórias para os particulares e que em caso de não observância são impostas coercivamente. A este poder da Administração, que para a prossecução dos interesses públicos a coloca no mesmo plano da Justiça e em situação privilegiada relativamente aos meros particulares, chamámos privilégio da execução prévia, a fim de sublinhar que a execução pode em tais casos ser anterior à discussão contenciosa e à decisão jurisdicional"[592]. A executoriedade não é mais do que "o atributo dos actos administrativos que obrigam por si e estão em condições de ser imediatamente executados pelo uso do referido

---

[590] Sobre a presunção de legalidade dos actos administrativos, v. a respectiva afirmação em MARCELLO CAETANO, *Tratado Elementar de Direito Administrativo*, cit., p. 27; e *Manual de Direito Administrativo*, I, cit., p. 490 ("tem de partir-se do princípio de que a vontade manifestada [no acto administrativo] visou realizar o imperativo legal ou o fim legal: a Administração tem por si a presunção de legalidade dos seus actos").

[591] Cfr. MARCELLO CAETANO, *Manual de Direito Administrativo*, I, cit., pp. 33 e ss. Sobre a origem de tal posição privilegiada da Administração, característica dos sistemas administrativos de tipo francês, v. *idem, ibidem*, pp. 25 e 26; sobre a razão de ser da denominação, v. *ibidem*, p. 16. Cfr. também no *Tratado Elementar de Direito Administrativo*, cit., pp. 26 e ss.

MARCELLO CAETANO salienta que é a partir de um conceito formal de direito administrativo comum a todo e qualquer sistema administrativo – as "normas jurídicas reguladoras da organização da Administração Pública e do seu processo próprio de agir nas relações com os particulares" (v. *Manual de Direito Administrativo*, I, cit., p. 42) – que a relevância do direito positivo determina diferenciações entre os sistemas administrativos dos vários países e as correspondentes definições relativas e circunstanciais de direito administrativo. O direito administrativo português, segundo aquele Autor, é "o sistema de normas jurídicas que regulam a organização e o processo próprio de agir da Administração Pública e disciplinam as relações pelas quais ela prossiga interesses colectivos podendo usar de iniciativa e do privilégio da execução prévia" (v. *ibidem*, p. 43).

[592] V. MARCELLO CAETANO, *Manual de Direito Administrativo*, I, cit., pp. 447 e 448.

A Concepção Tradicional da Administração Pública como um Poder 321

privilégio"[593]. Ou seja, porque o acto administrativo é expressão do poder administrativo, os respectivos atributos reflectem as características deste último: um acto praticado por quem pode impor coercivamente os seus comandos é um acto cujo conteúdo pode ser imposto nesses mesmos termos.

A executoriedade é, assim, uma consequência do privilégio da execução prévia e este, por sua vez, permite a caracterização da Administração como uma autoridade, como um poder. Ela "é um verdadeiro *poder* porque define, de acordo com a lei, a sua própria conduta e dispõe dos meios necessários para impor o respeito dessa conduta e para traçar a conduta alheia naquilo que com ela tenha relação. Para isso a lei dá às suas decisões força obrigatória que os particulares têm de acatar sob pena de, sem necessidade de sentença judicial, a Administração poder impor coercivamente o que decidiu"[594].

(v) Os termos e limites da subordinação da Administração à lei

É no quadro das diferenças entre a perspectiva orgânica e a perspectiva material de administração pública que se tem de compreender o alcance das múltiplas referências à lei feitas por Marcello Caetano, a propósito do conceito de Administração Pública. A concepção da Administração como um poder, em detrimento da noção de função, determina igualmente o tipo de relacionamento jurídico que aquela, na prossecução dos seus objectivos, estabelece com os particulares.

No respeitante à organização administrativa, a referência legal constitui um pressuposto do próprio conceito de Administração em

---

[593] V. *idem*, *ibidem*, p. 448. V., também, *ibidem*, p. 450, a precisão de que o «privilégio da execução prévia» não é atributo dos actos administrativos, uma vez que o mesmo se manifesta noutros campos da acção administrativa; diferentemente, a executoriedade é "o atributo dos actos praticados com fundamento naquele privilégio". Ou, como refere SAMPAIO CARAMELO, a executoriedade não é "mais do que uma manifestação, no plano da eficácia do acto administrativo, do privilégio da execução prévia" (v. Autor cit., "Da suspensão da executoriedade dos actos administrativos por decisão dos tribunais administrativos" in *O Direito*, ano 100.º (1968), N.º 1, pp. 32 e ss (p. 47). Sobre o acto administrativo como expressão do poder administrativo, v. adiante a alínea b) do presente número.

[594] V. MARCELLO CAETANO, *Manual de Direito Administrativo*, I, cit., p. 16.

322 *Estado de Direito Democrático e Administração Paritária*

sentido orgânico. Como explica Marcello Caetano, "existindo por toda a parte, nos nossos dias, órgãos especializados incumbidos daquele tipo de actividade a que chamámos administração pública, terá de haver também, em maior ou menor número, normas que regulem essa organização. E depois, verificar-se-á se, nas relações desses órgãos com os particulares, se observam os mesmos preceitos a que estão obrigados os particulares nas suas relações entre si, ou se existem aspectos peculiares a considerar, correspondentes a um processo próprio de actuação dos órgãos administrativos. O Direito Administrativo, em qualquer País, será formado, pois, pelas normas orgânicas da Administração e ainda pelas que disciplinem por modo especial as relações desta com os particulares"[595] no quadro da função administrativa do Estado.

As primeiras regulam, como referido, a organização e o processo próprio de agir da Administração. Quando as mesmas normas contemplam relações, estas "são orgânicas ou internas, isto é, põem em contacto dois órgãos da mesma pessoa colectiva, ou órgãos e agentes dela. Ao passo que as outras normas, chamadas relacionais, disciplinam relações entre um sujeito integrado na Administração Pública e outra pessoa. Ora aí surgem as verdadeiras relações jurídicas na medida em que ambos os sujeitos estejam submetidos ao Direito, e vinculados entre si em termos de poder-dever"[596].

Se é certo que "as relações jurídicas em que a Administração Pública é parte poderiam ser reguladas pelas mesmas normas legais aplicáveis ao comum das relações particulares, estabelecidas na suposição da igualdade de posições das partes", em Portugal, "dada a natureza pública dos interesses prosseguidos pela Administração e a posição de autoridade em que normalmente os órgãos dela actuam, a regra é a de que a organização e actividade da Administração obedecem a normas jurídicas de direito público"[597]. Assim, "ao contrário do que sucede nos países anglo-saxónicos, por exemplo, essas nor-

---

[595] V. Autor cit., *Manual de Direito Administrativo*, I, cit., p. 42.

[596] V. *idem, ibidem*, p. 43. Sobre a relevância teórica e dogmática para o direito administrativo da distinção entre normas orgânica e normas relacionais, relações internas e relações externas, v., por todos, RUPP, *Grundfragen...*, cit., pp. 19 e ss.

[597] V. MARCELLO CAETANO, *Manual de Direito Administrativo*, I, cit., pp. 43 e 44.

A Concepção Tradicional da Administração Pública como um Poder   323

mas não são meras excepções ao regime de direito comum; são uma parcela do direito comum, que abrange as duas grandes zonas do direito privado e do direito público. A regra, pois, é que a Administração se rege pela parte do direito público que forma o direito administrativo, isto é, que a actividade administrativa se caracteriza como *gestão pública*"[598]. Deste modo, o direito administrativo português pressupõe "órgãos dotados de autoridade e relações jurídicas a que essa autoridade empreste o seu carácter"[599].

E Marcello Caetano precisa: "tratando-se de relações em que o Estado intervenha, é necessário que este se apresente submisso às leis e não como soberano: o Estado, quando nelas figura como sujeito, não impõe uma vontade dotada do poder no superlativo, a sua vontade está já submetida às regras gerais previamente definidas pelos órgãos soberanos. Como soberano, o Estado constitui-se e legisla; mas ao administrar, o mesmo Estado só tem aquele poder de comandar que as suas próprias leis lhe conferem – um poder que é autoridade mas não soberania, embora dela derive. Assim, a legalidade, ou submissão da Administração às leis, é condição essencial da existência do Direito Administrativo. O que caracteriza as relações jurídico-administrativas é: o *carácter colectivo dos interesses* a que servem de instrumento, a *iniciativa* dos órgãos encarregados da respectiva prossecução e sobretudo, como manifestação típica de autoridade, o *privilégio da execução prévia* dos direitos afirmados pela Administração"[600].

---

[598] V. *idem, ibidem*, p. 44; itálico no original. A expressão "gestão pública" é usada "no sentido de actividade da Administração regida pelo direito público" (v. *ibidem*, nota 1). Cfr., no mesmo sentido essencial, o art. 2.º, n.ºs 2 e 3, do Código do Procedimento Administrativo. Àquela contrapõe MARCELLO CAETANO, como especial ("por motivos históricos ou de outra índole"), a gestão privada – "a actividade administrativa que decorra sob a égide do direito privado" (v. *ibidem*, p. 44). Hoje, na sequência da aplicabilidade imediata dos direitos fundamentais e do alargamento do âmbito de actuação da Administração, à contraposição entre gestão pública e gestão privada já não parece corresponder a de regime geral e regime especial.

[599] V. MARCELLO CAETANO, *Manual de Direito Administrativo*, I, cit., p. 44.

[600] V. *idem, ibidem*, p. 45; itálicos no original. V. também *ibidem*, pp. 576 e 577: "a soberania (poder supremo na ordem interna e independente na ordem internacional) é um atributo do Estado graças ao qual ele se constitui e organiza. Mas, uma vez constituído, isto é, depois de criados os órgãos que hão-de exprimir a sua vontade segundo certas

324   *Estado de Direito Democrático e Administração Paritária*

No que respeita à actividade da Administração especificamente administrativa, as referências à lei têm de ser entendidas em conexão com a evolução da posição constitucional daquela e com os limites do princípio da legalidade.

Quanto ao primeiro aspecto, importa recordar que, relativamente ao Estado de legalidade, em que a Administração é, ela própria, condicionante do exercício dos direitos individuais, e ao qual Marcello Caetano se reporta, "o valor da legalidade passou a estar na generalidade dos comandos que os órgãos administrativos têm de aplicar por igual a casos idênticos submetidos à sua decisão ou operação", satisfazendo, desse modo, as necessidades de justiça para os cidadãos e de eficiência para a própria Administração e estabelecendo, ao mesmo tempo, mediante o conhecimento antecipado do como proceder, uma garantia essencial de segurança, tanto para aqueles, como para esta última[601]. Com efeito, o princípio da legalidade significa que "nenhum órgão ou agente da Administração Pública tem a faculdade de praticar actos que possam contender com interesses alheios senão em virtude de uma norma geral anterior. A legalidade é assim constituída pelo conjunto das normas formuladas genericamente em termos que sejam obrigatórios para os cidadãos, sejam leis, decretos ou regulamentos, e que estejam em vigor em dado momento no País"[602].

Relativamente ao segundo aspecto, cumpre ter presente a delimitação positiva e negativa da legalidade administrativa. Esta "cinge

---

regras, a acção dos seus agentes executivos desenvolve-se no exercício de uma *autoridade derivada* desse poder supremo e nos termos por ele limitados e regulados. [...] Quando o Estado entra em relações jurídicas com os cidadãos, isso quer dizer que a autoridade dos órgãos que nelas se representam está sujeita à observância de normas de Direito em virtude das quais assume, e se compromete a cumprir, obrigações. E essas obrigações originam direitos que colocam os seus titulares em situações individuais imodificáveis por leis futuras – ao menos sem indemnização" (itálicos no original).

[601] V. *idem, ibidem*, p. 29. Cfr. *supra* a nota 542 e o texto correspondente.

[602] V. *idem, ibidem*, p. 30. Como salienta DIOGO FREITAS DO AMARAL, a definição transcrita no texto consiste "basicamente numa *proibição*: a proibição de a Administração pública lesar os direitos ou interesses dos particulares, salvo com base na lei. Ou seja, por outras palavras, o princípio da legalidade aparecia então encarado como um *limite* à acção administrativa, limite esse estabelecido no interesse dos particulares" (v. Autor cit., *Curso...*, II, cit., p. 42; itálicos no original).

A Concepção Tradicional da Administração Pública como um Poder   325

a actividade jurídica da Administração condicionando os poderes a exercer e a forma do seu exercício, o objecto e o fim dos actos"[603]. Contudo, e em primeiro lugar, a actividade da Administração também "decorre em parte num plano não jurídico, sob a égide de imperativos políticos ou de exigências técnicas. Os actos políticos e técnicos não são regulados por lei (ou pelo menos não o são totalmente) e, portanto, ficam sendo insusceptíveis de apreciação em função de valores jurídicos, bem como de anulação, que é mera cessação ou desaparecimento de efeitos jurídicos"[604]. Acresce que "as necessidades da iniciativa da Administração, o facto desta ter com frequência que decidir, isto é, de escolher uma atitude, um comportamento, um procedimento entre vários possíveis em face de circunstâncias muito variáveis e quantas vezes inesperadas, impõem que a lei deixe nessas ocasiões certa liberdade de actuação aos órgãos", nomeadamente no respeitante à decisão sobre a oportunidade de agir, sobre o objecto de tal decisão ou sobre a sua forma[605].

---

[603] V. MARCELLO CAETANO, *Manual de Direito Administrativo*, I, cit., p. 31.

[604] V. *idem, ibidem*, pp. 30 e 31. A diferença entre actos técnicos e actos políticos parece residir no seguinte: os primeiros são regidos pelas *legis artis* – originando, nessa mesma medida, a discricionariedade técnica – e destinam-se a realizar uma vontade ordenada a objectivos expressos na lei (cfr. MARCELLO CAETANO, *Manual de Ciência Política e Direito Constitucional...*, I, cit., p. 335; cfr. *idem, ibidem*, p. 174); os segundos, correspondendo a opções fundamentais do Estado, visam imediatamente a realização do interesse geral (cfr. *idem, ibidem*, p. 172).

[605] V. MARCELLO CAETANO, *Manual de Direito Administrativo*, I, cit., p. 31. E o mesmo Autor prossegue: "desde que seja respeitado aquele fim de interesse público fixado por lei como fundamento da atribuição dos poderes, e que passa a ser o valor jurídico em função do qual se apreciará o acto, o órgão poderá escolher, naqueles domínios que a lei deixa ao seu critério, qualquer das atitudes ou dos comportamentos possíveis" (v. *ibidem*). Deste modo, "na medida em que as normas gerais pautam a actividade administrativa diz-se que esta é *vinculada*"; ao "domínio da liberdade de escolha ou de apreciação, relegada para o plano da técnica, se chama a *discricionariedade administrativa*, que se opõe, assim, à vinculação" (v. *ibidem*; itálicos no original). Contrariamente ao que sucede tipicamente no âmbito das funções política e técnica com referência aos respectivos actos, "a legalidade continua a existir mesmo nos casos da mais ampla discricionaridade, na medida em que só existem os poderes discricionários quando conferidos por lei e em que pelo menos o fim do seu exercício é pela lei fixado também" (v. *ibidem*).

326   Estado de Direito Democrático e Administração Paritária

b) O acto administrativo como expressão do poder administrativo

(i) A autoridade específica dos actos administrativos

O poder administrativo concretiza-se, como resulta da concepção orgânica da Administração Pública, em actos de natureza muito diversa – os "actos da Administração"[606]. No que respeita ao exercício da função administrativa – isto é, à via administrativa de execução do direito –, cumpre considerar, em especial, os actos administrativos[607]. Com efeito, estes constituem, graças às suas características e pela sua frequência, o principal instrumento de acção da Administração em vista da prossecução concreta do interesse público posto por lei a seu cargo[608].

---

[606] "São *actos da Administração* todos aqueles que sejam praticados por órgãos das pessoas colectivas de direito público no exercício das suas funções. Podem ser *actos genéricos*, de entre os quais os regulamentos têm relevância especial, *actos praticados nos termos do Direito privado*, embora para fins administrativos, *actos de natureza jurisdicional, actos políticos* e *actos administrativos*" (assim, v. MARCELLO CAETANO, *Manual de Direito Administrativo*, I, cit., pp. 425 e 426; itálicos no original). Cfr. também *idem, ibidem*, pp. 440 e 441 (a Administração não se limita ao exercício da função administrativa, assim como esta não se resume à prática de actos jurídicos concretos). Sobre o contrato administrativo – acto bilateral da Administração e de particulares –, v. a nota seguinte.

[607] No mesmo quadro da função administrativa importa referir, ao lado destes, os regulamentos (que são simultaneamente actos genéricos e fonte de direito administrativo) e os contratos administrativos.

Sobre a faculdade regulamentar da Administração – e que MARCELLO CAETANO considera ser um corolário do poder administrativo –, v. do mesmo Autor, *Manual de Direito Administrativo*, I, cit., pp. 32 e 95 e ss. Sobre a integração dos regulamentos na função administrativa, v. igualmente daquele Autor, *Manual de Ciência Política e Direito Constitucional...*, I, cit., pp. 170 e 171. Quanto aos contratos administrativos, v. *idem, Manual de Direito Administrativo*, I, cit., pp. 569 e ss. (em especial, pp. 576 e ss., sobre a admissibilidade dos de direito público; e pp. 588 e ss., sobre a sujeição ao interesse público característica do regime do contrato administrativo).

As operações materiais, segundo MARCELLO CAETANO, já não se integram na função executiva, mas sim na função técnica (cfr. Autor cit., *Manual de Ciência Política e Direito Constitucional...*, I, cit., pp. 173 e 174; e *Manual de Direito Administrativo*, I, cit., pp. 9 e 10). Sobre a «teoria integral das funções do Estado» de MARCELLO CAETANO, cfr. *supra* a nota 583.

[608] O próprio MARCELLO CAETANO diz expressamente: "dos actos da Administração importam-nos sobretudo os *actos administrativos*" (v. Autor cit., *Manual de Direito Administrativo*, I, cit., p. 426; itálicos no original).

A Concepção Tradicional da Administração Pública como um Poder   327

Considerando o acto administrativo como expressão do poder administrativo, cumpre analisar especialmente a sua função de realizar em situações concretas o interesse público definido pela lei[609]. Na verdade, dada a sua natureza de acto jurídico, o acto administrativo desencadeia a produção de efeitos jurídicos num caso concreto[610]. Mas o acto administrativo é um acto jurídico praticado pelo poder administrativo e tal autoria também se projecta na sua eficácia, dotando-a de uma especial força jurídica. Deste modo, Marcello Caetano atribui a actos daquela natureza dois tipos de efeitos: "os relativos ao objecto de cada acto, como ainda os efeitos naturais e legais desta espécie de actos ou da categoria a que pertença"[611]. A estes últimos

---

[609] Sobre o conceito e a estrutura do acto administrativo, v. *idem, ibidem*, pp. 427 e ss. V. também MARCELO REBELO DE SOUSA, "O acto administrativo no ensino do Professor Marcello Caetano" (1986) in *Administração Pública e Direito Administrativo em Portugal*, Lisboa, 1992, pp. 5 e ss.

[610] Esse é, de resto, um dos elementos essenciais do conceito de acto administrativo proposto por MARCELLO CAETANO (cfr. Autor cit., *Manual de Direito Administrativo*, I, cit., pp. 428 e 435). Sobre a qualificação do acto administrativo como acto jurídico, v. *idem, ibidem*, pp. 422 e ss. e 432 e ss. Aquele Autor sublinha a tal propósito: "só a *voluntariedade da conduta* consideramos elemento do acto administrativo, reduzido à *posse de consciência* e de *liberdade* de quem haja de produzir essa conduta, de tal modo que ele pudesse ter sido «fisicamente» como foi ou de outra forma. A intencionalidade já não é elemento essencial do acto. Muito menos a liberdade de determinação do conteúdo ou dos efeitos da conduta" (v. *idem, ibidem*, p. 434; itálicos no original).

[611] V. *idem, ibidem*, p. 519. Como explica SÉRVULO CORREIA, embora o acto administrativo, enquanto estatuição autoritária destinada a produzir efeitos jurídicos concretos externos – enquanto regulação (*Regelung*): a "definição para o exterior, imperativa, individual e concreta de situações subjectivas jurídicas administrativas activas e, ou, passivas" –, não se identifique com todo e qualquer acto jurídico unilateral praticado por um órgão da Administração no exercício de uma competência, "foi com esta última acepção mais ampla que ele foi teorizado em Portugal, a partir da terceira década do Século XX" (v. Autor cit., *Direito do Contencioso Administrativo*, I, cit., p. 509). Em todo o caso, e como resultará da análise desenvolvida no texto, importa ter presente a gradação estabelecida pelo próprio MARCELLO CAETANO: acto jurídico, simples acto administrativo (que também é acto jurídico) e acto administrativo definitivo e, ou, executório. Isto é, não parece ser exacta a correspondência inculcada por SÉRVULO CORREIA entre "regulação" e simples acto administrativo, pelo menos se se entender tal "regulação" no sentido específico que lhe foi dado na doutrina alemã, na sequência de Otto Mayer: a determinação do direito que vale relativamente a um caso individual e concreto, a qual é vinculativa tanto para a Administração, como para os particulares (cfr. *supra*, na Segunda Parte, a nota 298 e o texto correspondente). Com efeito, desde logo por causa dos dados jurídico-positivos – v. o art. 1.º do Decreto n.º 18 017, de 27 de Fevereiro de 1930 –, mas também muito

328 Estado de Direito Democrático e Administração Paritária

indentifica-os aquele Autor com uma certa imperatividade inerente a todo o acto administrativo, independentemente do seu objecto (ou

provavelmente devido à influência de concepções germânicas sobre o poder público de carácter executivo (v. *infra* no texto e, bem assim, as referências à tese defendida nesta matéria por LUÍS SOUSA DA FÁBRICA), a verdade é que MARCELLO CAETANO, sem prejuízo de reconhecer imperatividade a todos os actos administrativos, enquanto expressão do poder administrativo, apenas equiparou à citada "regulação" aqueles actos administrativos qualificados pelas características da definitividade e, ou, da executoriedade (cfr. *infra* o ponto (ii)). Deste modo: se toda a "regulação" é um acto administrativo, sob pena de incorrer numa falácia de conversão, nem todo o acto administrativo é necessariamente uma regulação; tal só não seria assim, caso se pudesse afirmar que aquela proposição original corresponde a uma definição.

No ensino de MARCELLO CAETANO, parece não ser esse o caso: na verdade, este Autor distingue expressamente entre o simples acto administrativo e o acto administrativo que, ou é definitivo, ou é executório. Na definição de acto administrativo que propõe – "a conduta voluntária de um órgão da Administração que, no exercício de um poder público e para a prossecução de interesses postos por lei a seu cargo, produza efeitos jurídicos num caso concreto" –, MARCELLO CAETANO refere, entre os seus "elementos essenciais", o "exercício de um poder público", "a produção de efeitos jurídicos num caso concreto" e "a prossecução de interesses postos por lei a cargo do órgão que se pronunciou" (cfr. Autor cit., *Manual de Direito Administrativo*, I, cit., p. 428). O primeiro sinaliza o exercício da capacidade de direito público, diferenciando os actos administrativos dos actos da Administração sujeitos ao direito privado (cfr. *idem*, *ibidem*, pp. 431 e 432); o segundo caracteriza o acto administrativo como acto jurídico, distinguindo-o das operações materiais (cfr. *idem*, *ibidem*, p. 435); e o terceiro serve ao enquadramento do acto administrativo na função administrativa, distinguindo-o de actos praticados pela Administração (considerando nesta, quer órgãos da Administração activa, quer os próprios tribunais administrativos) no exercício da função jurisdicional (cfr. *idem*, *ibidem*, pp. 439 e 440). Mas, como resultará da exposição feita adiante no texto, nenhum dos elementos do conceito de acto administrativo respeita à definição de situações jurídicas e esta ainda é concebida como uma actividade própria da função administrativa e não da função jurisdicional.

A confusão estabelece-se facilmente a partir do momento em que, devido à circunstância de a «parte» (o universo dos actos administrativos definitivos e, ou, executórios) ser muito mais importante do que o «todo» (o universo dos actos administrativos), a maioria das vezes MARCELLO CAETANO, ao utilizar a expressão «acto administrativo», está, na realidade a pensar apenas na «parte», e não no «todo» (ou seja, quer significar, como resultará normalmente do contexto, acto administrativo definitivo e, ou executório, e não apenas, acto administrativo). Nestas circunstâncias, a «parte» passa facilmente pelo «todo». De resto, e apesar de considerar não ter sido percorrida a via dogmática mais rigorosa, SÉRVULO CORREIA também acaba por reconhecer a autonomização de uma categoria de «acto administrativo definitivo», contraposta aos «actos auxiliares» (cfr. Autor cit., *ibidem*, pp. 513 e 514). É precisamente tal categoria que adiante no texto é referida com a expressão "definição de situações jurídicas" e que, essa sim, parece corresponder à mencionada noção germânica de *Regelung*. Cfr. *infra* no texto correspondente à nota 635 a relação entre tal noção e os conceitos de acto definitivo e de acto executório.

A Concepção Tradicional da Administração Pública como um Poder   329

seja, do tipo de efeitos jurídicos que a prática de tal acto, em princípio, desencadeia na esfera jurídica dos seus destinatários): "embora a classificação dos actos em imperativos e permissivos seja muito importante, não deve esquecer-se que em todos os actos administrativos há um imperativo"[612]; "o destino do acto é ser cumprido"[613].

Assim, no que se refere aos «actos permissivos», "quando se fala em «cumprir» ou «aplicar» o acto, a expressão corresponde ao dever imposto a todas as autoridades e agentes da Administração de respeitar tais direitos ou faculdades na sua titularidade e no seu exercício. É por isso que mesmo nos actos permissivos há qualquer coisa de imperativo, na medida em que contêm implícita a ordem de não embaraçar o exercício da actividade permitida. Os efeitos do acto produzem-se a partir do momento em que os direitos ou as faculdades passam a existir para o seu destinatário e a execução só intervirá no caso deste ter de recorrer às autoridades para lhe garantirem o respectivo exercício"[614].

Quanto aos «actos imperativos», se o destinatário não cumpre voluntariamente os deveres ou encargos objecto dos mesmos, "a Administração tem de forçá-lo, empregando a execução forçada. A obrigatoriedade do acto, neste caso, é essencial à sua eficácia e a possibilidade de execução coerciva é já um efeito dela: teremos então aquela forma de eficácia que propriamente constitui a «executoriedade»"[615]. Deste modo – é essa a conclusão retirada por Marcello Caetano –, se a eficácia "não deve confundir-se com a execução, visto haver efeitos jurídicos que se produzem independentemente da execução, por mera observância, [...] já é lícito identificá-la com a susceptibilidade de execução, pois para os efeitos serem jurídicos hão-de ser obrigatoriamente respeitáveis"[616].

---

[612] V. MARCELLO CAETANO, *Manual de Direito Administrativo*, I, cit., p. 463.

[613] V. *idem*, *ibidem*, p. 519.

[614] V. *idem*, *ibidem*. V. também *idem*, *ibidem*, p. 463. A execução mencionada no texto é obviamente a «execução forçada». A «execução voluntária» ou «observância» de um acto permissivo consiste no aproveitamento da faculdade ou na adopção da conduta permitida pelo acto em causa (cfr. *idem*, *ibidem*, p. 458). Sobre o conceito de acto administrativo permissivo, v. *idem*, *ibidem*, p. 459.

[615] V. MARCELLO CAETANO, *ibidem*, p. 519. V. também *idem*, *ibidem*, pp. 448 e 520. Sobre o conceito de acto administrativo imperativo, v. *idem*, *ibidem*, p. 459.

[616] V. Autor cit., *Manual de Direito Administrativo*, I, cit., p. 520. MARCELLO CAETANO, embora aceitando expressamente a aplicabilidade do conceito de executoriedade

330   Estado de Direito Democrático e Administração Paritária

Esta eficácia relativa à "espécie de acto" que é o acto administrativo aproxima-o de outros actos que são expressão do poder público, nomeadamente da sentença judicial. Como nota Marcello Caetano, "os órgãos administrativos têm autoridade para tornar certos e incontestáveis, para efeitos de execução, os direitos das pessoas colectivas

---

– um conceito utilizado pelas leis – com referência aos actos permissivos, parece advogar *de iure condendo* a distinção entre o mesmo e o conceito de eficácia. E, mesmo *de iure condito*, aquele Autor parece reconhecer existirem vários sentidos imputáveis à palavra «executoriedade».

Quanto à executoriedade dos actos permissivos, MARCELLO CAETANO refere que, por exemplo, no Código Administrativo, "a eficácia é expressa pela executoriedade" (v. Autor cit., *ibidem*). Ainda assim, o mesmo Autor parece aceitar que mesmo os actos permissivos também são «executórios», no sentido próprio de serem obrigatórios e susceptíveis de execução forçada levada a efeito pela própria Administração: no tocante a tais actos, a executoriedade poderá ligar-se à sua eficácia "na medida em que a faculdade só é efectiva desde que o seu exercício seja assegurado pela Administração, mediante a remoção autoritária dos obstáculos ou impedimentos ilegítimos, o que constituirá a obrigatoriedade de acatamento do acto pelo público e a possibilidade de execução forçada em relação a terceiros" (v. Autor cit., *ibidem*). Porém, é evidente o desconforto com a sinonímia entre eficácia e executoriedade no caso dos actos em apreço, sobretudo por comparação com os actos imperativos. Na verdade, enquanto estes últimos impõem ao seu destinatário um «dever de prestação» – a "situação de vinculação de uma pessoa a uma conduta específica" –, os primeiros implicam apenas, relativamente a terceiros, um «dever de comportamento genérico» – a situação "de vinculação de uma pessoa a um comportamento genérico (como sucede com os deveres gerais de abstenção, correspondentes aos direitos reais") -; e relativamente à Administração, o dever de respeitar e de não embaraçar o exercício da faculdade ou do direito objecto do acto em causa e, bem assim, o dever de os fazer respeitar, garantindo o respectivo exercício, nomeadamente através do uso da força (v. sobre os tipos de deveres mencionados, por exemplo, ANTUNES VARELA, *Das Obrigações em Geral*, I, 10.ª ed., Coimbra, 2000, pp. 52 e ss.). E, de facto, a propósito da discussão de alguns aspectos da dissertação de doutoramento de Alberto Xavier, MARCELLO CAETANO refere expressamente existirem três sentidos da expressão «acto executório», considerando que os actos permissivos só são executórios no sentido de juridicamente eficazes e não já no de poderem ser objecto de execução forçada, seja como actos exequíveis, seja como actos executórios em sentido próprio (cfr. Autor cit., *ibidem*, p. 449; sobre os conceitos de exequibilidade e de executoriedade, v. *idem, ibidem*, p. 448, e ROGÉRIO EHRHARDT SOARES, *Interesse Público, Legalidade e Mérito*, Coimbra, 1955, p. 309). Daí compreenderem-se as suas afirmações de que "a obrigatoriedade e a executoriedade" são "verdadeiros atributos do acto administrativo, nos casos em que se verifiquem" (e mesmo no que se refere a actos dotados de eficácia meramente declarativa; v. Autor cit., *Manual de Direito Administrativo*, I, cit., p. 450); e que "seria conveniente de futuro distinguir executoriedade e eficácia, pois há actos não executórios que nem por isso deixam de produzir efeitos, e portanto são eficazes" (v. *idem, ibidem*, p. 520).

A Concepção Tradicional da Administração Pública como um Poder   331

de direito público, dispensando assim a fase declaratória que para os particulares reveste comummente a forma jurisdicional"[617]. Tal auto-

---

[617] V. Autor cit., *ibidem*, p. 33. MARCELLO CAETANO, de resto, acrescenta: "por isso se diz, embora sem absoluto rigor, que os seus actos definitivos e executórios possuem o valor formal da sentença judicial. É que, de facto, decorrido o prazo de recurso ordinário sem que os actos sejam contenciosamente impugnados, os direitos e obrigações por eles constituídos ou as situações definidas tornam-se certos e incontestáveis *para todos os efeitos*, excepto no caso de nulidade ou de inexistência jurídica. Impugnados contenciosamente ou não, os actos executórios ficam desde logo sendo obrigatórios, salvo se tiverem sido suspensos. O seu conteúdo impõe-se à observância dos particulares a quem respeite. No caso, porém, de se não verificar essa observância, cumpre então à Administração passar à *execução material compulsória*" (v. Autor cit., *ibidem*; itálicos no original). Sobre a equiparação da força jurídica do acto administrativo à da sentença judicial, v. a nota seguinte.

Sobre a função e a estrutura da garantia da relação jurídica em geral, e da relação jurídico-administrativa em particular, v., do mesmo Autor, *Tratado Elementar de Direito Administrativo*, cit.: "é a possibilidade do emprego da força que confere aos poderes e deveres fundados na realização da Justiça o carácter jurídico positivo" (p. 353); mas tal possibilidade "só existe em relação a poderes e deveres incontestavelmente existentes. Daí resulta que, no caso de a relação jurídica ou o seu objecto serem postos em dúvida por alguns dos sujeitos, há necessidade de definir com a possível *certeza* se existem ou não os poderes e deveres, com que conteúdo e em que limites, conferindo a essa definição a *incontestabilidade*. O primeiro modo por que se apresenta a garantia da relação jurídica é pois o da *declaração certa e incontestável por autoridade competente da existência e do conteúdo da relação*. Só depois desta declaração é que, por via de regra, o Poder público, monopolizador da força organizada ao serviço do Direito, intervém para quebrar rsistências ilegítimas ao desenvolvimento da relação. O segundo modo da garantia será *a possibilidade de imposição coerciva dos direitos certos e incontestáveis*. Ora a particularidade do Direito administrativo também se reflecte na garantia das relações por ele reguladas. Na verdade, sabemos que o sistema vigente em Portugal não tolera a intromissão dos tribunais judiciais na actividade dos órgãos administrativos e daí resulta que estes são autoridade em causa própria, podendo definir os seus direitos para o efeito de logo os imporem coercivamente (privilégio da execução prévia)" (p. 354; itálicos no original).

Sobre a "imperatividade", como o efeito primário da sentença declarativa, v., por exemplo, ANTUNES VARELA, *Manual de Processo Civil*, cit., pp. 698 e 699 ("a sentença fixa em termos imperativos o direito aplicável ao caso concreto submetido pelas partes ao julgamento do tribunal"; "a *sentença* não se limita todavia a *definir*, num plano teórico, a solução aplicável ao litígio. A sentença *aplica* o direito à espécie real, *condenando* ou *absolvendo* o réu, *constituindo* ou *recusando* o novo efeito pretendido pelo autor, *declarando* ou *negando* a existência do direito ou do facto, etc"; itálicos no original). V. também, e igualmente a título exemplificativo, LIEBMAN, *Manuale di Diritto Processuale Civile*, vol. II (ristampa della quarta edizione), Milano, 1984, n.º 274-bis, pp. 233 e ss. (a sentença que julgue do mérito da causa declara a existência da relação jurídica deduzida

332 *Estado de Direito Democrático e Administração Paritária*

ridade, todavia, é instrumental à função administrativa dos actos em causa, os quais visam a prossecução do interesse público posto por lei a cargo da Administração. Com efeito, enquanto a sentença visa tão somente a resolução de um conflito de interesses – o que exige a "prévia definição do interesse que desfruta da protecção jurídica para assim se deslindar o conflito", ou seja, há que "definir com precisão os elementos de facto constitutivos da hipótese, para depois se fazer justa aplicação do direito" –, o acto administrativo é uma das formas de actividade por que a Administração "promove e assegura a execução das leis", procedendo como se fosse ela própria a titular dos interesses que a lei quer ver em acção, agindo como parte nas relações com os particulares, isto é, com parcialidade[618].

---

em juízo pelo autor e retira as consequências quanto ao pedido por ele formulado; cfr., quanto a este último aspecto, e no que se refere à acção de condenação, o pedido de aplicação da «sanção executiva», *idem, ibidem*, vol. I, n.º 84, pp. 162 e ss.).

[618] Cfr. MARCELLO CAETANO, *Manual de Ciência Política e Direito Constitucional...*, I, cit., pp. 168 e 169. No *Manual de Direito Administrativo*, I, cit., p. 440, o mesmo Autor afirma: "enquanto a actividade administrativa *prossegue interesses*, a função jurisdicional *resolve conflitos de interesses*. No exercício da primeira, o órgão da Administração é parte, enquanto na segunda é juiz, mesmo que esteja a julgar um conflito em que colidam interesses particulares e o interesse geral. Ao resolver o conflito, neste caso, o órgão deve colocar-se acima dos interesses para os apreciar apenas sob o aspecto da conformidade com a lei das pretensões em colisão, no propósito imparcial de fazer justiça. Se dissermos que o órgão, para praticar um acto administrativo, tem de prosseguir interesses postos por lei a seu cargo, excluiremos, pois, do conceito aqueles actos que a Administração pratique para julgar a sua conduta ou a a conduta dos particulares sob o ponto de vista da estrita legalidade" (itálicos no original).

No *Tratado Elementar de Direito Administrativo*, cit., MARCELLO CAETANO começa por equiparar o acto administrativo e a sentença judicial: o primeiro "é sempre", como o segundo, "uma operação dedutiva de aplicação de normas gerais às hipóteses que a vida corrente faz surgir. Pode essa aplicação reduzir-se à utilização duma latíssima faculdade de apreciação e resolução, que é sempre à norma que o órgão administrativo obedece" (v. Autor cit., ob. cit., p. 222). Porém, mais à frente, o mesmo Autor reconhece não se poder atribuir "exactidão absoluta" a tal equiparação, uma vez que não é função dos actos administrativos "definir direitos com força de verdade legal – o que fazem apenas como meio de conseguir expeditamente a realização dos interesses públicos confiados à Administração" (v. *idem, ibidem*, p. 363). V. também, do mesmo Autor, *Manual de Direito Administrativo*, II, cit., p. 1271.

A Concepção Tradicional da Administração Pública como um Poder   333

(ii) O sentido e alcance das referências legais ao acto administrativo definitivo e executório

É neste quadro de actuação que Marcello Caetano procura clarificar o alcance das referências legais às classificações de actos definitivos e não definitivos e de actos executórios e não executórios[619].

Segundo aquele Autor, acto (administrativo) definitivo é a "resolução final que define a situação jurídica da pessoa cujo órgão se pronunciou ou de outra pessoa que com ela está ou pretende estar em relação administrativa"[620]. Os actos não definitivos são "todos aqueles que não contenham *resolução final* ou que não *definam* situações jurídicas"[621]. A resolução final significa a decisão de um procedimento administrativo, ou de um incidente autónomo do mesmo, de que não caiba recurso na ordem hierárquica[622]. A definição de situações jurídicas corresponde a "uma decisão que fixa os direitos da Administração ou os dos particulares, ou os respectivos deveres, nas suas relações jurídicas. É essa fixação autoritária de posições relativas que o acto definitivo contém; dela resultarão depois os convenientes efeitos"[623].

Cumpre chamar a atenção para este aspecto: Marcello Caetano nunca diz que o acto definitivo não produz efeitos jurídicos; aliás, nem o poderia fazer, atenta a sua natureza de acto jurídico[624]. O que afirma expressamente é que "a *definição* de situações jurídicas difere da produção de efeitos jurídicos" e que o acto definitivo é aquele que necessariamente contém uma fixação de direitos ou de deveres da Administração no quadro de uma relação jurídica com um ou mais particulares[625].

---

[619] Cfr. Autor cit., *Manual de Direito Administrativo*, I, cit., p. 441. Cfr. a análise desenvolvida por SÉRVULO CORREIA, *Direito do Contencioso Administrativo*, I, cit., pp. 510 e ss.).

[620] V. *idem, ibidem*, p. 443.

[621] V. *idem, ibidem*; itálicos no original

[622] V. *idem, ibidem*.

[623] V. *idem, ibidem*, p. 444.

[624] Cfr. Autor cit., *ibidem*. O próprio MARCELLO CAETANO define acto jurídico como "toda a conduta humana voluntária, quer consista em acção quer em omissão, que produza efeitos na Ordem jurídica, ainda que esses efeitos não tivessem sido queridos pelo agente" (v. *ibidem*, p. 422).

334   *Estado de Direito Democrático e Administração Paritária*

De resto, o conceito de resolução final considerado por aquele Autor implica a definição de situações jurídicas, já que só não é um acto definitivo em virtude de não ser resolução final aquele acto de que caiba recurso hierárquico com efeito devolutivo[626]. Comprova-o a circunstância de o acto em causa se tornar definitivo, caso decorra o prazo sem que do mesmo se recorra hierarquicamente[627].

---

[625] Cfr. *idem, ibidem*, p. 444; itálico no original. Pelas razões indicadas *supra* na nota 611 e, bem assim, no texto a que corresponde a presente nota, e a seguir desenvolvidas, a propósito dos actos executórios, não parece poder afirmar-se que "a qualidade do acto «que define a situação jurídica», a *definitividade material* [seja] tautológica, nada acrescentando de novo" (nesse sentido, todavia, v. SÉRVULO CORREIA, *Direito do Contencioso Administrativo*, I, cit., p. 512; itálico no original). Aliás, radicará aqui, no conceito de definitividade material, a divergência de SÉRVULO CORREIA relativamente a, por exemplo, LUÍS SOUSA DA FÁBRICA, quanto à génese da categoria de «acto administrativo definitivo e executório»: enquanto o primeiro refere apenas "influências cruzadas dos Direitos francês e italiano" (v. *ibidem*, p. 507 e o desenvolvimento correspectivo nessa mesma página e nas duas seguintes), o segundo vai trazer à colação o paradigma da sentença judicial, desenvolvido pela juspublicística germânica, em particular, por Otto Mayer (cfr. *infra* as notas 642 e 643 e o texto correspondente). Por outro lado, não pode sofrer qualquer dúvida a imperatividade jurídico-pública, seja dos actos (administrativos) preparatórios, seja dos actos (administrativos) de execução. De resto, será precisamente tal imperatividade que justificará a circunstância de tais actos poderem passar a ser também definitivos e, ou executórios, logo que excedam o seu âmbito original e passem a definir autonomamente situações jurídicas (cfr. *infra* no texto).

[626] Cfr. MARCELLO CAETANO, *Manual de Direito Administrativo*, I, cit., *ibidem*. Aparentemente este Autor não considera as decisões finais de um procedimento administrativo com eficácia meramente procedimental: um «indeferimento liminar» ou «saneador» por razões de mera forma, por exemplo; ou um acto que se limite a reiterar decisão anterior sem apreciar *ex novo* o respectivo objecto. De qualquer modo, tais decisões, no quadro conceptual de MARCELLO CAETANO, não poderiam ser definitivas em virtude de não definirem uma situação jurídica. Na verdade, como refere SÉRVULO CORREIA, na exigência da definitividade horizontal aflora, não só o princípio da impugnação unitária "correspondente ao propósito de concentrar sobre o acto conclusivo a apreciação jurisdicional de todas as ilegalidades cometidas ao longo do procedimento, considerando que elas se repercutiam sobre a validade do acto final", como também a exigência do carácter externo do acto administrativo impugnável contenciosamente (v. Autor cit., *Direito do Contencioso Administrativo*, I, cit., pp. 511 e 513).

[627] Cfr. MARCELLO CAETANO, *Manual de Direito Administrativo*, I, cit., pp. 444 e 445. Cfr. também SÉRVULO CORREIA: a definitidade vertical não corresponde a qualquer natureza substantiva do acto, mas apenas ao preenchimento de um pressuposto processual estabelecido pelo legislador de acordo com uma preferência pela concentração de poderes e respeitante ao posicionamento hierárquico das autoridades cuja decisão podia abrir o acesso à via contenciosa" (v. Autor cit., *Direito do Contencioso Administrativo*, I, cit., p. 514).

A Concepção Tradicional da Administração Pública como um Poder   335

Diferentemente, a localização do acto no procedimento administrativo é irrelevante para a sua qualificação como definitivo ou não definitivo: os actos anteriores à decisão final são, por norma, preparatórios e, como tal, não definitivos em virtude de não definirem a situação jurídica, sem prejuízo da admissibilidade de actos destacáveis; os actos posteriores à mesma decisão, por norma, relevarão como actos não definitivos – tratar-se-á então de actos de execução –, embora e na medida em que contrariem ou excedam o conteúdo do acto definitivo (exequendo), devam também eles ser considerados definitivos nessa parte[628].

No que se refere aos actos (administrativos) executórios, Marcello Caetano define-os como aqueles que obrigam "por si e cuja execução coerciva imediata a lei permite independentemente de sentença judicial"[629]. Ou seja: "o acto executório é a manifestação de vontade administrativa provida do atributo que lhe vem da autoridade da Administração expressa no privilégio da execução prévia"[630]. Tal atributo denomina-se executoriedade e consiste na "força que o acto possui de se impor pela execução imediata, independentemente de nova definição de direitos"[631]. Portanto, o acto executório, por si só, também contém a definição de situações jurídicas, nomeadamente para efeitos de execução: desde logo, os deveres do seu destinatário. Por isso mesmo, "o acto executório é, por princípio, obrigatório"; ele "obriga por si"[632]. Caso o destinatário não acate o imperativo do

---

[628] Cfr. MARCELLO CAETANO, *Manual de Direito Administrativo*, I, cit., respectivamente, pp. 445 e 446 e pp. 446 e 447. Este Autor cita como exemplos de acto destacável a exclusão de certo candidato no âmbito de um concurso para provimento de uma vaga num serviço ou as listas de antiguidade. Quanto aos actos de execução, aquele Autor define-os como "os actos administrativos praticados em consequência necessária da definição de situações jurídicas constantes de outro acto administrativo anterior" (p. 447).

[629] V. Autor cit., *ibidem*, p. 447. Cfr. a análise desenvolvida por SÉRVULO CORREIA, *Direito do Contencioso Administrativo*, I, cit., pp. 514 e ss.).

[630] V. MARCELLO CAETANO, *Manual de Direito Administrativo*, I, cit., p. 448.

[631] V. *idem, ibidem*.

[632] V. *idem, ibidem*, pp. 447 e 448. Como refere SÉRVULO CORREIA, "através da noção de acto administrativo que obriga por si, assistimos, uma vez mais à explicitação tautológica de um elemento essencial do acto administrativo [...] Tratava-se, na verdade, da imperatividade com que se define uma situação jurídica administrativa concreta" (v. Autor cit. Direito do Contencioso Administrativo, I, p. 514). Quanto à referência à «tautologia», cfr. as observações feitas *supra* na nota 625. Sobre o carácter executório dos actos (definitivos) permissivos, v. *supra* a nota 616.

336 *Estado de Direito Democrático e Administração Paritária*

acto, "é então forçoso empregar a coacção e verifica-se a execução forçada"[633]. O conceito de executoriedade de Marcello Caetano compreende, deste modo, a obrigatoriedade do acto e a possibilidade da sua execução administrativa em caso de não observância[634].

Verifica-se, por conseguinte, uma sobreposição parcial da compreensão dos conceitos de acto definitivo e de acto executório, nomeadamente no que respeita à definição de situações jurídicas: esta última constitui uma condição necessária mas não suficiente de ambos. Assim, todos os actos definitivos e todos os actos executórios implicam a definição de situações jurídicas; mas nem todos os actos que contenham uma definição de situações jurídicas são necessariamente definitivos ou executórios. E, por isso, também "não há relação necessária entre o carácter definitivo do acto e a sua executoriedade"[635].

Não são definitivos os actos que, apesar de conterem uma definição de situações jurídicas, não constituem «a última palavra da Administração» em virtude de poder ser interposto recurso hierárquico com efeito devolutivo[636]; mas tais actos já serão executórios enquanto dos mesmos não for interposto recurso com efeito suspensivo[637]. Não são executórios os actos que, apesar de conterem uma definição de situações jurídicas (e apesar de, em certo sentido, serem a resolução final da Administração, sendo, portanto, definitivos), não possam ser executados em virtude de a sua eficácia se encontrar temporariamente paralisada[638].

---

[633] V. MARCELLO CAETANO, *Manual de Direito Administrativo*, I, cit., p. 448.

[634] Cfr. *idem, ibidem*, p. 449. Sobre o conceito de executoriedade, v. SAMPAIO CARAMELO, "Da suspensão da executoriedade dos actos administrativos..." cit., pp. 39 e ss. O conceito perfilhado por MARCELLO CAETANO corresponde à «noção ampla de executoriedade» autonomizada por SAMPAIO CARAMELO (v. *ibidem*, pp. 44 e 46).

[635] V. MARCELLO CAETANO, *Manual de Direito Administrativo*, I, cit., p. 450.

[636] Cfr. *idem, ibidem*, pp. 444 e 445.

[637] MARCELLO CAETANO *ibidem*, p. 450, refere, como exemplo de actos executórios mas não definitivos, os actos preparatórios. Contudo, atenta a obrigatoriedade inerente ao conceito de executoriedade, tal só sucederá desde que a ausência de definitividade daqueles actos se deva exclusivamente à circunstância de os mesmos não constituirem uma resolução final e não já devido a não definirem situações jurídicas substantivas.

[638] Cfr. *idem, ibidem*, pp. 451 e 452. Quanto aos actos confirmativos, referidos *ibidem* na p. 452, importa distinguir com DIOGO FREITAS DO AMARAL consoante tenham por objecto um acto definitivo anterior ou não. Como este Autor refere, no primeiro caso

A relatividade do conceito de acto de execução ilustra bem como a definição de situações jurídicas é necessária mas não suficiente à caracterização de um acto administrativo como definitivo ou como executório.

Com efeito, os actos de execução são "praticados em consequência necessária da definição de situações jurídicas constantes de outro acto administrativo anterior" e correspondem à realização, por "meios jurídicos", do direito definido por tal acto[639]. Não sendo "mais do que o efeito lógico" deste último, "não têm, por si, carácter definitivo. Foi o acto administrativo executado que definiu situações: os actos de execução limitam-se a desenvolver e a aplicar essa definição"[640]. Mas, como é óbvio, também é aquele mesmo acto cuja execução está em causa que obriga; o acto de execução cumpre a obrigação por ele estatuída. Ou seja: o acto executado é também necessariamente o acto executório.

Contudo, a «execução» é ela própria um conceito relativo. Assim, quando "um acto administrativo de execução contrarie ou exceda o conteúdo do acto definitivo, então perde o carácter de execução na medida em que seja inovador (isto é, na medida da contradição ou do excesso), e passa a ser considerado definitivo nessa parte"[641]. Mas se já não pode invocar a obrigação do acto exequendo, então é ele próprio a fonte da obrigação para cuja realização pretende contribuir. E nessa mesma medida, também é ele próprio o título legitimador da actividade de execução, isto é, evi-

---

– "actos meramente confirmativos" –, a segunda decisão não altera a definição da situação jurídica feita pelo primeiro acto, pelo que "a confirmação de um acto definitivo constitui um acto não definitivo"; no segundo caso, a confirmação de um acto não definitivo é que pode valer como acto definitivo (v. Autor cit., *Direito Administrativo*, III, (policop.), Lisboa, 1989, pp. 230 e ss.). Claro que, naquele primeiro caso, o acto (meramente) confirmativo também não possui força executória própria. Cfr. também SÉRVULO CORREIA, *Direito do Contencioso Administrativo*, I, cit., pp. 514 e 515.

[639] V. MARCELLO CAETANO, *Manual de Direito Administrativo*, I, pp. 447 (conceito de acto de execução) e 448 (conceito de execução). A execução por "meios materiais" corresponde às operações materiais.

[640] V. *idem, ibidem*, p. 447.

[641] V. *idem, ibidem*. Cfr. também LUÍS SOUSA DA FÁBRICA, *Reconhecimento de Direitos...*, cit., pp. 71 e ss. (actos de execução praticados na ausência de acto administrativo definitivo e executório ou contrariando o respectivo conteúdo e execução de actos não executórios).

338 Estado de Direito Democrático e Administração Paritária

dencia a força jurídica de impor pela execução imediata a obrigação que ele próprio estabeleceu, tornando-se, desse modo, executório.

Como salienta Luís Sousa da Fábrica, a importância do momento declarativo – a «definição de situações jurídicas» presente, como referido, tanto no conceito de acto definitivo como no de acto executório – põe em evidência o paradigma da sentença: "do mesmo modo como a sentença visa, acima de tudo, «dizer o Direito» (*iurisdictio, Rechtsprechung*), a vinculatividade do acto administrativo abrange não só os efeitos estatuídos, mas principalmente os pressupostos desses efeitos, a relação jurídico-material que os fundamenta"[642]. Por isso, "a enunciação dos pressupostos do efeito estatuí-

---

[642] V. Autor cit., *Reconhecimento de Direitos...*, cit., p. 35. LUÍS SOUSA DA FÁBRICA defende que a "dupla correlação" entre, por um lado, a existência de um acto de autoridade, expresso ou tácito, e um recurso contencioso restrito à questão da sua legalidade objectiva e, por outro lado, entre comportamentos da Administração, comissivos ou omissivos, não qualificáveis como actos de autoridade, e uma acção destinada a dirimir a questão da existência e conteúdos dos direitos lesados por tais comportamentos "resulta do conceito de acto administrativo definitivo perfilhado por Marcello Caetano, sob influência do paradigma germânico da sentença judicial (Otto Mayer, Bernatzik, W. Jellinek, Merkl, entre outros)" (cfr. Autor cit., *ibidem*, pp. 18 e ss. e p. 31). Com efeito, "da ideia de que a Administração leva a cabo actuações materialmente idênticas à Justiça resulta que não faz sentido cometer a esta uma *duplicação* ou *repetição* da actividade de execução da lei, como se a Administração apenas a pudesse efectuar em termos provisórios" (v. *idem, ibidem*, p. 32; itálicos no original).

Na passagem transcrita no texto LUÍS SOUSA DA FÁBRICA reporta-se imediatamente à construção de Otto Mayer; simplesmente, fá-lo no aludido contexto em que procura explicar a construção do acto administrativo definitivo de Marcello Caetano em termos paralelos aos daquele Autor e igualmente sob o paradigma da sentença (cfr. *ibidem*, pp. 31 e ss., e, em especial, pp. 39 e 40).

Sobre o paralelismo entre a sentença e o acto administrativo estabelecido por Otto Mayer, v., todavia, *supra* o n.º 17, alíneas a) e b), ponto (i), em especial, a nota 274, e ponto (iii); e o n.º 18, alíneas c),ponto (ii) e d), ponto (i), em especial, a nota 495. A compreensão do conceito de acto administrativo daquele Autor como "fonte formal de direito do caso concreto" (Rupp) é incompatível com o paralelismo do mesmo acto com a sentença judicial. Tal compreensão impõe-se devido à perspectiva de Otto Mayer sobre a posição recíproca da Administração e dos súbditos. Com efeito, antes de praticado um acto administrativo, mesmo que exista uma lei, a posição em causa caracteriza-se como uma relação de poder – não uma qualquer "relação jurídico-material", como pretende LUÍS SOUSA DA FÁBRICA –, em termos idênticos ao que sucedia no quadro do Estado de polícia: a supremacia do poder público e a sujeição do súbdito. Justamente, e como se referiu antes (v. *supra* o n.º 17, alínea a)), no conceito de Otto Mayer, a submissão do súbdito à Administração é anterior ao acto administrativo e pelo mesmo pressuposta:

A Concepção Tradicional da Administração Pública como um Poder   339

do constitui o objecto primário da autoridade do acto, traduzindo uma declaração vinculativa sobre a posição recíproca da Administração e do particular numa dada situação concreta"[643].

Na verdade, considerando que a própria Administração é um poder, para mais dotado de competências normativas próprias e, portanto, com capacidade de condicionar os direitos individuais, e tendo em conta que a sua actividade, pelo menos na medida em que contenda com os interesses de terceiros, se encontra submetida a normas gerais, compreende-se o paralelismo com os actos próprios do poder judicial: as suas decisões individuais também são actos de autoridade que retiram a sua razão de ser da norma que aplicam ao caso.

---

aquele acto vem juridicizar um poder preexistente; o mesmo não decorre de um direito do Executivo a criar vinculações jurídicas por via unilateral. O poder em causa é juridicizado, porquanto fica vinculado no quadro de uma relação jurídica: o acto administrativo determina os direitos e deveres recíprocos da Administração e dos súbditos destinatários de tal acto.

[643] V. Luís Sousa da Fábrica, *Reconhecimento de Direitos...*, cit., p. 35. E o mesmo Autor acrescenta: "semelhante sobrevalorização do elemento declarativo torna-se compreensível à luz do contexto científico da época e da estratégia seguida por Otto Mayer (e outros) de construir a autoridade do acto administrativo nos moldes da sentença. O objectivo era vincar a diferença existente entre as ordens das autoridades administrativas no Estado de Polícia, que se limitavam a transmitir ao súbdito o que lhe era exigido, e os actos administrativos do Estado de Direito, que definiam uma verdadeira relação jurídica entre a Administração e o particular, de onde resultavam obrigações para ambos. No Estado de Direito, por outras palavras, a autoridade do acto administrativo não se manifesta, ou não se manifesta essencialmente, na mera imposição de que o particular faça, omita ou se sujeite a algo, mas sim na declaração de qual é a vontade da lei para aquele caso concreto. Os pressupostos fundamentadores do efeito estatuído não constituem, pois, um mero conjunto de representações acerca da realidade fáctica e jurídica tida por existente, mas a sede primária da autoridade de um acto que fixa para o particular o que para ele é direito" (v. *ibidem*, p. 36). Em todo o caso, o mesmo Autor também sublinha que "a ideia de que é no momento declarativo que reside a manifestação primordial da autoridade do acto de aplicação da lei teve de adaptar-se à natureza específica da actuação administrativa, que visa *agir* sobre a realidade jurídica e fáctica. E o resultado dessa adaptação traduziu-se em identificar como objecto da declaração não a situação jurídica preexistente, como na sentença, mas a situação jurídica que deve passar a existir; não o que *é direito* (*was Rechtens ist*), mas o que *deve ser direito* (*was Rechtens sein soll*)" (v. Autor cit., *ibidem*, pp. 36 e 37; saliente-se, todavia, que *ibidem*, pp. 37 e 38, o mesmo Autor tende a não valorizar excessivamente tal diferença).

Em sentido contrário, destacando justamente o carácter primário, inovador e constitutivo do conceito de acto administrativo perfilhado por Otto Mayer, cfr. as indicações constantes da parte final da nota anterior. Especialmente no que se refere à aludida "autoridade do acto administrativo", v. *supra* a nota 495.

340 *Estado de Direito Democrático e Administração Paritária*

Contudo, e à semelhança do que ocorreu em França, importa igualmente ter presente a especificidade da função desempenhada pela Administração – a satisfação das necessidades de ordem pública. Tal função impõe a iniciativa em vista da prossecução dos interesses correspondentes à mesma. Assim, a Administração não pode limitar-se a reproduzir os juízos legais ou regulamentares perante casos concretos; aliás, se o fizesse, não cumpriria a sua função constitucional de prover à satisfação de necessidades públicas. Ela tem de agir sobre a realidade e modificá-la: tem de conseguir resultados que não podem ser atingidos apenas por meios jurídicos. E, no quadro de um Estado de legalidade, fá-lo a partir da definição da sua posição jurídica e da de quem com ela está ou pretende estar em relação[644].

A esta luz compreende-se que, em regra, todo o acto definitivo seja também executório[645]. Na verdade, ambos os conceitos de acto administrativo integram a aludida ideia de «definição de situações jurídicas», manifestando, por isso, e de tal modo, o poder administrativo. O que acaba por os distinguir um do outro é a referência a aspectos essenciais e distintos desse mesmo poder: o conceito de acto definitivo põe em evidência a sua estrutura hierarquizada, enquanto que o conceito de acto executório se reporta à especial autoridade da Administração expressa no privilégio da execução prévia. Daí a importância dogmática central atribuída por Marcello Caetano ao acto que seja simultaneamente definitivo e executório[646]:

> "Há [...] uma distinção que à luz do Direito positivo e da teoria jurídica se reveste do maior significado: é a que tem de fazer-se entre actos administrativos *definitivos e executórios* e os que não reunam estes atributos.
>
> O acto que reuna os dois atributos referidos, isto é, que seja ao mesmo tempo definitivo e executório, traduz a manifestação do Poder administrativo, na medida em que este dispensa

---

[644] Cfr., quanto ao problema em França, *supra* o n.º 12; e quanto à caracterização da Administração como um poder no quadro do Estado de legalidade, *supra* o ponto (i) da alínea anterior do presente número.

[645] Cfr. MARCELLO CAETANO, *Manual de Direito Administrativo*, I, cit., p. 450.

[646] V. Autor cit., *ibidem*, p. 463; itálicos no original.

A Concepção Tradicional da Administração Pública como um Poder 341

a intervenção de qualquer outra autoridade para definir posições jurídicas com força obrigatória e eventualmente coerciva. O acto administrativo definitivo e executório é, pois, o *acto de autoridade* da Administração".

E Luís Sousa da Fábrica precisa: para Marcello Caetano, "a declaração contida num acto definitivo e executório tem uma natureza constitutiva, uma vez que as situações que formam o seu objecto se devem aceitar como certas e incontestáveis *na configuração resultante do acto* [...] Se a lei conferir ao particular o direito subjectivo a uma pensão de 100, mas a Administração declarar autoritariamente que o direito não existe ou que existe num valor inferior (ou superior), tal declaração constituirá *lex specialis* do caso e reduzirá à irrelevância o direito previsto na norma"[647].

c) *A posição jurídica dos particulares perante a Administração*

(i) A *importância dos direitos subjectivos dos particulares para o direito administrativo*

A natureza da Administração, como autoridade pública resultante de um desdobramento do poder soberano, e a do acto administrativo, como expressão do exercício da função administrativa pelo poder administrativo, põem em evidência a importância da legalidade administrativa e da garantia dos direitos dos particulares como condições de existência do próprio direito administrativo. "Pode haver leis que regulem matéria administrativa sob qualquer Constituição: mas só num Estado que submeta às leis positivas a actividade dos seus órgãos no exercício da função administrativa (*Estado de administração legal, regime de legalidade*) ou que, pelo menos, reconheça e garanta certos direitos individuais e sociais consagrados pelo direito positivo como limite do seu Poder (*Estado jurídico, Estado de Direito*) é concebível um Direito administrativo, porque só nesses regimes os órgãos dotados da autoridade pública estão sujeitos a obrigações

---

[647] V. Autor cit., *Reconhecimento de Direitos...*, cit., pp. 41 e 42 (itálico no original).

342   *Estado de Direito Democrático e Administração Paritária*

jurídicas, isto é, a obrigações cujo cumprimento seja eficazmente exigível pelos particulares"[648].

Este último aspecto é crucial: "a história do Direito administrativo mostra iniludivelmente que ele depende do reconhecimento e da garantia dos direitos dos particulares perante a Administração. Na monarquia absoluta era possível afirmar-se um princípio da legalidade e até assegurar-se a sua observância que redundava, afinal, no respeito da vontade e da autoridade do Príncipe. Mas só ao definir-se a existência de direitos subjectivos dos particulares e de deveres correlativos das pessoas colectivas de direito público se lançaram as bases de um regime jurídico da Administração"[649]. Daí a conclusão de Marcello Caetano: "a organização da garantia dos direitos dos particulares é, afinal, o ponto essencial do Direito administrativo: sem ela não existem relações jurídicas, porque não haverá possibilidade de obrigar a Administração a cumprir as obrigações assumidas segundo a lei"[650]. Com efeito, para este Autor, "o elemento específico da

---

[648] V. MARCELLO CAETANO, *Tratado Elementar de Direito Administrativo*, cit., p. 37; itálicos no original. E o mesmo Autor sublinha em coerência com a sua noção do regime de «Administração condicionante» típico de um Estado de Direito formal ou Estado de legalidade (cfr. *supra* a nota 542 e o texto correspondente): "note-se que não se exige a submissão à lei positiva senão dos órgãos administrativos, – e não dos órgãos da soberania como tais: aquela nos basta para construir o Direito administrativo" (v. Autor cit., *ibidem*).

[649] V. MARCELLO CAETANO, *Tratado Elementar de Direito Administrativo*, cit., p. 365. Cfr., igualmente do mesmo Autor, *Manual de Direito Administrativo*, II, cit. p. 1211. Antes MARCELLO CAETANO já havia afirmado: "à tendência dos regimes absolutos para permitir aos órgãos da autoridade pública tudo o que a *razão de Estado* pareça exigir ou aconselhar [...], opõe-se o chamado *regime da legalidade* ou da *Administração legal*. Segundo o *princípio da legalidade – a Administração não pode praticar nenhum acto que esteja em contradição com lei anterior e o respeito da lei impõe-se ao seu próprio autor*. Onde não haja norma jurídica, não há relação jurídica: as normas administrativas estão contidas em leis ou derivam delas, e pode dizer-se que sem lei administrativa não há Direito administrativo" (v. *Tratado Elementar de Direito Administrativo*, cit., p. 48; itálicos no original). V. também *idem, ibidem*, p. 33: "como soberano o Estado constitui-se e legisla, mas ao administrar, o mesmo Estado só tem aquele poder de comandar que as suas próprias leis lhe conferem – um poder que é *autoridade* mas não *soberania*, embora desta derive. Assim, a *legalidade*, ou submissão da administração às leis, é condição essencial da existência do Direito administrativo" (itálicos no original).

[650] V. Autor cit., *Tratado Elementar de Direito Administrativo*, cit., p. 358. No *Manual de Direito Administrativo*, II, cit. p. 1201, MARCELLO CAETANO reitera: as

A Concepção Tradicional da Administração Pública como um Poder   343

relação jurídica é a garantia de que os poderes e deveres em que ela consiste se tornarão efectivos, mediante o emprego da coacção se necessário for", já que "é a possibilidade do emprego da força que confere aos poderes e deveres fundados na realização da Justiça o carácter jurídico positivo"[651].

Sucede que, segundo Marcello Caetano, o direito administrativo se caracteriza justamente por criar à Administração Pública uma posição privilegiada relativamente aos demais sujeitos de direito e que se traduz numa especial garantia dos direitos por si afirmados. Com efeito, *"lei administrativa* não é qualquer lei aplicável às relações travadas por órgãos da Administração: mas [...] apenas aquela que confere poderes de autoridade para o prosseguimento do interesse público, disciplina o seu exercício ou organiza os meios necessários para esse efeito"[652]. Deste modo, os órgãos administrativos "são autoridade em causa própria, podendo definir os seus direitos para o

---

garantias dos administrados traduzem "uma imposição evidente do Estado de Direito. A organização da garantia dos direitos e interesses legítimos dos particulares é, inquestionavelmente, o ponto essencial do Direito administrativo: sem ela não existem relações jurídicas, porque não haverá possibilidade de obrigar a Administração a cumprir os deveres assumidos segundo a lei".

[651] V. Autor cit., *Tratado Elementar de Direito Administrativo*, cit., p. 353. Esta afirmação encontra-se igualmente no *Manual de Direito Administrativo*, 7.ª ed., Lisboa, 1965, p. 347. Com efeito, nas edições do *Manual* que adoptaram o esquema da "relação jurídico-administrativa" – as 3.ª, 4.ª, 5.ª, 6.ª e 7.ª edições, respectivamente datadas de 1951, 1957, 1960, 1963 e 1965 – aquele Autor segue neste particular da garantia da relação jurídica (na 7.ª ed. do *Manual*, pp. 347 e ss.) e, bem assim, no que se refere à posição jurídica dos particulares (na 7.ª ed. do *Manual*, pp. 179 e ss.), o essencial dos termos do seu *Tratado* de 1943. Por tal razão, as referências serão feitas a este último confrontando-o, quando for caso disso, com a última edição do *Manual*, a 10.ª, datada de 1973, e que, na sequência da 8.ª e da 9.ª edições, adoptou o esquema do "objecto das normas administrativas". V. sobre os dois "planos de exposição da matéria" mencionados, MARCELLO CAETANO, *Tratado Elementar de Direito Administrativo*, cit., pp. 116 e ss.

[652] V. Autor cit., *ibidem*, pp. 48 e 49; itálico no original. V., igualmente sobre a posição privilegiada da Administração, *ibidem*, pp. 21, 27 e 33 e 34 ("o que caracteriza as relações jurídico-administrativas é: os *interesses colectivos* a que servem de instrumento, a *iniciativa* na respectiva prossecução e o *privilégio da execução prévia* dos direitos afirmados pela Administração"; itálicos no original). Cfr., também, definição de «direito administrativo português» proposta por aquele Autor em *Manual de Direito Administrativo*, I, cit., p. 43.

344 Estado de Direito Democrático e Administração Paritária

efeito de logo os imporem coercivamente (privilégio da execução prévia)"[653].

Perante tal poder da Administração, cumpre indagar qual a posição jurídica dos particulares[654]. As dificuldades não respeitam apenas ao problema da execução material dos direitos dos particulares eventualmente reconhecidos pela Administração, mas, desde logo, à própria determinação dos direitos que aqueles podem invocar perante esta última e, portanto, também à delimitação do conceito relevante de relação jurídica administrativa.

A primeira dificuldade é de natureza prática: a imposição coerciva de direitos dos particulares contra a própria Administração – sejam esses direitos reconhecidos num acto administrativo ou resultem os mesmos de uma sentença anulatória – pode suscitar dificuldades, em caso de oposição da Administração devedora, uma vez que "a força organizada está ao serviço da Administração e, por conseguinte, só a Administração pode coagir a Administração"[655]. Na verdade, em tais casos, nomeadamente no que se refere às sentenças dos tribunais administrativos, é a própria Administração quem vai ter de executar uma sentença contra si própria; mas é a mesma Administração que dispõe da força, nomeadamente tem a seu cargo a força pública. Consequentemente, em hipóteses-limite, não é pos-

---

[653] V. MARCELLO CAETANO, *Tratado Elementar de Direito Administrativo*, cit., p. 354. Por outras palavras, "os órgãos administrativos gozam do privilégio de tornar certos e incontestáveis, para efeitos de execução, os direitos das pessoas colectivas públicas, dispensando assim a fase declaratória que para os particulares reveste comummente a forma jurisdicional. [...] Impugnados contenciosamente ou não, os actos executórios ficam desde logo sendo obrigatórios, salvo se tiverem sido suspensos. O seu conteúdo impõe-se à observância dos particulares a quem respeite. No caso, porém, de se não verificar essa observância, cumpre então à Administração passar à *execução material compulsória*" (v. *idem, ibidem*, p. 355; itálico no original).

[654] MARCELLO CAETANO formula a questão expressamente: "em presença deste poder da Administração que declara e executa unilateralmente aquilo que julga ser o direito – qual é a posição jurídica dos particulares? Como defenderem os seus interesses legítimos, obstarem à arbitrariedade ou aos abusos administrativos, revindicarem os seus direitos?" (v. Autor cit., *Tratado Elementar de Direito Administrativo*, cit., p. 357).

[655] V. MARCELLO CAETANO, *Tratado Elementar de Direito Administrativo*, cit., p. 354, referindo-se, embora, apenas à imposição coerciva dos direitos reconhecidos por acto administrativo. No que se refere, em especial, à execução das sentenças, v. *idem, ibidem*, p. 359.

A Concepção Tradicional da Administração Pública como um Poder   345

sível nem ao particular nem ao tribunal usar da força pública contra a Administração[656].

A segunda dificuldade já releva do próprio conceito de direito administrativo e da importância que no âmbito do mesmo é atribuída ao acto administrativo. Com efeito, é muito diversificada a constelação de interesses dos particulares perante a Administração: a acção ou omissão desta última é útil ou vantajosa para os particulares de modos e em circunstâncias muito diferentes. Acresce que não pode ser ignorada a força jurídica própria do acto administrativo definitivo e executório, nomeadamente a sua capacidade de projectar imediatamente os efeitos jurídicos que desencadeia na esfera jurídica dos particulares, mesmo quando ilegal.

(ii) Tipos de posições jurídicas dos particulares perante a Administração

Basicamente um particular pode pretender que a Administração não pratique um acto lesivo dos seus interesses ou que pratique um acto administrativo que lhe conceda vantagens. No primeiro caso, dir-se-á que o particular tem relativamente à Administração um interesse negativo – a sua pretensão é que esta não actue, visto tal actuação implicar a eliminação de vantagens ou de utilidades. No segundo, o interesse do particular é positivo – a sua pretensão é que a Administração actue, já que de tal actuação resultarão para si vantagens ou utilidades. Mas a acção da Administração não afecta somente os interesses daqueles a quem imediatamente se dirige; frequentemente afecta também os interesses de terceiros. Deste modo, além das relações bilaterais, importa considerar as relações multilaterais: aquelas em que a acção da Administração, respectivamente, em benefício ou em prejuízo dos interesses de certo particular, prejudica ou beneficia os interesses de outros particulares (interesses contraditórios entre particulares); e, bem assim, aquelas em que o benefício de um particular obsta ao benefício de outro ou outros (interesses concorrentes entre particulares).

---

[656] Cfr. *supra*, na Introdução, a nota 26.

346 Estado de Direito Democrático e Administração Paritária

Marcello Caetano concebe a relação jurídica, na senda de Del Vecchio, como "um vínculo entre pessoas por virtude do qual uma delas pode pretender qualquer coisa a que a outra está obrigada"[657]. O vínculo em apreço é jurídico: "há relação jurídica sempre que, consideradas pelo menos duas pessoas, se verifica ser uma titular de um *poder* a que corresponda um *dever jurídico* da outra. Onde encontrarmos alguém com o dever jurídico de fazer ou não fazer alguma coisa que outrem tenha o poder de exigir, estamos em presença de uma relação jurídica"[658].

Se é fácil divisar relações jurídicas entre a Administração e os particulares destinatários dos actos administrativos, a situação é menos óbvia relativamente aos terceiros.

Assim, no caso das primeiras, e considerando as situações de interesse negativo, por exemplo, a de um proprietário: este pode exigir de todos – e, portanto, também da Administração – que se abstenham de perturbar o gozo da sua propriedade. Em determinadas circunstâncias, porém, a lei torna legítima, ou exige mesmo, tal perturbação, determinando, nessa medida, a restrição ou mesmo a cessação do direito (v.g. em caso de requisição ou de expropriação). A garantia da relação jurídica respeitará, por conseguinte, à verificação das circunstâncias legitimadoras da dita perturbação e que correspondem à afirmação de um direito contrário ao interesse negativo do particular. O mesmo se passará com uma autorização ou com uma licença ou com o direito a uma pensão relativamente às respectivas modificações, suspensões ou extinções.

É no âmbito deste tipo de relações que tem plena aplicação o mencionado «privilégio da execução prévia». Como refere Marcello Caetano, "tanto nas relações jurídicas universais, como nas singulares, os órgãos administrativos gozam do privilégio de tornar certos e incontestáveis, para efeitos de execução, os direitos das pessoas colectivas públicas, dispensando assim a fase declaratória que para os particulares reveste comummente a forma jurisdicional. Por isso se diz que os actos definitivos e executórios têm o valor formal da sentença judicial. E, de facto, decorrido o prazo de recurso ordinário

---

[657] V. Autor cit., *Tratado Elementar de Direito Administrativo*, cit., p. 118.
[658] V. *idem, ibidem*, p. 167; itálicos no original.

A Concepção Tradicional da Administração Pública como um Poder 347

sem que os actos sejam contenciosamente impugnados, os direitos e obrigações por eles constituídos ou as situações definidas tornam-se certos e incontestáveis *para todos os efeitos*, excepto no caso de inexistência jurídica[659]. Impugnados contenciosamente ou não, os actos executórios ficam desde logo sendo obrigatórios, salvo se tiverem sido suspensos[660]. O seu conteúdo impõe-se à observância dos particulares a quem respeite. No caso, porém, de se não verificar essa observância, cumpre então à Administração passar à *execução material compulsória*"[661].

---

[659] Perante actos administrativos nulos ou inexistentes, o particular também pode defender os seus direitos mediante o exercício da "defesa pessoal". Com efeito, "o particular deve acatamento ao acto administrativo de declaração [definitivo e executório, diz-se na 7.ª ed. do *Manual*, p. 353] mesmo quando ilegal, enquanto não anulado, salvo na hipótese de inexistência. Se o acto for nulo e de nenhum efeito (ou inexistente) não lhe é devida observância, mesmo que não tenha havido ainda declaração pelos tribunais (Cód. Administrativo, art. 363.º). Isto significa ser então legal a *resistência à autoridade pública*, embora por violências ou ameaças (Cód. Penal, art. 186.º) e a *desobediência* às ordens e mandados da mesma autoridade (Cód. Penal, art. 188.º): desde que os mandados sejam fundados em acto inexistente não são *legítimos* e o particular, ao resistir-lhes ou desobedecer-lhes, exerce o seu direito, o que justifica o facto (Cód. Penal, art. 44.º, n.º 4). Além dos actos inexistentes, é também autorizada a resistência aos actos de execução de ordens que infrinjam as garantias individuais não suspensas, consoante dispõe o n.º 19 do artigo 8.º da Constituição de 1933" (v. MARCELLO CAETANO, *Tratado Elementar de Direito Administrativo*, cit., pp. 358 e 359; itálicos no original).

[660] "O acto suspenso não obriga, nem pode ser coercivamente imposto. Está como que adormecido. Tudo se deve pois passar como se ele não existisse" (assim, v. MARCELLO CAETANO, *Tratado Elementar de Direito Administrativo*, cit., p. 288).

[661] V. *idem, ibidem*, p. 355; itálicos no original.
As «relações jurídicas universais» são aquelas "que vinculam a uma pessoa determinada a generalidade indiscriminada das pessoas", ou seja, em que o respectivo "sujeito activo pode exigir uma prestação negativa (respeito, abstenção) de quaisquer pessoas, sejam elas quais forem e onde quer que se encontrem, ou melhor, de todos os membros dessa comunidade jurídica: é o que acontece em certas relações reais, mormente na propriedade" (v. *idem, ibidem*, pp. 118 e 167 e 168). As «relações jurídicas singulares» são aquelas que vinculam "ao sujeito activo certas pessoas e só essas", ou seja, em que o tal sujeito "tem o poder de exigir a prestação a certo ou certos sujeitos passivos, e só a eles (caso das relações obrigacionais)" (v. *idem, ibidem*, pp. 118 e 167). MARCELLO CAETANO salienta a grande importância desta distinção para o direito administrativo, dado no âmbito do mesmo serem "em grande número as relações de tipo universal – resultantes da imposição legal de deveres gerais a uma pluralidade de pessoas, em tais termos que só quando esses deveres sejam infringidos o funcionamento da garantia põe, perante a Administração, uma pessoa determinada, o transgressor, com quem se estabelece nova relação jurídica" (v. Autor cit., *ibidem*, p. 119). Cfr. *infra*, na Terceira Parte, o n.º 25, alínea b).

348   *Estado de Direito Democrático e Administração Paritária*

Por outro lado, é em relação a este tipo de direitos dos particulares, que o recurso contencioso pode ser perspectivado como efectiva garantia da relação jurídica administrativa. Nesse sentido, Marcello Caetano esclarece, a propósito da questão de saber "quem pode usar em relação [aos actos recorríveis contenciosamente] dos meios contenciosos"[662], que "a verificação da existência [do interesse do recorrente], para efeitos de legitimidade no processo contencioso, [se faz] partindo da hipótese da existência da relação jurídica de que o recorrente se diz sujeito e donde lhe resultaria a vantagem da anulação"[663]; e que tal "interesse deve ser *legítimo*, isto é, decorrente de uma relação jurídica singular ou universal, mas concreta, de que o recorrente alegue ser um dos sujeitos e de que a Administração seja o outro ou um dos outros. O interesse tem, por isso, de assentar num direito subjectivo, ou melhor: numa situação jurídica individual cuja violação se alegue"[664].

Marcello Caetano considera que, mesmo nas situações de interesse positivo, nomeadamente quando o particular é titular de um

---

[662] V. Autor cit., *Tratado Elementar de Direito Administrativo*, cit., p. 391. Saliente-se que MARCELLO CAETANO integra o interesse processual na «legitimidade para o recurso contencioso». O próprio assume-o expressamente, por exemplo, na seguinte passagem: "muito antes de no Direito positivo português se exigir, como condição de legitimidade, a posse de um interesse directo, pessoal e legítimo no provimento do recurso, já a jurisprudência [...] definia nesses termos o interesse formal que o recorrente devia demonstrar [...]. Interesse *formal*, isto é, interesse processual, interesse digno de obter a atenção dos órgãos jurisdicionais, porque justamente essa concepção de legitimidade surge como um progresso relativamente à orientação mais estreita em que o Supremo exigia que o recorrente se apresentasse como titular de um direito cuja violação alegasse" (v. Autor cit., "O interesse como condição de legitimidade no recurso directo de anulação" (originariamente in *O Direito*, 1959) in *Estudos de Direito Administrativo*, Lisboa, 1974, pp. 219 e ss., p. 222; itálico no original).

[663] V. Autor cit., *Tratado Elementar de Direito Administrativo*, cit., p. 391.

[664] V. *idem, ibidem*, p. 393; itálico no original. Quanto à noção de «situação jurídica individual», v. *ibidem*, p. 175 ("a posição da pessoa titular de um poder ou dever com conteúdo próprio, definido segundo as suas condições particulares"). Além de «legítimo», o interesse em causa devia ser «directo ou imediato» ("quer dizer [...] que da anulação do acto há-de resultar uma satisfação actual, e não eventual, imediata, e não longínqua, para o recorrente"; v. *idem, ibidem*, p. 391) e «pessoal» (""isto é, proveniente de uma situação jurídica do recorrente à qual o acto recorrido possa causar dano"; v. *idem, ibidem*). V. também a referência feita pelo mesmo Autor em "O interesse como condição de legitimidade no recurso directo de anulação" cit., p. 244.

A Concepção Tradicional da Administração Pública como um Poder 349

direito relativo perante a Administração (v.g. direito à obtenção de uma autorização ou direito à atribuição de um subsídio ou de uma pensão), o «privilégio da execução prévia» também se pode manifestar: "a Administração, sujeito passivo, pode esquivar-se ao cumprimento dos seus deveres ou dar-lhes uma interpretação própria por meio de actos executórios. O particular não tem normalmente outro remédio senão recorrer dos actos com esse conteúdo para os tribunais administrativos"[665]. E o mesmo Autor prossegue: na primeira fase de contacto entre o particular e a Administração "esta não figura apenas como parte, mas como *parte e juiz*. Por um lado é-lhe solicitado o reconhecimento das obrigações assumidas, mas por outro a sua decisão tem a autoridade de sentença"[666]. Isto significa que "a definição dos direitos e obrigações dos sujeitos da relação jurídico--administrativa pode atravessar duas fases: a primeira, *graciosa*, na qual um órgão activo da Administração declara autoritariamente o que considera de direito, e a segunda, *contenciosa*, prolongamento natural da primeira no caso de o outro sujeito da relação reputar ilegal o acto administrativo e o impugnar jurisdicionalmente na forma da lei"[667].

---

[665] V. Autor cit., *Tratado Elementar de Direito Administrativo*, cit., p. 121. MARCELLO CAETANO descreve tal situação, respeitante "à declaração da certeza e incontestabilidade dos direitos" dos particulares, como "a comum: ou essa declaração é feita por acto definitivo e executório da Administração ou quando o acto não reconheça os direitos, há que recorrer dele para os tribunais administrativos. Em alguns casos admite-se que a declaração seja directamente requerida aos tribunais mediante a propositura de *acções*" (v. Autor cit., *ibidem*, p. 358).

Justamente pelo que se diz a seguir no texto, somente nestes casos especiais – correspondentes principalmente às questões sobre responsabilidade civil por facto ilícito e sobre contratos administrativos (cfr. *idem*, *ibidem*, pp. 363 e 364) – é que a situação dos particulares perante a Administração pode ser descrita como "a comum", uma vez que pode pedir imediatamente o reconhecimento judicial dos seus direitos, não necessitando de formular qualquer pedido prévio à Administração. Sobre a caracterização do «contencioso dos direitos» português como um «contencioso originário» que dispensava a «regra da decisão administrativa prévia», v. LUÍS SOUSA DA FÁBRICA, *Reconhecimento de Direitos...*, cit., p. 19. Sobre a aludida «regra», v., por exemplo, *idem*, *ibidem*, pp. 9 e ss.; e VIEIRA DE ANDRADE, *A Justiça Administrativa (Lições)*, 7.ª ed., Coimbra, 2005, pp. 98 e ss.

[666] V. MARCELLO CAETANO, *Tratado Elementar de Direito Administrativo*, cit., p. 358; itálicos no original.

[667] V. *idem*, *ibidem*, p. 363; itálicos no original.

350 *Estado de Direito Democrático e Administração Paritária*

A aludida «fase graciosa» é, em princípio, necessária, já que os particulares só podem pedir aos tribunais uma primeira definição do direito aplicável ao caso concreto nas situações expressamente previstas na lei («contencioso por determinação da lei», por contraposição ao «contencioso por natureza»[668]).

Nos casos ora considerados, se os particulares não podem pedir aos tribunais uma primeira declaração do direito aplicável à sua situação, devendo, ao invés, instar primeiro a Administração a praticar um acto administrativo definitivo e executório; e se o recurso contencioso de anulação consiste na impugnação da legalidade de um tal acto administrativo perante um órgão jurisdicional, então, a determinação da relação jurídica administrativa relevante para todos os efeitos compete à Administração. É esta que, em exclusivo, faz a aplicação do direito ao caso, interpretando e aplicando as disposições legais pertinentes. O tribunal apenas vai controlar a conformidade com a lei de tal aplicação, podendo eliminá-la em caso de desconformidade; mas a sua decisão nunca se substitui à da Administração. O tribunal pode conhecer da relação jurídica que resulta da aplicação das normas legais apenas como parâmetro da legalidade da relação jurídica conformada pela decisão da Administração.

As razões desta "vinculação recíproca entre o acto de autoridade e um recurso contencioso de natureza estritamente impugnatória" prendem-se com a forma como Marcello Caetano configurou dogmaticamente a eficácia dos actos de autoridade sobre a esfera jurídica dos administrados[669]: "sempre que a Administração proceder a uma definição autoritária de situações jurídicas através de um acto administrativo definitivo e executório (expresso ou tácito), a via de reacção do lesado há-de ser necessariamente o recurso contencioso desse

---

[668] Cfr. *idem, ibidem*, p. 361. A modalidade do «contencioso por determinação da lei» "nada tem de característico: diz-se administrativo tão somente por estarem em causa interesses da Administração perante tribunais administrativos. O contencioso administrativo próprio ou por definição é o de anulação; o de declaração é impróprio ou por atribuição, filho da simples conveniência em, dadas as íntimas afinidades de certas matérias, confiar aos mesmos órgãos todas as questões que lhes respeitam" (v. *ibidem*, pp. 404 e 405). V. também, do mesmo Autor, *Manual de Direito Administrativo*, II, cit., pp. 1208 e ss. e 1389 e 1390.

[669] Cfr. Luís Sousa da Fábrica, *Reconhecimento de Direitos...*, cit., pp. 19 e 23.

A Concepção Tradicional da Administração Pública como um Poder   351

acto", devendo tal recurso "apresentar uma estrutura estritamente impugnatória porque a definição imperativa de situações jurídicas por aplicação de normas jurídico-administrativas surge claramente na construção [daquele Autor] como cerne do estatuto da Administração como Poder" e "qualquer meio processual que permitisse aos tribunais [...] um juízo vinculativo sobre o conteúdo que as situações jurídicas devem revestir por aplicação da norma ou mesmo um juízo vinculativo sobre o conteúdo que deve possuir a definição de direitos feita pela Administração activa abrir-lhes-ia as portas à participação no exercício do poder administrativo"[670].

Trata-se de uma diferença fundamental relativamente às relações jurídicas de direito comum, nomeadamente entre particulares, as quais existem e se desenvolvem tal como resultam das normas jurídicas aplicáveis, na interpretação que lhes for dada pelas partes interessadas. Os interesses destas são realizados na vida corrente através de natural e espontâneo comportamento que utiliza a liberdade aberta à conduta lícita. Somente em caso de litígio se torna necessário que os particulares recorram às vias legais para sua garantia formal, situação em que as respectivas relações jurídicas têm de ser conhecidas e declaradas por um acto do poder público (*in casu* o judicial). Já as relações jurídicas administrativas em que o sujeito activo seja um particular são, em regra, definidas por um acto do poder público (agora o administrativo), que também é parte interessada, competindo a um acto do mesmo poder, embora praticado sob a forma jurisdicional, dirimir o eventual conflito resultante da contestação da legalidade de tal definição.

Mais complicados são os casos que envolvem interesses de terceiros. Desde logo, porque é discutível se a tais interesses corresponde um direito subjectivo e, consequentemente, se existe, relativa-

---

[670] V. *idem, ibidem*, pp. 27 e 28. E o mesmo Autor acrescenta: "incompatível com a lógica da construção de Marcello Caetano não é apenas a possibilidade de nos domínios reservados ao poder administrativo surgir uma definição jurisdicional de situações jurídicas por via da acção, mas ainda a existência de um recurso contencioso que vá mais além da revisão do acto administrativo na perspectiva da sua legalidade, abrangendo pronúncias que produzem directamente efeitos nas relações jurídico-materiais ou que se dirijam ao estabelecimento de vínculos quanto à forma como a Administração deve reexercer os seus poderes definitórios" (v. *ibidem*, p. 28).

352 Estado de Direito Democrático e Administração Paritária

mente aos terceiros em causa, verdadeira e própria relação jurídica administrativa.

Assim, no caso de um interesse contraditório negativo, o terceiro pretende que a Administração não pratique um acto ampliativo requerido por um outro particular. Por exemplo, em matéria de condicionamento industrial, o titular de uma empresa autorizada tem interesse em que a Administração não conceda mais autorizações; hoje, em matéria de urbanismo ou de direito do ambiente, o vizinho tem interesse em que a Administração não conceda licenças que possam prejudicar as vistas ou o conforto da sua edificação. Todavia, já não é tão clara a existência de um direito titulado por tais terceiros, porquanto a absolutidade das posições jurídicas que detêm não implica a sua exclusividade: a indústria autorizada no âmbito do condicionamento industrial não implica um regime de monopólio; a licença de construção não implica a exclusividade da edificação numa dada área.

Quanto ao interesse contraditório positivo, a existir um verdadeiro direito – por hipótese, o direito a uma intervenção da autoridade junto de um particular que se encontra em situação ilegal no sentido de a mesma fazer cumprir a lei –, suscitam-se problemas similares aos das relações jurídicas em que o sujeito activo é um particular.

Finalmente, nas situações de concorrência de interesses – *maxime* nos concursos públicos –, cada um dos concorrentes não tem direito a ser nomeado, a ser adjudicatário ou a ser liberto de novos concorrentes. E, na ausência de direito subjectivo, não há relação jurídica.

Resulta do exposto, que os direitos ou deveres, tal como resultam das norma legais aplicáveis, são necessariamente considerados pelo acto administrativo, mas é este último, desde que eficaz, que define os termos em que tais direitos ou deveres são oponíveis à Administração e a terceiros e invocáveis pelos particulares interessados. Frequentemente, porém, a situação jurídica, tal como configurada pelas normas aplicáveis, não é tão líquida: não determina nem direitos nem deveres para a Administração ou para os particulares, limitando-se a habilitar aquela a agir por via de acto administrativo. É neste quadro que importa esclarecer o sentido e alcance da relação jurídica administrativa a que se reporta Marcello Caetano e, desse modo, clarificar a posição jurídica dos particulares perante o poder administrativo.

A Concepção Tradicional da Administração Pública como um Poder 353

(*iii*) A relação jurídica administrativa

A propósito da análise do objecto do tipo de relação jurídica em causa, aquele Autor esclarece os conceitos de poder jurídico, de direito subjectivo e de poder funcional que perfilha[671].

Enquanto expressão do poder administrativo, o acto administrativo corresponde ao exercício de um poder funcional: é um poder jurídico conferido ao órgão de uma pessoa colectiva de direito público para ser exercido no desempenho do dever de prosseguir os interesses postos pela lei a cargo dessa pessoa. Estes interesses correspondem aos fins em função dos quais a personalidade é reconhecida. E os mesmos interesses só podem ser prosseguidos mediante a actuação de uma vontade que compete aos órgãos da pessoa colectiva. Com efeito, "nas pessoas colectivas a vontade só pode ser manifestada através dos órgãos e, por isso, é a estes que têm de ser atribuídos os poderes instrumentais dos interesses correspondentes aos direitos subjectivos compreendidos na esfera jurídica delas"[672].

Deste modo, o poder funcional é "conferido a alguém em função de interesses alheios de que esse alguém é servidor. O órgão duma pessoa colectiva, por exemplo, recebeu os seus poderes para prosseguir os interesses colectivos. Tem os poderes, por conseguinte, com o dever de exercê-los nos termos estatutários. E não pode dispor desses poderes: tendo o dever de exercê-los, é-lhe vedado renun-

---

[671] V. Autor cit., *Tratado Elementar de Direito Administrativo*, cit., pp. 168 e ss.; e, com ligeiras diferenças, *Manual de Direito Administrativo*, 7.ª ed., cit., pp. 180 e ss. Na 10.ª ed. deste último, mercê do método de exposição adoptado, apenas são focadas, a propósito da organização administrativa, as posições jurídicas subjectivas das pessoas colectivas públicas (v. pp. 211 e ss.).

Sobre a distinção entre direito subjectivo (de praticar um acto administrativo numa dada situação) – *Verwaltungsaktbefugnis* – e a competência abstracta (para a prática de actos administrativos) – *allgemeine Fähigkeit* –, cfr. *supra* a nota 308 e v. *infra*, na Terceira Parte, o n.º 25, alínea c), ponto (iv).

[672] V. MARCELLO CAETANO, *Manual de Direito Administrativo*, I, cit., p. 212. No *Tratado Elementar de Direito Administrativo*, cit., p. 169, o mesmo Autor afirma: "direitos subjectivos e poderes funcionais não se excluem; pelo contrário, em muitos casos completam-se. A pessoa colectiva pode ter direitos subjectivos: os seus órgãos possuem então os poderes funcionais necessários para que esses direitos sejam exercidos". Cfr. também *infra*, na Terceira Parte, a nota 481 e o texto correspondente.

ciá-los"[673]. Por outras palavras: o poder funcional é um "poder a exercer em proveito alheio" e *deve* ser exercido sempre que o interesse a cujo serviço se encontra assim o imponha" [674].

Já o direito subjectivo configura um "poder jurídico conferido a uma pessoa para que esta prossiga um seu interesse certo e determinado quando e como entenda conveniente"[675]. É, por conseguinte, "um poder jurídico conferido ao próprio titular do interesse"[676].

O interesse em causa, quer no caso do poder funcional, quer no caso do direito subjectivo, pode ser público ou privado, qualificando o poder jurídico correspondente igualmente como público ou privado. O interesse público é um interesse da sociedade política, respeita à vida da colectividade ou resulta dela, e, por isso, o Estado e as pessoas colectivas em que o mesmo se desdobra têm por fim realizá--lo ou devem promover a sua realização; o interesse privado é aquele que respeita à própria pessoa do seu titular sem relação directa com os fins do Estado[677]. Deste modo, é privado aquele "direito subjectivo destinado a prosseguir interesses pessoais sem relação com os fins do Estado"; e é público o direito subjectivo "que [seja] conferido a uma pessoa para prosseguir aqueles dos seus interesses que sejam também fins do Estado ou tenham directa relação com o respectivo desempenho"[678].

Como nota Marcello Caetano, "o Estado e as pessoas colectivas públicas são titulares de direitos públicos e privados. Os particulares têm sobretudo direitos privados, mas gozam também de direitos públicos na medida em que, sendo titulares de interesses coincidentes com os interesses públicos, recebam poderes para realizar os *seus* interesses de modo a que simultaneamente se cumpra o fim do Estado a que esses interesses estejam ligados"[679].

---

[673] V. MARCELLO CAETANO, *Tratado Elementar de Direito Administrativo*, cit., p. 169.

[674] V. *idem, ibidem*, pp. 170 e 171; itálico no original.

[675] V. *idem, ibidem*, p. 169.

[676] V. *idem, ibidem*.

[677] Cfr. *idem, ibidem*, p. 170. No *Manual de Direito Administrativo*, I, cit., p. 212, o mesmo Autor contrapõe fins ou interesses pessoais ou egoístas a fins ou interesses transpessoais ou de utilidade geral.

[678] V. Autor cit., *Tratado Elementar de Direito Administrativo*, cit., p. 170.

[679] V. Autor cit., *ibidem*, pp. 170 e 171; itálico no original.

A *Concepção Tradicional da Administração Pública como um Poder*   355

Sucedendo que os poderes funcionais que habilitam a Administração a praticar actos administrativos são sempre mais ou menos vinculados aos termos e circunstâncias em que a lei prevê o respectivo exercício – tais poderes nunca são discricionários relativamente à competência e ao fim –, impondo, por conseguinte, a quem os exerce, e na medida da respectiva vinculação, "estritos deveres a observar [...], o outro sujeito da relação jurídica fica a possuir um correlativo poder de exigir a observância desses deveres. E este poder dos particulares de exigir dos órgãos e agentes da Administração a observância estrita dos preceitos legais que os vinculam serve, a um tempo, os interesses privados dos particulares e o interesse público de uma Administração submissa à lei: é pois o mais característico direito subjectivo público dos particulares – o *direito à legalidade administrativa*"[680].

O direito em apreço é titulado pelo particular que vê os seus interesses privados afectados pela acção administrativa, nomeadamente o destinatário de um acto imperativo ou da recusa de um acto permissivo. A sua garantia reside no recurso contencioso, ou seja, na possibilidade de «apelar» do acto administrativo definitivo e executório tido por ilegal para um órgão independente, embora integrado na Administração, que julgue da sua legalidade mediante um processo jurisdicionalizado[681]. "O recurso contencioso administrativo destina--se, por conseguinte, a obter o novo exame de uma situação já decidida, a revisão da legalidade de um acto que definiu ou declarou

---

[680] V. *idem, ibidem*, pp. 172 e 173; itálicos no original. Saliente-se que a referência expressa ao «direito à legalidade administrativa» e à sua qualificação como "o mais característico direito subjectivo público dos particulares" ainda consta da 4.ª ed. do *Manual de Direito Administrativo* (1956) – v. a p. 171 – mas já não da 5.ª ed. da mesma obra (1960) – v. a p. 175 – nem das edições subsequentes que ainda seguiram o esquema da relação jurídica (a 6.ª e a 7.ª edições, respectivamente, de 1963 e de 1965). Mantém-se, todavia, em todas elas a afirmação da correlação entre os deveres decorrentes da vinculação e o poder de exigir a observância dos mesmos e, bem assim, a indicação de que tal poder dos particulares serve simultaneamente os interesses privados destes últimos e o interesse público de uma Administração submissa à lei (v., por exemplo, na 7.ª ed., p. 185).

[681] Cfr. MARCELLO CAETANO, *Tratado Elementar de Direito Administrativo*, cit., pp. 358 e 359. *Ibidem*, p. 365, o mesmo Autor refere-se ao recurso contencioso como "meio de garantia da relação jurídico-administrativa".

direitos"[682]. E, por isso mesmo, a sua função é, no entender de Marcello Caetano, primariamente subjectiva. "A organização dos meios administrativos contenciosos nasceu [...] da necessidade de tornar eficazes [os direitos subjectivos dos particulares]. A sua raiz, como a de todo o contencioso, é subjectiva. Só depois se pensou que por via dessa fiscalização jurisdicional se obtinha a contenção da actividade administrativa dentro dos limites da legalidade; e que, sendo conveniente assegurar a disciplina da lei mesmo quando não fosse ferido qualquer interesse privado – e estivesse em causa o interesse geral –, se podia ampliar a utilização dos meios contenciosos a casos de mera defesa objectiva da legalidade. Daí a dupla função hoje desempenhada pelo contencioso administrativo: fundamentalmente, meio de garantia das relações jurídico-administrativas, e, depois, meio de garantia da legalidade na Administração. Esta dupla função verifica-se pela determinação das pessoas que podem utilizar os meios contenciosos: o interessado em obter uma sentença favorável e o Ministério Público, aquele movido pela necessidade de garantia dos seus direitos, este pelo interesse geral da legalidade"[683].

20. Apreciação crítica das bases autoritárias da teoria do direito administrativo de Marcello Caetano

a) A negação do Estado de Direito pelo Estado de legalidade

Marcello Caetano tende a apresentar o Estado de legalidade como resultado de uma evolução, ao nível da realidade constitucional, do Estado liberal, concretizando um afastamento do tipo ideal do Estado de Direito e uma aproximação progressiva ao modelo do Estado político-administrativo. A verdade, porém, é que o Estado de legalidade, tal como configurado por aquele Autor, representa uma negação do Estado de Direito, quer no que se refere à separação dos poderes, quer no tocante aos direitos fundamentais. O Estado de

---

[682] V. idem, ibidem, p. 363.
[683] V. Autor cit., Tratado Elementar de Direito Administrativo, cit., p. 365.

A Concepção Tradicional da Administração Pública como um Poder   357

legalidade volta a ser um Estado soberano e absoluto, ou seja, um poder não submetido a qualquer legalidade que o transcenda.

Como o próprio Marcello Caetano afirma, no Estado de legalidade "o Direito está na lei do Estado", a qual, atenta a atribuição de poderes legislativos ao Governo – que é simultanemanete o órgão superior da Administração Pública[684] –, vê o seu significado político- -jurídico reduzido ao de uma medida que "os órgãos administrativos têm de aplicar por igual aos casos idênticos submetidos à sua deci- são ou operação"[685].

Na síntese daquele Autor, o direito administrativo característico do Estado de legalidade é fruto da autolimitação de um Estado que é soberano e pode exercer o seu poder, em larga medida, de modo concentrado. E a força dinâmica desse mesmo Estado é a Adminis- tração que participa no exercício de todas as funções estaduais[686]. Daí a relevância do conceito orgânico de Administração Pública e a sua supra-ordenação relativamente aos particulares claramente expressa na noção de «Administração condicionante»[687]. Estes tra- ços são ainda mais acentuados tendo em consideração a concepção do Estado como função do poder político perfilhada por Marcello Caetano e que o leva à afirmação da soberania do Estado[688].

A incompatibilidade com a ideia de Estado de Direito da cons- trução de Marcello Caetano resulta fundamentalmente da circunstân- cia de, em consequência da concentração de poderes no órgão supe-

---

[684] Por exemplo, LUÍS SOUSA DA FÁBRICA refere, a tal propósito, a "posição dominante do Governo no plano político-constitucional", visto que o mesmo "dispunha quer de vastas competências legislativas, quer do poder de seleccionar os actos legislati- vos efectivamente aplicados e as condições em que obtinham aplicação" (v. Autor cit., *Reconhecimento de Direitos...*, cit., p. 30, nota 61).

[685] V. *supra* a alínea a), ponto (i), do número anterior. Como HANS KELSEN defende, "a distinção formal entre norma e acto só tem uma importância prática material no Estado de Direito constitucional em virtude da separação dos poderes que no mesmo é estabelecida entre um poder criador do direito (legislativo) e um poder executivo" (v. Autor cit., "Zur Lehre vom öffentlichrechtlichen Rechtsgeschäft", cit., (190) p. 206, nota 54).

[686] Cfr. *supra* a alínea a), ponto (iv), do número anterior, em especial o texto correspondente às notas 582 a 584.

[687] Cfr. *supra* a alínea a), pontos (i) e (iv), do número anterior.

[688] Cfr. *supra* a alínea a), ponto (ii), do número anterior.

358   *Estado de Direito Democrático e Administração Paritária*

rior da Administração, os direitos dos cidadãos se encontrarem, em larga medida, na sua disponibilidade – a Administração é, ela própria, condicionante do exercício dos direitos individuais[689].

Tal entendimento surgia ainda reforçado pela subordinação política do contencioso administrativo ao Governo. Na síntese de Luís Sousa da Fábrica, "a restrição dos poderes dos tribunais administrativos à anulação dos actos de autoridade significava que tudo quanto fosse além dessa eliminação jurídica, designadamente as novas definições de direitos, era já «execução de sentença», e cabia, enquanto tal, à Administração (activa). Mas como o derradeiro expediente que constituía a indemnização pecuniária por inexecução da sentença dependia da vontade discricionária do Governo, nos termos do § 4 do art. 77.º do RSTA", era àquele órgão "que cabia decidir, em última análise, acerca do reexercício dos poderes administrativos na sequência da sentença: numa palavra, era o Governo que punha e dispunha acerca da efectividade das normas jurídico-administrativas politicamente relevantes, funcionando os seus critérios políticos como um filtro entre a norma jurídica e as situações concretas que ela visava conformar"[690]. O sentido de tal modelo de contencioso administrativo era, deste modo, "eminentemente político" e traduzia-se "em sancionar a colocação da legalidade administrativa, incluindo os resultados da sua fiscalização, na dependência do Governo"[691].

---

[689] Cfr. Autor cit., *Manual de Direito Administrativo*, I, cit., p. 29, e *supra* a alínea a), ponto (i), do número anterior.

[690] V. Autor cit., *Reconhecimento de Direitos...*, cit., p. 29. O § 4 do art. 77.º do RSTA – Regulamento do Supremo Tribunal Administrativo, aprovado pelo Decreto n.º 41 234, de 20 de Agosto de 1957 – estabelecia o seguinte: "se a execução for por quantia certa, será levada a efeito quando o Governo, em Conselho de Ministros, julgar conveniente a sua liquidação". Saliente-se que o Governo gozava ainda de uma presunção de impossibilidade: nos termos do § 5.º do citado artigo do mesmo Regulamento, "a inexecução das decisões [do Supremo Tribunal Administrativo] por parte do Governo presume-se determinada por impossibilidade". Este regime de execução das sentenças dos tribunais administrativos foi afastado pelos arts. 5.º a 11.º do Decreto-Lei n.º 256-A/77, de 17 de Junho. Sobre as soluções, relativas ao dever de execução daquelas sentenças, consagradas neste último diploma, cfr. DIOGO FREITAS DO AMARAL, *Direito Administrativo*, IV, cit., pp. 230 e ss.

[691] V. LUÍS SOUSA DA FÁBRICA, *Reconhecimento de Direitos...*, cit., p. 29.

b) A relevância jurídico-administrativa da Administração exclusivamente como instância decisória e a consequente não consideração dos direitos subjectivos dos particulares

Em consonância com o mesmo entendimento, no plano do direito administrativo, a Administração vai aparecer como uma instância decisória dotada de poderes especiais.

Com efeito, embora Marcello Caetano fale em relação jurídica e em decisão tomada pela Administração, enquanto sujeito de tal relação, a verdade é que a posição jurídica dos particulares face àquela não fica totalmente esclarecida. Em rigor, os direitos subjectivos dos particulares perante a Administração não são considerados, já que esta é perspectivada sobretudo como detentora de um poder que lhe permite dispor daqueles direitos[692]. O único limite de tal poder é a lei que o prevê.

Acresce que o recurso contencioso surge como meio de tutela da legalidade dos actos administrativos que os particulares, em dadas circunstâncias, podem mobilizar para defesa dos seus interesses. Na verdade, com ressalva dos aludidos casos em que o destinatário do acto administrativo é titular de um direito que protege um seu interesse negativo, nos demais, nomeadamente nos casos de direitos relativos que protegem interesses positivos, estes não podem ser satisfeitos através do provimento do recurso contencioso[693]. Por outro lado, em muitas circunstâncias terceiros não destinatários de um acto administrativo são admitidos a recorrer deste último, mesmo sem terem um direito subjectivo perante a Administração.

---

[692] Isso mesmo é salientado por VASCO PEREIRA DA SILVA: "o pensamento de Marcello Caetano parece ter sempre oscilado entre a adopção de um conceito de relação jurídica, concebida como uma relação de poder, e a sua rejeição, de acordo com os postulados positivistas. Talvez, porque a utilização desse conceito por Marcello Caetano se tenha ficado a dever mais a uma tentativa de diálogo entre publicistas e privatistas, mediante a adopção de uma linguagem comum, do que a considerações de carácter técnico--jurídico" (v. Autor cit., *Em Busca do Acto Administrativo Perdido*, cit., p. 155). Com efeito, para Marcello Caetano, "a relação administrativa constitui uma relação de poder, que tem por conteúdo o abstracto direito à legalidade (concebido como um direito absoluto), e ela confunde-se com a relação jurídica processual, uma vez que a titularidade do direito do particular é reconduzida à legitimidade para recorrer" (v. *idem, ibidem*, p. 156).

[693] Cfr. *supra* a alínea c), ponto (ii), do número anterior.

360 *Estado de Direito Democrático e Administração Paritária*

O ponto de partida e a referência central do recurso contencioso é o acto administrativo recorrido e o seu objectivo único é a eliminação da ilegalidade. Isso mesmo resulta das considerações do próprio Marcello Caetano, nomeadamente da concepção monista do processo administrativo que defende.

O recurso em apreço integra o contencioso de anulação cuja "característica reside em o tribunal se limitar a declarar à face da lei que o acto jurídico é válido ou nulo, sem tirar dessa declaração quaisquer efeitos"[694]. Como Marcello Caetano refere, "temos de partir da ideia de que a actividade processual dos tribunais administrativos é, nestes casos, solicitada para efeitos de *recurso*, ou seja, da impugnação da legalidade de um acto administrativo definitivo e executório cuja anulação se pretende obter. Na base do recurso está, por conseguinte, uma decisão que, pondo termo à fase graciosa da actividade administrativa em dado caso, *define* situações jurídicas: a da Administração e a de certo ou certos particulares. Deste modo, parece impor-se que, ao apreciar a existência e a natureza do interesse exigido por lei para legitimar o recurso, se olhe apenas para *a posição de certa pessoa em relação ao acto cuja anulação pretende obter*. Apenas essa posição há que ter em conta"[695].

Por outro lado, "o recurso contencioso de anulação, em Direito Administrativo visa certo *acto*, em si mesmo, as condições da sua produção, a sua conformidade com a lei"[696]. O seu "carácter próprio" advém-lhe da circunstância de "não [se partir], como na acção, de uma relação jurídica material, visto ser a continuação de uma relação processual" – precisamente, o processo gracioso que antecedeu a prática do acto recorrido[697]. Assim, o recurso contencioso "pressu-

---

[694] V. MARCELLO CAETANO, *Tratado Elementar de Direito Administrativo*, cit., p. 378.

[695] V. MARCELLO CAETANO, "O interesse como condição de legitimidade no recurso directo de anulação", cit., p. 231; itálicos no original.

[696] V. *idem, ibidem*, p. 233; itálico no original.

[697] V. *idem, ibidem*, p. 244. Sobre a concepção monista do processo administrativo, v. *idem, ibidem*, p. 232: "o processo administrativo é um só, embora possa compreender duas fases, uma graciosa e outra contenciosa. Iniciada a actividade processual na ordem burocrática, se esta culmina pela prática de um acto definitivo e executório estamos perante uma decisão revestida de autoridade semelhante às sentenças judiciais [...]. Deste modo, o particular que apela desse acto para um órgão jurisdicional não vai solicitar uma definição

põe, como os recursos judiciais, a existência de uma decisão cuja legalidade (os juízes) vão averiguar, como também fazem os tribunais comuns de recurso, não podendo os interessados vir pedir à secção *ab initio*, como não podem pedir aos aludidos tribunais, que se lhes reconheça ou acautele ou torne efectivo um direito, pois este pedido só pode ser feito e satisfeito através da apreciação da decisão recorrida"[698].

Porque o recurso não é uma *actio* que vise a realização de um *ius*, mas um meio de defesa da legalidade das decisões administrativas, o que se impõe é encontrar um critério satisfatório que justifique que alguém possa questionar junto de um tribunal tal legalidade. Como o próprio Marcello Caetano explica, transcrevendo Laubadère, "o recorrente deve justificar certo interesse na anulação do acto. Esta noção de um interesse ofendido é muito diferente da de um direito de que a acção judicial fosse a realização. Trata-se simplesmente de exprimir a ideia de que não se quis, por motivos de ordem prática, abrir o recurso a todos sem distinção. Daqui resulta que a definição do interesse exigido é muito relativa e sujeita a evolução"[699].

E em Portugal registou-se, de facto, primeiro, e de direito, depois, uma evolução no que respeita aos atributos do interesse requeridos para a legitimidade do recurso contencioso: como condição de admissibilidade deste, começou por se exigir que o particular se apresentasse como "titular de um direito cuja violação alegasse" para, numa fase posterior, ser considerado suficiente, na linha da doutrina de Hauriou, "a posse de um interesse directo, pessoal e legítimo"[700].

---

autoritária do direito em relação controvertida: vai *recorrer*, no sentido próprio do termo, de uma decisão já revestida de autoridade e de executoriedade, pedindo ao tribunal que examine de novo o problema jurídico a fim de manter ou revogar a decisão recorrida. O recurso contencioso é, pois, a *continuação* da fase graciosa do processo administrativo, tendente a permitir nova análise e nova decisão, por um órgão competente, da questão já anteriormente decidida" (itálicos no original).

[698] V. o Ac. STA-P, de 26.05.1942 (Caso da Companhia de Moagem Harmonia), transcrito em MARCELLO CAETANO, "O interesse como condição de legitimidade no recurso directo de anulação", cit., pp. 234 e 235.

[699] V. MARCELLO CAETANO, "O interesse como condição de legitimidade no recurso directo de anulação", cit., p. 226.

[700] Sobre tal evolução no direito português, v., por todos, MARCELLO CAETANO, "Sobre o problema da legitimidade das partes no contencioso administrativo português –

362   *Estado de Direito Democrático e Administração Paritária*

Foi na sequência da clarificação desta noção de «legitimidade» do interesse material do recorrente que está na base da sua legitimidade processual[701], que Marcello Caetano acabou por abandonar a

---

Estudo de jurisprudência" (originariamente in *O Direito*, 1933) in *Estudos de Direito Administrativo*, Lisboa, 1974, pp. 11 e ss.; e "O interesse como condição de legitimidade no recurso directo de anulação", cit., pp. 222 e 228.

[701] Importa não confundir o interesse material dos particulares que, no caso de ser tutelado directa ou indirectamente por uma norma jurídica, corresponderá, respectivamente, a um direito subjectivo ou a um interesse legítimo, com a qualificação de legitimidade daquele interesse material para efeitos de contencioso administrativo, nomeadamente para determinar se o seu titular pode recorrer contenciosamente de um acto administrativo que o ofenda. Com efeito, o interesse material a que correspondam as qualificações de ser directo, pessoal e legítimo releva como interesse processual para efeitos de legitimar o recorrente a interpor um recurso contencioso do acto administrativo ofensivo daquele interesse (cfr também *supra* a nota 662).

Não sofre dúvida que MARCELLO CAETANO distingue as duas realidades. Assim, na edição do *Manual* em que pela primeira vez refere, a propósito do objecto da relação jurídica administrativa, o interesse legítimo como posição jurídica subjectiva distinta do direito subjectivo público – v. a 5.ª ed., de 1960 –, aquele Autor afirma expressamente: "deve notar-se que no Direito português a expressão «interesse legítimo» existe no Contencioso Administrativo, mas com o sentido que no lugar próprio será determinado" (v. Autor cit., *Manual de Direito Administrativo*, 5.ª ed., cit., p. 173). Contudo, também é verdade que a sua exposição nem sempre é clara quanto ao interesse considerado – o processual ou o material –, sobretudo, quando se socorre do conceito de legitimidade processual previsto no art. 26.º do Código de Processo Civil para definir o interesse cuja titularidade é exigida para recorrer contenciosamente de certo acto (v. Autor cit., "O interesse como condição de legitimidade no recurso directo de anulação", cit., p. 229).

Com efeito, o que está em causa na citada disciplina da lei processual civil é assegurar que as pessoas que se apresentam no processo são as partes processuais que devem ser. São-no desde que tenham um interesse directo em demandar ou contradizer. Como determina o n.º 3 daquele preceito, "na falta de indicação da lei em contrário, são considerados titulares do interesse relevante para o efeito da legitimidade os sujeitos da relação controvertida, tal como é configurada pelo autor" (redacção dada pelo Decreto-Lei n.º 329-A/95, de 12 de Dezembro). Ou seja, o citado interesse descreve apenas a posição da parte quanto ao objecto do processo, tal como configurado pelo autor: assim, é parte legítima como autor quem alegue a titularidade de um direito. Mais: aquele interesse nem sequer coincide com o interesse processual, entendido como necessidade de protecção jurídica (*Rechtsschutzbedürfnis*). Este último resulta da alegação da violação do direito cuja titularidade o autor também invoca.

Diferentemente, o interesse cuja titularidade se exige para a interposição do recurso contencioso já tem de corresponder a um interesse material do recorrente e coincide com o interesse processual. Aliás, só assim se compreende o sentido do alargamento das condições de legitimidade para o recurso contencioso a que se reportava a nota anterior: em vez

qualificação da posição jurídica substantiva dos particulares perante a Administração como «direito à legalidade administrativa». Aquele Autor substituiu-a, então, na esmagadora maioria dos casos, pela noção de «interesse legítimo», sem que a mesma, todavia, afectasse os termos em que a tutela da legalidade se encontrava garantida.

Para tanto, Marcello Caetano apoiou-se na doutrina italiana, em especial na lição de Zanobini: "entre as normas de Direito Administrativo são pouquíssimas as que se destinam a regular as relações entre o Estado e os cidadãos individualmente considerados e portanto para estabelecer direitos subjectivos a favor de um ou de outro: a maior parte tem por fim organizar a Administração por si própria, distribuir as várias funções pelos seus órgãos, regular o processo da sua actividade, o conteúdo e a forma dos seus actos. Todas estas normas actuam unilateralmente sobre a Administração, apenas criando para ela limitações e deveres a que não correspondem direitos de outros sujeitos. Como as normas desta categoria são estabelecidas no interesse geral, têm interesse na sua observância todos os cidadãos

---

da titularidade de um direito subjectivo material, passou a ser suficiente a titularidade de um interesse material qualificado por determinados atributos. Por outro lado, a noção de "interesse directo, pessoal e legítimo no provimento do recurso" (art. 821.º, n.º 2, do Código Administrativo) obriga, por causa do interesse processual, a referenciar o interesse material ao acto administrativo: para tanto, aquele interesse material há-de ter sido "ofendido" (*froissé*) pelo acto de que se pretende recorrer. Como diz MARCELLO CAETANO, para apurar a existência do interesse é necessário verificar "se o provimento do recurso traz utilidade ou vantagem, mesmo que só funcional ou moral, ao recorrente" (v. Autor cit., *ibidem*, p. 249). V. também do mesmo Autor, *Manual de Direito Administrativo*, II, cit., p. 1356.

Para qualificar o interesse material em ordem à sua relevância processual, MARCELLO CAETANO considera que o mesmo "é legítimo se decorrer do facto de o seu titular haver sido desfavorecido no processo em que foi praticado o acto recorrido ou se for objecto de protecção jurídica, mesmo indirecta" (v. Autor cit., "O interesse como condição de legitimidade no recurso directo de anulação", cit., p. 250). Tal abrange apenas posições jurídicas subjectivas, nomeadamente o direito subjectivo e o interesse legítimo. Mais tarde, porém, aquele Autor alargará o universo de interesses materiais a considerar, ao entender que a utilidade proveniente do provimento do recurso apenas não deve ser "reprovada pela ordem jurídica" (v. Autor cit., *Manual de Direito Administrativo*, II, cit., p. 1357). Em nota MARCELLO CAETANO esclarece ter alterado o conceito de «interesse legítimo» no âmbito do contencioso administrativo, "por se nos afigurar que o proposto está mais de harmonia com o espírito da lei e a própria natureza da legitimidade" (v. *idem, ibidem*).

364   *Estado de Direito Democrático e Administração Paritária*

como componentes da sociedade política, o Estado: todos têm, na verdade, interesse no regular desenvolvimento da actividade administrativa. Este interesse genérico, justamente como comum a todos, não dá lugar a nenhuma relação específica entre os indivíduos e o Estado. Trata-se do interesse geral ou colectivo cuja tutela está a cargo do Estado, da comuna ou de outra entidade à qual estejam confiados os interesses da colectividade em questão. [...] Mas, entre os cidadãos, pode dar-se o caso que haja algum com interesse pessoal na observância dessas normas, o qual se adiciona ao interesse geral que todos têm. [...] Tais interesses são diferentes do interesse geral, embora com ele conexos: não recebem da lei uma protecção directa e por isso não constituem direitos subjectivos, mas os seus titulares podem pôr em movimento recursos destinados a anular ou modificar os actos produzidos com violação das normas estabelecidas para tutela do interesse geral, de tal forma que desapareça a lesão que tais actos produziram nos referidos interesses individuais"[702].

---

[702] V. MARCELLO CAETANO, "O interesse como condição de legitimidade no recurso directo de anulação", cit., p. 246. Na sequência deste estudo de 1959, aquele Autor introduziu a temática do «interesse legítimo», como posição jurídica subjectiva dos particulares distinta do direito subjectivo público, na edição seguinte do seu *Manual* – a 5.ª, de 1960 –, a propósito do objecto da relação jurídica (v. Autor cit., *Manual de Direito Administrativo*, 5.ª ed., cit., p. 173). E a referência a tal matéria manteve-se nas edições subsequentes que ainda seguiram o esquema da relação jurídica, nomeadamente a 6.ª e a 7.ª, respectivamente, de 1963 e de 1965.

Com efeito, na citada 5.ª ed. MARCELLO CAETANO, na sequência do que já vinha fazendo em anteriores edições do *Manual* e do que consta do *Tratado* (p. 171), refere, como exemplo paradigmático de direito subjectivo público dos particulares, a acção judicial: "qualquer pessoa com capacidade judiciária pode pedir aos tribunais que se ocupem de um conflito em que um seu interesse individual esteja envolvido: é o que se chama acção judicial. A acção constitui um direito subjectivo porque é um poder conferido à pessoa em razão dos interesses próprios dela. E é um direito subjectivo público porque a realização desse interesse individual de composição judiciária de um conflito coincide com o interesse público da justiça e da segurança, erigido em fim do Estado" (v. Autor cit., *ibidem*, pp. 172 e 173). Mas logo a seguir acrescenta: "não se devem confundir os direitos subjectivos públicos assim definidos [v. o texto correspondente à penúltima nota] com o que se pode chamar *interesses legítimos* na senda traçada pela doutrina italiana. Os direitos subjectivos públicos consistem em poderes efectivamente atribuídos por lei aos indivíduos em consideração de interesses próprios deles, embora esses interesses coincidam com interesses públicos. O caso do interesse legítimo é diferente. Sabido que na ordem

A Concepção Tradicional da Administração Pública como um Poder   365

A título de conclusão, relativamente ao modo como Marcello Caetano perspectiva a situação recíproca da Administração e dos particulares, é de subscrever a síntese de Vasco Pereira da Silva: "a evolução do pensamento de Marcello Caetano foi-se encaminhando no sentido da sua progressiva «objectivização». Neste percurso intelectual, a relação processual vai levar a melhor sobre a relação jurídica substantiva (mesmo que entendida apenas como uma «relação de poder»), o direito à legalidade vai reduzir-se a uma questão de legitimidade processual (e definida em termos marcadamente objectivos), e a relação jurídica foi sendo substituída pela ideia central da continuidade entre o procedimento e o processo, o que significou a degradação das relações substantivas em ligações meramente processuais – nas quais o particular é visto como objecto do poder administrativo, exercido através do «processo gracioso» e é considerado como «serviçal» da Administração, no processo contencioso"[703].

---

jurídica administrativa existem, a par de normas reguladoras das *relações* entre a Administração e os particulares, numerosas normas que têm por objecto a organização administrativa, pode suceder que destas últimas, estatuídas com o objecto principal de atender aos interesses da Administração, venha a resultar indirecto benefício de certos interesses individuais qualificados. Os autores italianos chamam a tais interesses individuais indirectamente protegidos em consequência de normas que se propõem em exclusivo garantir interesses públicos, *interesses legítimos*" (v. *idem*, *ibidem*, p. 173; itálicos no original).

[703] V. Autor cit., *Em Busca do Acto Administrativo Perdido*, cit., p. 157.

Terceira Parte

O Estado de Direito democrático e a nova compreensão das posições jurídicas recíprocas da Administração e dos particulares

21. Razão de ordem

A emergência do Estado constitucional, embora tenha conferido relevância política à sociedade e aos seus membros, não determinou o afastamento da soberania da ordem interna. O aparecimento e a evolução, quer do Estado legal em França, quer da monarquia constitucional na Alemanha, espelham-no bem[1]. No âmbito do primeiro, a supremacia absoluta da Nação, agora representada no parlamento, sucedeu à supremacia absoluta do rei[2]: a lei, condensando e exprimindo a vontade do novo soberano, não encontra limites e legitima os actos do poder executivo, o qual, de resto, também é visto como

---

[1] Cfr. *supra*, na Segunda Parte, respectivamente, os n.os 11 e 16, em especial, a alínea b).

[2] Como refere ROGÉRIO EHRHARDT SOARES, "o parlamento formado pela Nação exprime a sua vontade livre, e, ao fazê-lo, vai garantir a comunicação com o mundo dos objectos lógicos, onde estão inscritas as leis [– o Autor refere-se à concepção racional de lei que anteriormente havia mencionado, nos termos da qual a lei positiva é, não o produto dum arbítrio, mas a descoberta da verdade absoluta –]. O parlamento tomou o lugar do soberano iluminado. Agora é, compreensivelmente, o centro do Estado" (v. Autor cit., *Lições de Direito Administrativo* (ao Curso de Direito no Porto da Universidade Católica Portuguesa), s.d., p. 23. AFONSO VAZ refere, a este propósito, o conceito de "Estado-de--Direito-de-legalidade" correspondente a uma tradição democrática oitocentista de «monismo parlamentar» em que a "a «vontade geral» era o direito e, assim, o constituía e dele dispunha" (v. Autor cit., *Lei e Reserva da Lei...*, cit., pp. 103 e 245).

368 *Estado de Direito Democrático e Administração Paritária*

uma emanação da mesma Nação[3]. Na segunda, o poder monárquico subsiste *qua tale*, mas tem de coordenar-se com o poder da sociedade representada no parlamento pela burguesia: o rei governa e administra e pode aprovar regras administrativas fora do domínio da reserva de lei, mas todas as suas acções estão subordinadas às leis e estas só podem ser por ele aprovadas ou sancionadas com o concurso do parlamento. Acresce que nos domínios da citada reserva de lei o rei só pode agir com fundamento num acto dessa natureza.

Naqueles dois casos, o Executivo viu-se limitado pelos poderes do parlamento, nos termos dos princípios da repartição e da organização, segundo a explicação de Carl Schmitt[4]; mas, para além dos limites interiores e exteriores da lei, a soberania subsistiu concentrada no mencionado poder do Estado. Com efeito, o Executivo continuou a deter o monopólio da força e continuou a poder exercê-la com respeito pelos citados limites. Verifica-se, assim, que também existe uma linha de continuidade entre o Estado constitucional e o Estado absoluto: a soberania que caracterizava este último continua presente no Executivo, embora «domesticada» pela Constituição material. Existe subordinação do Estado ao direito; mas este opera a partir do exterior como um limite a que aquele voluntariamente se submete. Consequentemente, o Estado é «Estado», é poder soberano. O direito não o constitui; apenas o organiza e, desse modo, limita a sua acção. No plano constitucional prevalece o modelo da unilateralidade[5].

A força, que no Estado absoluto podia ser utilizada sem limites jurídicos, passou a ter de respeitar alguns, mas o seu uso efectivo ou a possibilidade do mesmo continuaram a caracterizar a posição jurídica da Administração perante os particulares: aquela é um poder a que estes devem obediência; e a desobediência destes, além de eventualmente ser punível, abre a possibilidade de a Administração se lhes substituir, agindo pelos seus próprios meios ou recorrendo a terceiros em vista da realização dos seus direitos, ou de coagir os

---

[3] Recorde-se a segunda frase do art. 3.º da Declaração dos Direitos do Homem e do Cidadão: "nenhuma corporação, nenhum indivíduo pode exercer autoridade que daquela [da Nação] não emane expressamente".

[4] Cfr. *supra*, na Segunda Parte, as notas 95 a 97 e o texto correspondente.

[5] Cfr. *supra*, na Primeira Parte, o n.º 8, em especial, a alínea a).

O *Estado de Direito Democrático e a nova compreensão...* 369

particulares à obediência. É ao nível do direito administrativo que o Estado de Direito surge como um conceito relevante: "o Estado de Direito é o Estado do direito administrativo bem ordenado"[6].

Por outro lado, na sua concepção inicial, o Estado constitucional comungava das limitações próprias do tempo, designadamente no que se refere às ideias de democracia e de direitos fundamentais. Assim, o sufrágio censitário e, ou, capacitário, para mais limitado aos cidadãos do sexo masculino, era naturalmente aceite; a formulação dos direitos fundamentais era relativamente abstracta e os mesmos não eram interpretados como vinculativos para o legislador. Acresce que o conceito original de Estado de Direito – que corresponde à afirmação de uma nova espécie de Estado orientada para a auto-realização da subjectividade individual (*Selbsterfüllung der individuellen Subjektivität*), e não já para bens transpessoais (*überpersönliche Güter*)[7], e que, por conseguinte, abrange todas as dimensões do Estado, incluindo a constitucional – exige a criação das condições sociais necessárias à aludida auto-realização do indivíduo, nomeadamente a garantia da liberdade e da propriedade, mas não já à realização da igualdade social"[8].

Por tudo isto, na sua origem, "o conceito de Estado de Direito tem uma tendência liberal, mas não necessariamente democrática. A liberdade política dos cidadãos, a sua participação activa na vida do Estado, vale como realização (*Vollendung*) e garantia da sua própria liberdade individual (*die bürgerliche Freiheit*); aquela encontra o seu limite ali onde já não proteja esta última, antes a

---

6 "*Der Rechtsstaat ist der Staat des wohlgeordneten Verwaltungsrechts*"; v. OTTO MAYER, *Deutsches Verwaltungsrecht*, I, cit., p. 58. SOBOTA refere-se, por isso, a um "Estado de direito administrativo" (*Verwaltungsrechtsstaat*; v. a Autora cit., ob. cit., p. 448). V. também a síntese de DIOGO FREITAS DO AMARAL: "no *Estado liberal* (monarquia limitada) a Administração pública continua [como no Estado de polícia] a depender do rei e a ter por fundamento a vontade real e o poder monárquico, mas encontra-se limitada negativamente pela lei no interesse dos particulares: pode fazer tudo o que o rei ordenar, contanto que não ofenda direitos dos particulares senão com base numa lei anterior" (v. Autor cit., *Curso...*, II, cit., p. 45; itálico no original).

7 Cfr. BÖCKENFÖRDE, "Entstehung und Wandel des Rechtsstaatsbegriffs", cit., p.147, e *supra*, na Segunda Parte, o n.º 15, em especial, a alínea c).

8 Cfr. *idem, ibidem*, p. 148.

370 *Estado de Direito Democrático e Administração Paritária*

ameace; onde já não favoreça a razão, mas a paixão"[9]. Na verdade, "as representações do «Estado-Democrático» e do «Estado-de-Direito», quando reduzidas à sua significação histórico-dogmática, traduzem substantivações lógico-estruturais distintas de fundamentação *normativa* do direito. As duas tradições oitocentistas – do «monismo parlamentar» e do «Estado-de-Direito» – corporizaram essas representações: a expressão da vontade democrática era, na tradição monista, o decisivo elemento racional do direito; o direito, na tradição do *Rechtsstaat*, perseguia uma dimensão autónoma da vontade. Se, naquela tradição democrática, a «vontade geral» era o direito e, assim, o constituía e dele dispunha; na tradição do «Estado-de-Direito», a vontade democrática era garantia contra a disposição abusiva do direito, mas não o constituía, antes era pressuposto da sua revelação justa"[10].

---

[9] Assim, v. BÖCKENFÖRDE, "Entstehung und Wandel des Rechtsstaatsbegriffs", cit., p.148. Do mesmo Autor, v. também "Demokratie als Verfassungsprinzip" cit., Rn. 84, p. 486 ("o Estado de Direito não está, na sua realização, ligado à democracia; como a monarquia constitucional do Séc. XIX mostra, ele também pode ganhar forma no quadro de outros regimes políticos" (*Gestalt gewinnen in anderen Staatsformen*). V. igualmente RUPP, *Grundfragen...*, cit., p. 138 ("liberalismo e democracia orientam-se em função de valores políticos fundamentais distintos"); e SOBOTA, ob. cit., p. 446 ("o Estado de Direito alemão estabeleceu-se sob o regime monárquico").

[10] Assim, v. AFONSO VAZ, *Lei e Reserva da Lei...*, cit., pp. 244 e 245; itálico no original. E o mesmo Autor esclarece: o «Estado-democrático» substantivamente (ou "como dimensão substantiva") "significa que o Estado se constitui e se rege, em toda a linha da sua estrutura de poder, pela vontade democraticamente manifestada pelos seus cidadãos. O direito e a lei são aqui entendidos como auto-determinações da vontade soberana" (v. Autor cit., *ibidem*). Quanto ao Estado de Direito, AFONSO VAZ afirma: "o *Rechtsstaat* significou, antes de mais, uma forma específica de salvaguarda da esfera individual perante o poder monárquico, que continuava actuante como fonte autónoma de regulação normativa. [...] O «Estado-de-Direito» substancializava-se na democracia, na medida em que esta era a *homogeneidade social-estimativa* dos «iguais», em contraposição ao Monarca, e nela se realizava o *valor comum da igualdade, liberdade e objectividade-segurança*, ou seja, era uma *Wertdemokratie*. O *Rechtsstaat* era, pois, por definição, um Estado-de-Direito-material, que se identificava naqueles princípios e neles se auto-limitava, e era por isso, também por definição, um «Estado Democrático». Só que, na estrutura dual do poder estadual, este «Estado Democrático» era uma vertente da «orgânica» estadual e não o Estado, pois que o Estado e a sua soberania continuavam a ser representados pelo Monarca" (v. Autor cit., *ibidem*, pp. 250 e 251).

No que respeita ao carácter necessariamente democrático e material do Estado de Direito, v., todavia, o que se diz a seguir no texto e *supra*, na Segunda Parte, no n.º 16,

O *Estado de Direito Democrático e a nova compreensão...* 371

Inicialmente, porém, a exigência do Estado de Direito foi feita, não obstante as mencionadas limitações próprias do tempo, em paralelo com a de uma Constituição democrática que assegurasse os direitos de liberdade e submetesse a actividade do Estado à legalidade e à justiça[11]. Historicamente, a separação entre aquelas duas reivindicações na Alemanha dá-se na sequência do fracasso da Revolução de Março (de 1848) e da Constituição, aprovada em Março de 1849, pela Assembleia Nacional Constituinte reunida na Paulskirche, em Frankfurt. O conceito de Estado de Direito esvaziado do seu conteúdo material – o Estado de Direito formal de Stahl – significa justamente o compromisso pós-revolucionário da burguesia com a monarquia, nos termos do qual o Estado, enquanto poder, deixa de ser posto em causa e passa a ser formalmente garantida contra o arbítrio da autoridade uma esfera económico-social privada (correspondente ao domínio da liberdade e da propriedade)[12].

Posteriormente, em especial na Alemanha, após 1945, verificou-se uma recuperação do conceito original de Estado de Direito e, ao mesmo tempo, o respectivo desenvolvimento segundo uma nova orientação: "no lugar do Estado de Direito formal devia surgir o

---

alínea c). Se é verdade que a ideia do Estado de Direito nasceu com um conteúdo axiológico de que também fazia parte, como notou Böckenförde, a liberdade política dos cidadãos (cfr. a nota anterior e o texto correspondente), não é menos verdade que a concretização histórico-constitucional da mesma ideia no quadro da "estrutura dual" característica da monarquia constitucional alemã determinou uma sua descaracterização: como o próprio AFONSO VAZ reconhece, em vez da *Wertdemokratie* – que se poderia traduzir por uma soberania do direito – subsiste a soberania do Estado representada pelo monarca. O conceito de Estado de Direito formal respeita justamente, e como se mostrou *supra* no n.º 16, alínea c), da Segunda Parte, a tal situação (de resto, AFONSO VAZ também refere esse "trânsito" ou passagem da ideia original do Estado de Direito ao Estado de Direito formal: v. *ibidem*, p. 250, nota 268).

[11] Recordem-se os princípios em matéria de direito eleitoral aprovados pela assembleia preparatória da Assembleia Nacional Constituinte (*Vorparlament* – direito de voto igual e secreto para todos os homens maiores), os direitos fundamentais da Constituição (que, todavia, nunca chegou a entrar em vigor) aprovada em 28 de Março de 1849 na Assembleia Nacional Constituinte reunida na Paulskirche em Frankfurt (§§ 130 e ss.) e o princípio afirmado na primeira frase do § 182 dessa mesma Constituição ("é extinta a justiça da Administração (*Verwaltungsrechtspflege*); os tribunais são competentes para decidir sobre todas as violações de direitos (*Rechtsverletzungen*)").

[12] Cfr. *supra*, na Segunda Parte, o n.º 16, alínea c).

372 Estado de Direito Democrático e Administração Paritária

Estado de Direito material; no lugar do Estado de Direito liberal devia surgir o Estado de Direito social"[13]. Além disso, o Estado de Direito surge em correlação com os direitos fundamentais e com a democracia, conforme a fórmula de um "Estado de Direito livre e democrático" (*ein freiheitlich-demokratischer Rechtsstaat*) utilizada pela jurisprudência do *Bundesverfassungsgericht* e pela doutrina constitucional germânica[14].

A Constituição da República Portuguesa define Portugal como "uma República soberana, baseada na dignidade da pessoa humana e na vontade popular"[15] e identifica a República Portuguesa como

---

[13] Assim, v. BÖCKENFÖRDE, "Entstehung und Wandel des Rechtsstaatsbegriffs" cit., p. 143. V também *idem, ibidem*, p. 158. Na doutrina portuguesa, cfr., por exemplo, JORGE REIS NOVAIS, *Os Princípios Constitucionais...*, cit., pp. 30 e ss.

[14] Como observa SOBOTA, originalmente o princípio do Estado de Direito foi concebido e considerado no plano constitucional autonomamente; "o preenchimento com a ideia de democracia e com os direitos fundamentais corresponde a uma realidade posterior que ocorreu apenas no pós-guerra alemão" (v. Autora cit., ob. cit., p. 447; *ibidem*, na nota 124, a mesma Autora sublinha a influência dos autores suíços e de Hermann Heller sobre a doutrina relativa ao Estado de Direito dominante na República Federal da Alemanha). Aquela Autora procura justamente reconduzir o princípio do Estado de Direito às suas funções constitucionais originais, não em vista de um qualquer regresso ao passado monárquico ou de um enfraquecimento das proposições contidas no *Grundgesetz*, relativamente ao princípio democrático ou aos direitos fundamentais, mas a fim de "tornar claros os pontos de apoio de uma diferenciação actual do princípio do Estado de Direito relativamente aos outros princípios fundamentais" (v. *idem, ibidem*). Daí que reconheça que a fórmula do «Estado de Direito livre e democrático», além de enraizada no discurso constitucional, tenha aberto um plano de argumentação adequado, dos pontos de vista político e constitucional. "Quem pretendesse reduzir o conceito de Estado de Direito de tal modo que todos aqueles princípios não fossem considerados conjuntamente, destruiria uma unidade valorativa (*Wertungseinheit*) que, na prática, se tem revelado como um modelo de identificação útil (*ein griffiges Identifikationsmuster*). Acresce que uma concepção do Estado de Direito que fosse neutra, relativamente à forma de governo e aos direitos do indivíduo, se aproximaria do conceito de um Estado de Direito puramente formal" (v. Autora cit., ob. cit., pp. 447 e 448).

No sentido de que o Estado de Direito no âmbito do *Grundgesetz* corresponde a um princípio estruturante de natureza política (*ein politisches Formprinzip*), cfr., por exemplo, SCHEUNER, "Die neuere Entwicklung des Rechtsstaats in Deutschland" cit., pp. 465. E sobre as transformações profundas do Estado de Direito, nomeadamente por causa da nova estrutura social, v. *idem, ibidem*, pp. 505 e 506..

[15] Cfr. o seu art. 1.º. Como referem GOMES CANOTILHO e Vital Moreira, "a dignidade humana e a vontade popular estão organicamente ligadas, respectivamente, à garantia constitucional dos direitos fundamentais e ao sistema constitucional-democrático. São

O Estado de Direito Democrático e a nova compreensão...

"um Estado de Direito democrático, baseado na soberania popular, no pluralismo de expressão e organização política democráticas, no respeito e na garantia de efectivação dos direitos e liberdades fundamentais e na separação e interdependência de poderes"[16]. Embora se

igualmente fundamento e limite do Estado democrático configurado pela Constituição" (v. Autores cits., *Constituição da República Portuguesa Anotada*, 3.ª ed., Coimbra, 1993, anot. IV ao art. 1.º, p. 58). Em sentido fundamentalmente idêntico v. JORGE MIRANDA e RUI MEDEIROS, *Constituição da República Portuguesa Anotada*, Tomo I, Coimbra, 2005, anot. II ao art. 1.º (da autoria de JORGE MIRANDA; cfr. *ibidem*, p. 6), p. 53: no segundo segmento do preceito em análise "fixam-se os fundamentos e os limites da acção do Estado". Saliente-se, em todo o caso, que JORGE MIRANDA destaca a primazia da dignidade da pessoa humana: esta "é um *prius*. A vontade popular está-lhe subordinada; não se lhe contrapõe como princípio com que tenha de se harmonizar, porquanto é a própria ideia constitucional de dignidade da pessoa humana que a exige como forma de realização; não há respeito da vontade do povo português (para repetir o preâmbulo) sem respeito da dignidade da pessoa humana" (v. *ibidem*). Salientando igualmente "o primado da ideia de protecção da autonomia e realização da personalidade individual", enquanto "núcleo fundamental e imprescindível de qualquer realização histórica do ideal do Estado de Direito", v. JORGE REIS NOVAIS, *Os Princípios Constitucionais...*, cit., pp. 37 e 38.

[16] Cfr. o seu art. 2.º (a expressão «Estado de Direito democrático», que anteriormente só constava do Preâmbulo, foi introduzida pela Lei Constitucional n.º 1/82, de 30 de Setembro, neste artigo – em substituição da locução «Estado democrático» constante da redacção originária – e no art. 9.º, alínea b); as Leis Constitucionais n.ºs 1/89, de 8 de Julho, e 1/97, de 20 de Setembro, introduziram modificações ao nível dos princípios em que o Estado de Direito democrático se baseia – nomeadamente, a referência à "separação e interdependência de poderes" – e, bem assim, dos fins por ele visados – nomeadamente, em vez da "transição para o socialismo mediante a realização da democracia económica, social e cultural e o aprofundamento da democracia participativa", apenas a realização daquela democracia e deste aprofundamento).

Segundo GOMES CANOTILHO e VITAL MOREIRA, "o preceito duplica, por assim dizer, o conteúdo do art. 1.º, agora sob a perspectiva do Estado: vontade popular – soberania popular; dignidade da pessoa humana – direitos e liberdades fundamentais; sociedade justa e solidária – democracia económica e social. Trata-se na verdade de duas faces de uma mesma concepção integrada da sociedade e do Estado, enquanto colectividade política organizada" (v. Autores cits., *Constituição da República Portuguesa Anotada*, cit., anot. I ao art. 2.º, p. 61). JORGE MIRANDA, pelo seu lado, entende que "a expressão «Estado de Direito democrático» [- que para este Autor designa o regime político; cfr. a anot. I, p. 60 -] não envolve algo de contraposto ou radicalmente diverso da expressão, mais corrente na doutrina, «Estado social de Direito»" e que os segmentos do preceito que procedem à enumeração dos elementos ou das bases do Estado de Direito democrático e à indicação dos objectivos a alcançar são complementares relativamente ao disposto no art. 1.º (cfr. Autor cit. in JORGE MIRANDA e RUI MEDEIROS, *Constituição da República Portuguesa Anotada*, cit. anots. I e II ao art. 2.º, pp. 60 e 61 – da autoria de JORGE MIRANDA; cfr. *ibidem*, p. 6).

374 Estado de Direito Democrático e Administração Paritária

discuta o exacto alcance da locução «Estado de Direito democrático»[17], parece inequívoco que a mesma corresponde a uma nova realidade: o «Estado de Direito democrático» implicou uma democratização do conceito de Estado de Direito, nomeadamente a eliminação dos limites inerentes ao conceito originário de Estado de Direito, e, bem assim, a sua articulação com a afirmação plena do princípio democrático e com as consequências, designadamente em termos de orientação do próprio Estado de Direito para fins económicos, sociais e culturais, daí advenientes. Deste modo, mais do que um problema de evolução constitucional, está em causa a própria compreensão do Estado de Direito na actual ordem constitucional portuguesa: o mesmo "não é um conceito pré- ou extraconstitucional, mas um conceito constitucionalmente caracterizado. Ele é desde logo, uma *forma de racionalização* de uma estrutura estadual constitucional"[18].

---

[17] V., por exemplo, AFONSO VAZ, *Lei e Reserva da Lei...*, cit., pp. 244 e ss., que advoga inclusivamente a sua «rectificação» em futura revisão constitucional (v. *ibidem*, p. 255, nota 289). Cfr. a alínea b) do número seguinte.

[18] V. GOMES CANOTILHO, *Direito Constitucional ...*, cit., p. 255; itálico no original. No mesmo sentido concorrem as observações de JORGE MIRANDA, a propósito da noção de «Estado de Direito democrático»: "pretende-se um modelo mais exigente (não necessariamente mais original) de Estado de Direito – no confronto do dos países da Europa ocidental – quer no tocante aos direitos sociais quer no que tange aos próprios direitos de liberdade" (v. Autor cit. in JORGE MIRANDA e RUI MEDEIROS, *Constituição da República Portuguesa Anotada*, cit. anot. II ao art. 2.º, pp. 61 e 62 – da autoria de JORGE MIRANDA; cfr. *ibidem*, p. 6). Com efeito, "embora Estado de Direito e democracia, historicamente, tenham surgido sob influências e em momentos diversos, hoje uma democracia representativa e pluralista não pode deixar de ser um Estado de Direito – por imperativo de racionalidade ou funcionalidade jurídica e de respeito pelos direitos das pessoas. [...] Há uma interacção dos princípios substantivos da soberania do povo e dos direitos fundamentais e a mediatização dos princípios adjectivos da constitucionalidade e da legalidade. Numa postura extrema de irrestrito domínio da maioria, o princípio democrático poderia acarretar a violação do conteúdo essencial dos direitos fundamentais; assim como, levado aos últimos corolários, o princípio da liberdade poderia recusar qualquer decisão política sobre a sua modelação; o equilíbrio obtém-se através do esforço de conjugação, constantemente renovado e actualizado, de princípios, valores e interesses, bem como através de uma complexa articulação de órgãos políticos e jurisdicionais, com gradações conhecidas. Em segundo lugar, porém, Estado de Direito democrático parece querer significar um pouco mais. Ele liga-se especificamente também à democracia económica, social e cultural [...]; reporta-se ao relevo assumido pelos direitos económicos, sociais e culturais e pelas condições da sua efectivação [...]; torna-se indissociável da vinculação

O *Estado de Direito Democrático e a nova compreensão...* 375

Em todo o caso, e sem prejuízo da necessidade de uma consideração conjunta – e outro tanto pode ser afirmado com referência aos direitos fundamentais, para quem os considere autonomamente e não como uma das dimensões ou um dos elementos do princípio do Estado de Direito – Estado de Direito e democracia correspondem, dos pontos de vista das tradições histórica e dogmática, a princípios fundamentais autónomos, ainda que apresentem zonas de confluência. Por outro lado, e como referido, a democratização do Estado de Direito criou as condições suficientes para a afirmação de uma autónoma dimensão social que aquele agora necessariamente tem de enquadrar e integrar.

A mesma democratização opera um reposicionamento constitucional do poder executivo com consequências ao nível do entendimento do princípio da legalidade da Administração. Com efeito, sendo a vontade do povo o único fundamento da legitimidade da actuação jurídico-pública, a acção do Executivo passou a estar dependente de uma autorização legal: onde antes podia agir com liberdade de iniciativa apenas com respeito pelos limites da lei, agora já só pode agir nos casos e nos termos legalmente previstos. Consequentemente, as declarações de vontade da Administração, nomeadamente o acto administrativo, passaram a só produzir os efeitos jurídicos que uma dada determinação normativa impute às mesmas. A vinculatividade do acto administrativo carece – em termos fundamentalmente comparáveis às declarações de vontade do direito privado – de um fundamento jurídico geral ou especial. Exigindo a Constituição que a Administração esteja vinculada aos direitos fundamentais e às leis, torna-se necessário que todos os actos da Administração destinados à produção de efeitos jurídicos possuam um dado fundamento normativo, uma vez que, de outro modo, não seria possível estabelecer as aludidas vinculações[19].

---

das entidades privadas aos direitos, liberdades e garantias e da subordinação do poder económico ao poder político democrático [...]" (v. *idem, ibidem*, p. 61).

MARIA LÚCIA AMARAL refere-se ao princípio do Estado de Direito democrático como "o primeiro de todos os princípios fundamentais" do qual, "de algum modo, todo o restante sistema da Constituição decorre [...]; o «coração» da Constituição encontra-se nele" (v. Autora cit., *A Forma da República*, cit., pp. 129 e 130).

[19] Cfr. SCHMIDT-DE CALUWE, *Der Verwaltungsakt...*, cit., p. 277.

376 Estado de Direito Democrático e Administração Paritária

Finalmente, a citada concepção da legalidade administrativa, conjugada com a eficácia imediata dos direitos, liberdades e garantias[20], e a garantia da tutela jurisdicional das posições jurídicas subjectivas dos particulares perante a Administração[21], obriga a perspectivar o direito administrativo a partir de uma "subjectivização das relações entre o Estado e o cidadão"[22] e, consequentemente, a subjectivizar o próprio direito administrativo[23]: as suas normas não se dirigem exclusivamente à Administração, mas, num grande número de casos, simultaneamente a esta e aos particulares afectados pela sua actividade.

Pelo exposto, cumpre analisar sucessivamente:

– A democratização do Estado de Direito, nomeadamente a eliminação dos limites inerentes ao seu conceito original e a sua coordenação com a afirmação plena do princípio democrático no actual quadro constitucional e com a consequente afirmação do princípio do Estado social;

– O sentido fundamental da subordinação da Administração à lei;

– A subjectivização das relações entre o Estado e o cidadão e a sua concretização, relativamente à Administração, em relações jurídicas paritárias.

---

[20] Cfr. o art. 18.º, n.º 1, da Constituição da República Portuguesa.

[21] Cfr. os arts. 20.º, n.º 1, e 268.º, n.os. 4 e 5, ambos da Constituição da República Portuguesa.

[22] V. BACHOF, "Über einige Entwicklungstendenzen im gegenwärtigen deutschen Verwaltungsrecht" in KÜLZ und NAUMANN (Hrsg.), *Staatsbürger und Staatsgewalt, Verwaltungsrecht und Verwaltungsgerichtsbarkeit in Geschichte und Gegenwart – Jubiläumsschrift zum hundertjährigen Bestehen der deutschen Verwaltungsgerichtsbarkeit und zum zehnjährigen Bestehen des BVerwG*, Band II, Karlsruhe, 1962, pp. 3 e ss. (11).

[23] Cfr. OSSENBÜHL, "Die Weiterentwicklung der Verwaltungswissenschaft" in JESERICH, POHL e von UNRUH (Hrsg.), *Deutsche Verwaltungsgeschichte*, Band V (Die Bundesrepublik Deutschland), Stuttgart 1987, pp. 1143 e ss. (1146). RUPP também contrapõe uma "compreensão subjectiva do princípio da legalidade", inicialmente filiada na teoria dos direitos subjectivos públicos de Georg Jellinek, à "compreensão puramente objectiva do direito administrativo" de um Otto Mayer (cfr. Autor cit., *Grundfragen...*, cit., pp. 8 e 9).

22. A democratização do Estado de Direito

a) *A perspectiva político-constitucional*

O Estado constitucional surgiu historicamente como um projecto de emancipação política da burguesia (o «Terceiro Estado»). Com efeito, "o Estado de Direito liberal, enquanto tipo constitucional, tal como resultava do conceito original de Estado de Direito, não podia, a partir dos seus princípios, dar nenhuma resposta à questão social que ele próprio suscitava. A trilogia igualdade jurídica, liberdade (de iniciativa) civil e garantia da propriedade adquirida – aspectos nucleares das garantias do Estado de Direito –, não só emancipava das vinculações feudais-estamentais e corporativas, como também permitia o desenvolvimento completo, apenas limitado por igual liberdade do outro, do interesse pelo lucro e – na sequência da abolição dos limites jurídicos postos pelos estamentos – da desigualdade natural dos indivíduos. O princípio da personalidade jurídica livre, igual e formadora de capital foi declarado princípio de todo o direito civil"[24].

O movimento histórico iniciado nestes termos conduziu inexoravelmente a uma desigualdade social determinada pela propriedade dos meios de produção, cuja estabilização e acentuação resultaram num antagonismo social entre classes, profundamente marcado pela respectiva desigualdade, e, desse modo, numa nova situação de falta de liberdade, não obstante a igualdade jurídica[25]. A este problema acresceu o da perda de domínio do espaço vital (*Lebensraum*) de cada um decorrente do desenvolvimento industrial[26]. Sucede que estas duas questões são insolúveis no quadro do Estado de Direito liberal ou burguês, porquanto exigem um Estado interveniente, providenciador e distribuidor de bens que contrarie activamente a desi-

---

[24] V. BÖCKENFÖRDE, "Entstehung und Wandel des Rechtsstaatsbegriffs" cit., p. 158.

[25] Cfr. *idem, ibidem*, pp. 158 e 159. V. também *idem*, "Die Bedeutung der Unterscheidung von Staat und Gesellschaft", cit., p. 217.

[26] Cfr. BÖCKENFÖRDE, "Entstehung und Wandel des Rechtsstaatsbegriffs" cit., p. 159, com referência a Forsthoff.

378   *Estado de Direito Democrático e Administração Paritária*

gualdade social, "a fim de não deixar que a liberdade individual e a igualdade jurídica intencionadas pelas garantias do Estado de Direito se tornem fórmulas vazias para um número crescente de cidadãos"[27].

E, na verdade, a partir da segunda metade do Séc. XIX a Questão Social ganhou uma acuidade crescente. O Movimento Operário ou Movimento dos Trabalhadores surgiu como uma força destinada a combater a hegemonia económica e política da burguesia, a qual, de resto, era tutelada no plano legal (v.g. proibição de sindicatos, mas admissão da associação de empregadores; sufrágio censitário e capacitário). As instituições do Estado constitucional, em especial o parlamento, eram consideradas "bastiões destinados à prossecução dos interesses da burguesia"[28]. O princípio da separação dos poderes, por exemplo, era visto pelos teóricos do Movimento Operário como mera «fachada» destinada a desviar a atenção da realidade que consistia numa persistente garantia dos interesses da burguesia proprietária; mesmo sobre o juiz recaía a suspeição de favorecer sistematicamente os interesses dos proprietários e empregadores em detrimento dos interesses dos trabalhadores[29]. Daí um distanciamento significativo destes relativamente ao Estado constitucional.

Lorenz von Stein e Karl Marx foram os primeiros a compreender totalmente este movimento na sua dialéctica histórica[30].

O primeiro advertiu contra o perigo de deixar intocada a desigualdade natural existente na sociedade, visto que a mesma se tenderia a converter em desigualdade jurídica por força da conquista inevitável do Estado pelos titulares mais fortes de interesses particulares, nomeadamente pela burguesia. Daí que em, seu entender, a «reforma social» fosse uma condição da subsistência do Estado ao serviço do interesse público e, consequentemente, fosse também do interesse dos grupos mais favorecidos[31].

---

[27] V. *idem*, *ibidem*.

[28] Assim, v. HAVERKATE, ob. cit., p. 337.

[29] Cfr. *idem*, *ibidem*, p. 338.

[30] Cfr. BÖCKENFÖRDE, "Entstehung und Wandel des Rechtsstaatsbegriffs" cit., p. 159.

[31] Cfr. HAVERKATE, ob. cit., p. 84. Lorenz von Stein falava, a este propósito, de uma «república de interesse recíproco», ainda que, em seu entender, o aspecto decisivo fosse a mencionada «reforma social». Mais tarde, após a vitória da ideia monárquica,

O segundo, a partir da crítica da filosofia de Hegel, nomeadamente da consideração da alienação (*Entfremdung*) como factor condicionante de todo o dinamismo do desenvolvimento dialéctico da Ideia, concebe o Estado burguês como uma estrutura de domínio de uma dada classe – precisamente a burguesia – destinada a ser superada pela conquista do poder por parte da classe dos trabalhadores, à semelhança do que historicamente já se verificara com outros antagonismos sociais. A única diferença é que a citada conquista do poder pelos trabalhadores daria lugar a uma sociedade sem classes (a sociedade comunista). Deste modo, a emancipação dos trabalhadores equivaleria à libertação de todos os homens das suas cadeias histórico-sociais, ou seja, ao fim de todas as situações de alienação: o dever-ser – que para Marx não é a Ideia-sujeito, mas uma pulsão da sociedade humana, dos sujeitos reais, para a desalienação – consumaria então o seu desenvolvimento dialéctico, identificando-se com o ser.

A verdade é que os próprios trabalhadores atingidos começaram a organizar a defesa dos seus interesses, dando origem ao mencionado Movimento Operário. No seu seio discutiram-se diversas vias, desde o cooperativismo apoiado pelo Estado (Ferdinand Lassalle: a intervenção social do Estado), à social-democracia, e até à revolução socialista em vista do estabelecimento de uma sociedade sem classes (o Manifesto do Partido Comunista, redigido por Marx e Engels). Os adeptos das primeiras baseavam-se, entre outras condições, também no número de «oprimidos» – entendidos como aqueles que não possuíam meios de produção – e que representavam mais de 95% da população: o Estado era, nesta perspectiva, a grande associação das classes mais pobres[32]. E foi uma tal concepção que veio a ter influência decisiva no Partido Social-Democrata Alemão

---

Lorenz von Stein passou a referir-se à «monarquia da reforma social» (*Königtum der sozialen Reform*; v. Autor cit., ob. cit., p. 85). Esta perspectiva veio a ser retomada sob a fórmula de uma «monarquia social» (*soziales Königtum*) pelos professores universitários conhecidos como *Kathedersozialisten* (v. *idem, ibidem*).

Sobre Lorenz von Stein, v. também a síntese de NORBERT WASZEK, "L'État de droit social chez Lorenz von Stein" in OLIVIER JOUANJAN (dir.), *Figures de l'État de droit*, cit., pp. 193 e ss., e, em especial, no que se refere ao Estado social, pp. 206 e ss.

[32] Cfr. HAVERKATE, ob. cit., p. 86.

380 *Estado de Direito Democrático e Administração Paritária*

em detrimento das teses marxistas[33]. Daí também a participação em eleições parlamentares, não obstante todas as desconfianças em virtude de o Estado constitucional continuar a ser considerado a forma política da burguesia.

Apesar disso, e de prosseguir objectivos que iam muito para além do Estado constitucional[34], o Movimento Operário deu um contributo decisivo para que aquele se desenvolvesse e se libertasse do seu envolvimento exclusivo com a burguesia, permitindo, assim, uma sua compreensão mais aprofundada. É frequente referir-se, a este propósito, uma "democratização do Estado constitucional", a instituição de um "Estado de Direito democrático"[35], ou, focando mais o aspecto económico, de um "Estado de Direito social" (*sozialer Rechtsstaat*)[36]. Constituem aspectos significativos de tal desenvolvimento:

– A universalização do direito de voto: o sufrágio universal substitui o sufrágio censitário e capacitário;
– O alargamento da representação parlamentar: não apenas a burguesia, mas também os trabalhadores através dos seus partidos;
– A igualdade de direitos entre homens e mulheres;
– O reconhecimento de direitos sociais e a intervenção dos poderes públicos na economia em vista da sua realização.

Na verdade, do ponto de vista histórico-constitucional, a entrada dos partidos socialistas e sociais-democratas para o parlamento e para o governo do Estado de Direito determinou modificações deste

---

[33] Cfr. HAVERKATE, ob. cit., pp. 86 e 87, que analisa a posição de Kautsky – um dos dirigentes daquele Partido. Os reformistas – por exemplo, Eduard Bernstein – eram apodados de «revisionistas» em virtude de se disporem a aceitar as regras da «democracia burguesa», afastando-se, assim, do ideal da sociedade sem classes e das análises marxistas (v. *idem, ibidem*, p. 338).

[34] O objectivo de muitos era justamente o socialismo por via democrática. Uma das palavras de ordem que sintetizava tal perspectiva era a seguinte: "democracia só é pouco; o nosso objectivo é o socialismo (*Demokratie, das ist nicht viel, Sozialismus ist unser Ziel*; cfr. HAVERKATE, ob. cit., p. 339, transcrevendo os dizeres de um cartaz exibido por Willy Brandt e seus companheiros numa manifestação política realizada em 1931).

[35] V., por exemplo, HAVERKATE, ob. cit., pp. 338 e 339.

[36] V., por exemplo, BÖCKENFÖRDE, "Entstehung und Wandel des Rechtsstaatsbegriffs" cit., pp. 158 e 159.

O Estado de Direito Democrático e a nova compreensão... 381

último no quadro de referência definido pela Constituição e em que, com respeito pela legalidade democrática, as diferentes forças políticas procuram fazer valer os respectivos pontos de vista[37]. "O Estado constitucional tornou-se, na realidade política, aquilo que, ao menos na teoria, já era: uma ordem de conflitos (*Streitordnung*) que permite a formulação de quaisquer interesses contraditórios e a prossecução activa dos mesmos; uma ordem de conflitos que exclui a supremacia de um lado sobre o outro – a qual, a verificar-se, impediria uma composição justa dos conflitos de interesses"[38]. Por outro lado, "a emancipação do Quarto Estado, no âmbito do sistema de liberdade constitucional, fica como exemplo para todas as outras emancipações" (como sucedeu relativamente às mulheres ou continua a acontecer no presente em relação às minorias)[39]. Com efeito, "nela é evidenciado o curso da liberdade – de um privilégio de estado, classista, para a liberdade realmente geral de todos os cidadãos – e, em paralelo, o curso da democracia – de direitos de participação política reconhecidos apenas a determinada classe, à democracia geral dos direitos fundamentais, à autodeterminação de todos os cidadãos"[40].

---

[37] A entrada dos partidos comunistas nas mesmas instituições, diferentemente, assinalou uma mudança estratégica ou, ao menos, táctica de tais partidos: a aceitação da legitimidade democrática e o consequente abandono da luta clandestina e da luta armada como forma de aceder ao poder.

[38] V. HAVERKATE, ob. cit., p. 339.

[39] V. *idem, ibidem*.

[40] V. *idem, ibidem*. Saliente-se que a «lógica da emancipação» referida no texto é imanente aos direitos a que respeita e, por isso, se traduz em alargamentos sucessivos do respectivo âmbito subjectivo, mantendo-se o seu conteúdo inalterado. Diferente, ainda que igualmente apontada ao aprofundamento da dignidade da pessoa humana, é o desenvolvimento «geracional» dos direitos: aqui está em causa o aparecimento de direitos novos (e não a extensão a novos beneficiários de direitos já existentes). Por outro lado, é evidente que a «emancipação» com referência a certos direitos pode contribuir decisivamente para o aparecimento de novas «gerações» de direitos: por exemplo, a democratização do Estado de Direito contribuiu decisivamente para o desenvolvimento do Estado social e a consagração dos direitos sociais (cfr. *infra* a alínea d) do presente número). Defendendo a ideia da sucessão de «gerações» de direitos em correspondência com a sucessão de modelos de Estado, v., por exemplo, VASCO PEREIRA DA SILVA, *Verde Cor de Direito – Lições de Direito do Ambiente*, Coimbra, 2002, pp. 22 e ss., e 85 e ss. (Estado liberal, Estado social e Estado pós-social como «Estado de Ambiente»). Criticando, porém, a ideia de "generatividade geracional", v. GOMES CANOTILHO, *Direito Constitucional...*, cit., pp. 386 e 387.

382 Estado de Direito Democrático e Administração Paritária

b) O sentido e alcance da locução «Estado de Direito democrático»

Na doutrina portuguesa não é pacífico o alcance da locução «Estado de Direito democrático»: para uns, respeita a um conceito autónomo – "seguramente um dos conceitos-chave da CRP"[41] ou o sinónimo "da expressão mais corrente na doutrina, «Estado social de Direito»"[42] –, enquanto, para outros, não passa de uma fórmula infeliz, aliás "duplamente infeliz"[43].

Com efeito, Gomes Canotilho e Vital Moreira, por exemplo, entendem que aquela expressão significa um conceito unitário mas complexo, visto que "integra duas componentes – ou seja, a componente do Estado *de direito* e a componente do Estado *democrático* – que não podem ser separadas uma da outra. O Estado de direito é democrático e só sendo-o é que é Estado de direito; o Estado democrático é Estado de direito e só sendo-o é que é democrático"[44].

---

[41] Assim, GOMES CANOTILHO e VITAL MOREIRA, *Constituição da República Portuguesa Anotada*, cit., anot. III ao art. 2.º, p. 62.

[42] Nestes termos, v. JORGE MIRANDA in JORGE MIRANDA e RUI MEDEIROS, *Constituição da República Portuguesa Anotada*, cit. anot. II ao art. 2.º, p. 61 (da autoria de JORGE MIRANDA; cfr. *ibidem*, p. 6). Em sentido próximo, v. SÉRVULO CORREIA, *Legalidade e Autonomia Contratual...*, cit., pp. 190 e ss., *maxime* pp. 193 e 194: a componente democrática do Estado de Direito engloba a componente social; mas ela incorpora igualmente outros valores, nomeadamente políticos: soberania popular e pluralismo de expressão e organização política. Nestes termos, "a estrutura constitucional [não se] satisfaz com a existência de um sistema, em circuito fechado, de garantia de direitos e de liberdades, mas [a mesma] liga esse sistema à titularidade e exercício da soberania pelo Povo (artigo 3.º, n.º 1). As garantias formais e processuais [- «elementos formais» característicos do Estado de Direito -] valem conforme valerem as normas cuja aplicação geral e igual asseguram. É a conformidade das normas com a vontade colectiva que faz presumir da sua bondade. Simultaneamente, porém, o valor do pluralismo afasta o risco da ditadura da maioria, impondo a «qualidade» dessa vontade colectiva através da natureza minimamente compromissória das normas e da rigidez dos preceitos constitucionais que exprimem valores incompressíveis da personalidade, da autonomia dos corpos sociais menores e das minorias políticas e culturais. Essa a razão pela qual, no artigo 2.º, a soberania popular e o pluralismo de expressão e organização política democráticas ladeiam, como pilares do Estado de Direito, o respeito e garantia dos direitos e liberdades fundamentais" (v. *ibidem*, p. 194).

[43] Cfr. AFONSO VAZ, *Lei e Reserva da Lei...*, cit., pp. 244 e ss., *maxime* p. 252.

[44] V. Autores cits., *Constituição da República Portuguesa Anotada*, cit., anot. III ao art. 2.º, p. 62; itálicos no original. No mesmo sentido fundamental, referindo-se ao "Estado social e democrático de Direito", v. JORGE REIS NOVAIS, *Os Princípios Consti-*

O Estado de Direito Democrático e a nova compreensão... 383

Todavia, "a ligação material das duas componentes não impede a consideração específica de cada uma delas, mas o sentido de uma não pode deixar de ficar condicionado e de ser qualificado em função do sentido da outra. Aliás, ao fundir num único conceito essas duas componentes, a CRP arredou, ao mesmo tempo toda e qualquer concepção que permitisse um entendimento do Estado de direito como obstáculo ao desenvolvimento democrático, ou uma consideração do Estado democrático que fosse alheio a um corpo de regras sobre a formação e o exercício do poder e sobre a posição subjectiva dos cidadãos perante os poderes públicos"[45].

Segundo os mesmos Autores, a "preocupação de qualificar o conceito de Estado de direito decorre seguramente do propósito de não deixar que este, isoladamente considerado, pudesse ser adoptado com um sentido puramente formal, numa perspectiva a-democrática, se não mesmo adversa à democracia, como aliás sucedeu frequentemente na história do conceito [...]"[46]. Por outro lado, "a *qualificação democrática* do Estado de direito não significa que as características tradicionalmente associadas a este conceito desapareçam; significa porém que elas têm de ser lidas a uma luz específica e têm de ser unificadas por esse critério. Sobretudo, ela obriga a ler o Estado de direito no quadro do princípio democrático concretamente configurado na CRP, apontado como está a um horizonte de democracia material, consubstanciada na realização da democracia *económica, social e cultural* (art. 2.º, *in fine*), na efectivação dos direitos económicos, sociais e culturais, mediante, entre outras coisas, a transformação e modernização das estruturas económicas e sociais (art. 9.º/d)"[47].

---

tucionais..., cit., pp. 30 e ss., *maxime* p. 37 ("o Estado de Direito da nossa época é, por definição, social e democrático, pelo que, em rigor, seria desnecessária, por pleonástica, a referida adjectivação"; em todo o caso, a mesma é útil, porquanto "sugere imediatamente a confluência no mesmo princípio estruturante da ordem constitucional de três elementos que poderíamos sintetizar por: a segurança jurídica que resulta da protecção dos direitos fundamentais, a obrigação social de modelação da sociedade por parte do Estado e a autodeterminação democrática").

[45] V. GOMES CANOTILHO e VITAL MOREIRA, *Constituição da República Portuguesa Anotada*, cit., anot. III ao art. 2.º, p. 62.

[46] V. Autores cits., *ibidem*, anot. IV ao art. 2.º, p. 62. Quanto à história do conceito, cfr. *supra*, na Segunda Parte, os n.ºs 15 e 16.

[47] V. *idem, ibidem*, pp. 62 e 63; itálicos no original.

384 *Estado de Direito Democrático e Administração Paritária*

Já para Afonso Vaz, igualmente a título de exemplo, a expressão «Estado de Direito democrático» não faz sentido, pois o que ela significa, "em pura sintaxe linguística, é que a Democracia limita o Estado de Direito, o que vai ao arrepio de toda a teorética e teorético--dogmática da *reserva do direito*", sendo que "tal teorética condiciona a existência do Estado de Direito a uma prévia valoração material dos fins do Estado e que, desde logo, considera como requisito indispensável uma dimensão de *reserva do direito*, que se expressa na subordinação do Estado «à condição suprema de não preterir e de não deixar de visar, como seu fim essencial, a realização da *justiça* na vida real da sua comunidade»"[48].

Acresce que à luz das substantivações lógico-estruturais de fundamentação normativa do direito historicamente relevantes – as tradições relativas à democracia e ao Estado de Direito – e, bem assim, das respectivas evoluções, aquela fórmula é infeliz, devendo ser rectificada, "esvanecidos que estão os pressupostos histórico-concretos em que [a mesma] assentava[49]: "se o ponto de partida é a «substantivação» da democracia, mas que se quer limitada pelo direito, a fórmula adequada [...] terá de ser «Estado Democrático de Direito», pois que, nessa tradição «Estado de Direito democrático» não faz sentido, a não ser como mero pleonasmo no período do «absoluto» dessa tradição"[50]; "se o ponto de partida é a «substantivação» do

---

[48] V. Autor cit., *Lei e Reserva da Lei...*, cit., p. 252 e nota 272, transcrevendo um texto de Castanheira Neves.

[49] V. *idem, ibidem*, p. 255, nota 289. Nessa mesma nota AFONSO VAZ refere que as duas mais recentes Constituições do espaço cultural em que Portugal se insere adoptaram a fórmula «Estado democrático de direito» (cfr. o art. 1.º, n.º 1, da Constituição Espanhola de 1978 e o art. 1.º da Constituição da República Federativa do Brasil de 1988).

[50] V. *idem, ibidem*, p. 252. Conforme AFONSO VAZ explica, no seguimento da tradição democrática, no Estado democrático, enquanto dimensão substantiva, o direito e a lei são entendidos como autodeterminações da vontade soberana: "ao conceito democrático da lei – assim como ao conceito do «Estado Democrático» – é alheia, *ex definitione*, a vinculação do legislador ou do Estado a qualquer dimensão exterior à vontade" (v. *ibidem*, p. 246). Logo, o Estado democrático é um Estado legal e, porque a lei é o direito, aquele é também um Estado de Direito democrático. Assim, "esta última expressão não é a fórmula adequada de introduzir heteronomias no seguimento da discussão epistemológica da tradição democrática, pois que aqui Estado-Democrático e «Estado de Direito democrático» são sinónimos. Se há, ou se se pretende que haja, limitação adjectiva (atributiva) do

O Estado de Direito Democrático e a nova compreensão...

«Estado de Direito», a fórmula «Estado de Direito Democrático» não faz sentido desinserida da intenção e estrutura do *Rechtsstaat*, ou reduz o «Estado de Direito» aos esquemas orgânicos da «legalidade», ou é pleonástica para quem entenda que a democracia é indissociável do «Estado de Direito» ou é ilógica e de difícil sustentação para quem, [como o próprio Afonso Vaz], entende como primária variante do Estado de Direito a subordinação do Estado à limitação heterónomo-transcendental do Direito supra-positivo"[51].

Considerando aquele Autor que "o preceito constitucional que impõe ao Estado «o respeito pelos princípios do Estado de Direito democrático» (alínea b) do art. 9.º) tem sido entendido como uma imposição-limitação ao poder legislativo e a todo o poder democrático de operar no quadro do Estado de Direito material e à luz dos cânones e das exigências éticas deste, [... deve a significação da

---

«Estado Democrático», ela há-de referenciar-se à substantivação do «Estado Democrático» como um todo, e, então, a expressão correcta teria de ser «Estado Democrático de Direito» ou, atenta aquela sinonímia anteriormente feita, «Estado-de-Direito-Democrático--de-Direito»" (v. *ibidem*, p. 246), o qual *"significará assim uma organização política estadual que se substantiva no princípio democrático, mas que se reconhece limitada pelo direito"* (v. *ibidem*, p. 248; itálicos no original). Agora, "a adjectivação (expressa naquela última expressão «de–Direito») advém de uma outra tradição – o «Estado-de-Direito» – que afirma princípios de Direito que limitam o Estado, impondo condições e exigências de validade a todos os actos estatais [...]"(v. *ibidem*, p. 247).

[51] V. *idem, ibidem*, pp. 252 e 253. Na «substantivação» considerada no texto, o princípio democrático é co-essencial do Estado de Direito material, uma vez que a democracia significava "a *homogeneidade social-estimativa* dos «iguais», em contraposição ao Monarca, e nela se realizava o valor comum da *igualdade, liberdade* e *objectividade--segurança*, ou seja, era uma *Wertdemokratie*. O *Rechtsstaat* era, pois, por definição, um Estado-de-Direito-material, que se identificava naqueles princípios e neles se autolimitava, e era, por isso, também por definição, um «Estado democrático»" (v. *ibidem*, pp. 250 e 251; itálicos no original). Sucedendo que "pela Constituição de Weimar, o princípio democrático se converte em fundamento único e total do Estado, foi necessário acrescer àquele «Estado de Direito» o atributo «democrático». [...] A fórmula «Estado de Direito Democrático» tem, assim, nesta tradição, em termos lógico-histórico-dogmáticos, a significação de *uma organização política estatal fundada totalmente no princípio democrático que se auto-vincula aos princípios orgânicos de salvaguarda da liberdade-segurança que a doutrina do Rechtsstaat havia dogmatizado como co-naturais ao direito legal"* (v. *ibidem*, p. 251; itálicos no original). Saliente-se que em nota AFONSO VAZ clarifica que "tais princípios são essenciais à organização política do Estado", mas que, para ele, "fazem parte da *reserva da constituição* e não da *reserva do Direito"* (v. *ibidem*, a nota 271; itálicos no original).

386   *Estado de Direito Democrático e Administração Paritária*

fórmula em análise ser reconduzida] àquela que Werner Kägi designa por *rechtsstaatliche Demokratie* («democracia de Estado de Direito»), em que a Democracia é limitada pelo Direito". Tal conclusão, todavia, "não deriva tanto, e só, da fórmula «Estado de Direito democrático» [...], mas da conjugação de três elementos materiais com um elemento de garantia, os quais determinam hoje a compreensão e a exigência do Estado-de-Direito-material, a saber: a axiologia da *dignidade da pessoa humana* com todas as implicações regulativas [...]; os *direitos fundamentais*, *maxime* os *Elementarrechte*, em que essa axiologia encontra uma imediata expressão normativa; o *princípio da igualdade*, como princípio de justiça material, que expressa a axiologia da proibição do arbítrio; e uma «institucionalização da *invocação e garantia dessas axiologias e normatividade* perante os outros poderes através da função judicial»"[52].

Resulta claramente das posições expostas e, bem assim, das considerações já feitas na Segunda Parte sobre a origem e a evolução do conceito de Estado de Direito[53], que a expressão «Estado de Direito democrático» co-envolve duas componentes que correspondem a duas tradições autónomas, a dois modos de conceber e de fundamentar o direito positivo: o Estado de Direito, caracterizado pela soberania do direito, e a democracia, no quadro da qual a «vontade geral» era o direito. A mencionada autonomia significa que, na sua origem teórica, em termos de conceito, aquelas tradições não implicavam, de per si, uma interacção recíproca[54].

Contudo, a verdade é que ao longo da história constitucional as citadas tradições interagiram entre si – basta recordar a história da monarquia constitucional e o processo de democratização-socialização do Estado constitucional[55] – e hoje também não podem deixar de ser consideradas conjuntamente.

---

[52] V. *idem*, *ibidem*, pp. 255 e 256 (transcrevendo um texto de Castanheira Neves); itálicos no original.

[53] Cfr. aí os n.os 15 e 16.

[54] Recordem-se as afirmações nesse sentido, por exemplo, de BÖCKENFÖRDE, "Demokratie als Verfassungsprinzip" cit., Rn. 84, p. 486, e de SOBOTA, ob. cit., p. 446.

[55] V., quanto à primeira, *supra*, na Segunda Parte, o n.º 16, em especial as alíneas b), c) e d); e quanto ao segundo, no presente número, *infra* a alínea d).

O Estado de Direito Democrático e a nova compreensão...   387

No respeitante ao primeiro aspecto – a autonomia recíproca dos dois princípios –, a síntese de Wilhelm Henke é impressiva: a democracia não libertou o indivíduo, mas limitou-se a dar uma nova forma à ordem política; o Estado de Direito liberal pretendia a liberdade do indivíduo através da limitação do Estado[56].

Assim, a democracia eliminou apenas "a subordinação do Estado à vontade de um só, do rei. Em seu lugar surgiu o povo, não como somatório dos indivíduos, não como «volonté de tous», mas como totalidade ideal, como «volonté générale». [...] A democracia colocou a lei decidida pelo povo, ou pela sua representação, no lugar da vontade do rei, mas, ao fazê-lo, eliminou o direito do indivíduo. [...] A democracia não tem como fim o direito do indivíduo, mas a coincidência da vontade do Estado com a vontade do povo em que se diluiu o direito do indivíduo"[57].

Quanto ao Estado de Direito, o mesmo visa transformar a liberdade do indivíduo numa posição tutelada juridicamente perante o Estado. "Contudo, tal posição não tinha na sua base o direito subjectivo do indivíduo, mas a vinculação do Estado ao direito objectivo, à lei. O Estado de Direito devia ser um Estado de legalidade (*Gesetzesstaat*), justamente em contraposição ao «Estado de justiça» (*Justizstaat*) em que o Estado e o cidadão podiam litigar sobre direitos e contra-direitos perante os tribunais. Direito no sentido do Estado de Direito é lei, juridicidade é legalidade; protecção jurídica é controlo de legalidade e a lei é a vontade geral, enquanto unidade mais elevada e ideal das vontades individuais. Deste modo, o Estado de Direito liberal liga-se com a democracia"[58].

---

[56] Cfr. Autor cit., *Das subjektive öffentliche Recht*, Tübingen, 1968, pp. 41 e 42.

[57] V. *idem, ibidem*.

[58] V. *idem, ibidem*. E o mesmo Autor apresenta como razão essencial, para a diluição dos direitos relativamente ao Estado, a substituição daqueles pela liberdade: "no lugar da relação do «meu direito», do cidadão, e do «teu direito» do príncipe, surgiu a relação do indivíduo com a comunidade, a família, a paróquia, o estamento, o povo, o Estado. Deste modo, o direito subjectivo saiu do campo de visão e a posição do indivíduo converteu-se de direito, em liberdade, ou, em todo o caso, «direitos de liberdade» («*Freiheitsrechte*»), os quais, todavia, não eram direitos concretos e accionáveis jurisdicionalmete no sentido tradicional, mas posições ideiais e abstractas [...] O Séc. XIX, neste capítulo, não fez mais do que realizar no mundo real as velhas concepções do pensamento. Como a técnica resultou da ciência da natureza, assim das teorias do jusracio-

388　　Estado de Direito Democrático e Administração Paritária

Relativamente à mencionada consideração conjunta das tradições democráticas e do Estado de Direito, a mesma, pela sua própria natureza, implica modificações ao alcance que cada uma delas poderia ter, caso fosse considerada isoladamente, e potencia situações normativas novas[59]. Com efeito, conjugar e articular princípios normativos é mais do que pô-los uns ao lado dos outros; é combiná-los na sua aplicação prática e torná-los, por essa via, interdependentes[60]. O princípio do Estado de Direito, nos termos e para os efeitos do disposto na Constituição portuguesa, não pode, por isso, ser entendido sem ser à luz do princípio democrático (e, bem assim, dos restantes princípios estruturantes); e, do mesmo modo, este último tem de ser entendido à luz daquele.

Por outro lado, cumpre ter presente que a posição crítica de Afonso Vaz é assumidamente determinada por uma pré-compreensão do direito caracterizada pela adesão a valores supra-positivos que integram o que designa de "reserva do direito", a qual parece justificar uma valoração negativa (ou, no mínimo, pessimista) do pluralismo social e axiológico das sociedades democráticas contemporâneas. Com efeito, subscrevendo as teses de Kirchheimer e de Bolaffi, para aquele Autor, "o fim da *Wertdemokratie*, ou seja, o fim da homogeneidade social-estimativa coincide e corresponde ao formalismo do *Rechtsstaat*, *o que também significa o fim do Rechtsstaat*. Causa e efeito de tal duplo processo de dissolução da *Wertdemokratie* e do *Rechtsstaat* – é o jogo das forças sociais contrapostas, que [...]

---

nalismo resultou a legislação racionalista dos parlamentos. Por isso, a subordinação do Estado à lei e a coincidência da lei com a vontade do povo, que o Estado de Direito e a democracia alcançaram, não ajudam na busca do direito do indivíduo contra o Estado. Nem uma nem a outra modificam o que quer que seja na integração – sem direito, mas não sem lei – do indivíduo no Estado e na ordem legal; e a grande liberdade, que o mesmo inquestionavelmente tem, em nada modifica que, de acordo com as teorias do direito público do Estado de Direito e da democracia, ele não seja titular de nenhum direito próprio" (v. *idem*, *ibidem*, p. 43).

[59] BÖCKENFÖRDE, por exemplo, defende que somente a partir da conjugação dos princípios estruturantes Estado de Direito e democracia é que surge a «democracia de Estado de Direito» (*rechtsstaatliche Demokratie*), tal como o *Grundgesetz* a consagra (v. Autor cit., "Demokratie als Verfassungsprinzip" cit., Rn. 83, p. 486).

O *Estado de Direito Democrático e a nova compreensão...* 389

se converte na constante onde assenta tanto a função parlamentar como a revelação da sua crise"[61].

A pré-compreensão subjacente à presente dissertação é diversa: a justiça (*Richtigkeit*) do direito e da Constituição corresponde à aceitação daqueles a quem um e outra se destinam, em vista da intencionada formação de uma comunidade fundada sobre determinados princípios estruturantes. E, em tal perspectiva, não há como escapar ao que Afonso Vaz designa como "esquemas orgânicos da legalidade": não há Estado de Direito para além ou fora da Constituição[62].

---

[60] Nesse sentido, SOBOTA afirma, relativamente às "ideias directivas" (*Leitideen*) do *Grundgesetz* – ou seja, os respectivos princípios estruturantes ou fundamentais (*Hauptprinzipien*) – que as mesmas formam "uma pluralidade que, internamente, se encontra numa tensão permanente e que, em cada caso, tem de ser ajustada ou equilibrada (*ist in einen Ausgleich zu bringen*) segundo os princípios da concordância prática; mas que, externamente, se manifesta como a assumida unidade dos princípios constitucionais fundamentais. Assim, nem o princípio do Estado de Direito nem qualquer outro dos princípios fundamentais pode ser compreendido isoladamente dos restantes. *O Estado de Direito* (Rechtsstaatlichkeit) *no sentido do Grundgesetz pressupõe a validade(-vigência) dos demais princípios fundamentais*" (v. Autora cit., ob. cit., p. 449; itálicos no original).

[61] V. Autor cit., *Lei e Reserva da Lei...*, cit., p. 156; itálicos no original.

[62] Cfr. *supra*, na nota 58 da Primeira Parte, a exposição mais desenvolvida e a justificação do ponto de partida referido no texto. Em sentido convergente GOMES CANOTILHO afirma uma força normativa específica da Constituição: "quando existe uma norma-ção jurídico-constitucional ela não pode ser postergada quaisquer que sejam os pretextos invocados. Assim, o princípio da constitucionalidade postulará a força normativa da constituição contra a dissolução político-jurídica eventualmente resultante: (1) da pretensão de prevalência de «fundamentos políticos», de «superiores interesses da nação», da «soberania da nação», do «realismo financeiro» sobre a normatividade jurídico-constitucional; (2) da pretensão de, através do apelo ao «direito» ou à «ideia de direito», querer neutralizar a força normativa da constituição, material e normativamente legitimada, e substituir-lhe uma *superlegalidade* ou *legalidade de duplo grau* ancorada em «valores» ou princípios transcendentes (Preuss) revelados por instâncias desprovidas de legitimação política e jurídica" (v. Autor cit., *Direito Constitucional ...*, cit., p. 248; itálicos no original).

JORGE REIS NOVAIS, apesar de afirmar que o "Estado social e democrático de Direito" se encontra impregnado de uma intenção material que se revela, além do mais, "no carácter metapositivo dos vínculos que o limitam", e que, por conseguinte, a axiologia correspondente se impõe "como limite originário e transcendente ao poder do Estado no seu conjunto", reconhece que "uma tal caracterização não pode [...] justificar a pretensão de determinar unilateral, abstracta e definitivamente a ordem de valores que exprima a intencionalidade material do Estado de Direito para, a partir dela, hipostasiar uma dada ordem jurídico-política e retirar legitimidade às suas eventuais transformações. Pelo con-

390 Estado de Direito Democrático e Administração Paritária

Se, como refere Afonso Vaz, na Constituição de Weimar foi necessário acrescentar ao Estado de Direito o atributo «democrá-

trário, reconhecida a dignidade da pessoa humana, o livre desenvolvimento da personalidade e os direitos fundamentais como princípios básicos da convivência social e objectivos da limitação jurídica do Estado – e esse é o único ponto fechado na caracterização material do Estado de Direito –, ficam por determinar, não só as modalidades da garantia institucional daqueles objectivos [...], como o sentido da concretização política que se proponha realizar aqueles valores. É exactamente neste plano que a dimensão democrática do Estado de Direito adquire a maior relevância, já que, numa sociedade politicamente heterogénea, pluralista, atravessada por profundos conflitos sociais e dissensões ideológicas, não se pode pretender – a não ser recorrendo a soluções autoritárias excluídas por definição – chegar a uma decisão unívoca e consensual sobre esta matéria. Um acordo mínimo só é possível em torno da remissão deste problema (o da determinação da forma política mais adequada a realizar a axiologia da dignidade da pessoa humana) para a decisão popular democraticamente expressa nos seus momentos constituinte (originário e derivado) e constituído, o que não significa, note-se, a pura recondução da legitimidade ao processo, na medida em que o sentido da decisão se legitima externamente [...] na intenção de realizar a justiça material na vida da comunidade. Com este sentido, o Estado social e democrático de Direito é um quadro impregnado de uma intenção material aberta a uma pluralidade de concretizações, entre as quais se desenvolve a tensão conflitual inerente aos diferentes programas políticos e interesses sociais que nelas se consubstanciam" (v. Autor cit., *Os Princípios Constitucionais...*, cit., pp. 39, 40 e 41).

Para uma crítica ao conceito de Estado de Direito material proposto, entre outros, por Werner Kägi (e, no essencial, coincidente com a perspectiva de AFONSO VAZ) – o Estado de Direito material caracteriza-se por o poder do Estado se conceber como *a priori* vinculado a determinados princípios ou valores jurídicos superiores e o essencial da actividade de tal poder é, não a garantia formal de espaços de liberdade, mas o estabelecimento de uma situação jurídica materialmente justa – v. BÖCKENFÖRDE, "Entstehung und Wandel des Rechtsstaatsbegriffs" cit., pp. 164 e ss. Este Autor salienta, contra os que procuram reagir a um pretenso esvaziamento de conteúdo e a formalização do Estado de Direito, o "significado material específico" das garantias jurídico-formais e de procedimentos ordenados: "justamente as garantias formais e os procedimentos é que protegem a liberdade individual e social, porquanto impedem uma acção imediata (*unmittelbarer Zugriff*) sobre o indivíduo ou grupos sociais em nome de conteúdos tornados absolutos ou assim acreditados ou de valores; aquelas garantias revelam-se como instituições da liberdade e têm, por isso, pouco que ver com formalismo ou mesmo com positivismo. A destruição da liberdade por um regime totalitário nunca começa pelo aproveitamento de garantias formais ou de procedimentos, mas sempre pelo desprezo dos mesmos sob a invocação de um direito «superior», «material» ou «pré-positivo», seja ele o da «verdadeira religião», o do «mesmo povo» (*artgleiche Volksgemeinschaft*) ou o do «proletariado». Somente na segunda fase, quando o novo direito é positivado como instrumento da mudança revolucionária, é que ocorre o positivismo e o legalismo dos regimes totalitários. Quando, além da garantia da igual liberdade de todos e da exigência fundamental de uma vida comum ordenada, se tornam juridicamente vinculantes postulados ético-morais ou

O *Estado de Direito Democrático e a nova compreensão...* 391

tico», tal deveu-se, por um lado, à circunstância de o princípio correspondente se ter tornado o fundamento único do exercício do poder, na sequência da eliminação do princípio monárquico; e, por outro lado, à preocupação de prevenir que o princípio do Estado de Direito – que já vinha do Segundo Império Alemão – pudesse ser entendido com um sentido puramente formal ou abstracto, dissociado da realidade social a que se destinava, e que continuasse a ser invocado contra a conversão democrática do Estado liberal e, bem assim, contra a sua transformação em Estado social – «Estado de Direito democrático», porque a democracia se destina a abrir aquele à sociedade e aos valores e interesses nela afirmados.

No que respeita ao art. 2.º da Constituição da República Portuguesa, o que sucedeu foi que à democracia – ao «Estado democrático» da versão originária – se acrescentou (ou *rectius*: se explicitou, visto que a versão originária, embora só referindo expressamente o «Estado de Direito democrático» no preâmbulo, já o assumia como *ratio* determinante de diversos preceitos) na Primeira Revisão o princípio do Estado de Direito, numa intenção clara de afirmar que só a decisão democrática tomada de acordo com as regras jurídicas desti-

---

valores materiais, torna-se inevitável uma socialização da liberdade e autonomia individuais; elas ficam sujeitas ao domínio daqueles que detêm o monopólio da interpretação relativamente a tais postulados ou valores ou que dele se apropriam. Isto vale de modo particular no que respeita à invocação de *valores* materiais, visto que estes não são susceptíveis de uma demonstração racional e que possa ser comunicada inter-subjectivamente, mas, em última análise, se reconduzem a profissões de fé fundadas em vivências, sentidos axiológicos (*Wertfühlen*) e experiências de evidência e, desse modo, escancaram a porta ao opinar (ideológico) e ao «parecer» individual (*dem persönlichen (ideologischen) Meinen und Dafürhalten*), e, bem assim, ao positivismo das valorações quotidianas; acresce que também não se vislumbra um sistema de fundamentação justificável racionalmente para valores que colidam entre si" (v. Autor cit., "Entstehung und Wandel des Rechtsstaatsbegriffs" cit., pp. 166 e 167; itálico no original). BÖCKENFÖRDE reconhece, por isso, e sem prejuízo de perfilhar um conceito que claramente se filia no modelo da unilateralidade (cfr., *ibidem*, p. 169; v. *supra* a transcrição do inciso relevante no texto a que se refere a nota 23 da Primeira Parte), que "o Estado de Direito visa sempre a limitação e contenção do poder e do domínio (*Herrschaft*) do Estado, no interesse da liberdade do indivíduo; a desmontagem do império (*Herrschaft*) dos homens, a favor do «império das leis». O primado do direito relativamente à política aparece como um postulado recorrente da doutrina do Estado de Direito" (v. Autor cit., "Entstehung und Wandel des Rechtsstaatsbegriffs" cit., p. 167).

392 Estado de Direito Democrático e Administração Paritária

nadas a garantir aos cidadãos a liberdade, a igualdade e a segurança é que é legítima – neste sentido, «democracia de Estado de Direito», porque a democracia é limitada pelo direito[63].

Embora partindo de situações diferentes – risco para a democracia, no caso alemão; risco para o Estado de Direito, no caso português – parece que o sentido e a intenção das aludidas modificações são claramente convergentes em ordem a uma unidade valorativa resultante da conjugação daqueles dois princípios: é esta mesma unidade valorativa que assinala o tipo de Estado que a Constituição consagra. Por isso mesmo, tal Estado só pode ser compreendido, só se alcança, a partir da sua aplicação combinada.

Nesse sentido, dizer o «Estado de Direito democrático» (ou, como sucede hoje na Alemanha, o «Estado de Direito livre e democrático»[64]) não é diferente da referência a uma «democracia de Estado de Direito»[65]. Deste modo, embora sem poder subscrever em termos teoréticos a ideia de que "o Estado de direito é democrático e só sendo-o é que é Estado de direito; o Estado democrático é Estado de direito e só sendo-o é que é democrático"[66]; ou de que "tal como só existe um Estado de direito *democrático*, também só existe um Estado democrático *de direito*, isto é, sujeito a regras jurídica"[67]; aceita-se, com referência ao Estado constitucional contemporâneo, a

---

[63] Nesse sentido, JORGE MIRANDA afirma que "hoje uma democracia representativa e pluralista não pode deixar de ser um Estado de Direito – por imperativo de racionalidade ou funcionalidade jurídica e de respeito dos direitos das pessoas. O poder político pertence ao povo e é exercido de acordo com a regra da maioria [...], mas está subordinado – material e formalmente – à Constituição [...], com a consequente fiscalização jurídica dos actos do poder [...]" (v. Autor cit. in JORGE MIRANDA e RUI MEDEIROS, *Constituição da República Portuguesa Anotada*, cit. anot. II ao art. 2.º, p. 61 (da autoria de JORGE MIRANDA; cfr. *ibidem*, p. 6).

[64] Cfr. *supra* a nota 14 e o texto correspondente e, bem assim, a nota 59.

[65] Cfr. *supra* o texto correspondente à nota 52. No sentido considerado no texto, afigura-se correcta, no seu resultado, a afirmação de GOMES CANOTILHO e VITAL MOREIRA, de que "há uma *democracia de Estado-de-Direito*" assim como "há um *Estado--de-Direito de democracia*" (v. Autores cits., *Constituição da República Portuguesa Anotada*, cit., anot. III ao art. 2.º, p. 62; itálicos no original).

[66] V. GOMES CANOTILHO e VITAL MOREIRA, *Constituição da República Portuguesa Anotada*, cit., anot. III ao art. 2.º, p. 62.

[67] V. GOMES CANOTILHO, *Direito Constitucional* ..., cit., p. 231; itálicos limitados na transcrição.

O *Estado de Direito Democrático e a nova compreensão...* 393

conclusão proposta por Gomes Canotilho: "a articulação das dimensões de Estado de direito e de Estado democrático no moderno Estado constitucional democrático de direito permite-nos concluir que, no fundo, a proclamada tensão entre «constitucionalistas» e «democratas», entre Estado de direito e democracia, é um dos «mitos» do pensamento político moderno. Saber se o «governo de leis» é melhor que o «governo de homens», ou vice-versa, é, pois, uma questão mal posta: o governo dos homens é [hoje] sempre um governo sob leis e através de leis. É, basicamente, um governo de homens segundo a lei constitucional, ela própria imperativamente informada pelos princípios jurídicos radicados na consciência jurídica geral nacional e internacional"[68].

A aludida unidade valorativa consiste precisamente nesse «governo de homens segundo a Constituição», ou, visto de outra perspectiva, no «governo das leis que os homens aprovaram», nos termos da Constituição. E justamente porque a Constituição é o referencial indispensável em ambos os casos, justifica-se e é pertinente falar em soberania do direito[69]. Como refere Wolfgang Heyde, "no conceito de Estado de Direito – juntamente com o princípio democrático – ganha corpo *a* ideia e representação de um Estado [...] que não existe para si, mas para os cidadãos que vivem no âmbito da sua jurisdição"[70].

Por outro lado, é devido à circunstância de estar em causa uma unidade valorativa resultante da conjugação daqueles dois princípios, que também continua a justificar-se uma consideração autónoma

---

[68] V. Autor cit., *Direito Constitucional ...*, cit., p. 231. Com efeito, o mesmo Autor sustenta que "as liberdades republicanas apontam para uma ordem constitucional livre em virtude da articulação de dois tipos de direitos: os direitos e liberdades de natureza pessoal tendencialmente constitutivos da liberdade do *Bürger*, típica do Estado de Direito liberal, e os direitos e liberdades de participação política fundamentalmente constitutivos da ordem democrática do *citoyen*. Poder-se-á dizer que as liberdades republicanas procuram uma articulação da liberdade dos antigos com a liberdade dos modernos, ou seja, uma articulação da *liberdade-participação política* com a *liberdade-defesa* perante o poder" (v. Autor cit., *ibidem*, p. 226; itálicos no original).

[69] V. a alínea seguinte do presente número.

[70] V. Autor cit., "Über Schwierigkeiten im praktischen Umgang mit dem Rechtsstaatsprinzip" cit., p. 187; itálico no original.

394 *Estado de Direito Democrático e Administração Paritária*

de cada um deles no actual quadro constitucional em ordem a compreender a medida e os termos do respectivo contributo para aquela combinação[71].

c) *A perspectiva dogmática da articulação do princípio do Estado de Direito com o princípio democrático*

Como resulta das respectivas intencionalidades, o Estado de Direito e a democracia correspondem a princípios estruturantes de natureza diferente.

(i) *O princípio do Estado de Direito*

O primeiro é um princípio estruturante material-procedimental que tem por objecto a constituição jurídica do próprio Estado no quadro de uma soberania do direito e, a partir daí, a solução de questões atinentes ao conteúdo, âmbito e modo de proceder dos poderes públicos, tendo em vista a salvaguarda da liberdade dos indivíduos e da sociedade[72]. Mais do que um limite exterior aos poderes públicos, o princípio em apreço, entendido a partir da ideia de soberania do direito, determina e rege a respectiva constituição

---

[71] GOMES CANOTILHO procede desse modo ao considerar e analisar, entre os princípios estruturantes da República Portuguesa, o princípio do Estado de Direito e o princípio democrático (v. Autor cit., *Direito Constitucional ...*, cit., respectivamente, pp. 243 e ss. e pp. 287 e ss.). V. também a consideração autonomizada dos dois princípios em PEDRO MACHETE, *A Audiência dos Interessados no Procedimento Administrativo*, Lisboa, 1995, pp. 345 e ss.

[72] Cfr. *supra*, na Segunda Parte, o n.º 15, alínea c), no principio, e os Autores aí referidos. Cfr. também *infra* a nota 80.

V. a afirmação da "soberania do direito" – *Prinzip der Rechtssouveränität* –, como característica essencial do Estado de Direito, em SOBOTA, ob. cit., p. 449. Esta Autora intenta uma reconstrução do princípio do Estado de Direito, enquanto princípio fundamental (*Hauptprinzip*), segundo um critério de especificidade (*Spezifizitätmaxime*), que a leva a autonomizar aquele princípio de outros igualmente fundamentais, nomeadamente a garantia dos direitos fundamentais e o princípio democrático (v. *ibidem*, pp. 419 e ss., quanto ao critério da especificidade; pp. 422 e ss., quanto à pluralidade de princípios fundamentais, *maxime* a sua enumeração na p. 429; pp. 435 e ss., quanto à autonomia do princípio do Estado de Direito relativamente aos demais princípios fundamentais; e pp. 444 e ss., a sua autonomia, em especial, relativamente aos direitos fundamentais e ao princípio democrático).

O Estado de Direito Democrático e a nova compreensão... 395

jurídica: só é poder público aquele que é constituído e legitimado por uma norma jurídica.

O domínio imediato de uma vontade – seja do «Estado» ou do «povo» – é rejeitado e, em seu lugar, afirma-se o domínio do direito. Ainda que todo o poder do Estado seja proveniente do povo, o mesmo poder só pode operar e só pode ser eficaz sob a forma do direito. "Esta é a ideia fundamental de uma Constituição que pretende vincular e, por essa via, juridicizar todo o poder do Estado"[73]. E, na verdade, tal intenção resulta inequívoca no art. 3.º da Constituição da República Portuguesa: a soberania reside no povo que a exerce segundo as formas previstas na Constituição (n.º 1); o Estado subordina-se à Constituição e funda-se na legalidade democrática (n.º 2); por ser assim, "a validade das leis e dos demais actos do Estado, das regiões autónomas, do poder local e de quaisquer outras entidades públicas depende da sua conformidade com a Constituição" (n.º 3).

Numa tal perspectiva, tanto é insuficiente a ideia de um Estado de Direito formal, como a de um Estado de Direito material. O primeiro, porque substitui a soberania do Estado à do direito, remete a concretização do Estado de Direito para o plano da legislação ordinária[74]. O segundo tende a ser redundante, porquanto postula como aspectos ou elementos do Estado de Direito tudo o que é valioso e já se encontra previsto, integrado ou regulado no âmbito de outros princípios constitucionais[75].

Como bem salienta Katharina Sobota, no que se refere, em especial, ao Estado de Direito material, "a ideia nuclear do Estado de Direito de que o direito é o soberano, e não a vontade humana,

---

[73] Assim, SOBOTA, com referência ao *Grundgesetz*, considerando que a aludida pretensão se encontra expressa nos seus arts. 20, parágrafo 3, e 1, parágrafo 1, primeira frase (v. Autora cit., ob. cit., p. 461). No mesmo sentido, v. GOMES CANOTILHO: "o Estado de Direito é um Estado constitucional. Pressupõe a existência de uma Constituição normativa estruturante de uma *ordem jurídico-normativa fundamental* vinculativa de todos os poderes públicos" (v. Autor cit., *Direito Constitucional ...*, cit., p. 245; itálico no original).

[74] Assim, v. SOBOTA, ob. cit., p. 449. V. também *supra*, na Segunda Parte, o n.º 16, alínea c), *in fine*.

[75] V. *idem, ibidem*.

396 *Estado de Direito Democrático e Administração Paritária*

também não é manifestada pelo conceito de Estado de Direito material. E, sem tal afirmação nuclear – no Estado de Direito o soberano é o direito – o conceito de Estado de Direito esvai-se por entre os dedos"[76]. Desde logo, o conceito de Estado de Direito material, através da aparente necessidade de contraposição, "perpetua o conceito de «Estado de Direito formal». Além disso, aquele conceito assume como ponto de partida a representação errónea (*Fehlvorstellung*) de um simples Estado de Direito formal, acrescentando-lhe alguns componentes materiais – por exemplo, os direitos fundamentais ou do homem, o princípio democrático ou a ideia de separação dos poderes – e situando-o no plano constitucional. Uma vez que a escolha de tais conteúdos nada tem de primariamente específico do Estado de Direito, a selecção é sempre diferente" (de Autor para Autor)[77].

Na doutrina é frequente entender-se que a limitação e a vinculação do poder do Estado pelo princípio do Estado de Direito em vista da liberdade dos cidadãos operam através da garantia dos direitos fundamentais, da legalidade da Administração e da garantia de tutela jurisdicional efectiva dos direitos das pessoas. Estes institutos são vistos, ao lado de outros, como «elementos» do Estado de Direito, os quais, na tradição do art. 16.º da Declaração dos Direitos do Homem e do Cidadão, é frequente serem organizados em torno de dois grandes núcleos: os direitos fundamentais e a separação dos poderes[78]. Nessa perspectiva, afirma, por exemplo, Gomes Canotilho

---

[76] V. *idem, ibidem*, p. 448.

[77] V. *idem, ibidem*. Cfr. também a crítica ao conceito de Estado de Direito material defendido com base numa juridicidade suprapositiva *supra* na nota 62.

[78] V., por exemplo, BÖCKENFÖRDE, "Demokratie als Verfassungsprinzip" cit., Rn. 83, pp. 485 e 486; HEYDE, "Über Schwierigkeiten im praktischen Umgang mit dem Rechtsstaatsprinzip" cit., pp. 188 e 189; SCHMIDT-AßMANN, "Der Rechtsstaat" cit., Rn. 69 e ss., pp. 579 e ss.; GOMES CANOTILHO e VITAL MOREIRA, *Constituição da República Portuguesa Anotada*, cit., anot. V ao art. 2.º, p. 63; ou GOMES CANOTILHO, *Direito Constitucional* ..., cit., pp. 230 e 231. Já SOBOTA, fundamentalmente por considerar relevantes as origens e a história jurídica dos conceitos, autonomiza a garantia dos direitos fundamentais do princípio do Estado de Direito (v. Autora cit., ob. cit., pp. 444 e ss.). Partindo da ideia de soberania do direito (*der Gedanke der Rechtssouveränität*), esta Autora intenta uma análise da estrutura interna do princípio do Estado de Direito e uma enumeração descritiva dos seus elementos (v. *idem, ibidem*, pp. 461 e ss. e pp. 471 e ss., respectivamente).

"que o princípio do Estado de Direito é informado por duas ideias ordenadoras: (1) ideia de *ordenação subjectiva*, garantindo um *status* jurídico aos indivíduos essencialmente ancorado nos direitos fundamentais; (2) ideia de *ordenação objectiva*, assente no princípio da constitucionalidade, que, por sua vez, acolhe como princípio objectivamente estruturante o *princípio da divisão de poderes*"[79].

Continuando a seguir a síntese proposta por Gomes Canotilho, "o princípio do Estado de Direito é fundamentalmente um princípio constitutivo, de natureza material, procedimental e formal [...] que visa dar resposta ao problema do conteúdo, extensão e modo de proceder da actividade do Estado. Ao «decidir-se» por um Estado de Direito, a Constituição visa conformar as estruturas do poder político e a organização da sociedade segundo a *medida do direito*"[80]. Naquele princípio "conjugam-se elementos formais e materiais, exprimindo, deste modo, a *profunda imbricação entre forma e conteúdo* no exercício das actividades do poder público ou de entidades dotadas de poderes públicos"[81].

Na perspectiva da mencionada ordenação objectiva, "o direito compreende-se como *meio de ordenação* racional e vinculativa de uma comunidade organizada e, para cumprir esta função ordenadora, o direito estabelece *regras e medidas*, prescreve *formas e procedi-*

---

[79] V. Autor cit., *Direito Constitucional ...*, cit., p. 250; itálicos no original.

[80] V. *idem, ibidem*, p. 243; itálico no original. Fazendo idêntica caracterização do princípio do Estado de Direito, v. BÖCKENFÖRDE, "Demokratie als Verfassungsprinzip" cit., Rn. 83, pp. 485 e 486. GOMES CANOTILHO e VITAL MOREIRA referem que o – para eles – (sub)princípio do Estado de Direito democrático exprime "a ideia de sujeição do poder a princípios e regras jurídicas, garantindo aos cidadãos liberdade, igualdade e segurança" (v. Autores cits., *Constituição da República Portuguesa Anotada*, cit., anot. V ao art. 2.º, p. 63; reiterando tal ideia, v. GOMES CANOTILHO, *Direito Constitucional ...*, cit., p. 231). Sobre o conteúdo do princípio do Estado de Direito, nomeadamente os seus subprincípios densificadores, v. ainda, na doutrina portuguesa, JORGE REIS NOVAIS, *Os Princípios Constitucionais...*, cit., pp. 49 e ss. (dignidade da pessoa humana, igualdade, proibição do excesso, segurança jurídica e protecção da confiança); e MARIA LÚCIA AMARAL, *A Forma da República*, cit. pp. 152 e ss., distinguindo entre elementos formais (separação de poderes, constitucionalidade das leis, legalidade da administração e independência do poder judicial) e elementos materiais (dignidade da pessoa humana, liberdade, justiça e segurança).

[81] V. GOMES CANOTILHO, *Direito Constitucional ...*, cit., p. 255; itálicos no original.

398 Estado de Direito Democrático e Administração Paritária

mentos e cria *instituições*. Articulando medidas ou regras materiais com formas e procedimentos, o direito é, simultaneamente, *medida material* e *forma* da vida colectiva (Hesse). Forma e conteúdo pressupõem-se reciprocamente: como meio de ordenação racional, o direito é indissociável da realização da *justiça*, da efectivação de valores políticos, económicos, sociais e culturais; como *forma*, ele aponta para a necessidade de garantias jurídico-formais de modo a evitar acções e comportamentos arbitrários e irregulares de poderes públicos. [...] Como medida e forma da vida colectiva, o direito compreende-se no sentido de uma *ordem jurídica global* que «ordena»" toda a vida política e social[82].

Em conformidade com a ideia de ordenação subjectiva, cumpre atentar na circunstância de as regras de direito também garantirem "uma *distanciação* e *diferenciação* do indivíduo através do direito perante os poderes públicos, assegurando-lhes um estatuto subjectivo essencialmente constituído pelo catálogo de direitos, liberdades e garantias pessoais. O Estado de Direito é uma *forma* de Estado de distância (Kloepfer), porque garante os indivíduos perante o Estado e os outros indivíduos, além de lhes assegurar, positivamente, irredutível espaço subjectivo de autonomia marcado pela *diferença* e *individualidade*"[83]. Contudo, "a caracterização do Estado de Direito como «Estado de diferença e distanciação» através do direito não significa uma antinomia entre direito e Estado, pois a função do direito num Estado de Direito material não é apenas negativa ou defensiva, mas *positiva*; o direito deve assegurar, também positivamente, o desenvolvimento da personalidade, conformando a vida social, económica e cultural. Neste sentido se afirma que o Estado de Direito não se concebe, hoje, como «Estado anti-estadual» (Hesse)"[84].

(ii) O princípio democrático

No que se refere ao princípio democrático, o mesmo evidencia um carácter essencialmente formal-organizatório e tem por objecto a

---

[82] V. *idem, ibidem*, pp. 243 e 244; itálicos no original.
[83] V. *idem, ibidem*, p. 244; itálicos no original.
[84] V. *idem, ibidem*; itálico no original.

O *Estado de Direito Democrático e a nova compreensão...* 399

questão da titularidade e do exercício do poder do Estado[85]. Articulado com a soberania popular, o princípio democrático confere-lhe especial conformação, porquanto organiza o poder político de forma tal que, na sua instituição e no seu exercício, decorra da vontade do

---

[85] É o âmbito da democracia política: determinação da forma de organização e exercício do poder político, nos termos da teoria democrática representativa (órgãos representativos, eleições periódicas, pluralismo partidário, separação de poderes). GOMES CANOTILHO chama a atenção, ainda neste domínio político, para a importância da dimensão participativa: "o princípio democrático implica democracia participativa, isto é, a estruturação de processos que ofereçam aos cidadãos efectivas possibilidades de aprender a democracia, participar nos processos de decisão, exercer controlo crítico na divergência de opiniões, produzir *inputs* políticos democráticos. [...] Com a consagração de uma inequívoca *dimensão representativa* do princípio democrático, a Constituição teve em conta, não só a mudança estrutural desta dimensão nos modernos Estados, mas também a necessidade de dar *eficiência, selectividade e racionalidade* ao princípio democrático (*orientação de 'output'*). Afastando-se das concepções restritivas de democracia, a Constituição alicerçou a *dimensão participativa* como outra componente essencial da democracia. As premissas antropológico-políticas da participação são conhecidas: o homem só se transforma em homem através da autodeterminação e a autodeterminação reside primariamente na participação política (*orientação de 'input'*)" (v. Autor cit., *Direito Constitucional* ..., cit., pp. 288 e 289; itálicos no original).

Contudo, a democracia também pode ser perspectivada como "forma de vida", como "democratização da democracia", como "impulso dirigente de uma sociedade" ou em vista da sua "democratização" (cfr., por exemplo, GOMES CANOTILHO, *ibidem*, pp. 288 e 289 e 290; PEDRO MACHETE, *A Audiência dos Interessados...*, pp. 349 e ss., em especial, pp. 351 e ss.; e BÖCKENFÖRDE, "Demokratie als Verfassungsprinzip" cit., Rn. 8, p. 434). Nesse sentido, afirmam GOMES CANOTILHO e VITAL MOREIRA: "o princípio democrático da CRP não se esgota [na *democracia política*]; ele exige o seu desenvolvimento em outros campos: a *democracia económica*, a *social* e a *cultural*. O conceito constitucional de democracia é, pois, tudo menos um simples conceito formal, reduzido a um conjunto de regras de escolha (ou confirmação) de dirigentes políticos; é um *conceito material alargado*, quer no sentido de exigir a participação popular no próprio exercício do poder, quer no sentido de não ser alheio ao objecto e fins do exercício do poder" (v. Autores cits., *Constituição da República Portuguesa Anotada*, cit., anot. VI ao art. 2.º, p. 64; itálicos no original). Mais adiante, porém, os mesmos Autores referem, relativamente ao segundo segmento – aquele que se refere ao objecto e fins do exercício do poder – que "o conceito de democracia económica, social e cultural é a fórmula constitucional para aquilo que em vários países se designa por «Estado social» e que se traduz essencialmente na responsabilidade pública pela promoção do desenvolvimento económico, social e cultural, na satisfação de níveis básicos de prestações sociais para todos e na correcção das desigualdades sociais" (cfr. *idem, ibidem*, anot. XI ao art. 2.º, p. 66). A conjugação do referido Estado social com o Estado de Direito será objecto de análise na alínea seguinte do presente número.

400 *Estado de Direito Democrático e Administração Paritária*

povo e a ela possa ser reconduzido. "O povo, não só é soberano, como também governa"[86]; ou, segundo a «fórmula de Lincoln», "governo do povo, pelo povo e para o povo"[87].

A consagração da democracia, enquanto forma de organização do poder político e forma de governo, significa, por conseguinte, que é também ao povo que compete exercer em concreto a soberania que lhe pertence. Subjacente a este postulado encontra-se uma ideia de liberdade, já que a democracia é (também) uma emanação do princípio da autodeterminação e do autogoverno válido para o indivíduo – a sua autonomia individual – e para o povo – enquanto somatório de indivíduos livres[88]. Com efeito, existe uma correlação entre democracia e o conceito moderno de liberdade: esta é entendida como autonomia, como ausência de heterodeterminação do pensamento e da acção individuais; aquela, justamente porque assegura que a ordem seja estabelecida por aqueles que a ela estão subordinados, permite conciliar a subsistência do poder político com o princípio da liberdade e da autonomia individual[89].

Simplesmente, porque a referida ordem é vinculativa e é uma ordem de domínio, a conciliação em causa opera-se, não imediatamente, mas mediante uma "espécie de metamorfose da liberdade individual" em dois momentos[90]. No primeiro, a liberdade-autono-

---

[86] *"Das Volk herrscht nicht nur, es regiert auch"*; assim, v. BÖCKENFÖRDE, "Demokratie als Verfassungsprinzip" cit., Rn. 8, p. 433.

[87] Cfr. *The Gettysburg Address* (1863). V. GOMES CANOTILHO, *Direito Constitucional ...*, cit., p. 287, que considera a fórmula em causa "a síntese mais lapidar dos momentos fundamentais do princípio democrático" (v. *ibidem*). Este Autor refere, em contraposição a este modo de conceber o princípio democrático – e que designa "justificação positiva" –, um entendimento do mesmo princípio fundamentalmente como forma ou técnica processual de selecção e destituição pacífica de dirigentes e simultaneamente de mecanismos de limitação prática do poder – a "justificação negativa" – que pode ser expressa pela «fórmula de Popper»: "a democracia nunca foi soberania do povo, não o pode ser, não o deve ser" (v. Autor cit., *ibidem*, p. 291).

[88] Cfr. BÖCKENFÖRDE, "Demokratie als Verfassungsprinzip" cit., Rn. 35, p. 452.

[89] Cfr. *idem*, *ibidem*, Rn. 35 e 36, pp. 452 e 453, referindo-se, a tal propósito, à raiz e à componente individualista e liberal da democracia moderna. BÖCKENFÖRDE considera inclusivamente que a exigência racional kantiana de obedecer apenas à lei a que se tenha dado previamente o acordo, embora formulada por Kant com um alcance transcendental, constitui uma expressão concisa de tal raiz e componente e que estas justificariam a tendência democrática do liberalismo político oitocentista.

O *Estado de Direito Democrático e a nova compreensão...* 401

mia de cada um, no que se refere à conformação e ao estabelecimento da ordem de convivência comum, é substituída pela liberdade de participação democrática, a qual integra ao lado dos "direitos, liberdades e garantias de participação política"[91], os «direitos de liberdade democráticos» (*demokratische Freiheitsrechte* – aqueles que são essenciais para a formação e manifestação da vontade política)[92]. No segundo, a liberdade de participação democrática suporta a liberdade--autonomia colectiva (*kollektiv-autonome Freiheit*), isto é a liberdade do próprio povo como um todo, nomeadamente no que se refere à disponibilidade da ordem política e jurídica. Como salienta Böckenförde, os conteúdos da vontade do povo democraticamente estabelecida não são pré-determinados; eles resultam do processo político livre e aberto de formação e manifestação da vontade colectiva[93]. Nessa medida, "a democracia é formal e aberta a vários conteúdos (*inhaltsoffen*); os conteúdos em que se precipita o poder democrático são determinados pelos cidadãos (livres) ou pelos seus representantes e suportados por um consenso continuado"[94]. As limitações materiais – que obviamente existem – decorrem, por isso, do concurso de outros princípios estruturantes – nomeadamente do Estado de Direito e dos direitos fundamentais – que se articulam entre si e se compensam reciprocamente[95].

Entre os vários aspectos estruturais em que a democracia se pode analisar, importa considerar a titularidade do poder político por parte de um povo historicamente concreto (os cidadãos que num

---

[90] Cfr. BÖCKENFÖRDE, "Demokratie als Verfassungsprinzip" cit., Rn. 37 e ss., pp. 454 e ss.

[91] Cfr. os arts. 48.º a 52.º da Constituição da República Portuguesa.

[92] Cfr., quanto à terminologia, BÖCKENFÖRDE, "Demokratie als Verfassungsprinzip" cit., Rn. 86, p. 487 (este Autor também os qualifica, atenta a sua função, como «direitos fundamentais de comunicação» – *Kommunikationsgrundrechte*: v. *idem, ibidem*, Rn. 37, p. 454); e, quanto aos direitos em si, na Constituição da República Portuguesa, a liberdade de expressão e informação – art. 37.º; a liberdade de imprensa – art. 38.º; o direito de reunião e de manifestação – art. 45.º; e a liberdade de associação – art. 46.º.

[93] Cfr. Autor cit., "Demokratie als Verfassungsprinzip" cit., Rn. 38, p. 455.

[94] V. *idem, ibidem*.

[95] Cfr. *idem, ibidem*, p. 456.

402   *Estado de Direito Democrático e Administração Paritária*

dado momento histórico constituem o povo)[96]. Com efeito, exigindo-se uma efectiva legitimidade democrática para o exercício do poder, torna-se necessário estabelecer «uma cadeia ininterrupta de legitimação democrática»[97] em vista do estabelecimento e da garantia de uma influência real do povo sobre o exercício do poder público[98].

É essa a função das formas de legitimação democrática que, entre si, se completam: implicando o Estado estruturas de domínio, o princípio democrático determina a legitimação e formas de organização e controlo desse domínio a partir do povo, nomeadamente definindo os órgãos que o devem exercer e que têm a seu cargo a prossecução das tarefas do Estado e as respectivas competências (legitimação funcional e institucional[99]), o modo de designação dos seus titulares e os seus poderes concretos (legitimação organizatória e pessoal[100]) e, bem assim, os critérios materiais que asseguram a recondução do exercício dos poderes públicos, relativamente ao seu conteúdo, à vontade do povo (legitimação material[101]). Em suma,

---

[96] Além do aspecto referido no texto e, bem assim, do autogoverno e autodeterminação, igualmente já mencionados, BÖCKENFÖRDE propõe ainda a consideração da igualdade e universalidade dos direitos de participação política (cfr. Autor cit., "Demokratie als Verfassungsprinzip" cit., Rn. 41 e ss., pp. 457 e ss.; v. também *infra* a alínea seguinte deste número) e do princípio maioritário (cfr. *idem, ibidem*, Rn. 52 e ss., pp. 465 e ss.). Sobre os diferentes aspectos em que se analisa o princípio democrático, v., na doutrina portuguesa, por exemplo, além de GOMES CANOTILHO referido *supra* na nota 71, MARIA LÚCIA AMARAL, *A Forma da República*, cit. pp. 207 e ss.

[97] *Eine ununterbrochene demokratische Legitimationskette*, na expressão utilizada pelo *Bundesverfassungsgericht* (cfr. BVerfGE 47, 253 (275)).

[98] Cfr. BÖCKENFÖRDE, "Demokratie als Verfassungsprinzip" cit., Rn. 14, p. 437.

[99] *Funktionelle und institutionelle demokratische Legitimation* – "foi o próprio legislador constituinte que estabeleceu cada um dos poderes, o legislativo, o executivo e o jurisdicional, respectivamente, como uma função e um sistema de órgãos e é através deles que o povo exerce o poder do Estado" (v. BÖCKENFÖRDE, "Demokratie als Verfassungsprinzip" cit., Rn. 15, p. 437).

[100] *Organisatorisch-personelle demokratische Legitimation* – esta consiste numa cadeia de legitimação ininterrupta e que reconduz ao povo as pessoas incumbidas do exercício de funções públicas (v. *idem, ibidem*, Rn. 16 e ss., pp. 438 e ss.).

[101] *Sachlich-inhaltliche demokratische Legitimation* – o exercício de poderes públicos deve, no que respeita ao respectivo conteúdo, derivar do povo; os poderes exercidos devem corresponder à vontade do povo, ficando, dessa forma, assegurado o exercício de tais poderes pelo povo (v. *idem, ibidem*, Rn. 21 e ss., pp. 441 e ss.). Esta legitimação pode ser estabelecida por duas vias: por um lado, ancorando o poder legislativo no órgão representativo do povo imediatamente legitimado por um acto eleitoral – o parlamento – e

O Estado de Direito Democrático e a nova compreensão... 403

"como não existe uma identidade entre governantes e governados, e como não é possível legitimar um domínio com base em simples doutrinas fundamentantes, é o princípio democrático que permite organizar o domínio político segundo o programa de autodeterminação e autogoverno: o poder político é constituído, legitimado e controlado por cidadãos (povo), igualmente legitimados para participarem no processo de organização da forma de Estado e de governo"[102].

(iii) A relação entre Estado de Direito e democracia

A relação entre os dois princípios em apreço – Estado de Direito e democracia – é marcada por aspectos de complementaridade, mas também de oposição: "a Constituição dá forma ao processo democrático e recebe da democracia a lei parlamentar como meio de conformação central. Ambos os princípios estão ao serviço da ideia de liberdade. Em todo o caso, a liberdade de conformação do legislador é limitada juridicamente e o respeito de tal limite pode ser imposto por via jurisdicional"[103].

No que se refere aos aspectos comuns e complementares daqueles princípios, destaca-se a mencionada convergência relativamente à liberdade: "ambos, independentemente da respectiva intencionalidade, estão orientados para a liberdade do cidadão"[104]. Isso é assim

---

vinculando todos os demais órgãos do poder público às leis por ele aprovadas (via da legalidade democrática); por outro lado, mediante uma responsabilidade democraticamente sancionada relativamente ao modo como as tarefas atribuídas foram desempenhadas (via da responsabilidade democrática), seja por via directa – perante o povo e efectivada através de eleições periódicas –, seja por via indirecta – perante os representantes do povo e efectivada por mecanismos de responsabilidade política, podendo respeitar a actuações próprias – caso do Governo ou dos seus membros – ou a actuações de órgãos ou autoridades sob a sua dependência ou supervisão (cfr. *idem, ibidem*, Rn. 21, pp. 441 e 442).

[102] Assim, v. GOMES CANOTILHO, *Direito Constitucional* ..., cit., p. 290.

[103] V. a síntese de SCHMIDT-AßMANN, "Der Rechtsstaat" cit., Rn. 96, p. 598. Igualmente valorizando a função mediadora do legislador e da lei, no que respeita à articulação entre o princípio do Estado de Direito e o princípio democrático, cfr. RÜDIGER BREUER, "Konkretisierungen des Rechtsstaats- und Demokratiegebotes", cit., pp. 234 e 235. No mesmo sentido da existência de tensões entre as ideias de liberdade e de democracia, v. RUPP, *Grundfragen...*, cit., pp. 138 e 139.

[104] V. BÖCKENFÖRDE, "Demokratie als Verfassungsprinzip" cit., Rn. 86, p. 487.

404 Estado de Direito Democrático e Administração Paritária

claramente no que toca aos já mencionados «direitos de liberdade democráticos», os quais constituem uma "base indispensável da liberdade de participação democrática" e, ao mesmo tempo, são fim e conteúdo do Estado de Direito, não especificamente em vista da formação da vontade política, mas, em geral, com referência ao estatuto de liberdade dos cidadãos[105]. Os direitos fundamentais em causa são os mesmos em qualquer um daqueles quadros de referência, não lhes correspondendo um conteúdo duplo, mas sim uma dupla função[106]. Acresce que os mesmos direitos fundamentam uma referência da própria democracia à liberdade, impedindo a sua identificação com a ditadura da maioria[107].

As zonas de fricção entre Estado de Direito e democracia resultam, por um lado, da vinculação da estruturação do poder político ao princípio democrático. A soberania reside no povo, que a exerce segundo as formas previstas na Constituição; o poder político pertence ao povo e é exercido nos termos da Constituição[108]. Consequentemente, a formação, a composição, a competência e o funcionamento dos órgãos de soberania são os definidos na Constituição; e os órgãos de soberania devem observar a separação e interdependência estabelecidas na Constituição[109]. A organização política visa, assim, uma estruturação de funções e não um equilíbrio de poderes político-sociais à maneira de Montesquieu: o único poder político legítimo é o do povo. Daí ser vedado, por força do princípio demo-

---

[105] Nestes termos, v. BÖCKENFÖRDE, "Demokratie als Verfassungsprinzip" cit., Rn. 86, p. 487 (este Autor também qualifica os direitos em causa como "condições constitutivas da própria democracia"; v. *ibidem*, Rn. 93, p. 490). Cfr., quanto à enumeração daqueles direitos, *supra* a nota 92. V. também GOMES CANOTILHO e VITAL MOREIRA, *Constituição da República Portuguesa Anotada*, cit., anot. VII ao art. 2.º, pp. 64 e 65 ("garantias do pluralismo": são "não apenas direitos fundamentais dos cidadãos (*vertente subjectiva*) mas também elementos institucionais do sistema democrático-constitucional (*vertente objectiva*)"; itálicos no original); e GOMES CANOTILHO, *Direito Constitucional...*, cit., pp. 290 e 291.

[106] v. BÖCKENFÖRDE, "Demokratie als Verfassungsprinzip" cit., Rn. 86, p. 487.

[107] Cfr. BÖCKENFÖRDE, "Demokratie als Verfassungsprinzip" cit., Rn. 86, p. 487.

[108] Cfr. os arts. 3.º, n.º 1, e 108.º, ambos da Constituição da República Portuguesa.

[109] Cfr. os arts. 110.º, n.º 2, e 111.º, n.º 1, ambos da Constituição da República Portuguesa.

O *Estado de Direito Democrático e a nova compreensão...*   405

crático, no âmbito de cada poder, proceder autonomamente à integração de pessoas não democraticamente legitimadas e, com referência ao poder do Estado globalmente considerado, conceder a grupos sociais um direito próprio de participação na decisão política[110].

Por outro lado, a democracia é vinculada e limitada pelo Estado de Direito: os direitos, liberdades e garantias e as regras de organização e de procedimento do Estado de Direito constituem parâmetros que a vontade democrática conformadora tem de respeitar, quer como forma e medida de actuação, quer como limite[111]. Os cidadãos gozam, assim, não só de "liberdade *no* processo democrático" – a liberdade de participação política – como também de "liberdade *perante* tal processo" – a liberdade resultante dos limites impostos à actuação do Estado em virtude de o mesmo ser poder e independentemente da sua legitimação democrática[112].

---

[110] Cfr. BÖCKENFÖRDE, "Demokratie als Verfassungsprinzip" cit., Rn. 87 e ss., pp. 487 e ss., *maxime* Rn. 88 e 90, pp. 488 e 489, respectivamente.

[111] Cfr. BÖCKENFÖRDE, "Demokratie als Verfassungsprinzip" cit., Rn. 92 e ss., pp. 489 e seguinte. MARIA LÚCIA AMARAL refere, a este propósito, a existência de "pontos de comunicação" entre aqueles dois princípios, nomeadamente a necessidade normativa de a decisão democrática respeitar "*certos conteúdos*, que são precisamente aqueles que decorrem do princípio do Estado de Direito. [...] O que está excluído do âmbito da decisão maioritária é precisamente aquilo que decorre da «qualidade» do Estado de direito" (cfr. Autora cit., *A Forma da República*, cit. pp. 314 e ss., *maxime* p. 319; itálicos no original).

[112] V. BÖCKENFÖRDE, "Demokratie als Verfassungsprinzip" cit., Rn. 94, p. 490; itálicos no original. No mesmo sentido, afirma JORGE REIS NOVAIS: "a incindibilidade tendencial de Estado de Direito e democracia não implica a dissolução da irredutível e essencial dimensão de defesa ou reserva da autonomia individual face ao Poder (público e privado) que constitui o cerne do Estado de Direito. Quando a intervenção estadual tem por fonte a decisão democrática da maioria, o princípio do Estado de Direito não perde operatividade ou redunda supérfluo – como demonstra a história e a vivência das nossas democracias –, pois mesmo aí, mesmo legitimada democraticamente, a actuação do Poder pode ser violadora das garantias individuais e, como tal ilegítima, à luz da ideia de Estado de Direito (v. Autor cit., *Os Princípios Constitucionais...*, cit., p. 37).

406 *Estado de Direito Democrático e Administração Paritária*

d) *A perspectiva dogmática da articulação do princípio do Estado de Direito com o princípio do Estado social*[113]

As modificações político-constitucionais referidas *supra* na alínea a) do presente número, apesar de aceites pela generalidade dos

---

[113] O termo «princípio do Estado social» pretende designar o que na Constituição da República Portuguesa aparece sob a fórmula de "efectivação dos direitos económicos, sociais, [e] culturais" (cfr. o respectivo art. 9.º, alínea d)). No sentido de tal correspondência v. a posição de GOMES CANOTILHO e VITAL MOREIRA referida *supra* na nota 85. V. também GOMES CANOTILHO, *Direito Constitucional ...*, cit., p. 335, referindo-se, todavia, ainda que com o mesmo sentido, a "princípio da socialidade"; e JORGE REIS NOVAIS, *Os Princípios Constitucionais...*, cit., p. 44 ("o princípio da socialidade é um elemento indissociável do Estado de Direito democrático, como, de resto, se procura expressar na fórmula constitucional [...] da «realização da democracia económica, social e cultural» [resultando a sua assunção constitucional] igualmente, do art. 9.º da Constituição, quando se faz uma enumeração das tarefas fundamentais do Estado e onde [...] avulta também a promoção do bem-estar e da qualidade de vida do povo e a igualdade real entre os portugueses, bem como a efectivação dos direitos económicos, sociais, culturais e ambientais, mediante a transformação e modernização da estruturas económicas e sociais (alínea d))") e p. 291 ("ainda que não referido expressamente sob essa designação no texto da Constituição na adjectivação do nosso Estado de Direito, o princípio da socialidade é indiscutivelmente acolhido como princípio constitucional").

Sobre o aludido princípio do Estado social ou da socialidade, cfr., na doutrina portuguesa, por exemplo, GOMES CANOTILHO, *Direito Constitucional ...*, cit., pp. 335 e ss.; e JORGE REIS NOVAIS, *Os Princípios Constitucionais...*, cit., pp. 291 e ss.

Sucede que a Quarta Revisão Constitucional (Lei n.º 1/97, de 20 de Setembro) veio introduzir no citado preceito – o art. 9.º, alínea d) – a referência aos «direitos ambientais» e consagrar meios de tutela específicos, nomeadamente a acção popular, para vários interesses, entre eles, o da "preservação do ambiente" (art. 52.º, n.º 3, alínea a). Por outro lado, desde a sua redacção originária, que a Constituição portuguesa consagra o direito de todos "a um ambiente de vida humano, sadio, ecologicamente equilibrado e o dever de o defender" (art. 66.º, n.º 1); e, desde a Primeira Revisão, que estabelece como tarefa fundamental do Estado a defesa do ambiente e a preservação dos recursos naturais (art. 9.º, alínea e). O conjunto destes preceitos evidencia a importância e a complexidade dos interesses e problemas objecto do direito do ambiente a justificar, porventura, uma nova dimensão do Estado de Direito. Por exemplo, na doutrina portuguesa, MARIA DA GLÓRIA GARCIA refere-se ao "Estado de Direito Ambiental ou Estado ambiental (v. Autora cit., *Curso de Direito do Ambiente*, lições policop., Lisboa, 2000, p. 10); VASCO PEREIRA DA SILVA fala de um "Estado de Ambiente" (v. Autor cit., *Verde Cor de Direito...*, cit., p. 24); e GOMES CANOTILHO afirma expressamente que "a República Portuguesa é verde", pelo que se deve acrescentar à noção de Estado de Direito democrático "um outro elemento constitutivo – o *elemento ecológico*" (v. Autor cit., *Direito Constitucional ...*, cit., p. 227; itálico no original). Este último Autor refere-se aos aludidos preceitos consti-

O Estado de Direito Democrático e a nova compreensão... 407

Autores, suscitam questões teóricas sobre o respectivo enquadramento no Estado de Direito, nomeadamente, a questão de saber em que medida os «elementos sociais» são susceptíveis de integração na estrutura constitucional do Estado de Direito sem o descaracterizar e, em caso afirmativo, quais os «elementos sociais» a integrar concretamente[114].

---

tucionais como "importantes sugestões textuais no sentido de uma República ecologicamente auto-sustentada", mas reconhece que "o princípio antrópico, mediante o expresso reconhecimento da dignidade da pessoa humana, constitui ainda a base fundacional da República (v. *ibidem*).

Do ponto de vista estrutural, porém, a doutrina continua a reconduzir os problemas suscitados pelas figuras jusambientais aos quadros dogmáticos correntes, nomeadamente às categorias de tarefas fundamentais do Estado e de direitos e deveres fundamentais. Em especial, no que se refere ao «direito ao ambiente», o mesmo não põe em causa a dualidade entre «direitos, liberdades e garantias» e «direitos económicos, sociais e culturais», seja como posições jurídicas subjectivas distintas (assim, MARIA DA GLÓRIA GARCIA, *ibidem*, pp. 15 e 16; e JORGE MIRANDA in JORGE MIRANDA e RUI MEDEIROS, *Constituição da República Portuguesa Anotada*, cit. anots. III e IV ao art. 66.º, pp. 683 e 684 – da autoria de JORGE MIRANDA; cfr. *ibidem*, p. 6), seja como regimes distintos aplicáveis a diferentes vertentes de uma única posição jurídica subjectiva – o direito fundamental (assim, v. VASCO PEREIRA DA SILVA, *ibidem*, pp. 99 e ss., *maxime* p. 103). De resto, JORGE MIRANDA rejeita expressamente "uma categoria autónoma de direitos, um *tertium genus* a juntar aos direitos liberdades e garantias e aos direitos económicos, sociais e culturais – os «direitos ambientais» na fórmula do artigo 9.º, alínea d), após 1997" (v. *idem*, *ibidem*, anot. II, al. d), p. 683). Parece poder assim concluir-se que, sem prejuízo da novidade, complexidade e importância das tarefas de protecção ambiental e dos direitos e deveres nesse mesmo domínio, nem a dimensão ambiental se tem de autonomizar no âmbito do Estado social nem o Estado ambiental constitui um princípio estruturante da Constituição da República Portuguesa (mesmo GOMES CANOTILHO, no seu *Direito Constitucional...*, cit., não autonomiza o ambiente entre os "princípios estruturantes da República Portuguesa" nem o menciona a propósito do princípio da socialidade – v. *ibidem*, pp. 335 e ss.). O Estado ambiental é, isso sim, o referente funcional e teleológico comum de um conjunto de problemas estruturais novos que se suscitam, quer no quadro do Estado de Direito, quer no quadro do Estado social.

[114] Cfr., por exemplo, MARCELLO CAETANO que discute a contraposição entre "Estado liberal de Direito" e "Estado social de Direito" – "um Estado intervencionista, ou social, que pretende conformar a vida colectiva, e não apenas assegurar o jogo natural das liberdades, que traz consigo as já assinaladas alterações no mecanismo da separação dos poderes [entre outras, a atribuição de poderes legislativos ao governo e a isenção do exercício de poderes discricionários da fiscalização dos tribunais] e o desenvolvimento das funções não-jurídicas, especialmente da função técnica, que corresponde a uma estrutura económica concentrada e não já atomista"; v. Autor cit., *Manual de Ciência Política e Direito Constitucional...*, I, cit., p. 324). Em seu entender, o Estado de Direito e o seu

408   *Estado de Direito Democrático e Administração Paritária*

Forsthoff foi um dos primeiros a proclamar a incompatibilidade entre o Estado de Direito e o Estado social ao nível da Constituição: a realização do segundo, no quadro do primeiro, só pode ser garantida ao nível da legislação e da administração, já que o Estado de Direito, na sua estrutura ordenada à protecção das liberdades, é indissociável de garantias constitucionais, em especial a igualdade jurídica, a liberdade de iniciativa e a propriedade, as quais não são compatíveis com garantias de idêntica natureza relativas aos direitos a prestações sociais concretizadores do Estado social[115]. E isto é assim, como explica

---

contraponto, o Estado político-administrativo, são apenas tipos ideais, modelos, verificando-se que, se por um lado, o Estado liberal se aproximou muito do primeiro; a sua evolução, "com a sua formalização e o relevo assumido pelo princípio democrático, e que conduziu ao Estado de legalidade, afastou-o já sensivelmente daquele tipo ideal. Mais ainda se afasta o Estado social", o qual, em alguns aspectos, se aproxima "já com nitidez do Estado político-administrativo: no desenvolvimento das funções não-jurídicas e na utilização frequente das funções jurídicas como instrumento daquelas; na redução do alcance da contraposição entre o governo e a assembleia, peça essencial da separação clássica dos poderes" (v. *idem, ibidem*, p. 325). Daí a sua conclusão: "o chamado Estado social de direito é assim, portanto, claramente, uma forma mista entre o Estado de direito e o Estado político-administrativo, embora os elementos próprios daquele continuem a aparecer como predominantes" (v. *idem, ibidem*, pp. 325 e 326).

BÖCKENFÖRDE, pelo seu lado, interroga-se sobre se, no conceito de Estado de Direito social (*sozialer Rechtsstaat*), a componente de Estado de Direito e a componente de Estado social se situam no mesmo plano, devendo, por conseguinte, as exigências sociais e as estruturas correspondentes respeitar as garantias, os enquadramentos e os limites que logicamente decorrem do primeiro, isto é, de um Estado de Direito; ou se o Estado social (*Sozialstaat*) pretende significar um novo "tipo constitucional", já em contraposição e alternativo do Estado de Direito e, portanto, dele distinto (v. Autor cit., "Entstehung und Wandel des Rechtsstaatsbegriffs" cit., p. 159).

V. também a referência à discussão sobre a opção socialista (art. 2.º) feita na versão originária da Constituição da República Portuguesa em GOMES CANOTILHO, *Direito Constitucional ...*, cit., pp. 335 e ss.

[115] Cfr. Autor cit., "Begriff und Wesen des sozialen Rechtsstaates" in *Rechtsstaat im Wandel – Verfassungsrechtliche Abhandlungen 1950-1964*, Stuttgart, 1968 (publicado originalmente in VVDStRL, Heft 12 (1954), pp. 8 e ss.), pp. 27 e ss., em especial, pp. 38 e ss. e a tese XV (p. 56). Por exemplo, o direito ao trabalho, implicando para o Estado a obrigação de gestão das oportunidades de emprego e a atribuição de um rendimento mínimo, caso tais oportunidades não existam, imporia limitações à liberdade de escolha da profissão (cfr. BÖCKENFÖRDE, "Entstehung und Wandel des Rechtsstaatsbegriffs" cit., 161); a socialização dos meios de produção, enquanto princípio constitucional, não é concebível sem limitações severas da liberdade de iniciativa e da propriedade (cfr. *idem, ibidem*).

O Estado de Direito Democrático e a nova compreensão... 409

Böckenförde, porque a Constituição do Estado de Direito, depois da universalização do direito de voto e do reconhecimento da igualdade entre homens e mulheres, concretiza a "forma da liberdade"[116]. Deste modo, para que a liberdade plena alcançada no âmbito do Estado de Direito democrático não regrida nem seja destruída, o Estado social só pode significar a necessidade de criação das condições sociais da realização daquela mesma liberdade para todos os cidadãos, ou seja, a exigência de eliminação das desigualdades sociais a concretizar nos planos legislativo e administrativo[117].

Com efeito, a consagração constitucional do Estado social significa que este assume como sua tarefa fundamental, sem prejuízo da garantia dos direitos e liberdades fundamentais e no respeito pelos princípios do Estado de Direito democrático, a promoção do bem-estar e da qualidade de vida do povo e da igualdade real entre os portugueses, bem como, a efectivação dos direitos económicos, sociais, culturais e ambientais, mediante a transformação e modernização das estruturas económicas e sociais[118]. Estas finalidades do

---

[116] Cfr. Autor cit., "Entstehung und Wandel des Rechtsstaatsbegriffs" cit., p. 161, referindo-se a Lorenz von Stein e utilizando uma expressão deste último (*Form der Freiheit*).

[117] Neste sentido, v., por exemplo, BÖCKENFÖRDE: o Estado social apresenta-se como definidor de um fim do Estado e da tarefa (*Handlungsauftrag*) cometida aos órgãos estatais "relativamente à eliminação do antagonismo social e das desigualdades no seio da sociedade e, bem assim, à garantia das condições sociais indispensáveis à realização da liberdade para todos; tal integra a compensação e a redistribuição sociais e, também, a garantia de um mínimo de participação nos bens da vida" (v. Autor cit., "Demokratie als Verfassungsprinzip" cit., Rn. 97, pp. 492 e 493).

[118] Cfr. o art. 9.º, alíneas b) e d), da Constituição da República Portuguesa. Nesse sentido, GOMES CANOTILHO afirma que a «democracia económica, social e cultural» "é um objectivo a realizar mediante a observância das exigências do princípio democrático e do princípio do Estado de Direito (soberania popular, respeito dos direitos e liberdades fundamentais, pluralismo de expressão, organização política democrática)" (v. Autor cit., *Direito Constitucional ...*, cit., p. 337). A prossecução de tal fim "impõe tarefas ao Estado e justifica que elas sejam tarefas de conformação, transformação e modernização das estruturas económicas e sociais de forma a promover a igualdade real entre os portugueses (arts. 9.º/d e 81.º/a e b)" (v. *idem, ibidem*, p. 338). O mesmo Autor chama a atenção para o carácter impositivo de tais tarefas, não obstante a consagração constitucional do princípio da subsidiariedade (arts. 6.º e 7.º, n.º 6): "o Estado, ao converter-se em Estado socialmente vinculado, colocou-se em «oposição à ideia de subsidiariedade» [...] Está, assim, fora de causa a ideia de *subsidiariedade horizontal* ou *social* referente a relações

410   *Estado de Direito Democrático e Administração Paritária*

Estado, por outro lado, relevam também como princípio interpretativo da própria Constituição e das leis[119].

Enquanto norma programática[120], o princípio do Estado social não confere imediatamente ou só por si direitos aos cidadãos, antes exige e legitima a intervenção do legislador e da Administração nos limites consentidos pela Constituição[121]. Mas, justamente porque é

---

entre os poderes públicos e os privados. O Estado é obrigado pela Constituição a manter e desempenhar um papel relevante no âmbito de direitos sociais. Isto não significa que tenha sido eliminado o *princípio da auto-responsabilidade* ou se negue a bondade de fórmulas dinâmicas da sociedade civil socialmente comprometidas: cada um tem, em princípio, capacidade para obter um grau de existência digno, para si e para a sua família. [... Porém, o princípio da socialidade é] uma imposição constitucional conducente à adopção de medidas existenciais para os indivíduos e grupos que, em virtude de condicionalismos particulares ou de condições sociais, encontram dificuldades no desenvolvimento da personalidade em termos económicos, sociais e culturais (ex.: rendimento mínimo garantido, subsídio de desemprego). A actividade social do Estado é, assim, actividade necessária e objectivamente pública. [...] Quando determinadas tarefas não pertencem ao Estado por obediência ao *princípio da subsidiariedade territorial* ou *vertical* (art. 6.º/1, na redacção da LC 1/97) as actividades sociais dos entes regionais e autárquicos terão as mesmas características" (v. *idem*, *ibidem*, pp. 341 e 342; itálicos no original).

[119] Neste sentido, v. FORSTHOFF, "Begriff und Wesen des sozialen Rechtsstaates" cit., pp 47 e 48 e a tese XIV (p. 56); e BÖCKENFÖRDE, "Entstehung und Wandel des Rechtsstaatsbegriffs" cit., p. 162; GOMES CANOTILHO e VITAL MOREIRA, *Constituição da República Portuguesa Anotada*, cit., anot. XII ao art. 2.º, p. 66 ("a relevância jurídico--constitucional do princípio social ou do Estado social [...] é sobretudo de natureza interpretativa e integradora"); e GOMES CANOTILHO, *Direito Constitucional ...*, cit., p. 341. V. também JORGE MIRANDA: as normas programáticas desempenham no plano hermenêutico uma função própria, "por um lado, incorporando precisos objectivos e valores e, por outro lado, propiciando ao legislador ordinário (e, em democracia pluralista, portanto, ao povo) uma margem maior ou menor de concretização e de variação consoante as conjunturas e as opções plíticas" (v. Autor cit., *Manual de Direito Constitucional*, Tomo II (Constituição), 5.ª ed., Coimbra, 2003, p. 275).

[120] Sobre o conceito de norma programática, v., por todos, JORGE MIRANDA, *Manual...*, Tomo II, cit., pp. 269 e ss., em especial, pp. 269 e 272: as normas programáticas são aquelas "que, dirigidas a certos fins e a transformações não só da ordem jurídica mas também das estruturas sociais ou da realidade constitucional (daí o nome), implicam a verificação pelo legislador, no exercício de um verdadeiro poder discricionário, da possibilidade de as concretizar"; por isso mesmo, tais normas "não consentem que os cidadãos ou *quaisquer* cidadãos as invoquem *já* (ou imediatamente após a entrada em vigor da Constituição), pedindo aos tribunais o seu cumrprimento só por si" (itálicos no original).

[121] Cfr. GOMES CANOTILHO, *Direito Constitucional ...*, cit., p. 343: em geral, "o princípio da democracia económica, social e cultural é tão-somente um *princípio jurídico fundamental objectivo* e não uma *norma de prestação subjectiva*. A favor desta considera-

O Estado de Direito Democrático e a nova compreensão...   411

um programa dirigido aos órgãos de direcção política, "no seu cerne essencial, o princípio da democracia económica, social e cultural é um *mandato constitucional juridicamente vinculativo* que limita a *discricionariedade legislativa* quanto ao «se» da actuação, deixando, porém, uma margem considerável de liberdade de conformação política quanto ao *como* da sua concretização"[122]. É neste quadro que se evidencia a importância dos princípios democrático e do Estado de Direito para o desenvolvimento do Estado social.

O primeiro promove e apoia a sua dinâmica ao ponto de se poder afirmar, com Böckenförde, que o Estado social é uma consequência política que decorre da própria lógica (*sachlogisch*) da democracia: uma vez que nela "a formação da vontade política assenta na igualdade política de todos os cidadãos – em virtude do direito de voto geral e igual – e na concorrência permanente e aberta pela liderança política, a mesma cria a possibilidade de converter todos os problemas e interesses sociais em questões políticas objecto de discussão política. Esta possibilidade torna-se uma necessidade política sempre que a desigualdade social assuma uma proporção significativa e afecte uma parte da população não negligenciável na luta por maiorias"[123].

Sucede que tal afinidade e interacção entre democracia e Estado social é causa de um aumento das tarefas do Estado sob a pressão da sociedade, sem que aquela integre quaisquer instrumentos de contenção. Rapidamente o conteúdo das incumbências do Estado social passa da superação de situações de necessidade e da prevenção de riscos sociais especiais – os seus fins originais – para a defesa e a consequente assunção de riscos sociais normais e, bem assim a garantia de um nível de vida estável e, se possível, crescente. Tal conduz à mudança de uma actividade do Estado repressiva, orientada para a eliminação de perturbações, para um tipo de actividade

---

ção milita ainda o facto de a democracia económica e social ser uma tarefa do legislador e não dos tribunais. Estes não teriam, na aplicação do princípio da democracia social e económica, qualquer medida racional que os auxiliasse na tarefa de decisão" (itálicos no original).

[122] V. GOMES CANOTILHO, *Direito Constitucional* ..., cit., p. 338; itálicos no original.

[123] V. Autor cit., "Demokratie als Verfassungsprinzip" cit., Rn. 98, p. 493.

412   *Estado de Direito Democrático e Administração Paritária*

orientada para fins positivos, a definir em função do que socialmente aparece como desejável[124]. O único limite, nesta perspectiva, é a necessidade de consenso político, o qual, todavia, tende a favorecer um alargamento dos fins da acção social do Estado e a privilegiar, como meio de financiamento da mesma, parcelas crescentes do produto social ou intervenções redistribuidoras na ordem dos bens existente[125].

Só o princípio do Estado de Direito permite limitar e contrabalançar a mencionada dinâmica social, visto que as suas garantias também se impõem e têm de ser respeitadas pelo poder político legitimado democraticamente. Nessa perspectiva, assumem especial importância as liberdades fundamentais, que só podem ser restringidas na medida do "necessário para salvaguardar outros direitos ou interesses constitucionalmente protegidos" e por leis gerais e abstractas que "não podem ter efeito retroactivo nem diminuir a extensão e o alcance do conteúdo essencial dos preceitos constitucionais" e, muito em particular, o "direito à propriedade privada e à sua transmissão em vida ou por morte"[126]. Este último determina, no seu conteúdo e nos seus limites, simultaneamente as possibilidades e limites da actuação pública em ordem à realização do Estado social, designadamente no respeitante à prossecução activa do equilíbrio social e à redistribuição do rendimento[127].

---

[124] Cfr. BÖCKENFÖRDE, "Demokratie als Verfassungsprinzip" cit., Rn. 99, p. 493.

[125] Cfr., *idem, ibidem*, Rn. 101, p. 950. O princípio do não retrocesso social tende a agravar tal situação. Sobre tal princípio, v., por exemplo, GOMES CANOTILHO, *Direito Constitucional* ..., cit., pp. 338 e ss., que o define nos termos seguintes: "o núcleo essencial dos direitos sociais já realizado e efectivado através de medidas legislativas [...] deve considerar-se constitucionalmente garantido, sendo inconstitucionais quaisquer medidas estaduais que, sem a criação de outros esquemas alternativos ou compensatórios, se traduzam, na prática, numa «anulação», «revogação» ou «aniquilação» pura e simples desse núcleo essencial" (v. *ibidem*, p. 340)

[126] Cfr., respectivamente, os arts 18.º, n.ᵒˢ 2 e 3, e 62.º, n.º 1, ambos da Constituição da República Portuguesa.

[127] Cfr. BÖCKENFÖRDE, "Demokratie als Verfassungsprinzip" cit., Rn. 101, p. 494. O mesmo Autor observa que o modo e o âmbito da coexistência entre Estado de Direito e Estado social dependem essencialmente da medida em que o primeiro permite a mobilização de parcelas do produto social mediante a imposição pública de contribuições monetárias também para fins de redistribuição. "Na medida em que tal se verifique, o Estado social pode realizar-se sob a forma de Estado fiscal (*Steuerstaat*) e utilizar o seu

O Estado de Direito Democrático e a nova compreensão...   413

23. O sentido fundamental da subordinação da Administração à lei

a) Da lei-limite à lei-fundamento da actuação da Administração

O art. 266.º, n.º 1, da Constituição da República Portuguesa determina que "os órgãos e agentes administrativos estão subordinados à Constituição e à lei". No seu sentido literal, este preceito estabelece uma prevalência da vontade expressa sob a forma de lei (e *a fortiori* da vontade do legislador constituinte) sobre a vontade da Administração. Importa, contudo, ter presente que, como a história constitucional evidencia, "os conceitos de legalidade e de Estado de Direito não são estáticos, definidos uma vez por todas, mas sínteses complexas, realidades essencialmente dinâmicas, sensíveis às modificações operadas na estrutura constitucional dos diversos países no decurso do tempo"[128]. Ou seja, "existe uma correlação entre estrutura constitucional de um lado e a amplitude e o significado da submissão da administração à lei, do outro"[129]. Deste modo, um sentido aparentemente claro pode revelar-se afinal bem mais complexo, por comportar diferentes significados ao longo do tempo.

---

acréscimo de património como recurso para a redistribuição social. Nesta perspectiva, não é indiferente que o *Bundesverfassungsgericht* tenha considerado até há pouco tempo, e em jurisprudência constante, que o objecto da protecção consignada no Art. 14 não é o património em si, mas cada um dos direitos patrimoniais e que, portanto, a imposição de contribuições monetárias, que não eliminam nem limitam aqueles direitos, nem sequer chega a tocar a garantia da propriedade privada; todavia, na Decisão relativa ao Imposto sobre o Património (*Vermögenssteuerbeschluß*), o Tribunal, também sob a influência das críticas da doutrina constitucionalista e fiscal, abandonou esse entendimento" (cfr. Autor cit., *ibidem*, Rn. 102, pp. 494 e 495). Cfr. a decisão do *Bundesverfassungsgericht* citada em BVerfGE 93, 121 (136 e ss.), e o voto de vencido de BÖCKENFÖRDE, *ibidem*, pp.149 e ss. (pp. 152 e ss.). Cfr. também, sobre a aludida questão da relação entre protecção constitucional da propriedade e protecção do património individual, já FORSTHOFF, "Begriff und Wesen des sozialen Rechtsstaates" cit., pp. 52 e 53: "o Estado de Direito, enquanto Estado fiscal, assenta no pressuposto contido na Constituição do Estado de Direito: o da delimitação rigorosa do poder tributário relativamente à protecção da propriedade assegurada pelos direitos fundamentais. [...] Caso cessasse [a] distinção entre a intromissão fiscal (*steuerlicher Eingriff*) e a intromissão na propriedade (*Eingriff in das Eigentum*), o actual Estado social perderia, em grande medida, a sua base jurídico-constitucional".

[128] V. RUI MACHETE, "Contencioso Administrativo" cit., p. 218.
[129] V. *idem, ibidem*, p. 229.

414 *Estado de Direito Democrático e Administração Paritária*

Nos primórdios do Estado constitucional o princípio da legalidade foi, com efeito, entendido fundamentalmente com aquele sentido de preferência da lei. Posteriormente, a situação tornou-se mais diferenciada e, em certos países, tende hoje a prevalecer uma interpretação daquele princípio no sentido de a lei constituir o fundamento de toda a actividade administrativa.

(*i*) *A perspectiva francesa*

Em França os revolucionários setecentistas crêem que os homens nascem livres e iguais em direitos, pelo que um Estado governado por esses mesmos homens, em princípio, não pode violar tais direitos: *volenti non fit iniuria*. O Estado é perspectivado como uma dimensão da sociedade e os cidadãos identificados com os particulares, à semelhança do que sucedia com a «liberdade dos antigos». Neste quadro de soberania popular ou nacional, a separação dos poderes, originalmente concebida por Montesquieu em ordem a um *status mixtus*, apresenta-se como o mecanismo que assegura simultaneamente esses dois objectivos: o governo de todos e o respeito dos direitos de todos[130].

A manifestação mais imediata daquele governo é a lei, entendida precisamente como expressão da vontade de todos. Como se referiu anteriormente, à supremacia absoluta do rei – Estado absoluto – sucede a supremacia absoluta do povo, nomeadamente da sua «vontade geral» – é o Estado legal: mediante a lei, ou subordinada à lei, a actividade do Estado não encontra limites; aliás, a lei não é tanto um limite do poder, quanto um seu veículo ou modo de manifestação[131]. Consequentemente, os actos de aplicação da lei ao caso concreto constituem expressões ou manifestações derivadas do poder soberano; por isso mesmo também, a respectiva legalidade é condição necessária e suficiente da efectividade da soberania nacional.

---

[130] Cfr. *supra*, na Segunda Parte, o n.º 10.

[131] Cfr. *supra*, na Segunda Parte, o n.º 11. Sobre o princípio da legalidade da administração no direito francês, cfr., na doutrina portuguesa, as sínteses de RUI MACHETE, "Contencioso Administrativo" cit., pp. 218 e ss.; e de SÉRVULO CORREIA, *Legalidade e Autonomia Contratual...*, cit., pp. 55 e ss.

O *Estado de Direito Democrático e a nova compreensão...* 415

No que se refere ao poder judicial, atenta a sua função de decidir os litígios entre os particulares de acordo com a lei aplicável ou de perseguir infracções criminais, a legalidade das suas decisões está assegurada pela aplicação correcta da lei[132].

Já quanto ao poder executivo, a sua função de "prover à satisfação das necessidades de ordem pública e assegurar o funcionamento de certos serviços públicos para a satisfação dos interesses gerais e a gestão dos assuntos de ordem pública"[133], torna óbvio que o mesmo não se pode limitar a reproduzir os juízos legais perante casos concretos[134]. A soberania nacional expressa nos actos legislativos impõe-lhe, decerto, e com referência a cada uma das suas decisões, o respeito – isto é, a compatibilidade ou não contrariedade[135] – pelas leis formais anteriores, visto que a sua legitimidade, enquanto poder do Estado, lhe advém justamente de ser uma expressão derivada da «vontade geral». Já a questão da legalidade formal ou substancial das mesmas decisões não teve uma solução uniforme e constante ao longo da história constitucional francesa[136].

(ii) A perspectiva alemã

Na Alemanha, devido à estrutura dualista da monarquia constitucional[137], ocorre uma separação entre o domínio ou esfera do Estado

---

[132] Recorde-se que, segundo MONTESQUIEU, os juízes deviam ser "a boca que pronuncia as palavras da lei; seres inanimados que não podem modificar a sua força nem o seu rigor" (v. Autor cit., *De L'Esprit des Lois*, cit., p. 171).

[133] É a descrição das "funções administrativas" feita por HAURIOU, *Précis de Droit Administratif...*, cit., p. 1.

[134] Cfr. *supra*, na Segunda Parte, o n.º 12.

[135] Cfr. a discussão dos critérios de análise do princípio da legalidade propostos por Charles Eisenmann (compatibilidade – conformidade de forma ou de processo e conformidade de fundo) e por Lorenza Carlassare (não contrariedade – legalidade formal e legalidade substancial) em RUI MACHETE, "Contencioso Administrativo" cit., respectivamente, pp. 220 e ss.

[136] Quanto à solução hoje aplicável, importa distinguir entre actos individuais e actos normativos e, no âmbito destes, entre regulamentos autónomos ou independentes (fundados no art. 37.º da Constituição de 1958) e regulamentos executivos. Cfr. RUI MACHETE, "Contencioso Administrativo" cit., p. 224, quanto aos primeiros; e pp. 232 e 233, quanto aos segundos; e SÉRVULO CORREIA, *Legalidade e Autonomia Contratual...*, cit., p. 62, quanto aos primeiros; e p. 61, quanto aos segundos.

[137] Cfr. *supra*, na Segunda Parte, o n.º 16, alíneas b) e c).

416 Estado de Direito Democrático e Administração Paritária

e o domínio ou esfera da sociedade: a cláusula da «liberdade e propriedade» assinala justamente o domínio da sociedade, no qual as actuações do Estado relevam como intromissões, e, por isso, têm de ser por ela consentidas[138]. Tal consentimento é expresso sob a forma de lei: um acto do Estado em que os representantes da sociedade também participam constitutivamente[139]. Este acto apresenta--se, por isso, como a manifestação do poder do Estado com a sua máxima força. O seu «poder» – o domínio da lei (*die Herrschaft des Gesetzes*) – caracteriza-se por uma específica força normativa e pela sua preferência (*Vorrang*): a lei pode estabelecer normas jurídicas e constitui a vontade do Estado juridicamente mais forte[140].

---

[138] SOBOTA salienta esta referência a um "espaço objectivo no qual o Estado concedia à sociedade uma existência em que a mesma não era molestada" (v. Autora cit., ob. cit., p. 109). V. as referências da mesma Autora relativamente à reserva de lei, *ibidem*, pp. 111 e 112.

Sobre o princípio da legalidade da administração no direito alemão, cfr., na doutrina portuguesa, as sínteses de RUI MACHETE, "Contencioso Administrativo" cit., pp. 194 e ss.; e de SÉRVULO CORREIA, *Legalidade e Autonomia Contratual...*, cit., pp. 77 e ss.

[139] Sobre a participação referida no texto, considera RUPP que "em rigor não se pode falar de leis parlamentares, visto que o poder legislativo da representação popular era apenas um direito de participar no exercício da função legislativa (*nur ein Mitwirkungsrecht an der Gesetzgebung*)" (v. Autor cit., *Grundfragen...*, cit., p. 3, nota 16). JESCH fala, a este propósito, do "conceito democrático de lei" (v. Autor cit., *Gesetz und Verwaltung*, cit., pp. 26 e ss.): "o movimento constitucional defendia tal conceito e com ele venceu. Quando operava com a fórmula «domínio da lei» (*Herrschaft des Gesetzes*), aquele movimento dirigia-se contra o absolutismo dos príncipes; «domínio da lei» significava então: «domínio» ou supremacia de um novo legislador, de um legislador democrático ou, no mínimo, participação (*Mitwirkung*) do povo ou dos seus representantes no exercício do poder legislativo" (v. *idem, ibidem*, pp. 27 e 28). Contudo, na monarquia constitucional, para o exercício da função legislativa era necessária a colaboração do rei e do parlamento (cfr. *idem, ibidem*, p. 87).

Como refere RUI MACHETE, o "propósito de impedir que a Administração se substitua ao Parlamento na regulamentação das questões pertinentes à liberdade e à propriedade dos cidadãos, explica a razão por que o conceito de lei, utilizado na definição do domínio reservado ao Poder Legislativo na construção do Estado de Direito da monarquia constitucional alemã tenha de revestir a natureza de uma lei em sentido formal que, simultaneamente satisfaça os requisitos da abstracção e da generalidade próprios das leis em sentido material" (v. Autor cit., "Contencioso Administrativo" cit., p. 195).

[140] Cfr. *supra*, na Segunda Parte, o n.º 17, alínea b), ponto (i), e, em especial, as notas 249 e 250. SOBOTA sublinha o significado político inerente à preferência da lei: a vitória do poder legislativo representativo do povo sobre o poder do governo e da Administração que pertenciam ao monarca (v. Autora cit., ob. cit., p. 105). Sem negar a dimen-

O Estado de Direito Democrático e a nova compreensão...   417

A reserva de lei tem, neste contexto, um sentido político-jurídico específico: delimita negativamente o âmbito de actuação do poder executivo. Como Otto Mayer bem salienta, "o que é limitado [através da reserva de lei] é a realeza, o poder executivo. E de um modo verdadeiramente democrático. Os aspectos mais importantes em que o homem e o cidadão são mais sensíveis ou vulneráveis ao poder do Estado são colocados sob a protecção da lei e, portanto, da Assembleia Nacional, a qual deverá zelar «para que as coisas não se tornem demasiado insuportáveis»; é esse o seu pacto com a massa. A lei pode tudo; todos os direitos de liberdade previstos nos arts. 4.º a 11.º da Declaração [dos Direitos do Homem e do Cidadão] podem ser restringidos pela lei. Mas a lei também é o Estado"[141].

Uma vez aprovada a lei no domínio reservado, aquele poder via alargado o seu âmbito de actuação, ficando, por conseguinte, habilitado a desenvolver aí exactamente a mesma actividade executiva que exercia fora da reserva de lei e, bem assim, com o mesmo limite, a saber, a lei[142]. Com efeito, o poder executivo – que também é uma

---

são política inerente à estrutura compromissória da própria monarquia constitucional, importa, contudo, não perder de vista isso mesmo: os seus institutos traduzem esse compromisso. De resto, a lei não correspondia à vontade do povo apenas (cfr. a nota anterior).

[141] V. Autor cit., *Deutsches Verwaltungsrecht*, I, cit., p. 70, nota 12. No mesmo sentido, v. JESCH: „a reserva de intromissão (*Eingriffsvorbehalt*) é na monarquia constitucional alemã o meio decisivo para garantir a esfera individual face ao poder do Estado. [... Tal reserva] baseava-se no conceito democrático de lei, ou seja, na ideia de autogoverno. As intromissões na esfera individual ficam, deste modo, dependentes do consentimento daqueles que são afectados, o qual, através da concordância dos seus representantes, é ficcionado numa lei de habilitação do executivo" (v. Autor cit., *Gesetz und Verwaltung*, cit., p. 169)

[142] Cfr. *supra*, na Parte Segunda, o n.º 17, alínea b), ponto (i) e, em especial, a nota 251. V. a indicação dos tipos de regulamentos admissíveis em JESCH, *Gesetz und Verwaltung*, cit., pp. 147 e 148. Segundo RUPP, o poder regulamentar *praeter legem* da coroa era correlativo da reserva de lei limitada: o mesmo significava "uma relíquia do poder absoluto do monarca que no constitucionalismo havia sido reduzido pelo âmbito da reserva de lei, ou pelo que a mesma representava em termos de direito de participação constitutiva por parte do povo, e pelos «limites» da lei [decorrentes do princípio da respectiva preferência], mas não destruído. Tal poder subsiste como prerrogativa extra-constitucional do monarca" (v. Autor cit., *Grundfragen...*, cit., pp. 113 e 114). E o mesmo Autor acrescenta: "nesta perspectiva, o poder normativo encontrava-se dividido, na verdadeira acepção da palavra, entre o povo e o monarca: o povo apoderara-se apenas de uma parte, sem, todavia, eliminar o poder normativo autónomo do monarca na outra parte" (v. *ibidem*, p. 115)

418   *Estado de Direito Democrático e Administração Paritária*

expressão do poder do Estado – não depende da lei para agir: ele é vinculado pela lei e, por isso, tem de a executar; porém, ele não retira a sua legitimidade da lei, mas sim do próprio Estado. O sujeito do poder legislativo e do poder executivo é sempre o Estado. A separação dos poderes torna possível aquela distinção; a unidade e substancialidade do próprio Estado – este não depende do direito na sua constituição; ele é anterior ao direito que ele próprio positiva – explicam a força autónoma de cada um dos seus poderes.

De resto, é a subsistência deste dualismo entre Estado e direito – surpreendente, atenta a substituição da legitimidade mista monárquica e democrática pela legitimidade exclusivamente democrática – que justifica que na vigência da Constituição de Weimar o entendimento da legalidade não tenha sofrido alterações significativas[143]: o direito subordinava o Estado no tocante às intromissões na liberdade e propriedade dos cidadãos – este último só podia limitar ou comprimir tais posições jurídicas com base numa lei; fora de tal domínio, nomeadamente no tocante à sua organização interna, a situações de excepcionalidade, a decisões discricionárias e, bem assim, a relações especiais de poder (v.g. escola, forças armadas, estabelecimentos prisionais, funcionalismo público), prevalecia o seu poder: aí os cidadãos continuavam súbditos[144].

Com o *Grundgesetz* a situação descrita vai sofrer uma alteração profunda, em virtude da afirmação da inequívoca subordinação do Estado ao direito: todos os seus poderes têm o seu fundamento naquela Lei Fundamental e estão por ela vinculados[145]. No entanto,

---

[143] Cfr., por exemplo, SOBOTA, ob. cit., p. 112; e RUI MACHETE, "Contencioso Administrativo" cit., p. 206. Salientando como uma das causas de tal continuidade também a permanência da mesma elite de juristas com as suas representações e tradições de pensamento, v. RUPP, "Neuere Probleme um den Gesetzes- und Parlamentsvorbehalt nach deutschem Verfassungsrecht" in BLANKENAGEL, PERNICE e SCHULZE-FIELITZ, *Verfassung im Diskurs der Welt – Liber Amicorum für Peter Häberle*, Tübingen, 2004, pp. 731 e ss. (731).

[144] Cfr. SOBOTA, ob. cit., p. 112.

[145] Cfr. os Arts. 1, parágr. I, 2.ª frase, e parágr. II; 20, parágr. III; e 79, parágr. III, todos do *Grundgesetz*. Cfr., também, SOBOTA, ob. cit., pp. 112 e ss.; e RUI MACHETE, "Contencioso Administrativo" cit., pp. 208 e ss. Este último sintetiza: "desapareceu a estrutura dualista típica das monarquias limitadas. Deixa igualmente de se poder invocar qualquer fundamento de legitimidade estranho à Constituição. O Executivo perde a sua

O Estado de Direito Democrático e a nova compreensão... 419

as relações entre tais poderes, nomeadamente entre o Executivo e o Legislativo, e, portanto, também as respectivas posições constitucionais, não ficaram definitivamente esclarecidas, uma vez que a função constitucional cometida ao primeiro tem sido objecto de diferentes entendimentos. Com efeito, a maioria da doutrina continua a defender que os poderes do Executivo derivam directa e imediatamente da Constituição, pelo que, ressalvados os casos de reserva de lei, aquele poder continua a poder agir por sua própria iniciativa em vista dos fins que constitucionalmente lhe estão cometidos, desde que o faça com respeito (sem contrariar) as leis anteriores[146]. Um

---

qualidade de órgão de soberania e a presunção de competência de que gozava, ficando em posição nitidamente subordinada ao Parlamento" (v. *ibidem*, p. 228).

[146] Como resume RUI MACHETE, de acordo com a orientação maioritária, "a actividade administrativa consiste na «concretização dos objectivos do Estado» na sua totalidade e não apenas exclusivamete daquelas finalidades pré-determinadas pela lei (Peters). É esse o verdadeiro sentido da sua designação como Poder executivo. Deturpa o equilíbrio pretendido pelo esquema constitucional da separação dos poderes da *Grundgesetz*, concebê-lo num papel secundário, de simples cumpridor de tarefas já definidas pelo Legislador. À objecção frequentes vezes oposta, de que um poder autónomo do Executivo face ao Legislativo, carece de legitimidade, ultrapassada que foi a fase da monarquia limitada, responde-se que o título de legitimação democrática é dado directamente pela *Grundgesetz*, a qual, no art. 20, II, afirma expressamente que todo o poder (*Staatsgewalt*) deriva do Povo que o exerce por eleições e por plebiscitos ou através de órgãos especiais do Legislativo, do Poder Executivo e da Jurisdição (Bullinger)" (v. Autor cit., "Contencioso Administrativo" cit., p. 212). V., todavia, a crítica desta argumentação, em especial com referência a Bullinger, em RUPP, *Grundfragen...*, cit., pp. 125 e ss. (a legitimação democrática de uma competência não decorre de qualquer evidência [do tipo: «a Administração pode administrar»]; ela exige que a competência em causa seja atribuída pela Constituição a um determinado órgão, porquanto hoje – contrariamente ao que sucedia na monarquia constitucional – é a Constituição, e só ela, que fundamenta e atribui ao Executivo os seus poderes). Neste sentido, a reserva de lei própria do Estado de Direito (*rechtsstaatlicher Gesetzesvorbehalt*) exige que os poderes de decisão da Administração face a terceiros (isto é, no âmbito do *Außenrecht*) e sejam eles normativos ou singulares, se reconduzam a uma lei parlamentar.

A orientação referida no texto não se limita às reservas de lei especiais consignadas na lei constitucional positiva; procura, a partir da indagação dos respectivos critérios, formular ou desenvolver âmbitos de reserva de lei mais abrangentes (cfr. a descrição de várias perspectivas de abordagem, com especial relevo, e crítica, para a "doutrina das restrições dos direitos fundamentais" (*Lehre von den Grundrechtsbeschränkungen*), SOBOTA, ob. cit., pp. 115 e ss.). Especial destaque merece a "teoria da essencialidade" (*Wesentlichkeitstheorie*) desenvolvida pelo *Bundesverfassungsgericht*, a qual procurou superar a limitação da reserva de lei à "administração intromissiva" (*Eingriffsverwaltung*) e justificar tal reserva relativamente a todas as "questões decisivas que respeitem ao

420   *Estado de Direito Democrático e Administração Paritária*

"número crescente de Autores"[147], porém, vem sustentando ser exigível a conformidade de todas as actuações da Administração com a lei (*Gesetzmäßigkeit*): são as doutrinas da denominada "reserva total" (*Totalvorbehalt*) – denominação não totalmente exacta, visto não estar em causa o domínio das relações intra-administrativas (*Innenrecht*)[148].

(iii) A situação em Portugal

Em Portugal, a consagração de um "Estado de Direito democrático" pela Constituição da República Portuguesa representou uma modificação substancial em matéria de legalidade da Administração.

Na vigência da Constituição de 1933, Marcello Caetano entendia que, graças à consagração da competência legislativa do Governo – órgão administrativo e simultaneamente órgão de soberania –, se instituíra um regime de Administração "condicionante, ela própria, do exercício dos direitos individuais", no qual "a importância da

---

cidadão" (*alle grundsätzliche Fragen, die den Bürger betreffen*; cfr. BVerfGE 40, 237 *Justizverwaltungsakt* [248 e 250]). No entanto, o Tribunal procura orientar-se em função das reservas de lei especialmente previstas na Constituição, afastando, desse modo, a ideia de uma genérica reserva de decisão parlamentar (*Parlamentvorbehalt*; v., especialmente, BVerfGE 49, 89 *Kalkar I* [124 e 125]). E a verdade é que, a partir do momento em que as reservas de lei especiais são simples «pontos de partida» para a indagação de reservas de lei mais abrangentes, o critério da reserva de lei (a «essencialidade» ou outro) torna-se incerto (cfr. SOBOTA, ob. cit., p. 125). Salientando igualmente a tendência para o arbítrio devido à "dificuldade de fundamentar a essência do que é essencial", v. igualmente RUPP, "Neuere Probleme um den Gesetzes- und Parlamentsvorbehalt..." cit., p. 737.

[147] *[E]in langsam vordringender Teil der Autorenschaft*; assim, SOBOTA, ob. cit., p. 125.

[148] Sobre as aludidas doutrinas, cfr. RUI MACHETE, "Contencioso Administrativo" cit., pp. 215 e ss.; v. também SOBOTA, ob. cit., pp. 125 e ss. Aquele Autor distingue ainda, dentro da orientação que sustenta a reserva total, entre o que designa como "corrente minimalista" – os Autores que consideram "as normas organizatórias e disciplinares da competência dos órgãos administrativos como o mínimo indispensável que tem de ser exigido para garantia da observância dos princípios da legalidade e da legitimidade da Administração" (v. *ibidem*, p. 216) – e a corrente que qualifica como "maximalista" – os Autores para quem "toda a actividade da Administração [se deve encontrar] prevista e regulada nas normas" (v. *ibidem*, p. 218). Reiterando a sua doutrina e criticando a citada denominação de reserva total, cfr. igualmente RUPP, "Neuere Probleme um den Gesetzes- und Parlamentsvorbehalt..." cit., p. 733.

O *Estado de Direito Democrático e a nova compreensão...*

submissão da Administração à lei não reside já na subordinação de um poder, que por natureza seria executivo, a outro poder, esse soberano e legislativo. O valor da legalidade passou a estar na generalidade dos comandos que os órgãos administrativos têm de aplicar por igual aos casos idênticos submetidos à sua decisão ou operação"[149]. À Administração condicionada por uma legislação heterónoma destinada a defender os direitos de liberdade sucedera a Administração condicionante desses mesmos direitos.

Num e noutro caso, porém, quer como objecto de garantia, quer como objecto de condicionamento, os direitos de liberdade dos cidadãos constituem o referencial da lei administrativa. Daí a proximidade da formulação, embora já claramente num quadro autoritário de Estado de legalidade[150], do princípio da legalidade de Marcello Caetano relativamente à formulação liberal: "nenhum órgão ou agente da Administração Pública tem a faculdade de praticar actos que possam contender com interesses alheios senão em virtude de uma norma geral anterior. [...] O princípio da legalidade só se impõe quando possa haver risco de conflito de interesses entre a Administração e outra entidade, pois foi concebido como processo de limitação e disciplina do poder em face dos indivíduos"[151].

Como observa Diogo Freitas do Amaral, aquela definição consiste "basicamente numa *proibição*: a proibição de a Administração

---

[149] V. Autor cit., *Manual de Direito Administrativo*, I, cit., pp. 29 e 30. V. também *supra*, na Segunda Parte, o n.º 19, alínea a).

[150] Cfr. DIOGO FREITAS DO AMARAL, *Curso...*, II, cit., p. 46: o Estado de legalidade – que nos regimes autoritários de direita substitui a noção de Estado de Direito – "consiste na ideia de que a Administração pública deve obedecer à lei, mas a lei deixa de ser a expressão da vontade geral votada no Parlamento representativo da Nação, para passar a ser toda e qualquer norma geral e abstracta decretada pelo Poder, inclusive pelo Poder Executivo. [...] Portanto, aqui o princípio da legalidade já não é necessariamente a subordinação do Poder Executivo ao Parlamento, mas sobretudo a subordinação da Administração pública ao Governo. Por outro lado, o princípio da legalidade aparece caracterizado fundamentalmente como protecção do Estado; é um princípio que visa garantir o Estado e os interesses objectivos da Administração pública; só a título reflexo ou secundário é que protege também os particulares".

[151] V. Autor cit., *Manual de Direito Administrativo*, I, cit., p. 30. Cfr. também, sobre o princípio da legalidade da administração na vigência da Constituição de 1933, a síntese de SÉRVULO CORREIA, *Legalidade e Autonomia Contratual...*, cit., pp. 185 e ss.

422 Estado de Direito Democrático e Administração Paritária

pública lesar os direitos ou interesses dos particulares, salvo com base na lei. Ou seja, por outras palavras, o princípio da legalidade [aparece] encarado como um *limite* à acção administrativa, limite esse estabelecido no interesse dos particulares"[152].

No quadro constitucional vigente tal perspectiva é insuficiente. Seguindo a proposta de Diogo Freitas do Amaral, hoje aquele princípio é definido da seguinte forma: "os órgãos e agentes da Administração pública só podem agir com fundamento na lei e dentro dos limites por ela impostos"[153]. Deste modo, e em primeiro lugar, o princípio da legalidade cobre e abarca todos os aspectos da actividade administrativa, visando garantir o respeito das normas (que integram o *bloc légal*) aplicáveis, seja no interesse público, seja no interesse dos particulares[154]. Em segundo lugar, o mesmo princípio é o verdadeiro fundamento da acção administrativa, uma vez que o poder executivo deriva a sua existência e a sua legitimidade da Constituição e da lei e, por conseguinte, da soberania popular[155-156].

---

[152] V. Autor cit., *Curso...*, II, cit., p. 42; itálicos no original.

[153] V. Autor cit., *ibidem*.

[154] Cfr. DIOGO FREITAS DO AMARAL, *Curso...*, II, cit., pp. 42 e 48 (a Administração deve respeitar, além da lei ordinária, "a Constituição, o Direito Internacional que tenha sido recebido na ordem interna, os princípios gerais de Direito, enquanto realidade distinta da própria lei positiva e ordinária, os regulamentos em vigor e ainda os actos constitutivos de direitos que a Administração pública tenha praticado e os contratos administrativos e de direito privado que ela tenha celebrado, pois uns e outros constituem também uma forma de vinculação da Administração pública que é equiparada à legalidade")

Na verdade, hoje, a legalidade administrativa já não pode ser vista apenas "como limitação e disciplina do poder em face dos indivíduos" (assim, MARCELLO CAETANO, *Manual de Direito Administrativo*, I, cit., p. 30); ela consiste na disciplina do exercício da função administrativa e dirige-se, quer à Administração, quer aos particulares (cfr. o número seguinte). Nessa mesma medida, a legalidade administrativa garante que a Administração vise "a prossecução do interesse público" e respeite os "direitos e interesses legalmente protegidos dos cidadãos" (v. o art. 266.º, n.º 1, da Constituição da República Portuguesa). Acresce que, por também se dirigir aos cidadãos, a mesma legalidade lhes atribui posições jurídicas subjectivas, nomeadamente direitos subjectivos públicos.

[155] Cfr. DIOGO FREITAS DO AMARAL, *Curso...*, II, cit., pp. 42 e 49 e 56 e ss. ("o princípio da legalidade cobre todas as manifestações da Administração pública, inclusive as da administração constitutiva ou de prestação, e não apenas as da administração agressiva" (pp. 56-57); "quem tem de definir o interesse público a prosseguir pela Administração é a lei, não é a própria Administração; mesmo no quadro da administração constitutiva ou de prestação, mesmo quando se trata de conceder um direito ou de prestar um serviço,

O Estado de Direito Democrático e a nova compreensão...   423

*(iv) Os dois principais fundamentos da exigência de conformi-
dade da administração com a lei: o princípio democrático
e o princípio do Estado de Direito*

Na verdade, a soberania popular ou nacional constitui o fundamento da legalidade administrativa em França[157] e está na base da
positivação de tal exigência de conformidade na Constituição Federal austríaca de 1 de Outubro de 1920[158]. Na doutrina alemã, Jesch
defendeu a ideia de uma "reserva de lei total" (*Totalvorbehalt*) com
base no princípio democrático. Contudo, Rupp critica tal orientação,
sustentando que apenas o princípio do Estado de Direito pode fundamentar a necessidade de conformidade da administração com a lei.

A perspectiva francesa da legalidade administrativa suscita o
problema de não considerar a autonomia da sociedade, designadamente as tensões que naturalmente surgem em todas as sociedades
políticas entre os interesses individuais e os interesses publiciza-
dos[159]. Como referido, a partir da identificação do indivíduo com o

---

ou de fornecer bens aos particulares, a Administração só o deve poder fazer porque, e na
medida em que, está a prosseguir um interesse público definido pela lei" (p. 60)).

Sobre o princípio da legalidade da administração no direito português, v., além de
DIOGO FREITAS DO AMARAL, SÉRVULO CORREIA, *Legalidade e Autonomia Contratual...*, cit., pp. 198 e ss.; PAULO OTERO, *Legalidade e Administração Pública*, cit., pp. 733
e ss.; e a síntese de MARCELO REBELO DE SOUSA, *Lições de Direito Administrativo*, I,
cit., pp. 85 e ss.

[156] Uma questão autónoma da do princípio da legalidade, embora conexa, é a da
determinabilidade da lei, ou seja, a exigência de uma densidade suficiente da disciplina
legal. Mediante uma disciplina imprecisa podem ser atribuídos ou indevidamente delega-
dos poderes de decisão à Administração, frustrando, desse modo, os interesses subjacentes à instituição de uma reserva de lei. Sobre a articulação destes dois problemas,
v. JESCH, *Gesetz und Verwaltung*, cit., pp. 205 e 213 e ss.; RUPP, *Grundfragen...*, cit.,
pp. 143 e ss.; SOBOTA, ob. cit., pp. 132 e ss.; e DIOGO FREITAS DO AMARAL, *Curso...*,
II, cit., pp. 51 e 52. Especificamente sobre o princípio da precisão ou determinabilidade
das leis, v. GOMES CANOTILHO, *Direito Constitucional ...*, cit., p. 258; e os Acs. TC
n.os 285/92 e 233/94.

[157] Cfr. *supra* o ponto (i) da presente alínea, em especial, a ideia de que *volenti non
fit iniuria*.

[158] "Toda a actividade administrativa do Estado só pode ser exercida com base nas
leis" (Art. 18: *die gesamte staatliche Verwaltung darf nur auf Grund der Gesetze aus-
geübt werden*; cit. *apud* JESCH, *Gesetz und Verwaltung*, cit., p. 188, nota 57).

[159] Cfr. sobre tais tensões, por exemplo, RUPP, *Grundfragen...*, cit., p. 139.

424   Estado de Direito Democrático e Administração Paritária

cidadão – e da sociedade com a comunidade política –, mediante a lei votada pelos representantes dos cidadãos (ou por estes plebiscitada ou referendada) ou subordinada a tal lei, a actividade do Estado não conhece limites que à partida tenha de respeitar. Os direitos objecto das declarações solenes, nomeadamente da Declaração dos Direitos do Homem e do Cidadão, são o pressuposto da própria soberania popular ou nacional, em virtude de, por um lado, afastarem o princípio monárquico e, por outro lado, a sua salvaguarda impor o princípio da separação dos poderes; e este princípio é justamente a base da supremacia do legislador[160].

No que se refere à Constituição austríaca, é amplamente reconhecida a influência da Escola de Viena, e nomeadamente da sua "teoria dos escalões" (*Stufenlehre*)[161]. De acordo com a mesma, a Administração é compreendida como uma função jurídica do Estado, a qual executa normas jurídicas oriundas de um escalão superior, criando normas jurídicas mais concretas, desde os regulamentos até aos actos administrativos[162]. Ou seja, constitui uma consequência teórica inelutável da construção escalonada do ordenamento jurídico a juridicidade (entendida como conformidade a normas jurídicas) da actividade administrativa, mas não já a sua legalidade (entendida como conformidade às leis votadas pelo parlamento)[163]. Esta constituirá, isso sim, um desejo ou objectivo político-jurídico. Nesse sentido, Adolf Merkl sustenta que o meio de tornar a soberania popular presente (*durchgängige Volksherrschaft*) no campo da Administração é a subordinação desta ao domínio da lei criada pela vontade do povo, devendo, em vista de tal desiderato, o princípio da juridicidade convolar-se numa reserva de lei integral[164]. Como Jesch salienta, uma coisa é o princípio da juridicidade – que constitui uma lei teorético-jurídica (*ein rechtstheoretisches Gesetz*) – outra o princípio

---

[160] Cfr. *supra*, na Segunda Parte, o n.º 10.

[161] Cfr., por exemplo, MERKL, *Allgemeines Verwaltungsrecht*, Wien, 1927, pp. 160 e ss.; JESCH, *Gesetz und Verwaltung*, cit., p. 188; RUPP, *Grundfragen...*, cit., p. 129; e RUI MACHETE, "Contencioso Administrativo" cit., p. 214.

[162] Cfr. MERKL, *Allgemeines Verwaltungsrecht*, cit., pp. 163 e 167.

[163] Cfr. RUPP, *Grundfragen...*, cit., p. 129.

[164] Cfr. Autor cit., *Allgemeines Verwaltungsrecht*, cit., p. 170.

O Estado de Direito Democrático e a nova compreensão... 425

da legalidade da Administração – que constitui um postulado político-jurídico (*ein rechtspolitisches Postulat*)[165] que, como tal, e para valer juridicamente, tem de ser positivado. Essa terá sido justamente a opção do legislador constituinte austríaco.

A construção de Jesch, diferentemente, procura fundamentar a legalidade administrativa no quadro do Estado de Direito consignado no *Grundgesetz* e tendo em conta a "estrutura constitucional" correspondente[166]. Na sua perspectiva, existe uma "dependência funcional" da reserva de lei relativamente a tal estrutura, pelo que "o conteúdo e o âmbito do domínio da reserva de lei se modificam em razão de uma mudança da estrutura constitucional"[167]. E justamente: a estrutura constitucional do *Grundgesetz* é diferente daquela que correspondia à monarquia constitucional.

Com efeito, nesta última, o poder monárquico – o Executivo chefiado pelo rei – beneficiava de um poder residual. O monarca era o "órgão supremo do Estado" (*höchstes Staatsorgan*) e, por isso, gozava de uma presunção de competência: "competem-lhe todos os poderes que não lhe tenham sido expressamente recusados; os outros órgãos do Estado apenas gozam dos poderes que expressamente lhes tenham sido atribuídos"[168]. Uma vez que o pensamento consti-

---

[165] Cfr. Autor cit., *Gesetz und Verwaltung*, cit., pp. 188 e 189, nota 58. RUPP comenta a este propósito: a exigência de uma norma jurídica (*Rechtssatz*) prévia decorrente da teoria dos escalões, é actualizada pela Constituição autríaca em termos de a sua criação ser cometida ao parlamento sob a forma de lei; dado que uma norma integrada na "pirâmide de normas" é simultaneamente regra de produção de normas jurídicas do escalão abaixo, verifica-se, no tocante à Administração, que as habilitações para esta agir, seja sob a forma regulamentar, seja sob a forma de acto administrativo, acabam por se reconduzir necessariamente a uma lei parlamentar anterior (v. Autor cit., RUPP, *Grundfragen...*, cit., p. 133). Deste modo, "tanto a reserva de lei, como a exigência de habilitação *legal*, no caso de Merkl, justificam-se exclusivamente a partir de uma projecção da pirâmide de normas sobre a concreta Constituição austríaca, e não da ideia de uma derivação do poder do Estado a partir do povo" (v. *idem, ibidem*; itálico no original).

[166] Sobre o conceito de "estrutura constitucional" (*Verfassungsstruktur*), v. Autor cit., *Gesetz und Verwaltung*, cit., pp. 67 e ss. (p. 72: a "estrutura jurídica do Estado").

[167] V. Autor cit., *Gesetz und Verwaltung*, cit., p. 204.

[168] V. JESCH, *Gesetz und Verwaltung*, cit., p. 88. Como este Autor refere, o monarca não era o soberano, visto que soberano era o Estado e, além disso, ao lado do monarca e dele independentes existiam, como órgãos do mesmo Estado, a representação popular (*Volksvertretung*) ou parlamento e os tribunais (cfr. Autor cit., *ibidem*, p. 87). Em todo o caso, o rei era o órgão supremo do Estado, correspondendo-lhe as designações de

426   *Estado de Direito Democrático e Administração Paritária*

tucional oitocentista se orientava exclusivamente em função da protecção perante o Estado (*Schutz vor dem Staat*), não havia determinações constitucionais relativas a competências em matéria de prestações do Estado; consequentemente, e devido à aludida presunção, esse domínio ficava a cargo do rei e do executivo por si chefiado[169]. "Aqui é seguro que não existia qualquer reserva de habilitação legal nem tão-pouco se exigia a concordância do parlamento"[170].

No *Grundgesetz*, porém, devido à mudança substancial operada ao nível da estrutura constitucional, já não existe nenhuma presunção de competência a favor do Executivo, "pelo que este perdeu a sua anterior liberdade de acção. Ele não apenas é limitado constitucionalmente, como todos os seus poderes lhe advêm da Constituição. Além disso, [...] ele tornou-se, enquanto Administração, verdadeiro poder executivo e, por isso, dependente, com referência a todas as suas formas de acção, de uma habilitação parlamentar (*eine parlamentarische Ermächtigung*), ressalvados os casos em que a Constituição lhe atribui directamente uma competência própria"[171].

Contudo, Jesch incorre aqui no vício de raciocínio de assumir aquilo que deve ser demonstrado, nomeadamente ao identificar a exigência de habilitação parlamentar (*Parlamentsermächtigung*) com a reserva de lei (*Gesetzvorbehalt*): tal só seria exacto, caso aquela habilitação correspondesse ao conceito de lei[172]. Como Rupp salienta, não é assim: não só porque ninguém defendeu tal identificação, como, sobretudo, porque a reserva de lei não foi instituída por se considerar necessária uma habilitação parlamentar do poder executivo do monarca com referência a determinadas actividades – aliás, tal seria incompatível com o princípio monárquico; diferentemente, a

---

"órgão de soberania" (*Organsouveränität*) e de "detentor do poder do Estado" (*Träger der Staatsgewalt*; v. *idem, ibidem*). Era nessa sua qualidade de órgão supremo que o monarca gozava de uma presunção de competência. Sobre esta última, v. também *idem, ibidem*, p. 204.

[169] Cfr. JESCH, *Gesetz und Verwaltung*, cit., p. 204.

[170] V. JESCH, *Gesetz und Verwaltung*, cit., pp. 204 e 205.

[171] V. JESCH, *Gesetz und Verwaltung*, cit., p. 205. A conclusão afirmada no texto é ainda reforçada pelo "papel dirigente" atribuído ao parlamento, em razão da sua posição como o órgão superior relativamente aos demais órgãos do Estado (cfr. *idem, ibidem*).

[172] Cfr. RUPP, *Grundfragen...*, cit., p. 132.

O *Estado de Direito Democrático e a nova compreensão...* 427

reserva de lei destinou-se a afastar o absolutismo daquele poder executivo do "domínio da intromissão" (*Eingriffsbereich*) e a retirar--lhe (ou a limitar-lhe) os poderes normativos[173]. "A necessidade de habilitação legal da administração intromissiva não foi causa, mas consequência da reserva de lei"[174]. Consequentemente, da necessidade de habilitação por parte do novo soberano – o povo – não decorre logicamente uma reserva de lei total: "as habilitações parlamentares que Jesch tem como necessárias não implicam legislação nem são admissíveis apenas sob a forma de lei"[175].

Acresce que as razões que levam Jesch a procurar um novo fundamento para o instituto da reserva de lei se prendem com a sua convicção de que a reserva de intromissão (*Eingriffsvorbehalt*) é, enquanto elemento e função da estrutura constitucional da monarquia alemã do Séc. XIX, indissociável desta última, não tendo, por isso, lugar na nova estrutura constitucional[176]. Simplesmente, tal argumento – que se funda na ideia da reserva de lei como «arma do povo» contra o absolutismo monárquico –, a ser válido, também teria de se aplicar aos direitos de liberdade que, todavia, são expres-

---

[173] Cfr. *idem, ibidem*.

[174] V. *idem, ibidem*, p. 133.

[175] V. *idem, ibidem*, pp. 133 e 134. V. *supra* na nota 165 a demonstração que RUPP faz da possibilidade de uma sistemática exigência de habilitação legal não se filiar necessariamente na ideia de legitimação democrática, ou seja, na necessidade de a habilitação em causa se reconduzir ao soberano. Por outro lado, o mesmo Autor salienta que o disposto no Art. 80, parágr. I, do *Grundgesetz* – a necessidade de habilitação legal para a emanação de regulamentos jurídicos (*Rechtsverordnungen*) – não significa necessariamente que todas as habilitações parlamentares concebíveis relativamente a funções administrativas tenham de revestir a forma de lei; tal disposição vale apenas para as normas que se destinem a disciplinar as relações externas (*Außenverhältnisse*), estatuindo que as mesmas devem obrigatoriamente revestir a forma de lei ou de regulamento delegado. A exigência quanto à forma da habilitação deste último – uma lei formal que contenha a determinação do conteúdo, do fim e da extensão da habilitação – justifica-se não porque exista uma conexão necessária entre as habilitações parlamentares e a lei, mas em razão de o legislador constituinte ter decidido que a delegação em causa compete exclusivamente ao parlamento sob a forma de lei formal. Ora, este é um conteúdo que não pode arbitrariamente ser substituído, nomeadamente por uma habilitação democrática referente ao exercício da função executiva em geral (cfr. o Autor cit., *ibidem*, pp. 134 e 135).

[176] Cfr. JESCH, *Gesetz und Verwaltung*, cit., pp. 169 e 170.

428   *Estado de Direito Democrático e Administração Paritária*

samente reconhecidos pelo *Grundgesetz* e resultam de uma tradição constitucional de afirmação do valor da liberdade[177].

Na verdade, a Lei Fundamental consagra, ao lado de elementos democráticos, todos os elementos do Estado de Direito, nomeadamente os mencionados direitos de liberdade e a reserva de lei igualmente orientada para a liberdade, pelo que somente *contra constitutionem* é que se pode sustentar, a partir da modificação da estrutura constitucional, a pura e simples caducidade da reserva de intromissão e, consequentemente, opor-se à possibilidade de uma sua interpretação actualista[178]. Com efeito, a irrelevância daquela reserva de lei só poderia ser afirmada, caso a mesma constituísse um "corpo estranho" na estrutura democrática do *Grundgesetz*; contudo, e como a consagração dos direitos de liberdade nas ordens constitucionais de Estados livres e democráticos evidencia, os institutos destinados à defesa da liberdade – entre eles justamente os direitos fundamentais e a reserva de lei – também têm uma importância constitutiva para a democracia, nomeadamente para a superação, em liberdade, das tensões entre os interesses individuais e os interesses do todo[179].

Daí a conclusão de Rupp: se é verdade que, com a soberania popular, as referências fundamentais da actual ordem constitucional se modificaram no seu núcleo essencial, isso não significa que os elementos liberais caracterizadores do Estado de Direito e presentes na concepção do Estado alemão do Séc XIX tenham caducado; pelo contrário, não só os conceitos de lei, de legalidade da administração ou de Estado de Direito, como também a compreensão dos direitos fundamentais, só são inteligíveis hoje a partir daquela perspectiva de elementos liberais; de outro modo, aliás, seriam esvaziados do seu conteúdo útil[180]. "Uma reserva de lei geral não pode, assim, ser

---

[177] Cfr. RUPP, *Grundfragen...*, cit., pp. 136 e 137. Cfr. também *supra* as notas 9 e 10 e o texto correspondente.

[178] Assim, cfr. RUPP *Grundfragen...*, cit., p. 138.

[179] Cfr. RUPP, *Grundfragen...*, cit., p. 139, e a alínea c) do número anterior, em especial, a referência à «cadeia ininterrupta de legitimação democrática» (v. *supra* a nota 97 e o texto correspondente) e à ideia de «legitimação material» (v. *supra* a nota 101 e o texto correspondente). V. também *ibidem* as notas 103, 111 e 112 e, bem assim, o texto correspondente.

[180] Cfr. Autor cit., *Grundfragen...*, cit., p. 140.

O Estado de Direito Democrático e a nova compreensão...   429

inferida a partir da ideia de que todas e quaisquer funções administrativas necessitam de uma habilitação democrática ou parlamentar, mas sim a partir da noção de que a Administração, no quadro das tensões Estado-cidadão (*im Spannungsfeld Staat-Bürger*), carece, por razões derivadas do Estado de Direito, de normas jurídicas disciplinadoras do seu comportamento, as quais, por força do direito constitucional, têm de constar de uma lei ou de uma fonte normativa habilitada por uma lei. Esta é uma formulação [da aludida reserva de lei geral] completamente diferente [daquela que Jesch defendeu], visto que se apoia no Estado de Direito; a mesma acaba, além disso, por conduzir a consequências igualmente diferentes"[181]. Com efeito, a reserva de lei em causa apenas cobre o âmbito das relações entre o Estado e o cidadão; não as relações intra-administrativas, as quais relevam do poder organizatório da própria Administração[182].

A aludida fundamentação impõe, em todo o caso, uma interpretação actualista da fórmula "liberdade e propriedade" que dê conta da função atribuída à legalidade administrativa num quadro constitucional em que o princípio monárquico já não tem lugar. É nesse sentido que Rupp propõe a consideração de uma "mudança de função" (*Funktionswandel*) da reserva de lei e a consequente actualização do respectivo significado (*Umdeutung*), à semelhança do que também sucedeu com referência aos direitos de liberdade, *maxime* o direito de propriedade. Deste modo, a reserva de lei que anteriormente assegurava uma esfera própria de autonomia do indivíduo que apenas podia ser limitada por lei, hoje orienta-se para a conservação de uma independência ideal, uma independência jurídica do indivíduo relativamente à Administração e que somente pode ser

---

[181] V. RUPP, *Grundfragen...*, cit., p. 135.

[182] Cfr. RUPP, *Grundfragen...*, cit., pp. 145 e 146. Em sentido contrário, v. JESCH, *Gesetz und Verwaltung*, cit., p. 223. Cfr. também *supra* as notas 111 e 112 e o texto correspondente e, bem assim, o disposto no art. 198.º, n.º 2, da Constituição da República Portuguesa (competência legislativa exclusiva do Governo em matéria da sua organização e funcionamento). Por outro lado, como SOBOTA afirma, as habilitações democráticas não têm de revestir a forma de lei; as mesmas podem resultar, por exemplo, de referendos, de eleições ou de resoluções parlamentares (v. Autora cit., ob. cit., p. 128).

[183] Cfr. RUPP, *Grundfragen...*, cit., p. 142.

430   *Estado de Direito Democrático e Administração Paritária*

constituída pela lei[183]. A reserva de lei pode, assim, estender-se à administração prestadora: a mesma reserva significa, então, "não apenas que o Estado nada pode oferecer, isto é, não pode conceder benefícios sem que tal corresponda ao cumprimento de um dever jurídico, aliás legal, que o imponha; mas, em primeira linha, que o cidadão tem de ser protegido de uma mentalidade mendicante contrária à liberdade (*eine freiheitswidrigen Bettlergesinnung*)"[184].

Estes argumentos visam pôr em destaque que a posição jurídica do cidadão perante a Administração, *maxime* a sua autonomia como sujeito jurídico, não está na disponibilidade desta última, sendo ao invés definida pela lei, ou por actos autorizados ou prescritos pela lei. Os mesmos argumentos parecem, à primeira vista, proceder em face do ordenamento constitucional português, tendo em conta, principalmente, a qualificação da República Portuguesa como Estado de Direito democrático e a força jurídica dos preceitos constitucionais respeitantes aos direitos, liberdades e garantias; no entanto, a atribuição de amplos poderes legislativos ao Governo, que é simultaneamente o órgão superior da Administração Pública, acaba por atenuar o seu alcance prático[185].

b) A diferente posição da Administração e dos tribunais perante a lei

Perspectivada enquanto poder – "um poder que é autoridade mas não soberania, embora dela derive"[186] –, a Administração pode agir sempre que considere estar em causa o interesse público e desde que respeite os limites legais. O acto administrativo constitui justamente o meio de canalizar juridicamente tal poder – que, em si mesmo, é pré-jurídico – e, por essa via, de o juridicizar. Perante os particulares, porém, a Administração tende a aparecer como uma

---

[184] V. *idem*, *ibidem*. Segundo o mesmo Autor, tal extensão encontra-se hoje consumada (cfr. Autor cit., "Neuere Probleme um den Gesetzes- und Parlamentsvorbehalt..." cit., p. 733).

[185] Cfr., respectivamente os arts. 2.°, 18.°, 198.° e 182.°, todos da Constituição da República Portuguesa. Cfr. também *supra* o n.° 22, alíneas b) e c).

O Estado de Direito Democrático e a nova compreensão... 431

instância decisória, definindo-lhes as respectivas situações jurídicas concretas. Como dizia Otto Mayer, "o acto administrativo opera autonomamente (*wirkt selbständig*). Ele não é como o negócio jurídico do particular que retira toda a sua eficácia jurídica da lei; mas é, ele próprio, poder público que, por si mesmo, determina a vinculação jurídica, enquanto não lhe forem colocados limites especiais"[187]. Daí, também, o paralelismo com a sentença propugnado por aquele Autor[188].

A partir do momento em que a Administração já só pode agir no exercício de competências legais – portanto, nos casos e com as consequências previstas na lei –, a mesma passa necessariamente a ser vista como uma entidade subordinada à lei que prossegue interesses próprios (isto é: colocados pela lei a seu cargo), numa situação estruturalmente paralela à dos particulares[189]. Agora, o acto admi-

---

[186] V. MARCELLO CAETANO, *Manual de Direito Administrativo*, I, cit., p. 45.

[187] V. Autor cit., *Deutsches Verwaltungsrecht*, I, cit., p. 97. E o mesmo Autor acrescentava em nota: "impressões descontroladas do direito privado e da justiça conjugam-se para justificar a afirmação de que cada acto administrativo, cada provisão ou acto dispositivo (*Verfügung*), ou como quer que se denominem tais determinações, teria de ter atrás de si uma norma jurídica para vigorar (*um zu gelten*) [...] A partir daqui não ficaria muito distante o caminho para a «civilização» de todo o direito público pretendida por Kelsen: «onde quer que alguém se proponha agir em nome do Estado, tem de se basear numa norma jurídica que permita que tal acção surja como querida pelo Estado»" (v. *ibidem*, nota 10).

[188] Cfr. *supra*, na Segunda Parte, o n.º 17, alínea b), ponto (iii).

[189] Sublinham o paralelismo referido no texto, e nomeadamente a similitude estrutural entre o negócio jurídico privado e o acto administrativo, por exemplo, SEIBERT: "sem necessidade de discutir as diferenças e a sua problemática em toda a sua extensão, podemos em todo o caso estabelecer no âmbito deste estudo que a declaração de vontade (*Willenserklärung*) e o acto administrativo são, nas suas estruturas fundamentais, pelo menos, semelhantes. [...] A declaração de vontade de direito privado é entendida como a manifestação de vontade (*Willensäußerung*) privada dirigida à produção de um efeito jurídico. É, por conseguinte, necessário que a declaração de vontade se dirija a um resultado jurídico, isto é, que o designe como querido ou intencionado [assim se distinguindo da simples acção jurídica (*Rechtshandlung*), cuja eficácia jurídica é imediatamente determinada pela lei e não pelo conteúdo da vontade daquele que age]. A definição legal [do acto administrativo – constante do § 35, frase 1, do VwVerfG –] não suscita dúvidas quanto ao carácter intencional do acto administrativo e determina-o como uma declaração intencional dirigida à produção (*Herbeiführung*) de consequências jurídicas e, deste modo, como uma decisão (*Willensentscheidung*). A vontade da consequência jurídica (*der Rechtsfolgewille*) é constitutiva do acto administrativo e delimita-o face à acção jurídica de uma autoridade

432 Estado de Direito Democrático e Administração Paritária

(*behördliche Rechtshandlung*) " (v. Autor cit., *Die Bindungswirkung von Verwaltungsakten*, Baden-Baden, 1989, pp. 109 e 110); e SCHMIDT-DE CALUWE: "num Estado constitucional que seja um Estado de Direito democrático as declarações de vontade administrativas só podem produzir efeitos jurídicos com base numa determinação de vigência (*Geltungsanordnung*) da ordem jurídica. Deste modo, a vinculatividade dos actos administrativos [- a sua força vinculativa -] também já não se pode fundar num poder autónomo – e, por isso mesmo, pré-jurídico – da Administração nem tão-pouco na regulação (o conteúdo decisório) intencionada pelo acto administrativo; tal vinculatividade existe apenas e na medida em que ao acto em causa seja imputada pela lei uma eficácia jurídica correspondente. Consequentemente, o acto administrativo carece – de acordo com o mesmo princípio aplicável às declarações de vontade do direito privado – de um fundamento jurídico, geral ou especial, justificativo da sua vinculatividade" (v. Autor cit., *Der Verwaltungsakt...*, cit., p. 277).

Na doutrina portuguesa é frequente salientar-se, sobretudo, o lado funcional: o acto administrativo não se pode reconduzir ao negócio jurídico, visto que o primeiro é meio de actuação de uma função – "prosseguir interesses tipificados por um modo que também [...] é fixado normativamente" (assim, ROGÉRIO EHRHARDT SOARES, *Direito Administrativo* (Lições ao Curso Complementar de Ciências Jurídico-Políticas da Faculdade de Direito de Coimbra no ano lectivo de 1977/78), policop., Coimbra, 1978, p. 69) – e o segundo é um instituto ao serviço da autonomia privada, visto que os respectivos efeitos "estão condicionados pelo conteúdo da vontade do sujeito" (v. *idem, ibidem*, p. 17). O negócio jurídico "exprime o reconhecimento do dogma da autonomia da vontade, a aceitação de que os particulares dispõem duma total independência na eleição das finalidades que se propõem alcançar e da consequente liberdade de articulação, nos limites da lei, [d]os negócios indispensáveis à construção jurídica do seu mundo" (v. *idem, ibidem*, pp. 17e 18; cfr. também *ibidem*, p. 68). Ao invés, "no Direito Administrativo os efeitos do acto administrativo estão determinados por lei. Mesmo naqueles casos em que o agente conserva uma larga margem de liberdade no preenchimento do conteúdo do acto (discricionaridade). Do que se trata é muito mais [de] realizar uma operação intelectual do que volitiva: de encontrar os meios mais adequados para servir o interesse público, procedendo a um confronto e avaliação das soluções possíveis, num problema cujos dados são fornecidos ao agente. Querer real e autêntico não tem aqui lugar, pois ele suporia uma possibilidade de arbítrio, uma indiferença do ordenamento jurídico pela eleição dos fins [...]" (v. *idem, ibidem*, p. 96). Consequentemente, "a distinção entre meros actos jurídicos e negócios jurídicos, admitida geralmente [no âmbito da categoria dos actos jurídicos] pela doutrina corrente, carece de sentido para os actos da Administração. Na verdade, uma vez praticado o acto, as consequências verificam-se segundo moldes tipificados na lei, sem atenção à real vontade do sujeito. É que, diferentemente do que se passa com os particulares, os sujeitos públicos estão adstritos à realização de necessidades de antemão fixadas pelo legislador" (v. *idem, ibidem*, p. 18).

A esta perspectiva subjaz a noção restrita de negócio jurídico, assente sobre a liberdade de estipulação e considerada a mais rigorosa do ponto de vista da dogmática civilista (cfr. CARVALHO FERNANDES, *Teoria Geral do Direito Civil*, II (Fontes, Conteúdo e Garantia da relação Jurídica), 3.ª ed., Lisboa, 2001, p. 32; e MENEZES CORDEIRO, *Tratado de Direito Civil Português*, I (Parte Geral), tomo I (Introdução, Doutrina Geral,

O *Estado de Direito Democrático e a nova compreensão...* 433

Negócio Jurídico), 3.ª ed., Coimbra, 2005, pp. 447 e ss., em especial, p. 455). Contudo, do ponto de vista estrutural – e de acordo com uma concepção ampla, de resto consagrada na lei positiva (cfr. CARVALHO FERNANDES, *ibidem*, pp. 31 e 32; e MENEZES CORDEIRO, *ibidem*, pp. 456 e 457) – o negócio jurídico é um acto voluntário intencional que implica vontade de acção (*Handlungswille*), vontade de declaração (*Erklärungswille*) e vontade funcional (*Wirkungswille*; cfr. CARVALHO FERNANDES, *ibidem*, pp. 31 e 35 e 36). Ora, tal corresponde à noção de acto jurídico perfilhada por ROGÉRIO EHRHARDT SOARES – os actos jurídicos são "manifestações de ciência ou de vontade dum sujeito jurídico produzidas com o desígnio de desencadear transformações na ordem jurídica" (v. *idem, ibidem*, pp. 16 e 17), esclarecendo o mesmo Autor, relativamente aos "meros actos jurídicos", que "o ordenamento jurídico exige a voluntariedade da produção dos efeitos" (*ibidem*, p. 17) –, sendo, por outro lado, certo que os actos administrativos são actos jurídicos (cfr. Autor cit., *ibidem*, pp. 50 e 51).

De resto, as objecções deduzidas por ROGÉRIO EHRHARDT SOARES contra o que designa por "transposição do quadro civilístico do negócio jurídico para os actos administrativos" relevam apenas da mencionada óptica funcional (cfr. Autor cit., *Direito Administrativo*, cit., pp. 68 a 70); numa perspectiva estrutural, existem certas diferenças, as quais, todavia, não põem em causa o essencial: tanto no direito privado, como no direito público, a constituição de efeitos jurídicos por acção dos sujeitos de direito é condicionada quanto ao seu *an, quid* e *quomodo* pela ordem jurídica objectiva (cfr. SEIBERT, *Die Bindungswirkung...*, cit., pp. 107 e ss.: "o acto administrativo como manifestação de vontade a que a ordem jurídica confere vigência (*Geltung*); "os actos administrativos só são juridicamente eficazes quando e na medida em que a ordem jurídica os reconhece"; e, do lado juscivilístico, por exemplo, SCHAPP e SCHUR, *Einführung in das Bürgerliche Recht*, 3. Aufl. München, 2003; Rn. 323 a 325, pp. 158 e 159: uma vontade dirigida a um dado resultado jurídico é insuficiente para a respectiva produção; "aquela vontade tem, além disso, de se manifestar mediante um dos tipos de actos negociais reconhecidos pela ordem jurídica" (*in einem der von der Rechtsordnung anerkannten Aktstypen des Rechtsgeschäfts verwirlklichen*); ou MENEZES CORDEIRO, *Tratado...*, I, tomo I, cit., p. 455: "o negócio jurídico [é] um acto da autonomia privada, a que o Direito associa a constituição, a modificação e a extinção de situações jurídicas. [...] Esta fórmula deixa claro que a jurídica positividade do negócio jurídico advém do Direito, que institui, regula e defende a autonomia privada").

O conceito legal de acto administrativo, consagrado no art. 120.º do Código do Procedimento Administrativo, evidencia claramente os dois mencionados aspectos: a intencionalidade jurígena da manifestação de vontade (decisão que visa produzir efeitos jurídicos) e o condicionamento pelo direito objectivo ("ao abrigo de normas de direito público").

Recorde-se, por último, a tendência da doutrina portuguesa mais antiga de se ater à noção de acto jurídico (simples), porventura sob a influência do Código Civil de Seabra que se centrava em tal tipo de acto. Cfr. a posição de MARCELLO CAETANO analisada *supra*, na Parte Segunda, no n.º 19, alínea b), ponto (i), em especial, as referências constantes da nota 610. Como nota CARVALHO FERNANDES, aquele Autor, na sequência do Código Civil de Seabra, refere-se preferencialmente ao acto jurídico (v. Autor cit., *Teoria Geral...*, II, cit., p. 30).

434 Estado de Direito Democrático e Administração Paritária

nistrativo corresponde à possibilidade normativamente fundada de determinação unilateral de consequências jurídicas; tal acto concretiza a previsão de uma norma jurídica e desencadeia as consequências jurídicas constantes da respectiva estatuição – caso dos actos de conteúdo vinculado – ou por ela admitidas – caso dos actos praticados no exercício de poderes discricionários. Praticar um acto administrativo significa, por isso, exercer uma posição jurídica subjectiva: ao fazê-lo, a Administração não «aplica» o direito objectivo, como se fosse um tribunal, mas prossegue interesses colocados por lei a seu cargo, exercendo em vista dos mesmos os poderes jurídicos que a mesma lei lhe confere[190].

Verifica-se, deste modo, que a diferença de funções entre a jurisdição e a administração, nomeadamente a imparcialidade e passividade da primeira e a parcialidade e iniciativa da segunda, se projecta sobre o significado da lei para cada uma delas[191]. Para os tribunais, a lei substantiva é norma de juízo; a sua função é «aplicar»

---

[190] Verifica-se, por conseguinte, igualmente um paralelismo entre as posições jurídicas subjectivas públicas e privadas. Nesse sentido, v., por exemplo, VASCO PEREIRA DA SILVA: "em todos aqueles casos em que a Administração goza de poderes de autoridade, designadamente sempre que detém o poder de determinar unilateralmente as condutas dos particulares, não se trata aí de uma posição de poderio ou de domínio fáctico, mas sim do exercício de um poder jurídico. Poder jurídico, esse, integrado numa relação jurídica administrativa complexa, na qual o particular, para além de uma situação passiva de sujeição (correspectiva do poder jurídico exercido), é igualmente titular de direitos subjectivos (simétricos dos correspondentes deveres da Administração), designadamente, aqueles que decorrem do seu «estatuto» jurídico-constitucional conferido pelos direitos fundamentais, a que acrescem os outros direitos subjectivos que a lei estabeleça" (v. Autor cit., *Em Busca do Acto Administrativo Perdido*, cit., p. 187). E, em nota, o mesmo Autor acrescenta: "no Direito Privado, também não são desconhecidas figuras como a dos negócios jurídicos unilaterais, ou como a dos direitos potestativos, em que os particulares exercem, uns relativamente aos outros, poderes de determinação unilateral de condutas, ou de produção unilateral de efeitos jurídicos na esfera de outrem" (v. Autor cit., *ibidem*, nota 1).

Sobre a questão dos direitos subjectivos do Estado, v. *infra* o n.º 25, alínea c). No texto apenas é considerada a perspectiva do direito material. Contudo, a actuação da Administração implica a consideração cumulativa de uma dimensão organizatório-procedimental. Sobre esta v., por exemplo, PEDRO MACHETE, *A Audiência dos Interessados...*, cit., pp. 17 e ss. (o procedimento como premissa da decisão administrativa) e *infra* a parte final da nota 217.

[191] V., sobre a distinção referida no texto, na doutrina portuguesa, MARCELLO CAETANO, *Manual de Ciência Política e Direito Constitucional...*, I, cit., pp. 168 e 169.

O Estado de Direito Democrático e a nova compreensão...

o direito objectivo ao caso concreto: o juiz, regendo-se pela lei processual, verifica a ocorrência dos factos constantes da previsão da lei substantiva e imputa-lhes as consequências constantes da respectiva estatuição. Para a Administração, a mesma lei substantiva é norma de comportamento; ao prosseguir o interesse público, ao agir, seja por que forma for – acto administrativo, operação material ou outra –, a Administração concretiza a respectiva previsão normativa e desencadeia as consequências jurídicas constantes da estatuição[192].

Resulta do exposto que é a norma que fundamenta, quer a possibilidade de praticar o acto administrativo, quer a respectiva vinculatividade e força jurídica[193]. Com efeito, o acto administrativo é uma "manifestação de vontade condicionadora de consequências jurídicas" (*rechtsfolgenbedingende Willensäußerung*)[194]. No que se refere a este último aspecto, já há muito que Hans Kelsen advertiu para o erro de confundir a concretização da previsão normativa com a própria normação: "naqueles casos em que ao acto de vontade unilateral do Estado-pessoa (*Staatsperson*) se associam deveres de obediência dos súbditos é frequente a ideia de que a autoridade vinculativa emana do próprio Estado-pessoa que unilateralmente profere a ordem; em tais casos verifica-se a tendência para identificar com a própria ordem jurídica aquilo que é apenas uma situação de

---

[192] A contraposição entre norma de juízo (*Beurteilungsnorm*) e norma de comportamento (*Verhaltensnorm*) deve-se a Goldschmidt e foi proposta por BETTERMANN como base da distinção entre direito processual e direito material (v. Autor cit., "Das Verwaltungsverfahren" in VVDStRL, Heft 17 (1959), pp. 118 e ss.), p. 120. Como refere PEDRO MACHETE, "as posições jurídicas do juiz e do administrador perante o direito processual e o direito substantivo não são unívocas em si mesmas nem na sua relação recíproca. Para a Administração o Direito Administrativo é norma de [comportamento]: fixa os critérios e os modos da actuação administrativa a realizar. Para o tribunal a mesma regulamentação é norma de [juízo]: é apenas critério de decisão sobre a regularidade de uma actuação verificada. O direito processual administrativo é sempre norma de [comportamento] quer para o juiz, quer para as partes num processo: disciplina a sua conduta recíproca *in iudicando et procedendo*" (v. Autor cit., *A Audiência dos Interessados...*, cit., p. 73).

[193] O que hoje o acto administrativo já não pode ser, por força da exigência de conformidade da administração com a lei (v. *supra* o ponto (iv) da alínea a) do presente número), é "positivação normativa (*Normsetzung*). Sobre esta e, bem assim, sobre as inconsistências do paralelismo entre sentença judicial e acto administrativo, v. *supra*, na Segunda Parte, o n.º 18, alínea d), ponto (i).

[194] Assim, v. SEIBERT, *Die Bindungswirkung...*, cit., p. 109.

436   *Estado de Direito Democrático e Administração Paritária*

facto (*Tatbestand*), à qual a ordem jurídica liga efeitos jurídicos; para projectar no que é um acto qualificado pela ordem jurídica e imputável a determinado sujeito uma imanente força vinculativa"[195].

Diversamente, na perspectiva do direito administrativo tradicional, houve já ocasião de o referir, as leis administrativas eram perspectivadas, em primeira linha, como normas de juízo. O objecto central era a acção administrativa entendida, não tanto como um comportamento exterior ou material, mas como acção decisória: a emissão de decisões administrativas. Assim, "as leis atribuíam à Administração a tarefa de ajuizar a situação jurídica e de, em função de tal juízo, tomar decisões que determinassem ao cidadão como é que ele devia agir no caso concreto (o que para ele era direito). Sobre tal conceito de decisão, a doutrina erigiu uma construção de grande envergadura, o chamado *direito administrativo geral*. No essencial, este é considerado direito *material*, o que é consequente quando se consideram as leis do direito administrativo normas de juízo"[196]. Com efeito, "o juízo emitido pela autoridade relativamente ao conteúdo jurídico-material da decisão materializa (*verkörpert*) em tal forma de acção administrativa o próprio direito material concretizado"[197].

No mesmo sentido, a doutrina maioritária, embora sem assumir a terminologia correspondente, tende a perspectivar o acto administrativo como uma fonte de direito do caso[198]. Deste modo, a Admi-

---

[195] V. Autor cit., "Zur Lehre vom öffentlichrechtlichen Rechtsgeschäft", cit., (190) p. 223. V. *idem, ibidem*, pp. 217 e 218.

[196] V. Martens, "Der Bürger als Verwaltungsuntertan?" cit., p. 116; itálicos no original. Este Autor refere, a propósito, os exemplos de Otto Mayer e de Gneist (v. *ibidem*, p. 115) e dá conta da contraposição, no âmbito do direito fiscal, já em 1926, no Encontro dos Professores de Direito Público Alemães, da perspectiva da lei administrativa como norma de juízo à perspectiva da mesma lei como norma de comportamento, sendo as mesmas defendidas na ocasião, respectivamente, por Bühler e por Hensel (v. *ibidem*, p. 113).

[197] V. *idem, ibidem*, p. 116, nota 79.

[198] Cfr. WALTER PAULY, "Der Regelungsvorbehalt" cit., pp. 521 e ss. (as formas jurídicas da acção administrativa, entre elas o acto administrativo, integram a estrutura escalonada da ordem jurídica, determinando, em nome desta, o que deve valer de acordo com o direito e, por conseguinte, o que deve ser executado); e SCHMIDT-DE CALUWE, *Der Verwaltungsakt...*, cit., p. 41 (uma vez que o acto administrativo é considerado como expressão da ordem jurídica, o mesmo tende a ser visto como participando da respectiva

O *Estado de Direito Democrático e a nova compreensão...* 437

nistração autora dos actos administrativos, não obstante a sua subordinação ao direito, tende a ser vista como uma entidade que participa da supra-ordenação da própria ordem jurídica, enquanto instância decisória com poderes para fixar, em concreto, as consequências jurídicas que hão-de valer. Nesta perspectiva, é consequente a aproximação do conceito de acto administrativo relativamente ao conceito de lei e de sentença: aquele tem por objecto a definição da situação jurídica imputando-lhe efeitos jurídicos e goza de uma autoridade própria (a força de caso decidido)[199]. Fica, todavia, na sombra a vinculação jurídica da Administração e, nomeadamente, o paralelismo com os particulares que a mesma, no actual quadro do Estado de Direito, implica[200].

Para um esclarecimento correcto da diferente posição da Administração e dos tribunais perante a lei, cumpre, na verdade, distinguir entre o Estado-ordenamento e Estado-sujeito de direito[201].

Na criação dos seus tribunais o Estado sai de si e constitui-os como instâncias decisórias exclusivamente subordinadas à ordem jurídica e destinadas a resolver conflitos de interesses de acordo com os critérios legais: em cada caso e a pedido de um dos contendores, o juiz actualiza a decisão normativa, verificando a ocorrência concreta dos factos de que depende a pretensão reconhecida pela norma. Mesmo que o Estado ou outras entidades estatais sejam partes no processo – defendendo pretensões próprias ou contrariando a pretensão de outrem – o tribunal não se confunde com eles, uma vez que a sua actuação se encontra apenas ao serviço da lei aplicanda. O tribunal, justamente porque imparcial – isto é, estranho aos inte-

---

supremacia e, por isso, a Administração-autora tende a situar-se num plano superior ao dos seus destinatários, nomeadamente enquanto instância decisória).

[199] Esta era, como referido *supra* na Parte Segunda, no n.º 17, alínea b), ponto (iii), e alínea c), a perspectiva de Otto Mayer. Cfr. também a crítica da mesma *supra* na Parte Segunda, no n.º 18, alínea d), ponto (i).

[200] Cfr. SCHMIDT-DE CALUWE, *Der Verwaltungsakt...*, cit., pp. 41 e 42 (em vez de atribuir direitos ou de impor deveres, a lei é vista como norma habilitadora da Administração, atribuindo-lhe tarefas e limitando a sua actividade; perante o particular, a Administração tende a aparecer como representante da lei).

[201] *Staat als Rechtsordnung* e *Staat als Rechts- und Pflichtsubjekt*; esta distinção foi proposta por KELSEN como pressuposto do Estado de Direito (v. Autor cit., "Zur Lehre vom öffentlichrechtlichen Rechtsgeschäft", cit., (190) p. 194).

438 *Estado de Direito Democrático e Administração Paritária*

resses em causa –, constitui uma *viva vox legis*, uma emanação do ordenamento jurídico ao qual as partes estão subordinadas[202]. A superioridade do tribunal perante as partes não é mais do que o reflexo da supremacia da lei ao serviço da qual aquele se encontra e em obediência à qual estas procuram resolver o seu diferendo.

Ao invés, no caso das autoridades administrativas, é o próprio Estado (ou outra entidade pública), enquanto sujeito de direito e, portanto, titular de direitos e obrigações, quem está presente. "A Administração Pública decide sempre como parte materialmente interessada. A tal não se opõe nem a circunstância de as autoridades não deverem prosseguir através das suas decisões interesses egoístas, mas antes se encontrarem vinculadas ao bem comum, nem tãopouco o facto de o seu comportamento ser (em maior ou menor medida) determinado pela lei. Em cada caso as autoridades em causa – mais exactamente: através delas, as pessoas jurídicas em que as mesmas se integram – encontram-se numa relação jurídica, determinada pelas normas aplicáveis, com os particulares imediatamente afectados por aquelas decisões"[203]. A Administração também está vinculada ao Direito, sendo a sua subordinação de natureza idêntica à dos particulares que participam na relação em causa. A capacidade jurídica daquela e destes é que é distinta e, em função de tal diferença, o conteúdo das respectivas posições jurídicas também pode ser diferente[204].

Com efeito, em determinadas circunstâncias é a própria lei que, atenta a razão de ser da sua instituição – a prossecução do interesse público –, confere à Administração a possibilidade de estabelecer unilateralmente a disciplina jurídica de certas situações, nomeadamente através da prática de actos administrativos. Uma vez praticado um destes actos, e enquanto o mesmo for eficaz, tanto a Administra-

---

[202] O tribunal subjectiva, deste modo, e em vista da decisão do caso, o próprio ordenamento jurídico: é um *Rechtsordnungssubjekt* (por contraposição a um *Rechtssubjekt* – sujeito de direitos e deveres previstos no mesmo ordenamento). Cfr. SACHS in STELKENS / BONK / SACHS, *Verwaltungsverfahrensgesetz Kommentar*, cit., § 43, Rn 89, pp. 1436 e 1437.

[203] V. SACHS in STELKENS / BONK / SACHS, *Verwaltungsverfahrensgesetz Kommentar*, cit., § 43, Rn 90, p. 1437.

[204] Cfr. *infra* a alínea b), ponto (iii), do número seguinte.

O Estado de Direito Democrático e a nova compreensão...   439

ção-autora, como os particulares directamente afectados, ficam por ele vinculados, nos termos do respectivo conteúdo decisório[205]. Ou seja: devido à igual subordinação ao direito material – este é norma de comportamento tanto para a Administração, como para os particulares –, aquela fica igualmente submetida às consequências jurídicas da sua decisão, as quais, como referido, correspondem à estatuição da norma que na respectiva previsão admite a prática do acto administrativo. Esta igual subordinação à lei da Administração e dos particulares em causa, quer no respeitante à possibilidade de praticar actos administrativos e à sujeição correspondente, quer no que se refere às consequências jurídicas daquele, evidencia que a Administração age como directamente interessada e no quadro de uma relação jurídica que a liga aos mencionados particulares.

Deste modo, a possibilidade de praticar actos administrativos significa para a Administração – que, diferentemente dos tribunais,

---

[205] Os particulares directamente afectados são aqueles a quem o acto administrativo deve obrigatoriamente ser notificado, nos termos do art. 66.º do Código do Procedimento Administrativo (cfr. ESTEVES DE OLIVEIRA, PEDRO GONÇALVES e PACHECO DE AMORIM, *Código do Procedimento Administrativo Comentado*, Coimbra, 1997, anots. V e VI ao art. 66.º, pp. 350 e 351).

Importa considerar ainda o efeito decorrente da própria eficácia constitutiva do acto administrativo. A doutrina alemã refere, a tal propósito, a noção de *Tatbestandswirkung* (distinguindo-a, por um lado, da força de caso decidido – *Bestandskraft* – e, por outro lado, da eficácia vinculativa dos juízos ou apreciações, de facto ou de direito constantes da fundamentação do acto administrativo – *Feststellungswirkung*): desde que eficaz, um acto administrativo, nomeadamente o respectivo dispositivo ou conteúdo decisório – portanto, os efeitos jurídicos novos que tal acto introduziu na ordem jurídica (*Gestaltungswirkung*) –, tem de ser considerado por todos os operadores jurídicos, incluindo o próprio autor do acto enquanto o não revogar (*ist zu beachten*). Cfr., por exemplo, SCHENKE, *Verwaltungsprozessrecht*, 10. Auflage, Heidelberg, 2005, Rn. 615, p. 210). Sobre tal tipo de "eficácia" dos actos administrativos, nomeadamente sobre os múltiplos sentidos que na doutrina lhe são atribuídos, v. SEIBERT, *Die Bindungswirkung...*, cit., pp. 69 e ss. Este Autor, considerando que é a lei que liga a um acto administrativo com determinado conteúdo a intencionada modificação jurídica, a título de consequência jurídica, fala da vigência (*Geltung*) do acto administrativo como sendo uma *Tatbestandswirkung* em sentido amplo (v. Autor cit., *ibidem*, p. 77; para o mesmo Autor, a *Tatbestandswirkung* em sentido restrito significa que um dado acto administrativo é pressuposto de certa consequência jurídica, abstraindo a lei que a estatui da respectiva intencionalidade, pelo que tal eficácia não respeita à vinculação ao conteúdo do acto; v. *ibidem*, p. 81; sobre a assimilação da *Gestaltungswirkung* à *Tatbestandswirkung*, v. *ibidem*, pp. 74 e 88).

440 Estado de Direito Democrático e Administração Paritária

age em função de interesses cuja realização a lei lhe confia, e não de um interesse objectivo uniforme, como o da realização da justiça do caso, designadamente a solução de um conflito de pretensões à luz do direito aplicável – a disponibilidade de um instrumento que lhe permite conformar relações jurídicas em que é uma das partes interessadas: ela não é essencialmente uma instância decisória superior aos particulares, mas, tal como estes, sujeito de uma relação jurídica no âmbito da qual pode exercer determinadas posições jurídicas subjectivas.

Existe, assim, uma diferença essencial entre administração (a actividade desenvolvida pela autoridade administrativa) e jurisdição (a actividade dos tribunais na decisão de litígios) que impõe uma diferenciação entre acto administrativo e sentença judicial: aquele é uma decisão do Estado-sujeito de direito adoptada no quadro de uma relação jurídica paritária (*ein prinzipiell gleichgeordnetes Rechtsverhältnis*) com os particulares atingidos por tal decisão[206]. "A facul-

---

[206] Cfr. SCHMIDT-DE CALUWE, *Der Verwaltungsakt...*, cit., p. 271. O mesmo Autor define o acto administrativo como "um instrumento cometido pela ordem jurídica ao Executivo para que este, no respectivo âmbito de atribuições e numa base de igualdade jurídica, proceda à conformação unilateral de consequências jurídicas" (v. *ibidem*, p. 285).

Sobre a distinção entre administração e jurisdição, na perspectiva da estruturação jurídica de tais actividades, respectivamente, o procedimento administrativo e o processo, v., na doutrina portuguesa, por exemplo, PEDRO MACHETE, *A Audiência dos Interessados...*, cit., pp. 45 e ss., em especial pp. 49 e ss. (procedimento administrativo e processo) e 72 e ss. (as relações entre o direito administrativo formal e o direito administrativo material). Aí se afirma uma dupla consequência da função diferenciada do direito (administrativo) substantivo e do direito (administrativo) processual relativamente à Administração e ao tribunal. Em primeiro lugar, "o Direito Administrativo nas suas diversas componentes – orgânica, funcional e relacional – tem por objecto situações iniciais previstas nas normas materiais e a direcção da dinâmica de concretização dessas situações; enquanto que no processo administrativo, o que está em causa é o controlo da conformidade de um concreto resultado final com o ordenamento substantivo" (v. *idem, ibidem*, pp. 73 e 74). Acresce que "no contencioso administrativo o juiz é imparcial, não interferindo na definição do objecto do processo; no procedimento não há imparcialidade e, portanto, o respectivo objecto está na disponibilidade do titular do poder de direcção procedimental, ainda que eventualmente possa ser influenciado pela acção de outros participantes procedimentais" (v. *idem, ibidem*, pp. 74 e 75). Em segundo lugar, a Administração não é «parte» no procedimento administrativo; ela "é «senhora» do procedimento administrativo e, por isso, detém o respectivo poder de direcção. Este representa a consequência procedimental da competência jurídico-material, i.e. do poder jurídico de concretização unilateral dos precei-

O Estado de Direito Democrático e a nova compreensão... 441

dade de concretizar mediante acto administrativo os direitos e obrigações determinados por lei, tanto para o Estado como para o cidadão, constitui uma criação jurídica (*eine rechtliche Zweckschöpfung*) que, em última análise, só se pode e tem de justificar em razão da indispensável função executiva do Estado. Tal criação, porém, não pode deixar que a Administração – quase à maneira da Justiça – «saia» da relação jurídica e que, em certa medida, como sucede na lição de Otto Mayer, de sujeito subordinado à lei se converta numa «colaboradora» ou «auxiliar» da lei, de tal forma que a mesma Administração, qual juiz – *viva vox legis* –, e enquanto representante da lei, surja naturalmente como «Estado-ordenamento» numa posição de superioridade"[207].

---

tos jurídico-administrativos. A Administração também não se encontra em pé de igualdade com os demais intervenientes, ainda que, nos casos de formalização, tenha de respeitar os seus direitos. Só que direitos procedimentais não implicam igualdade procedimental, tal como os direitos processuais das partes não significam igualdade com o juiz. A igualdade de posições tituladas por sujeitos portadores de interesses contraditórios relativamente a um mesmo objecto perante um terceiro desinteressado e com poder de decisão é uma realidade estranha ao procedimento administrativo. Neste há sempre a concentração numa só entidade de um interesse a prosseguir e do poder de decisão relativo a essa prossecução concreta" (v. *idem*, *ibidem*, pp. 78 e 79). Daí o acerto da conclusão de WAHL: "o procedimento é a Administração em acção. [...Ele] é, no domínio do direito administrativo carecido de execução [*vollzugsbedürftig*], o modo de realização do direito" (v. Autor cit., "Verwaltungsverfahren zwischen Verwaltungseffizienz und Rechtsschutzauftrag" in VVDStRL, Heft 41 (1983), pp. 151 e ss. (153)). Na verdade, as situações jurídicas subjectivas materiais, activas ou passivas, da Administração e dos particulares exigem frequentemente a actuação de procedimentos administrativos. Daí a importância dos direitos procedimentais ou formais.

[207] V. SCHMIDT-DE CALUWE, *Der Verwaltungsakt...*, cit., p. 271. A transição da monarquia constitucional correspondente ao *Reich* para a república da Lei Fundamental tem de "irradiar" para a dogmática do acto administrativo (*ibidem*, p. 275). Com efeito, o mesmo Autor adverte para a necessidade de evitar que o entendimento do conceito legal de acto administrativo – na Alemanha constante do § 35 VwVfG – "transporte" a perspectiva do acto, como decisão paralela à sentença, inculcada por Otto Mayer e "conserve" o paralelismo dogmático entre a força do caso decidido e a força do caso julgado: "assim como o Estado da Lei Fundamental é diferente daquele que corresponde ao Império e como a Administração tem hoje uma posição distinta no Estado e face aos cidadãos, assim também necessariamente o carácter das decisões administrativas individuais se modificou" (*ibidem*, p. 272). Não obstante, segundo SCHMIDT-DE CALUWE, a orientação dominante no âmbito da dogmática do acto administrativo continua a perspectivar a possibilidade de praticar este tipo de actos como uma regra natural decorrente do Estado e do seu poder, ao

442 Estado de Direito Democrático e Administração Paritária

O acto administrativo é uma decisão tomada por uma entidade dotada de poderes jurídicos que lhe foram conferidos por uma norma jurídica para uma dada situação. Como refere Hill, "o Estado só se encontra supra-ordenado relativamente ao cidadão desde que tal posição lhe seja reconhecida pelo direito, em especial pela Constituição e pelas leis"[208]. Em rigor, e por conseguinte, o acto administrativo é "apenas e só (*schlicht und einfach*) – e de modo suficiente – uma faculdade conferida pelo direito ao poder executivo de, na base da igualdade jurídica mas por via unilateral, conformar consequências jurídicas"[209].

---

mesmo tempo que o conteúdo e a amplitude das forças vinculativa e de caso decidido de cada acto são pressupostas como dados pré-normativos: "por vezes, fica-se com a impressão de que o Estado seja a realidade permanente e de que, justamente no direito do acto administrativo, esta continuidade constitua a base que, devido à modificação da situação constitucional, careça de uma mera adaptação ao nível da «super-estrutura»" (*ibidem*, pp. 274 e 275). O direito do acto administrativo só se conseguirá libertar da "mística da autoridade" (*Mystik der Obrigkeit*) quando for reconhecida e aplicada de forma consequente a subordinação do Estado, enquanto sujeito de direito, e, portanto, de modo especial enquanto Administração, ao domínio da lei (*idem, ibidem*, p. 284).

[208] V. Autor cit., "Das hoheitliche Moment im Verwaltungsrecht der Gegenwart" in DVBl. 1989, pp. 321 e ss. (327).

[209] V. SCHMIDT-DE CALUWE *Der Verwaltungsakt...*, cit., p. 306. SEIBERT refere, a propósito da eficácia dos actos administrativos, que a mesma tem sempre – incluindo no caso dos actos declarativos – um carácter constitutivo, o qual se traduz na modificação da situação jurídica *ex ante* (*Veränderung der Rechtslage*): o acto administrativo, enquanto disciplina jurídica de um caso (*Regelung eines Einzelfalls*), tem sempre uma eficácia constitutiva, visto que aquela disciplina jurídica se traduz na "medida de uma autoridade que visa uma consequência jurídica fixada unilateralmente"; a consequência jurídica visada pode também consistir na verificação vinculativa ou no reconhecimento formal de uma relação jurídica: "a concretização vinculativa determinada pelo acto declarativo é, relativamente à lei mais abstracta, uma realidade nova. [...] Neste caso, a relação jurídica administrativa adquire, sob a veste de uma mera explicitação do que existe, uma nova disciplina. É precisamente nesta última que reside a «mais-valia jurídica» procurada com a verificação vinculativa no confronto com a simples informação relativamente ao direito vigente" (v. Autor cit., *Die Bindungswirkung...*, cit., pp. 94 e 95). E o mesmo Autor refere que a contra-prova da eficácia constitutiva de todos os actos administrativos reside no carácter constitutivo da revogação, seja de um acto administrativo constitutivo, seja de um acto declarativo (v. *idem, ibidem*, p. 99). No mesmo sentido, v. SCHENKE, *Verwaltungsprosessrecht*, cit., p. 126, nota 13: o poder (*Befugnis*) de praticar um acto administrativo numa situação determinada corresponde a um direito potestativo (*Gestaltungsrecht*) não apenas quando estejam em causa actos administrativos constitutivos (*gestaltende Verwaltungsakte*), mas também no caso de actos administrativos declarativos (*feststellende Verwal-*

O *Estado de Direito Democrático e a nova compreensão...* 443

Existe, deste modo, uma interdependência entre os conceitos de Estado e de acto administrativo, a qual evidencia a importância das premissas constitucionais da dogmática do direito administrativo. Assim como a posição da Administração no âmbito do Estado e perante os cidadãos evoluiu, também o carácter jurídico das suas decisões se modificou. Estas já não podem ser compreendidas nem como puras decisões de aplicação da legalidade objectiva, à maneira das sentenças judiciais, nem, tão-pouco, como uma espécie de lei individual, expressão da vontade de um dos poderes do Estado que, apesar de subordinado, não deixa de se filiar na própria soberania; o acto administrativo, hoje, corresponde ao exercício de uma posição jurídica subjectiva de natureza potestativa no quadro de uma relação juridica preexistente. É à luz desta última que se tem de discutir os direitos e deveres recíprocos da Administração e dos particulares, incluindo aqueles que surgem a partir da prática do acto (e que integram uma relação jurídica dependente)[210].

---

tungsakte), visto que também no caso destes últimos a disciplina neles contida – a sua estatuição – pretende valer com independência relativamente à situação material *ex ante* – a disciplina jurídica que vale com referência à situação objecto do acto administrativo conside-rado, enquanto o mesmo vigorar, isto é, lhe dever ser aplicado, é aquela que o mesmo acto define, e não a que decorre imediatamente das normas aplicáveis. Sobre a natureza do poder de praticar actos administrativos, v. *infra* o n.º 25, alínea c), pontos (ii), (iii) e (iv).

Na doutrina portuguesa, ALBERTO XAVIER, embora sustente o carácter inovador de toda a eficácia jurídica, defende que, "em sentido técnico, porém, nem toda a inovação – em que a eficácia se traduz – se pode qualificar como constitutiva; na verdade, certas modificações sobrevêm na vida do direito que introduzem elementos novos que não con-sistem na constituição, na modificação ou na extinção de direitos ou situações jurídicas. Assim acontece nos factos declarativos, cuja eficácia – e, portanto, cuja inovação – está precisamente em declarar ou conservar situações preexistentes, sem que a sua identidade e o seu conteúdo sejam alterados e sem que haja, pois, lugar a uma verdadeira constituição" (v. Autor cit., *Conceito e Natureza do Acto Tributário*, Lisboa, 1972, pp. 406 e 407). Hoje importará, todavia, atender ao conceito legal de acto administrativo: "as decisões dos órgãos da Administração que ao abrigo de normas de direito público visem produzir efeitos jurídicos numa situação individual e concreta" (cfr. o art. 120.º do Código do Procedimento Administrativo). Sobre a eficácia constitutiva inerente ao conceito de acto administrativo, v., por todos, DIOGO FREITAS DO AMARAL, *Curso...*, II, cit., pp. 225 e ss. (de resto, este Autor deixou de fazer referência à classificação entre actos declarativos e constitutivos – cfr. *ibidem*, pp. 275 e ss.- contrariamente ao que sucedia nas suas lições policopiadas de *Direito Administrativo*, vol. III, cit., pp. 158 e ss.).

24. O estatuto constitucional dos particulares e as suas consequências para o relacionamento com a Administração

a) A juridicização das posições recíprocas do Estado e dos cidadãos

A intensificação da subordinação à lei da Administração, designadamente a exigência de um fundamento legal específico para cada uma das suas decisões, é apenas um dos aspectos em que se analisa a nova posição constitucional da Administração. A este acresce a integração jurídica plena dos cidadãos particulares na Constituição e no ordenamento do Estado. A situação do Estado perante o cidadão e deste perante aquele é subjectivizada: se, nos termos da Constituição, o Estado se funda na dignidade da pessoa humana e na vontade popular, então é o homem quem está no princípio e no centro do ordenamento jurídico do Estado e este último existe por causa do homem e para o homem[211]. A partir daqui as posições recíprocas do

---

[210] Cfr., por exemplo, SCHENKE, *Verwaltungsprozessrecht*, cit., Rn. 401, p. 129, que refere, a este propósito, a ideia de escalonamento de relações jurídicas (*die Stufung von Rechtsverhältnissen*): a relação antecedente, constituída pela habilitação da autoridade a praticar um dado acto administrativo relativamente a particulares determinados; e a relação jurídica constituída pelo acto administrativo praticado. O mesmo Autor chama a atenção para a circunstância de esta diferença se tornar muito clara nos casos em que a Administração, apesar de não ter o direito de praticar um dado acto administrativo, o pratica ilegalmente (v. *ibidem*). Cfr. também DRIEHAUS e PIETZNER, *Einführung in das Allgemeine Verwaltungsrecht*, 3. Aufl., München, 1996, § 10, Rn. 2 e 3, pp. 83 e 84 (referência à função de clarificação – *Klarstellungsfunktion*) e Rn. 15 e ss., pp. 88 e ss. (o acto administrativo determina ou define a disciplina jurídica – *Regelung* – de uma dada situação); SELB, *Die verwaltungsgerichtliche Feststellungsklage*, Berlin, 1998, pp. 78 e 85 e ss., em especial, p. 87 (o poder de praticar um acto administrativo numa situação concreta corresponde a um direito potestativo – *Gestaltungsrecht* – que, desde que eficaz, vai constituir uma relação jurídica nova ou modificar ou extiguir uma relação jurídica anteriormente existente). V. também o conceito legal de acto administrativo: é uma decisão "que ao abrigo de normas de direito público [visa] produzir efeitos jurídicos numa situação individual e concreta" (cfr. o art. 120.º do Código do Procedimento Administrativo).

[211] Cfr. o art. 1.º da Constituição da República Portuguesa. Como defende GOMES CANOTILHO, "perante as experiências históricas da aniquilação do ser humano [...], a dignidade da pessoa humana como base da República significa, sem transcendências ou metafísicas, o reconhecimento do *homo noumenon*, ou seja, do indivíduo como limite e fundamento do domínio político da República. Neste sentido, a República é uma organização política que serve o homem, não é o homem que serve os aparelhos político-organizatórios" (v. Autor cit., *Direito Constitucional...*, cit., p. 225; itálico no original).

O Estado de Direito Democrático e a nova compreensão...   445

indivíduo e do Estado são necessariamente objecto de normas jurídicas vinculativas de ambos e aquelas posições juridicizam-se: o Estado e o indivíduo apresentam-se um perante o outro como titulares de direitos e deveres recíprocos[212].

---

[212] STOLLEIS refere, a este propósito, a emergência do «Estado de protecção dos direitos» (*Rechtsschutzstaat*), o qual garante uma ampla defesa contra intromissões ilegais dos poderes públicos (cfr. o Autor cit., "Verwaltungsrechtswissenschaft in der Bundesrepublik Deutschland" in DIETER SIMON (Hrsg.), *Rechtswissenschaft in der Bonner Republik – Studien zur Wissenschaftsgeschichte der Jurisprudenz*, Frankfurt a.M., 1994, pp. 227 e ss. [241]). Para o efeito, contribuíram decisivamente, não só o alargamento da reserva de lei (cfr. *supra* a alínea a) do número anterior), como a subjectivização do direito administrativo, desencadeada à luz da aplicabilidade imediata dos direitos fundamentais (cfr. STOLLEIS, *ibidem*, pp. 242 e 243). Sobre a citada subjectivização, v. também OSSENBÜHL, "Die Weiterentwicklung der Verwaltungswissenschaft" cit., p. 1147; e BACHOF, "Über einige Entwicklungstendenzen..." cit., p. 11. Na doutrina portuguesa, v. SÉRVULO CORREIA, *Direito do Contencioso Administrativo*, I, cit., pp. 333 e ss.

É particularmente impressiva a síntese feita por este Autor, relativamente à subjectivização do direito administrativo, em consequência da sua "impregnação [...] por valores materiais e processuais de natureza constitucional ou para-constitucional" (cfr. Autor cit., *ibidem*, p. 344): "de uma fase histórica em que a pessoa, singular ou colectiva privada, era olhada como mera destinatária de uma aplicação imperativa do Direito Administrativo, evoluiu-se, na actualidade, para a assunção pelo sujeito particular da titularidade de relações jurídicas administrativas caracterizadas pela imputação de situações jurídicas subjectivas activas e passivas em face da entidade administrativa. Embora com desfasamento histórico em relação ao Direito Privado, também o Direito Público passou por uma transformação no tocante ao enquadramento das posições individuais. De uma escassa consideração autónoma enquanto mero *status* ou, quando muito, como direitos absolutos sem substrato interactivo, as posições dos particulares vieram a ganhar relevo num novo quadro relacional decorrente do reconhecimento da autonomia da vontade individual e do poder de querer do cidadão, no quadro da lei, em face do poder público. A Ordem Jurídico-pública deixa de ser apenas a vontade comum, objectivada na lei e executada como irradiação da soberania do Estado, para passar a compreender uma base ordenamental em que o Estado se posiciona reciprocamente com particulares portadores de interesses próprios juridicamente relevantes. As relações existenciais entre cidadãos e titulares do poder público, que, por força do Direito, se transmutam em relações jurídicas, são elas, afinal, o verdadeiro princípio e fim de toda a Ordem Jurídica, visto que, também no Direito Público, a vontade humana, ao serviço da dignidade da pessoa, é o ponto de partida do Direito. Foi assim que, de mera ordem vertical descendente, o Direito Administrativo se converteu em regulação de relações existenciais entre pessoas administrativas e outras pessoas. O Direito Administrativo do Estado de Direito Democrático é o direito das relações entre a Administração e outros sujeitos de direito cuja dignidade e autonomia se desmultiplicam em pretensões merecedoras de protecção jurídica perante a Administração [...]" (v. Autor cit., *ibidem*, pp. 333 e 334). E este novo posicionamento recíproco da Administração e dos particulares representa um "factor causal da convergência" de vários sistemas de justiça administrativa, entre eles o francês, o inglês e o alemão (cfr. Autor cit., *ibidem*, p. 333).

Numa decisão que se tornou emblemática – a Decisão sobre Assistência Social (*Fürsorgeentscheidung*) – o *Bundesverwaltungsgericht* retirou as consequências deste novo entendimento da posição do indivíduo na Constituição: "o indivíduo, embora subordinado ao poder, não é súbdito mas cidadão. Por isso, e em regra, ele não pode ser um mero objecto da acção do Estado. Ao invés, ele é reconhecido como uma personalidade autónoma, moralmente responsável e, como tal, titular de direitos e de deveres"; assim, "na medida em que uma lei imponha à entidade assistencial deveres a favor de um necessitado, este tem direitos correspondentes, podendo invocar contra a sua lesão a protecção dos tribunais administrativos"[213]. A este entendimento da posição do cidadão no Estado cor-

---

[213] V. BVerwGE 1, 159 (161 e 162), de 24.06.1954. Na Decisão em apreço, aquele Tribunal proclamou a ideia transcrita no texto como uma das "ideias directrizes" (*Leitidee*) do *Grundgesetz*. No desenvolvimento de tal princípio o mesmo Tribunal afirma: "a dignidade inviolável da pessoa que o poder do Estado deve proteger (Art. 1) proíbe-o de a contemplar como mero objecto da sua acção sempre que esteja em causa a satisfação de «necessidades vitais» (*notwendiger Lebensbedarf*; § 1 dos Princípios do *Reich*), ou seja, a garantia da própria existência daquela pessoa. Tal decorre também do direito fundamental da livre personalidade (Art. 2, i). No Estado de Direito (Art. 20 em conjugação com o Art. 28) as relações entre o cidadão e o Estado são, em princípio, disciplinadas pelo direito; daí que a acção do poder público em relação àquele esteja sujeita ao controlo jurisdicional (Art. 19, iv). Seria inconciliável com a ideia do Estado democrático (Art. 20) que muitos cidadãos, que enquanto eleitores conformam o poder do Estado, relativamente à sua existência se apresentassem perante este último sem direitos próprios. Também a ideia de comunidade (*der Gemeinschaftsgedanke*), que encontrou expressão nos princípios do Estado de Direito social (Arts. 20 e 28) e na vinculação social da propriedade (Art. 14, ii), não se esgota na atribuição de prestações materiais, exigindo que os membros da comunidade sejam reconhecidos como titulares de direitos próprios e iguais (cfr. também o Art. 3) e não que uma parte significativa do povo que integra tal comunidade se apresente, relativamente à sua existência, sem direitos. Finalmente, o direito fundamental à vida e à saúde (Art. 2, ii) também é um corolário daquela ideia fundamental" (v. *idem, ibidem*).

O reparo que se pode fazer – e que foi feito – a esta formulação do *Bundesverwaltungsgericht* respeita à aparente contradição entre a perspectivação do cidadão como sujeito de uma relação jurídica com o Estado e a concepção deste como poder ao qual aquele continua subordinado. Cfr. MARTENS, "Der Bürger als Verwaltungsuntertan?" cit., p. 121; e SCHMIDT-DE CALUWE, *Der Verwaltungsakt...*, cit., pp. 5 e ss. Este último defende precisamente que na dogmática jusadministrativa de hoje ainda subsistem vestígios autoritários originários da raiz monárquica do direito administrativo. A título meramente exemplificativo, o mesmo Autor refere a caracterização do direito público, em geral, e do direito administrativo, em especial, como um direito de supra e infra-ordenação ou a ideia da autoridade administrativa como instância decisória (cfr. *idem, ibidem*, pp. 6 e 7).

O Estado de Direito Democrático e a nova compreensão... 447

responde, nos termos do princípio da proporcionalidade, o dever de privilegiar o diálogo e o consenso em ordem à resolução de eventuais conflitos de interesses entre a Administração e os particulares[214].

Na verdade, o Estado, enquanto Estado de Direito democrático, não pode dispor, sem mais, da posição jurídica dos particulares: onde antes existia uma sujeição do indivíduo face ao Estado em que a posição jurídica do primeiro era definida pelos actos deste último, existe agora um verdadeiro estatuto jurídico que, não só não está na disponibilidade do poder, como ainda integra a possibilidade de o seu titular se defender dos actos jurídicos públicos que o lesem. Com efeito, os direitos fundamentais constituem e garantem um estatuto constitucional originário que forma o núcleo do estatuto de cidadania, o qual, ao lado daqueles direitos, integra as posições jurídicas subjectivas definidas pelas leis no quadro da Constituição[215].

---

[214] Neste sentido, v. a afirmação do *Bundesverfassungsgericht*: "a necessidade de diálogo entre a Administração e os cidadãos corresponde ao entendimento constitucional da posição do cidadão no Estado" (cfr. BVerfGE 45, 297 (335)). No direito português, o princípio da colaboração da Administração com os particulares consagrado no art. 7.º do Código do Procedimento Administrativo e o dever de a Administração tentar adquirir por via do direito privado o bem de que necessita antes de promover a sua expropriação por utilidade pública (cfr. o art. 11.º do Código das Expropriações, aprovado pelo Decreto-Lei n.º 168/99, de 18 de Setembro) constituem afloramentos daquela ideia. De resto, a mesma directriz deverá conduzir a Administração relativamente à utilização do contrato administrativo, nomeadamente sempre que esteja em causa a alternativa entre aquela forma de acordo e o acto administrativo (cfr. o art. 179.º do Código do Procedimento Administrativo).

[215] Cfr. KONRAD HESSE, *Grundzüge des Verfassungsrechts der Bundesrepublik Deutschland*, 20. Auflage, Heidelberg, 1995, Rn. 280, pp. 127 e 128, que se refere, respectivamente, a um "estatuto jurídico-constitucional do indivíduo" (*verfassungsrechtlicher Status des Einzelnen*) e a um "estatuto geral de cidadania" (*allgemeiner staatsbürgerlichen Status*). Sufragando a mesma ideia, v. VASCO PEREIRA DA SILVA, *Em Busca do Acto Administrativo Perdido*, cit., pp. 182 e ss., *maxime* pp 184 e 185.

Em sentido convergente GRÖSCHNER afirma que a vinculação do legislador aos direitos fundamentais é, não apenas a marca distintiva do Estado de Direito consagrada no *Grundgesetz*, como "o pressuposto dogmático mais importante de uma relação jurídica constitucional, visto que o Art. 3 III daquela lei exclui que a posição do legislador em tal relação possa ser compreendida como uma posição jurídico-material do poder público supra-ordenada relativamente aos direitos fundamentais. A posição de um titular de direitos fundamentais relativamente ao poder legislativo não é a da infra-ordenação no sentido das diferentes teorias orgânicas, da sujeição ou da subordinação, mas sim de básica

448 *Estado de Direito Democrático e Administração Paritária*

Tal estatuto afasta a ideia de uma posição do cidadão caracterizada por uma sua subordinação, potencialmente ilimitada, ao Estado-poder e que foi durante muito tempo a base da chamada «relação geral de poder» (*allgemeines Gewaltverhälnis*) e, bem assim, o traço identificador do direito administrativo mais antigo[216]. O mesmo esta-

---

paridade material (*prinzipielle materielle Gleichordnung*)" (v. Autor cit., *Das Überwachungsver-hältnis...*, cit., p. 88).

Advirta-se, porém, que o sentido exacto da mencionada paridade será adiante clarificado em termos de uma igualdade estrutural-formal (cfr. *infra* a alínea b), ponto (iii), deste número). De resto, é esse também o sentido intencionado por GRÖSCHNER: "as posições na relação jurídica constitucional apenas serão basicamente paritárias do ponto de vista material se também as posições do Estado forem compreendidas como direitos – e não como qualquer coisa de superior" (v. *idem, ibidem*, pp. 88 e 89). E mais claramente ainda: "O «poder do Estado», que ainda antes da sua orientação em razão dos direitos do homem [...] e da sua vinculação aos direitos fundamentais [...] está, por força do disposto no Art. 1, parágr. I, 2.ª frase, [do *Grundgesetz*,] obrigado a respeitar e proteger a dignidade da pessoa humana, não é, desse modo, eliminado, mas integrado numa relação jurídica constitucional com os titulares de dignidade da pessoa humana, de direitos do homem e de direitos fundamentais para quem a Lei Fundamental vigora. Que estes direitos, não obstante todo o apreço em que são tidos no âmbito dos Estados constitucionais do Ocidente, não se encontram supra-ordenados relativamente ao poder do Estado deveria ser tão evidente como o facto inverso. Esta evidência decorre muito simplesmente da consideração do conceito de relação jurídica enquanto vínculo entre dois sujeitos disciplinado pelo direito. Quem tomar a sério esta determinação conceptual não pode admitir nem a ideia de um «direito originário do Estado à obediência» (*ein «Urrecht» des Staates auf Gehorsam*) nem «direitos originários próprios do executivo» (*ureigene Regierungsrechte*), mas tem de considerar a igualdade estrutural das posições jurídicas subjectivas nas relações jurídicas (*die strukturelle Gleichartigkeit der Rechtspositionen in Rechtsverhältnissen*). O que importa salientar é o inciso «estrutural». Isto significa que a relação Estado – cidadão, como qualquer outra relação jurídica, na sua estrutura (isto é, na correlação dos seus elementos específicos), enquanto relação «de direito» (*als «Rechts»-Verhältnis*), não pode ser outra coisa senão um vínculo entre diferentes posições jurídicas. Assim como o poder paternal do § 1626 I do BGB não é um direito estruturalmente superior ao direito à autodeterminação religiosa do filho resultante do § 5 RKEG, mas um direito com um outro conteúdo [...]; ocorre o mesmo com as faculdades do poder do Estado relativamente aos direitos dos cidadãos: enquanto «direitos», são por definição estruturalmente iguais" (v. *idem*, "Vom Nutzen des Verwaltungsrechtsverhältnisses" in *Die Verwaltung*, 1997 (301), pp. 323 e 324).

[216] Cfr., por exemplo, SCHMIDT-AßMANN, *Das allgemeine Verwaltungsrecht als Ordnungsidee...*, cit., cap. 1, n.º 23, pp. 13 e 14, e *supra*, na Parte Segunda, as concepções de Otto Mayer (n.º 17) e de Marcello Caetano (n.º 19).

A aludida subordinação foi também utilizada como critério identificador das normas de direito público (teoria da subordinação ou dos poderes de autoridade). Sucede que tal

O Estado de Direito Democrático e a nova compreensão... 449

tuto funda uma posição de paridade da Administração e dos cidadãos que com ela se relacionam: como observa lucidamente Benvenuti, "uma posição paritária do cidadão no confronto com a Administração é aquela que deriva de uma relação em que ao cidadão seja reconhecida uma posição de direito subjectivo"[217].

---

critério só escapa a uma petição de princípio na pressuposição de uma supra-ordenação da autoridade pública. Ou seja: esta, por constituir uma expressão do Estado-poder, pode praticar actos de autoridade. Devido ao seu núcleo pré-democrático e pré-constitucional, tal teoria não é hoje defensável. Com efeito, enquanto membro do povo, o cidadão não está, à partida submetido ao poder; aliás, ele constitui, juntamente com os demais cidadãos, o próprio poder. E constitui-o já vinculado aos direitos fundamentais. Cfr. HUFEN, *Verwaltungsprozeβrecht*, 5. Aufl., München, 2003, § 11, Rn. 18 e 19, pp. 164 e 165.

[217] V. Autor cit., "Per un diritto amministrativo paritario" in *Studi in memoria di Enrico Guicciardi*, Padova, 1975, pp. 807 e ss. (810). Neste estudo BENVENUTI defende, a partir da interpretação do art. 113 da Constituição italiana, "a concepção do direito administrativo como disciplina de relações jurídicas" (v. *ibidem*, p. 807) e a consequente necessidade de uma revisão do sistema de justiça administrativa italiano no sentido de o mesmo se orientar, não tanto em função da "garantia da Administração perante a jurisdição", mas, sobretudo, da "garantia do cidadão perante a Administração sem que para tal garantia subsistam limites ou vínculos decorrentes do princípio da separação dos poderes" (v. Autor cit., *ibidem*, p. 813). Assim, o cidadão tem, "não só direito à tutela jurisdicional, mas tem direito a ela aí onde a mesma seja [...] mais eficaz e mais plena [devendo o legislador] eliminar tudo aquilo que habitualmente impeça o cidadão de defender a sua esfera jurídica" (v. *idem*, *ibidem*, p. 814). No respeitante à realidade italiana, a concepção paritária aponta no sentido de o interesse legítimo "ser não mais do que um direito subjectivo plenamente tutelado, ainda que tutelado perante um juiz diferente do juiz ordinário, dada a dualidade de órgãos jurisdicionais prevista na Constituição" (v. *idem*, *ibidem*, pp. 814 e 815).

Em *Disegno della amministrazione...*, cit., o mesmo Autor, além de reiterar tais ideias, preconiza uma participação procedimental dos particulares verdadeiramente constitutiva em ordem à consecução de uma democracia participativa (cfr. *ibidem*, pp. 44 e ss., em especial, p. 52: o "princípio da liberdade activa" que faz dos cidadãos "verdadeiros co-administradores"). V. também *ibidem*, pp. 228 e ss. (procedimento e processo) e 240 e ss. (a paridade do cidadão no procedimento, enquanto possibilidade de participação na função). Sucede, todavia, que para BENVENUTI a participação procedimental dos particulares os corresponsabiliza no exercício da função administrativa, razão por que os mesmos também ficam sujeitos ao mesmo princípio de imparcialidade que domina o agir da Administração. Com efeito, "o cidadão participante deve agir na mesma direcção do agir da Administração, isto é, em vista de uma ponderação dos interesses em jogo de modo a satisfazer o interesse colectivo final" (v. Autor cit., *ibidem*, pp. 241 e 242).

Pelo exposto, subjacente à aludida paridade parece estar uma perspectiva muito menos autónoma dos direitos dos particulares e da própria sociedade perante o Estado do que aquela que é inculcada pela consagração dos direitos fundamentais no *Grundgesetz* ou

450   *Estado de Direito Democrático e Administração Paritária*

A citada posição jurídica dos particulares perante os poderes públicos é indispensável ao reconhecimento daqueles como sujeitos jurídicos e à consequente autonomia dos mesmos perante os mencionados poderes: os particulares, porque são pessoas dotadas de liberdade quanto à determinação dos fins que prosseguem e que orientam as suas vidas, não podem ser tratados como meros objectos da acção do Estado, seja quando este os agride, seja quando os protege; eles têm de dispor dos meios jurídicos necessários para, por iniciativa própria e com autonomia, se defenderem das agressões ilegais e exigirem a satisfação dos seus interesses nos termos legalmente previstos. Nessa perspectiva, não corresponderia à dignidade da pessoa humana "a atribuição aos direitos fundamentais de uma relevância apenas jurídico-objectiva, de acordo com a qual o cidadão fosse visto somente como um objecto passivo beneficiário de reflexos dos direitos fundamentais"; aquela dignidade exige que o cidadão seja visto também como chamado a defender, ele próprio, os direitos fundamentais que o protegem[218].

Deste modo, a partir de uma série de "decisões constitucionais estruturantes", a ordem jurídica vai definir tanto o estatuto jurídico do Estado como do cidadão, reconhecendo-lhes direitos e deveres recíprocos. Relevam a esse título as seguintes decisões[219]:

– A definição da forma republicana de governo, que afasta a compreensão do poder do Estado, correspondente ao princípio monárquico, como realidade pré-constitucional e, em princípio, não limitada[220];

---

na Constituição da República Portuguesa. Por outro lado, cumpre ter presente que a Administração é «senhora» do procedimento administrativo e, por isso, detém o respectivo poder de direcção. Este representa a consequência procedimental da competência jurídico--material, i.e. do poder jurídico de concretização unilateral dos preceitos jurídico-administrativos. A Administração também não se encontra em pé de igualdade com os demais intervenientes, ainda que, nos casos de formalização, tenha de respeitar os seus direitos. Só que os direitos procedimentais não implicam uma igualdade procedimental. Com efeito, no procedimento administrativo "há sempre a concentração numa só entidade de um interesse a prosseguir e do poder de decisão relativo a essa prossecução concreta" (assim, v. PEDRO MACHETE, *A Audiência dos Interessados...*, cit., p. 79).

[218] V. SCHENKE, *Rechtsschutz bei normativem Unrecht*, Berlin, 1979, pp. 61 e 62.

[219] Cfr. SCHMIDT-DE CALUWE, *Der Verwaltungsakt...*, cit., pp. 278 e 279.

[220] Cfr. os arts. 1.º e 288.º, al. b), ambos da Constituição da República Portuguesa. Cfr. também GOMES CANOTILHO, *Direito Constitucional...*, cit., pp. 228 e 229 (nomeadamente a referência à dimensão anti-monárquica).

O *Estado de Direito Democrático e a nova compreensão...* 451

– A opção pela democracia implica a constituição jurídica do Estado e a necessidade de legitimação jurídica de toda a sua actividade, afastando a existência de poderes públicos originários, ou seja, por "direito próprio" ou por "vontade própria"[221];
– A vinculação dos poderes públicos aos direitos, liberdades e garantias e à ordem constitucional[222] e, em especial, a vinculação da Administração Pública aos princípios do respeito pelos direitos e interesses legalmente protegidos dos particulares e da legalidade[223], determinam a necessidade de uma subordinação jurídica dos poderes públicos e dos cidadãos ao direito, afastando a perspectiva de uma sujeição pré-normativa destes últimos a um poder público soberano;
– O reconhecimento e a garantia de um estatuto constitucional material dos particulares fora da disponibilidade dos poderes constituídos[224], o qual determina que estes sejam perspectivados, já não como súbditos beneficiários da liberdade concedida pelo poder[225], mas como sujeitos capazes de se relacionarem juridicamente com o Estado-Administração;
– O reconhecimento de que o Estado se baseia "na dignidade da pessoa humana e na vontade popular" e, bem assim, "no respeito e garantia de efectivação dos direitos e liberdades fundamentais"[226] significa que o Estado se encontra ao serviço dos cidadãos e não estes ao serviço do Estado, razão por que

---

[221] Cfr. os arts. 2.º, 3.º e 288.º, als. h), i), j) e l), todos da Constituição da República Portuguesa.

[222] Cfr. os arts. 2.º, 17.º, 18.º e 288.º, al. d), todos da Constituição da República Portuguesa.

[223] Cfr. o art. 266.º da Constituição da República Portuguesa.

[224] Cfr. os arts. 18.º, 19.º, 20.º, n.os 1 e 5, 268, n.os 4 e 5, e 288.º, als. d) e m), todos da Constituição da República Portuguesa.

[225] Recorde-se a perspectiva de MARCELLO CAETANO relativamente ao Estado de legalidade: "os direitos individuais são, apenas, os que a lei positiva conceder. [...] O Direito está na lei do Estado. Se a lei negar os direitos individuais, não há nada a fazer senão acatá-la" (v. Autor cit., *Manual de Ciência Política e Direito Constitucional...*, I, cit., p. 323). Cfr. *supra*, na Segunda Parte, o n.º 19, alínea a).

[226] Cfr. os arts. 1.º e 2.º, ambos da Constituição da República Portuguesa.

452 Estado de Direito Democrático e Administração Paritária

o indivíduo não pode mais ser considerado e tratado como um objecto de procedimentos estatais: os poderes públicos não existem por si nem os respectivos fins possuem um valor autónomo; caso a caso é necessário justificar a actuação do poder em prol da comunidade, entendida como um somatório de indivíduos, e não como uma qualquer grandeza de ordem metafísica[227].

O Estado e cada um dos seus cidadãos são, assim, sujeitos de direito com um estatuto constitucional originário que se relacionam entre si com base e no respeito dos respectivos estatutos. À subordinação dos cidadãos ao poder do Estado, sucede a subordinação deste e daqueles ao direito: "o indivíduo não pode ser visto como um súbdito no quadro de uma relação geral de poder, uma vez que é um sujeito de direito com um estatuto constitucional originário. A sua relação com o Estado constitucional e com a Administração subordinada à lei é uma relação jurídica paritária (*ein prinzipiell gleichgeordnetes Rechtsverhältnis*), no sentido de que, com base na Constituição, já só pode existir uma subordinação geral, a saber, a

---

[227] Referindo-se a uma "mudança de paradigma (*Paradigmenwechsel*) constitucional", v., SCHMIDT-DE CALUWE, *Der Verwaltungsakt...*, cit., p. 281. A função do conceito de dignidade da pessoa humana será, sobretudo, a de fornecer um quadro de inteligibilidade de todo o texto constitucional: mais do que uma fonte imediata de direitos ou de deveres, aquele conceito constituirá antes uma espécie de referente filosófico materialmente aberto, mas marcado pelos valores da cultura euro-atlântica (v., nesta linha, SOBOTA, ob. cit., pp. 424 e ss., seguindo de perto Gröschner e Morlok; também afirma a abertura do conceito de dignidade da pessoa humana, no quadro da ideia de uma comunidade constitucional inclusiva, GOMES CANOTILHO, *Direito Constitucional...*, cit., p. 226: "como núcleo essencial da República, [aquele conceito significa] o contrário de «verdades» ou «fixismos» políticos, religiosos ou filosóficos"). É nessa perspectiva que a ideia de "auto-conformação" (*Selbstgestaltung* ou *Selbstformation*) do homem, ou a da "capacidade de este se auto-projectar" (*Entwurfsvermögen*), é correlacionada com a noção de dignidade humana da Renascença, nomeadamente com o conceito de dignidade do homem de Pico della Mirandola (*De dignitate hominis*; v. SOBOTA, *ibidem*, p. 425; v. também GOMES CANOTILHO, *ibidem*, p. 225, que, igualmente seguindo Gröschner, refere, a tal propósito, o "*princípio antrópico* [o qual] acolhe a ideia pré-moderna e moderna da *dignitas hominis* (Pico della Mirandola), ou seja, do indivíduo conformador de si próprio e da sua vida segundo o seu próprio projecto espiritual (*plastes et fictor*)".

O *Estado de Direito Democrático e a nova compreensão...* 453

subordinação ao Direito"[228]. Daí falar-se agora de uma «relação jurídica geral» (*allgemeines Rechtsverhältnis*), em substituição da aludida «relação geral de poder»[229].

---

[228] V. SCHMIDT-DE CALUWE, *Der Verwaltungsakt...*, cit., p. 279. Para o mesmo Autor, trata-se de uma "mudança de perspectiva fundamental que, no quadro de uma Constituição democrática, é consequente. Se um Estado constitucional democrático só é concebível como juridicamente constituído (Böckenförde), então o mesmo encontra-se com todas as suas estruturas, funções e actuações submetido ao direito. [...] e, neste sentido, também a Administração, enquanto subordinada ao direito, se encontra no mesmo plano jurídico do cidadão (*dem Bürger rechtlich gleichgeordnet*). Se para a Administração não pode haver espaços livres do direito, o Art. 19, parágr. IV, do GG materializa e efectiva tal princípio para o cidadão, porquanto afasta, do mesmo modo, a ideia de domínios de autoridade isentos de jurisdição em todos aqueles casos em que as posições jurídicas do indivíduo são afectadas" (v. Autor cit., *ibidem*, p. 27).

No mesmo sentido afirma HENKE: "no Estado de Direito não há «relações de poder»; todas as relações entre o Estado e os cidadãos são relações jurídicas (*Rechtsbeziehungen*; v. Autor cit., "Das subjektive Recht..." cit., p. 624). V. também HILL, "Das hoheitliche Moment im Verwaltungsrecht der Gegenwart" cit., pp. 321 e 322; e BAUER, "Verwaltungsrechtslehre im Umbruch?" cit., p. 318 (na ordem jurídica do *Grundgesetz* cidadão e Estado estão ambos submetidos ao direito; "só se pode falar de uma supra-ordenação do Estado e, nomeadamente da Administração, na medida em que a mesma seja reconhecida pelo direito"). Cfr. ainda ACHTERBERG, *Allgemeines Verwaltungsrecht*, cit., § 20, Rn. 36, pp. 382 e 383 (a «relação geral de poder» hoje é uma relação subordinada ao direito e, como tal, uma relação jurídica).

[229] Cfr. BAUER, *Geschichtliche Grundlagen...*, cit., pp. 167 e ss.; *idem*, "Subjektive öffentliche Rechte des Staates – Zugleich ein Beitrag zur Lehre vom subjektiven öffentlichen Recht" in DVBl. 1986 (208), p. 216 e nota 111; GRÖSCHNER, *Das Überwachungsverhältnis...*, cit., pp. 86 e ss., em especial, pp. 89 e ss.; p. 111; e pp. 141 e 142; *idem*, "Vom Nutzen des Verwaltungsrechtsverhältnisses" cit., p. 325. Já antes, fundamentalmente numa óptica de construção jurídica, cfr. HANS KELSEN, "Zur Lehre vom öffentlichrechtlichen Rechtsgeschäft", cit., (190) p. 211 (a partir do momento em que o Estado no Executivo fique subordinado à ordem jurídica, "na medida em que as suas relações tenham de ser apreciadas segundo tal ordem, a relação de poder entre o Estado e o súbdito dá lugar a uma relação jurídica que submeta o Estado ao lado dos restantes súbditos à ordem jurídica comum"); cfr. *supra*, na Segunda Parte, o n.º 18, alínea b), ponto (i). V. também a alínea seguinte do presente número e ainda KONRAD HESSE, *Grundzüge des Verfassungsrechts...*, cit., Rn. 280, p. 128 ("na ordem constitucional do GG a «relação jurídica geral de poder» perdeu o seu direito à existência"); e SCHMIDT-AßMANN, *Das allgemeine Verwaltungsrecht als Ordnungsidee...*, cit., cap. 1, n.º 22, p. 13 (o *Grundgesetz* disciplina a situação fundamental do homem perante a comunidade estatal como relação jurídica, a qual exprime uma determinada posição relativa dos respectivos sujeitos jurídicos). Para este Autor, porém, tal posição não se reconduz a uma igualdade entre os cidadãos e a Administração (cfr. *ibidem*, n.º 24, p. 14). No sentido de que a «relação geral de poder»,

454   *Estado de Direito Democrático e Administração Paritária*

A nova perspectiva relativamente à posição recíproca do Estado e dos cidadãos, mormente a sua comum subordinação ao direito, do ponto de vista jurídico, tem de ser compreendida no quadro de uma positiva decisão constituinte. Em especial, no que se refere aos direitos fundamentais, se é verdade que os mesmos excluem uma concepção do poder público como uma realidade «naturalmente» superior e, em princípio, «omnipotente», um poder necessariamente soberano, também não impõem um entendimento pré-positivo e pré-estatal da liberdade e da igualdade que a ordem jurídica se limitasse a acolher, ou seja, a aceitação de um estatuto de liberdade e de igualdade «naturais», independentes do Estado e do direito positivo. Está em causa o abandono tanto da "metafísica do Estado", como da "metafísica do indivíduo", na medida em que ambas abstraem das condições históricas concretas, incluindo a dimensão jurídica, em que aquelas duas realidades coexistem.

Com efeito, do ponto de vista da ordem constitucional positiva, não parece poder sustentar-se o apelo a uma ordem de valores supra-positiva que fundamente uma visão única e definida do homem. A isso se opõe não só a pluralidade de concepções jusnaturalistas como o direito de cada um conceber a sua própria mundividência ou cosmovisão. A propósito do Art. 4 IV do *Grundgesetz* (liberdade de concepção da mundividência ou cosmovisão – *Freiheit des weltanschaulichen Bekenntnisses*), Rolf Gröschner salienta que, quer esteja em causa um direito subjectivo de liberdade, quer um dever objectivo de tolerância, "a liberdade, enquanto liberdade constitucionalmente consagrada (*verfaßte Freiheit*), não pode ser «liberdade natural» no sentido de uma determinada teoria jusnaturalista, mas a mesma tem de ser liberdade na pluralidade de liberdades jurídicas (*Freiheit im Plural rechtlicher Freiheiten*)[230]. Esta «liberdade-plural» tornou-se, no quadro da Constituição, uma tarefa permanente, uma vez que a recepção e consequente fixação jurídico-constitucional de qualquer

---

entendida como situação de sujeição (*Subjektionsverhältnis*), foi substituída por uma relação de igualdade (*ein Verhältnis der Gleichordnung*), caracterizada pela igual subordinação da Administração e dos cidadãos ao direito, cfr. SCHNAPP, "Rechtsverhältnisse in der Leistungsverwaltung" in DÖV 1986 (811), p. 813.

[230] V. Autor cit., *Das Überwachungsverhältnis...*, cit., p. 93.

O *Estado de Direito Democrático e a nova compreensão...* 455

liberdade determinada por uma dada mundividência eliminaria a liberdade precisamente no que respeita a tal âmbito.

Em todo o caso, a «grande liberdade» ainda é relevante mediada pelo conceito de «dignidade da pessoa humana». Nesse sentido, aquele Autor acrescenta: "se alguma coisa é indiscutível no conceito jurídico de dignidade da pessoa humana [...], e é constitutivo da posição do homem como sujeito da relação jurídica constitucional, é o direito à autodeterminação em tudo o que releve da sua própria pessoa, ou seja, a liberdade de cada personalidade enquanto ser individual e único, o mesmo é dizer, a liberdade em sentido existencial. Para o signficado jurídico-constitucional desta liberdade existencial, a expressão «por isso» (*darum*) no Art. 1 II, primeira frase, do GG, tem a maior importância. Através da ligação causal entre os dois primeiros parágrafos do Art. 1 torna-se claro que a liberdade da existência é a causa ou o fundamento da concepção e reconhecimento (*Bekenntnis*) de direitos de liberdade inalienáveis, mas não o objectivo ou o fim. O Estado do *Grundgesetz* não está para a liberdade existencial dos seus cidadãos na situação de um «em vista de» («*um...zu...*») teleológico ou final; a sua ordem constitucional não é o meio para a realização de tal liberdade, mas o quadro jurídico em que a mesma se realiza"[231].

A ideia de respeito e garantia de efectivação dos direitos e liberdades fundamentais, consignada no art. 2.º da Constituição da República Portuguesa, em conjugação com o reconhecimento expresso do direito ao desenvolvimento da personalidade e da inviolabilidade da liberdade de consciência[232] – para mais, nos termos do art. 16.º, n.º 2, daquele diploma, interpretado e integrado de harmonia com a Declaração Universal dos Direitos do Homem que, no seu art. 18.º,

---

[231] V. *idem, ibidem*, pp. 93 e 94. É o seguinte o teor do Art. 1 do *Grundgesetz*: "(I) A dignidade da pessoa humana é intocável. Respeitá-la e defendê-la é dever de todo o poder do Estado. (II) Por isso, o Povo Alemão reconhece os direitos invioláveis e inalienáveis da pessoa humana como fundamento de qualquer comunidade humana, da paz e da justiça no mundo. (III) Os direitos fundamentais a seguir enunciados vinculam como direito imediatamente aplicável os poderes legislativo, executivo e jurisdicional".

[232] Cfr., respectivamente, os arts. 26.º, n.º 1, e 41.º, n.º 1, ambos da Constituição da República Portuguesa.

456 *Estado de Direito Democrático e Administração Paritária*

consagra expressamente o direito à liberdade de pensamento, de consciência e de religião – apontam, seguramente, em idêntico sentido.

Com efeito, salienta Gomes Canotilho que "a ideia de que a República respeita e garante a efectivação de *liberdades* [e não de *uma liberdade*] significa, desde logo, que a Constituição não garante uma qualquer liberdade extrajurídica como, por exemplo, a liberdade natural do liberalismo ou a liberdade niilista do anarquismo. Por outras palavras, [...] a República não atribui nenhuma prioridade à liberdade enquanto tal, pois a questão nuclear foi sempre a obtenção de certas liberdades básicas específicas, tal como elas se encontram nas várias cartas de direitos e declarações de direitos do homem"[233].

Na verdade, "o poder do Estado conforme à Constituição, enquanto poder juridicamente constituído, é desde logo determinado e limitado por normas de competência positiva e negativa, só podendo ser exercido legitimamente no âmbito que delas resulta"[234]. Por outro lado, "na realidade da vida humana histórica, a liberdade e igualdade de cada um nunca foram um dado «natural», existindo apenas na medida em que foram actualizadas pela acção humana. Os direitos fundamentais não resultam de modo algum «da natureza», isto é, não são anteriores nem ao direito nem ao Estado; ao invés, só são garantidos desde que integrados na ordem jurídica positiva do Estado. Não sendo juridicamente garantidos, conformados e delimitados pelo Estado e sem protecção jurídica, os direitos fundamentais não poderiam assegurar a cada um estatuto real e concreto de liberdade e igualdade e de desempenhar a sua função na sociedade; e, sem uma articulação com as restantes componentes da ordem constitucional, não se poderiam tornar efectivos: somente integrado na ordem constitucional democrática de um Estado de Direito e enquanto parte essencial da mesma – não enquanto dado «natural» – é que o estatuto individual garantido pelos direitos fundamentais consegue adquirir forma e realidade"[235].

Daí a pertinência da conclusão de Rolf Gröschner: a noção de uma relação jurídica constitucional entre quem é titular da dignidade

---

[233] V. Autor cit., *Direito Constitucional...*, cit., p. 226; itálicos no original.
[234] V. Konrad Hesse, *Grundzüge des Verfassungsrechts...*, cit., Rn. 292, p. 133.
[235] V. *idem, ibidem*, Rn. 282, p. 129.

O *Estado de Direito Democrático e a nova compreensão...* 457

humana, dos direitos do homem e dos direitos fundamentais e o Estado-poder não implica nem uma supra-ordenação daqueles relativamente a este, nem deste relativamente àqueles, porquanto está em causa uma relação disciplinada pelo direito entre sujeitos de direito[236]. Tal determinação conceptual, não só afasta a ideia de um «direito originário do Estado à obediência» (*ein «Urrecht» des Staates auf Gehorsam*) ou de «direitos originários próprios do executivo» (*ureigene Regierungsrechte*), como impõe a admissão de uma "igualdade estrutural das posições jurídicas subjectivas nas relações jurídicas" (*strukturelle Gleichartigkeit der Rechtspositionen in Rechtsverhältnissen*)[237].

b) *O sentido e alcance da paridade jurídica entre a Administração e os particulares*

(i) *O modelo da Administração paritária*

A ideia de uma paridade jurídica cidadão-Estado não deve suscitar equívocos. O que está em causa é a diferença entre a perspectiva autoritária em que o cidadão se encontra sistematicamente numa posição de subordinação à Administração, entendida esta como uma realidade dotada de uma "mais-valia" jurídica – justamente a natureza de poder – que legitima a supremacia das suas decisões, de tal modo que, por princípio, aquelas valem por si mesmas; e uma perspectiva de legalidade democrática em que a Administração, tal como os particulares, apenas pode exercer os poderes jurídicos que normativamente lhe hajam sido concedidos: aquela e estes estão, todos, e em igual medida, subordinados à lei e ao direito[238].

---

[236] Cfr. Autor cit., "Vom Nutzen des Verwaltungsrechtsverhältnisses" cit., pp. 323 e 324. V. também *idem, Das Überwachungsverhältnis...*, cit., pp. 88 e 89.

[237] V. *idem, ibidem*, p. 324. V. *infra*, no ponto (iii) da alínea seguinte, o esclarecimento da aludida "igualdade estrutural"; e *infra*, no número seguinte, a alínea c), pontos (iii) e (iv), sobre a determinação das posições jurídicas subjectivas dos poderes públicos.

[238] Neste sentido, v. SCHNAPP: a igualdade jurídica da Administração e dos cidadãos é consequência da sua comum subordinação ao direito (cfr. Autor cit., "Rechtsverhältnisse in der Leistungsverwaltung" cit., p. 813. Cfr. também *supra* a alínea b) do número anterior, em especial, a noção de que a lei é para a Administração, tal como para os particulares, uma norma de comportamento ou de acção e não, como para os tribunais,

458 *Estado de Direito Democrático e Administração Paritária*

Daqui não se pode, todavia, inferir que no quadro de um Estado de Direito não haja lugar para o exercício de poderes jurídicos e que, portanto, a prossecução do interesse público se reconduza necessariamente a um modelo de actuação consensual; ou que as faculdades jurídico-materiais da Administração e dos cidadãos sejam necessariamente idênticas. Com efeito, a aludida paridade jurídica "não deve ser compreendida no sentido de uma situação de equilíbrio (*ein Balancezustand*), em que forças contrapostas reciprocamente se anulem e as possibilidades de actuação pública estejam paralisadas, mas sim como negação de uma omnipresente supremacia de um dado poder do Estado"[239]. O que está em causa e importa sublinhar é, assim, que o poder público só pode existir legitimamente fundado numa norma legal e, consequentemente, o seu exercício ocorre necessariamente no quadro de uma relação jurídica[240]. A perspectiva da relação jurídica administrativa obriga à consideração simultânea das posições jurídicas da Administração e do particular, conferindo ao exercício dos poderes públicos, desse modo, um recorte dogmático-jurídico diferente daquele que resultava da consideração exclusiva das respectivas formas de acção[241].

---

uma simples norma de juízo. Acresce que, por força do princípio da legalidade da administração, tal como o mesmo é entendido hoje em dia, nomeadamente em razão da exigência de conformidade da administração com a lei (cfr. *supra* o ponto (iv) da alínea a) do número anterior), está fora de causa que o acto administrativo possa ser fonte autónoma de direito do caso concreto, conforme resultava das teses perfilhadas por Otto Mayer (cfr. *supra*, na Segunda Parte, o n.º 18, alínea b), ponto (i)).

[239] Assim, v. SCHNAPP, "Rechtsverhältnisse in der Leistungsverwaltung" cit., p. 813. No mesmo sentido, afirma GRÖSCHNER: "a «paridade» (*«Gleichordnung»*) que neste contexto é exigida pelos dogmáticos da relação jurídica administrativa não é nem anárquica nem fundamentalista. Ela é simplesmente o reconhecimento dos dados constitucionais dos Arts. 1, parágr. III, e 20, parágr. III, do GG em ordem ao direito administrativo próprio de um Estado de Direito no qual todas as relações entre sujeitos de direito são relações jurídicas [...]. O «poder do Estado», que ainda antes da sua orientação em razão dos direitos do homem [...] e da sua vinculação aos direitos fundamentais [...] está, por força do disposto no Art. 1, parágr. I, 2.ª frase, obrigado a respeitar e proteger a dignidade da pessoa humana, não é, desse modo, eliminado, mas integrado numa relação jurídica constitucional com os titulares de dignidade da pessoa humana, de direitos do homem e de direitos fundamentais para quem a Lei Fundamental vigora" (v. Autor cit., "Vom Nutzen des Verwaltungsrechtsverhältnisses" cit., p. 323). V. também *infra* as notas 291 a 296 e o texto correspondente. Quanto à tese de GRÖSCHNER, relativamente ao poder do Estado e à relação jurídica constitucional, v. *infra* a alínea c), ponto (iii), do número seguinte.

O *Estado de Direito Democrático e a nova compreensão...* 459

Na verdade, a possibilidade de actuação unilateral constitutiva por parte da Administração existe e é legítima, desde que corresponda a uma faculdade legalmente prevista; o preenchimento dos pressupostos relativos à previsão de tal norma consubstancia o facto constitutivo da relação jurídica no âmbito da qual a Administração pode ser legitimada a exercer um determinado poder em concreto[242]. A igualdade ou paridade jurídica da Administração e dos particulares é, por conseguinte, estrutural-formal no sentido de se tratar de uma subordinação ao direito do mesmo tipo, tanto no caso daquela, como no caso destes[243].

Para a compreensão de tal posicionamento recíproco, é essencial a subordinação à lei da Administração nas suas relações com os particulares e o reconhecimento de posições constitucionais destes últimos de que aquela não possa dispor – os direitos fundamentais: a Administração (já) não «é» um poder; ela desempenha as suas atribuições legais e, sempre que no âmbito das mesmas tenha de interferir com a actuação de particulares determinados, a Administração exerce os poderes e cumpre as obrigações que constitucional e legalmente lhe competem[244]. Do mesmo modo, os particulares em causa

---

[240] Neste sentido, v. SCHMIDT-DE CALUWE, *Der Verwaltungsakt...*, cit., p. 280. À luz do mesmo sentido, pode afirmar-se, com VASCO PEREIRA DA SILVA, que "o significado da teoria da relação jurídica é o da criação de um «novo equilíbrio» das posições relativas da Administração e dos particulares, colocando-os, numa posição idêntica à partida"; ou que "a adopção da doutrina da relação jurídica implica, portanto, o «acertar do fiel da balança» do relacionamento entre a Administração e o particular, reconhecendo a ambos uma identidade de posições de base, e não a aceitação de uma «relação desequilibrada»" (v. Autor cit., *Em Busca do Acto Administrativo Perdido*, cit., pp. 194 e 196, respectivamente).

[241] Cfr. BAUER, "Verwaltungsrechtslehre im Umbruch?" cit., p. 318.

[242] Recorde-se a já mencionada ideia do escalonamento de relações jurídicas (cfr. *supra* a nota 210). Cfr. igualmente o texto correspondente às notas 209 e 210 e, bem assim, o teor das mesmas.

[243] Cfr. SCHMIDT-DE CALUWE que refere uma "ordenação jurídica paritária formal" (*formale rechtliche Gleichordnung*) ou uma "ordenação jurídica paritária no sentido de igual subordinação ao direito" (*rechtliche Gleichordnung im Sinne der gleichartigen Rechtsunterworfenheit*; v. Autor cit., *Der Verwaltungsakt...*, cit., p. 280).

[244] A Administração (*rectius*: as entidades que exercem a função administrativa), porque está adstrita à prossecução dos fins jurídico-públicos que estiveram na origem da sua criação – as atribuições –, não circunscreve a sua actuação ao âmbito de relações jurídicas determinadas. O carro-patrulha da polícia que circula pelas ruas de uma cidade

460 Estado de Direito Democrático e Administração Paritária

relacionam-se com a Administração na base do seu estatuto jurídico-
-constitucional próprio – os direitos fundamentais e demais posições
jurídicas subjectivas conferidas por lei. Importa, assim, distinguir
entre os direitos subjectivos públicos dos cidadãos e os direitos subjectivos públicos da Administração[245].

Em todo o caso, a existência de uma daquelas posições jurídicas
subjectivas, seja do cidadão ou da Administração, é, por si só, suficiente para afirmar a existência de uma relação jurídica administrativa:
"todo o direito representa, desde logo, uma relação jurídica ou, numa
outra formulação, o direito subjectivo não é mais do que uma forma
da relação jurídica vista da posição (*Warte*) do titular do direito"[246].

---

em missão de vigilância limita-se a concretizar uma tarefa especificamente administrativa
sem constituir nenhuma relação jurídica concreta; a partir do momento em que os seus
ocupantes decidem abordar um transeunte para efeitos de identificação, é constituída, por
força da lei, uma relação jurídica entre a Administração e a pessoa a identificar (v. o
exemplo em GRÖSCHNER, "Vom Nutzen des Verwaltungsrechtsverhältnisses" cit.,
p. 326).

Sobre a assimetria entre deveres objectivos da Administração e direitos subjectivos
públicos dos particulares, v. *infra* a nota 324 e o texto correspondente e, bem assim, o
texto correspondente à nota 413 e o ponto (iv) da alínea c) do número seguinte.

[245] Cfr. *infra*, no número seguinte, respectivamente, as alíneas b) e c).

[246] V. SCHENKE, *Rechtsschutz...*, cit., p. 216; v. a reafirmação da mesma ideia,
idem, Verwaltungsprozessrecht, cit., Rn. 380, p. 124, . O direito em causa no texto
significa o poder jurídico conferido por uma norma a alguém em ordem a prosseguir
interesses próprios tutelados pela mesma norma. Tal implica uma vinculação de outro ou
de outros àquela pessoa em termos de dever ou de sujeição (cfr. *infra* a nota 317 e o texto
correspondente). Nesse sentido, SCHENKE prossegue: "através de um dever jurídico, a
que não corresponda um direito, não é constituída qualquer relação jurídica, nem mesmo
no respeitante àquele a quem o cumprimento do dever venha a beneficiar reflexamente"
(v. Autor cit., *Rechtsschutz...*, cit., p. 217). Contudo, como o mesmo Autor também
reconhece, admitindo-se direitos subjectivos públicos do Estado, sucederá frequentemente
que aos deveres dos cidadãos correspondam direitos daquele e que, portanto, a tais deveres também correspondam relações jurídicas (cfr. Autor cit., *Verwaltungsprozessrecht*,
cit., p. 124, nota 5). Sobre o conceito de relação jurídica, v. também, no mesmo sentido,
SELB, *Die verwaltungsgerichtliche Feststellungsklage*, cit., pp. 20 e ss. (o conceito de
relação jurídica), em especial, pp. 22 e 23 e 43 e 44; e pp. 54 e ss. (o direito subjectivo
como relação jurídica). Como este Autor refere, entre as duas expressões – direito subjectivo e relação jurídica – "existe apenas a diferença linguística de que o conceito de direito
subjectivo significa, em primeira linha, a posição do seu titular, enquanto a relação jurídica
designa simultaneamente o lado do vinculado" (v. Autor cit., *ibidem*, p. 22).

Conforme resulta da continuação do texto, este conceito de relação jurídica, em si
mesmo de direito material, é assumidamente recortado em função da sua consagração no

O *Estado de Direito Democrático e a nova compreensão...*   461

direito positivo, nomeadamente a propósito das normas que disciplinam a garantia dos direitos subjectivos (na Alemanha o mesmo é subsumível à relação jurídica objecto da acção de simples apreciação ou de reconhecimento [*Feststellungsklage*]). As razões de tal escolha são, ao lado da mencionada recepção no direito positivo, a analogia com o conceito jusprivatístico de relação jurídica, permitindo, desse modo, seguir a dogmática tradicional neste domínio e beneficiar dos seus contributos, e a suficiência do mesmo conceito para evidenciar a existência de uma paridade entre a Administração e os cidadãos no âmbito do direito administrativo.

Prescindindo, também por isso, de outros desenvolvimentos sobre a teoria da relação jurídica e a sua conexão com a teoria do direito subjectivo – tanto mais que tal matéria já foi objecto de análise aprofundada na dissertação de doutoramento de VASCO PEREIRA DA SILVA, *Em Busca do Acto Administrativo Perdido*, cit., pp. 149 e ss. ("A relação jurídica administrativa como novo «centro» do Direito Administrativo", em especial, no que se refere ao "entendimento amplo" da figura adiante mencionada, pp. 164 e ss.) e pp. 212 e ss. ("Direitos subjectivos públicos e relação jurídica administrativa", em especial, no tocante à conexão com a teoria da relação jurídica que defende uma «relação jurídica geral», pp. 244 e ss., e ao desenvolvimento das relações jurídicas administrativas plurilaterais, pp. 273 e ss.) –, importa, em todo o caso, e dado o citado recorte da figura aqui assumido, mencionar que grande número de Autores alemães, perfilhando embora o conceito de uma "relação jurídica geral" (o citado "entendimento amplo"), opera, para efeitos processuais, nomeadamente da mencionada acção de reconhecimento, com um conceito de relação jurídica mais restrito – a "relação jurídica especial" –, porquanto exige a sua concretização através de um contacto entre a Administração e o particular.

Para os Autores em causa, "a ordem jurídica vincula todos os que se lhe encontram submetidos e atribui a cada um determinados direitos, a começar com os direitos fundamentais da Constituição. Consequentemente, cada pessoa encontra-se numa «relação jurídica geral» com o Estado (*das allgemeine Rechtsverhältnis*). Todavia esta ainda não é uma relação jurídica do cidadão com a Administração e, sobretudo, é geral num grau tão elevado que não é reconhecida como relação jurídica no sentido do direito processual (§ 43 VwGO): por exemplo, não pode ser pedido o reconhecimento judicial de um direito fundamental de manifestação livre (ou de um qualquer outro direito do catálogo do Art. 1 até 19 do GG) – ou antes: uma tal acção só é admissível, quando as ligações jurídicas (*rechtliche Beziehungen*) entre o Estado e o cidadão se tiverem intensificado (*verdichtet*), concretizado, ou seja, quando, por exemplo, uma autoridade, a quem um cidadão tenha comunicado uma manifestação, conteste o direito deste emitir uma dada opinião. Enquanto não existir um «contacto» entre o Estado e o cidadão, as relações entre estes dois sujeitos de direito permanecem ocultas (em latim: latentes), elas «repousam». É justamente nesta *latência* da relação jurídica geral que se revela o carácter próprio de um Estado de Direito da comunidade: o Estado só interpela concretamente o cidadão, quando existe uma razão especial para o fazer; o cidadão só necessita de invocar os seus direitos legais e constitucionais perante o Estado, a partir do momento em que se tenha estabelecido entre ambos um contacto mais estreito. Somente então se constitui uma relação jurídica administrativa" (assim, BULL, *Allgemeines Verwaltungsrecht*, 6. Aufl., Heidelberg, 2000, Rn. 711, pp. 304 e 305; itálico no original). E o mesmo Autor, citando Häberle, reforça: as relações administrativas comuns – por contraposição às relações administrativas mais intensas e

462   *Estado de Direito Democrático e Administração Paritária*

que sucederam às antigas relações especiais de poder – também são «algo de especial», relativamente à relação geral Estado-cidadão; não há relações administrativas gerais Estado-cidadão (v. *ibidem*, Rn, p. 305). Cfr., no mesmo sentido, BAUER, "Subjektive öffentliche Rechte des Staates" cit., p. 216; HENKE, "Das subjektive Recht..." cit., p. 624; e, numa perspectiva teórica autónoma – salienta tal aspecto VASCO PEREIRA DA SILVA, *ibidem*, pp. 167 e ss. – ACHTERBERG, "Die rechtsverhältnistheoretische Deutung absoluter Rechte" in *Recht und Rechtsbesinnung – Gedächtnisschrift für Günther Küchenhoff (1907-1983)*, Berlin, 1987, pp. 13 e ss. (pp. 21 e 22). Este último, todavia, salienta a diferença entre a relação geral Estado-cidadão – que é uma relação entre organização e membro da organização [*Organisation-Organisationsmitglied-Verhältnis*] – e a relação latente no âmbito dos direitos absolutos, a qual corresponde a uma relação entre membros da organização [*Organisationsmitglied-Organisationsmitglied-Verhältnis*]).

A aludida divergência, no que se refere ao conceito de "relação administrativa especial", tem consequências sobretudo no tocante ao direito processual sendo, do ponto de vista prático, pouco relevante. Em primeiro lugar, a alegação de um direito subjectivo público implica, desde logo, a afirmação de uma situação de facto que concretize a previsão da norma atributiva de tal direito, o que, só por si, afasta como objecto da acção de simples apreciação questões abstractas não suficentemente concretizadas do ponto de vista da situação de facto. E, em segundo lugar, o pressuposto processual relativo ao interesse processual assegura a utilidade prática da pronúncia do tribunal, prevenindo que este se pronuncie sem necessidade ou se debruce sobre questões jurídicas meramente abstractas ou sobre questões jurídicas concretas que sejam meramente prévias de outras questões jurídicas. Deste modo, "o reconhecimento de um direito subjectivo público nos termos do § 43 VwGO só pode estar em causa no caso de o mesmo direito subjectivo público ser concretamente ameaçado ou mesmo violado. Nesse caso, porém, também a concepção que advoga um entendimento mais restrito do conceito de relação jurídica, nomeadamente nos termos e para os efeitos do disposto no § 43 VwGO [a citada "relação administrativa especial"], aceita que a mesma existe, pelo que, na prática, ambos os entendimentos conduzem ao mesmo resultado" (v. SCHENKE, *Rechtsschutz...*, cit., pp. 222 e 223). Cfr. também SELB, *Die verwaltungsgerichtliche Feststellungsklage*, cit., pp. 59 e ss., *maxime* p. 61 (a diferença respeita apenas ao ponto de vista dogmático); KOPP e SCHENKE, *Verwaltungsgerichtsordnung – Kommentar*, 13. Aufl., München, 2003, § 43, Rn. 17, pp. 428 e 429, e Rn. 23 e ss., pp. 432 e ss.; e SCHENKE, *Verwaltungsprozessrecht*, cit., Rn. 382, pp. 124 e 125.

Do ponto de vista teórico, como refere VASCO PEREIRA DA SILVA, a principal questão em causa respeita ao "modo de conceber o momento de criação da relação jurídica (e que se prende também com a configuração a dar aos direitos absolutos)" (v. Autor cit., *Em Busca do Acto Administrativo Perdido*, cit., p. 172; *ibidem*, pp. 174 e 176 e ss., este Autor toma partido contra a citada «relação jurídica geral»: "relações jurídicas administrativas [encontram-se] previstas na lei, mas a sua concretização depende de um facto jurídico criador"). Na verdade, é a propósito da configuração dos direitos absolutos que se suscitam as questões mais delicadas: tais direitos não implicam relações especiais ou concretas com pessoas determinadas, mas exigem um facto constitutivo. Importa, na verdade, não esquecer a distinção entre previsão legal de um direito subjectivo, a titularidade do mesmo e o seu exercício: a relação "abstracta" ou normativa correspondente à estatui-

O Estado de Direito Democrático e a nova compreensão... 463

Tal relação consubstancia, assim, o vínculo resultante da atribuição recíproca de um direito e de uma vinculação[247-248].

ção não é uma ligação entre sujeitos jurídicos, mas apenas o conteúdo de uma norma; para se constituir um direito subjectivo, é necessário e suficiente que uma situação de facto (já existente ou criada na sequência de acção material ou acto jurídico) concretize a previsão normativa do mesmo; e o seu exercício corresponde à actuação do poder em que o direito se traduz. Nos direitos absolutos, como é o caso dos direitos de liberdade, a respectiva titularidade pressupõe uma situação de facto correspondente à previsão da norma atributiva; mas a actuação de tal liberdade, não implica uma relação especial com terceiros determinados. Sobre tal problema, cfr., em especial, *infra* o n.º 25, alínea b), os pontos (ii), nomeadamente o texto referente às notas 328 e ss., (iii) e (iv), em especial, as notas 401, 402 e 403 e o texto correspondente). A tal propósito, é também pertinente referir a construção de GRÖSCHNER, *Das Überwachungsverhältnis...*, cit., pp. 86 e ss. e 141 e ss.; e "Vom Nutzen des Verwaltungsrechtsverhältnisses" cit., pp. 323 e ss.

Este Autor defende que a "relação jurídica administrativa (*Verwaltungsrechtsverhältnis*) é uma ligação (*Beziehung*) entre dois sujeitos de direito regulada pelo direito administrativo" (v. Autor cit., "Vom Nutzen des Verwaltungsrechtsverhältnisses" cit., p. 319). Segundo ele, são dispensáveis outras características, nomeadamente a referência a uma situação concreta, uma vez que tal disciplina, de acordo com a definição do que é o direito – "a disciplina de relações sociais como relações jurídicas (*Regelung von Lebensverhältnissen in Rechtsverhältnissen*) –, se refere à apreciação jurídica (*rechtliche Beurteilung*) de uma situação de conflito, a qual apenas surge quando um sujeito de direito se arroga um direito (*eine Rechtsposition*) que, na perspectiva de outro sujeito, não lhe corresponde (cfr. *idem, ibidem*, p. 320). Uma vez que os direitos nas relações jurídicas administrativas só existem na titularidade das autoridades públicas ou dos cidadãos, tal conflito, e com ele a constituição do caso carecido de disciplina jurídica, somente surge na sequência de actividades iniciadas por aquelas ou por estes. O mesmo Autor considera, além disso, e ao lado de relações jurídicas especiais, a existência de relações jurídicas gerais, as quais se caracterizam por direitos, seja dos poderes públicos, seja dos particulares, que são gerais no sentido de a relação com os titulares dos correspondentes deveres ainda não ser determinada (cfr. Autor cit., *Das Überwachungsverhältnis...*, cit., pp. 89 e 90, 111 e 141 e 142). Exemplos de tais relações gerais são, segundo o mesmo Autor, a relação jurídica constitucional (*Verfassungsrechtsverhältnis*) e a relação jurídica administrativa geral, no âmbito da qual a Administração desempenha as suas tarefas perante a comunidade. De qualquer modo, GRÖSCHNER não se afasta da aludida conclusão quanto ao objecto possível da acção de simples apreciação: ele afirma expressamente que tais relações gerais, sendo embora relações jurídicas, não são susceptíveis de apreciação nos termos do § 43 da VwGO (cfr. Autor cit., "Vom Nutzen des Verwaltungsrechtsverhältnisses" cit., p. 325). Sobre a sua posição, cfr. *infra* o n.º 25, alínea c), ponto (iii).

[247] Sobre a relação jurídica, como categoria, e a sua importância na dogmática jusadministrativa, v., na doutrina portuguesa, SÉRVULO CORREIA, "As Relações Jurídicas de Prestação de Cuidados pelas Unidades de Saúde do Serviço Nacional de Saúde" in *Direito e Bioética*, Lisboa, 1996, pp. 13 e ss. (p. 16: "o seu emprego como instrumento de carácter formal da dogmática jurídico-administrativa serve simultaneamente de veículo de

464   Estado de Direito Democrático e Administração Paritária

um valor jurídico material de primeiro plano: o do respeito pelos destinatários da actividade administrativa como portadores de direitos e interesses legalmente protegidos em face da Administração, isto é como pessoas, que não poderão ser olhadas como mero objecto de actos de poder"; p. 18: a relação jurídica administrativa é "um sistema complexo de situações jurídicas activas e passivas, interligadas em termos de reciprocidade, regidas pelo Direito Administrativo e tituladas pela Administração e por particulares ou apenas por diversos polos finais de imputação pertencentes à própria Administração"); VASCO PEREIRA DA SILVA, *Em Busca do Acto Administrativo Perdido*, cit., pp. 149 e ss., o qual salienta as suas vantagens, quer do ponto de vista filosófico-jurídico (v. *ibidem*, p. 186: "a adopção da relação jurídica corresponde ao modo mais correcto de conceber o relacionamento entre a Administração e os particulares num Estado de Direito. Na verdade, de acordo com esta perspectiva, o privado encontra-se perante a Administração, não como um objecto do poder administrativo – um simples «administrado» –, mas como um autónomo sujeito jurídico, que ocupa no mundo do direito uma posição igual à da Administração"), quer do ponto de vista técnico-jurídico (v. *ibidem*, pp. 188 e ss. e, em especial, a síntese da p. 203: "a teoria da relação jurídica administrativa não constitui nenhuma «receita milagrosa», nem a sua adopção significa que se possa passar sem o contributo de outros institutos relevantes, quer eles sejam considerados de forma autónoma, onde não faça sentido recorrer a esquemas relacionais (como acontece, por exemplo, com o poder regulamentar, as vinculações objectivas da Administração, ou os conceitos do direito da organização administrativa), quer eles devam ser integrados na relação jurídica e, dessa forma, considerados no quadro dessa figura mais ampla (como acontece, por exemplo, com o acto administrativo ou com os direitos subjectivos). A doutrina da relação jurídica constitui, no entanto, um método adequado para a compreensão das ligações entre os particulares e a Administração, assim como das autoridades administrativas entre si, quer elas sejam estabelecidas através de meios unilaterais ou contratuais, quer se desenrolem no procedimento administrativo ou posteriormente a qualquer actuação ou omissão administrativa, quer ainda elas envolvam apenas dois ou vários sujeitos administrativos. Ela é, por isso, o instituto dogmático decisivo do Direito Administrativo do Estado pós-social"); e VITALINO CANAS, "Relação Jurídico-Pública" in *Dicionário Jurídico da Administração Pública*, VII; Lisboa, 1996, pp. 207 e ss. ("relação disciplinada pelo direito público mediante a atribuição a uma entidade de uma ou várias posições jurídicas subjectivas e atribuição a outra ou a outras entidades de uma ou mais posições jurídicas subjectivas contrapostas, em regra providas de garantia"; espécies: relações jurídico-constitucionais [p. 224] e relações jurídico-administrativas [p. 225]).

Cfr. ainda, por se considerarem aplicáveis os respectivos conceitos de relação jurídica às situações em que um particular é titular de um direito subjectivo público, CASTRO MENDES, *Direito Civil – Teoria Geral*, I, policop., Lisboa, 1978, pp. 133 e ss., *maxime* p. 138 (num sentido amplo: toda a relação social regulada pelo direito; num sentido mais restrito e técnico: "um nexo de correspondência recíproca entre direitos e vinculações, encabeçados em pessoas diferentes"); Mota Pinto, *Teoria Geral do Direito Civil*, 3.ª ed. (9.ª reimpressão), Coimbra, 1985 (1994), p. 167; e CARVALHO FERNANDES, *Teoria Geral do Direito Civil*, I, 3.ª ed., Lisboa, 2001, pp. 99 e ss.

[248] Nada impede que uma relação jurídica integre mais do que um direito e o correspondente dever: um direito subjectivo é apenas a condição mínima indispensável à existência de uma relação jurídica; inversamente, porém, esta não tem de se esgotar num

O *Estado de Direito Democrático e a nova compreensão...* 465

Nesse sentido, o legislador ordinário português, na sequência do disposto na Constituição, delimita a jurisdição administrativa e fiscal em função do conceito de relação jurídica administrativa e fiscal, correspondendo os "direitos fundamentais [e os] direitos ou interesses legalmente protegidos dos particulares directamente fundados em normas de direito administrativo ou fiscal ou decorrentes de actos jurídicos praticados ao abrigo de disposições de direito administrativo ou fiscal" a uma das suas principais concretizações[249]. Na mesma linha, o Código de Processo nos Tribunais Administrativos prevê, num quadro de admissibilidade de cumulação de pedidos muito amplo[250], como objecto da acção administrativa comum, o

---

único direito subjectivo, podendo integrar muitos mais. Com efeito, ao lado da relação jurídica simples (aquela que tem por objecto um direito e uma vinculação) a que se refere o texto, cumpre considerar a chamada relação jurídica complexa (um conjunto de relações estabelecidas entre as mesmas pessoas, unificadas por um factor especial, *maxime* o derivarem do mesmo facto jurídico). Exemplo desta última: a relação jurídica de emprego público é uma relação jurídica complexa cujo conteúdo "é integrado por um conjunto de direitos e deveres assumidos pelo sujeito passivo dessa relação e pela administração por efeito de certo facto jurídico: em regra, a nomeação ou contrato de pessoal, nos termos do art 3.º do Decreto-Lei n.º 427/89, de 7 de Dezembro" (cfr. o Acórdão do Tribunal Central Administrativo de 5.11.1998 (Rec n.º 1240/98)). Sobre a distinção e a relevância daqueles dois tipos de relações jurídicas, v. SCHENKE, *Rechtsschutz...*, cit., p. 218; SELB, *Die verwaltungsgerichtliche Feststellungsklage*, cit., pp. 22 e 57 e 58; e Larenz, *Allgemeiner Teil des deutschen Bürgerlichen Rechts*, 7. Aufl., München, 1989, pp. 199 e 200 (dado que os elementos das relações complexas – os direitos e os correlativos deveres – têm a mesma estrutura daquelas, nada obsta a considerá-los também como relações jurídicas; contudo, é necessário distinguir a relação complexa das relações simples que a integram). E, na doutrina portuguesa, v., por exemplo, CASTRO MENDES, *Direito Civil – Teoria Geral*, I, cit., pp. 156 e ss., *maxime* p. 158; SÉRVULO CORREIA, "As Relações Jurídicas...", cit, p. 18 ("a relação jurídica administrativa pode compor-se de um só direito e da obrigação correspondente. Todavia, em geral, o acto que surge na base de uma de tais relações engendra desde logo diversos direitos e obrigações"); e VITALINO CANAS, "Relação Jurídico-Pública", cit., pp. 226 e ss. (a partir de uma diferente perspectiva daquela que aqui é assumida no tocante à categorização das posições jurídicas subjectivas – a "versão hohfeldiana" –, este Autor considera os direitos fundamentais como relações jurídicas e, na maioria dos casos, relações complexas: "a várias posições jurídicas activas contrapõem-se várias posições jurídicas passivas").

[249] Cfr. o art. 4.º, n.º 1, alínea a), do Estatuto dos Tribunais Administrativos e Fiscais, aprovado pela Lei n.º 13/2002, de 19 de Fevereiro. No que se refere à delimitação da jurisdição administrativa e fiscal em função do conceito de relação jurídica administrativa e fiscal, cfr. os arts. 212.º, n.º 3, e 1.º, respectivamente, da Constituição e daquele Estatuto.

[250] Cfr. o art. 4.º do Código de Processo nos Tribunais Administrativos. No art. 5.º, n.º 1, do mesmo diploma estabelece-se que, no caso de "aos pedidos cumulados

466   *Estado de Direito Democrático e Administração Paritária*

"reconhecimento de situações jurídicas subjectivas directamente decorrentes de normas jurídico-administrativas ou de actos jurídicos praticados ao abrigo de disposições de direito administrativo", autonomizando-o expressamente do interesse processual[251]; e, como objecto da acção administrativa especial, quer "a anulação ou a declaração de nulidade ou inexistência" de um acto administrativo, a pedido de quem se considere "lesado pelo acto nos seus direitos ou interesses legalmente protegidos"[252], quer a "condenação da entidade competente à prática, dentro de determinado prazo, de um acto administrativo ilegalmente omitido ou recusado", a pedido de "quem alegue ser titular de um direito ou interesse legalmente protegido, dirigido à emissão desse acto"[253].

Finalmente, cumpre salientar que a paridade em causa se estabelece e é relevante no plano do direito substantivo; a igualdade no plano processual, nomeadamente num processo administrativo de partes, não é nem condição necessária nem suficiente de tal paridade, visto que, não só a mesma é inerente ao processo, enquanto forma da função jurisdicional, como a garantia da imparcialidade do juiz, num processo daquele tipo, pressupõe que a capacidade de cada uma das partes influenciar a decisão final seja idêntica. Nesse sentido, a lei consagra expressamente a igualdade das partes: "o tribunal assegura um estatuto de igualdade efectiva das partes no processo, tanto no que se refere ao exercício de faculdades e ao uso de meios de defesa, como no plano da aplicação de cominações ou de sanções processuais, designadamente por litigância de má fé"[254]. De resto, "a subordinação [jurídico-material] não exclui a faculdade de o subordinado chamar à responsabilidade aquele que se encontra

---

corresponderem diferentes formas de processo, [se deve adoptar] a forma da acção administrativa especial, com as adaptações que se revelem necessárias".

[251] Cfr., respectivamente, os arts. 37.º, n.º 2, alínea a), e 39.º, ambos do citado Código, aprovado pela Lei n.º 15/2002, de 22 de Fevereiro. Sobre a importância do interesse processual, cfr. *supra* a nota 246.

[252] Cfr. os arts. 50.º, n.º 1, e 55.º, n.º 1, alínea a), ambos do Código de Processo nos Tribunais Administrativos.

[253] Cfr. os arts. 66.º, n.º 1, e 68.º, n.º 1, alínea a), ambos do Código de Processo nos Tribunais Administrativos.

[254] Cfr. o art. 6.º do Código de Processo nos Tribunais Administrativos.

O Estado de Direito Democrático e a nova compreensão... 467

supra-ordenado, pelo que o processo administrativo seria compatível com uma eventual supra-ordenação do Estado (enquanto sujeito de direito)"[255].

(*ii*) *As críticas ao modelo da Administração paritária: os seus alegados excessos e insuficiências*

A substituição da anterior subordinação jurídica dos cidadãos à Administração, característica do Estado de Direito formal, pela ideia de uma paridade jurídica, nos termos expostos, é criticada, tanto por ser considerada excessiva, como insuficiente.

No primeiro sentido, e a título exemplificativo, Eberhard Schmidt-Aßmann considera a mencionada tese da paridade demasiado indiferenciada no plano jurídico-constitucional e inadequada para o efeito de funcionar como modelo explicativo geral de um direito administrativo moderno. Com efeito, a mesma tese não explicaria, nem a necessidade de uma especial legitimação da acção do Estado, nem a pretensão de validade (*Geltungsanspruch*) das suas decisões legítimas[256]. O *Grundgesetz*, ao invés, determinaria "a relação cidadão--Estado *assimetricamente* a partir da distinção entre a liberdade do cidadão e a competência do Estado: o cidadão age no âmbito de uma *liberdade* constituída juridicamente (*in rechtlich verfaßter*

---

[255] Nestes termos, v. SCHMIDT-SALZER, "Tatsächlich ausgehandelter Verwaltungsakt, zweiseitiger Verwaltungsakt und veraltungsrechtlicher Vertrag" in *Verwaltungs-Archiv* 1971, pp. 135 e ss. (147). Este Autor refere como exemplos de situações em que os particulares, apesar de no plano material se encontrarem numa posição de subordinação, se encontram processualmente numa posição de paridade, o procedimento de controlo de normas (*Normenkontrollverfahren*) e a acção de inconstitucionalidade (*Verfassungsbeschwerde*). No mesmo sentido, e criticando a posição de Henke, de acordo com a qual, a supra-ordenação do Estado só cessa durante a pendência do processo, v. MARTENS, "Der Bürger als Verwaltungsuntertan?" cit., p. 129. Quanto a HENKE, este reconhece à Administração um "direito de declaração" (*Feststellungsrecht*) que se concretiza na prática de actos administrativos, os quais, à semelhança das sentenças judiciais, declaram o direito numa dada situação; uma vez impugnado o acto administrativo, porém, o juiz vai apreciar a relação jurídica material, tal como a mesma resulta do direito objectivo aplicável e, portanto, abstraindo do acto que se destinou a defini-la juridicamente (cfr. Autor cit. "Das subjektive Recht..." cit., p. 628).

[256] Cfr. SCHMIDT-AßMANN, *Das allgemeine Verwaltungsrecht als Ordnungsidee...*, cit., cap. 1, n.º 26, p. 15.

«*Freiheit*»); os órgãos do Estado agem no âmbito de *competências* conferidas juridicamente (*in rechtlich verliehener «Kompetenz»*). [E] esta diferença [seria] constitutiva para o sistema do direito administrativo"[257].

A aludida indiferenciação resultaria, segundo aquele Autor, da circunstância de os Arts. 1 e 20 do *Grundgesetz* suporem a primazia do cidadão *face* ao Estado e não a paridade *com* o Estado (*Vorrang des Individuums «vor», nicht Gleichordnung «mit» dem Staat*): o indivíduo, enquanto pessoa, representa um valor único e, embora a sua referência comunitária determine necessidades de regulamentação a que o Estado é chamado a reagir, estas reacções têm de se legitimar a partir daquelas necessidades e encontram nas mesmas a sua medida[258].

No plano dos poderes constituídos verificar-se-ia, ainda segundo Schmidt-Aßmann, uma inadequação do modelo paritário, atentas as necessidades de acção dos poderes públicos: "o Estado de Direito democrático é, justamente na sua constituição jurídica, *Estado* e, como tal, os seus órgãos estão legitimados a fundar unilateralmente vinculações. Aqui não há lugar apenas à cooperação e à celebração de acordos. O Estado tem um dever de garantia (*Gewährleistungspflicht*), relativamente ao direito e aos direitos dos seus membros, o qual não pode ser cumprido permanentemente num quadro de pari-

---

[257] V. *idem, ibidem*; itálicos no original). Cfr. já antes, do mesmo Autor, "Die Lehre von den Rechtsformen..." cit., pp. 538 e 539.

[258] Cfr. *idem, ibidem*, n.º 24, p. 14. É o que o mesmo Autor designa de «modelo escalonado da legitimação e exercício do poder público» (*Stufenmodell der Legitimation und Ausübung staatlicher Herrschaft*): "nos seus termos, o cidadão é, em primeiro lugar, e como parte do povo, titular (*Träger*) do poder do Estado; e o Executivo é um dos respectivos órgãos. [... No segundo escalão] o exercício do poder público, tal como previsto no Art. 20, parágrs. II e II, do GG, nem no plano da legislação nem nos planos do executivo e da justiça se dilui em modelos de consenso ou discursivos. A democracia do Estado de Direito, diferentemente, legitima o poder numa *ordem* estruturada *de competências* (*gegliederte Kompetenzordnung*). O respectivo desenvolvimento para o dia-a-dia da Administração constitui uma tarefa essencial da dogmática jusadministrativa. Quem quiser ler em tal ordenação um dever de alcançar sempre um consenso entre Administração e cidadão, enquanto partes situadas num mesmo nível (*gleichgeordnete Partner*), curto-circuita de forma indevida a teoria do Estado e o direito administrativo evitando o *direito constitucional*" (v. Autor cit., "Die Lehre von den Rechtsformen..." cit., p. 539; itálicos no original).

O *Estado de Direito Democrático e a nova compreensão...* 469

dade e de consenso. Esta tarefa de garantia [...] é, numa parte significativa, confiada ao Executivo. Precisamente, a Administração não pode prescindir de uma larga série de possibilidades de intervenção, entre as quais se contam a utilização de meios de autoridade e decisões unilaterais, que não podem ser explicadas a partir de uma ordem paritária (*Gleichordnung*)"[259]. Com efeito, "a subordinação jurídica não é apenas a submissão a uma lei que se executa a si própria, mas prossegue na submissão às faculdades decisórias da Administração e dos tribunais que, em conformidade com uma habilitação legal, existam. Também estes dois últimos órgãos, e tal como o legislativo, não exercem outra coisa que não seja o «poder do Estado»"[260].

No segundo sentido, Joachim Martens, por exemplo, entende que, de acordo com o quadro legal vigente, a posição jurídica do cidadão face à Administração já não se caracteriza pela sua subordinação; a juridicização dos comportamentos dos cidadãos e da Administração e a garantia de protecção jurisdicional determinariam, por si, a "igualdade jurídica do cidadão nas suas relações com a Administração"[261]. Este direito administrativo paritário seria, "não já um direito da Administração (*Recht der Verwaltung*), mas um direito das relações entre cidadãos e Administração, um «direito da Administração e do cidadão» («*Verwaltungs-Bürger-Recht*»)"[262]. Para tanto, bastará interpretar as previsões do direito administrativo especial como normas de comportamento dirigidas tanto aos cidadãos como

---

[259] Cfr. *idem, ibidem,* n.º 25, pp. 14 e 15 (itálico no original).

[260] V. SCHMIDT-AßMANN, "Die Lehre von den Rechtsformen..." cit., p. 539.

[261] V. Autor cit., "Der Bürger als Verwaltungsuntertan?" cit., p. 128. Sobre a posição jurídica referida no texto, nomeadamente os direitos legais dos cidadãos, v. *ibidem,* pp. 107 e ss. No respeitante às duas aludidas grandes modificações caracterizadoras do moderno direito administrativo, a perspectivação do direito administrativo material como conjunto de normas de comportamento vinculativas da Administração e dos particulares e a accionabilidade do mesmo direito, v. *ibidem,* respectivamente, pp. 114 e ss. e 117 e ss.

Já antes o mesmo Autor havia defendido uma «quase equiparação» do acto administrativo ao contrato administrativo com base na ordem constitucional da República Federal da Alemanha: cfr. "Normvollzug durch Verwaltungsakt und Verwaltungsvertrag" in AöR 89 (1964), 429 e ss., em especial, pp. 432 e ss., *maxime* p. 445, e "Zur Begriffsbestimmung des Verwaltungsaktes" in DVBl. 1968, pp. 322 e ss., *maxime* p. 324.

[262] V. MARTENS, "Der Bürger als Verwaltungsuntertan?" cit., p. 128.

470   *Estado de Direito Democrático e Administração Paritária*

à Administração – e não como normas contendo um mandato para a Administração ajuizar, de acordo com os critérios nela contidos, os casos concretos, à maneira de um tribunal –, aplicando-as nos termos da lei de procedimento[263].

Com efeito, as formas de decisão acto administrativo e contrato administrativo previstas nesta última lei, a a adoptar na sequência de um procedimento participado pelos interessados, adequam-se à transposição do direito legal geral e abstracto para a disciplina concreta do caso. Tal pressupõe, em todo o caso, uma noção de acto administrativo "liberta de vestígios autoritários, enquanto uma forma de decisão não exclusivamente reservada à Administração nem, tão-pouco, por ela conformada em exclusivo"[264].

Segundo aquele Autor, a participação procedimental dos particulares é tão intensa e tão extensa que, em muitos casos, é co-determinante do conteúdo da decisão que põe termo ao procedimento; justifica-se, por conseguinte, falar de "uma colaboração do cidadão com a autoridade"[265].

Acresce que, uma vez que a função estabilizadora do acto administrativo com referência à situação jurídica concreta só se desenvolve a partir da formação do caso decidido, "a decisão do particular favorável à consequência jurídica designada no acto administrativo, e documentada pela não impugnação de tal acto, tem um significado adicional e distinto da anterior colaboração"[266]. Na ver-

---

[263] V. *idem*, *ibidem*, pp. 114 e ss. Sobre a distinção entre normas de comportamento e normas de juízo, v. *supra*, na alínea b) do número anterior, a nota 192 e o texto correspondente.

[264] V. *idem*, *ibidem*, p. 128. Na verdade, MARTENS propõe o afastamento da interpretação corrente da definição legal de acto administrativo como "decisão vinculativa de carácter unilateral definidora da situação jurídica do cidadão", porquanto, em sua opinião, a mesma perpetua a concepção jusadministrativa de Otto Mayer, nomeadamente o seu conceito de acto administrativo, nos termos do qual o "cidadão, na sua relação com a autoridade continua a figurar como súbdito, ainda que se trate de uma espécie de súbdito emancipado (*eine Art emanzipierter Untertan*)" (v. Autor cit., *ibidem*, p. 106). Segundo tal perspectiva, o cidadão é súbdito, porque a sua posição perante a autoridade administrativa é a de sujeição a um juízo de interpretação e aplicação da lei que lhe vai definir a situação jurídica; tal súbdito é emancipado, uma vez que dispõe de uma tutela jurisdicional contra lesões da sua esfera jurídica causadas por actos daquela autoridade.

[265] *Eine Zusammenarbeit des Bürgers mit der Behörde*; v. Autor cit., *ibidem*, p. 128.
[266] V. *idem*, *ibidem*, p. 129.

O *Estado de Direito Democrático e a nova compreensão...* 471

dade, a prática de um acto administrativo constitui o particular na situação de ter de impugnar contenciosamente tal acto (e eventualmente de requerer medidas provisórias) a fim de evitar a consolidação na sua esfera jurídica dos efeitos correspondentes à consequência jurídica estatuída no mesmo (*Zugzwang*)[267]. Mediante tal reacção atempada, e sob a forma devida, o particular degrada o valor jurídico da consequência jurídica estatuída no acto administrativo ao nível de "uma simples *alegação jurídica* oficial" (*eine bloße amtliche «Rechtsbehauptung»*) sobre cuja correcção apenas o tribunal pode decidir[268]. A partir daqui, Martens entende que a regulamentação contida no acto administrativo também é fruto de um acordo, ainda que escalonado. Ou seja: acto administrativo e contrato administrativo são apenas formas diferentes de uma mesma realidade consensual[269].

(*iii*) *Refutação das críticas ao modelo da Administração paritária*

A assimetria referida por Schmidt-Aßmann, e subjacente à sua crítica do carácter indiferenciado do modelo paritário, é real e constitui uma evidência: a capacidade jurídica de direito público não é idêntica à capacidade jurídica de direito privado. Simplesmente, esta diferença não põe em causa a identidade estrutural da subordinação ao direito dos poderes públicos e dos particulares: uns e outros só podem agir juridicamente no exercício de faculdades conferidas pelo

---

[267] V. *idem, ibidem*, pp. 109 e 110. V. também, do mesmo Autor, a referência à importância funcional do acto administrativo em *Die Praxis des Verwaltungsverfahrens*, München, 1985, Rn. 238 e ss., pp. 161 e ss.

[268] V. MARTENS, "Der Bürger als Verwaltungsuntertan?" cit., pp. 109 e 110. Cfr. também *ibidem*, p. 119. Aquele Autor defende a construção referida no texto mesmo para "os chamados actos constitutivos" (*sogenannte gestaltende Verwaltungsakte*), considerando que "o respectivo efeito jurídico, em caso de litígio, fica dependente do reconhecimento judicial (*richterliche Feststellung*) da situação jurídica material" (v. Autor cit., *ibidem*, p. 119, nota 95).

[269] Cfr. *idem, ibidem*, p. 129: "a distinção sistémica entre acto administrativo e contrato administrativo, ainda propugnada pela doutrina e pela jurisprudência, carece tanto de um fundamento suficiente, como as tentativas de, a propósito dos chamados actos carecidos de colaboração, desvalorizar o papel do particular". V. também, do mesmo Autor, *Die Praxis des Verwaltungsverfahrens*, cit., Rn. 226 e ss., pp. 151 e ss., *maxime* Rn. 229, pp. 153 e 154.

472 *Estado de Direito Democrático e Administração Paritária*

próprio direito. Cabe aqui recordar que a adesão ao Estado de Direito, hoje, e particularmente na ordem constitucional positiva, implica uma dupla rejeição, designadamente da «metafísica do Estado» e «metafísica do indivíduo»[270].

No respeitante à inadequação do modelo paritário que aquele Autor alega, cumpre começar por referir que, justamente, não é à Administração que cabe decidir se prescinde, ou não, "de uma larga série de possibilidades de intervenção". Essa decisão, hoje, compete em exclusivo ao legislador: é este que atribui à Administração a possibilidade de utilização de meios de autoridade e pode deixar à mesma espaços para, em concreto, actuar, ou não, esta ou aquela medida. A partir do momento em que os poderes administrativos se fundam exclusivamente na lei, a Administração só os pode exercer porque – e nos termos em que – os mesmos lhe foram atribuídos; e à subordinação da Administração à lei, quanto ao exercício de tais poderes, corresponde a subordinação dos particulares à mesma lei e, consequentemente, ao exercício dos poderes por ela conferidos. Não existe, decerto, igualdade jurídico-material, nomeadamente quanto aos poderes que integram a capacidade jurídica da Administração e dos particulares; mas existe seguramente igual subordinação à lei e ao direito e, nessa medida, paridade jurídica no sentido anteriormente defendido.

Finalmente, quanto às teses igualitaristas de Martens, as mesmas assentam num equívoco: a pretensa superação do paradigma autoritário decorrente da construção de Otto Mayer. O conceito de acto administrativo do primeiro só na aparência se liberta do modelo da sentença judicial correspondente ao conceito homólogo perfilhado pelo segundo, já que, ao perspectivar aquele acto apenas como decisão formal, o dissocia da norma de direito material que rege a relação jurídica administrativa e, portanto, não o considera integrado na própria relação[271].

---

[270] Cfr. a parte final da alínea anterior, em especial, o texto correspondente às notas 234 a 237. V. também *infra* no ponto (i) da alínea c) do número seguinte a questão da admissibilidade dos direitos subjectivos do Estado.

[271] Esta mesma crítica pode ser igualmente dirigida às construções de HENKE e de GRÖSCHNER: para eles, a Administração tem de ser também perspectivada como uma instância decisória que, em termos juridicamente distintos dos demais sujeitos de direito

O Estado de Direito Democrático e a nova compreensão...

Com efeito, Martens, seguindo o que considera ser o exemplo do direito fiscal e do direito social, entende que as normas de direito

com os quais se relaciona, «julga» situações de facto, isto é, aplica normas de juízo a situações concretas; não se limita a agir em conformidade com o direito aplicável, ou seja, tomando-o apenas como norma de comportamento. As respectivas decisões não podem, por isso, deixar de ser vistas como actos de autoridade, diferentes do simples exercício de uma posição jurídica subjectiva em conformidade com as normas aplicáveis. De resto, isso mesmo é expressamente afirmado por GRÖSCHNER, seguindo a lição de Isensee, com referência às três "faculdades fundamentais" do Estado, entre as quais se conta o poder de praticar actos administrativos: aquelas evidenciam uma mesma realidade que é o "fenómeno fundamental de «todo o poder do Estado» no sentido do Art. 1 I, 1.ª frase, do GG", correspondente à faculdade de unilateralmente definir o direito e de o executar (*das Phänomen der einseitigen Rechtssetzung und Rechtsdurchsetzung* – v. Autor cit., *Das Überwachungsverhältnis...*, cit., p. 90). Ou seja, e no que se refere em particular aos actos administrativos, em vez de estes serem perspectivados como resultado do exercício de faculdades potestativas paralelas a faculdades de idêntica natureza, embora não tão frequentes, igualmente existentes no direito privado e concedidas pela ordem jurídica em razão das necessidades próprias da função executiva do Estado – isto é, como decisões de um sujeito de direito no quadro de uma dada relação jurídica –, aqueles actos tendem a aparecer como actualizações ou concretizações do próprio ordenamento e a Administração que os pratica, à maneira de um tribunal, como uma «colaboradora» ou «auxiliar» da lei. A sua superioridade e a força jurídica das suas decisões são, deste modo, o reflexo da própria superioridade e força vinculativa da lei. Sucede que antes de decidir o que quer que seja, a Administração já está subordinada à lei, tal e qual como os particulares; aquilo que ela pode decidir é apenas aquilo que a lei lhe concede que decida com as consequências estatuídas na mesma lei. Esta lei é, assim, para ela, como para os particulares afectados, apenas e só uma norma de comportamento, não uma norma de juízo (sobre tal distinção, cfr. *supra* a alínea b) do número anterior).

Por comparação com aqueles dois Autores, MARTENS, embora comungando das mesmas bases dogmáticas quanto à natureza do acto administrativo, vai mais longe no que se refere à defesa de uma igualdade jurídico-material entre a Administração e os cidadãos. Daí ter-se privilegiado a sua construção como referência crítica à tese da paridade jurídico-formal das posições da Administração e dos cidadãos.

Quanto à construção de HENKE, cfr. "Das subjektive Recht..." cit., p. 628, e as considerações feitas *supra* na nota 38 da Primeira Parte.

Relativamente a GRÖSCHNER, cfr., além de "Vom Nutzen des Verwaltungsrechtsverhältnisses" cit., em especial, pp. 319 e ss., *Das Überwachungsverhältnis...*, cit., pp. 135 e ss., *maxime* pp. 145 a 148: a teoria da relação jurídica administrativa visa completar a teoria do acto administrativo, integrando na forma jurídica correspondente a este último os conteúdos jurídico-materiais das concretas relações sobre que o mesmo vai produzir os seus efeitos, permitindo, assim, a sua transformação de pura forma de regulamentação [*reine Regelungsform*] num instituto jurídico [*Rechtsinstitut*], ou seja, a forma de regulamentação jurídico-materialmente determinada de uma dada relação jurídica administrativa especial. Por exemplo: "a forma de regulamentação determinante da relação de

474   *Estado de Direito Democrático e Administração Paritária*

administrativo material estatuem as pretensões da Administração e dos particulares exclusivamente em função dos comportamentos fác-

---

supervisão (*Überwachungsrechtsverhältnis*), portanto, o instituto jurídico correspondente, é a faculdade de indeferimento (*die Untersagungsbefugnis*), não porque a mesma seja expressa sob a forma de acto administrativo, mas em virtude de, em todos os casos de falta de credibilidade, o conteúdo da relação jurídica entre o empresário não credível e a autoridade supervisora competente ser determinado sempre do mesmo modo" (v. *ibidem*, p. 146). Daí que o acto administrativo seja a forma de regulamentação mediante a qual a autoridade declara os seus direitos no quadro de uma dada relação jurídica concreta, *in casu* a relação de supervisão (v. *ibidem*, p. 147). "A declaração concreta dos direitos da autoridade é necessária, uma vez que a lei, aqui o § 35 da GewO, decidiu sobre todos os casos de falta de credibilidade, mas a existência concreta de um caso desses só pode ser apurada (*festgestellt*) com referência a uma dada situação e declarada ou reconhecida (*festgesetzt*) mediante acto administrativo" (v. *ibidem*, p. 148). O poder de praticar um acto administrativo depende, assim, da existência concreta do direito material e o seu conteúdo é determinado por este último. Nesse sentido, GRÖSCHNER qualifica aquele poder como um direito formal da autoridade e considera, no plano das relações jurídicas administrativas concretas, sempre um direito ou um dever material da autoridade (v. *ibidem*). E o mesmo Autor acrescenta: ver, como pretende a doutrina tradicional, em tal capacidade da Administração de realizar um reconhecimento formal dos seus direitos materiais, a qual distingue o direito público do direito privado, uma expressão de supra--ordenação dos poderes públicos é menos uma questão de direito administrativo do que da compreensão do Estado (v. *ibidem*).

GRÖSCHNER defende, deste modo, uma complementaridade entre acto administrativo e relação jurídica, entre a "dogmática [tradicional] das formas de acção administrativa", com particular relevo para o acto administrativo, e uma "dogmática da relação jurídica administrativa" (cfr. Autor cit., "Vom Nutzen des Verwaltungsrechts-verhältnisses" cit., p. 319). Segundo ele, a citada dogmática das formas de acção organiza o direito administrativo a partir das formas de acção específicas da Administração e, portanto, a partir da sua perspectiva e necessariamente segundo os meios ou instrumentos à sua disposição (v. *ibidem*, p. 320). Estes últimos são ordenados e mobilizados, tendo em conta o princípio constitucional da proporcionalidade, por forma a que a sua utilização determine a menor intromissão possível nos direitos fundamentais dos administrados: daí o aparecimento de gradações tradicionais como a «proibição com reserva de anúncio prévio», a «proibição com reserva de autorização» e a «proibição com reserva de isenção» (v. *ibidem*). A verdade, porém, é que frequentemente, a não consideração da posição jurídica dos particulares acaba por tornar ilusória tal gradação. Por exemplo, no que se refere a investimentos vultuosos, o investidor não se pode bastar com o silêncio da Administração subsequente ao anúncio da sua intenção de investir; ele necessita de um compromisso daquela (cfr. o exemplo da prática das "decisões de isenção" – *Freigabebescheide* – mencionado *ibidem*, pp. 320 e 321). Daí a importância do desenvolvimento dos mencionados "institutos jurídicos": em vez da decisão administrativa, por exemplo, o indeferimento que, dada a sua abstracção, nada diz sobre o respectivo destinatário; há que considerar a

O *Estado de Direito Democrático e a nova compreensão...*   475

ticos (*tatsächliches Verhalten*) nelas previstos[272]. O acto administrativo, por seu turno, constitui uma decisão com carácter declarativo (*Feststellungscharakter*) respeitante à situação que concretiza a previsão daquela norma: é uma decisão que exprime o resultado da apreciação de tal situação jurídica feita pela autoridade administrativa e que, simultaneamente, dá início a uma nova sequência procedimental, ao obrigar o respectivo destinatário a tomar a iniciativa de o impugnar contenciosamente, caso o mesmo pretenda evitar a consolidação na sua esfera jurídica da consequência jurídica estatuída pelo citado acto (*Zugzwang*)[273]. Ou seja, à maneira de uma sentença, aquele acto administrativo declara o que numa dada situação vale como direito[274]; ou, na terminologia de Marcello Caetano, o mesmo acto «define» situações jurídicas: fixa os "direitos da Administração ou os dos particulares, ou os respectivos deveres, nas suas relações jurídicas. É essa definição autoritária de posições relativas que o acto definitivo contém; dela resultarão depois os convenientes efeitos"[275].

A importância deste momento declarativo é inerente ao paradigma da sentença[276]. E a contraprova do carácter judicativo do acto administrativo na concepção de Martens resulta da seguinte consideração: segundo este Autor, aquele tipo de acto é praticado ao abrigo das normas de procedimento (direito administrativo formal); porém, o mesmo Autor não explica como é que, na sua concepção relativamente a tal decisão formal, as normas de direito material podem

---

competência administrativa material de indeferir, que determina a própria relação jurídica administrativa com referência às situações legalmente previstas que constituem os pressupostos de facto do seu exercício (v. *ibidem*, p. 322).

[272] V. Autor cit., "Der Bürger als Verwaltungsuntertan?" cit., p. 115. Aquelas normas devem, assim, relevar como normas de comportamento.

[273] V. *idem, ibidem*. Quanto ao ónus de impugnação contenciosa (*Zugzwang*), v. *supra* o texto correspondente às notas 267 e 268.

[274] Cfr., por exemplo, OTTO MAYER, *Deutsches Verwaltungsrecht*, I, cit., p. 100: a decisão judicial declara o que, segundo a lei, *vale* como direito (*was Rechtens ist*) num dado caso – é a sentença declarativa (*Feststellungsurteil*); *idem, ibidem*, p. 109: "segundo a lei, o juiz é obrigado a aceitar a acção devidamente proposta, a instruí-la e a declarar relativamente à mesma o que vale como direito".

[275] V. Autor cit., *Manual de Direito Administrativo*, I, cit., pp. 443 e 444.

[276] Cfr. *supra*, na Segunda Parte, as notas 642 e 643 e o texto correspondente. De resto, isso mesmo é reconhecido pelo próprio MARTENS (cfr. Autor cit., "Der Bürger als Verwaltungsuntertan?" cit., p. 120, nota 100).

476   *Estado de Direito Democrático e Administração Paritária*

deixar de relevar como normas de juízo, à semelhança do que sucede com a interpretação corrente do conceito legal daquele acto[277].

Problema diferente é o da força vinculativa do acto administrativo, o qual se prende com a questão do significado e dos termos da garantia jurisdicional e também com a própria função e sentido daquele acto no actual quadro jurídico-constitucional.

Joachim Martens considera que o desenvolvimento da justiça administrativa impede a comparação da força jurídica de um acto administrativo impugnável com a de uma sentença judicial já transitada: de acordo com o direito vigente, antes da formação do caso decidido não há qualquer preponderância (*Übergewicht*) que decorra da decisão objecto daquele acto, porquanto, "em caso de litígio, a consequência jurídica designada no acto administrativo é examinada pelo tribunal sem qualquer vinculação à opinião da autoridade autora do mesmo. Deste modo, atingiu-se uma situação em que a consequência jurídica expressa num acto administrativo não tem um peso superior ao de qualquer outra alegação de direito (*Rechtsbehauptung*) produzida no âmbito do direito público ou fora dele"[278]. Daí parecer ao mesmo Autor razoável falar em «acordo», a propósito da consolidação dos efeitos do acto administrativo na sequência da formação de caso decidido, em virtude de o mesmo acto não ser impugnado contenciosamente por aqueles que por ele são afectados. Dir-se-á: «quem cala, consente».

Contudo, a questão não é tão linear como Martens pretende fazer crer nem se afigura que a decisão unilateral consubstanciada num acto administrativo se reconduza sistematicamente a um acordo[279]. Aliás,

---

[277]   Sobre tal interpretação, cfr. *supra* a nota 264.

[278]   V. Autor cit., "Der Bürger als Verwaltungsuntertan?" cit., p. 119.

[279]   Como refere SCHMIDT-SALZER, Joachim Martens parece incorrer no erro de considerar que a paridade jurídica é incompatível com a conformação jurídica unilateral (v. Autor cit., "Tatsächlich ausgehandelter Verwaltungsakt..." cit., p. 146, nota 61). É verdade que Martens também considera os "actos constitutivos" (cfr. *supra* a nota 268); porém, ao desvalorizar a força jurídica própria do acto administrativo em função da respectiva impugnabilidade contenciosa, de facto, parece que, segundo o mesmo Autor, os poderes jurídicos unilaterais não são muito diferentes das "alegações de direito" (*Rechtsbehauptungen*) produzidas, quer no âmbito do direito público, quer no jurídico-privado. Ora, é certo e seguro que o exercício de um direito potestativo privado – por exemplo, um despedimento – é muito mais do que uma mera alegação de direito. E o mesmo vale, senão por maioria ao menos por identidade de razão, no âmbito jurídico-público.

se assim fosse, não só não se justificaria uma diferente capacidade jurídica relativamente à prática de actos administrativos e de contratos administrativos, como a previsão de uma alternatividade limitada das duas figuras também ficaria por explicar[280].

Em primeiro lugar, o figurino legal do acto administrativo determina, por um lado, a necessidade de o particular tomar a iniciativa processual a fim de evitar resultados para si danosos – é esse o sentido fundamental do já diversas vezes referenciado *Zugzwang*, que o próprio Martens reconhece e afirma –, onerando, por isso, a sua posição; por outro lado, o mesmo figurino beneficia directamente a Administração. Com efeito, aquele ónus de iniciativa, além dos custos financeiros (adiantamentos e procuradoria) e do gasto de tempo, implica para o particular a assunção do risco inerente ao próprio processo e, porventura, a superação de eventuais inibições relativas ao confronto com a Administração; ao invés, esta, não só beneficia indirectamente das desvantagens que o regime legal do acto administrativo determina para o particular, como fica habilitada, salvo reacção do particular pelas vias processuais adequadas, a assegurar a realização dos seus direitos[281]. É patente não se poder falar aqui de «igualdade de armas» entre os particulares e a Administração.

---

[280] Cfr., quanto ao primeiro aspecto, os arts. 120.º e 179.º, n.º 1, ambos do Código do Procedimento Administrativo: nos termos do respectivo conceito legal, o acto administrativo pressupõe uma norma definidora da competência material para a sua emissão em dada situação, enquanto os contratos administrativos podem ser celebrados pelos órgãos administrativos "na prossecução das atribuições da pessoa colectiva em que se integram [...], salvo se outra coisa resultar da lei ou da natureza das relações a estabelecer". No que se refere ao segundo aspecto mencionado no texto, resulta igualmente daqueles preceitos que nas situações em que a Administração tenha competência para decidir por acto administrativo, caso nada resulte em contrário da lei ou da natureza da relação a estabelecer, aquela pode optar por celebrar antes um contrato administrativo (cfr. a referência aos contratos administrativos com objecto passível de acto administrativo no art. 185.º, n.º 3, alínea a), do Código do Procedimento Administrativo). Relativamente ao direito alemão, cfr. o § 54 do *Verwaltungsverfahrensgesetz* (admissibilidade genérica do contrato administrativo, salvo norma jurídica em contrário, e, em especial, alternatividade entre aquele contrato e o acto administrativo).

[281] Cfr. SCHMIDT-DE CALUWE, *Der Verwaltungsakt...*, cit., pp. 39 e 40. Cfr. também RUPP, *Grundfragen...*, cit., p. 252 (mesmo enquanto "simples" acto de aplicação do direito ou da lei, o acto administrativo destaca-se em virtude do seu potencial carácter de decisão vinculativa, para mais exequível pela própria Administração).

478 *Estado de Direito Democrático e Administração Paritária*

Por outro lado, tal diferença de posições explica que o silêncio do particular ou a sua pura e simples passividade não possam, sem mais, valer como consentimento em termos fundamentalmente equivalentes ao daquele que é prestado em vista da formação de um contrato. De resto, a própria lei é clara no sentido de recusar tal equiparação: primeiro, a aceitação tácita de um acto administrativo não decorre da mera não impugnação do mesmo, porquanto esta "deriva da prática, espontânea e sem reserva, de facto incompatível com a vontade de impugnar"[282]; segundo, mesmo a não impugnação tempestiva de um acto administrativo não impede, dentro dos limites estabelecidos pela lei substantiva e pela própria eficácia do ónus de impugnação contenciosa, a relevância da sua ilegalidade, nomeadamente no domínio da responsabilidade civil da Administração[283]; e terceiro, a aceitação, expressa ou tácita, de um acto administrativo produz apenas um efeito impeditivo quanto à respectiva impugnação pelo aceitante, não determinando a celebração de qualquer acordo com a Administração: esta continua a poder revogar aquele acto nos termos em que o podia fazer antes de o mesmo ter sido aceite pelo particular[284].

O acto administrativo e o contrato administrativo são, isso sim, formas distintas de actividade administrativa que exprimem diferentes modos e a que também correspondem diferentes faculdades de conformação das relações jurídicas em que a Administração é parte.

Importa, ainda, compreender o sentido do acto administrativo como decisão unilateral dotada de uma especial força jurídica no presente quadro constitucional das relações dos poderes públicos com os cidadãos. Parece estar fora de dúvida que tais relações

---

[282] Cfr. o art. 56.º, n.º 2, do Código de Processo nos Tribunais Administrativos. No direito alemão, cfr. as situações de perda do interesse processual resultantes da caducidade (*Verwirkung*), renúncia (*Verzicht*) ou do abuso (*Rechtsmißbrauch*) do direito de acção, por exemplo, em SCHENKE, *Verwaltungsprozessrecht*, cit., Rn. 590, pp. 199 e 200.

[283] Cfr. o art. 38.º do Código de Processo nos Tribunais Administrativos.

[284] Cfr. o art. 56.º, n.º 1, do Código de Processo nos Tribunais Administrativos e os arts. 138.º e ss., quanto à revogação, e 178.º, n.º 1, quanto ao conceito de contrato administrativo, todos do Código do Procedimento Administrativo. De resto, mesmo depois de inimpugnáveis, os actos administrativos continuam "livremente revogáveis", nos termos do art. 140.º deste Código.

O *Estado de Direito Democrático e a nova compreensão...* 479

enquadradas pelo Estado de Direito contemporâneo são diferentes das que existiam em anteriores quadros constitucionais, nomeadamente o Estado legal francês ou a monarquia constitucional alemã, dominados por um princípio de autoridade do Estado e, no âmbito dos quais surgiu o conceito de acto administrativo[285]. Como se referiu, hoje, já não existe uma «relação geral de poder» em que o poder público, por definição, esteja acima dos particulares e que sirva de base legitimadora à concepção de um acto administrativo como uma decisão de autoridade[286]. De resto, será a percepção de tal diferença que ajudará a explicar a reinterpretação deste conceito, em termos de acordo, preconizada por Joachim Martens[287]. Nessa perspectiva, o acto administrativo, como decisão unilateral da autoridade pública constitutiva de uma relação de subordinação, já não tem lugar.

Na verdade, a faculdade de conformação jurídica unilateral (*Befugnis zur einseitigen Rechtsgestaltung*) não implica uma relação de domínio ou de supra e infra-ordenação. Como refere Joachim Schmidt-Salzer, tal correlação é um sofisma, porquanto "um direito à determinação unilateral de consequências jurídicas não é expressão nem resultado de uma supra-ordenação daquele que determina relativamente àquele que é atingido pela consequência jurídica assim determinada. Pelo contrário, do que se trata é simplesmente de uma faculdade concedida pela ordem jurídica em vista da conformação jurídica incondicionada, isto é, não sujeita ao mecanismo de uma prévia concordância. Aquele que é atingido por uma conformação jurídica unilateral encontra-se, não numa relação de subordinação relativamente àquele que está habilitado a proceder desse modo, mas sujeito a um direito potestativo (*Gestaltungsrecht*)" de que o mesmo é titular[288].

Com efeito, tais faculdades determinam efeitos jurídicos no âmbito delimitado pela disciplina normativa aplicável e nos termos em

---

[285] Cfr. *supra*, na Segunda Parte, respectivamente, os n.os 11 e 16, em especial a alínea b).

[286] Cfr. *supra* a alínea a) deste número.

[287] Cfr., nesse sentido, por exemplo, SCHMIDT-SALZER, "Tatsächlich ausgehandelter Verwaltungsakt..." cit., p. 144 e, em especial, a nota 51.

[288] V. SCHMIDT-SALZER, "Tatsächlich ausgehandelter Verwaltungsakt..." cit., p. 145.

480   *Estado de Direito Democrático e Administração Paritária*

que a mesma os admite. Assim, o poder de direcção na relação laboral ou o poder paternal na relação familiar constituem faculdades de conformação unilateral de tais relações sem que, todavia, se possa falar de qualquer supra-ordenação jurídica do empregador relativamente aos trabalhadores e dos pais relativamente aos filhos, já que, como sujeitos de direito privado, todos se encontram no mesmo plano jurídico[289]. Ou seja: "a sujeição (*Unterwerfung*) a uma faculdade de conformação jurídica unilateral não equivale, só por si, a uma subordinação jurídica (*rechtliche Unterordnung*). O indivíduo encontra-se subordinado apenas à ordem jurídica [... E] o Estado, enquanto sujeito de direito, isto é, enquanto titular de direitos concedidos pela ordem jurídica, também se encontra sob a ordem jurídica, a qual determina, com referência à relação Estado-cidadão, os direitos e deveres de ambos. O indivíduo e o Estado estão ambos subordinados à ordem jurídica [...] Embora eles sejam dotados de direitos e deveres diferentes, ainda assim são ambos juridicamente iguais"[290].

Este aparente paradoxo é resolvido por Schmidt-Salzer na base de uma identidade qualitativa: o direito do Estado a uma conformação jurídica unilateral concedido pela ordem jurídica não é qualitativamente diferente das faculdades de conformação unilateral conferidas pelo mesmo ordenamento, por exemplo, ao empregador ou aos pais; "consequentemente, o Estado (enquanto sujeito de direito) e o cidadão são juridicamente iguais, não obstante a atribuição àquele da faculdade de, mediante um acto administrativo, proceder à conformação jurídica unilateral"[291].

Como esclarece Rolf Gröschner, uma coisa é a "igualdade estrutural dos direitos subjectivos nas relações jurídicas" (*strukturelle*

---

[289] Cfr., por exemplo, HANS KELSEN, "Zur Lehre vom öffentlichrechtlichen Rechtsgeschäft", cit., (190) p. 194; SCHMIDT-SALZER, "Tatsächlich ausgehandelter Verwaltungsakt..." cit., pp. 145 e 146; GRÖSCHNER, "Vom Nutzen des Verwaltungsrechts-verhältnisses" cit., p. 324; e SCHMIDT-DE CALUWE, *Der Verwaltungsakt...*, cit., p. 280.

[290] "*[...] Sie sind zwar mit verschiedenen Rechten und Pflichten ausgestattet, aber doch gleichberechtigt*"; assim, v. SCHMIDT-SALZER, "Tatsächlich ausgehandelter Verwaltungsakt..." cit., pp. 145 e 146.

[291] V. Autor cit., *ibidem*, p. 146.

O Estado de Direito Democrático e a nova compreensão... 481

Gleichartigkeit der Rechtspositionen in Rechtsverhältnissen), outra o conteúdo jurídico-material de tais direitos[292].

As pessoas relacionam-se juridicamente entre si através das posições jurídicas que o ordenamento lhes atribui ou reconhece; deste modo, uma relação jurídica é necessariamente um vínculo entre diferentes posições jurídicas subjectivas, nomeadamente direitos e vinculações (deveres e sujeições). Na sua estrutura, isto é, na correlação dos seus elementos específicos, direitos e vinculações, todas as relações jurídicas são iguais: todas elas, enquanto relações «de direito» (*«Rechts»-Verhältnisse*), consubstanciam um vínculo entre posições jurídicas subjectivas diferentes[293]. Estas distinguem-se

---

[292] V. Autor cit., "Vom Nutzen des Verwaltungsrechtsverhältnisses" cit., p. 324. Este aspecto é também justamente sublinhado por VASCO PEREIRA DA SILVA: "as relações jurídicas administrativas podem realmente ser muito diversificadas, do ponto de vista dos fins últimos que lhes estão subjacentes e que elas visam realizar, por abarcarem virtualmente todos os domínios da actividade administrativa moderna (e, portanto, respeitarem a actividades que vão da polícia à segurança social, passando pela vida económica e cultural), mas não o são do ponto de vista da sua estrutura, já que não são marcadas por especificidades decorrentes de uma suposta posição especial de um dos sujeitos. Elas não se caracterizam por um qualquer estatuto especial do sujeito público [...], mas pela referência teleológica à realização de fins públicos [...]" (v. Autor cit., *Em Busca do Acto Administrativo Perdido*, cit., p. 194).

Sobre as especificidades, quanto ao conteúdo das posições jurídicas subjectivas no âmbito de relações jurídicas administrativas (e, por conseguinte, quanto às diferenças de capacidade jurídica, cfr. *supra* as notas 239 e 240 e o texto correspondente e, bem assim, *infra* a nota 499 e o texto correspondente.

Cfr. também a contraposição entre uma perspectiva jurídico-formal e uma perspectiva material preconizada por HANS KELSEN, "Zur Lehre vom öffentlichrechtlichen Rechtsgeschäft", cit., (53) pp. 87 e ss.; e, bem assim, a distinção entre a supremacia do Estado-ordenamento jurídico e a paridade jurídico-formal do Estado-sujeito de direito com os demais sujeitos de direito analisada *supra*, na Segunda Parte, no n.º 18, alínea b), ponto (i), em especial, nas notas 370 e 382 e no texto correspondente. HANS KELSEN afirma a tal propósito: "é da maior importância – e é esse o sentido da ideia de Estado de Direito – separar formalmente o Estado enquanto sujeito de direitos e deveres, enquanto pessoa, do Estado enquanto suporte da ordem jurídica, enquanto autoridade. Somente como ordem jurídica é que ele surge supra-ordenado aos sujeitos de direito; enquanto pessoa, encontra-se em posição idêntica (*gleichgeordnet*) à de todos os outros sujeitos de direito, independentemente do conteúdo dos deveres e direitos que a ordem jurídica reconhece ao Estado que a ela se encontra submetido" (v. Autor cit., "Zur Lehre vom öffentlichrechtlichen Rechtsgeschäft", cit., (190) p. 191).

[293] V. GRÖSCHNER, "Vom Nutzen des Verwaltungsrechts-verhältnisses" cit., p. 324.

482   Estado de Direito Democrático e Administração Paritária

entre si na sua própria estrutura: os direitos correspondem à previsão de uma norma que habilita a exigir de outrem determinado comportamento, positivo ou negativo, ou a sujeitá-lo a determinada consequência jurídica; as vinculações concretizam a consequência jurídica estatuída ou admitida pela mesma norma.

Porém, cada direito, enquanto tal, é estruturalmente idêntico aos demais direitos; pode é ter um conteúdo diferente. Assim, o poder paternal não é estruturalmente superior ao direito à autodeterminação religiosa dos filhos; o poder legislativo das regiões autónomas não é estruturalmente inferior ao poder legislativo do Estado[294]. Em ambos os casos o que existe é uma diferença de conteúdo. E Gröschner prossegue: "a inquestionável diversidade dos direitos públicos e privados não é uma questão de estrutura, mas de conteúdo: assim como o BGB confere aos pais direitos com um conteúdo mais alargado do que aos filhos – pelo que, por exemplo, não existem direitos de educação dos filhos em relação aos pais – o GG confere ao Estado-poder (*staatliche Gewalt*) direitos com um conteúdo mais alargado do que aos cidadãos. São eles as faculdades de regulamentação unilateral (faculdades de positivação do direito e faculdades da sua execução) [*einseitige Regelungsbefugnisse (Rechtssetzungs- und Rechtsdurchsetzungsbefugnisse)*], as quais constituem o Estado-poder na sua divisão tripartida de poder legislativo, poder executivo e poder jurisdicional"[295]. A supremacia dos poderes públicos numa

---

[294] Exemplos adaptados a partir dos mencionados por GRÖSCHNER (v. Autor cit., "Vom Nutzen des Verwaltungsrechtsverhältnisses" cit., p. 324).

[295] V. Autor cit., "Vom Nutzen des Verwaltungsrechtsverhältnisses" cit., p. 324. Cfr. *idem*, *Das Überwachungsverhältnis...*, cit., pp. 90 e 91: cada poder do Estado tem uma forma de regulamentação [*Regelungsbefugnis*] específica caracterizada por uma faculdade fundamental de estabelecer unilateralmente um tipo de regulamentação jurídica – aprovar leis, praticar actos administrativos ou decidir por sentença – e, assim, de operar aquela validade-vigência jurídica [*Rechtsgeltung*] que só é concebível por força da autoridade do Estado: a validade-vigência de uma lei, a força de caso decidido de um acto administrativo e a força de caso julgado de uma sentença. Segundo o mesmo Autor, o acto administrativo, enquanto forma de regulamentação específica do Executivo, corresponde a um poder formal da autoridade mediante o qual esta define os seus próprios direitos subjectivos numa dada relação jurídica (*Festsetzungsbefugnis*; cfr. Autor cit., *Das Überwachungsverhältnis...*, cit., p. 147).

Sobre este conceito de acto administrativo, como direito formal da autoridade de emitir um juízo sobre uma relação jurídica concreta, cfr. *supra* a crítica na nota 271 e no

O Estado de Direito Democrático e a nova compreensão... 483

dada relação não releva, assim, de uma natureza ou personalidade jurídica superior destes últimos, mas da distribuição de direitos e vinculações operada pelas normas jurídicas aplicáveis a tal relação[296]. Joachim Schmidt-Salzer invoca ainda um outro argumento contra a supra-ordenação da Administração relativamente aos particulares[297]: a mesma, a existir, exigiria uma norma de direito público que a previsse expressamente, de modo a diferenciar tal domínio normativo do direito privado administrativo, caracterizado pela igualdade jurídica entre a Administração e os particulares. Com efeito, sendo a faculdade de conformação jurídica unilateral concebível no plano da igualdade jurídica, não se pode deduzir da existência daquela faculdade, em especial no que respeita aos actos administrativos, a mencionada supra-ordenação, como é corrente fazer-se.

Em suma, como sublinha Schmidt-De Caluwe, verdadeiramente fundamental e decisiva para a compreensão da paridade jurídico-formal característica do direito administrativo contemporâneo é a noção de que o cidadão já não está submetido a determinações estatais em virtude de, como súbdito, se encontrar subordinado às mesmas e de o Estado, do ponto de vista jurídico, ser uma realidade dotada de uma «mais-valia»; aquele submete-se às aludidas determinações em razão da sua própria submissão ao direito: "na medida em que a ordem jurídica confere aos poderes públicos – os quais, por sua vez, também a ela estão submetidos – um direito unilateral de conformação jurídica, o destinatário do exercício de tal direito fica também necessariamente vinculado"[298]. Não podendo o direito administrativo ficar imune a estes desenvolvimentos da teoria do Estado democrático e do direito constitucional actual, deve o instituto do acto administrativo ser entendido como correspondendo a "uma «faculdade» atribuída ao Executivo de, na base de uma ordem jurídica paritária, conformar unilateralmente consequências jurídicas"[299].

---

texto correspondente. Sobre os poderes do Estado como direitos subjectivos, cfr. *infra* o ponto (ii) da alínea c) do número seguinte.

[296] Cfr. GRÖSCHNER, *Das Überwachungsverhältnis...*, cit., p. 86.

[297] Cfr. Autor cit., "Tatsächlich ausgehandelter Verwaltungsakt..." cit., p. 146.

[298] V. Autor cit., *Der Verwaltungsakt...*, cit., p. 280.

[299] V. *idem, ibidem*.

484 Estado de Direito Democrático e Administração Paritária

25. As posições jurídicas subjectivas dos particulares e da Administração e os modos de compreensão das suas posições recíprocas

a) Razão de ordem

A discussão relativa ao direito subjectivo público ainda pisa "terreno inseguro": a origem histórica de tal instituto, a sua função, os seus pressupostos e, consequentemente, a dogmática correspectiva e a própria relação entre direito objectivo e direito subjectivo – nenhum desses campos problemáticos se encontra totalmente estabilizado, apesar de a bibliografia de estudos e tomadas de posição ser hoje já inabarcável e com tendência para aumentar devido à influência do direito europeu[300]. Aqui cumprirá fundamentalmente explicitar os pressupostos dogmáticos em que assentam as consequências, quanto a esta matéria, a deduzir da exposição antecedente relativa à posição recíproca da Administração e dos particulares no âmbito do moderno Estado de Direito. Assim, haverá que, partindo de um determinado conceito de direito subjectivo – conceito esse utilizado pelo legislador e legitimado pela dogmática jurídica[301] –, procurar escla-

---

[300] Nestes termos, v. RUPP, "Unsicherheiten zum Thema des subjektiven öffentlichen Rechts" cit., p. 996. Já em 1955 BACHOF considerava "sem limites visíveis" (*unübersehbar*), a bibliografia referente ao conceito de direito subjectivo público (v. Autor cit., "Reflexwirkungen und subjektive öffentliche Rechte" in BACHOF, DRATH, GÖNNEWEIN und WALZ (Hrsg.), *Gedächtnisschrift für Walter Jellinek (12. Juli 1885 – 9. Juni 1955)*, München, 1955, pp. 287 e ss. (p. 291; *ibidem*, na nota 16, v. uma indicação ilustrativa das principais referências bibliográficas ao tempo)).

[301] A abordagem será, pelo exposto, fundamentalmente dogmático-jurídica, tomando como ponto de partida o próprio direito positivo e as «doutrinas» directamente fundadas no mesmo. Como refere LARENZ em "Zur Struktur «subjektiver Rechte»" in BAUR, LARENZ und WIEACKER (Hrsg.), *Beiträge zur europäischen Rechtsgeschichte und zum geltenden Zivilrecht – Festgabe für Johannes Sontis*, München, 1977, pp. 129 e ss. (129 e 130), seriam possíveis outros caminhos, nomeadamente os que, abstraindo do sentido filosófico-jurídico do direito subjectivo, e, bem assim, da sua conformação numa dada ordem jurídica, visam um conceito «formal» ou «técnico-jurídico» (como, por exemplo, Bucher ou Aicher, objecto de análise nesse mesmo estudo); ou os que, partindo de um conceito económico da propriedade, procuram a integração daquela figura na estrutura do sistema económico tal como configurado pelas normas jurídicas (por exemplo, Schapp); ou ainda aqueles que visam um conceito de direito subjectivo fundamentalmente sociológico ou filosófico. Sobre a legitimidade e os termos da abordagem preconizada no texto, v., além de LARENZ, *ibidem*, p. 130, SCHENKE, *Rechtsschutz...*, cit., pp. 74 e 75.

O *Estado de Direito Democrático e a nova compreensão...* 485

recer as suas implicações para o relacionamento entre a Administração e os particulares no citado quadro constitucional.

Para o efeito, importará começar por considerar as duas perspectivas possíveis: a das posições jurídicas subjectivas dos cidadãos e a das posições jurídicas subjectivas dos poderes públicos. Seguidamente, e a partir de tal base dogmática, haverá que analisar o modo como o relacionamento entre a Administração e os particulares no direito português actual deve ser entendido, confrontando o modelo tradicional de supra e infra-ordenação centrado no poder administrativo com o modelo decorrente da nova estrutura constitucional assente numa base paritária fundada nos direitos subjectivos públicos dos cidadãos e do Estado.

b) *Os direitos subjectivos públicos dos particulares*

(i) *O conceito de direito subjectivo público: a sua origem e evolução, em especial, a ligação inicial ao processo administrativo e a posterior autonomização*

Uma das principais dificuldades que a temática do direito subjectivo público suscita prende-se com a tendência para a sua perspectivação a partir do direito processual, nomeadamente a sua associação com a legitimidade processual activa ou com o direito de acção e a sua pretensa função delimitadora relativamente a uma acção popular[302]. Na verdade, foi diferente a evolução histórica das figuras do direito subjectivo privado e do direito subjectivo público: o primeiro desenvolveu-se a partir de uma emancipação da *actio* relativamente ao processo, enquanto na origem do segundo está a lei como norma objectiva e vinculativa do poder público. Num momento em que no âmbito jusprivatístico se discutia precisamente a autonomia da posição jurídica substantiva[303], no âmbito juspublicístico eram os próprios fundamentos do direito constitucional e do direito administrativo que

---

[302] Nesse sentido, v. RUPP, "Unsicherheiten zum Thema des subjektiven öffentlichen Rechts" cit., p. 996. SCHENKE refere-se a uma genérica "negligenciação" (*Vernachlässigung*) da doutrina do direito subjectivo público (cfr. Autor cit., *Rechtsschutz...*, cit., p. 60).

[303] Sobre tal autonomização e respectivo significado, v. COING, "Zur Geschichte des Begriffs «subjektives Recht»", cit., pp. 13 e ss.; RUPP, *Grundfragen...*, cit., p. 155; e *idem*, "Unsicherheiten zum Thema des subjektiven öffentlichen Rechts" cit., pp. 997 e 998.

486   *Estado de Direito Democrático e Administração Paritária*

estavam em causa, sendo certo que, ao mesmo tempo, se negava a (possibilidade de) existência de direitos subjectivos públicos[304].

A partir do reconhecimento da subordinação do Estado à ordem jurídica e da emergência do princípio da legalidade nas suas duas vertentes de primado da lei e de reserva de lei – significando a lei uma regra de direito em cuja aprovação os cidadãos também participaram[305] – suscitou-se a questão de saber se, e em caso afirmativo, como é que o súbdito podia invocar a citada lei em defesa dos seus interesses. A concepção puramente objectiva e autoritária da lei perfilhada por Stahl – e assente na "doutrina dos limites" (*Schrankendoktrin*): a lei constitui um limite objectivo da actividade livre do Executivo por cujo respeito só este tem de zelar – acabou por evoluir, fundamentalmente devido à ideia de Estado de Direito, no sentido de assegurar aos cidadãos um meio de controlo no caso de tal limite ser ultrapassado[306].

---

[304] Cfr. RUPP, *Grundfragen...*, cit., pp. 105 e ss; e *idem*, "Unsicherheiten zum Thema des subjektiven öffentlichen Rechts" cit., p. 999, em especial, a referência à primeira frase do § 182 da Constituição aprovada em 28 de Março de 1849 na Assembleia Nacional Constituinte reunida na Paulskirche em Frankfurt: "é extinta a justiça da Administração (*Verwaltungsrechtspflege*); os tribunais são competentes para decidir sobre todas as violações de direitos (*Rechtsverletzungen*)".

[305] Sobre o princípio da legalidade e o sentido da lei, v. *supra* o n.º 23.

[306] Cfr. RUPP, *Grundfragen...*, cit., pp. 107 e 108; e "Unsicherheiten zum Thema des subjektiven öffentlichen Rechts" cit., p. 1000. A maioria dos Autores entendia o limite consubstanciado na lei, quando favorável aos interesses do súbdito, como um mero reflexo: por exemplo, Gerber dizia tratar-se de "limites do direito do monarca vistos da perspectiva do súbdito. Por isso, o seu entendimento jurídico só pode ser o de que tais negações devem ser transformadas numa determinação positiva dos direitos do Estado-poder. Trata-se de normas jurídicas objectivas e abstractas sobre o exercício do poder público" (Autor cit. *apud* RUPP, *Grundfragen...*, cit., pp. 107 e 108). Contudo, o mesmo limite legal também foi entendido como visando simultaneamente assegurar aos cidadãos uma "liberdade perante a coacção ilegítima", ou seja, como uma componente subjectiva do princípio da legalidade. Foi, nomeadamente, o caso de Jellinek e de Rudolf von Gneist (cfr. RUPP, *Grundfragen...*, cit., pp. 108 a 111; e "Unsicherheiten zum Thema des subjektiven öffentlichen Rechts" cit., p. 1001). Para RUPP, seguindo Jesch, a relutância em reconhecer a mencionada dimensão subjectiva da legalidade deverá radicar na negação do carácter jussubjectivo dos direitos fundamentais: quem não reconhece estes últimos como posições jurídicas subjectivas de direito público, dificilmente estará disponível para aceitar a atribuição de quaisquer direitos públicos aos súbditos (cfr. Autor cit., *Grundfragen...*, cit., p. 108). Todavia, esta razão não esclarece por que é que, por exemplo, Jellinek, que concebeu direitos subjectivos públicos, também não reconheceu aos direitos fundamentais tal natureza.

O *Estado de Direito Democrático e a nova compreensão...* 487

Simplesmente, a justiça da Administração (*Verwaltungsrechtspflege*) que emergiu em meados do Séc. XIX nos *Länder* foi perspectivada como um meio de auto-controlo da Administração[307]. Na base do princípio da enumeração, objecto de controlo eram apenas os actos de autoridade tipificados nas leis do contencioso administrativo. A acção de impugnação administrativa (*die verwaltungsgerichtliche Anfechtungsklage*) não era perspectivada como uma *actio*, a que correspondesse uma qualquer posição jurídica subjectiva – um *ius* –, mas apenas como uma "queixa administrativa especialmente formalizada" (*eine besonders formalisierte Verwaltungsbeschwerde*) dirigida contra o acto de autoridade, cuja decisão estava cometida à justiça administrativa, a qual, por sua vez, era tida como "continuação da administração com outros meios"[308]. O fim precípuo era a correcção do acto; daí a ideia de auto-controlo: "a acção administrativa era um mero impulso destinado a auxiliar a efectivação do princípio da legalidade objectiva"[309].

Com efeito, Rudolf von Gneist, reconhecendo a superação da antiga tradição pré-absolutista dos *iura quaesita* e a necessidade

---

[307] Sobre as razões da existência de um "novo começo absoluto" (*ein völliger Neuanfang*) da justiça da Administração, nomeadamente a perda de significado dos *iura quaesita* na sequência do desenvolvimento, sob o absolutismo, do *ius eminens* e da *Polizey*, e a emergência do Estado de Direito com a sua exigência de autonomia da sociedade, cfr. RUPP, *Grundfragen...*, cit., p. 156; e as sínteses de BAUER, *Geschichtliche Grundlagen...*, cit., pp. 43 e ss.; *idem*, "Subjektive öffentliche Rechte des Staates" cit., pp. 209 e ss.; RÜFNER, "Verwaltungsrechtsschutz in Preußen im 18. und in der ersten Hälfte des 19. Jahrhunderts" in ERICHSEN, HOPPE, e v. MUTIUS (Hrsg.), *System des verwaltungsgerichtlichen Rechtsschutzes – Festschrift für Christian-Friedrich Menger*, cit., pp. 3 e ss. (pp. 8 e 9 e 18 e ss.); e SCHERZBERG, "Grundlagen und Typologie des subjektiv-öffentlichen Rechts" in DVBl. 1988, pp. 129 e ss. (129). Cfr. também a posição de Otto Mayer *supra*, na Segunda Parte, no n.º 17, alínea b), em especial a referência à realidade "completamente nova" representada pela emergência do direito administrativo (cfr. aí a nota 244 e o texto correspondente).

Sobre a génese e evolução do contencioso administrativo alemão, cfr., na doutrina portuguesa, RUI MACHETE, "Contencioso Administrativo" cit., pp. 193 e ss. e 279 e ss.; e SÉRVULO CORREIA, *Direito do Contencioso Administrativo*, I, cit., pp. 77 e ss.

Sobre o desenvolvimento da teoria do direito subjectivo público, v., além da monografia de BAUER já citada, também as de HENKE, *Das subjektive öffentliche Recht*, cit., pp. 4 e ss.; e de ERICHSEN, *Verfassungs- und verwaltungsgerichtliche Grundlagen...*, cit., pp. 171 e ss.

[308] Nestes termos, v. RUPP, *Grundfragen...*, cit., pp. 155 e 156.

[309] V. *idem*, *ibidem*, p. 156.

488 *Estado de Direito Democrático e Administração Paritária*

moderna de distinguir entre o direito privado e o direito público, rejeita, todavia, a noção de direito subjectivo como uma "petição de princípio civilística": o direito administrativo é um ordenamento jurídico objectivo respeitante ao exercício do poder público, pelo que a execução das suas normas constitui dever e direito da própria autoridade pública; quando em questões controversas de tal ordenamento são reconhecidas possibilidades de intervenção aos súbditos (por exemplo, o direito de audição ou de apresentar provas), tal sucede, como no processo penal, em vista de uma correcta aplicação da lei[310].

A partir deste entendimento do processo administrativo, torna-se compreensível que a jurisprudência e a doutrina interpretassem a «lesão de direitos» exigida em muitas leis processuais para a propositura de uma acção de impugnação, sobretudo em Estados do Sul da Alemanha, como um mero pressuposto processual daquela. Como observa Rupp, tal «lesão de direitos» desempenhava, por conseguinte, apenas a função de impedir por via processual a proliferação de «acções populares», enquanto a própria acção, de acordo com o seu conteúdo, significava uma censura à ilegalidade objectiva da actuação administrativa, revestindo, portanto, o carácter de uma «queixa» ou «acção de reclamação» («*Beanstandungsklage*»)[311]. Do mesmo modo, os direitos subjectivos públicos que, sobretudo a partir da obra de Jellinek[312], começaram a ser reconhecidos, ao menos em termos teoréticos, permaneceram na sombra das leis do contencioso administrativo: estas apenas dispunham sobre as possibilidades de defesa dos súbditos relativamente aos actos da Administração nelas enumerados e a questão dos direitos feitos valer mediante tais pro-

---

[310] V. Rupp, *Grundfragen...*, cit., pp. 156 e 157. Cfr. também, do mesmo Autor "Unsicherheiten zum Thema des subjektiven öffentlichen Rechts" cit., p. 1001. A acusação de «petição de princípio civilística» era dirigida contra Otto von Sarwey, para quem a verificação da legalidade da actividade administrativa era matéria da jurisdição e esta só era pensável desde que estivesse em causa a limitação do poder pela esfera jurídica do particular que com os seus interesses intervém no processo (cfr. *ibidem*).

[311] Cfr. o Autor cit., *Grundfragen...*, cit., p. 157. Cfr., do mesmo Autor, "Unsicherheiten zum Thema des subjektiven öffentlichen Rechts" cit., p. 1002. No mesmo sentido, v. também Schenke, *Rechtsschutz...*, cit., p. 60. Sobre a distinção entre a «queixa» e o direito de acção, v. *supra*, na Introdução, as notas 36 e 37 e o texto correspondente.

[312] Cfr., em especial, o Autor cit., *System der subjektiven öffentlichen Rechte* (2.ª reimpr. da 2.ª ed. de 1905), Darmstadt, 1963, em especial, pp. 81 e ss.

O *Estado de Direito Democrático e a nova compreensão...* 489

cessos nem sequer era equacionada; as referências legais a «direitos» eram, nos termos referidos, entendidas como determinações relativas à legitimidade processual activa[313].

Assim, numa altura em que a civilística se emancipava das cadeias do "pensamento do direito-como-acção" (*Aktionendenken*) romanístico, totalmente determinado pelo direito processual, no âmbito do direito público continuava a dominar o direito procedimental, enquanto os direitos subjectivos públicos materiais não tinham qualquer significado prático[314]. Esta situação manteve-se na vigência da Constituição de Weimar e mesmo na sequência da entrada em vigor do *Grundgesetz*[315]. Só posteriormente começou a alterar-se, sobretudo depois da consagração do "sistema da cláusula geral" na *Verwaltungsgerichtsordnung*, passando a doutrina a entender que os direitos subjectivos públicos, a serem comparáveis aos direitos subjectivos privados, manifestamente não podiam limitar-se a ser um mero pressuposto processual limitativo do acesso à justiça administrativa[316].

(ii) Cont.: a sua natureza e estrutura

Hoje prevalece o entendimento de que o direito subjectivo público constitui um instituto com estrutura fundamentalmente idêntica à do direito subjectivo privado.

Com efeito, também no âmbito juspublicístico se reconhece a diferença e simultânea correlação entre direito objectivo e direito subjectivo: o exercício deste último pelo respectivo titular importa a realização daquele. A doutrina maioritária aceita que a referência legal a «direitos» pretende significar os interesses juridicamente protegidos de alguém a quem a ordem jurídica confere os meios jurídicos necessários para satisfazer aqueles interesses ou, de outra perspectiva, o poder jurídico de «aproveitar» uma vantagem ou um bem que o legislador quis atribuir. Consequentemente, o exercício do poder, correspondente a tal posição jurídica, significa também a realização de uma intenção normativa, nomeadamente a imposição (*Durchsetzung*) da norma jurídica que a prevê.

---

[313] Cfr. SCHENKE, *Rechtsschutz...*, cit., p. 60.
[314] Cfr. SCHENKE, *ibidem*.
[315] Cfr. *idem, ibidem*, pp. 60 e 61.
[316] Cfr. RUPP, *Grundfragen...*, cit., pp. 157 e 158.

490   *Estado de Direito Democrático e Administração Paritária*

O direito subjectivo (público) caracteriza-se, deste modo, pela combinação de um momento funcional-material – o interesse individual protegido pela norma jurídica – com um momento estrutural--formal – o poder jurídico de realizar aquele interesse. É a chamada teoria da combinação (*Kombinationstheorie*): o direito subjectivo (público) consiste no poder, conferido por uma norma jurídica (de direito público), de alguém prosseguir interesses próprios tutelados por essa mesma norma[317].

---

[317] Cfr., considerando principalmente a evolução histórica do instituto: BÜHLER, "Altes und Neues über Begriff und Bedeutung der subjektiven öffentlichen Rechte" in BACHOF, DRATH, GÖNNEWEIN e WALZ (Hrsg.), *Gedächtnisschrift für Walter Jellinek...*, cit., pp. 269 e ss.; BACHOF, "Reflexwirkungen und subjektive öffentliche Rechte" cit., pp. 292 e ss.; FORSTHOFF, *Lehrbuch des Verwaltungsrechts*, I, cit., § 10 3, pp. 184 e ss. (em especial, p. 185; nas notas 1 e 2 da p. 186, este Autor faz uma resenha das principais posições doutrinais sobre o direito subjectivo público); BAUER, *Geschichtliche Grundlagen...*, cit., pp. 22 e ss., 43 e ss. e 84 e ss.; *idem*, "Altes und Neues zur Schutznormtheorie" in AöR 1988, pp. 583 e ss.; e SCHERZBERG, "Grundlagen und Typologie des subjektiv-öffentlichen Rechts" cit., p. 129. Na doutrina portuguesa, v. VASCO PEREIRA DA SILVA, *Em Busca do Acto Administrativo Perdido*, cit., pp. 220 e ss.

Cfr., considerando a perspectiva constitucional: SCHENKE in DOLZER, VOGEL (Hrsg.), *Bonner Kommentar zum Grundgesetz*, Band 3 (Art. 15-19), Heidelberg, Stand: 1990-1993, "Art. 19, Abs. 4" (Lfg. 43, November 1983; entspr. Zweitbearbeitung), Rn. 287 e ss. (em especial, o Rn. 288: "a promoção [*Aufwertung*] do cidadão de objecto passivo da acção do Estado a sujeito activo"); e SCHMIDT-AßMANN in MAUNZ, DÜRIG (Begr.), *Grundgesetz Kommentar*, Band II (Art. 12-20), München, Lfg. 42, Februar 2003, "Art. 19, Abs. 4", Rn. 116 e ss. (em especial, o Rn. 117: o direito subjectivo é uma pedra angular [*Eckpfeiler*] de todo o sistema de direito público porque introduz a dimensão pessoal [*das Personale*] e a dimensão individual [*das Indivieduelle*] e, com elas, a auto-responsabilidade no direito administrativo).

Cfr. ainda: STERN, *Das Staaatsrecht der Bundesrepublik Deutschland*, Band III/1 (Allgemeine Lehren der Grundrechte), unter Mitwirkung von Michael Sachs, München, 1988, pp. 556 e 557 (a teoria da combinação, embora não totalmente satisfatória, ainda não tem uma alternativa que seja consensual na doutrina); WAHL, "Vorbemerkung, § 42 Abs. 2", cit., Rn. 45 e ss. (em especial, o Rn. 46: o significado principal do direito subjectivo público reside na sua função atributiva [*Zuordnungsfunktion*] cujo conteúdo é o poder jurídico, isto é, o direito de, relativamente ao sujeito vinculado, fazer valer uma decisão conflitual normativa; mediante a atribuição de tal poder jurídico, o "ser-permitido agir" [*Handeln-Dürfen*] assegurado pela ordem jurídica converte-se num "poder jurídico" [*rechtliches Können*] e, desse modo, num direito subjectivo); WOLFF, BACHOF e STOBER, *Verwaltungsrecht*, I, 11. Aufl., München, 1999, § 43 I, Rn. 1 e ss., pp. 641 e ss.; ERICHSEN, "Das Verwaltungshandeln" cit., § 11 II, Nr. 5, Rn. 30 e ss., pp. 249 e ss.; DRIEHAUS e PIETZNER, *Einführung in das Allgemeine Verwaltungsrecht*, cit., § 6, Rn. 11 e ss., pp. 48 e ss.; BULL, *Allgemeines Verwaltungsrecht*, cit., § 5, Rn. 230 e ss., pp. 113 e ss.; PEINE, Allgemeines Verwaltungsrecht, cit., § 4, Rn. 79 e ss., pp. 57 e ss. (em especial, Rn. 80, p. 58: o cidadão pode exigir o cumprimento das leis que lhe dizem

O Estado de Direito Democrático e a nova compreensão...

Por outro lado, devido à referida valorização da posição constitucional do cidadão como sujeito activo, a atribuição daquele poder jurídico é presumida nos termos da teoria da norma de protecção (*Schutznormtheorie*): se o direito objectivo visa proteger também os interesses do indivíduo, este, porque é um sujeito de direito activo e não um mero objecto da acção dos poderes públicos, tem de poder agir juridicamente, por sua iniciativa e sob a sua responsabilidade, contra as agressões ilícitas àqueles interesses[318]. Esta teoria determina, assim, a subjectivização das normas de direito objectivo em função da respectiva intencionalidade protectora: não basta um benefício casual; é necessário um "benefício intencional" (*gewollte Begünstigung*)"[319].

---

respeito; caso faltassem os direitos subjectivos públicos, o cidadão seria súbdito e objecto da acção do Estado); SCHENKE, , *Rechtsschutz...*, cit., pp. 61, 62 e 73; *idem, Verwaltungsprozessrecht*, cit., Rn. 384 a 386, pp. 125 e 126, e Rn. 495 e ss., pp. 155 e ss.; MAURER, *Allgemeines Verwaltungsrecht*, cit., § 8, Rn. 4, pp. 164 e 165; e SELB, *Die verwaltungsgerichtliche Feststellungsklage*, cit., pp. 63 e seguinte.

[318] Cfr. BACHOF, "Reflexwirkungen und subjektive öffentliche Rechte" cit., pp. 300 e seguinte; SCHENKE, *Rechtsschutz...*, cit., p. 74. *idem*, "Art. 19, Abs. 4", cit., Rn. 288. O direito à tutela jurisdicional constitucionalmente garantido não é, assim, um indício do carácter jussubjectivo de tais posições; aliás, tal tutela pressupõe – no sentido de funcionalmente se destinar a servir – os direitos subjectivos materiais.

Na doutrina portuguesa, v. especialmente VASCO PEREIRA DA SILVA, *Em Busca do Acto Administrativo Perdido*, cit., pp. 212 e ss. (a teoria dos direitos subjectivos dos particulares perante a Administração), pp. 235 e ss. (a análise do impacte da recepção dos direitos fundamentais na teoria do direito subjectivo público) e pp. 285 e ss. (uma síntese, contendo exemplos da relevância prática na ordem jurídica portuguesa dos desenvolvimentos anteriores). Para este Autor, "o indivíduo é titular de um direito subjectivo em relação à Administração, sempre que de uma norma jurídica que não vise apenas a satisfação do interesse público, mas também a protecção dos interesses dos particulares, resulte uma situação de vantagem objectiva, concedida de forma intencional, ou ainda quando dela resulte a concessão de um mero benefício de facto, decorrente de um direito fundamental"; v. *ibidem*, p. 217). E o mesmo esclarece, citando Boquera Oliver: "falar em direitos subjectivos públicos não significa considerar estes direitos como possuindo uma natureza diferente da dos demais, ou como sendo «menos direitos» do que os outros. Na verdade, «o direito subjectivo é o mesmo, quer o obrigado a actuar de uma certa maneira seja uma entidade pública ou um particular. O direito não muda a sua natureza por mudar o seu sujeito passivo» [...O] facto de uns direitos estarem regulados numas leis e outros direitos noutras leis não influi na sua natureza, e as leis não se diferenciam pelos direitos e obrigações que regulam». É por isso que falar em direitos administrativos ou públicos, não significa nenhuma diferença de natureza relativamente aos demais, mas essa «qualificação apenas exprime a origem dos direitos e das obrigações»" (v. *ibidem*, pp. 214 e 215).

[319] Assim, v. BACHOF, "Reflexwirkungen und subjektive öffentliche Rechte" cit., pp. 299 e 300.

492   Estado de Direito Democrático e Administração Paritária

Consequentemente, só o interesse individual por ela considerado positivamente e, nessa medida, por ela protegido, constitui um direito subjectivo. Reflexamente, nem a lesão de qualquer interesse, nem qualquer ilegalidade, só por si, originam a violação de um direito subjectivo; esta apenas ocorre na sequência de um facto ilegal e lesivo daquele interesse que a norma violada visa proteger precisamente como interesse individual. Com efeito, "em ordem a reconhecer a afectação de interesses próprios [de um particular], é necessário um critério com base no qual se possa determinar ser esse o caso e não o tratar-se apenas da afectação de interesses gerais"; de outro modo, o direito de defesa individual e a acção popular tenderiam a confundir-se entre si, prejudicando, quer a Administração, quer os beneficiários do acto administrativo impugnado[320].

Os termos da «protecção de interesses» conferida pela norma jurídica são frequentemente – e historicamente, uma vez superada a

---

[320] Cfr. SCHENKE, *Verwaltungsprozessrecht*, cit., Rn. 497, p. 156, referindo-se a Henke e Zuleeg. Cfr. também VASCO PEREIRA DA SILVA, criticando a posição de Brohm: entender que "qualquer lesão (ainda que meramente fáctica) da posição de um particular faz automaticamente surgir um direito subjectivo [...] não apenas reduz o direito dos particulares a um mero poder processual de acção (cabendo, aqui sim, falar literalmente em «direito reactivo»), como volta a pôr em causa a própria autonomia conceptual do direito subjectivo público, através da confusão entre direito objectivo e subjectivo. E se, agora, a perspectiva é aparentemente diferente da da clássica negação da existência de direitos dos particulares perante a Administração, e em termos práticos poderá mesmo conduzir a um alargamento dos privados legitimados a recorrer, ela tem um idêntico significado de negação de substrato material aos direitos subjectivos públicos" (v. Autor cit., *Em Busca do Acto Administrativo Perdido*, cit., p. 253).

Como refere ERICHSEN, "à doutrina do direito subjectivo público subjaz a ideia de que o cumprimento de um dever fundado em normas de direito público só pode ser exigido quando, e na medida em que, a norma também atribua um direito dirigido a tal fim. Deste modo, é recusado um direito geral à execução da lei (*ein allgemeiner Gesetzesvollziehungsanspruch*)" (v. Autor cit., "Das Verwaltungshandeln" cit., Rn. 30, pp. 249 e 250). V. também WOLFF, BACHOF e STOBER, *Verwaltungsrecht*, I, cit., § 43 I, Rn. 10 e ss., pp. 645 e ss. (estes Autores referem os exemplos de uma dada vista de certa habitação ou da localização de uma fábrica: uma determinada vista ou localização pode não passar de um simples vantagem fáctica sem qualquer acolhimento no plano normativo [*Tatsachenreflex*]; se tal vantagem for fixada normativamente em virtude de a mesma ser consequência da aplicação de uma norma, ela é, pelo menos um reflexo jurídico [*Rechtsreflex*]; caso a norma em causa intencione a atribuição de tal vantagem, esta corresponde, então, a um direito subjectivo [*Berechtigung*]; v. *ibidem*, Rn. 11, p. 646).

ideia da liberdade natural como origem dos direitos subjectivos, foi assim que sucedeu[321] – explicados na base da imposição de deveres jurídicos: estes seriam uma condição necessária do direito subjectivo; a categoria do *licere* ou *Dürfen* seria uma função de imperativos, positivos ou negativos[322]. O direito subjectivo significaria, precisamente, a disponibilidade de meios jurídicos de fazer com que alguém cumpra os seus deveres, resultando a citada disponibilidade na diferença específica do direito subjectivo, face à figura do interesse reflexamente protegido[323].

Bachof, por exemplo, afirma expressamente que "o *direito* de uma pessoa nunca é concebível sem o correspondente *dever* de uma ou mais outras pessoas, mesmo que tal dever consista apenas na abstenção de uma perturbação do titular do direito. Ao invés, bem pode um *dever* ser imposto a alguém, sem que ao mesmo tenha de

---

[321] Cfr., por exemplo, SCHERZBERG, "Grundlagen und Typologie des subjektiv-öffentlichen Rechts" cit., p. 130. Sobre tal liberdade, v. HANS KELSEN: a mesma não corresponde a mais do que ao "facto negativo de que a tal indivíduo não é proibida juridicamente a conduta em questão, de que, neste sentido negativo, tal conduta, lhe é permitida, de que ele é livre de realizar ou omitir uma determinada acção" (v. Autor cit., *Teoria Pura do Direito*, I, cit., pp. 244 e 245). Para uma análise mais detalhada dos modos de relevância jurídica do comportamento humano, v. ROGÉRIO EHRHARDT SOARES, *Interesse Público...*, cit., pp. 1 e ss., em especial, p. 5, em que a liberdade natural é identificada com a zona do *Erlaubten* ("uma actividade que tanto pode ser irrelevante, como pode vir a assumir relevo jurídico, mas noutra qualificação; e que, todavia, *sub specie* do proibido, só pode ser encarada como o domínio da liberdade, daquilo que o direito não restringe").

[322] Cfr. LARENZ, "Zur Struktur «subjektiver Rechte»" cit., p. 137; e SCHERZBERG, "Grundlagen und Typologie des subjektiv-öffentlichen Rechts" cit., p. 130. Para a crítica da teoria imperativa do direito, v. do primeiro daqueles Autores, juntamente com CANARIS, *Methodenlehre der Rechtswissenschaft*, cit., pp. 74 e ss. (na tradução portuguesa, pp. 353 e ss.).

[323] Sobre tal delimitação, v., em especial, BACHOF, "Reflexwirkungen und subjektive öffentliche Rechte" cit., pp. 288 e ss.; e HENKE, "Das subjektive Recht..." cit., pp. 621 e 622, qualificando-a como a "questão jurídico-prática" referente ao direito subjectivo público (em contraposição à "questão de princípio e sistemática"). Este Autor indica como casos típicos em que o problema se suscita os de vizinhança ou de concorrência – saber se o vizinho ou o concorrente do beneficiário de um acto ampliativo o podem impugnar – e os relativos à subjectivização de deveres de protecção dos poderes públicos – v.g. direito à intervenção policial contra terceiros. Cfr. também os exemplos indicados por WOLFF, BACHOF e STOBER e referidos *supra* na nota 320.

494 *Estado de Direito Democrático e Administração Paritária*

corresponder um *direito* de outras pessoas determinadas. Onde a lei prevê um direito, não pode subsistir nenhuma dúvida de que aquele contra quem o direito se dirige se encontra obrigado [...]. Diversamente, onde seja estatuído apenas um dever, pode corresponder àquele que retire vantagens do respectivo cumprimento um direito, mas *não é necessário* que tal aconteça; [...] em tal caso pode suscitar-se a questão de saber se a vantagem [decorrente do respectivo cumprimento] se apresenta como um direito daquele que é beneficiado ou simplesmente como um benefício reflexo"[324]. Daí os termos em que o problema do direito subjectivo público é colocado tradicionalmente: "a questão central continua a ser hoje a dos pressupostos em que um benefício previsto numa norma de direito público confere aquele «poder jurídico» ou «poder da vontade» que converte o benefício num direito subjectivo"[325]. E, para tal interrogação, Bachof propõe a seguinte resposta: "sob a ordem constitucional do GG, *todos* os benefícios intencionalmente concedidos por normas de direito público se converteram em direitos subjectivos"[326].

---

[324] V. Autor cit., "Reflexwirkungen und subjektive öffentliche Rechte" cit., p. 289; itálicos no original. BACHOF distingue, para o efeito, entre normas habilitadoras (*Berechtigungsnorm* ou *Ermächtigungsnorm*) e normas impositivas (*Befehlsnorm*, *Bestimmungsnorm* ou *Verpflichtungsnorm*). Na doutrina portuguesa, sobre a admissibilidade de vinculações puramente objectivas da Administração, v., por exemplo, as referências de VASCO PEREIRA DA SILVA, *Em Busca do Acto Administrativo Perdido*, cit., pp. 196 e ss. (referindo-se a uma "correlação não necessária entre direitos e deveres") e de VITALINO CANAS, "Relação Jurídico-Pública" cit., p. 214, nota 34 ("a relação de alteridade é a essência do direito subjectivo, correspondendo a um direito sempre uma obrigação ou dever [... Afigura-se] menos controversa [...] a orientação de que pode haver deveres ou obrigações que não correspondem a direitos subjectivos, isto é, que *prescindem* da noção de relação jurídica"; itálico no original).

[325] V. BACHOF, "Reflexwirkungen und subjektive öffentliche Rechte", p. 294. Mais adiante o mesmo Autor volta a formular a questão: "para nós, uma vez afastados os benefícios não intencionados, a questão só pode ser a de saber se, e sob que pressupostos, os reflexos *intencionados*, os interesses juridicamente protegidos, portanto, se convertem em direitos subjectivos" (v. *idem*, *ibidem*, p. 299; itálico no original).

[326] V. Autor cit., *ibidem*, p. 299; itálico no original. Segundo BACHOF, existe, deste modo, uma presunção, ilidível só em casos muito contados, de que, ao lado das normas impositivas que prevejam e pretendam atribuir benefícios a terceiros não destinatários das mesmas, existe uma norma habilitadora de tais terceiros, conferindo-lhes um poder jurídico. O *Grundgesetz* teria, deste modo, limitado a liberdade de conformação do legislador, justamente em atenção à posição constitucional dos cidadãos (cfr. *idem*, *ibidem*, pp. 301 e ss.).

A perspectiva em apreço parece reconduzir o direito subjectivo à pretensão (material), ou seja, ao "direito de exigir de outrem uma acção ou omissão"[327], já que, segundo a mesma e em consonância com a lógica da teoria imperativista, a todos os direitos correspondem necessariamente deveres. Contudo, assim, torna-se mais difícil a compreensão das liberdades de comportamento – seja sob a forma de direitos potestativos, de direitos de participação, de direitos de liberdade ou de direitos reais de gozo – positivamente atribuídas pela ordem jurídica. Com efeito, tais direitos subjectivos não se podem reduzir, nem a um «não-ser-proibido» para o respectivo titular, nem a uma proibição dirigida a todos os demais de perturbarem aquele, porquanto tais proibições, ou a ausência delas, não explicam nem correspondem ao sentido intencionado pela ordem jurídica ao atribuir aqueles direitos.

Como Larenz explica, a propósito do direito de propriedade, o «ser-permitido» (*Dürfen*) nem sempre é o mesmo que o «não-ser- -proibido» (*Nichtverbotensein*): aquele direito não consiste na ausência de proibições dirigidas ao respectivo titular, mas na atribuição positiva a ele, e só a ele, de faculdades de gozo e de fruição de uma certa coisa, de um certo bem. O que o caracteriza é, na verdade, que "a *alguém* é permitida alguma coisa que a outros não é permitida e que, portanto, aquele tem em relação a estes uma posição privilegiada"[328]. Ou seja: "o ser-permitido do proprietário é mais do que

---

[327] Cfr. o § 194 I do BGB. HENKE adverte precisamente contra as confusões resultantes de não se distinguir, com referência aos direitos subjectivos públicos, entre direitos absolutos e direitos relativos (cfr. Autor cit., "Das subjektive Recht..." cit., p. 624). Saliente-se, em todo o caso, que BACHOF afirma expressamente que o "direito subjectivo não é igual a pretensão", já que esta é apenas uma das três espécies daquele; o mesmo Autor reconhece ainda que a identificação do género com a espécie está na origem de alguns equívocos neste domínio dos direitos subjectivos (cfr. o Autor cit., "Reflexwirkungen und subjektive öffentliche Rechte" cit., p. 293).

[328] V. Autor cit., "Zur Struktur «subjektiver Rechte»" cit., p. 138. LARENZ acompanha, neste passo, a análise de Jürgen Schmidt, o qual, seguindo a classificação normativa proposta por Hohfeld, caracteriza o direito (subjectivo) como um "complexo de *right* e *privilege*". Com efeito, nem o que a qualquer um é permitido nem o que a todos é proibido pode constituir objecto de um direito subjectivo; como referido no texto, para que este último exista é necessário que a alguém seja permitido algo que aos demais o não seja. A norma que estatui a permissão especial é o *privilege*; a norma que estatui a proibição geral é o *right* (cfr. *ibidem*, pp. 138 e 139). Saliente-se ainda que LARENZ somente aceita

496   *Estado de Direito Democrático e Administração Paritária*

um mero «não-ser-proibido», porquanto se trata de um ser-permitido que é reservado a ele, e só a ele, ao qual, por isso mesmo, corresponde um não-ser-permitido de todos os demais. Trata-se de dois lados de uma mesma realidade; nenhum deles pode ser designado apenas como «reflexo» do outro. Em todo o caso, para uma perspectiva teleológica, o «ser-permitido» do titular do direito surge em primeiro plano: porque a ordem jurídica pretende conferir-lhe uma posição privilegiada, reservar só para ele determinadas acções, a mesma tem simultaneamente de proibir a todos os demais aquele tipo de acções"[329].

De resto, não será por acaso que os poderes legalmente reconhecidos ao proprietário – sendo a propriedade um dos paradigmas dos direitos de domínio ou direitos absolutos – são exactamente os de actuar material e juridicamente sobre a coisa (faculdade de actuação – *Einwirkungsbefugnis*) e de excluir terceiros de tal actuação (faculdade de exclusão – *Ausschließungsbefugnis*)[330]. As designa-

---

a construção de Jürgen Schmidt relativamente aos direitos de domínio (*Herrschaftsrechte*), como os direitos reais de gozo; mas não já em relação aos demais direitos subjectivos (cfr. Autor cit., *ibidem*, pp. 141 e ss.).

Por outro lado, LARENZ reconduz o sentido das normas jurídicas, em alternativa à concepção imperativista, a "determinações de validade" (*Geltungsanordnungen*): "o seu sentido, como juízo normativo, é o de fazer valer consequências jurídicas. Segundo a sua forma lógica, é um juízo hipotético. O mesmo diz: sempre que numa situação concreta S o facto P se torne realidade, vale para tal situação a consequência jurídica C; de modo mais curto: para cada caso de P, vale C" (v. Autor cit., *Methodenlehre der Rechtswissenschaft*, cit., p. 77; cfr. na trad. portuguesa, p. 358). V. também, do mesmo Autor, "Zur Struktur «subjektiver Rechte»" cit., p. 137; HANS KELSEN, *Teoria Pura do Direito*, I, cit., p. 8 ("no uso corrente da linguagem apenas ao ordenar corrresponde um «dever», correspondendo ao autorizar um «estar autorizado a» e ao conferir competência um «poder». Aqui, porém, emprega-se o verbo «dever» para significar um acto intencional dirigido à conduta de outrem. Neste «dever» vão incluídos o «ter permissão» e o «poder» (ter competência)"); e SCHERZBERG, "Grundlagen und Typologie des subjektiv-öffentlichen Rechts" cit., p. 130.

Na doutrina portuguesa, v., quanto ao problema dos direitos subjectivos, especialmente, além de VASCO PEREIRA DA SILVA citado *supra* nas notas 317 e 318, VITALINO CANAS, "Relação Jurídico-Pública" cit., pp. 213 e ss.; e MIGUEL GALVÃO TELES, "Direitos Absolutos e Relativos" in *Estudos em Homenagem ao Professor Doutor Joaquim Moreira da Silva Cunha*, Coimbra, 2005, pp. 649 e ss., com amplas referências bibliográficas e históricas.

[329] V. LARENZ, "Zur Struktur «subjektiver Rechte»" cit., p. 139.

[330] Cfr. o § 903, 1.ª frase, do BGB: "o proprietário de uma coisa, desde que a tal não se oponham a lei ou direitos de terceiros, pode fazer com ela o que entender e excluir

ções de direitos que têm por objecto o comportamento do próprio titular – um ser-permitido fazer ou agir do próprio – seja sobre coisas, ou não, reflectem, ora uma, ora outra destas duas funções. Assim, fala-se, respectivamente, em «direitos de domínio», com referência a uma coisa ou a um determinado âmbito de actividade (*Herrschaftsrechte* ou *Beherrschungsrechte*) e em direitos absolutos; em qualquer dos casos, o referente é o direito na totalidade das suas funções.

Sucede que aquele «ser-permitido agir» (*Handeln-Dürfen*) pode, em dadas circunstâncias, concentrar-se num poder jurídico (*rechtliches Können*), continuando a justificar-se, por isso, mesmo em relação ao tipo de direitos considerados, a aludida estrutura combinatória do direito subjectivo. De resto, mesmo para quem, como Larenz, reconduz o conceito de direito subjectivo a um "conceito-quadro" devido à diversidade de tipos de direitos subjectivos, o momento correspondente ao poder jurídico continua presente[331].

---

qualquer actuação de outros sobre a mesma". Cfr. também no art. 1305.º do Código Civil português, epigrafado "conteúdo do direito de propriedade", as notas de plenitude e de exclusividade: "o proprietário goza de modo pleno e exclusivo dos direitos de uso, fruição e disposição das coisas que lhe pertencem, dentro dos limites da lei e com observância das retrições por ela impostas".

[331] Aquele Autor distingue vários tipos de direitos subjectivos (cfr. "Zur Struktur «subjektiver Rechte»" cit., pp. 141 e ss.; e *Allgemeiner Teil...*, cit., § 13 II, pp. 214 e ss.) – nomeadamente, os direitos de crédito, os direitos de domínio ou direitos reais de gozo (*Herrschaftsrechte*), os direitos potestativos, os direitos de participação (*Mitwirkungs-oder Mitbestimmungsrechte*) e os direitos de personalidade – e entende que os conceitos de direito (no sentido do que a uma pessoa compete ou corresponde ou é devido) e de dever (aquilo que ela deve fazer ou omitir) são igualmente fundamentais, já que nenhum pode ser derivado do outro; ambos são conceitos específicos da esfera normativa (cfr. "Zur Struktur «subjektiver Rechte»" cit., p. 146). Mais: para LARENZ, "ao direito de alguém a quem algo é devido juridicamente, corresponde o dever ou a «vinculação» de um, de muitos ou de todos os outros – porque se trata sempre de uma relação jurídica entre pessoas. Todavia, a consistência de tal direito, aquilo que compete ou é devido ao titular do direito, é diferente nas diversas situações. Não existe um conceito unitário que responda do mesmo modo a tal questão com referência a todas as espécies de direitos subjectivos" (v. *idem*, *ibidem*).

BAUER, relativamente ao direito público, subscreve esta mesma ideia de uma pluralidade de tipos de direitos subjectivos a que apenas pode corresponder um conceito-quadro (cfr. Autor cit., "Subjektive öffentliche Rechte des Staates" cit., p. 217). No mesmo sentido, v. também STERN, *Das Staatsrecht der Bundesrepublik Deutschland*, III/1, cit., pp. 557 e 558: entendendo o conceito de direito subjectivo fundamental (*subjektives Grund-*

498 *Estado de Direito Democrático e Administração Paritária*

Com efeito, o poder jurídico em causa significa "um ser-permitido-agir no quadro da ordem jurídica com base numa habilitação"[332]. Para Larenz até existem várias espécies de poderes jurídicos que podem caracterizar uma ou mais espécies de direitos subjectivos[333]. Todavia, segundo o mesmo Autor, a formação de um conceito geral-abstracto de «poder da vontade» a partir de tais poderes apenas servirá para ocultar a sua diversidade estrutural, sendo o mesmo conceito insusceptível de tornar claro o sentido daquilo que é designado "direito subjectivo"[334]. Daí a sua proposta: "os conceitos jurídicos que contribuem para a compreensão não devem abstrair do sentido de um dado fenómeno jurídico, da sua função no contexto da realidade global do direito; os mesmos conceitos devem tornar transparente esse sentido. Tais conceitos não podem corresponder a «definições» fechadas, mas devem ser conceitos-quadro carecidos de preenchimento. É um desses conceitos-quadro que está em causa quando afirmamos: a titularidade de um «direito subjectivo» quer dizer que uma dada realidade (*etwas*) – e uma realidade determinada com referência a tal direito – é juridicamente devida ou pertence juridicamente ao respectivo titular"[335].

---

recht), em larga medida, como "vazio de conteúdo" (*inhaltsleer*), define-o como a posição pertencente ou atribuída a uma pessoa com base numa norma do *Grundgesetz* relativa aos direitos fundamentais. Porém, este Autor também distingue vários tipos de direitos fundamentais, não em função do respectivo conteúdo, mas da sua estrutura formal, de acordo com categorias jurídicas da teoria geral do direito: direitos de defesa (*Abwehrrechte*), correspondentes aos direitos de domínio ou direitos absolutos, direitos a prestações (*Leistungsrechte*), direitos de produzir efeitos jurídicos (*Bewirkungsrechte*) e posições jurídicas fundamentais (*grundrechtliche Rechtsstellungen*) (v. idem, ibidem, pp. 558 e ss.). Sobre a justificação da designação dos direitos de liberdade como "direitos de defesa" – designação homónima das pretensões de defesa resultantes da violação daqueles direitos –, v. *ibidem*, pp. 567 a 569. Recorde-se ainda o sentido da «função atributiva» (*Zuordnungsfunktion*) defendida por WAHL: mediante a atribuição do poder jurídico de fazer valer, relativamente ao sujeito vinculado, uma decisão conflitual normativa, o "ser-permitido-agir" (*Handeln-Dürfen*), assegurado pela mesma ordem jurídica, converte-se num "poder jurídico" (*rechtliches Können*) e, desse modo, num direito subjectivo (v. Autor cit., "Vorbemerkung, § 42 Abs. 2", cit., Rn. 46).

Sobre os direitos subjectivos, em particular o direito de propriedade, como relações jurídicas entre pessoas, v. já RUPP, *Grundfragen...*, cit., pp. 166 e 167.

[332] V. LARENZ cit., "Zur Struktur «subjektiver Rechte»" cit., p. 147.

[333] Cfr. *idem, ibidem*.

[334] Cfr. Autor cit., *ibidem*.

[335] V. *idem, ibidem*.

O Estado de Direito Democrático e a nova compreensão... 499

No entanto, Larenz reconhece uma correlação entre o conceito de direito subjectivo e o conceito de pretensão consagrado no § 194 I do BGB[336]. Esta última, sem se esgotar no mesmo, implica um poder jurídico especial: a possibilidade de exigir judicialmente a sua satisfação – a prestação de uma coisa ou de um facto – mediante uma acção de condenação. E é na possibilidade de invocar esse poder jurídico que se pode divisar o mencionado momento estrutural-formal inerente a todo e qualquer direito subjectivo.

A citada correlação verifica-se, desde logo, e como se infere da comparação das respectivas definições legais, a propósito do direito de crédito (*Forderung*) previsto no § 241 I do BGB: tal direito é, desde logo, uma pretensão[337]. Além disso, a mesma lei prevê outras pretensões, nomeadamente no domínio dos direitos de personalidade e dos direitos reais de gozo (em especial no § 1004 I – a pretensão de eliminação de perturbações [*Beseitigungsanspruch*] e a pretensão de abstenção [*Unterlassungsanspruch*]), que se configuram como pretensões defensivas (*Abwehransprüche*) e se destinam a manter ou restabelecer a situação (*Zustand*) correspondente ao direito que lhes está na base[338]. "O titular de um direito de domínio ou de um direito de personalidade necessita, segundo o nosso legislador, de tais pretensões, a fim de conseguir impor jurisdicionalmente o seu direito àquele que o perturba no seu exercício ou que mantém uma situação contrária ao mesmo direito"[339].

Esta é a função primária e mais importante do conceito de pretensão: ele designa, simultaneamente, o direito subjectivo material e a possibilidade dada com o mesmo de fazer valer e de, sendo necessário, impor mediante uma acção judicial determinada exigência de certa pessoa em relação a outra[340-341]. O conceito em apreço,

---

[336] Cfr. *idem, ibidem*, p. 148.

[337] Cfr. LARENZ, *Allgemeiner Teil...*, cit., § 14 I, p. 243.

[338] Cfr. *idem, ibidem*, p. 244.

[339] V. *idem, ibidem*.

[340] Cfr. *idem, ibidem*. CASTRO MENDES define pretensão como "a possibilidade jurídica de, mesmo em juízo, exigir algo (determinado) de alguém (também determinado)" (v. Autor cit., *Direito Civil – Teoria Geral*, II, policop., Lisboa, 1979, p. 27).

[341] A segunda função consiste em viabilizar a aplicação, por via analógica, às demais pretensões das regras estabelecidas para as pretensões obrigacionais (cfr. LARENZ, *Allgemeiner Teil...*, cit., § 14 I, p. 246).

500   *Estado de Direito Democrático e Administração Paritária*

embora designe em primeira linha uma posição jurídico-material, é «talhado para o processo»[342]. Com efeito, a pretensão corresponde, no plano jurídico-material, à *actio* do direito comum: ter *actio* é ter *ius*, significando que estão reunidas as condições de procedência de uma acção de condenação que eventualmente seja proposta em vista da imposição judicial da posição jurídico-material concretamente em causa[343].

---

[342] *[Ist] auf den Prozeß zugeschnitten* – cfr. LARENZ, *Allgemeiner Teil...*, cit., § 14 I, p. 244, citando uma expressão de Rudolf Bruns. No mesmo sentido, v. SCHENKE, *Rechtsschutz...*, cit., p. 68, nota 170: "o conceito de pretensão [...] é determinado sobretudo, ainda que não exclusivamente, a partir do direito processual. Uma compreensão puramente jurídico-material da figura da pretensão [...] não é possível".

[343] Nesse sentido, a pretensão caracteriza-se pela sua accionabilidade (*Klagbarkeit*): como sintetiza SCHENKE, quando no direito civil a pretensão jurídico-material foi retirada (*wurde herausgeschält*) da *actio* romanística, tal deveu-se à circunstância de se considerar que o poder jurídico inerente à atribuição de uma *actio* desenvolve normalmente a sua função independentemente do processo e fora dele. [...] Todavia, com isso não foi intencionada a eliminação do conceito de pretensão da possibilidade de, em caso de não satisfação da mesma, e revelando-se tal necessário para esse efeito, a impor coactivamente" (v. Autor cit., *Rechtsschutz...*, cit., p. 71, nota 175). Cfr. também LARENZ, *Allgemeiner Teil...*, cit., § 14 I, p. 244: "sempre que se pergunte se uma acção de condenação com a qual o autor exige do réu um determinado fazer ou não fazer é fundada, devendo, por conseguinte, ser julgada procedente pelo tribunal, há que examinar qual a pretensão (jurídico-material) que relativamente à situação de facto considerada pode justificar o pedido. Caso não se encontre uma tal pretensão, ou tenha sido deduzida contra a mesma uma excepção [devidamente fundamentada], a acção deve ser julgada improcedente".

Crê-se que a accionabilidade da pretensão, nos termos referidos no texto e na presente nota, responde à interrogação formulada por MIGUEL GALVÃO TELES em "Direitos Absolutos e Relativos" cit., p. 657. Simultaneamente, aquele conceito de pretensão evidencia não ser exacta a proposição de que "nos direitos de tipo creditório, afirmar que o credor tem o poder de exigir do devedor que este faça x significa, no fundo, dizer que o devedor *lhe* deve x, a *ele*, credor" (v. *idem, ibidem*, p. 658; itálicos no original). Também significa isso (aliás, é nisso que se traduz o elemento funcional-material do direito subjectivo), mas não é só isso, justamente porque o direito subjectivo também é poder jurídico (aliás, é nisso que se traduz o seu elemento estrutural-formal; cfr. *supra* a nota 317 e o texto correspondente). Daí também não se poder subscrever, nem a tese de que "o direito subjectivo não pode ser caracterizado como um poder" (cfr. MIGUEL GALVÃO TELES, *ibidem*, p. 670), nem a tese de que o mesmo direito consiste na "disponibilidade [no sentido de *availability*] para pessoa ou pessoas individualmente consideradas de bens a ela ou a elas, enquanto tais, juridicamente afectados" (v. *idem; ibidem*, p. 672), traduzindo-se tal afectação a pessoas "na disponibilidade de bens para estas" e efectuando-se a mesma "pela caracterização jurídica de comportamentos possíveis, por via de poderes, de deveres e não-poderes, a que podem acrescer poderes de determinação jurídica, com as correspon-

O *Estado de Direito Democrático e a nova compreensão...* 501

Com efeito, o «poder de exigir» constitutivo do conceito de pretensão significa um poder jurídico que, desde logo, implica a

---

dentes sujeições, e não-poderes, com as correspondentes imunidades" (v. *idem*; *ibidem*, p. 673). Com efeito, tal afectação jurídica parece retratar apenas o momento funcional-material do direito subjectivo; mas este não está completo se o seu titular não puder defender, também juridicamente, a mesma afectação. E isso implica, não só a disponibilidade do poder jurídico, como o carácter relacional do direito subjectivo (cfr. *supra* as notas 246 a 248 e 331). Tal é evidente no caso dos direitos relativos – aqueles em que "o bem jurídico consiste em comportamento de pessoa diferente do titular do direito" (cfr. MIGUEL GALVÃO TELES, *ibidem*, p. 676) –, como resulta do conceito de pretensão referido no texto: o credor pode exigir, mesmo judicialmente, a prestação do devedor e este está obrigado perante aquele a realizá-la. Mas, mesmo no caso dos direitos absolutos – aqueles em que "o bem afectado é outro que não uma prestação ou o seu resultado jurídico consiste em comportamento de pessoa diferente do titular do direito (cfr. *idem*, *ibidem*) –, à reserva do bem para o titular do direito corresponde necessariamente a exclusão jurídica de todos os demais sujeitos do ordenamento, relativamente ao mesmo bem, e o correspondente poder de efectivação da mesma (cfr., quanto a este poder, *infra* a nota 354 e o texto correspondente). Como refere LARENZ, a propósito do direito de propriedade, "trata-se de dois lados de uma mesma realidade; nenhum deles pode ser designado apenas como «reflexo do outro" (v. Autor cit., "Zur Struktur «subjektiver Rechte»" cit., p. 139). Por isso, como o mesmo Autor também refere, "ao direito de alguém a quem algo é devido juridicamente, corresponde o dever ou a «vinculação» de um, de muitos ou de todos os outros – porque se trata sempre de uma relação jurídica entre pessoas" (v. Autor cit., *ibidem*, p. 146).

Por outro lado, a pretensão material ou acção no sentido referido no texto – a «acção-como-direito» – não se confunde com o direito à obtenção de um pronunciamento judicial qualquer que seja o seu conteúdo, ainda que só de carácter processual (o direito de acção, como direito dirigido contra o Estado e que se concretiza na formulação de uma pretensão processual e que, por sua vez, é concretização do direito à tutela jurisdicional – o *Justizgewährungsanspruch*; sobre este último, v., por exemplo, JAUERNING, *Zivilprozessrecht*, 28. Aufl., München, 2003, § 37 I, p. 149). Sobre o direito de acção judicial, v. a síntese de ANTUNES VARELA, "O Direito de Acção e a sua natureza jurídica" cit., N.os 3824 e ss., pp. 325 e ss., em especial, a sua autonomização relativamente ao direito subjectivo, pp. 329 e ss. e 358 e ss. Como este Autor refere, o direito de acção constitui um direito realmente distinto e autónomo do direito material subjectivo do autor"; "esta autonomização do *direito de acção* não significa, de modo nenhum, que a *decisão* da acção não esteja, por via de regra, na estrita dependência do direito substantivo alegado pelo autor. [... A] acção tende a *proceder*, quando exista o direito substantivo subjectivo que serve de base à pretensão [processual] do autor, e a improceder, quando esse direito (subjectivo) nunca se constituiu ou se extinguiu entretanto. Mas a verdadeira *causa* da autonomização do direito de acção está no facto de o direito material do autor, uma vez proposta a acção, mercê sobretudo da força do *princípio do contraditório*, ter de mergulhar, quer o requerente queira quer não, nas águas do direito *objectivo*, ou seja, da ordem

502   *Estado de Direito Democrático e Administração Paritária*

possibilidade de a fazer valer mesmo contra a vontade daquele a quem tal exigência se dirige, nomeadamente por via judicial, mediante uma acção de condenação. Na perspectiva do sujeito activo da pretensão – aquele que pode exigir –, esta acção representará "o próprio direito (substantivo) no seu *momento* activo e agressivo"[344] ou, porventura mais rigorosamente, no seu momento defensivo[345].

É nesta perspectiva que também devem ser entendidas as referências à «acção» contidas no Código Civil português[346]: por exemplo, a propósito do direito de crédito, é mencionada a "acção de

---

jurídica estabelecida a cujos ditames o tribunal tem de obedecer [...] (v. Autor cit., *ibidem*, p. 361 e nota 1; itálicos no original). Com efeito, "o direito de acção é, na sua essência, um *poder jurídico*, de carácter *publicístico*, conferido a *uma pessoa* (autor), no sentido de exigir do *Estado* determinada providência *contra uma outra pessoa* (réu), através de um conjunto de actos (*processo*), que se desdobra num duplo momento, tendo a providência requerida um *conteúdo* essencialmente *variável*: a) num primeiro momento, cabe ao tribunal apreciar e decidir sobre a aparente viabilidade formal e substancial da providência; b) no segundo momento, trata-se de averiguar, ouvida a parte requerida, da possibilidade de conhecer do mérito da pretensão, e de a tomar quando, em face do direito objectivo aplicável, se mostre que ela reúne as condições necessárias à sua procedência" (v. *idem, ibidem*, N.º 3831, p. 169; itálicos no original).

[344] Assim, a referência de ANTUNES VARELA, seguindo Liebman, à concepção da acção anterior à sua autonomização do direito material (v. Autor cit., "O Direito de Acção e a sua natureza jurídica" cit., N.º 3824, p. 329; itálico no original). Em nota o mesmo Autor dá conta da posição de Savigny, para quem a acção era o aspecto particular que qualquer direito assume em consequência da sua lesão. V. *ibidem*, N.º 3825, pp. 357 e 358, igualmente a referência às concepções não autónomas do direito de acção. V. também a concepção de Windscheid, ainda tributária da ideia da acção-como-direito: "*actio* é a faculdade inerente a qualquer direito de, no caso deste ser ofendido, chamar em sua defesa o poder judicial; ela já existe antes da ofensa, mas só se torna realizável através desta última" (cfr. SCHENKE, *Rechtsschutz...*, cit., p. 71, nota 175).

[345] Contudo, a pretensão não se esgota na *actio*. Aliás, Windscheid autonomizou aquela do processo justamente para dar conta da noção de que o direito subjectivo é a realidade primária e a possibilidade da sua imposição por via judicial a realidade secundária. O processo destina-se a servir o direito subjectivo material: quando este é lesado ou posto em dúvida, aquele, uma vez posto em marcha pelo exercício do direito de acção em que é afirmada uma pretensão processual, reconhece-o e realiza-o. Contudo, a pretensão, justamente porque designa o direito material, também se pode impor por via extra-processual (nomeadamente, por compensação), pode ser satisfeita voluntariamente e, em muitos casos, pode ser objecto de renúncia. Cfr. LARENZ, *Allgemeiner Teil...*, cit., § 14 I, p. 245.

[346] No que respeita à «acção directa», v. as referências *supra*, na Introdução, nas notas 29 e 47 e no texto correspondente.

O *Estado de Direito Democrático e a nova compreensão...* 503

cumprimento"[347]; e, no domínio dos direitos reais, é referida a "acção de prevenção" e a "acção de reivindicação"[348]. A consagração do direito de exigir a eliminação de perturbações ao gozo da coisa originadas pela utilização de coisas vizinhas inscreve-se na mesma lógica, referindo a doutrina, a este propósito, a chamada «acção negatória» – justamente o exercício do aludido direito implica a negação dos direitos do vizinho a cujo exercício corresponderiam os factos perturbadores[349].

Com Larenz, importa ainda distinguir entre pretensões autónomas (*selbständige Ansprüche*) e pretensões não autónomas (*unselb-*

---

[347] Cfr. a epígrafe da Subsecção I da Secção III do Capítulo VII da parte geral referente ao direito das obrigações constante do Código Civil – arts. 817.º e ss. Aí se refere que, no âmbito de uma obrigação (civil), o credor tem o direito de exigir judicialmente o cumprimento da obrigação (cfr. o art. 817.º; quanto às obrigações naturais, cfr. o art. 402.º). Ou seja, o direito de crédito implica "a possibilidade jurídica de, mesmo em juízo, exigir" o cumprimento da prestação (cfr. a noção de pretensão proposta por Castro Mendes transcrita *supra* na nota 340).

[348] Cfr., respectivamente, os arts. 1276.º e 1311.º, ambos do Código Civil. No primeiro, prevê-se um direito de exigir a abstenção de perturbações: "se o possuidor tiver justo receio de ser perturbado ou esbulhado por outrem, será o autor da ameaça, a requerimento do ameaçado, intimado para se abster de lhe fazer agravo [...]". E, no segundo, um direito de exigir a restituição da coisa indevidamente retirada ao seu proprietário: "o proprietário pode exigir judicialmente de qualquer possuidor ou detentor da coisa o reconhecimento do seu direito de propriedade e a consequente restituição do que lhe pertence".

[349] Cfr. o art. 1346.º do Código Civil: "o proprietário de um imóvel pode opor-se à emissão de fumo, fuligem, vapores, cheiros, calor ou ruídos, bem como à produção de trepidações e a outros quaisquer factos semelhantes, provenientes de prédio vizinho, sempre que tais factos importem um prejuízo substancial para o uso do imóvel ou não resultem da utilização normal do prédio de que emanam". Este preceito concretiza o direito de exigir a abstenção de perturbações ao gozo da coisa ou a sua eliminação no âmbito das relações entre proprietários: no caso de o perturbador ser um terceiro não proprietário nem legitimado por qualquer direito relacionado com a utilização de propriedade vizinha, a posse do perturbado é suficiente para fundamentar a defesa do gozo da sua coisa (cfr. o art. 1277.º do Código Civil: "acção directa e defesa judicial"); porém, tratando-se de perturbações provenientes da utilização de prédio vizinho e, portanto, de actuações que também podem resultar do exercício de direito idêntico ao do proprietário perturbado, existe um conflito aparente de direitos que, na falta de acordo, só pode ser dirimido pela via judicial. O conflito é aparente, uma vez que o direito à abstenção ou à eliminação das perturbações só existe caso os factos perturbadores "importem um prejuízo substancial para o uso do imóvel" propriedade do perturbado ou "não resultem da utilização normal do prédio de que emanam".

504   *Estado de Direito Democrático e Administração Paritária*

ständige Ansprüche). As primeiras – de que são exemplo os direitos de crédito – "têm em si o seu próprio sentido" e não se destinam a servir outros direitos; elas próprias são direitos subjectivos[350]. Daí o justificar-se a apontada identificação entre direito de crédito e pretensão. As segundas destinam-se à realização de um outro direito, nomeadamente de direitos absolutos – como os direitos de personalidade ou os direitos reais de gozo; elas desempenham uma função instrumental, nomeadamente de defesa de tais direitos[351].

E o mesmo Autor exemplifica com o caso do direito de propriedade. No quadro de uma situação de gozo pacífico, não há pretensão, já que a função de exclusão – a absolutidade do direito – respeita a todos os demais que não o proprietário; falta a tal função a característica própria da pretensão, nomeadamente a sua direcção contra uma pessoa determinada[352]. Perante a intromissão indevida de um terceiro no domínio do proprietário em prejuízo do seu direito – esbulho, perturbação do gozo ou actuação sobre a própria coisa –, o seu direito adquire uma direcção determinada, precisamente contra o esbulhador ou o perturbador: o direito em causa concentra-se (*verdichtet sich*) numa determinada exigência contra certa pessoa, dando origem a uma pretensão[353]. E Larenz conclui: "dado que as pretensões não autónomas apenas têm o sentido de possibilitar a realização da situação correspondente a um direito absoluto perante quem mantém uma situação contrária àquela ou, enquanto «perturbador», é pela mesma responsável, seria absurdo (*sinnwidrig*) separá-las do direito absoluto que está na sua origem"[354].

---

[350] V. Autor cit., *Allgemeiner Teil...*, cit., § 14 I, p. 246.

[351] V. *idem, ibidem*.

[352] V. *idem, ibidem*.

[353] V. *idem, ibidem*, p. 247.

[354] V. Autor cit., *ibidem*, pp. 247 e 248. A ligação funcional mencionada no texto não impede, todavia, a sua diferenciação formal e estrutural: trata-se de direitos diferentes sujeitos a regimes também diferentes (cfr. *ibidem*, p. 247). O que importa à caracterização do direito absoluto, como direito subjectivo, é a possibilidade de defesa, nomeadamente a previsão de procedimentos destinados a tal finalidade. No caso dos direitos absolutos de direito privado verifica-se que a lesão ou ameaça concreta de lesão dos mesmos é, por si, condição suficiente para a constituição de uma pretensão dirigida à eliminação da lesão ou de uma pretensão dirigida à sua não concretização. Existe uma correlação entre o direito absoluto e estas pretensões de defesa: as mesmas só existem devido à função que desem-

O Estado de Direito Democrático e a nova compreensão... 505

Em síntese, qualquer direito subjectivo privado, incluindo, portanto, os direitos absolutos, implica o poder jurídico de, sendo necessário, realizar por via judicial o interesse do seu titular protegido pela norma jurídica que o prevê. Um direito subjectivo traduz uma pretensão ou, tratando-se de um direito absoluto, em caso de ameaça de lesão ou de lesão efectiva e continuada do mesmo, origina pretensões destinadas, respectivamente, à abstenção ou à eliminação daquelas.

A situação relativamente aos direitos subjectivos públicos dos particulares é muito próxima, mas não totalmente idêntica, uma vez que a possibilidade de defesa nem sempre se pode concretizar em pretensões secundárias ordenadas à abstenção ou eliminação de lesões daqueles direitos[355].

(iii) Os direitos subjectivos públicos e a tese dos direitos reactivos

Na doutrina há quem sustente um conceito de direito subjectivo público distinto, reconduzindo-o ao poder jurídico de exigir o cumprimento de deveres objectivos do Estado ou de outras autoridades públicas que, ou já foram violados, ou ainda não foram cumpridos[356]. No primeiro caso, fala-se de um direito de defesa perante a «coacção ilegal» que se concretiza em pretensões à eliminação da ilegalidade (*Beseitigungsanspruch*); no segundo, de um direito ao cumprimento das tarefas legalmente previstas, a concretizar em pretensões à realização das prestações devidas (*Leistungsanspruch*).

---

penham relativamente àquele. Segundo ACHTERBERG, o direito absoluto corresponde a uma relação-quadro [*Rahmenrechtsverhältnis*] – que é uma relação abstracta – a qual, devido à perturbação, se converte numa relação concreta entre o titular do direito e o perturbador (cfr. Autor cit., "Die rechtsverhältnistheoretische Deutung absoluter Rechte" cit., p. 25).

[355] Cfr. *infra* no ponto (v) da presente alínea as referências a situações de exclusão do direito à anulação revogatória de actos administrativos – uma modalidade de pretensão à eliminação de lesões de direitos subjectivos públicos dos particulares – por determinação da lei ou em consequência de subprincípios do Estado de Direito.

[356] Cfr. as sínteses e apreciações críticas de SCHENKE, *Rechtsschutz...*, cit. pp. 62 e ss.; de SCHERZBERG, "Grundlagen und Typologie des subjektiv-öffentlichen Rechts" cit., pp. 132 e 133; e de STERN, *Das Staatsrecht der Bundesrepublik Deutschland*, III/1, cit., pp. 554 e 555, a propósito da recondução do conceito de direito subjectivo público à pretensão definida no § 194 do BGB.

506 Estado de Direito Democrático e Administração Paritária

Foi essa a posição, entre outros, de Christian-Friedrich Menger e de Hans Heinrich Rupp. Em causa estava, sobretudo, a dilucidação do conceito de «direitos» utilizado nas leis do processo administrativo: um acto administrativo pode ser impugnado contenciosamente desde que, por ser ilegal, prejudique um particular «nos seus direitos»[357].

Para o primeiro daqueles Autores, tais «direitos» não correspondem ao conceito de direito subjectivo público; antes significam "a posição jurídica daquele que é afectado (*der Betroffene*), ou seja, a suma dos direitos e vinculações resultantes do direito objectivo", a qual, no quadro do Estado de Direito, é sempre susceptível de ser defendida[358]. Ela corresponde ao *status negativus* ou *status libertatis* do cidadão, "à suma dos direitos de liberdade garantidos expressamente (nos direitos fundamentais) ou por força de princípios jurídicos"[359]. Tais "direitos" (*Statusrechte*) não constituem, considerados em si mesmos, pretensões; antes correspondem a uma posição jurídica (*Rechtsstellung*) que é a base de possíveis direitos subjectivos, correspondentes a pretensões. "Esta posição jurídica só confere uma pretensão accionável judicialmente a partir do momento em que seja prejudicada de modo ilegal (*rechtswidrig beeinträchtigt*); e tal pretensão dirige-se contra aquele que a tenha prejudicado, o «perturbador», o qual só é determinado a partir da lesão. Trata-se, por conseguinte, de uma «*actio negatoria*» jurídico-pública, uma «pretensão reactiva publicística» («*publizistischer Anspruch*»)"[360].

---

[357] Cfr. os §§ 42 II (admissibilidade da acção de impugnação) e 113 I 1 (condição de procedência da mesma acção: que o acto seja ilegal e, devido a tal circunstância [*dadurch*], o autor seja ofendido nos seus direitos) da *Verwaltungsgerichtsordnung*. Estes preceitos reproduziram o sentido fundamental de disposições análogas constantes de leis processuais anteriores.

Quanto às referências doutrinárias, v., por exemplo, MENGER, *System des verwaltungsgerichtlichen Rechtsschutzes – Eine verwaltungsgerichtliche und prozeßvergleichende Studie*, Tübingen, 1954, pp. 117 e ss.; e as indicações de RUPP, *Grundfragen...*, cit., pp. 171 e 172.

[358] V. Autor cit., *System...*, cit., p. 118.

[359] V. *idem, ibidem*.

[360] V. *idem, ibidem*, pp. 118 e 119. MENGER reporta-se expressamente, concordando com ela, à posição de Wolff. Em nota o mesmo Autor esclarece que o termo de comparação relativamente à *actio negatoria* do direito civil, nomeadamente a prevista no § 1004 do BGB, consiste em que, também nesse caso, a pretensão contra o perturbador só surge na

O *Estado de Direito Democrático e a nova compreensão...*   507

Deste modo, ainda segundo Menger, o conceito de direito subjectivo público deveria "ser reservado para os casos em que uma norma jurídica atribuísse ao cidadão o direito de exigir uma acção positiva do Estado", como sucede, por exemplo, "nos múltiplos casos de actos administrativos estritamente vinculados".

Em síntese, como não existe nenhum «direito geral à execução da lei» (*allgemeiner «Gesetzesvollziehungsanspruch»*), o cidadão só pode accionar o Estado, em vista de tal fim, com base num direito subjectivo: "ele age, então, com base na sua pretensão a uma prestação (*Leistungsanspruch*) fundada no direito material, visando a realização da prestação que anteriormente e de modo ilegal lhe foi recusada. Nos restantes casos, ele só tem o direito de fazer valer «de modo negatório» («*negatorisch*») que um órgão do Estado, mediante uma acção ou omissão anterior, violou o direito objectivo em seu prejuízo, ou seja, «prejudicando-o nos seus direitos»"[361].

Próxima desta é a posição de Rupp, o qual, em todo o caso, vai procurar esclarecer o seu pressuposto (*die Tatbestandsseite*) e o conteúdo da pretensão correspondente à citada «*actio negatoria*» jurídico-pública[362].

Segundo este Autor, direitos subjectivos públicos são fundamentalmente as pretensões, já que os direitos potestativos "quase não ocorrem nas relações cidadão-Estado" e os direitos absolutos correspondem a *status*[363]. É a partir destes últimos que surgem os "direitos de defesa ou direitos de eliminação" (*Abwehr- oder Beseiti-*

---

sequência de uma perturbação ilícita, ainda que não culposa, da propriedade, e o direito real, em si, não é uma pretensão (cfr. Autor cit., *ibidem*, p. 119, nota 25).

361 V. MENGER, *System...*, cit., p. 119.

362 V. Autor cit., *Grundfragen...*, cit., p. 172.

363 V. Autor cit., *Grundfragen...*, cit., pp. 146 e ss. A referência aos direitos potestativos encontra-se na p. 147. A tal propósito, RUPP esclarece que a opinião contrária e maioritária quanto à importância desse tipo de direitos nas relações jurídico-públicas, e que vê por detrás de cada acção impugnatória um desses direitos – o direito à anulação do acto administrativo –, se fica a dever a uma perspectivação do problema a partir da teoria do objecto do processo que progressivamente foi afastando a questão do direito subjectivo público do direito material (cfr. Autor cit., *ibidem*, pp. 147 e 254 e ss.: "a necessidade de propor uma acção de impugnação nos tribunais administrativos resulta [...] tão-só de a Administração não ter, ela própria, exercido o seu poder jurídico (*Verfügungsgewalt*), para satisfazer a pretensão de eliminação [*Beseitigungsanspruch*] e, desse modo, cumprir

508 Estado de Direito Democrático e Administração Paritária

gungsrechte), os quais, "segundo a sua evolução histórica, só são concebíveis quando «o limite da lei é ultrapassado» e, desse modo, o domínio de liberdade do cidadão estabelecido por tal limite é violado"[364]. Sendo tais direitos admissíveis, suscita-se a questão de saber por que forma é que os mesmos são identificados e realizados. A seu lado importa considerar, no moderno Estado de Direito, os direitos que respeitam a actuações positivas da Administração – os "direitos subjectivos públicos ao cumprimento da lei"[365]. Com efeito, existe uma diferença estrutural entre aqueles dois tipos de direitos, os quais correspondem a distintos modos de actuação dos poderes públicos: os primeiros surgem na continuidade do Estado liberal e visam a defesa de espaços de liberdade juridicamente reconhecidos aos cidadãos; os segundos já relevam de um Estado com preocupações sociais e, por isso, disponível para intervir socialmente e visam assegurar o cumprimento dos deveres públicos nesse domínio.

No que se refere àquela primeira questão, Rupp, assumindo que os direitos subjectivos públicos desempenham um função idêntica à dos direitos subjectivos entre privados – ou seja, que os mesmos correspondem a posições jurídico-materiais, não se limitando a respectiva função a «filtrar» o acesso aos meios de impugnação da legalidade de actos administrativos[366] –, insurge-se contra a sua iden-

---

o seu dever de eliminar [*Beseitigungspflicht*]" o acto ilegal [*ibidem*, pp. 255 e 256]). Por outro lado, como SCHENKE observa certeiramente, a raridade de direitos potestativos no âmbito das relações de direito público aludida por Rupp explica-se também em virtude de este Autor rejeitar a admissibilidade de direitos subjectivos públicos do Estado (cfr. Autor cit., *Rechtsschutz...*, cit., p. 241, nota 96).

[364] V. RUPP, *Grundfragen...*, cit., p. 154. Tais direitos, por conseguinte, só podem surgir a partir de um comportamento *contra legem* por parte do Estado (v. *idem, ibidem*).

[365] *Subjektive öffentliche Rechte auf Gesetzeserfüllung* – v. *idem, ibidem*, pp. 262 e ss.

[366] Cfr. Autor cit., *ibidem*, pp. 175 e 176. Aí RUPP defende que a dilucidação da questão de saber se, no direito público de hoje, uma acção individual funcionalmente também se destina a ser um instrumento de realização coerciva de um direito individual material é indispensável para não incorrer, como von Sarwey, num círculo vicioso. Sobre a posição de von Sarwey e a «petição de princípio civilística», v. *supra* a nota 310. A resposta à mesma questão é igualmente necessária à validação do método dos glosadores – inferir o *ius* a partir da *actio*, determinando-o a partir dos pressupostos desta – relativamente à acção de impugnação (v. *ibidem*, p. 174). E sobre a questão em apreço, RUPP afirma: "na situação constitucional dos dias de hoje só pode ser exacta a [concepção, segundo a qual, a resposta àquela interrogação é afirmativa]. Pois se é certo que [...] o

O *Estado de Direito Democrático e a nova compreensão...* 509

tificação com os «direitos» cuja ofensa é condição de procedência da acção impugnatória, nos termos das leis de processo administrativo, visto que, por essa via, jamais se pode responder à questão do *ius* visado através da *actio* em que se consubtancia a acção de impugnação: "aqueles «direitos» cuja violação conduz à admissibilidade e até ao êxito de uma acção de impugnação não são certamente idênticos àquele que resulta de tal violação e que necessariamente tem de ser pensado como o *ius* jurídico-material por detrás da acção"[367]. Com efeito, "das duas uma: ou se vê na acção de impugnação administrativa apenas uma «queixa» ou «acção de reclamação» («*Beanstandungsklage*») individual, em que é exigida uma certa relação subjectiva ou proximidade material relativamente à ilegalidade sob censura a fim de, pela via processual, evitar uma acção popular, ou, então, compreende-se o processo de impugnação como o processo civil e há que procurar aqueles direitos subjectivos que, no caso de serem fundados, conduzem ao êxito da acção. Uma combinação das duas soluções é simplesmente impossível, antes conduzindo forçosamente a acção de impugnação – como uma relíquia de tempos passados – ao sistema de acções, o qual afirmava o carácter subjectivo da acção, mas não procurava esclarecer o direito subjectivo material"[368].

Para o Autor em apreço, a lesão de tais «direitos» – a *Rechtsverletzung*–, sem se confundir com o *ius*, é um dos elementos da pretensão jurídico-material e não um mero pressuposto processual, como pretendia Gneist[369]. Conforme referido, os mesmos «direitos» correspondem a *status*, no sentido da teoria defendida por Jellinek: no

---

princípio da legalidade objectiva em determinados casos também funda um *status* pessoal do indivíduo, então já não parece mais convincente ver numa acção administrativa individual, que só pode surgir a partir da violação daquele *status*, apenas uma queixa ou acção de reclamação (*Beanstandungsklage*), no sentido da concepção de Rudolf von Gneist" (v. Autor cit., *ibidem*, p. 175; sobre a concepção de Gneist, v. *supra* a nota 310 e o texto correspondente).

[367] V. *idem, ibidem*, p. 158.

[368] V. *idem, ibidem*, pp. 158 e 159. Cfr. também *supra* o ponto (i) da presente alínea. Sobre o sistema de acções, cfr. *supra*, na Segunda Parte, as notas 44 a 46 e o texto correspondente; v. também RUPP, *Grundfragen...*, cit., p. 158, nota 164.

[369] V. Autor cit., *ibidem*, p. 160.

510 *Estado de Direito Democrático e Administração Paritária*

essencial, um conjunto de deveres de abstenção impostos à Administração e que, assim, delimitam um âmbito de liberdade dos cidadãos – um *status libertatis*, portanto, delimitado negativamente pela lei, a qual constitui o «limite do ser-permitido» (*Schranke des Dürfens*). Tal *status* apresenta-se como realidade análoga à propriedade e demais direitos absolutos, no âmbito do direito privado [370].

A grande diferença, quanto à situação de partida e metodológica, entre *status* jurídico-públicos e direitos absolutos jurídico-privados, resulta da circunstância de os direitos de defesa daqueles, ao contrário dos direitos de defesa destes últimos, não se encontrarem *a priori* determinados quanto aos respectivos pressupostos, uma vez que estão dependentes de uma precisão do próprio *status*, nomeadamente em função do esclarecimento da questão «reflexo ou *status* subjectivo»[371]. Tal obriga a tomar em consideração o lado dos deveres

---

[370] Cfr. *idem, ibidem*, pp. 162 e 165 e ss. ("a propriedade juscivilística [...] não é um direito subjectivo e aquilo que se entende como a propriedade de uma pessoa não é mais do que uma situação jurídica de livre ser-permitido (*ein Rechtszustand freien Dürfens*) constitutivamente formada pelo somatório de diversos deveres de abstenção de terceiros e, bem assim, por pretensões de defesa rigorosamente definidas [*genau bestimmte Adwehr- und Verteidigungsansprüche*]"; v. *ibidem*, p. 169)

[371] Cfr. *idem, ibidem*, pp. 169 e 222. Com referência à propriedade e demais direitos absolutos jurídico-privados, a lei determina exaustivamente os respectivos direitos de defesa – tutela indemnizatória, tutela possessória, reivindicação, pretensão de eliminação de perturbações (*Beseitigungsanspruch*) e pretensão de abstenção de perturbações (*Unterlassungsanspruch*) – e qualifica-os expressamente como direitos subjectivos de defesa. Consequentemente, o carácter de *status* subjectivo da propriedade e demais situações correspondentes a direitos absolutos pode ser deduzido a partir daqueles direitos de defesa: uma vez que a pretensão de eliminação de perturbações da coisa do proprietário só pode ter uma função de defesa do próprio proprietário, a propriedade constitui um *status* subjectivo. Já a impugnação de um acto administrativo ilegal não desempenha necessariamente uma idêntica função subjectiva; tal apenas sucederá, caso o mesmo acto seja impugnado por quem tenha sofrido um prejuízo no seu *status*, ou seja, no caso de as vantagens decorrentes do cumprimento da lei que foi violada corresponderem a uma intenção do legislador e não a uma mera protecção reflexa. Daí o paralelismo que RUPP estabelece com o problema dos "interesses juridicamente protegidos" a que se refere o § 823 II do BGB (cfr. a referência paralela constante do art. 483.º, n.º 1, do Código Civil: "disposição legal destinada a proteger interesses alheios"): ao contrário do que sucede com os direitos absolutos a que se refere o § 823 I, tais posições ainda não se encontram totalmente definidas a partir de pretensões defensivas, de modo a que, com base nestas últimas, se possa responder à questão «status ou reflexo». "Apenas com base na previsão de tal pretensão indemnizatória, não é possível responder a tal questão, como também não o é a

O *Estado de Direito Democrático e a nova compreensão...* 511

constantes da lei. Por aqui se evidencia, justamente, que o *status* não é um direito subjectivo[372]. O mesmo, *rectius*, a sua violação, é, isso sim, um pressuposto material da pretensão reactiva.

Com efeito, a legalidade objectiva, mesmo no caso de fundar um *status*, não é condição suficiente da existência daquele tipo de pretensões. Aquele princípio apenas contém um comando normativo (*normatives Sollensgebot*) dirigido à Administração no sentido de esta não violar as leis (e, consequentemente, os *status* por elas eventualmente fundados); o mesmo nada diz sobre se tal violação desencadeia algumas consequências jurídicas e, em caso afirmativo, quais[373]. Por outro lado, "um acto de autoridade conforme com o direito, incluindo o direito constitucional, não pode violar a esfera de liberdade de qualquer indivíduo, porque tal esfera de liberdade, esse *status*, é justamente determinada como liberdade da coacção *ilegal*"[374].

A determinação positiva do *status*, nomeadamente a sua individualização face a protecções normativas reflexas, pode ser feita recorrendo aos critérios identificadores do direito subjectivo público utilizados pela doutrina que o identifica com o *status*, de acordo, nomeadamente, com o critério do interesse normativamente protegido, nos termos defendidos por Ottmar Bühler e Otto Bachof[375]. É, na sua essência, um problema de interpretação normativa[376].

---

partir da existência de uma genérica pretensão reactiva de direito público. Porque ambas as sanções [...] pressupõem a violação de um *status* subjectivo, e não de simples reflexos do direito objectivo, as mesmas são insuscepíveis de fornecer qualquer indicação quando é que, num caso concreto, está em causa um reflexo e quando é que está em causa um *status*" (v. Autor cit., *ibidem*, pp. 222 e 223).

[372] Cfr. RUPP, *Grundfragen...*, cit., p. 169.

[373] Cfr. *idem*, *ibidem*, p. 173, onde, a tal propósito, são mencionadas as diferenças das tradições jusprivatística e juspublicística. Cfr. também *ibidem*, p. 221: a lei que comanda a actividade da Administração (*das «zwingende Gesetz»*) não é a norma em que se funda o direito subjectivo reactivo; aquela pode relevar na determinação deste último, na medida em que simultaneamente constitua um *status*. Na verdade, a violação do *status* é pressuposto de facto da norma fundamental que estatui o direito reactivo de defesa.

[374] *Freiheit von ungesetzlichem Zwang* – v. *idem*, *ibidem*, pp. 176 e 177; itálico no original.

[375] Cfr. RUPP, *Grundfragen...*, cit., pp. 223 e 246 e ss. Quanto às teses dos dois Autores mencionados no texto, cfr. *supra* o ponto anterior da presente alínea.

[376] Cfr. *supra* a nota 323 e o texto correspondente.

512 *Estado de Direito Democrático e Administração Paritária*

Uma vez estabelecido positivamente um *status* e a respectiva violação, torna-se possível, seguindo o postulado dos glosadores de que a cada *actio* corresponde necessariamente um *ius*, inferir, a partir das condições de procedência da acção impugnatória e das suas consequências jurídicas, o direito subjectivo que a mesma visa realizar e determinar o respectivo conteúdo: a pretensão reactiva resultante da violação de um *status* jurídico-público visa a eliminação da lesão causada por tal violação[377].

Para compreender o alcance desta proposição, cumpre ter presentes algumas observações.

Em primeiro lugar, a lesão do *status* individual não depende da forma de actuação da Administração, mas exclusivamente da sua ilegalidade: um acto administrativo ilegal é tão violador daquele *status* como uma operação material ilegal. Daí a necessidade de superar os limites da lei processual e generalizar a ideia subjacente às condições de procedência da acção de impugnação, assumindo a existência de uma norma fundamental, nos termos da qual o indivíduo tem direitos de defesa contra toda e qualquer violação do seu *status*[378]. Nesta perspectiva, o acto administrativo é tão-só um acto de aplicação da lei e do direito, ainda que caracterizado por diversas

---

[377] "*[D]er öffentlich-rechtliche Reaktionsanspruch aus Statusverletzungen [ist] auf Beseitigung der statusverletzenden Beeinträchtigung gerichtet*" – cfr. RUPP, *Grundfragen...*, cit., p. 258. Este direito à eliminação de perturbações é considerado, do ponto de vista jurídico-sistemático, muito próximo da pretensão juscivilística prevista no § 1004 do BGB, já que, nos termos do § 113 I da *Verwaltungsgerichtsordnung*, aquele direito visa a anulação (*Aufhebung*) do acto administrativo impugnado (cfr. *idem, ibidem*, p. 254). A defesa contra operações materiais violadoras de *status*, faz-se através de uma acção de condenação contra a Administração em que seja pedida a eliminação das consequências resultantes de tal actuação ilegal (RUPP refere, a este propósito, uma *beseitigende Leistungsklage*; cfr. *ibidem*, pp. 251 e 258 e 259). Daí a formulação de um conceito comum de "acções administrativas de eliminação" (*verwaltungsgerichtliche Beseitigungsklagen*) em que se integrariam a acção de impugnação (incluindo os subsequentes trâmites visando a eliminação das consequências de actos ilegais, nomeadamente o *(Vollzugs) folgenbeseitigungsanspruch* previsto no § 113 I, 2.ª frase, da *Verwaltungsgerichtsordnung*) e a acção de condenação dirigida à eliminação de prejuízos causados por operações materiais ilegais (cfr. *idem, ibidem*). Sobre a distinção entre o direito à eliminação de perturbações e o direito à indemnização, v. *idem, ibidem*, pp. 259 e ss.

[378] Cfr. *idem, ibidem*, pp. 249 e ss. e 258 e ss.

O *Estado de Direito Democrático e a nova compreensão...* 513

particularidades, entre elas, a de as consequências de uma sua alegada ilegalidade estarem dependentes da apreciação, eventualmente a realizar em prazo determinado, por certas instâncias decisórias[379].

Em segundo lugar, Rupp salienta expressamente que a circunstância de o tribunal «anular» o acto administrativo impugnado, em vez de condenar a Administração a realizar uma revogação anulatória, se deve exclusivamente a razões de economia processual, nomeadamente para prevenir a necessidade de uma execução, que também encontram paralelos no direito processual civil[380]. Daí que, em seu entender, não seja correcto considerar isoladamente o efeito constitutivo da sentença anulatória e, a partir do mesmo, concluir pela natureza constitutiva da acção de impugnação, ou até entender que o respectivo autor é titular de um direito potestativo: tais perspectivas apenas obnubilam a essência do direito subjectivo material que está na base daquela acção[381].

Em terceiro lugar, a acção de reconhecimento da nulidade de um acto administrativo prevista no § 43 I da *Verwaltungsgerichtsordnung* visa, no entender de Rupp, a realização judicial da pretensão jurídico-material de eliminação do acto contra a Administração, já que tal acto comporta, "ao menos de forma latente" – e contrariamente a uma visão puramente objectivo-naturalística do direito que compreendesse a forma técnico-jurídica da nulidade como um facto objectivo –, a possibilidade de ser executado[382]. Na verdade, "o mero reconhecimento da nulidade ou a destruição do acto pelo juiz

---

[379] Cfr. *idem, ibidem*, p. 252.

[380] Cfr. Autor cit., *ibidem*, p. 254.

[381] Cfr. *idem, ibidem*, pp. 254 e 255. *Ibidem*, pp. 255 e 256, Rupp justifica que a pretensão à eliminação do acto ilegal se dirige primariamente à Administração, não podendo, por isso, ser confundida com um direito potestativo de exercício necessariamente judicial. No mesmo sentido, cfr. a caracterização da acção de impugnação feita por Schenke: "uma acção processualmente constitutiva (*prozessuale Gestaltungsklage*) [...] mediante a qual o autor faz valer uma pretensão jurídico-material à revogação anulatória de um acto administrativo que o lesa nos seus direitos" (v. Autor cit., *Verwaltungsprozessrecht*, cit., Rn. 178, p. 62).

[382] Cfr. Autor cit., *Grundfragen...*, cit., p. 256. V., em consonância com a perspectiva mencionada no texto, o disposto no art. 50.º, n.º 1, do Código de Processo nos Tribunais Administrativos: "a impugnação de um acto administrativo tem por objecto a anulação ou a declaração de nulidade ou inexistência desse acto".

514 Estado de Direito Democrático e Administração Paritária

são, nesta perspectiva, apenas formas, condicionadas por razões técnico-jurídicas diferentes, de o juiz acolher a pretensão material"[383].

Quanto aos "direitos subjectivos públicos ao cumprimento da lei", Rupp salienta a sua diferença estrutural relativamente aos direitos reactivos[384]. Enquanto para estes são necessárias duas normas – a que consagra o *status* cuja violação pode originar um direito reactivo e a que prevê este mesmo direito como reacção ou sanção para tal ilegalidade -; aqueles resultam imediatamente da norma que rege a actuação administrativa. Com efeito, não é a recusa de um benefício legalmente previsto e devido que constitui o direito ao mesmo; aliás, tal direito resulta imediatamente da lei que o prevê e que estabelece para a Administração a correlativa vinculação. A mesma lei determina que a Administração substitua a recusa pelo cumprimento do dever, satisfazendo o direito do beneficiário legalmente previsto[385]. Em tais casos, a lei já não é um «limite do ser-permitido», mas exprime um dever da Administração[386].

Porque tal dever é correlativo de um interesse do destinatário da actuação administrativa, há que, também aqui, distinguir entre protecções normativas intencionadas e aquelas que são apenas reflexas, segundo critérios idênticos aos referidos a propósito da identificação dos *status*[387]. Tal identidade leva inclusivamente Rupp a falar de uma «dupla-face» (*Doppelgesichtigkeit*) de toda e qualquer função administrativa que, superando a distinção tradicional entre «administração agressiva» e «administração de prestação», se torna especialmente visível no quadro de relações jurídicas multilaterais[388]. Com efeito, aqueles direitos – sejam as pretensões reactivas à violação de deveres por parte da Administração, sejam os direitos a prestações positivas da Administração – podem surgir, directa ou indirectamente,

---

[383] V. RUPP, *Grundfragen...*, cit., p. 256.

[384] Cfr. Autor cit., *ibidem*, p. 263.

[385] É essa a lógica subjacente à solução prevista no art. 66.º, n.º 2, do Código de Processo nos Tribunais Administrativos: "ainda que a prática do acto devido tenha sido expressamente recusada, o objecto do processo [- a acção administrativa especial em vista da prática de acto devido -] é a pretensão do interessado e não o acto de indeferimento cuja eliminação da ordem jurídica resulta directamente da pronúncia condenatória".

[386] Cfr. RUPP, *Grundfragen...*, cit., p. 265.

[387] Cfr. *idem, ibidem*, p. 267, e *supra* a nota 375 e o texto correspondente.

[388] Cfr. Autor cit., *ibidem*, pp. 267 e ss.

O Estado de Direito Democrático e a nova compreensão...

quer em resultado da violação de normas intromissivas (*eingreifende Normen*), isto é, aquelas cujo sentido é diminuir o espaço de liberdade dos cidadãos; quer da violação de normas ampliativas (*gewährende Normen*), ou seja, aquelas que visam a atribuição de vantagens aos cidadãos[389].

(*iv*) *Apreciação crítica da tese dos direitos reactivos*

A tese dos direitos reactivos evidencia de modo claro a necessidade de distinguir entre a posição jurídica afectada por uma actuação administrativa ilegal e a possibilidade jurídica da sua defesa. É especialmente elucidativa a afirmação de Rupp de que os direitos violados não podem ser idênticos ao direito que é feito valer mediante uma acção de impugnação[390]. Problemática é a tendência inerente à mesma tese para reconduzir os direitos subjectivos públicos a pretensões, ignorando praticamente os direitos potestativos e negando carácter jussubjectivo aos direitos absolutos, muito em particular aos direitos fundamentais de liberdade. Estes últimos são degradados a meros *status* sem que fique muito claro qual o seu exacto e autónomo significado jurídico-material. Acresce que se cria uma clivagem terminológica entre as posições jurídicas correspondentes aos mencionados *status* e as posições jurídicas de particulares tendo por objecto uma prestação positiva a cargo dos poderes públicos – na tese em análise, os verdadeiros direitos subjectivos públicos – sem qualquer tradução ao nível da letra do direito positivo[391].

---

[389] Pense-se, respectivamente, nas hipóteses de intervenção policial (prevista em norma habitualmente considerada como intromissiva) e de atribuição de um subsídio ou de uma licença de construção (prevista em norma habitualmente considerada como ampliativa): com referência a situações concretizadoras daquelas hipóteses, é hoje reconhecida a possibilidade de surgirem, a partir das normas que as prevêem, quer direitos reactivos (directamente, por exemplo, para o perturbador da ordem pública, no caso da intervenção policial; e, indirectamente, por exemplo, para o vizinho ou concorrente, no caso da atribuição da licença ou do subsídio), quer direitos positivos (v.g., indirectamente, para aquele que carece de protecção relativamente aos seus bens pessoais essenciais, no caso da intervenção policial; e, directamente, para o dono da obra ou para a empresa a apoiar, no caso da atribuição da licença ou do subsídio). Cfr. os casos jurisprudenciais referidos por RUPP, *Grundfragen...*, cit., pp. 269 e ss.

[390] Cfr. *supra* o texto correspondente à nota 367.

[391] Cfr. SCHERZBERG, "Grundlagen und Typologie des subjektiv-öffentlichen Rechts" cit., p. 133, referindo-se ao art. 19 IV do *Grundgesetz* e aos §§ 42 II e 113 I,1, e

516 *Estado de Direito Democrático e Administração Paritária*

No que se refere aos direitos potestativos, cumpre tão-só referir que nada obsta à sua existência no âmbito do direito público. O direito de resolução de um contrato administrativo, o direito de sufrágio, o direito de inscrição ou o direito de saída de uma associação de direito público constituem alguns exemplos[392]. Muitos mais haverá, caso se admitam direitos subjectivos públicos do Estado e de outras entidades públicas[393].

Quanto ao problema dos direitos absolutos, importa ter presente que o mesmo releva de uma dada perspectiva de construção jurídica que não é específica do direito público. Nesse aspecto, são esclarecedoras as considerações que Rupp faz sobre a propriedade privada[394]. A verdade, porém, é que esta não pode ser caracterizada apenas por pretensões de abstenção dirigidas a todos os sujeitos de direito que não o proprietário; aliás, tais «pretensões de abstenção» nem sequer correspondem ao conceito técnico-jurídico de pretensão, devido à falta de accionabilidade motivada pela indeterminação do sujeito passivo.

Mais decisivamente ainda, a perspectiva da negação do carácter jussubjectivo dos direitos de liberdade e demais direitos de domínio – aqueles que se reportam à liberdade de actuação e de comportamento dos seus próprios titulares –, considerando como verdadeiros direitos subjectivos apenas as pretensões secundárias e instrumentais ordenadas à sua defesa, tende a centrar a atenção jurídico-dogmática nas situações patológicas – a existência desses direitos reactivos pressupõe uma violação das normas aplicáveis à actividade da Administração. Desse modo, não só é dificultada a compreensão do direito enquanto ordem de vida social, como a função positiva dos mencionados direitos subjectivos de domínio desaparece do campo de visão da dogmática jurídica[395].

IV,1, da *Verwaltungsgerichtsordnung*. Cfr. também, com referência ao primeiro daqueles preceitos, SCHENKE, *Rechtsschutz...*, cit., p. 69. Igualmente crítico em relação à tese em análise, v. ACHTERBERG, "Die rechtsverhältnistheoretische Deutung absoluter Rechte" cit., pp. 20 e 23 e ss.

[392] Cfr., entre muitos, WOLFF, BACHOF e STOBER, *Verwaltungsrecht*, I, cit., § 43 I 2, Rn. 7, p. 644.

[393] Cfr. *infra* a alínea c), em especial, o ponto (ii).

[394] Cfr. *supra* as notas 370 e 371 e, bem assim, o texto correspondente.

[395] Cfr. SCHENKE, *Rechtsschutz...*, cit., p. 67.

O Estado de Direito Democrático e a nova compreensão... 517

Acresce que uma tal perspectiva, por se centrar quase exclusivamente no processo e no direito de acção, acaba por ignorar ou nem sequer conhecer a relação entre o ser-permitido juridicamente e o direito de defesa. Com efeito, a pretensão prosseguida mediante a acção de impugnação – o citado direito de defesa –, embora existindo formalmente como posição jurídica autónoma, é toda ela determinada pela sua função processual de defender o direito ofendido; o interesse jurídico-material correspondente é o deste último. Nesse sentido, impõe-se reconhecer com Scherzberg que "a atribuição de direitos à eliminação de perturbações (*Störungsbeseitigungsrechte*) que, juntamente com pretensões preventivas de abstenção, acabam por tornar possível a imposição da norma no caso de a mesma ser desrespeitada é, assim, aspecto constitutivo de um direito subjectivo. Mas este não se limita àquelas. Mediante a atribuição de pretensões de abstenção e de eliminação, o exercício das possibilidades de liberdade, de conformação jurídica e de participação é garantido como «poder jurídico» («*rechtliches Können*»). Não se justifica abstrair das mesmas, enquanto vantagens intencionadas pela determinação normativa (*normative Geltungsanordnug*), a propósito da determinação do conceito de direito subjectivo"[396].

Como nota Schenke, contraria frontalmente a tendência para a superação do «pensamento do direito-como-acção» (*aktionenrechtliches Denken*) inferir de um meio processual de defesa, como a acção de impugnação, uma pretensão material cuja função é toda ela necessariamente, atenta a respectiva origem, determinada pelo processo e deixar cair na sombra a verdadeira e substantiva razão de ser de tal função, ou seja, o direito de domínio ou absoluto cuja defesa está em causa[397]. Aquela possibilidade de propor uma acção de

---

[396] V. Autor cit., "Grundlagen und Typologie des subjektiv-öffentlichen Rechts" cit., p. 133.

[397] Cfr. Autor cit., *Rechtsschutz...*, cit., p. 70. SCHENKE salienta ainda, contra a crítica de Henke, que não incorre no mencionado «pensamento do direito-como-acção» a inferência da pretensão de eliminação a partir da acção de impugnação; aliás, tal inferência – considerar o *ius* de que a *actio* constitui uma expressão processual – representa exactamente o contrário de tal forma de pensamento (v. Autor cit., *ibidem*, p. 67, nota 163). Ao invés, a eliminação dos direitos absolutos do conceito de direito subjectivo, identificando este último com o conceito de pretensão, já é uma consequência de raciocinar naqueles termos (cfr. *idem, ibidem*, e também a página seguinte).

518   *Estado de Direito Democrático e Administração Paritária*

impugnação corresponde a uma das formas do poder jurídico que permite a caracterização dos direitos de liberdade como direitos subjectivos[398].

Contra tal entendimento, Rupp invoca o que designa como "dificuldade metódica", já que, segundo ele, o mesmo faz incorrer num círculo vicioso. Se o *status* corresponde ao "direito ofendido", há que explicar onde é que o mesmo integra o "poder da vontade" que, juntamente com o interesse, constitui o direito subjectivo; ora, tal poder, a existir, só poderia ser divisado na acção judicial-administrativa e no Art. 19 IV do *Grundgesetz*, sendo, por conseguinte, necessário utilizar tais meios processuais como demonstração do carácter jussubjectivo do *status*[399]. Fazê-lo constitui, todavia, do ponto de vista lógico-jurídico, uma impossibilidade, "porquanto o eventual poder da vontade de uma acção de impugnação só pode reportar-se à «pretensão» que mediante a mesma acção é prosseguida, e não à posição cuja violação previamente deu origem a tal pretensão a que respeita o aludido poder da vontade. Consequentemente, o poder da vontade necessário à qualidade jussubjectiva do *status* jamais pode derivar da acção de impugnação, mas sim e apenas de um poder da vontade, dela independente e anterior. Em termos simples: a acção de impugnação pressupõe a qualidade jussubjectiva do *status*, mas não a pode fundar"[400].

Este tipo de argumentação só colhe à primeira vista, porquanto se reporta a três direitos diferentes: uma coisa é o direito subjectivo material ofendido, outra a pretensão destinada a eliminar tal ofensa e que comporta uma face voltada para o processo, enquanto expressão da garantia jurídica; outra, ainda, o direito de acção. Com efeito, cumpre ter presente a estrutura do direito de liberdade e a natureza do direito de acção.

No que se refere ao primeiro, importa recordar a lição de Konrad Hesse. Este Autor afirma expressamente, em relação aos direitos fundamentais do *Grundgesetz* (que são todos direitos fundamentais

---

[398] Cfr. *idem, ibidem*, p. 70. V. *infra* a parte final do ponto seguinte da presente alínea, quanto à outra modalidade e à respectiva justificação constitucional.

[399] Cfr. Autor cit., *Grundfragen...*, cit., p. 170.

[400] Cfr. *idem, ibidem*.

O Estado de Direito Democrático e a nova compreensão...   519

de liberdade), que os mesmos são, por um lado, direitos de defesa (*Abwehrrechte*) contra os poderes públicos, uma vez que "possibilitam ao indivíduo defender-se pela via do direito contra perturbações ilegítimas do seu *status* constitucional perpetradas pelos poderes públicos. Numa ordem livre e conforme à Constituição tais direitos de defesa são necessários, porquanto também a democracia é poder de homens sobre homens, sujeito às tentações do abuso do poder, e porque os poderes públicos num Estado de Direito também podem cometer injustiças. Uma garantia eficaz da liberdade e da igualdade do indivíduo exige, por isso, além da conformação das ordens objectivas da democracia e do Estado de Direito, a garantia dos direitos subjectivos à liberdade e à igualdade"[401].

Mas não só: aqueles mesmos direitos fundamentais, "enquanto direitos subjectivos, não são garantidos apenas para criar a possibilidade de defesa contra perturbações do poder público. A pretensão negatória que fundamentam é apenas parte do respectivo conteúdo, ao qual corresponde, um não menos importante, lado positivo: a Constituição consagra direitos fundamentais por causa da *actualização* das liberdades nos mesmos garantidas. Somente em tal actualização – no livre desenvolvimento da personalidade (Art. 2I GG), na expressão da opinião e informação (Art. 5 I GG), na livre formação social de grupos (Art. 9 I GG) etc. – é que a ordem livre da comunidade constituída pela Constituição pode ganhar vida. Os direitos fundamentais definem (*normieren*) o *status* de cidadãos que não se devem limitar a proteger numa esfera de arbítrio privado contra o «Estado», mas que devem, de modo livre e responsável, conformar a sua vida e participar nos assuntos da comunidade" – esta é uma «liberdade positiva»[402].

---

[401] V. Autor cit., *Grundzüge des Verfassungsrechts...*, cit., Rn. 287, pp. 130 e 131.

[402] V. *idem, ibidem*, Rn. 288, p. 131; itálico no original. De resto, o mesmo Autor, ao distinguir o *status* constitucional do indivíduo, fundado e garantido pelos direitos fundamentais, do *status* da teoria dos estatutos de Jellinek, estabelece claramente a diferença entre a «liberdade negativa» do *status negativus* e a «liberdade positiva» dos direitos fundamentais: além do mais, "a liberdade que o *status negativus* garante não se refere a determinadas e concretas relações da vida, mas a uma geral e abstracta liberdade perante a coacção ilegítima " (v. *idem, ibidem*, Rn 281, p. 128). Para HESSE, o estatuto constitucional integra verdadeiros direitos subjectivos, os quais não se limitam aos direitos de defesa, mas abrangem necessariamente o direito à «liberdade positiva», qualificável como

520 *Estado de Direito Democrático e Administração Paritária*

direito absoluto. O mesmo Autor, agora a propósito dos direitos fundamentais, enquanto "elementos da ordem objectiva" (e em que estes relevam como bases da ordem jurídica da comunidade), estabelece correspondências com as respectivas duas dimensões, enquanto direitos subjectivos: "ao significado dos direitos fundamentais, como direitos subjectivos de defesa, corresponde o seu significado jurídico-objectivo enquanto *determinações negativas de competências* dos poderes públicos"; e "ao significado dos direitos fundamentais, como direitos subjectivos que são garantidos em razão da sua actualização, corresponde o seu significado jurídico-objectivo de *elementos da ordem jurídica global da comunidade*, através da qual o estatuto dos indivíduos é conformado, delimitado e protegido, a qual, todavia, pelo seu lado, apenas se pode tornar realidade quando a mesma, mediante a actualização dos direitos fundamentais, enquanto direitos subjectivos, for preenchida com vida" (v. *idem, ibidem*, respectivamente, Rn 291 e 293, p. 133; itálicos no original).

A «moderna teoria do estatuto» perfilhada por VASCO PEREIRA DA SILVA não parece inteiramente satisfatória, quanto à citada dimensão positiva dos direitos subjectivos de liberdade, entre eles os direitos de liberdade correspondentes aos direitos, liberdades e garantias previstos na Constituição portuguesa, uma vez que a mesma os reduz a meros direitos reactivos (cfr. Autor cit., *Em Busca do Acto Administrativo Perdido*, cit., pp. 178 e ss. e pp. 237 e 238). Com efeito, a vertente positiva dos direitos fundamentais que este Autor considera é tão-só aquela que releva dos mesmos direitos, enquanto elementos fundamentais da ordem objectiva da comunidade, e não a mencionada no texto, ou seja, a sua vertente positiva, enquanto direitos subjectivos: "os direitos, liberdades e garantias apresentam indiscutivelmente uma vertente negativa [...]; mas, e simultaneamente, eles possuem também uma vertente positiva, que obriga os poderes públicos a actuar no sentido de facilitar a sua «concretização» (*Aktualisierung*)" (v. Autor cit., *ibidem*, p. 180). E um pouco adiante reforça: "mesmo os direitos, liberdades e garantias (ou os direitos fundamentais clássicos) assumem, hoje em dia, a dupla dimensão de direitos a uma abstenção (e, consequentemente, de defesa perante agressões ilegais) e de direitos de prestação, pelo que, também relativamente a eles, não é correcto afirmar que poderiam ser qualificados como direitos de carácter absoluto" (v. *idem, ibidem*, p. 181). A propósito da teoria da norma de protecção, o mesmo Autor reitera: "os direitos fundamentais, que são direitos subjectivos públicos, se é certo que possuem uma dimensão positiva, primacialmente dirigida ao legislador, e obrigando-o a criar as condições necessárias para a sua realização, são igualmente, sobretudo, na sua vertente negativa imediata, direitos de defesa dos indivíduos perante quaisquer agressões dos órgãos do poder público" (v. *ibidem*, p. 237).

Sem negar nenhuma das vertentes mencionadas, ambas dirigidas aos poderes públicos, obrigando-os, respectivamente, a não fazer (vertente negativa) e a fazer (vertente positiva), a verdade é que não é considerado o direito do titular do direito fundamental a uma actuação livre no espaço de liberdade correspectivo e que, precisamente, justifica, tanto o direito de defesa, como o dever dos poderes públicos de agirem no sentido de conformarem, delimitarem e protegerem tal espaço de liberdade. E é essa mesma liberdade de actuação – a liberdade positiva – inerente ao direito fundamental de liberdade, enquanto direito subjectivo, que justifica a sua qualificação como direito absoluto ou direito de domínio (cfr. *supra* o ponto (ii) da presente alínea). Não se tratando de um direito subjectivo, a consequência é ficar reduzido a um *status* no sentido clássico proposto por Jellinek

O Estado de Direito Democrático e a nova compreensão... 521

Na verdade, como se referiu a propósito da natureza e estrutura do direito subjectivo público, este, enquanto direito de liberdade que tem por objecto um ser-permitido agir do próprio, comporta sempre um poder jurídico (*rechtliches Können*) que, na generalidade dos casos, se concretiza na possibilidade de fazer valer a norma consagradora do mesmo direito e sem o qual ele, afinal, não estaria na disponibilidade do respectivo titular e não lhe pertenceria como posição jurídica subjectiva. Mercê do mencionado poder jurídico, o titular do direito está legitimado pela ordem jurídica a exigir – e aqui existe um segundo direito – o respeito daquele direito àqueles que, tendo-o violado ou encontrando-se em situação de o fazer, perturbam o respectivo gozo. A este segundo direito corresponde justamente o conceito de pretensão jurídico-material (não autónoma ou auxiliar e secundária)[403].

---

e desenvolvido por Rupp: antes da intromissão no espaço de liberdade tutelado por uma norma jurídica – e a teoria em análise só vale para o *status negativus*, para os direitos de liberdade, não também para os direitos positivos que se concretizam em pretensões – não existe qualquer direito. De resto, é o que parece sustentar VASCO PEREIRA DA SILVA: "a ideia de «defesa», ou de «reacção», tem apenas que ver com a circunstância de ter sido violado um dever de omissão, por parte das autoridades administrativas, que decorre de um direito fundamental, e cuja agressão faz surgir um direito subjectivo do particular ao afastamento dessa conduta ilegal numa concreta relação jurídica administrativa [...]" (v., *ibidem*, p. 238). Ou seja: antes da lesão, existe direito fundamental, mas não direito subjectivo nem relação jurídica; apenas um *status*. Assim, os direitos fundamentais de liberdade, correspondentes aos direitos, liberdades e garantias previstos na Constituição, são privados da sua natureza jussubjectiva; o único direito subjectivo que existe é aquele que se constitui a partir da agressão da esfera de liberdade delimitada pelos deveres de omissão dos poderes públicos e em consequência da violação de tais deveres por parte dos mesmos poderes – o direito de defesa, o mesmo é dizer, o direito de reagir contra a citada agressão.

Por também reconhecer autonomia à citada dimensão positiva dos direitos fundamentais, enquanto direitos subjectivos – isto não obstante parecer fundamentar o respectivo carácter jussubjectivo na sua "judiciabilidade", e não inversamente –, JORGE REIS NOVAIS critica a falta de coerência de VASCO PEREIRA DA SILVA por este rejeitar a noção de «relação jurídica geral» e, simultaneamente, afirmar a "natureza subjectiva imediata dos direitos fundamentais" (cfr., Autor cit., *As Restrições aos Direitos Fundamentais Não Expressamente Autorizadas pela Constituição*, Coimbra, 2003, pp. 101 e ss., *maxime* pp. 115 e 116, quanto à articulação entre liberdade individual, direito subjectivo e "juticiabilidade", e a nota 196 da p. 117, quanto à citada crítica; cfr. *supra* a nota 246).

[403] Cfr. *supra* o ponto (ii) da presente alínea, em especial as notas 340 a 354 e o texto correspondente.

522   *Estado de Direito Democrático e Administração Paritária*

Coisa diferente é saber como é que o titular de uma pretensão a pode impor ou fazer valer – e é a este propósito que releva o direito de acção. Numa ordem jurídica fundada sobre o princípio da justiça pública a regra tem de ser a de aquele se dirigir aos tribunais pedindo ao Estado apoio para fazer valer a mencionada pretensão; assim o exigem a convivência pacífica e a defesa da liberdade do alegado devedor inadimplente[404]. O exercício do direito de acção e a formulação de uma pretensão processual correspondem precisamente àquele pedido de apoio. Simplesmente, como também já foi referido, este direito processual é distinto e autónomo do direito material que eventualmente se possa querer impor: o mesmo dirige-se contra o Estado e existe e é exercido ainda que o aludido direito material nem sequer exista ou, por qualquer razão, não possa ser exercido nos termos pretendidos pelo seu titular[405]. Cumpre, na verdade, manter distintas a perspectiva processual e a óptica do direito substantivo, sem prejuízo de reconhecer o nexo de funcionalidade que num Estado de Direito entre ambas necessariamente existe: dada a inadmissibilidade da autotutela como regra, o direito de acção constitui o instrumento de realização coerciva do direito subjectivo, nomeadamente da pretensão (jurídico-material). O poder de exigir inerente ao conceito desta última significa num Estado de Direito também um poder de exigir judicialmente; mas, justamente porque localizado no plano substantivo, o mesmo poder de exigir não se esgota no exercício do direito de acção.

Neste mesmo sentido, Schenke responde directamente à crítica de Rupp: os direitos fundamentais materiais de liberdade apenas integram a exigência de uma possibilidade de defesa das respectivas esferas de liberdade, definem somente um quadro dentro do qual a garantia jurídica da liberdade se tem de realizar; eles não determinam o modo concreto nem a forma que o poder jurídico concretizador de tal defesa reveste[406]. Essa é justamente a função do Art. 19 IV do *Grundgesetz*, depois concretizado ao nível das leis de processo

---

[404] Cfr. *supra*, na Introdução, o n.º 2, alínea a), e, especialmente, as notas 30, 38 e 39 e, bem assim, o texto correspondente.

[405] Cfr. *idem*, *ibidem* e *supra*, no ponto (ii) da presente alínea, as notas 336 e 338.

[406] Cfr. Autor cit., *Rechtsschutz...*, cit., p. 71.

O *Estado de Direito Democrático e a nova compreensão...* 523

como a *Verwaltungsgerichtsordnug*: aí se estabelece que tal poder (também) tem de consistir na disponibilidade de uma tutela jurisdicional efectiva a concretizar mediante o exercício do direito de acção e do requerimento de providências cautelares adequadas ao respectivo efeito útil sempre que a posição substantiva se encontre concretamente ameaçada ou já tenha sido violada[407].

Esta possibilidade de defesa dos direitos fundamentais de liberdade é, juntamente com o interesse por eles juridicamente protegido – o ser-permitido positivamente reconhecido pelo direito, o *licere* ou *Dürfen*, ou seja, a liberdade de agir, de omitir ou de tolerar no âmbito de protecção de cada um daqueles direitos –, essencial à respectiva caracterização como direitos subjectivos. A negação da qualidade jussubjectiva dos direitos de liberdade, nos termos da tese dos direitos reactivos, acaba por esvaziar de conteúdo o próprio conceito de *status*, reduzindo-o a um mero indício da subjectivização da acção de impugnação[408]; e as dificuldades tornam-se mais acentuadas fora do âmbito de aplicação daquela acção e em que, portanto, a mesma já não pode servir de indício para a existência de um *ius* – é o caso, nomeadamente, das operações materiais violadoras de um *status*[409]. Como Schenke observa, a ideia subjacente à «norma fundamental» que Rupp propõe – o indivíduo tem direitos de defesa contra toda e qualquer violação do seu *status* – não pode deixar de corresponder precisamente à qualidade jussubjectiva das posições jurídicas dos particulares frente à Administração[410]. De resto, mesmo a ideia de pretensões jurídico-materiais de eliminação subjacentes à acção de impugnação acaba por se deixar reconduzir ao esquema das pretensões instrumentais dos direitos absolutos, pelo que a hipótese explicativa dos direitos subjectivos públicos a partir da mencionada acção avança, no essencial – nomeadamente, quanto

---

[407] Cfr. *idem, ibidem*, pp. 71 e 72 e, no respeitante à efectividade de tal tutela, pp. 135 e ss. Saliente-se que, como referido *supra* na nota 345, o direito substantivo – a pretensão – não se esgota na acção ou nos meios de defesa jurisdicionais.

[408] Cfr. *supra*, no ponto (i) da presente alínea, a referência à concepção de Gneist sobre a acção de impugnação como uma «queixa» ou «acção de reclamação», em especial as notas 310 e 311 e o texto correspondente.

[409] Cfr. *supra* o texto correspondente à nota 378.

[410] Cfr. Autor cit., *Rechtsschutz...*, cit., p. 72.

524 *Estado de Direito Democrático e Administração Paritária*

à distinção entre a possibilidade de defesa dos direitos absolutos e a defesa dos mesmos propriamente dita –, na direcção certa, mas por um "desvio" que, em última análise, não permite atingir o ponto de chegada[411].

(v) *Espécies de direitos subjectivos públicos dos particulares*

Os direitos subjectivos públicos dos particulares são uma consequência natural, tanto para uma perspectiva paritária da posição recíproca do Estado e dos cidadãos, como para uma "compreensão individualista do Estado", ainda perspectivado como autoridade, como, por exemplo, a de Rainer Wahl. Com efeito, nos quadros conceptuais de ambas vale a ideia de que o direito público se apresenta como "decisão de compensação e de conflitos sobre interesses privados" (*Ausgleichs- und Konfliktentscheidung über private Interessen*), ainda que segundo um modo diferente do direito privado[412].

Na verdade, os interesses públicos colocados pela lei a cargo da Administração – tipicamente relacionados com a segurança, a cultura e o bem-estar – são interesses originariamente pertencentes aos indivíduos e objecto de um processo de publicização que opera a sua agregação e comete a respectiva prossecução à Administração. Esta estrutura fundamenta a primazia, em termos de construção jurídica, dos deveres objectivos da Administração sobre os direitos subjectivos públicos dos particulares, dada a assimetria entre estes e aqueles: a um dever da Administração não corresponde necessariamente o direito de um particular, mas a inversa já é verdadeira[413]. O direito subjectivo público existe na "relação vertical" com o poder justamente em resultado do reconhecimento do cidadão como um sujeito, e não como mero objecto da actuação do poder executivo: o particular pode defender-se dos poderes públicos que extravasem da pros-

---

[411] Cfr. SCHENKE, *Rechtsschutz...*, cit., pp. 72 e 73, e *supra* o ponto (ii) da presente alínea.

[412] V. WAHL, "Vorbemerkung, § 42 Abs. 2", cit., Rn. 56 e ss.

[413] Salientam este aspecto, por exemplo, WOLFF, BACHOF e STOBER, *Verwaltungsrecht*, I, cit., § 43, Rn. 9, pp. 644 e 645. Cfr. o exemplo da actividade de vigilância exercida por um carro-patrulha da polícia mencionado *supra* na nota 244.

O Estado de Direito Democrático e a nova compreensão...

secução do interesse público. Por outro lado, a impossibilidad "verticalizar" todos os interesses dos indivíduos presentes nas r ções horizontais originárias obriga a considerar uma relação ho zontal de segundo grau entre os particulares interessados e o Estado é o problema das relações multilaterais ou multipolares[414]. A concepção paritária obrigará apenas a substituir a perspectiva tridimensional, em que a aludida relação vertical tem lugar – e que é ainda tributária de uma visão das relações entre o Estado e os cidadãos em termos de supra e infra-ordenação –, por uma perspectiva bidimensional: em vez de pirâmides e outros poliedros, haverá que considerar triângulos e outros polígonos, todos eles situados num único plano, justamente o do direito[415].

Os direitos subjectivos públicos dos particulares podem ser classificados segundo diversos critérios. Wolff, Bachof e Stober, por exemplo, distinguem entre um conceito amplo e um conceito restrito de direito subjectivo público: o primeiro, corresponde à noção tradicional, tal como desenvolvida por Bühler e actualizada por Bachof; o segundo, pressuporia uma atribuição administrativa ou concessão[416]. Por outro lado, os mesmos Autores consideram relevantes, p a efeitos classificatórios, as diferenciações relativas à intensidade e modo de protecção jurídica de interesses privados, sem prejuízo de nhecerem, como elemento comum a todo e qualquer direito subj o público dos particulares, a capacidade de o mesmo se impo nte uma prossecução ilegal, logo com um valor inferior

---

[414] C
2", cit., Rn. s relações, v. as sínteses de WAHL em "Vorbemerkung, § 42 Abs. in DVBl. 19 "Die doppelte Abhängigkeit des subjektiven öffentlichen Rechts"
[415] Cfr. ss.
tnisses" cit., p lo, GRÖSCHNER, "Vom Nutzen des Verwaltungsrechtsverhäl-Estado ocupe o em vez de falar na "base" de uma relação tripolar em que o ordnungsdogmat r" (die Spitze), um "dogmático da ordem paritária" (Gleich-plano do direito resentar o "triângulo" «deitado», isto é, todo ele situado no qualquer problema
[416] Cfr. Aut lo, então, as referências à base e ao vértice superior
referência a outras c
VITALINO CANAS, "R ungsrecht, I, cit., § 43, Rn. 53 e 54, p. 665. V. a e pp. 220 e ss. (a conc temente acolhidas na literatura juspublicística, em blica" cit., pp. 215 e ss. (a concepção de Hohfeld)

Estado de Direito Democrático e Administração Paritária

geringerwertig), de interesses administrativos[417]. Para a presente dissertação, é esta capacidade de imposição que cumpre evidenciar.

E, na verdade, com referência aos diferentes tipos de direitos subjectivos públicos dos particulares, a capacidade em apreço existe. Tal como no direito privado, aquelas posições jurídicas podem ser reconduzidas a pretensões ou direitos a prestações, direitos de domínio ou direitos absolutos e direitos potestativos[418]. Com excepção destes últimos, já referidos no ponto anterior, cumpre analisar os restantes tipos de direitos.

---

[417] Cfr. *idem*, *ibidem*, § 43, Rn. 50 e ss., pp. 663 e seguinte, em especial, Rn. 52, p. 664. Os mesmos Autores, sem prejuízo de aceitarem a classificação tripartida tradicional – pretensões ou direitos de crédito, direitos de domínio e direitos potestativos (cfr. *ibidem*, § 43, Rn. 5 a 7, pp. 643 e 644) – analisam os direitos subjectivos, distinguindo entre "direitos a atribuições" (*Einräumungsberechtigungen*) e "direitos a um comportamento próprio no âmbito de vantagens atribuídas" (*Ausübungsberechtigungen*). Os primeiros têm por objecto a atribuição de uma vantagem; são "direitos a qualquer coisa" (*Rechte auf etwas*) e, por conseguinte, correspondem a pretensões (cfr. *ibidem*, Rn. 57 e ss., pp. 667 e ss.); os segundos têm por objecto o exercício de faculdades correspondentes à vantagem atribuída; são "direitos relativamente a qualquer coisa" (*Rechte zu etwas*) e, por conseguinte, correspondem a direitos de domínio ou a direitos potestativos (cfr. *ibidem*, Rn. 69 e ss., pp. 671 e ss.). Cfr., na mesma linha, SCHERZBERG, "Grundlagen und Typologie des subjektiv-öffentlichen Rechts" cit., pp. 133 e 134. Este Autor, todavia, autonomiza as "posições puramente defensivas" (*rein negatorische Positionen*) típicas das relações multilaterais em que, por exemplo, um vizinho ou um concorrente apenas têm a possibilidade de defender os seus interesses de lesões que a concessão de vantagens a terceiros pode originar – "direitos que se destinam exclusivamente à defesa contra uma lesão" (*Berechtigungen die sich ausschließlich auf die Abwehr von Beeinträchtigungen richten* – v. Autor cit., *ibidem*, p. 134). Para WOLFF, BACHOF e STOBER, a lesão de um Auto-"direito a um comportamento próprio no âmbito de vantagens atribuídas" dá lugar a uma "pretensão de defesa" (*Abwehranspruch*) dirigida à eliminação da perturbação/defesa, res cits., *Verwaltungsrecht*, I, cit., § 43, Rn. 77, p. 673). Sobre estes *öffentliche* v. *infra* no texto.

[418] Cfr., por exemplo, BACHOF, "Reflexwirkungen und subjektive"); assim, Rechte" cit., pp. 293 e 294 (pretensões, direitos de domínio e direitos pp. 554 e também STERN, *Das Staatsrecht der Bundesrepublik Deutschland* 43 e 644; ss.; WOLFF, BACHOF e STOBER, *Verwaltungsrecht*, I, cit., § 43, pp. 125 e SCHENKE, *Verwaltungsprozessrecht*, cit., Rn. 384 e 497a, re.; e VASCO 156; e SELB, *Die verwaltungsgerichtliche Feststellungsklage*, os direitos PEREIRA DA SILVA, *Em Busca do Acto Administrativo Perdido* bém corres- dos particulares, para além de um conteúdo mais ou menos ais, direitos ponder a diferentes categorias, abrangendo direitos de créditos potes- absolutos ou direitos relativos, direitos subjectivos (em se

O Estado de Direito Democrático e a nova compreensão... 525

secução do interesse público. Por outro lado, a impossibilidade de "verticalizar" todos os interesses dos indivíduos presentes nas relações horizontais originárias obriga a considerar uma relação horizontal de segundo grau entre os particulares interessados e o Estado: é o problema das relações multilaterais ou multipolares[414]. A concepção paritária obrigará apenas a substituir a perspectiva tridimensional, em que a aludida relação vertical tem lugar – e que é ainda tributária de uma visão das relações entre o Estado e os cidadãos em termos de supra e infra-ordenação –, por uma perspectiva bidimensional: em vez de pirâmides e outros poliedros, haverá que considerar triângulos e outros polígonos, todos eles situados num único plano, justamente o do direito[415].

Os direitos subjectivos públicos dos particulares podem ser classificados segundo diversos critérios. Wolff, Bachof e Stober, por exemplo, distinguem entre um conceito amplo e um conceito restrito de direito subjectivo público: o primeiro, corresponde à noção tradicional, tal como desenvolvida por Bühler e actualizada por Bachof; o segundo, pressuporia uma atribuição administrativa ou concessão[416]. Por outro lado, os mesmos Autores consideram relevantes, para efeitos classificatórios, as diferenciações relativas à intensidade e ao modo de protecção jurídica de interesses privados, sem prejuízo de reconhecerem, como elemento comum a todo e qualquer direito subjectivo público dos particulares, a capacidade de o mesmo se impor perante uma prossecução ilegal, logo com um valor inferior

---

[414] Quanto a tais relações, v. as sínteses de WAHL em "Vorbemerkung, § 42 Abs. 2", cit., Rn. 61 e ss.; e "Die doppelte Abhängigkeit des subjektiven öffentlichen Rechts" in DVBl. 1996, pp. 641 e ss.

[415] Cfr., nesse sentido, GRÖSCHNER, "Vom Nutzen des Verwaltungsrechtsverhältnisses" cit., pp. 329 e 330: em vez de falar na "base" de uma relação tripolar em que o Estado ocupe o "vértice superior" (*die Spitze*), um "dogmático da ordem paritária" (*Gleichordnungsdogmatiker*) terá de representar o "triângulo" «deitado», isto é, todo ele situado no plano do direito, não constituindo, então, as referências à base e ao vértice superior qualquer problema.

[416] Cfr. Autores cits., *Verwaltungsrecht*, I, cit., § 43, Rn. 53 e 54, p. 665. V. a referência a outras concepções, frequentemente acolhidas na literatura juspublicística, em VITALINO CANAS, "Relação Jurídico-Pública" cit., pp. 215 e ss. (a concepção de Hohfeld) e pp. 220 e ss. (a concepção de Alexy).

526   *Estado de Direito Democrático e Administração Paritária*

(*geringerwertig*), de interesses administrativos[417]. Para a presente dissertação, é esta capacidade de imposição que cumpre evidenciar.

E, na verdade, com referência aos diferentes tipos de direitos subjectivos públicos dos particulares, a capacidade em apreço existe. Tal como no direito privado, aquelas posições jurídicas podem ser reconduzidas a pretensões ou direitos a prestações, direitos de domínio ou direitos absolutos e direitos potestativos[418]. Com excepção destes últimos, já referidos no ponto anterior, cumpre analisar os restantes tipos de direitos.

---

[417] Cfr. *idem, ibidem*, § 43, Rn. 50 e ss., pp. 663 e seguinte, em especial, Rn. 52, p. 664. Os mesmos Autores, sem prejuízo de aceitarem a classificação tripartida tradicional – pretensões ou direitos de crédito, direitos de domínio e direitos potestativos (cfr. *ibidem*, § 43, Rn. 5 a 7, pp. 643 e 644) – analisam os direitos subjectivos, distinguindo entre "direitos a atribuições" (*Einräumungsberechtigungen*) e "direitos a um comportamento próprio no âmbito de vantagens atribuídas" (*Ausübungsberechtigungen*). Os primeiros têm por objecto a atribuição de uma vantagem; são "direitos a qualquer coisa" (*Rechte auf etwas*) e, por conseguinte, correspondem a pretensões (cfr. *ibidem*, Rn. 57 e ss., pp. 667 e ss.); os segundos têm por objecto o exercício de faculdades correspondentes à vantagem atribuída; são "direitos relativamente a qualquer coisa" (*Rechte zu etwas*) e, por conseguinte, correspondem a direitos de domínio ou a direitos potestativos (cfr. *ibidem*, Rn. 69 e ss., pp. 671 e ss.). Cfr., na mesma linha, SCHERZBERG, "Grundlagen und Typologie des subjektiv-öffentlichen Rechts" cit., pp. 133 e 134. Este Autor, todavia, autonomiza as "posições puramente defensivas" (*rein negatorische Positionen*) típicas das relações multilaterais em que, por exemplo, um vizinho ou um concorrente apenas tem a possibilidade de defender os seus interesses de lesões que a concessão de vantagens a terceiros pode originar – "direitos que se destinam exclusivamente à defesa contra lesões" (*Berechtigungen die sich asschließlich auf die Abwehr von Beeinträchtigungen richten* – v. Autor cit., *ibidem*, p. 134). Para WOLFF, BACHOF e STOBER, a lesão ilegal de um "direito a um comportamento próprio no âmbito de vantagens atribuídas" desencadeia uma "pretensão de defesa" (*Abwehranspruch*) dirigida à eliminação da perturbação (cfr. Autores cits., *Verwaltungsrecht*, I, cit., § 43, Rn. 77, p. 673). Sobre estes direitos de defesa, v. *infra* no texto.

[418] Cfr., por exemplo, BACHOF, "Reflexwirkungen und subjektive öffentliche Rechte" cit., pp. 293 e 294 (pretensões, direitos de domínio e direitos potestativos); assim, também STERN, *Das Staatsrecht der Bundesrepublik Deutschland*, III/1, cit., pp. 554 e ss.; WOLFF, BACHOF e STOBER, *Verwaltungsrecht*, I, cit., § 43, Rn. 5 a 7, pp. 643 e 644; SCHENKE, *Verwaltungsprozessrecht*, cit., Rn. 384 e 497a, respectivamente, pp. 125 e 156; e SELB, *Die verwaltungsgerichtliche Feststellungsklage*, cit., pp. 65 e ss.; e VASCO PEREIRA DA SILVA, *Em Busca do Acto Administrativo Perdido*, cit., p. 219 ("os direitos dos particulares, para além de um conteúdo mais ou menos amplo, podem também corresponder a diferentes categorias, abrangendo direitos de crédito ou direitos reais, direitos absolutos ou direitos relativos, direitos subjectivos (em sentido restrito) ou direitos potes-

O *Estado de Direito Democrático e a nova compreensão...*   527

No que se refere às pretensões, importa distinguir entre aquelas que estão ao serviço de um interesse autónomo do respectivo titular – as pretensões principais – e as que surgem em função da violação de direitos absolutos, visando evitá-la ou eliminá-la – as pretensões secundárias e auxiliares[419]. Estas últimas, embora juridicamente autónomas – elas constituem direitos subjectivos *a se* –, devem ser analisadas, atenta a respectiva funcionalidade, na sequência dos direitos que se destinam a servir.

As pretensões principais, enquanto direito subjectivo material, consistem no poder jurídico de exigir de uma entidade pública um certo comportamento, positivo ou negativo, destinado a satisfazer um interesse do respectivo titular. São exemplos: o direito a apoios sociais ou económicos, o direito ao vencimento dos funcionários públicos e ainda direitos de crédito emergentes de contratos administrativos. Enquanto direito subjectivo formal, elas conferem ao seu titular apenas um direito a que a decisão administrativa, referente a uma situação em que aquele é interessado e que envolva o exercício de poderes discricionários, seja correctamente adoptada, isto é, isenta de erros e de outras ilegalidades – trata-se de posição jurídica subjectiva a que, no direito português, corresponde um interesse legalmente protegido[420].

---

tativos. Tudo depende da concreta relação jurídico-administrativa estabelecida entre o particular e a Administração e da interpretação das normas jurídicas aplicáveis (que podem atribuir directamente o direito subjectivo, ou fazê-lo, de forma indirecta, através do estabelecimento de um dever").

[419] Cfr. *supra* o ponto (ii) da presente alínea.

[420] Na doutrina alemã fala-se, em tais casos, numa "pretensão a uma decisão isenta de falhas quanto ao exercício de poderes discricionários" (*Anspruch auf eine ermessensfehlerfreie Entscheidung*; cfr., por exemplo, SCHENKE, *Verwaltungsprozessrecht*, cit., Rn. 497a, p. 157; e SELB, *Die verwaltungsgerichtliche Feststellungsklage*, cit., p. 66).

Sobre a recondução do interesse legalmente protegido à categoria unitária do direito subjectivo no direito português constitucional e ordinário, v. VASCO PEREIRA DA SILVA, *Em Busca do Acto Administrativo Perdido*, cit., pp. 217 e ss., *maxime* pp. 218 e 219: "direitos subjectivos e interesses legalmente protegidos são, pois, no ordenamento jurídico português, duas formas de designar a posição jurídico-subjectiva dos privados perante a Administração Pública, às quais corresponde sempre o mesmo regime jurídico. [....] Trata-se, em todos os casos, de «posições substantivas e não meramente processuais dos particulares. Num caso ou no outro, o que pode variar é o conteúdo do direito directamente atribuído pela lei, ou resultante da maior ou menor amplitude do dever a que a Administração está obrigada relativamente ao particular. A diferença entre o direito subjectivo e o

528   *Estado de Direito Democrático e Administração Paritária*

O direito à prática de um acto administrativo legalmente devido permite ilustrar aquelas duas situações[421]. Com efeito, uma vez verificada a omissão ou recusa ilegal, por parte da Administração, de tal acto devido, o interessado pode propor uma acção administrativa especial tendente à condenação daquela à prática do acto omitido ou recusado[422]. No caso de reconhecer a existência de um direito à prática do mesmo acto, o tribunal "pronuncia-se sobre a pretensão do interessado, impondo a prática do acto devido"; diferentemente, "quando a emissão do acto pretendido envolva a formulação de valorações próprias do exercício da função administrativa e a apreciação do caso concreto não permita identificar apenas uma solução como legalmente possível, o tribunal não pode determinar o conteúdo do acto a praticar, mas deve explicitar as vinculações a observar pela Administração na emissão do acto devido"[423]. Estas últimas vincula-

---

denominado interesse legítimo não respeita, portanto, à existência do próprio direito, mas a uma, eventual, maior ou menor amplitude do seu conteúdo»" (o texto entre-aspas corresponde à transcrição de um escrito anterior do Autor).

Em sentido contrário, nomeadamente no sentido da «distinção à italiana», v., todavia, SÉRVULO CORREIA (louvando-se nas posições de Oliveira Ascensão e de Rui Machete): "no direito subjectivo, a posição assenta na afectação de meios jurídicos a fins da pessoa individualmente considerada, no interesse legalmente protegido, a posição de vantagem consiste em meios jurídicos que não respeitam a fins individuais, mas à preservação ou restauração da legalidade porque, da observância desta, poderá eventualmente resultar a atribuição de um direito subjectivo" (v. Autor cit., *Direito do Contencioso Administrativo*, I, cit., p. 720). O ponto é que, por um lado, a violação de um direito subjectivo implica sempre a violação da lei (cfr. *supra* o ponto (ii)) e, por outro, o interesse legalmente protegido só se autonomiza do genérico interesse na legalidade devido à relevância normativa dos fins individuais do seu titular. Logo, em ambos os casos são afectados meios jurídicos à defesa de interesses individuais e, em ambos os casos, a preservação dos interesses ameaçados ou a restauração daqueles que tenham sido lesados redunda em preservação ou restauração da legalidade.

[421] No que se refere a normas ilegalmente omitidas, o Código de Processo nos Tribunais Administrativos apenas prevê, no seu art. 77.º, a declaração "de ilegalidade por omissão das normas cuja adopção, ao abrigo das disposições de direito administrativo, seja necessária para dar exequibilidade a actos legislativos carentes de regulamentação" como um procedimento objectivo aberto a, entre outras entidades, quem sofra "um prejuízo directamente resultante da situação de omissão".

Sobre a admissibilidade e o modo de fazer valer direitos à emanação de normas no direito alemão, v., por exemplo, a síntese de SELB, *Die verwaltungsgerichtliche Feststellungsklage*, cit., pp. 68 e ss.

[422] Cfr. os arts. 2.º, n.º 2, alínea i), 46.º, n.º 2, alínea b), e 66.º e ss., em especial, o art. 68.º, n.º 1, alínea a), todos do Código de Processo nos Tribunais Administrativos.

O *Estado de Direito Democrático e a nova compreensão...* 529

ções correspondem à pretensão (substantiva) formal ou seja, a um mero interesse legalmente protegido.

Em certos casos, e como referido anteriormente, aquela pretensão pode resultar directamente da norma que consagra um direito fundamental de liberdade, nomeadamente quando for indispensável à defesa de tal direito: assim, o particular ameaçado em bens essenciais da sua existência (vida, saúde, sossego) ou da sua propriedade pode, em dadas circunstâncias e em vista da defesa de tais bens, exigir a intervenção das autoridades administrativas ou policiais[424].

Saliente-se, ainda, a possibilidade autónoma, igualmente destacada pela doutrina, de uma pretensão formal se concentrar ou adensar (*verdichten*), na sequência da «redução a zero» da discricionariedade co-envolvida na decisão a que a mesma respeita, ao ponto de se converter num direito subjectivo público material – trata-se de situação correspondente à mencionada na lei e em que apenas uma solução é legalmente possível; e, inversamente, a possibilidade de

---

[423] Cfr., respectivamente, os n.os 1 e 2 do art. 71.º do Código de Processo nos Tribunais Administrativos.

[424] Cfr. *supra* o texto correspondente às notas 388 e 389 e, bem assim, o teor desta última. V. também, VASCO PEREIRA DA SILVA, *Em Busca do Acto Administrativo Perdido*, cit., pp. 255 e ss., e os exemplos aí referidos (nomeadamente, o direito à intervenção policial e o direito à intervenção administrativa relativamente a construção ilegal). Muito importante, neste contexto, é a determinação dos limites de tais direitos, não só com referência à discricionariedade administrativa, mas ao próprio princípio da separação dos poderes. Na verdade, "tem-se entendido que o direito a uma intervenção policial não pode ser considerado de forma ilimitada e, designadamente, não deve conduzir a que a intervenção das autoridades administrativas se substitua à actuação dos tribunais, exorbitando das suas funções [...]. Assim, o direito a uma intervenção policial «não existe (...), quando o cidadão ameaçado pelo perigo se encontra em posição de fazer uso de um outro meio exigível – em especial, o recurso ao tribunal competente. Por isso, em princípio, a polícia não pode servir para o exercício de pretensões jurídico-privadas contra o perturbador, uma vez que não «não constitui tarefa da polícia o afastamento do 'risco' da resolução de um litígio jurídico». [...A] polícia só poderá intervir, «a título excepcional», quando tal seja estritamente necessário (v.g. para assegurar a segurança das pessoas ou de bens) e «não puder ser concedida protecção jurisdicional, ou não puder sê-lo atempadamente, pelo que sem a intervenção da polícia haveria o perigo de que a realização dos direitos subjectivos privados fosse posta em causa»" (v. VASCO PEREIRA DA SILVA, *ibidem*, p. 260, nota 2, reportando-se a textos de Friauf e de Erichsen).

530   *Estado de Direito Democrático e Administração Paritária*

um direito subjectivo material, por via de um fenómeno de esbatimento da sua força jurídica, nomeadamente pelo decurso do tempo, se poder transformar em pretensão jurídica formal[425].

Quanto aos direitos de domínio ou direitos absolutos, o seu exemplo paradigmático são os direitos fundamentais de liberdade[426]. Em especial, o direito ao livre e pleno desenvolvimento da personalidade, tal como consagrado no art. 26.º, n.º 1, da Constituição da República Portuguesa, e interpretado e integrado, nos termos do

---

[425] Cfr., na doutrina portuguesa, VASCO PEREIRA DA SILVA, *Em Busca do Acto Administrativo Perdido*, cit., pp. 257 e 258. Cfr. *infra*, a propósito do direito à revogação de acto lesivo, as notas 437 e 439.

[426] Já na vigência da Constituição de Weimar os direitos fundamentais de liberdade eram considerados, na sua qualidade de direitos subjectivos, como «indiscutíveis» e, por isso mesmo, como o «protótipo» dos direitos subjectivos públicos» (cfr. BAUER, "Subjektive öffentliche Rechte des Staates" cit., p. 211, com referência a Bühler). Sobre a relevância dogmática dos direitos fundamentais, cfr. também MAURER, *Allgemeines Verwaltungsrecht*, cit., § 8, Rn. 4 e 5, pp. 164 e 165 (os direitos subjectivos públicos são essenciais para a afirmação do cidadão como sujeito de direito perante o Estado; os mesmo têm nos direitos fundamentais a sua "expressão particular").

Sobre os direitos de liberdade ou de defesa (*Abwehrrechte*) como "conceito teórico englobante dos direitos fundamentais" (*grundrechtstheoretischer Gesamtbegriff der Grundrehte*) e como "categoria estrutural de direitos fundamentais" (*strukturell besondere Art von Grundrechtsberechtigungen*), v. STERN, *Das Staatsrecht der Bundesrepublik Deutschland*, III/1, cit., pp. 558 e 559 e 560 e ss., em especial, pp. 563 e ss.: "os direitos de defesa são, no plano dos direitos fundamentais, a categoria jurídica homóloga" dos direitos absolutos ou direitos de domínio (v. *ibidem*, p. 563); "a concepção dos direitos subjectivos, enquanto «direitos de domínio», mostra-se em elevada medida adequada para exprimir, com referência à dogmática dos conteúdos dos direitos fundamentais de defesa, os respectivos conteúdos jurídicos e o tipo de protecção que lhes corresponde" (v. *ibidem*, p. 565). O mesmo Autor salienta, em todo o caso, a desnecessidade da figura do "direito de domínio (*Beherrschungsrecht*) para exprimir a "absolutidade da protecção" dos direitos fundamentais, em virtude da vinculação de todos os poderes públicos aos direitos fundamentais, independentemente da respectiva estrutura (direito absoluto ou direito relativo), estatuída no Art. 1 III do *Grundgesetz*; a mesma figura impede, todavia, uma redução do sentido dos direitos fundamentais a aspectos puramente defensivos: tal como sucede com os direitos absolutos jurídico-privados, o sentido jurídico fundamental daqueles direitos não reside na possibilidade de defesa; esta é meramente instrumental (v. Autor cit., *ibidem*, p. 565; cfr. também LARENZ, "Zur Struktur «subjektiver Rechte»" cit., pp. 136 e 137; e SCHENKE, *Rechtsschutz...*, cit., p. 67; STERN chega mesmo a afirmar *ibidem* que a redução dos direitos fundamentais de liberdade a simples pretensões de defesa significaria um «rodar para trás» [*zurückschrauben*] da dogmática dos direitos fundamentais em mais de cem anos).

O *Estado de Direito Democrático e a nova compreensão...*   531

art. 16.º, n.º 2, do mesmo diploma, de harmonia com o disposto na Declaração Universal dos Direitos do Homem, designadamente os respectivos arts. 12.º e 29.º, n.os 1 e 2, assegura a todos a liberdade de não serem prejudicados ou lesados por quaisquer medidas arbitrárias dos poderes públicos, isto é, não fundadas na ordem constitucional[427]. Assim, de acordo com esta perspectiva, não é o conteúdo ou a natureza da actuação dos poderes públicos que releva, mas a sua incidência, nomeadamente desfavorável, na esfera jurídica dos particulares. A referência fundamental é a intromissão ilegítima ou a lesão causada ao particular em desconformidade com a ordem jurídica.

Em todo o caso, a importância dos direitos fundamentais como direitos subjectivos públicos dos particulares não deve fazer esquecer que estes últimos também se podem fundar exclusivamente em normas de direito ordinário, nomeadamente quando estas, enquanto *leges speciales*, concretizam, conformam ou restringem, de modo constitucionalmente admissível, os preceitos constitucionais referentes aos direitos fundamentais ou, então, pura e simplesmente atribuem, elas próprias, novos direitos[428].

Os mesmos direitos, enquanto direitos subjectivos, implicam, de acordo com os termos da teoria da combinação, além do interesse –

---

[427] É o seguinte o teor dos preceitos da Declaração Universal dos Direitos do Homem de 10 de Dezembro de 1948 referidos no texto (cfr. *Diário da República*, I Série, de 9 de Março de 1978):

- Art. 12.º: "ninguém sofrerá intromissões arbitrárias na sua vida privada, na sua família, no seu domicílio, ou na sua correspondência, nem ataques à sua honra e reputação. Contra tais intromissões ou ataques toda a pessoa tem direito à protecção da lei".
- Art. 29.º, n.º 1: "o indivíduo tem deveres para com a comunidade fora da qual não é possível o livre e pleno desenvolvimento da sua personalidade". N.º 2: "no exercício destes direitos e no gozo destas liberdades ninguém está sujeito senão às limitações estabelecidas pela lei com vista exclusivamente a promover o reconhecimento e o respeito dos direitos e liberdades dos outros e a fim de satisfazer as justas exigências da moral, da ordem pública e do bem-estar numa sociedade democrática".

[428] Cfr., por exemplo, SCHERZBERG, "Unterverfassungsrechtliche Rechtssätze als Grundlage subjektiv-öffentlicher Rechte" in JURA 1988, pp. 455 e ss.; SELB, *Die verwaltungsgerichtliche Feststellungsklage*, cit., p. 68; e SCHENKE, *Verwaltungsprozessrecht*, cit., Rn. 498, pp. 157 e 158.

532   *Estado de Direito Democrático e Administração Paritária*

a que corresponde o ser-permitido juridicamente, que tais direitos de liberdade consagram –, um poder jurídico traduzido numa possibilidade de defesa das respectivas esferas de liberdade. Este poder concretiza-se necessariamente num procedimento ordenado à protecção do citado interesse – um procedimento de protecção jurídica (*Rechtsschutzverfahren*), não necessariamente judicial –, tendo por objecto, apenas o reconhecimento formal da existência do direito ameaçado, perturbado ou posto em questão, ou, também, a imposição de pretensões auxiliares e secundárias ligadas àquele mesmo direito e destinadas a evitar que a lesão se concretize ou a eliminá-la no caso de a mesma se ter chegado a concretizar[429].

A Constituição da República Portuguesa garante nos seus arts. 20.º, n.º 1, e 268.º, n.os 4 e 5, que tal protecção jurídica seja assegurada pelos tribunais, de forma efectiva, a toda e qualquer posição jurídica subjectiva: "é garantido aos administrados tutela jurisdicional efectiva dos seus direitos e interesses legalmente protegidos".

Em regra, a lesão ou ameaça de lesão ilegal de direitos fundamentais de liberdade determina a constituição de pretensões de abstenção ou de eliminação de tais lesões. Na verdade, caso não se admitissem tais direitos secundários e instrumentais relativamente à defesa daqueles direitos, os mesmos, a serem ainda reconhecidos como direitos subjectivos, gozariam de uma força jurídica inferior à dos direitos absolutos de direito privado, já que lhes faltaria um poder de imposição similar, nomeadamente em vista da eliminação das ofensas latentes ou continuadas. Ora, não se vê nenhuma razão para que os direitos de liberdade reconhecidos como fundamentais numa dada ordem jurídica gozem de uma protecção de nível inferior àquela de que gozam direitos estruturalmente idênticos, ainda que reconhecidos apenas ao nível da legislação ordinária[430]. De modo

---

[429] Neste sentido, v. SCHENKE, *Rechtsschutz...*, cit., pp. 78 e 81. Tais são as condições mínimas da existência de um direito subjectivo, já que outras configurações de tal poder jurídico – o direito de retenção, a possibilidade de compensação ou as garantias especiais – não são aqui aplicáveis.

[430] No texto é aflorada a questão da fundamentação dogmática da pretensão jurídico- -pública de eliminação das consequências de actuações ilegais da Administração – o (*Folgen)beseitigungsanspruch* – enquanto reacção constituída pela ordem jurídica à violação de um direito absoluto. O fundamento em causa é visto, no que respeita aos direitos

O *Estado de Direito Democrático e a nova compreensão...* 533

análogo, estando em causa um direito absoluto consagrado pela lei ordinária, é igualmente a respectiva natureza jussubjectiva que fundamenta a constituição de direitos à abstenção de perturbações ou à eliminação de lesões[431].

Os direitos absolutos dos particulares podem ser lesados por actuações ilegais da Administração com diversa natureza jurídica, nomeadamente regulamentos, actos administrativos e operações materiais. Consoante o caso, as pretensões de abstenção ou de eliminação de intromissões administrativas ilegais assumem igualmente formas diferenciadas. Tendo em conta o princípio da correspondência entre os direitos subjectivos materiais e o direito processual de acção, expressamente consagrado no art. 2.º, n.º 2, do Código de Processo nos Tribunais Administrativos – a cada direito corresponde uma

---

fundamentais de liberdade, precisamente na respectiva natureza jussubjectiva. Sobre a discussão de tal fundamentação v., na jurisprudência alemã, as decisões do *Bundesverwaltungsgericht* de 25.8.1971 (4 C 23.69) in DVBl. 1971, pp. 858 e ss. (fundamentação daquela pretensão nos direitos de liberdade); e de 19.7.1984 (3 C 81.82), in VBlBW 1985, pp. 217 e ss. (fundamentação daquela pretensão no princípio da legalidade). Cfr., relativamente à primeira, os comentários de BACHOF in DÖV 1971, pp. 859 e ss.; de RUPP in DVBl. 1972, pp. 232-233 e de HOFFMANN-BECKING, "Folgenbeseitigung bei rechtswidrigen hoheitlichen Tathandlungen? – BVerwG, DVBl. 1971, 858" in JuS 1972, pp. 509 e ss.; e, no respeitante à segunda, os comentários de BENDER, "Zum Recht der Folgenbeseitigung" in VBlBW 1985, pp. 201 e ss.; e de BROß, "Zum Anwendungsbereichs des Anspruchs auf Folgenbeseitigung" in Verw-Arch 1985, pp. 217 e ss. V. também, entre as mais significativas, as sínteses de SCHOCH, "Folgenbeseitigung und Wiedergutmachung im Öffentlichen Recht" in Verw-Arch 1988, pp. 1 e ss.; de SCHENKE, "Folgenbeseitigungsanspruch und mitwirkendes Verschulden – BVerwG, NJW 1989, 2484" in JuS 1980, pp. 370 e ss. (pp. 371 e 372); e de BRUGGER, "Gestalt und Begründung des Folgenbeseitigungsanspruchs" in JuS 1999, pp. 625 e ss.

Como observa SCHENKE, importa ter presente a especial força jurídica conferida por lei aos actos jurídico-públicos, por comparação com os negócios jurídicos de direito privado, e a qual justifica a constituição de pretensões defensivas, nomeadamente tendentes à eliminação daqueles actos, mesmo quando sejam inválidos, nulos ou anuláveis (cfr. Autor cit., *Rechtsschutz...*, cit., p. 80; no mesmo sentido, designadamente quanto aos actos nulos, v. RUPP, *Grundfragen...*, cit., p. 256; cfr. *supra* as notas 382 e 383 e o texto correspondente). No direito civil não se verifica a constituição de tais pretensões na sequência de negócios jurídicos ilegais, o que é consequente, atenta a circunstância de os mesmos, por si só, não implicarem uma violação de direitos absolutos (cfr. SCHENKE, *ibidem*).

[431] Cfr. *supra* a nota 428 e o texto correspondente.

534 *Estado de Direito Democrático e Administração Paritária*

acção destinada a fazê-lo valer em juízo –, importa verificar o reconhecimento pelo legislador ordinário português das seguintes relações jurídicas materiais originadas pela ameaça de violação ou pela violação efectiva daqueles direitos absolutos: o direito à eliminação de lesões imediatamente decorrentes de normas regulamentares; o direito à revogação anulatória ou à declaração de nulidade ou inexistência de actos administrativos lesivos; o direito à adopção das condutas necessárias ao restabelecimento de direitos e interesses violados; o direito ao pagamento de indemnizações por danos causados por factos ilícitos imputáveis à Administração; e o direito à abstenção de comportamentos, incluindo o direito à não emissão de actos administrativos lesivos.

O direito à eliminação de lesões imediatamente decorrentes de normas regulamentares constitui-se na sequência da entrada em vigor de um regulamento ilegal auto-exequível de carácter intromissivo, isto é, que, sem dependência de um acto administrativo ou jurisdicional de aplicação, seja lesivo da esfera jurídica do particular. No caso de a Administração não cumprir a sua obrigação de revogar tal regulamento, o lesado, mediante a propositura de uma acção administrativa especial, "pode obter a desaplicação da norma pedindo a declaração da sua ilegalidade com efeitos circunscritos ao caso concreto"[432-433]. Aparentemente, o legislador quis tutelar o direito em questão no quadro de um processo de controlo de normas a título principal, circunscrevendo, todavia, a sua eficácia ao caso concreto. Uma tutela deste tipo satisfaz minimamente as exigências garantísticas subjacentes ao art. 268.º, n.º 5, da Constituição da República Portuguesa.

---

[432] Cfr. os arts. 2.º, n.º 2, alínea h), 46.º, n.º 2, alínea c), e 73.º, n.º 2, todos do Código de Processo nos Tribunais Administrativos.

[433] No que se refere a regulamentos não exequíveis por si mesmos, a lei admite que os particulares iniciem um processo de controlo de normas a título principal e tendente à declaração de ilegalidade com força obrigatória geral, desde que aqueles normativos já tenham sido desaplicados por qualquer tribunal em três casos concretos com fundamento na sua ilegalidade e, pela sua aplicação, prejudiquem ou possam previsivelmente vir a prejudicar em momento próximo os citados particulares (cfr. os arts. 2.º, n.º 2, alínea h), 46.º, n.º 2, alínea c), 73.º, n.º 1, e 76.º, todos do Código de Processo nos Tribunais Administrativos).

O *Estado de Direito Democrático e a nova compreensão...* 535

O direito à revogação anulatória ou à declaração de nulidade ou inexistência de actos administrativos constitui-se na sequência da prática de um acto administrativo lesivo que seja ilegal[434].

Lesivos, nesta perspectiva, são, para os respectivos destinatários, e por força do mencionado direito ao livre e pleno desenvolvimento da personalidade, aqueles actos que contenham um comando ou uma proibição (actos impositivos)[435].

São igualmente lesivos aqueles actos que, embora dirigidos a outra pessoa e tendo relativamente a esta um conteúdo favorável, sejam, ao invés, desfavoráveis para um terceiro e violem um seu direito subjectivo público. Estas situações ocorrem com frequência nos domínios do direito do urbanismo, do direito económico (nomeadamente, relações de concorrência) e do direito do ambiente sempre que as normas disciplinadoras da prática de um acto autorizativo devidamente interpretadas, nomeadamente à luz das normas constitucionais consagradoras de direitos fundamentais, visem também tutelar a posição de eventuais contra-interessados (por exemplo: o vizinho, relativamente à licença de construção ou à licença de instalação de uma indústria poluente; o concorrente no âmbito de um concurso público ou face à atribuição de subsídios).

Acresce que, mesmo na ausência de norma legal consagradora de um direito subjectivo público, a doutrina admite, face a prejuízos substanciais e individualizados infligidos no âmbito de protecção de direitos fundamentais de liberdade de alguém por um acto administrativo ilegal, a possibilidade de o mesmo se defender, visto o acto em apreço ser lesivo dos mencionados direitos fundamentais (lesões

---

[434] O acto administrativo é, enquanto facto jurídico, pressuposto da constituição de tais direitos; estes constituem-se *ex lege*, não são efeitos jurídicos do acto cuja abstenção ou eliminação está em causa.

[435] A doutrina alemã refere, a este propósito, a «teoria do destinatário» (*Adressatentheorie*): sempre que um acto administrativo de conteúdo impositivo seja dirigido ao autor da acção de impugnação, este tem legitimidade processual activa. Cfr. BVerfGE 9, 83 (88), 19, 206 (215) e 29, 402 (408); e BVerwGE 30, 190 (198). Cfr. também SCHENKE, *Verwaltungsprozessrecht*, cit., Rn. 510, pp. 168 e 169; HUFEN, *Verwaltungsprozeßrecht*, cit., § 14, Rn. 75 e ss., pp. 261 e 262; e PIETZNER e RONELLENFITSCH, *Das Assessorenexamen im Öffentlichen Recht – Widerspruchsverfahren und Verwaltungsprozess*, 11. Aufl., München 2005, § 14, Rn. 11, p. 165.

536   *Estado de Direito Democrático e Administração Paritária*

fácticas ou mediatas de direitos fundamentais): por exemplo, os utentes de infra-estruturas (estradas, caminhos de ferro, aeroportos), relativamente a modificações das mesmas que, de modo qualificado, prejudiquem a sua liberdade de circulação ou, em geral, a sua liberdade de acção[436].

O "lesado pelo acto nos seus direitos ou interesses legalmente protegidos" tem direito, no caso de anulabilidade de tal acto e ao menos dentro do prazo em que o pode impugnar contenciosamente, a que o seu autor proceda à revogação do mesmo (revogação anula-

---

[436] *Faktisch (mittelbare) Grundrechtsbeeinträchtigungen* – lesões dos direitos fundamentais de liberdade que são consequência da actuação, jurídica ou material, dos poderes públicos. Tratando-se de actos jurídicos lesivos, os mesmos, embora não dirigidos ao lesado, afectam o seu direito de liberdade tal e qual como se se tratasse de uma lesão fáctica (daí a contraposição às intromissões clássicas – *klassische Grundrechtseingriffe* – e que são consequência de normas ou de actos administrativos intromissivos dirigidos ao próprio lesado). Cfr. a jurisprudência *Elfes* e *Lüth*, respectivamente, BVerfGE 6, 32 (37 e ss.) e 7, 198 (205). Na doutrina, cfr., por exemplo, SCHENKE, *Verwaltungsprozessrecht*, cit., Rn. 498, pp. 157 e 158; HUFEN, *Verwaltungsprozeßrecht*, cit., § 27, Rn. 13, pp. 481 e 482 (com referências a casos jurisprudenciais), e VASCO PEREIRA DA SILVA, *Em Busca do Acto Administrativo Perdido*, cit., p. 243 (reportando-se a Krebs) e pp. 265 e seguinte (a discussão relativa ao «dever de cuidado jurídico-objectivo» no domínio do direito da construção).

A este propósito, importa considerar igualmente o disposto no art. 53.º, n.º 2, alínea a), do Código do Procedimento Administrativo, o qual confere legitimidade procedimental aos "cidadãos a quem a actuação administrativa provoque ou possa previsivelmente provocar prejuízos relevantes em bens fundamentais". Como observa VASCO PEREIRA DA SILVA, "o Código do Procedimento Administrativo está a reconhecer a existência de direitos subjectivos públicos, fundados na Constituição, mesmo quando os seus titulares não são os imediatos destinatários das medidas administrativas" (v. Autor cit., *Em Busca do Acto Administrativo Perdido*, cit., p. 285). Este entendimento é reforçado pela circunstância de o legislador consagrar expressamente um "direito de participação popular em procedimentos administrativos" ou "direito procedimental de participação popular" que, justamente, não depende de "prejuízos relevantes" nem exige a titularidade de qualquer outro interesse (cfr. os arts. 1.º e 2.º da Lei n.º 83/95, de 31 de Agosto). Tal direito corresponde à vertente procedimental dos direitos de acção popular, igualmente previstos na citada Lei n.º 83/95, e hoje reproduzidos – com ressalva do que se refere ao interesse relativo à "protecção do consumo de bens e serviços", entretanto objecto de lei especial, nomeadamente dos arts. 10.º a 13.º da Lei de Defesa dos Consumidores, a Lei n.º 24/96, de 31 de Julho – no art. 9.º, n.º 2, do Código de Processo nos Tribunais Administrativos. Em sentido diferente e com um enquadramento dogmático distinto, cfr. as referências de SÉRVULO CORREIA, *Direito do Contencioso Administrativo*, I, cit., pp. 649 e ss., e pp. 722 e ss.

O Estado de Direito Democrático e a nova compreensão... 537

tória ou anulação administrativa)[437]; e, no caso de nulidade ou inexistência, a que a mesma seja declarada igualmente pelo seu
autor[438]. Se tal não suceder, pode o lesado, mediante a propositura
de uma acção administrativa especial, defender-se impugnando o
acto administrativo lesivo em vista da sua anulação ou da declaração
da sua nulidade ou inexistência[439].

O direito à adopção das condutas necessárias ao restabelecimento de direitos e interesses violados e, bem assim, o direito ao
pagamento de indemnizações constituem-se na sequência de operações materiais ilegais ou da execução de actos administrativos ou de
regulamentos ilegais. No caso de a Administração não cumprir as
suas obrigações correspectivas, o lesado, mediante a propositura de
uma acção administrativa comum, pode pedir a sua condenação a
realizá-las[440].

---

[437] Cfr. o art. 141.º do Código do Procedimento Administrativo. Sobre o dever de
revogar, mesmo para além do prazo para o recurso contencioso, v. DIOGO FREITAS DO
AMARAL, *Curso...*, II, cit., pp. 463 e ss., defendendo a existência de uma obrigação com
faculdade alternativa: "perante um acto ilegal, o órgão administrativo tem o dever de o
revogar, se não decidir entretanto saná-lo por acto expresso" (v. *ibidem*, p. 464); GOMES
CANOTILHO, *Direito Constitucional...*, cit., pp. 240, 258 e 259. Cfr. *infra* a nota 439.

[438] Cfr. o art. 134.º, n.º 2, do Código do Procedimento Administrativo. Sobre as
distinções que é necessário estabelecer, a propósito da aplicação deste preceito, nomeadamente no que se refere à eficácia da declaração administrativa de nulidade de um acto, cfr.,
por todos, ESTEVES DE OLIVEIRA, PEDRO GONÇALVES e PACHECO DE AMORIM, *Código
do Procedimento Administrativo Comentado*, cit., anot. III ao art. 134.º, pp. 653 e 654.

[439] Cfr. os arts. 2.º, n.º 2, alínea d), 46.º, n.º 2, alínea a), 50.º, n.º 1, e 58.º, todos do
Código de Processo nos Tribunais Administrativos.
No que se refere à pretensão do lesado, uma vez decorrido o prazo para o mesmo
impugnar contenciosamente o acto lesivo e antes que a lei considere sanada a respectiva
ilegalidade pelo decurso do tempo (cfr. o o art. 141.º, n.º 2, do Código do Procedimento
Administrativo), a mesma parece transformar-se num direito subjectivo formal: o direito à
revogação de acto ablativo ilegal a prosseguir mediante uma acção administrativa especial
de condenação à prática de acto devido proposta dentro do prazo em que o acto ainda
possa ser impugnado contenciosamente por outrem, que não o autor daquela acção. Cfr.,
na doutrina alemã, SCHENKE, *Verwaltungsprozessrecht*, cit., Rn. 278 e 497b, respectivamente, pp. 92 e 93 e 157. Este Autor refere igualmente o exemplo do direito à prática de
acto ampliativo ilegalmente omitido cuja omissão não tenha sido tempestivamente atacada
através da competente acção administrativa especial de condenação à prática de acto devido
(cfr. *idem, ibidem*, Rn. 497b, p. 157).

[440] Cfr. os arts. 2.º, n.º 2, alíneas f) e j), e 37.º, n.º 2, alíneas d) e f), ambos do
Código de Processo nos Tribunais Administrativos.

538 *Estado de Direito Democrático e Administração Paritária*

Finalmente, o direito à abstenção de comportamentos, incluindo o direito à não emissão de actos administrativos lesivos, constitui-se perante a probabilidade concreta de a Administração, em violação da lei, adoptar tais comportamentos ou actos lesivos. Em tais situações de iminente violação de um direito absoluto do particular, este pode defender-se, propondo uma acção administrativa comum tendente à condenação da Administração à abstenção dos citados comportamentos e, ou, à não emissão do acto lesivo[441].

O legislador parece não ter previsto expressamente a pretensão de abstenção da aprovação de um regulamento auto-exequível de carácter intromissivo. No entanto, pode suceder, atentas as regras em matéria de audiência dos interessados e de apreciação pública consagradas nos arts. 117.º e 118.º do Código do Procedimento Administrativo, que alguém que venha a ser imediatamente lesado na sequência da entrada em vigor de um tal regulamento, tome conhecimento da sua aprovação iminente – pense-se, por exemplo, na hipótese de um plano urbanístico. Nesse caso, a ameaça concreta a um direito absoluto do particular justificará a constituição de uma pretensão de abstenção, a qual, de acordo com a garantia constitucional de tutela jurisdicional efectiva, deve poder ser feita valer mediante uma acção administrativa comum de condenação à não aprovação de tal regulamento[442].

No que se refere ao mesmo tipo de regulamentos, pode também encarar-se, atenta a sanção da nulidade para os regulamentos ilegais, a defesa directa do direito ameaçado mediante uma acção administrativa comum tendente ao reconhecimento de tal direito, não obstante a vigência do regulamento ilegal[443].

---

[441] Cfr. os arts. 2.º, n.º 2, alínea c), e 37.º, n.º 2, alínea c), ambos do Código de Processo nos Tribunais Administrativos.

[442] Cfr. os arts. 20.º, n.º 1, e 268.º, n.º 5, da Constituição da República Portuguesa e os arts. 2.º, n.º 2, alínea c), e 37.º, n.º 2, alínea c), do Código de Processo nos Tribunais Administrativos.

[443] Cfr. os arts. 37.º, n.º 2, alínea a), e 39.º, ambos do Código de Processo nos Tribunais Administrativos. A questão da validade da norma é, nesse caso, apreciada e decidida apenas a título incidental. De resto, a subsistência do direito pode ficar a dever-se à circunstância de o tribunal declarar que os pressupostos de facto de que a norma faz depender a limitação ou supressão do direito não se verificam no caso concreto. Tal como a improcedência da acção também pode ficar a dever-se à circunstância de o tribunal

O *Estado de Direito Democrático e a nova compreensão...* 539

Pode, por outro lado, suceder que as pretensões de abstenção ou de eliminação de lesões dos direitos absolutos causadas por actos administrativos ilegais sejam excluídas por determinação da lei ou em atenção a outros valores do ordenamento[444]. Em tais situações, importa distinguir consoante o acto lesivo seja nulo e, consequentemente ineficaz[445], ou não.

No primeiro caso, o poder jurídico inerente àqueles mesmos direitos concretiza-se, pressupondo a verificação do pertinente interesse processual, num procedimento tendente a reconhecer a sua existência, o que implica, desde logo, também o reconhecimento da nulidade do acto lesivo. No segundo caso, igualmente no pressuposto de que o interesse processual se verifica, o citado poder jurídico tem, por força da garantia constitucional de tutela jurisdicional efectiva, de se poder concretizar num procedimento tendente ao reconhecimento simultâneo da existência passada dos direitos em causa e, bem assim, da ilegitimidade da sua lesão ou extinção causada pelo acto ilegal[446]. O meio processual adequado será, em ambos os casos,

---

considerar, por razões de facto ou de direito, que a posição jurídica subjectiva invocada pelo autor não existe, não chegando a mesma, por tal razão, a ser afectada pela norma. Cfr., neste sentido, SCHENKE, *Rechtsschutz...*, cit., pp. 227 e ss.; e SELB, *Die verwaltungsgerichtliche Feststellungsklage*, cit., p. 84.

[444] Cfr., relativamente ao § 46 da *Verwaltungsverfahrensordnung* (consequências de vícios procedimentais e de forma), por exemplo, SCHENKE, "Der verfahrensfehlerhafte Verwaltungsakt gemäß § 46 VwVfG" in DÖV 1986, pp. 305 e ss., em especial, pp. 311 e ss.; v. também, do mesmo Autor, "Der Anspruch des Verletzten..." cit., pp. 741 e ss. (situações de exclusão do direito à anulação revogatória de actos administrativos por determinação da lei ou em consequência de subprincípios do Estado de Direito). Na doutrina portuguesa, cfr., a propósito da discussão sobre a relevância limitada dos vícios de forma e sobre o princípio do aproveitamento dos actos administrativos, VIEIRA DE ANDRADE, *O Dever da Fundamentação Expressa de Actos Administrativo*, Coimbra, 1991, pp. 307 e ss.; e, com referência à audiência dos interessados, PEDRO MACHETE, *A Audiência dos Interessados...*, cit., pp. 520 e ss.

[445] Cfr. o art. 134.º, n.º 1, do Código do Procedimento Administrativo.

[446] Tratar-se-á, seguramente, de uma acção de simples apreciação atípica, mas a sua admissibilidade parece constituir a única forma de prevenir uma lacuna de protecção jurídica contrária aos arts. 20.º, n.º 1, e 268.º, n.º 4, da Constituição da República Portuguesa.

A doutrina alemã tende a resolver estas situações socorrendo-se de uma analogia com o preceituado no § 113 I, 4.ª frase, da *Verwaltungsgerichtsordnung*, ou seja, mediante a acção de simples apreciação na continuação de uma acção de impugnação (*Fortsetzungs-*

540   *Estado de Direito Democrático e Administração Paritária*

a acção administrativa comum tendente ao reconhecimento daqueles direitos[447].

c) Os direitos subjectivos públicos do Estado e de outras entidades públicas

(i) A questão da sua admissibilidade

A perspectivação da situação recíproca do Estado (e demais entidades públicas) e dos cidadãos como uma relação jurídica tem como consequência natural, embora não necessária, o reconhecimento da possibilidade de direitos subjectivos públicos do Estado e das demais entidades públicas[448]. Na verdade, tal relação, mesmo

---

feststellungsklage). Cfr., por exemplo, SCHENKE, *Verwaltungsprozessrecht*, cit., Rn. 326, p. 108. Sucede que, como na lei portuguesa a anulação do acto impugnado determina o "dever de reconstituir a situação que existiria se o acto anulado não tivesse sido praticado" (cfr. o art. 173.º, n.º 1, do Código de Processo nos Tribunais Administrativos), a eventual cessação dos efeitos do acto, devido a revogação ou a outra causa, ou o exaurimento da produção dos mesmos, designadamente pela integral execução do acto no plano dos factos, não implicam o fim do processo de impugnação do mesmo acto (cfr.o art. 65.º, n.os 1 e 2, do Código de Processo nos Tribunais Administrativos). Ou seja, a lei processual portuguesa não prevê uma *Fortsetzungsfeststellungsklage* que sirva de base a uma analogia similar à preconizada pela doutrina alemã. Daí que, para evitar que o direito lesado fique sem qualquer espécie de protecção, se propenda para a mencionada solução atípica. Sobre a possibilidade do reconhecimento de situações jurídicas passadas como objecto de uma acção de simples apreciação (*Feststellungsklage*), salientando a analogia de função com a acção de simples apreciação na continuação de uma acção de impugnação (*Fortsetzungsfeststellungsklage*) do § 113 I, 4.ª frase, da *Verwaltungsgerichtsordnung*, v. SCHENKE, *Verwaltungsprozessrecht*, cit., Rn. 405, p. 130; e SELB, *Die verwaltungsgerichtliche Feststellungsklage*, cit., pp. 92 e ss.

[447] Cfr. os arts. 2.º, n.º 2, alíneas a) e b), 37.º, n.º 2, alíneas a) e b), e 39.º, todos do Código de Processo nos Tribunais Administrativos. Um outro meio de defesa do particular interessado a considerar seria, com referência a ambos os casos mencionados no texto, o reconhecimento da inexistência do direito de a Administração praticar o acto administrativo lesivo. Cfr. *infra* a alínea seguinte, em especial, o ponto (iv), relativo ao direito subjectivo público de uma autoridade praticar um dado acto administrativo.

[448] Cfr. *supra* o n.º 24, alínea a), em especial, o texto correspondente às notas 210, 211 e 219, e o ponto (i) da alínea b) do mesmo número, em especial, o texto correspondente às notas 242 e 243. Cfr. também BAUER, "Subjektive öffentliche Rechte des Staates" cit., p. 216; e SELB, *Die verwaltungsgerichtliche Feststellungsklage*, cit., p. 76. SCHENKE, por outro lado, salienta a aceitação pela doutrina processualista de direitos subjectivos públicos do Estado no quadro de relações jurídicas objecto da acção para o

O Estado de Direito Democrático e a nova compreensão... 541

concebida como uma «relação geral», exclui que os contactos entre sujeitos de direito possam ser construídos como relações de poder: "onde quer que se encontrem ou entrem em contacto juridicamente relevante sujeitos de direito, existem ou constituem-se relações jurídicas concretas", as quais tendem a implicar direitos e deveres recíprocos[449].

Hartmut Bauer descreve o desenvolvimento histórico da teoria do direito subjectivo público hoje maioritária, nomeadamente a concepção de tal espécie de direitos enquanto posição jurídica exclusiva dos particulares, como um fruto da evolução jurídica do Séc. XIX[450]. Aquele Autor salienta que a base dogmática da mencionada concepção de direito subjectivo – a qual, por sua vez, superou uma anterior teoria do direito subjectivo de direito público enquanto posição jurídica subjectiva pertencente indiferenciadamente às entidades públicas e aos cidadãos – é, do ponto de vista histórico-jurídico, a ideia de uma «relação geral de poder»: dado que a vontade do Estado, concebido essencialmente como poder soberano, era considerada superior e dominante relativamente à vontade dos indivíduos, estes, face àquele e às suas determinações, apenas tinham de obedecer; quaisquer direitos perante o Estado só eram concebíveis como concessões em resultado de uma autolimitação ou autovinculação do mesmo[451]. Daí referenciarem-se frequentemente tais posições jurídicas activas como «direitos subjectivos públicos dos súbditos»[452].

É também normalmente a partir da citada concepção que a teoria da norma de protecção é formulada e compreendida: "o direito

---

reconhecimento (*Feststellungsklage*) prevista no § 43 da *Verwaltungsgerichtsordnug* (cfr. Autor cit., *Rechtsschutz...*, cit., p. 232). Na doutrina portuguesa, v. as referências de VASCO PEREIRA DA SILVA, *Em Busca do Acto Administrativo Perdido*, cit., pp. 200 e ss.

[449] V. BAUER, "Subjektive öffentliche Rechte des Staates" cit., p. 216. Todavia, no sentido de que a teoria da relação jurídica não implica a aceitação de direitos subjectivos do Estado, v. WAHL e SCHÜTZ "§ 42 Abs. 2", Rn. 103, in SCHOCH, SCHMIDT-AßMANN und PIETZNER (Hrsg.), *Verwaltungsgerichtsordnung Kommentar*, München, Stand: Januar 2003).

[450] Cfr. Autor cit., "Subjektive öffentliche Rechte des Staates" cit., pp. 211 e ss.

[451] Cfr. Autor cit., *ibidem*, p. 211.

[452] Cfr. *idem, ibidem*. Este Autor fala, por isso, na "teoria dos direitos subjectivos públicos dos súbditos" ou "concepção clássica" como um dos três momentos da evolução da teoria do direito subjectivo público (v. *idem, ibidem*, pp. 209 e 210).

542   *Estado de Direito Democrático e Administração Paritária*

subjectivo público é aquela posição jurídica do súbdito relativamente ao Estado em que aquele, com base num negócio jurídico ou numa norma imperativa emanada em vista da protecção dos seus interesses individuais susceptível de por ele ser invocada perante a Administração, pode exigir do citado Estado ou fazer perante o mesmo alguma coisa"[453]. Neste quadro conceptual não há lugar, por definição, para direitos subjectivos públicos do Estado: o direito subjectivo público é uma posição jurídica subjectiva perante os poderes públicos[454]. A eventual admissibilidade de direitos subjectivos públicos do Estado impõe, deste modo, uma revisão de tal conceito.

Na verdade, grande parte dos argumentos invocados contra a citada admissibilidade radicam precisamente naquela concepção de direito subjectivo, nomeadamente no sentido e finalidade de tal instituto jurídico, e ainda numa certa compreensão do poder do Estado[455]. O primeiro grupo de objecções releva principalmente de questões ligadas à teleologia e significado filosófico-jurídico do direito subjectivo, enquanto instituto ou figura jurídica, ao passo que o segundo grupo assenta numa impossibilidade (ou, porventura, numa ausência de relevância) estrutural que hoje se pode considerar constitucionalmente ultrapassada. Para equacionar correctamente os termos da dis-

---

[453] V. BÜHLER, "Altes und Neues..." cit., p. 274, que reproduz e confirma a sua definição de 1914 (*Die subjektiven öffentlichen Rechte und ihr Schutz in der deutschen Verwaltungsrechtssprechung*, p. 224): "a *minha* definição de direito subjectivo público [...] era e continua a ser imodificada ainda hoje" (v. *idem, ibidem*; itálico no original). Sobre a actualidade e a aceitação maioritária de tal definição (precisando o conceito de «norma imperativa», de modo a poder considerar aí incluídas as normas que conferem poderes discricionários), v. WOLFF, BACHOF e STOBER, *Verwaltungsrecht*, I, cit., § 43 II 1, Rn. 53, p. 665 (que advogam apenas a substituição da referência ao «súbdito» por «cidadão» ou «particular»). Criticando a "troca de etiquetas", v. BAUER, *Geschichtliche Grundlagen...*, cit., p. 134, e "Subjektive öffentliche Rechte des Staates" cit., p. 212.

[454] Neste sentido, cfr. BAUER, "Subjektive öffentliche Rechte des Staates" cit., p. 212. Daí que, segundo este Autor, a verificação da existência de direitos subjectivos públicos do Estado determine um repensar de toda a teoria do direito subjectivo público (cfr. *ibidem*, p. 213).

[455] Cfr. uma síntese dos termos de tal discussão em SCHENKE, *Rechtsschutz...*, cit., pp. 233 e ss.; e em SELB, *Die verwaltungsgerichtliche Feststellungsklage*, cit., pp. 74 e ss. V. também a referência de VASCO PEREIRA DA SILVA, *Em Busca do Acto Administrativo Perdido*, cit., p. 200, nota 2.

O *Estado de Direito Democrático e a nova compreensão...*   543

cussão impõe-se, deste modo, começar por analisar e fundamentar a superação de tal impossibilidade.

É frequente ver invocada, a este propósito, a afirmação de Otto Mayer de que a recondução das posições jurídicas do Estado a direitos subjectivos constituiria um obstáculo à correcta compreensão da sua própria supremacia jurídica (*die rechtliche Allmacht*), uma vez que "o direito subjectivo é sempre algo de limitado, enquanto no Estado se exprime sempre a realidade ilimitada que o constitui"[456]. A *plenitudo potestatis* ou soberania, enquanto manifestação do poder do Estado característica do absolutismo, é um conceito que se opõe à ideia de direito subjectivo, quer do súbdito perante o Estado, quer do Estado perante o súbdito: onde só existe o poder sem limites, não pode existir um poder limitado. Nesta perspectiva, a tese de Otto Mayer não é totalmente desprovida de coerência e de fundamento histórico[457].

Porém, a constituição jurídica do Estado e a sua consequente subordinação ao direito e à Constituição, conjugadas com o reconhecimento de direitos subjectivos públicos dos particulares, afastaram definitivamente tal entendimento[458]. O direito também decide conflitos entre os poderes públicos e os interesses individuais privados, pelo que tanto aqueles como estes são por ele limitados. Hoje a única "supremacia jurídica" admissível é a do próprio direito; o poder do Estado é, ele próprio, um poder jurídico e, como tal, também definido e enquadrado pelo direito.

Na medida de tal definição, aquele poder do Estado tornou-se comparável ao poder jurídico que caracteriza um direito subjectivo público dos particulares, suscitando-se a questão de saber se, e em que medida, o mesmo poder do Estado não pode ser qualificado também como um direito subjectivo para o efeito de lhe tornar apli-

---

[456] "*Das subjektive Recht ist immer etwas Begrenztes; beim Staat aber schlägt das dahinterstehende Unbegrenzte immer durch*" – v. Autor cit., *Deutsches Verwaltungsrecht*, I, cit., p. 104.

[457] Cfr. SCHENKE, *Der Rechtsschutz...*, cit., p. 237, que, por tal razão, estabelece uma correlação entre a negação de direitos subjectivos públicos dos particulares e a negação do mesmo tipo de direitos do Estado.

[458] Cfr. *supra*, na Primeira Parte, o n.º 8 e, nesta Terceira Parte, a alínea a) do n.º 24. Cfr. também SCHENKE, *Verwaltungsprozessrecht*, cit., Rn. 387, p. 126.

544   *Estado de Direito Democrático e Administração Paritária*

cáveis as regras próprias dos direitos subjectivos públicos e, desse modo, reforçar a protecção do cidadão[459].

O próprio direito positivo consagra hoje – como, de resto, no passado – várias situações jurídicas subjectivas que, ou são expressamente qualificadas como direitos subjectivos do Estado ou de outras entidades públicas – o direito a indemnizações, contratuais e extracontratuais, os direitos emergentes de contratos administrativos –, ou como obrigações dos particulares – por exemplo, a obrigação de pagar os impostos, contribuições ou taxas devidamente liquidados ou as obrigações decorrentes de actos administrativos a que o Código do Procedimento Administrativo se refere nos seus arts. 149.º e ss., a propósito da execução do acto administrativo – a que naturalmente têm de corresponder, do lado activo, pretensões daquelas mesmas entidades públicas[460]. De resto, no Código de Processo nos Tribunais Administrativos um dos objectos possíveis da acção administrativa comum é, nos termos do art. 37.º, n.º 2, alínea a), o "reconhecimento de situações jurídicas subjectivas directamente decorrentes de normas jurídico-administrativas ou de actos jurídicos praticados ao abrigo de disposições de direito público", sem especificar se as mesmas são activas ou passivas ou se respeitam aos particulares ou à Administração.

Com efeito, a necessidade e a conveniência de juridicizar os poderes do Estado – os quais existem independentemente de poderem ser qualificados como direitos subjectivos – e de os integrar no sistema jurídico apontam no sentido de, nos casos em que se verifique uma analogia de situações devido à igualdade das constelações de interesses em causa – nomeadamente a previsão normativa de poderes jurídicos em vista da realização de interesses cuja prossecução compete, igualmente por determinação da ordem jurídica, ao Estado ou a outras entidades públicas –, tornar extensivas a tais poderes do Estado relativamente aos cidadãos as regras aplicáveis aos poderes jurídicos reconhecidos a estes perante aquele: uma tal

---

[459] Neste sentido, cfr. SCHENKE, *Der Rechtsschutz...*, cit., p. 238.

[460] Cfr., com referência à ordem jurídica alemã, os exemplos referidos por BAUER, "Subjektive öffentliche Rechte des Staates" cit., pp. 214 e 215; e por SELB, *Die verwaltungsgerichtliche Feststellungsklage*, cit., p. 75.

O Estado de Direito Democrático e a nova compreensão... 545

solução obedece a uma teleologia coincidente com aquela que subjaz ao reconhecimento de direitos subjectivos públicos dos particulares – a compreensão dos poderes públicos como realidades juridicamente constituídas e, portanto, submetidas ao direito – e contribui para o reforço da protecção jurídica das liberdades dos cidadãos, nomeadamente no que se refere à protecção jurisdicional, visto que evidencia limitações adicionais ao poder do Estado que a actual ordem constitucional já impõe[461].

Como nota Selb, não está em causa aumentar o poder do Estado ou atribuir-lhe poderes adicionais: este já pode, com o poder jurídico que lhe é conferido pelo ordenamento, impor aos cidadãos o cumprimento dos seus deveres juridicamente constituídos; a qualificação de tal poder jurídico como direito subjectivo tem consequências, isso sim, para a concepção da relação do Estado com os cidadãos, visto que somente tal ponto de vista permite compreendê-la, a ela e aos seus desenvolvimentos, como uma relação jurídica constituída por direitos e deveres recíprocos, conduzindo, desse modo, a uma juridicização das relações entre o Estado e os cidadãos e, por essa via, a um reforço da tutela jurisdicional perante o Estado, nomeadamente ao abrir a possibilidade de propor acções tendentes ao reconhecimento de direitos subjectivos do Estado[462].

Mesmo um crítico da noção de direitos subjectivos públicos do Estado, como Rainer Wahl, aceita que "os direitos subjectivos públicos [dos particulares] não esgotam o âmbito de aplicação do § 42 II [da VwGO – preceito homólogo ao mencionado art. 37.º, n.º 2, alínea a) do Código de Processo nos Tribunais Administrativos]. As posições jurídicas do universo jurídico-orgânico (*organschaftlicher Rechtskreis*) também podem relevar como «direitos» para efeitos do

---

[461] Cfr., neste sentido, SCHENKE, *Verwaltungsprozessrecht*, cit., Rn. 387, p. 126, e também em *Der Rechtsschutz...*, cit., pp. 234, 236 e 238. Salientando a relevância do estabelecimento da analogia referida no texto, nomeadamente para a concepção e juridicização das relações entre o Estado e os cidadãos e, desse modo, para a emergência de um direito administrativo próprio de um Estado de Direito, cfr. HENKE, "Das subjektive Recht..." cit., p. 633; e também ERICHSEN, "Das Verwaltungshandeln" cit., § 11 II, Nr. 5, Rn. 46, p. 262.

[462] Cfr. Autor cit., *Die verwaltungsgerichtliche Feststellungsklage*, cit., p. 76. Sobre as relações do Estado e dos cidadãos como relações jurídicas, v. *supra*, no n.º 24, a alínea a).

546   *Estado de Direito Democrático e Administração Paritária*

disposto no § 42 II, desde que, do ponto de vista estrutural, se encontrem preenchidos os pressupostos de um poder de imposição jurídica (*Rechtsdurchsetzungsmacht*) normativamente atribuído. Também não existe nenhuma razão de ordem constitucional para limitar o âmbito de aplicação do § 42 II a direitos subjectivos públicos [dos particulares], uma vez que o Art. 19 IV do GG apenas contém uma garantia mínima, sendo lícito ao direito processual ordinário ir além da mesma. [... Na] medida em que o processo administrativo se abre também a litígios jurídico-públicos que respeitam a outras posições jurídicas que não os direitos subjectivos públicos, não existe fundamento algum para recusar a tais posições a possibilidade de as mesmas se imporem (*Durchsetzbarkeit*)"[463]. Ou seja, as posições jurídicas em causa, desde que, do ponto de vista estrutural se assemelhem às posições jurídicas commumente designadas como «direito subjectivo público», podem ser objecto de idêntico tratamento por parte do legislador ordinário. E o mesmo Autor acrescenta: "é reconhecido em geral que tais posições jurídicas podem ser defendidas com meios processuais administrativos"[464].

Nesse mesmo sentido, Eberhard Schmidt-Aßmann refere-se a "direitos subjectivos em sentido amplo" para efeitos do disposto no mencionado § 42 II da *Verwaltungsgerichtsordnung*, visando, quer as citadas "posições jurídicas do universo jurídico-orgânico", quer determinadas competências de unidades administrativas não autónomas, de órgãos administrativos ou de partes de órgãos[465]. Parece

---

[463] V. Autor cit., "Vorbemerkung, § 42 Abs. 2", cit., Rn. 118. As "posições jurídicas do universo jurídico-orgânico" referidas no texto correspondem a entidades administrativas autonomizadas (*verselbständigte Verwaltungsträger*) e são os "direitos orgânicos" (*organschaftliche Rechte*) – posições jurídicas de órgãos ou de partes de órgãos no âmbito interno do Estado –, as posições jurídicas das autarquias (*Gemeinden*) e, bem assim, as de outras entidades que gozem de autonomia administrativa (*sonstige Selbstverwaltungskörperschaften*) (v. *idem*, *ibidem*, Rn. 119). *A contrario sensu*, para WAHL, as competências de unidades administrativas não autónomas, de órgãos administrativos ou de partes de órgãos também não são direitos subjectivos públicos.

[464] V. Autor cit., "Vorbemerkung, § 42 Abs. 2", cit., Rn. 119.

[465] V. Autor cit., "Art. 19, Abs. 4" in *Grundgesetz Kommentar*, cit., Rn. 148. No entanto, SCHMIDT-AßMANN distingue muito bem tais «direitos subjectivos em sentido amplo», dos verdadeiros direitos subjectivos. Como explica, "a função central dos direitos subjectivos decorre da posição de destaque dos direitos fundamentais (Art. 1 III do GG). O Art. 19 IV GG não se circunscreve à tutela de direitos fundamentais, abrangendo

O Estado de Direito Democrático e a nova compreensão...   547

justificar-se, deste modo, a tese afirmada por Wolf-Rüdiger Schenke de que a alternativa à extensão do conceito de direito subjectivo aos poderes jurídicos do Estado e demais entidades públicas seria a formação "de uma categoria própria de poderes jurídicos", estrutural e funcionalmente muito próxima da dos direitos subjectivos públicos dos particulares[466].

Mas Wahl procura fundamentar a sua objecção à admissibilidade de direitos subjectivos públicos do Estado também em "razões materiais": referindo-se concretamente às posições jurídicas do universo jurídico-orgânico, considera as mesmas como "competências não

---

também direitos subjectivos previstos na legislação ordinária ou no direito contratual. Contudo, é nos direitos fundamentais que a essência do direito subjectivo se torna particularmente clara: está em causa a defesa da individualidade e da personalidade. Consequentemente, o direito subjectivo tem de ser entendido como poder jurídico personalizado e individualizado de pôr a ordem jurídica em movimento em vista da prossecução de interesses próprios. O fundamento jurídico não é decisivo; os direitos subjectivos de direito privado, desde que oponíveis a entidades públicas, também pertencem a este universo. Permanece, em todo o caso, a referência à situação de perigo típica dos direitos fundamentais como o núcleo daquilo que que são os direitos subjectivos, nos termos e para os efeitos do disposto no Art. 19 IV GG. Os poderes de entidades públicas ou as competências de órgãos até podem ser, segundo o estatuído noutras disposições, impostos pela via jurisdicional e, nessa medida, podem ser considerados direitos subjectivos em sentido amplo. Tais «posições jurídicas do universo jurídico-orgânico» (Wahl) não são, todavia, direitos da espécie daqueles a que se reporta o Art. 19 IV GG" (v. Autor cit., "Einleitung", Rn. 18, in SCHOCH, SCHMIDT-Aßmann und PIETZNER (Hrsg.), *Verwaltungsgerichtsordnung Kommentar*, München, Stand: Januar 2003).

[466] V. Autor cit., *Der Rechtsschutz...*, cit., p. 238. Como sintetiza VASCO PEREIRA DA SILVA, "uma coisa são as posições activas da Administração, realidades substantivas que constituem o fundamento da sua actuação relativamente aos particulares – as quais possuem natureza jurídico-subjectiva –, outra coisa são as competências dos órgãos administrativos, que dizem respeito às regras de repartição interna de tarefas no interior das entidades que integram a Administração Pública – e que possuem, portanto, natureza jurídico-objectiva. Que o mesmo é dizer, que as regras de competência determinam quais os órgãos competentes para o exercício da posições jurídicas activas e passivas de que os sujeitos administrativos são titulares. As autoridades administrativas, da mesma forma que os sujeitos privados são, portanto, susceptíveis de serem titulares de posições jurídicas de vantagem (quer se trate de direitos subjectivos, direitos potestativos, poderes jurídicos, faculdades), assim como podem estar obrigadas às correspondentes posições passivas (deveres, sujeições, etc.). E são essas posições jurídicas activas e passivas que integram o conteúdo das relações administrativas" (v. Autor cit., *Em Busca do Acto Administrativo Perdido*, cit., pp. 201 e 202).

548 *Estado de Direito Democrático e Administração Paritária*

personalizadas" (*apersonale Kompetenzen*) destinadas a conjugar actuações individualizadas de pessoas numa unidade de eficácia e que se distinguem dos verdadeiros direitos subjectivos, que são sempre "expressão de individualidade e de personalidade"[467]. Para aquele Autor, a função principal do direito subjectivo é a atribuição ao indivíduo, como ser livre e responsável, de um domínio próprio, de uma esfera de actuação lícita em que aquele pode agir e decidir livre da interferência dos poderes públicos, em consequência do reconhecimento do poder jurídico de o defender (*Zuordnungsfunktion*), pelo que o mesmo se destina a delimitar espaços de liberdade individual[468].

Na apreciação desta posição, importa separar os aspectos que relevam da pura técnica jurídica daqueles que suscitam questões mais profundas de índole filosófica relacionadas com o sentido do direito e dos seus institutos. Em qualquer caso, importa salientar, desde já, que a admissão de direitos subjectivos públicos de entidades públicas não põe em causa, nem a aludida «função de atribuição» dos direitos subjectivos, nem a limitação do âmbito de aplicação da garantia constitucional de tutela jurisdicional aos direitos subjectivos públicos dos particulares. Como referido, o sentido do reconhecimento de direitos subjectivos públicos do Estado e de outras entidades públicas "é, tal como no respeitante à capacidade jurídica do Estado, o de compreender as respectivas posições jurídicas como juridicamente constituídas e, nessa medida, em consonância com a teleologia dos direitos subjectivos do cidadão, criar um fundamento adicional para juridicizar a relação entre o Estado e os cidadãos"[469].

Wahl procura demonstrar o carácter "não personalizado" (*apersonal*) das posições jurídicas do universo jurídico-orgânico com base na circunstância de as mesmas competirem, não às pessoas titulares dos órgãos ou que constituem as entidades administrativas em causa,

---

[467] V. Autor cit., "Vorbemerkung, § 42 Abs. 2", cit., Rn. 120. Sobre as dimensões pessoal (o direito subjectivo está ao serviço de interesses do seu próprio titular) e individual (os interesses tutelados são interesses privados) dos direitos subjectivos, v. SCHMIDT-AßMANN, "Art. 19 Abs. 4" in *Grundgesetz Kommentar*, cit., Rn. 117.

[468] V. Autor cit., "Vorbemerkung, § 42 Abs. 2", cit., Rn. 46, 48 e 120.

[469] V. SCHENKE, *Der Rechtsschutz...*, cit., p. 236.

O *Estado de Direito Democrático e a nova compreensão...* 549

mas aos próprios órgãos ou às próprias entidades: aqueles e estas é que são os sujeitos de imputação final das normas internas e, por conseguinte, juridicamente capazes[470]. Esta circunstância releva na óptica daquele Autor, porque, para ele, os direitos subjectivos se caracterizam necessariamente pelas suas dimensões individual e pessoal, por um «radical subjectivo». O respectivo paradigma corresponde aos direitos fundamentais, pois é neles "que a essência do direito subjectivo se torna particularmente clara: está em causa a defesa da individualidade e da personalidade. Consequentemente, o direito subjectivo tem de ser entendido como poder jurídico personalizado e individualizado de pôr a ordem jurídica em movimento em vista da prossecução de interesses próprios"[471].

Sem prejuízo de se aceitar que o homem é o fim e a razão de ser de todo o direito[472], daí não se segue que os meios técnico-jurídicos predispostos pela ordem jurídica para tutelar aquele, justamente em atenção ao carácter instrumental de tais meios, não possam ser mobilizados com referência a outras realidades. Aliás, se o que está em causa é precisamente reforçar a aludida tutela, tudo parece aconselhar tal mobilização. Compreendem-se, nesta perspectiva, os fenómenos da personalidade jurídica colectiva e da personificação do Estado e, mais recentemente, do reconhecimento de direitos subjectivos públicos do Estado e de outras entidades públicas. Consequência inelutável de tais desenvolvimentos é a tecnicização e formalização daqueles meios jurídicos.

A determinação apenas técnico-formal do conceito de direito subjectivo suscita decerto questões do ponto de vista filosófico-jurídico – como nota Schenke, a mesma "corta definitivamente com a concepção jusnaturalista dos direitos dos cidadãos"[473] –; contudo, ela está ordenada e contribui para o reforço da garantia das liberda-

---

[470] V. Autor cit., "Vorbemerkung, § 42 Abs. 2", cit., Rn. 120.

[471] V. SCHMIDT-AßMANN, "Einleitung", cit., Rn. 18. Sobre o carácter essencial, ainda que não exclusivo, do radical subjectivo dos direitos fundamentais para a respectiva caracterização como sistema autónomo no quadro da Constituição da República Portuguesa, v. VIEIRA DE ANDRADE, *Os Direitos Fundamentais...*, cit., pp. 82 e ss.

[472] *Hominum causa omne ius constitutum est* – máxima romana cit. *apud* MOTA PINTO, *Teoria Geral do Direito Civil*, cit., p. 84, nota 1.

[473] V. Autor cit., *Der Rechtschutz...*, cit. p. 236.

550   *Estado de Direito Democrático e Administração Paritária*

des individuais, designadamente no respeitante à tutela jurisdicional. O consenso anteriormente referido, no tocante à admissibilidade da acção de simples apreciação tendo por objecto o reconhecimento de posições jurídicas subjectivas de entidades públicas, evidencia isso mesmo.

Num plano mais técnico, invoca-se frequentemente que o direito subjectivo, por definição, se destina à satisfação de interesses próprios e que o seu exercício se caracteriza pela liberdade, senão mesmo pelo arbítrio, do seu titular; enquanto que os poderes públicos se encontram ao serviço do interesse geral que é indisponível, razão por que o respectivo exercício corresponde a um dever funcional e não a uma qualquer liberdade do seu titular. O poder jurídico (*Rechtsmacht*) do Estado (e demais entidades públicas) é essencialmente um "poder" (*posse* ou *Können*) jurídico-objectivo cujo exercício corresponde a um "dever-ser", e não a um "ser-permitido" (*licere* ou *Dürfen*). Consequentemente, a competência jurídico-pública e o direito subjectivo não podem ser colocados no mesmo plano[474]. De resto, o próprio legislador parece retirar consequências jurídico-positivas de tal entendimento: assim, enquanto a primeira é irrenunciável e inalienável, o segundo pode ser objecto de renúncia[475].

Estas objecções filiam-se numa concepção de direito subjectivo demasiado estreita, muito presa a perspectivas jurídico-privadas e que não tem em conta nem as modificações operadas no plano do direito constitucional nem a própria realidade dos direitos subjectivos públicos dos particulares[476].

---

[474] Cfr., além das referências anteriores a WAHL e a SCHMIDT-AßMANN, por exemplo, PIETZNER e RONELLENFITSCH, *Das Assessorenexamen...*, cit., § 14, Rn. 3, pp. 161 e 162 (a admissão de direitos subjectivos públicos do Estado deve ser rejeitada por representar um retrocesso à era pré-estadual dos direitos senhoriais; estes Autores admitem, todavia, em analogia com os direitos fundamentais, direitos subjectivos públicos de entidades de direito público que tenham sido objecto de uma atribuição especial e que as distanciem do Estado – seria o caso, por exemplo, das autarquias locais, enquanto expressão da autonomia local, e das ordens profissionais, enquanto expressão da auto-organização profisssional).

[475] Cfr., respectivamente, os arts. 29.º e 110.º, n.º 1, do Código do Procedimento Administrativo. No sentido de a renunciabilidade ser uma característica essencial do direito subjectivo público, v., por exemplo, WAHL, "Vorbemerkung, § 42 Abs. 2", cit., Rn. 47.

[476] Salienta a orientação da doutrina maioritária em função do conceito de direito subjectivo jusprivatístico, por exemplo, ERICHSEN, "Das Verwaltungshandeln" cit., § 11

O *Estado de Direito Democrático e a nova compreensão...* 551

Na verdade, estes últimos não podem ser reconduzidos a meras esferas de liberdade ou de arbítrio[477]. Sem desconhecer que é precisamente a garantia das liberdades dos indivíduos, enquanto sujeitos de direito, que justifica a atribuição ou o reconhecimento de direitos subjectivos públicos, a verdade é que os mesmos, uma vez atribuídos ou reconhecidos positivamente, não são dissociáveis da legalidade do exercício dos poderes públicos. De resto, historicamente aqueles surgiram como um reforço desta, ainda que em reconhecimento da subjectividade jurídica do indivíduo.

Com efeito, a violação de um direito subjectivo público dos particulares implica sempre a violação da legalidade objectiva que rege a actuação daqueles poderes. A titularidade do direito subjectivo

---

II, Nr. 5, Rn. 46, p. 262. Com efeito, aquele conceito, por natureza, respeita apenas a interesses individuais.

Sobre a relevância do enquadramento jurídico-privado ou jurídico-público da temática do direito subjectivo, são esclarecedoras as considerações tecidas por CARVALHO FERNANDES, a propósito dos interesses reflexa e indirectamente protegidos: o tratamento de tais interesses, "como figura afim do direito subjectivo, assenta num enquadramento privatístico do problema. É sob o ponto de vista do Direito Privado que não cabe aqui falar em direito subjectivo. Não deve, porém, entender-se esta construção em termos absolutos, porquanto ao titular de interesse reflexa ou indirectamente protegido pode estar reconhecido o poder, dirigido contra o Estado ou outras entidades públicas, de exigir a adopção de medidas adequadas ao cumprimento das normas que asseguram a satisfação do seu interesse. Deve então falar-se de *direito subjectivo público*" (v. Autor cit., *Teoria Geral...*, II, cit., p. 594; itálicos no original).

[477] Mesmo no direito privado os direitos subjectivos não se podem reconduzir a puros espaços de arbítrio individual, como pretendia a orientação mais tradicional nesse domínio – *qui suo iure utitur neminem laedit*. Como resulta da noção de abuso do direito consagrada no art. 334.º do Código Civil, o exercício de um direito está sempre sujeito aos limites impostos pela boa fé, pelos bons costumes e pelo fim económico ou social desse direito. Nesse sentido, CARVALHO FERNANDES salienta que, "ao aferir a legitimidade do exercício do direito pelo seu fim económico ou social, o art. 334.º dá seguimento a uma concepção finalista do direito. Estamos perante o fenómeno da *funcionalização* dos direitos subjectivos, pois põe em destaque a circunstância de eles serem reconhecidos em vista de certos valores, que têm de ser prosseguidos na sua actuação. Por esta via, o exercício é ilegítimo se não se pautar por esses valores. Mas também o é, por maioria de razão, quando o titular do direito, independentemente de prosseguir um interesse seu, vise prejudicar outra pessoa" (v. Autor cit., *Teoria Geral...*, II, cit., p. 589; itálico no original). O mesmo Autor analisa a seguir os parâmetros dos "bons costumes" e da "boa fé" concluindo que aquele preceito do Código Civil veio "tomar claro partido por uma concepção objectiva e lata de abuso do direito" (v. *ibidem*, p. 590).

552   *Estado de Direito Democrático e Administração Paritária*

significa que tal ilegalidade, porque não afecta apenas o interesse geral, mas também o interesse do titular do direito subjectivo, pode, por iniciativa deste e em defesa dos seus interesses, ser afastada ou, ao menos, ser reconhecida formalmente. Ou seja: o direito subjectivo público dos particulares significa um dado poder jurídico, relacionado com a legalidade da actuação dos poderes públicos, que àqueles é atribuído, em vista da defesa dos seus interesses. Tal atribuição justifica-se porque os particulares não são meros objectos passivos da actuação daqueles poderes, mas sujeitos de direito com interesses próprios, diferentes daquele que é o interesse geral tutelado pela legalidade objectiva.

No que se refere às entidades públicas, o ordenamento procede em termos similares, do ponto de vista estrutural-formal: coloca a seu cargo determinados interesses, atribuindo-lhes, em vista da prossecução dos mesmos, poderes jurídicos. Estes visam imediatamente aqueles interesses, não um qualquer interesse geral do ordenamento. Como salienta Schenke, caso se pretendesse recusar a tais poderes a qualificação de direitos subjectivos em virtude de o Estado se encontrar adstrito à prossecução do interesse público, "então ter-se-ia, de modo consequente, de negar igualmente direitos subjectivos do Estado no âmbito jurídico-privado, enquanto Fisco, visto que também aí o interesse público tem de constituir linha de orientação da acção do Estado"[478].

Por outro lado, juridicamente, os interesses em causa são próprios das entidades a cargo das quais a lei colocou a sua prossecução. Estas exercem os poderes de que são dotadas em vista da realização daqueles interesses. Tal como sucede relativamente aos demais fenómenos de personalidade colectiva[479], há que distinguir

---

[478] V. Autor cit., *Der Rechtsschutz...*, cit., p. 234.

[479] Sobre a função sócio-económica do instituto da personalidade colectiva, v., por todos, MOTA PINTO, *Teoria Geral do Direito Civil*, cit., pp. 267 e ss. ("trata-se de organizações integradas essencialmente por pessoas ou essencialmente por bens, que constituem centros autónomos de relações jurídicas – autónomos mesmo em relação aos seus membros ou às pessoas que actuam como seus órgãos"); e CARVALHO FERNANDES, *Teoria Geral...*, I, cit., pp. 509 e ss. (v., em especial, *ibidem*, p. 516, a referência à "teoria da realidade jurídica" ou "realidade técnica", a qual parte "do princípio de que a personalidade jurídica, em geral, constitui uma criação do Direito, embora não sejam coincidentes os termos da sua atribuição, quando confrontada com a personalidade jurídica do Homem.

O *Estado de Direito Democrático e a nova compreensão...* 553

entre o ordenamento interno e o círculo das relações externas: na perspectiva interna, avulta o dever funcional de prosseguir as respectivas atribuições, ou seja, os fins justificativos da instituição da entidade jurídico-pública; a violação daquele originará, por regra, consequências jurídicas: desde logo, a ilegalidade dos actos e, eventualmente, sanções disciplinares para o responsável. Porém, do ponto de vista externo, o que releva são justamente os poderes e deveres jurídicos, relativamente a terceiros, atribuídos ou impostos pelo ordenamento em atenção a determinados interesses. A circunstância de a violação do aludido dever funcional se poder projectar nesta relação externa, nomeadamente desencadeando a emergência de uma pretensão de eliminação[480], evidencia bem a especificidade de todos os direitos subjectivos públicos decorrente da sua conexão com o exercício de poderes públicos

Os deveres funcionais dos titulares de órgãos de pessoas colectivas não prejudicam a titularidade de poderes jurídicos dessas mesmas pessoas, relativamente a terceiros, a exercer por aqueles titulares: uma coisa são as relações internas, outra as relações externas. No âmbito destas últimas, o ordenamento reconhece às entidades públicas poderes jurídicos mediante os quais, as mesmas, em vista da realização dos seus interesses ou fins, podem exigir dos particulares determinadas acções ou omissões. Considerando a estrutura e a finalidade dos poderes jurídicos em causa, tudo se passa de modo análogo ao que ocorre com outras pessoas colectivas: através dos seus órgãos, exercem posições jurídicas activas em vista da prossecução dos respectivos fins. Num caso trata-se de direitos subjectivos; no outro, desde que não se limite a própria definição de direito

---

Deste modo, o facto de esta ser imposta ao Direito pela imanente dignidade da pessoa humana e de essas razões não serem válidas para a personificação colectiva, não exclui a possibilidade de atribuição de personalidade a outros entes portadores de interesses merecedores de protecção jurídica. [...No] plano normativo, a pessoa colectiva tem existência tão real como a pessoa singular. A essa realidade jurídica corresponde, no plano social, uma individualidade própria, e diferente da da pessoa singular, constituída pelo substrato – conjunto de homens ou de bens juridicamente organizado –, qualquer que seja a modalidade que esta revista").

[480] Cfr. *supra* o ponto (v) da alínea anterior.

554 *Estado de Direito Democrático e Administração Paritária*

subjectivos às entidades separadas do Estado, impõe-se idêntica qualificação[481].

Por fim, a livre disponibilidade e a renunciabilidade não parecem ser essenciais ao conceito de direito subjectivo, já que existem diversos direitos dos particulares, de direito privado e de direito público, que, ou são indisponíveis, ou são irrenunciáveis[482].

Por exemplo, os direitos de personalidade são indisponíveis, quanto à capacidade de gozo, e somente com respeito pela ordem pública é que o seu exercício pode ser voluntariamente limitado[483].

---

[481] Saliente-se que a comparação a estabelecer é, atento o fenómeno da personalidade jurídica de entidades públicas, necessariamente com o direito subjectivo, já que o poder funcional (poder-dever, direito-função, «ofício» ou direito de conteúdo altruísta) implica "uma situação de dissociação subjectiva entre a titularidade do poder e a titularidade do interesse protegido" (assim, quanto ao conceito de poder funcional, CARVALHO FERNANDES, *Teoria Geral...*, II, cit., p. 597).

[482] Nem sempre é claro o sentido daquelas duas faculdades. Há quem, na óptica dos poderes jurídicos, considere o poder de disposição como uma expressão imediata da própria capacidade jurídica (nesse sentido, por exemplo, CARVALHO FERNANDES, *Teoria Geral...*, II, cit., p. 562). Noutra perspectiva, nomeadamente a da ligação cindível ou incindível de cada direito ao seu titular, aquelas faculdades respeitariam à determinação do destino do direito subjectivo segundo a vontade do seu titular: a faculdade de disposição corresponde, então, ao conceito mais geral de possibilidade de o titular actuar sobre o direito de acordo com a sua vontade, significando a renúncia uma das modalidades possíveis de tal actuação – aquela que se traduz num abandono ou demissão do direito por acto de vontade próprio e que determina a extinção do direito – ao lado, por exemplo, da transmissão, ou seja, a transferência do direito para outrem sem que o mesmo perca a sua identidade (cfr., por exemplo, MANUEL DE ANDRADE, *Teoria Geral do Direito Civil*, I (Sujeitos e Objecto), Coimbra, 1983, p. 37; e CAPELO DE SOUSA, *O Direito Geral de Personalidade*, Coimbra, 1995, p. 404, nota 1003).

Por outro lado, como VIEIRA DE ANDRADE salienta, as formas de disposição limitadora ou de renúncia ao exercício de um direito não devem ser confundidas com a faculdade de não agir, modo possível, típico e legítimo de exercício dos direitos-liberdades, atento o seu entendimento não funcionalizado (cfr. Autor cit., *Os Direitos Fundamentais...*, cit., p. 330).

Sobre os conceitos de "capacidade", de "poder", de "direito subjectivo" e de "faculdade", v., numa óptica da teoria geral do direito e considerando a respectiva interdependência (como num "jogo de palavras cruzadas"), SANTI ROMANO, "Poteri, Potestà" in *Frammenti di un dizionario giuridico* (reimpr.), Milão, 1953, pp. 172 e ss., *maxime* pp. 173 e 174, 189 (distinção entre poder e direito subjectivo), 191 (distinção entre poder e capacidade) e 193 (distinção entre poder e faculdade).

[483] Cfr. CAPELO DE SOUSA, *O Direito Geral de Personalidade*, cit., pp. 404 e ss.: "dado o carácter essencial, necessário e inseparável da maioria dos bens jurídicos da

O Estado de Direito Democrático e a nova compreensão... 555

Em vários casos a lei civil estabelece expressamente, ora a intransmissibilidade, ora a irrenunciabilidade[484].

No campo do direito público, o princípio da disponibilidade dos direitos fundamentais está, no actual quadro constitucional, sujeito a

---

personalidade física e moral humana (v.g. a vida, o corpo, a liberdade e a honra), não são, em princípio, reconhecidas ao sujeito activo dos poderes jurídicos decorrentes da tutela geral da personalidade, apesar de subjectivados, as faculdades *jurídicas* de os extinguir (v.g. por renúncia de poderes ou por abandono ou destruição do bem jurídico), de dispor a favor de outrem da capacidade de gozo de tais poderes e até mesmo de se obrigar perante outrem quanto ao exercício desses poderes. [...] Assim, a título de exemplos, não pode uma personalidade humana auto-reduzir-se à escravidão, não se pode renunciar ao direito à vida ou à honra, não é lícito o suicídio, não são lícitas as convenções limitativas e de exclusão de responsabilidade civil quanto aos danos previstos, mesmo que causados não dolosamente, que possam constituir grave lesão do corpo de um dos contraentes, não é lícito o contrato de prestação de trabalho por toda a vida, não é válido um negócio que tenda a obrigar o promitente a tolerar futuras e continuadas ofensas à sua honra e não são válidas as convenções ou actos unilaterais que necessária ou normalmente acarretem a lesão, total ou parcial, de bens de personalidade essenciais (como, v.g., a vida, o corpo, a liberdade, a honra) ou os ponham particularmente em risco, de um modo socialmente não aceitável. [...] Por outro lado, há que reconhecer que, se é sempre indisponível a capacidade de gozo dos bens integrantes da personalidade, pode haver nos termos do art. 81.º, n.º 1, do Código Civil, limitações lícitas do exercício dos direitos de personalidade. Para tal, é necessário, desde logo que a limitação seja *voluntária*, isto é, que a vontade de produção de efeitos jurídicos limitativos tenha sido perfeitamente declarada e tenha sido formada esclarecida e livremente. E importa ainda que a limitação *não seja contrária aos princípios de ordem pública*" (itálicos no original). E, em nota, o mesmo Autor esclarece que "as limitações ao *exercício* dos direitos de personalidade são, por definição, menos gravosas do que as relativas ao *gozo* de tais direitos, pois não podem afectar tais direitos enquanto elementos da capacidade jurídica (cfr. art. 69.º do Código Civil e M Andrade, Teoria, cit., I, pág. 30 e seg.) ou enquanto fontes de relações jurídicas concretas de personalidade, apenas podendo incidir sobre expressões desses direitos e, mesmo assim, com carácter excepcional, assumindo para efeitos de apreciação da sua conformidade com a ordem pública (art. 81.º, n.º 1, do Código Civil) particular relevo a existência de compensações socialmente aceitáveis ou de finalidades (v.g., altruísticas) sócio-individualmente relevantes" (v. *ibidem*, p. 407, nota 1019; itálicos no original).

[484] Cfr., quanto à intransmissibilidade, por exemplo, o direito de uso e habitação (art. 1488.º do Código Civil); e quanto à irrenunciabilidade, além do poder paternal (art. 1882.º do Código Civil; sobre a sua caracterização como "instituto complexo" que compreende poderes funcionais e verdadeiros direitos subjectivos, v. por todos, CARVALHO FERNANDES, *Teoria Geral...*, I, cit., pp. 268 e 269), o direito a férias (art. 211.º, n.º 3, do Código do Trabalho), o direito à reparação dos danos emergentes de acidentes de trabalho (art. 302.º do Código do Trabalho) ou o direito à greve (art. 591.º, n.º 3, do Código do Trabalho). Mesmo na ausência de lei expressa, a renunciabilidade não parece compatível, por exemplo, com a retribuição mínima garantida.

556 *Estado de Direito Democrático e Administração Paritária*

limites, nomeadamente os limites imanentes, com referência à autolimitação relativa ao exercício de tais direitos, em função, quer do conteúdo essencial dos preceitos constitucionais, enquanto projecção directa e ineliminável da dignidade da pessoa humana, quer da afirmação imediata de valores comunitários básicos; ou os limites estabelecidos por lei restritiva em vista da salvaguarda de valores comunitários[485].

Finalmente, a imperatividade inerente ao regime jurídico da competência jurídico-pública unilateral tem hoje de ser conjugada com a possibilidade de celebração de contratos administrativos com objecto passível de acto administrativo; aquela não é absoluta: a possibilidade concreta de praticar um acto administrativo pode dar lugar à celebração de um contrato administrativo[486].

(ii) A questão da sua natureza jurídica

Os direitos subjectivos públicos do Estado e de outras entidades públicas suscitam, no essencial, uma questão relativa à qualificação jurídica dos poderes públicos. Com efeito, a existência e consistência destes últimos, enquanto poderes jurídicos fundamentados e limitados pelo direito, pertencentes a entidades públicas dotadas de uma capacidade jurídica diferente da dos particulares, não está em causa.

A partir da alteração do sentido fundamental da subordinação da Administração à lei, nomeadamente da emergência do conceito

---

[485] Nestes termos, cfr. VIEIRA DE ANDRADE, *Os Direitos Fundamentais...*, cit., pp. 332 e 333. Este Autor refere o exemplo da proibição de uma competição promovida por uma discoteca de Vila do Conde, em que estava em causa ver quem conseguia atirar mais longe um anão, devido à intolerável «coisificação» de uma pessoa, isto apesar de estarem garantidas as condições de segurança da sua vida e da sua integridade física e de ser difícil ao citado anão encontrar emprego (cfr. *ibidem*, p. 333, nota 111). O mesmo Autor cita ainda, como exemplos de limites substanciais concretizados na indisponibilidade de certos direitos, os casos do direito à vida e do direito à integridade física e moral das pessoas, quanto a tratamentos degradantes ou desumanos (cfr. *ibidem*, p. 335). Contudo, VIEIRA DE ANDRADE adverte que "o problema da disponibilidade e do grau de disponibilidade dos direitos, liberdades e garantias pelos seus titulares não se resolve em abstracto, constitui um *problema* que, em última análise, só é susceptível de uma solução definitiva nas circunstâncias dos *casos concretos*" (cfr. Autor cit., *ibidem*; itálicos no original).

[486] Cfr. os arts. 179.º, n.º 1, e 185.º, n.º 3, alínea a), ambos do Código do Procedimento Administrativo, e *supra* a nota 280.

O Estado de Direito Democrático e a nova compreensão...   557

de lei como fundamento da acção administrativa, tornou-se claro
que aquela só pode agir nos casos e com as consequências previstas
na lei e em vista dos interesses que a mesma lei coloca a seu cargo;
o seu poder de actuação unilateral, *maxime* o de praticar actos administrativos, corresponde, assim, à previsão de uma norma jurídica e
desencadeia os efeitos constantes ou admitidos pela respectiva estatuição[487].

A lei substantiva é para a Administração, tal como para os
particulares, norma de comportamento: ao decidir, a Administração
age como parte interessada e subordinada às mesmas normas que
vinculam os particulares afectados; e, tanto aquela, como estes,
ficam submetidos às consequências jurídicas decorrentes da mesma
decisão[488]. As suas decisões unilaterais – os actos administrativos –
não são decisões de aplicação da lei, à semelhança de sentenças,
mas declarações de vontade legalmente previstas e condicionadoras
de consequências jurídicas estatuídas ou admitidas pela mesma lei.
Na verdade, a Administração não é nem uma «colaboradora da lei»
nem, essencialmente, uma instância decisória, relativamente à qual,
o direito substantivo funcione como norma de juízo; ela é, isso sim,
um sujeito de direito que actua no quadro de relações jurídicas determinadas pelas normas aplicáveis, por igual, a ela e aos particulares a
quem se dirige.

No que se refere, em especial, à possibilidade de praticar actos
administrativos, a mesma significa a disponibilidade de um instrumento de conformação de relações jurídicas em que a Administração
é uma das partes interessadas: aquele tipo de actos corresponde ao
exercício de posições jurídicas subjectivas de natureza potestativa no
quadro de relações jurídicas preexistentes, porquanto tal faculdade
de conformação jurídica unilateral é, ela própria, concedida pela
ordem jurídica e os efeitos jurídicos determinados pela mesma faculdade apenas se produzem no âmbito delimitado pela disciplina normativa aplicável e nos termos por ela admitidos. Deste modo, a
faculdade potestativa em causa não releva de uma superioridade ou
supra-ordenação jurídica da Administração, mas de uma diferente

---

[487] Cfr. *supra* o n.º 23, alínea a).
[488] Cfr. *supra* o n.º 23, alínea b).

558   *Estado de Direito Democrático e Administração Paritária*

capacidade jurídica no âmbito de certa relação; tal faculdade não põe em causa a paridade com a posição jurídica dos particulares decorrente da igual subordinação à mesma lei[489].

Por outro lado, a mesma lei a que a Administração se encontra submetida também reconhece aos cidadãos o poder de defender os seus interesses contra as actuações ilegais daquela, seja, em regra, promovendo a abstenção ou a eliminação das mesmas, mediante o exercício de pretensões correspondentes, seja, na ausência excepcional de tais pretensões, fazendo reconhecer formalmente aquelas ilegalidades[490]. Consequentemente, os cidadãos não se encontram mais numa situação de sujeição, potencialmente ilimitada, perante os poderes públicos e em que a sua situação era definida pelos actos destes últimos, mas gozam de um estatuto jurídico que, não só não está na disponibilidade dos mesmos, como integra ainda a possibilidade de se defenderem eficazmente dos actos jurídicos públicos que, violando a lei, também lesem os direitos que integram tal estatuto. À «relação geral de poder», marcada pela subordinação dos cidadãos ao poder do Estado, sucedeu uma relação entre Estado e cidadãos em que ambos se subordinam ao direito e em que ambos detêm posições jurídicas recíprocas de que a outra parte não pode dispor[491].

Neste sentido específico, pode falar-se, desde logo no plano constitucional, de uma «relação jurídica geral» baseada na igualdade estrutural das posições jurídicas de cada um: no seu relacionamento recíproco, o Estado e os cidadãos gozam de posições jurídicas activas e estão sujeitos a vinculações. Respectivamente, as posições activas ou passivas na relação jurídica são entre si estruturalmente

---

[489] A situação já é diferente no respeitante ao procedimento administrativo, visto que, no âmbito deste, está em causa a "formação e a manifestação da vontade da Administração" (cfr. o art. 1.º, n.º 1, do Código do Procedimento Administrativo). Compreende-se, por isso, que o mesmo seja dominado pelo princípio do inquisitório e dirigido pela própria Administração (cfr., respectivamente, os arts. 56.º e 86.º, n.º 1, do mesmo diploma). Na expressão de Wahl, já citada, "o procedimento é a Administração em acção" (cfr. *supra* a nota 206): aí não existe paridade entre esta e os demais intervenientes, sem prejuízo do seu dever de respeitar os direitos procedimentais legalmente previstos destes últimos.

[490] Cfr. *supra* o n.º 24, alínea a), e o ponto (v) da alínea anterior deste número, na parte referente aos direitos absolutos (v. o texto referente às notas 426 e ss.).

[491] Cfr. especialmente *supra* as notas 228, 229 e 237 e, bem assim, o texto correspondente.

O Estado de Direito Democrático e a nova compreensão... 559

idênticas: as primeiras correspondem à previsão de uma norma que habilita a exigir de outrem determinado comportamento, positivo ou negativo, ou a sujeitá-lo a determinada consequência jurídica; as segundas concretizam a consequência jurídica estatuída pela mesma norma.

Porém, igualdade estrutural não significa identidade de conteúdo, o qual pode ser diferente relativamente às entidades públicas e aos particulares. Daí falar-se em paridade estrutural-formal de posições jurídicas, por oposição à ideia de uma igualdade material das mesmas: porque também subordinados ao direito, os poderes públicos são, tal como os particulares, sujeitos de direito que exercem posições jurídicas; estas, todavia, não têm necessariamente um conteúdo idêntico às posições jurídicas dos particulares, tudo dependendo da lei que rege a relação jurídica em causa[492]. Por outras palavras, a eventual supremacia de uma entidade pública numa dada relação jurídica não releva de uma natureza ou personalidade jurídica superior de tal entidade, mas da distribuição de posições jurídicas activas e passivas realizada pela norma que disciplina aquela relação.

Acresce que a aludida paridade não pode fazer esquecer que as tarefas legalmente cometidas à Administração não se limitam ao âmbito de relações concretas com particulares. Com frequência, esta tem de actuar na prossecução das respectivas atribuições, sem que tal actuação interfira com interesses de particulares determinados e, consequentemente, sem possibilidade de ofender os seus direitos subjectivos públicos[493]. E se hoje, na sequência da constituição jurídica do Estado e da sua subordinação à Constituição e ao direito, é pacífico que todas as actuações da Administração devem corresponder ao exercício de posições jurídicas atribuídas pelo ordenamento, a exacta qualificação de tais posições e as condições em que as mesmas dão lugar à constituição de relações jurídicas com os particulares são objecto de controvérsia.

Esta é, em todo o caso, uma discussão fundamentalmente teórica, uma vez que, como resulta do exposto, existe consenso no tocante à

---

[492] Cfr. *supra* o n.º 24, alínea b), em especial, o ponto (iii).

[493] Sobre a assimetria entre deveres objectivos da Administração e direitos subjectivos públicos dos particulares, v. *supra* a nota 244 e o texto correspondente à nota 413.

560 *Estado de Direito Democrático e Administração Paritária*

subordinação ao direito de todo e qualquer poder público. Acresce que, entre os Autores que admitem direitos subjectivos públicos do Estado e de outras entidades públicas, é consensual a existência de uma «identidade qualitativa» ou «igualdade estrutural» de certas posições jurídicas subjectivas de tais entidades com as posições jurídicas legalmente atribuídas aos particulares, sem prejuízo da diversidade de conteúdos das posições jurídicas de uns e de outros em função das regras aplicáveis a cada relação jurídica. Além disso, também é pacífico que somente algumas posições jurídicas dos poderes públicos podem ser objecto dos meios processuais administrativos, em especial, da acção de simples apreciação (*Feststellungsklage*)[494].

Na verdade, do ponto de vista substantivo, o que verdadeiramente importa é o reconhecimento e a afirmação de que hoje "*todas* as relações entre o Estado e o cidadão são determinadas e limitadas pelo *direito*"[495]. Apesar de a «relação jurídica geral» – ou seja, a subordinação ao direito da posição recíproca do Estado e dos cidadãos – poder não ser considerada uma relação jurídica em sentido próprio dos cidadãos com a Administração, a mesma, tomada só por si, é, ainda assim, "uma figura abstracta e teórica fundamental, destinada a esclarecer a situação da pessoa na ordem constitucional e que, embora não permita que dela se deduzam direitos e deveres *concretos*, tem consequências, em especial para a compreensão da situação recíproca do Estado e do cidadão. A opção jurídico-constitucional pela personalização jurídica do homem e a relação jurídica geral excluem que as relações entre sujeitos de direito sejam construídas como relações de poder ou de força. Onde quer que pessoas jurídicas entrem em contacto de modo juridicamente relevante, existem ou constituem-se relações jurídicas concretas"[496].

---

[494] Cfr. *supra* o ponto anterior, em especial, o texto correspondente às notas 460 e 461. À acção de simples apreciação mencionada no texto corresponde, na ordem processual administrativa portuguesa, a acção administrativa comum tendente ao reconhecimento de situações jurídicas subjectivas directamente decorrentes de normas jurídico-administrativas ou de actos jurídicos praticados ao abrigo de disposições de direito público (cfr. o art. 37.º, n.º 2, alínea a), do Código de Processo nos Tribunais Administrativos).

[495] Nestes termos, v. BULL, *Allgemeines Verwaltungsrecht*, cit., Rn. 712, p. 305; itálicos no original.

[496] Assim, v. BAUER, "Subjektive öffentliche Rechte des Staates" cit., p. 216; itálico no original).

O Estado de Direito Democrático e a nova compreensão... 561

A mencionada discussão respeita essencialmente ao próprio conceito de relação jurídica, agora, tendo em conta a admissibilidade de direitos subjectivos públicos do Estado e demais entidades públicas, da perspectiva das posições jurídicas activas destes últimos. Tal como referido a propósito dos direitos subjectivos públicos dos particulares, é possível divisar três pontos de vista[497]: a relação jurídica concreta em resultado de um contacto entre poderes públicos e particulares determinados (a denominada «relação jurídica especial», por oposição a uma «relação jurídica geral»); a relação jurídica correspondente a um direito subjectivo público dos poderes públicos, configurado em termos análogos aos direitos subjectivos públicos dos particulares; e a relação jurídica decorrente de toda e qualquer posição jurídica subjectiva atribuída pelo ordenamento aos poderes públicos no âmbito da «relação jurídica geral». Sendo a diferença entre a primeira posição e a segunda motivada por razões de ordem processual, acabando aquela no plano substantivo por se reconduzir a esta[498], cumpre analisar apenas as duas últimas.

A diferente capacidade jurídica dos poderes públicos é um dado do ordenamento que, no quadro de uma subordinação ao direito idêntica à dos particulares e da consequente igualdade estrutural das respectivas posições jurídicas subjectivas, se traduz em conteúdos jurídico-materiais distintos de tais posições: a Administração pode aprovar regulamentos ou praticar actos administrativos[499]; os particulares não. Deste modo, suscitam-se, relativamente às posições jurídicas das entidades públicas, as questões de saber se – e, em caso afirmativo, quais as condições em que – o respectivo poder jurídico-público se pode qualificar como direito subjectivo e, bem assim, da

---

[497] Cfr. *supra* a nota 246 e o texto correspondente.

[498] Cfr. *supra* a nota 246.

[499] O acto administrativo corresponde à faculdade atribuída por uma norma à Administração de, numa situação concreta e na base de igual subordinação ao direito, conformar unilateralmente consequências jurídicas previstas ou admitidas pela mesma norma. Não se ignoram as suas diferenças de regime por comparação com os negócios jurídicos unilaterais de direito privado; sucede, isso sim, que todas elas são normativamente fundadas e intencionadas em vista das funções atribuídas pelo ordenamento à mesma Administração. Daí falar-se em diferente capacidade jurídica no quadro de relações jurídicas administrativas determinadas. Cfr. *infra* a nota 530 e o texto correspondente.

562 *Estado de Direito Democrático e Administração Paritária*

natureza do mesmo poder, na medida em que não seja susceptível de tal qualificação. O terceiro dos mencionados pontos de vista, por seu turno, obriga a estabelecer uma distinção entre relações jurídicas gerais e relações jurídicas especiais que importa justificar e cujo alcance se impõe esclarecer. Com efeito, como Rolf Gröschner, um defensor de tal posição, sustenta, nem a relação jurídica constitucional, nem a relação jurídica administrativa geral, no âmbito da qual a Administração desempenha as suas tarefas perante a comunidade, enquanto relações jurídicas gerais, podem ser objecto de apreciação nos termos da *Feststellungsklage*; porém, nem por isso são menos relações jurídicas[500].

Para efeitos de análise, distinguir-se-á entre a tese dos direitos subjectivos públicos do Estado e demais entidades públicas com carácter absoluto e formal defendida, por exemplo, por Rolf Gröschner e a tese da analogia dos direitos subjectivos públicos do Estado e demais entidades públicas com os direitos subjectivos públicos dos particulares sustentada, entre outros, por Wolf-Rüdiger Schenke e por Wolf Selb.

(iii) Cont.: a tese dos direitos formais absolutos

Segundo Gröschner, a paridade entre as posições jurídicas dos poderes públicos e a posição jurídica dos cidadãos – que é constitutiva da própria relação jurídica constitucional e decorre, nos termos do Art. 3 III do *Grundgesetz*, da vinculação daqueles, em especial do legislador, aos direitos fundamentais destes – impõe a identidade estrutural de todas aquelas posições jurídicas[501]. Com efeito, a citada vinculação exclui que a posição do legislador em tal relação possa ser compreendida como uma posição jurídico-material do poder público supra-ordenada relativamente aos direitos fundamentais.

Por ser assim, as mencionadas posições jurídicas dos poderes públicos têm de ser concebidas como possuindo natureza idêntica às posições jurídicas dos particulares: elas são direitos e não qualquer

---

[500] Cfr. Autor cit., *Das Überwachungsverhältnis...*, cit., pp. 141 e 142; e *idem*, "Vom Nutzen des Verwaltungsrechtsverhältnisses" cit., p. 325.

[501] Cfr. Autor cit., *Das Überwachungsverhältnis...*, cit., p. 88.

O Estado de Direito Democrático e a nova compreensão... 563

coisa superior a este tipo de posição jurídica subjectiva[502]. Os poderes do Estado correspondem, deste modo, a "faculdades fundamentais" (*Grundbefugnisse*) e situam-se no mesmo plano jurídico dos direitos fundamentais[503]. Consequentemente, a relação jurídica constitucional caracteriza-se por integrar umas e outras daquelas posições jurídicas.

No que se refere às mencionadas "faculdades fundamentais", Gröschner salienta ainda o respectivo carácter formal, uma vez que as mesmas se encontram "sob reserva de legitimação material (*Vorbehalt der materiellen Berechtigung*) do respectivo sujeito de regulamentação jurídica"[504].

Com efeito, cada poder do Estado tem uma faculdade de regulamentação (*Regelungsbefugnis*) específica caracterizada pela possibilidade de estabelecer unilateralmente um tipo de regulamentação jurídica – aprovar leis, praticar actos administrativos ou decidir por sentença – e, assim, de operar aquela validade-vigência jurídica (*Rechtsgeltung*) que só é concebível por força da autoridade do Estado: a validade-vigência de uma lei, a força de caso decidido de um acto administrativo e a força de caso julgado de uma sentença[505]. Aquelas três "faculdades fundamentais" do Estado evidenciam uma mesma realidade que é o "fenómeno fundamental de «todo o poder do Estado» no sentido do Art. 1 I, segunda frase, do GG" e que corresponde à faculdade de unilateralmente definir o direito e de o executar[506].

Porém, tais faculdades de regulamentação estão, logo ao nível constitucional, materialmente vinculadas aos direitos fundamentais. É o que resulta, segundo Gröschner, da conjugação do teor da segunda frase do parágrafo I do Art. 1 do *Grundgesetz* com o teor

---

[502] Cfr. *idem, ibidem*, p. 89.

[503] Cfr. *idem, ibidem*.

[504] V. Autor cit., *Das Überwachungsverhältnis...*, cit., p. 91.

[505] Cfr. *idem, ibidem*. Por exemplo, o acto administrativo, enquanto forma de regulamentação específica do Executivo, corresponde a um poder formal da autoridade mediante o qual esta define os seus próprios direitos subjectivos numa dada relação jurídica (*Festsetzungsbefugnis*; cfr. *ibidem*, p. 147)

[506] *Das Phänomen der einseitigen Rechtssetzung und Rechtsdurchsetzung* – v. GRÖSCHNER, *Das Überwachungsverhältnis...*, cit., p. 90.

564   *Estado de Direito Democrático e Administração Paritária*

do parágrafo III do mesmo preceito: o primeiro parte da existência do poder do Estado, enquanto o segundo vincula tal poder imediata e materialmente aos direitos fundamentais[507]. Ou seja, aquele Autor pressupõe a existência pré-constitucional do poder do Estado – a aludida faculdade de regulamentação – que é, por força da Constituição, vinculado aos direitos fundamentais. Daí o aludido carácter formal das mesmas faculdades de regulamentação próprias dos poderes do Estado e a citada "reserva de legitimação material" destes últimos (os *Regelungssubjekte*)[508].

É esta correspondência – que é diferente daquela que se estabelece entre pretensão e dever – que, em seu entender, justifica a consideração de relações jurídicas gerais, já que as mesmas estabelecem um vínculo de correlação fraca ou geral entre "direitos gerais" e "deveres gerais"[509].

Gröschner contrapõe, na verdade, relações jurídicas gerais e relações jurídicas especiais. Apenas nestas últimas é que se verificam vínculos correlativos daqueles que, nas situações da vida, nas relações sociais, correspondem a relações pessoais ou dialógicas. Com efeito, as relações jurídicas em apreço caracterizam-se por um vínculo entre o titular de um direito e aquele que se encontra adstrito a tal posição jurídica, ou seja, um nexo entre o direito do primeiro e a vinculação do segundo. Nas relações jurídicas gerais, como por exemplo a citada relação jurídica constitucional ou a relação de direito administrativo geral, no âmbito da qual a Administração pros-

---

[507] Cfr. Autor cit., *Das Überwachungsverhältnis...*, cit., p. 91. Cfr. a transcrição do Art. 1 do *Grundgesetz supra* na nota 231.

[508] Para o Autor em apreço, o *Grundgesetz* opera uma transformação da soberania (*Urrecht der Souveränität*) ou define as condições da sua relevância, evitando, desse modo, uma primitiva e pré-jurídica faculdade de regulamentação material (*eine urrechtliche, materielle Regelungsbefugnis*), a qual, segundo mostra a experiência, corresponde à perversão do poder de domínio num domínio da violência (*eine zur Gewaltherrschaft pervertierten Herrschaftsgewalt*). "Assim, o poder de regulamentação (*Regelungsgewalt*) pressuposto já não é o poder soberano e *legibus-solutus* (*die souveräne Legibus-Solutus-Gewalt*), mas um poder integrado na relação jurídica constitucional e, por isso, também jurídico-constitucionalmente vinculado (*eine in das Verfassungsrechtsverhältnis eingebundene und dadurch verfassungsrechtlich gebundene Gewalt*)" (cfr. Autor cit., *Das Überwachungsverhältnis...*, cit., p. 91).

[509] Cfr. Autor cit., *Das Überwachungsverhältnis...*, cit., p. 111.

O *Estado de Direito Democrático e a nova compreensão...* 565

segue as suas atribuições sem contactar com particulares determinados, não existem tais correlações de posições jurídicas; as mesmas caracterizam-se, antes, pela existência de um único sujeito titular de um direito (ou dever) "geral" ou absoluto, sendo os sujeitos da posição passiva (ou activa) correspondente determináveis, mas não determinados[510].

Compreende-se, por isso, a ideia defendida por Gröschner de uma complementaridade entre acto administrativo e relação jurídica, entre a "dogmática das formas de acção administrativa", com particular relevo para o acto administrativo, e uma "dogmática da relação jurídica administrativa"[511]. A segunda visa completar a primeira, ao integrar na forma jurídica correspondente ao acto administrativo os conteúdos jurídico-materiais das concretas relações sobre que o mesmo vai produzir os seus efeitos, permitindo, assim, a sua transformação de pura forma de regulamentação num instituto jurídico, isto é, a forma de regulamentação jurídico-materialmente determinada de uma dada relação jurídica administrativa especial.

O acto administrativo é uma forma de regulamentação mediante a qual a autoridade declara os seus direitos no quadro de uma dada relação jurídica[512]. Tal declaração concreta de direitos por parte da autoridade pública é necessária, uma vez que a lei toma uma decisão relativa a todos os casos que relevam de um determinado tipo de conflito de interesses, mas a existência concreta de um desses casos só pode ser apurada com referência a uma dada situação e declarada ou reconhecida mediante acto administrativo[513]. O poder de praticar tal acto depende, por isso, da existência concreta da situação prevista no direito material e o seu conteúdo é determinado por este último.

---

[510] Cfr. *idem*, *ibidem*, pp. 90, 111 e 141 (com indicação de outros exemplos de tais direitos absolutos além das "faculdades de positivação do direito" (*Rechtssetzungsbefugnisse*), designadamente, os direitos fundamentais de liberdade e os direitos de vizinhança; aí as atribuições ou tarefas administrativas também são caracterizadas como "deveres gerais"). Sobre o conceito de "relação jurídica geral" referido no texto, v. também HENKE, "Das subjektive Recht..." cit., p. 624.

[511] Cfr. Autor cit., "Vom Nutzen des Verwaltungsrechtsverhältnisses" cit., p. 319.

[512] Cfr. GRÖSCHNER, *Das Überwachungsverhältnis...*, cit., p. 147; e *supra* na nota 271 a explicitação da ideia referida no texto.

[513] Cfr. GRÖSCHNER, *Das Überwachungsverhältnis...*, cit., p. 148.

566 *Estado de Direito Democrático e Administração Paritária*

Nesse sentido, Gröschner qualifica aquele poder como um direito formal da autoridade e considera, no plano das relações jurídicas administrativas concretas, sempre um direito ou um dever material da autoridade.

Os deveres correlativos das "faculdades fundamentais do Estado" consistem em "deveres gerais de tolerância" (*allgemeine Duldungspflichte*) e têm uma extensão idêntica à daqueles direitos gerais: a tolerância corresponde apenas à existência da faculdade de regulamentação[514]. Deste modo, no que se refere ao dever de tolerância dos titulares de direitos fundamentais, este encontra-se sob a mesma reserva da faculdade de regulamentação dos poderes públicos: a reserva de legitimação material, sendo que esta legitimação é delimitada negativamente pelos direitos fundamentais. Como refere Gröschner, "é por causa desta reserva que o Art. 19 IV GG garante protecção jurídica contra regulamentações que ofendam aqueles direitos. *A contrario* resulta que regulamentações conformes ao direito não podem ser impugnadas com êxito, ou seja, que as mesmas têm de ser toleradas"[515]. Assim, o conteúdo principal daquele dever de tolerância é "a abstenção de resistência mediante a utilização de meios de defesa administrativos ou contenciosos"[516].

Passando à apreciação crítica, a principal inconsistência desta construção parece residir na utilização da mesma designação, "direitos", para realidades que o próprio Gröschner acaba por considerar distintas. Com efeito, não é convincente, a partir da sua perspectiva, a tese da identidade estrutural dos direitos dos particulares, *maxime* os direitos fundamentais, e das faculdades dos poderes públicos, *maxime* aquelas que aquele Autor designa "faculdades fundamentais

---

[514] Cfr. *idem*, *ibidem*, p. 112.

[515] Cfr. Autor cit., *ibidem*, pp. 112 e 113.

[516] Cfr. *idem*, *ibidem*, p. 113. E o mesmo Autor explicita exemplificando: o dever de tolerância não consiste no dever de alguém se abster de cimentar uma chaminé fumegante e poluidora (o que corresponderia a um pretenso exercício da autodefesa); mas no dever dessa pessoa se abster de agir processualmente, de impugnar ou de peticionar contra os valores de emissão ou as respectivas temperaturas conformes com a regulamentação, válida e em vigor, aplicável, fundamente-se a mesma numa lei, num acto administrativo com força de caso decidido ou numa sentença transitada em julgado; "sinteticamente: o dever de tolerância é o correlato da faculdade de regulamentação" (v. *ibidem*).

O *Estado de Direito Democrático e a nova compreensão...*   567

do Estado". A diferença entre os primeiros e as segundas, na construção daquele Autor, e contrariamente ao que o mesmo sustenta, não se limita ao conteúdo ou a um problema de capacidade jurídica; é mais profunda. E é precisamente tal diferença que justifica a diversidade de regime jurídico, aliás reconhecida e aceite pelo próprio Gröschner, ainda que na base da distinção entre relações jurídicas gerais e relações jurídicas especiais.

Com efeito, as aludidas "faculdades fundamentais do Estado" não são mais do que expressões de um poder originário que a Constituição apenas vem limitar – não constituir –, vinculando-o ao respeito dos direitos fundamentais dos cidadãos. Daí o seu carácter necessariamente formal e a naturalidade da sua presença no quadro das relações jurídicas gerais. Os direitos fundamentais, porque são posições constitucionais materialmente determinadas, delimitam negativamente aquelas faculdades fundamentais: onde aqueles não existem, prevalece o poder.

Compreende-se, por isso, a falta de autonomia do que Gröschner designa por dever geral de tolerância, visto que o mesmo é um mero reflexo dos direitos fundamentais, *rectius* da sua ausência; e, nessa medida, também da prevalência do poder público não limitado. Na verdade, o que aquele Autor considera ser o conteúdo do dever de tolerância – a abstenção dos meios jurídicos de defesa – é mera consequência da ausência dos direitos correspondentes a tais meios: não há que utilizar qualquer meio de defesa quando nada há para defender.

Acresce que, contrariamente ao que Gröschner parece sustentar, não é exacto que as posições jurídicas correspondentes a relações jurídicas gerais – isto é, aquelas posições que se traduzem em direitos absolutos – não possam ser objecto de acções de simples apreciação "antes de um contacto jurídico-administrativo específico" da iniciativa da Administração ou dos cidadãos[517]. Basta pensar no caso dos próprios direitos fundamentais e outros direitos subjectivos públicos dos particulares e, bem assim, naqueles casos de posições jurídicas subjectivas de entidades públicas que se assemelham aos

---

[517] Cfr. Autor cit., "Vom Nutzen des Verwaltungsrechtsverhältnisses" cit., p. 325.

568 *Estado de Direito Democrático e Administração Paritária*

aludidos direitos subjectivos públicos[518]. O que distingue estas últimas das demais posições jurídicas subjectivas de entidades públicas? A noção de "um contacto jurídico-administrativo específico" é demasiado imprecisa, parecendo induzir que apenas as relações jurídicas concretas – aquelas em que existe uma correlação forte entre pretensão e dever jurídico – podem ser objecto de meios contenciosos[519]. Por isso mesmo, a teoria em apreço acaba por deixar sem resposta aquela questão.

(iv) Cont.: a tese da analogia com os direitos subjectivos públicos dos particulares

A tese da analogia com os direitos subjectivos públicos dos particulares assenta na ideia de que todos os poderes do Estado são poderes jurídicos conferidos pelo ordenamento em vista da prossecução de tarefas que o mesmo ordenamento comete aos poderes públicos, como seus, e procura delimitar aquelas posições jurídicas que, por envolverem constelações de interesses análogas às que se observam a propósito dos direitos subjectivos públicos dos particulares, se justifica que sejam submetidas a um regime jurídico similar. Com efeito, nesta perspectiva, a questão a esclarecer é a das condições concretas que permitem qualificar um determinado poder jurídico-público do Estado ou de outra entidade pública como um direito subjectivo público. O método preconizado por Wolf-Rüdiger Schenke para realizar tal reconhecimento é, como indicado, justamente o da analogia com os poderes jurídicos já reconhecidos e qualificados como direitos subjectivos públicos dos particulares[520].

---

[518] Cfr. *supra* a alínea anterior, em especial, as notas 459 a 462 e o texto correspondente.

[519] Tal ideia surge ainda reforçada pela referência que GRÖSCHNER faz à ideia de "latência" perfilhada por BULL: para este Autor, a relação "latente" é a «relação jurídica geral», a qual, em seu entender, não constitui uma relação jurídica em sentido técnico (cfr., respectivamente, "Vom Nutzen des Verwaltungsrechtsverhältnisses" cit., p. 325; e *Allgemeines Verwaltungsrecht*, cit., Rn. 711, p. 305; v. também *supra* a nota 246).

[520] Cfr. Autor cit., *Der Rechtsschutz...*, cit., pp. 238 e 239; e *supra* o ponto (ii) da alínea anterior.

O Estado de Direito Democrático e a nova compreensão... 569

A partir de um tal enquadramento, o dever geral de obediência às leis não aparece como posição correlativa de um pretenso direito ao cumprimento das leis, sob pena de se perderem os elementos comuns ao conceito corrente de direito subjectivo público, como poder jurídico de impor um dever normativo estabelecido pela mesma norma – pelo menos, também –, em vista da realização de um determinado interesse daquele a quem é atribuído o poder[521].

Acresce que a aludida concepção de um "direito geral", correlativo de um dever geral de observância, parece assentar na ideia de que os deveres jurídicos não seriam concebíveis sem direitos correspondentes, quando, do ponto de vista lógico-jurídico, é justamente a situação inversa que se verifica: enquanto os direitos subjectivos implicam, por definição, uma vinculação, um dever ou uma sujeição, os deveres jurídicos não têm de corresponder a direitos subjectivos[522]. De resto, no que respeita aos poderes públicos, a conhecida assimetria entre direitos e deveres é elucidativa: as tarefas da Administração não se limitam ao âmbito de relações concretas com particulares, tendo a mesma frequentemente de agir na prossecução das suas atribuições sem que tal actuação interfira com interesses de particulares determinados e, consequentemente, sem possibilidade de ofender os seus direitos subjectivos públicos. Trata-se dos casos em que o cumprimento dos deveres da Administração corresponde, por determinação das normas jurídicas que o regem, exclusivamente à satisfação de interesses da generalidade consignados pelo ordenamento jurídico sem considerar os interesses de um ou mais particulares determinados[523].

---

[521] Cfr. *idem, ibidem*, pp. 239 e 240.

[522] Cfr. SCHENKE, *Der Rechtsschutz...*, cit., pp. 216 e 217; e *Verwaltungsprozessrecht*, cit., Rn. 382, p. 123.

[523] Cfr. SCHENKE, *Der Rechtsschutz...*, cit., p. 239; e SELB, *Die verwaltungsgerichtliche Feststellungsklage*, cit., pp. 61 e 62 e 77 e 78. Cfr. também *supra* a nota 244 e o texto correspondente à nota 413.

A não consideração desta categoria do "dever geral" parece estar na origem da não aceitação, por SANTI ROMANO, da autonomia do direito potestativo. Com efeito, este Autor considera tal direito como uma modalidade de "potestà", a qual, por sua vez, se contrapõe ao direito subjectivo, em razão de não se desenvolver no quadro de uma relação jurídica (cfr. Autor cit., "Poteri, Potestà" cit., pp. 173 e 174, 178 e 186 e ss.). A verdade é que importa diferenciar, na capacidade jurídica da Administração, a posição meramente

570   *Estado de Direito Democrático e Administração Paritária*

Tal como sucede relativamente aos particulares, os direitos subjectivos públicos das entidades públicas devem corresponder, assim, à previsão normativa de poderes jurídicos em vista da realização de interesses cuja prossecução compete, igualmente por determinação da ordem jurídica, ao Estado ou a outras entidades públicas. São exemplos os créditos públicos emergentes de relações tributárias ou de taxas, ou os direitos de domínio sobre coisas públicas[524]. As questões mais difíceis e controversas respeitam aos poderes públicos de regulamentação ou de conformação, nomeadamente os poderes normativos e o poder de praticar actos administrativos, e à sua articulação com o conceito de relação jurídica.

Tais poderes são, como referido, fundados normativamente: na ordem constitucional do Estado de Direito democrático a realidade Estado é juridicamente constituída numa base democrática; o Estado é "governo do povo, pelo povo e para o povo"[525]. A mesma democratização operou também um reposicionamento constitucional do poder executivo, determinando a total submissão da Administração à lei: esta passou a ser o fundamento e o limite de toda a actividade administrativa[526]. A partir daqui, tornou-se indispensável distinguir entre Estado-poder e Estado-sujeito de direito: aquele estabelece o ordenamento por que se regem os sujeitos de direito; este encontra-se subordinado a tal ordenamento.

---

passiva em que esta tem de agir "numa direcção genérica", ou seja, fora do quadro de qualquer relação jurídica, e aquela em que a mesma, não obstante continuar obrigada a prosseguir as suas atribuições – aliás, tal decorre do seu carácter instrumental, enquanto pessoa colectiva –, se encontra numa posição activa perante particulares determinados. E o direito potestativo corresponde justamente a esta última posição jurídica activa (cfr. *infra* a nota 530 e o texto correspondente). Em tal contexto, na ausência de uma relação jurídica, as actuações concretas da Administração, tal como as dos particulares, correspondem ao cumprimento dos respectivos deveres gerais; no âmbito de relações jurídicas de que seja parte, e do mesmo modo que os particulares, a Administração exerce direitos, cumpre deveres em sentido estrito ou está sujeita aos direitos potestativos de terceiros.

[524] Cfr. os exemplos mencionados por BAUER, "Subjektive öffentliche Rechte des Staates" cit., pp. 214 e 215; por SELB, *Die verwaltungsgerichtliche Feststellungsklage*, cit., p. 75; ou por SCHENKE, *Verwaltungsprozessrecht*, cit., Rn. 388, p. 127.

[525] Cfr. *The Gettysburg Address* (1863), de Abraham Licoln. Cfr. *supra*, na Primeira Parte, o n.º 8, em especial, a alínea b), e, já nesta Terceira Parte, o n.º 22, em especial, a alínea c), ponto (ii).

[526] Cfr. *supra* o n.º 23, alínea a).

O Estado de Direito Democrático e a nova compreensão...

Com efeito, se a Administração só pode agir no exercício de competências legais – portanto, nos casos e com as consequências previstas na lei –, a mesma tem de ser compreendida como uma entidade subordinada à lei e que prossegue interesses próprios (isto é: colocados pela lei a seu cargo), numa situação estruturalmente paralela à dos particulares[527].

Mas o Estado não se esgota na Administração: além desta, há que contar com o legislador e os tribunais. E estes últimos estão do lado do Estado-ordenamento, ora contribuindo para a definição desse mesmo ordenamento, ora fazendo a sua aplicação[528]. Nessa medida, os poderes legislativo e judicial são verdadeiros poderes públicos supra-ordenados relativamente a quaisquer sujeitos de direito, sejam eles privados ou públicos, tal como as leis (e demais ordenamento) estão acima daqueles cujas acções são por ela regidas e as sentenças se impõem sempre aos mesmos.

A situação do poder regulamentar externo é, no que respeita a este aspecto, idêntica à do poder legislativo, uma vez que o mesmo também conforma o ordenamento jurídico. Os regulamentos externos, tal como as leis, são fontes formais de direito e a sua função é complementar da destas últimas. Do ponto de vista funcional, os regulamentos correspondem a uma espécie de legislação delegada ou de segundo grau[529].

Finalmente, no que respeita aos actos administrativos, importa distinguir o aspecto organizatório e interno, do aspecto jurídico-

---

[527] Cfr. *supra* o n.º 23, alínea b).

[528] Sobre a contraposição entre Estado-ordenamento e Estado-sujeito de direito e a consequente distinção entre sujeitos do ordenamento (*Rechtsordnungssubjekt*) e sujeitos de direitos e deveres previstos nesse mesmo ordenamento (*Rechtssubjekt*), v. *supra* as notas 201 e 202.

[529] Embora por razão diversa, VASCO PEREIRA DA SILVA também exclui os regulamentos do universo relacional: "a emissão de actos regulamentares (dada a sua natureza geral e abstracta) não configura uma ligação relacional entre autoridade administrativa reguladora e todos, e cada um, dos destinatários (indeterminados) dessa norma, pelo que não há aqui que falar em relação jurídica" (v. Autor cit., *Em Busca do Acto Administrativo Perdido*, cit., p. 202). E é em consequência disso que o mesmo Autor os qualifica como "manifestações de poder administrativo objectivo" (v. *idem, ibidem*, p. 203). Cfr. também a segunda parte da nota seguinte.

572 Estado de Direito Democrático e Administração Paritária

-material e relacional. Com efeito, uma coisa é a determinação do órgão que, numa dada entidade colectiva pública, está habilitado a pronunciar-se, sob a forma de acto administrativo, sobre determinado tipo de assuntos que relevam das atribuições da entidade em que o mesmo se integra, outra a qualificação da possibilidade concreta de a mesma entidade praticar um certo tipo de acto administrativo numa dada situação relacional. Aquela primeira posição releva essencialmente como uma habilitação interna e corresponde à capacidade jurídica da pessoa jurídico-pública em causa: é uma competência; enquanto a segunda posição é análoga a um direito potestativo e corresponde à posição jurídica da mesma pessoa colectiva numa relação jurídica concreta de que tal pessoa é parte: o poder jurídico concreto conferido por uma norma de, mediante uma declaração de vontade, desencadear efeitos jurídicos na esfera jurídica de pessoas determinadas[530].

---

[530] Cfr., quanto à qualificação como direito potestativo, SCHENKE, *Der Rechtsschutz...*, cit., pp. 241 e 243; *idem, Verwaltungsprozessrecht*, cit., Rn. 388, p. 127; e SELB, *Die verwaltungsgerichtliche Feststellungsklage*, cit., p. 78. Cfr. igualmente VASCO PEREIRA DA SILVA, *Em Busca do Acto Administrativo Perdido*, cit., pp. 201 e 202, na passagem transcrita *supra* na nota 466, fazendo a distinção entre "as competências dos órgãos administrativos", de natureza jurídico-objectiva, e "as posições activas da Administração", de natureza jurídico-subjectiva); e também *supra* as notas 189, 190 e 523 e o texto correspondente.

Aqueles dois primeiros Autores analisam seguidamente, a propósito da possibilidade de o poder normativo – «o direito à emanação de normas jurídicas» – ser qualificado também como um direito potestativo, "a diferença estrutural na intensidade dos vínculos jurídicos" (SCHENKE), atento, não só o progresso jurídico de concretização ser muito maior no caso dos actos administrativos, como também a circunstância de tal equiparação não permitir tomar em consideração as "evidentes diferenças" entre duas realidades e de a mesma ter "consequências jurídicas insustentáveis" para o equilíbrio de poderes num quadro de separação dos mesmos (sobrevalorização da jurisdição pública; distorção do equilíbrio entre os poderes legislativo e jurisdicional a favor deste último ou inconsistência dogmática devido à afirmação de uma relação jurídica insusceptível de tutela jurisdicional). Cfr. Autor cit., *Der Rechtsschutz...*, cit., pp. 243 e ss.; cfr. *idem, Verwaltungsprozessrecht*, cit., Rn. 389, p. 127 (o «direito» à emanação de normas); e SELB, *Die verwaltungsgerichtliche Feststellungsklage*, cit., pp. 79 e 80.

O Estado de Direito Democrático e a nova compreensão... 573

d) Os modos de compreensão das posições recíprocas da Administração e dos particulares

Ao longo da presente investigação foram sendo analisadas as variáveis histórico-constitucionais e dogmáticas relativas aos conceitos de Estado – poder soberano limitado pelo direito ou poder juridicamente fundado numa Constituição –, de lei – limite ou fundamento da actividade administrativa –, de Administração – instância decisória "colaboradora da lei" ou sujeito de direito titular de posições jurídicas subjectivas no quadro de relações jurídicas – e de processo administrativo – procedimento de controlo da actividade administrativa ou instrumento de realização e de tutela dos direitos dos particulares.

A consideração de tais variáveis evidencia a sua correlação como base de diferentes modos de compreensão das posições recíprocas da Administração e dos particulares que se podem reconduzir a dois modelos fundamentais: um modelo de supra e infra-ordenação, centrado no poder administrativo, e um modelo paritário, fundado nos direitos subjectivos públicos dos cidadãos e do Estado. No âmbito do primeiro modelo, a justiça administrativa tende a visar primacialmente a tutela da legalidade objectiva, enquanto, no âmbito do segundo, o que avulta como fim precípuo daquela actividade pública é a defesa dos direitos dos cidadãos.

As soluções consagradas num determinado sistema jurídico-positivo podem suscitar dúvidas quanto à recondução a um ou outro daqueles modelos, não só devido a eventuais deficiências de regulamentação, como, sobretudo, em virtude de as soluções típicas correspondentes aos modelos em apreço não serem necessariamente incompatíveis entre si em todos os casos. Basta recordar que a violação de um direito subjectivo público de domínio ou de carácter absoluto, nomeadamente de um direito de liberdade, implica a violação da lei que o atribui, para compreender que um sistema de controlo da legalidade subjectivo envolve necessariamente, ainda que como efeito lateral, um controlo objectivo da mesma legalidade[531].

---

[531] V. quanto a tal tipo de direitos subjectivos públicos, *supra* a alínea a), ponto (v), em especial o texto correspondente às notas 426 e ss. Cfr., no sentido da afirmação feita no texto, por exemplo, WAHL, "Vorbemerkung, § 42 Abs. 2", cit., Rn. 13.

574 *Estado de Direito Democrático e Administração Paritária*

Cumpre, assim, descrever sumariamente cada um dos modelos em apreço e testar a sua capacidade explicativa, com referência aos dados jurídico-positivos do direito administrativo português.

(*i*) *O modelo de supra e infra-ordenação centrado no poder administrativo*

O modelo de supra e infra-ordenação centrado no poder administrativo tende a constituir uma continuação do modo tradicional de compreender a Administração[532]. A sua base é uma correlação entre os poderes administrativos e a superioridade jurídica da Administração relativamente aos particulares. Mercê de tal superioridade ou supra-ordenação, e sem prejuízo do princípio da legalidade, aquela avulta como titular do poder de aprovar normas regulamentares, do poder de decisão unilateral mediante acto administrativo, do «privilégio da execução prévia» e da possibilidade de celebrar contratos sujeitos a um regime especial de direito público.

No que respeita ao exercício dos três primeiros poderes mencionados, é reconhecido aos particulares um interesse na verificação do respeito pela legalidade aplicável, sobretudo nos casos em que a actuação da Administração se traduza numa desvantagem para os seus interesses. Simplesmente, tal interesse é perspectivado como um motivo atendível para desencadear um processo que primariamente se dirige à defesa da legalidade objectiva: ele é a base de uma "queixa" ou "acção de reclamação" e serve de factor selectivo, prevenindo que aquele processo se transforme numa acção popular[533].

É o que se passa, nomeadamente, nos processos impugnatórios previstos no Código de Processo nos Tribunais Administrativos – impugnação de actos administrativos e de normas. Com efeito, para iniciar tais processos não se exige que o autor alegue ser parte na

---

[532] Cfr. *supra* a Segunda Parte, quanto ao citada concepção tradicional.

[533] O processo administrativo corresponde deste modo ao que a doutrina alemã designa de *Beanstandungsklage* – uma acção de censura relativamente à legalidade da actividade administrativa. Cfr. RUPP, cit., *Grundfragen...*, cit., p. 157; e SCHENKE, *Rechtsschutz...*, cit., p. 60. Sobre a distinção entre a «queixa» e o direito de acção, v. *supra*, na Introdução, as notas 36 e 37 e o texto correspondente.

O *Estado de Direito Democrático e a nova compreensão...* 575

relação material controvertida; basta ser titular de um interesse directo e pessoal, nomeadamente por ser prejudicado nos seus interesses, ainda que os mesmos não sejam, como tais, legalmente protegidos e, por isso, não correspondam a um direito subjectivo público[534]. A legitimidade processual conferida ao Ministério Público e a acção popular nos termos do art. 9.º, n.º 2, do mesmo diploma, são perfeitamente coerentes com a lógica do controlo objectivo[535].

A mesma lógica é levada às suas últimas consequências, ao estabelecer-se o princípio do conhecimento oficioso dos «vícios do acto impugnado», ainda que os mesmos sejam apenas causa da sua anulabilidade: nos processos impugnatórios, além de o tribunal dever pronunciar-se sobre todas as causas de invalidade que tenham sido invocadas, salvo quando não possa dispor dos elementos indis-

---

[534] Cfr. os arts. 9.º, n.º 1, 55.º, n.º 1, alínea a), e 73.º, n.os 1 e 2, todos do Código de Processo nos Tribunais Administrativos: a alegação da titularidade de um direito ou interesse legalmente protegido é condição suficiente, mas não necessária, da legitimidade processual activa para iniciar um processo impugnatório. Nesse sentido, v. MÁRIO ESTEVES DE OLIVEIRA e RODRIGO ESTEVES DE OLIVEIRA, *Código de Processo nos Tribunais Administrativos*, vol. I (Arts. 1.º a 96.º), Coimbra, 2004, anot. III ao art. 55.º, pp. 364 e 365; e MÁRIO AROSO DE ALMEIDA e CARLOS CADILHA, *Comentário ao Código de Processo nos Tribunais Administrativos*, Coimbra, 2005, anot. 4 ao art. 55.º, p. 280 (o interesse na anulação do acto "vem a traduzir-se na utilidade, benefício ou vantagem, patrimonial ou meramente moral, que poderá advir da anulação do acto impugnado e que poderá não corresponder à titularidade de um direito subjectivo, mas à simples detenção de um interesse meramente formal") e anot. 4 ao art. 73.º, em especial, na p. 382 ("cabe recordar que poderá estar em causa uma posição jurídica substantiva ou um mero interesse de facto").

Cfr. *a contrario* o art. 68.º, n.º 1, alínea a), do mesmo diploma: para pedir a condenação à prática de um acto administrativo legalmente devido, não basta ter um interesse directo e pessoal; é necessário alegar-se a titularidade "de um direito ou interesse legalmente protegido, dirigido à emissão desse acto (v., nesse sentido, MÁRIO ESTEVES DE OLIVEIRA e RODRIGO ESTEVES DE OLIVEIRA, *Código...*, cit., anot. II ao art. 68.º, p. 424; e MÁRIO AROSO DE ALMEIDA e CARLOS CADILHA, *Comentário...*, cit., anot. 1 ao art. 68.º, p. 355).

Sobre a recondução do "interesse legalmente protegido" a um direito subjectivo formal, nomeadamente uma pretensão formal, mas de direito substantivo, cfr. *supra* o ponto (v) da alínea b) do presente número, em especial, a nota 420.

[535] Cfr. o art. 55.º, n.º 1, alíneas b) e f), do citado Código. De resto, a legitimidade processual das restantes entidades mencionadas naquele preceito reforça a ideia afirmada no texto. Cfr. também *supra* a nota 436 e SÉRVULO CORREIA, *Direito do Contencioso Administrativo*, I, cit., pp. 722 e ss.

576 *Estado de Direito Democrático e Administração Paritária*

pensáveis para o efeito, deve ainda "identificar a existência de causas de invalidade diversas das que tenham sido alegadas"[536]. Como observam Mário Aroso de Almeida e Carlos Cadilha, "o objecto do processo impugnatório centra-se, não nas concretas ilegalidades que são imputadas ao acto, mas no próprio acto em termos tais que a pronúncia do tribunal deve envolver, não apenas a eliminação do acto impugnado da ordem jurídica, mas a definição, em maior ou menor medida, do poder de conformação, por parte da Administração, da situação jurídica em causa. Esta concepção acarreta também consequências no plano do caso julgado, fazendo recair sobre o autor o ónus de invocar todos os eventuais vícios de que tenha conhecimento. Se o processo impugnatório vier a ser julgado improcedente, o interessado fica impedido de impugnar de novo o mesmo acto, arguindo causas de invalidade que não tenham sido invocadas da primeira vez"[537].

Mesmo os casos de acção administrativa especial, em que se visa obter a condenação à prática de um acto administrativo ilegalmente omitido ou recusado, são compatíveis com a lógica da defesa da legalidade objectiva. Com efeito, a possibilidade de, ao lado do titular de posições jurídicas subjectivas, as pessoas colectivas, públicas ou privadas, e, bem assim, o Ministério Público, pedirem a condenação à prática de um acto legalmente devido parece confirmá-lo: se o acto é legalmente devido, a sua omissão ou recusa constitui uma ilegalidade[538]. De resto, em tal perspectiva, a possibilidade de acção popular, também neste domínio, é a contraprova de que a exigência de posições jurídicas subjectivas, como fonte de legitimidade processual, se pode justificar também apenas como factor de delimitação daquela[539].

---

[536] Cfr. o art. 95.º, n.º 2, do Código de Processo nos Tribunais Administrativos. Sobre a justificação (dar concretização prática ao princípio da tutela jurisdicional efectiva) e o alcance de tal preceito, nomeadamente em matéria de objecto do processo e de caso julgado, cfr. MÁRIO ESTEVES DE OLIVEIRA e RODRIGO ESTEVES DE OLIVEIRA, *Código...*, cit., anots. V e VI ao art. 95.º, pp. 551 e ss.; e MÁRIO AROSO DE ALMEIDA e CARLOS CADILHA, *Comentário...*, cit., anot. 3 ao art. 95.º, pp. 483 e ss.

[537] V. Autores cits., *Comentário...*, cit., anot. 3 ao art. 95.º, p. 485.

[538] Cfr. o art. 68.º, n.º 1, alíneas b) e c), do Código de Processo nos Tribunais Administrativos.

O *Estado de Direito Democrático e a nova compreensão...* 577

Contudo, a capacidade explicativa do modelo em análise já parece ser claramente insuficiente no que respeita à acção administrativa comum e, bem assim, à cumulação de pedidos que envolvam o reconhecimento de situações jurídicas subjectivas, porquanto, em tais casos, o tribunal se vai pronunciar sobre uma relação jurídica material e não apenas sobre o exercício do poder administrativo, independentemente de o mesmo respeitar, ou não, a determinada relação jurídica[540].

(*ii*) *O modelo paritário fundado nos direitos subjectivos públicos dos cidadãos e do Estado*

A Constituição da República Portuguesa, ao definir Portugal como um Estado de Direito democrático baseado na dignidade da pessoa humana e na vontade popular, ao consagrar a lei como fundamento da actividade administrativa, ao estabelecer a eficácia imediata dos preceitos respeitantes aos direitos, liberdades garantias e a consequente indisponibilidade dos mesmos pelos poderes constituídos e ao garantir a tutela jurisdicional das posições jurídicas subjectivas dos cidadãos perante a Administração, parece ter decidido consagrar o modelo paritário[541]. Em consonância com tal opção, o legislador constituinte delimitou a jurisdição dos tribunais administrativos e fiscais em função do conceito de relação jurídica e não já

---

[539] Cfr. o art. 68.º, n.º 1, alínea d), do mesmo diploma.

[540] Cfr. os arts. 9.º, n.º 1, e 37.º, n.º 2, ambos do Código de Processo nos Tribunais Administrativos. No que se refere em particular à cumulação de pedidos, parece claro que a mesma só é admissível, desde que o autor da acção administrativa especial também tivesse legitimidade para a propositura da acção comum com o pedido que pretende cumular com aquela. Por exemplo, a cumulação do pedido de anulação ou declaração de nulidade ou inexistência de um acto administrativo com o pedido de reconhecimento de uma situação jurídica subjectiva ou com o pedido de condenação da Administração à reparação de danos causados (art. 4.º, n.º 2, alíneas e) e f) do Código de Processo nos Tribunais Administrativos) só é admissível por quem alegue ser titular das relações materiais correspondentes, designadamente a situação jurídica subjectiva a reconhecer ou o direito à indemnização; um mero interessado na anulação ou declaração de nulidade e inexistência do acto apenas pode pedir estas últimas.

[541] Cfr., respectivamente, os arts. 1.º e 2.º, 262.º, n.º 2, 18.º, n.º 1, e 268.º, n.ºs 4 e 5, todos daquele normativo.

578 Estado de Direito Democrático e Administração Paritária

dos meios de tutela jurisdicional previstos para determinadas formas de actividade administrativa[542].

Aquela decisão constituinte obriga a distinguir entre o Estado--ordenamento e o Estado-sujeito de direito e a considerar cada cidadão dotado de um estatuto jurídico originário que àquele mesmo Estado cabe respeitar e proteger. Em especial, no respeitante à Administração, a mesma desenvolve a sua actividade na prossecução do interesse público sempre subordinada ao direito. Ela só pode agir nos casos e com as consequências previstas na lei e em vista dos interesses que tal lei coloca a seu cargo. As normas de direito administrativo fixam-lhe as tarefas em que se concretiza a prossecução do interesse público e dirigem o modo como a mesma há-de proceder à sua realização, com maior ou menor grau de autonomia[543].

A actividade administrativa, fundada na lei e por ela dirigida, afecta com frequência os interesses dos particulares, prejudicando-os ou favorecendo-os. Tendo a relação entre a Administração e os particulares, por força da Constituição, de ser perspectivada como subordinada ao direito e caracterizada por direitos e deveres recíprocos, torna-se indispensável distinguir as situações conformadas por normas que se dirigem exclusivamente à Administração, sem atribuir qualquer posição jurídica subjectiva aos particulares afectados pela sua actividade, e aquelas que, simultaneamente, reconhecem aos cidadãos o poder de defender os seus próprios interesses contra as actuações ou omissões ilegais da Administração[544]. Com efeito, a ameaça de violação ou violação efectiva dos direitos absolutos, nomeadamente dos direitos de liberdade, tende a fazer emergir pretensões auxiliares e secundárias destinadas a prevenir tal lesão ou a eliminá-la, no caso de a mesma se concretizar; e os direitos relativos a prestações – que correspondem a pretensões principais – impõem igualmente a acção da Administração em vista da sua satisfação[545].

---

[542] Cfr. o art. 212.º, n.º 3, da Constituição da República Portuguesa. Nesse sentido, cfr. SÉRVULO CORREIA, *Direito do Contencioso Administrativo*, I, cit., pp. 718 e 719 (a própria relação jurídica administrativa tem de ser objecto de tutela jurisdicional).

[543] Cfr. *supra* o n.º 23, alínea a).

[544] Cfr. *supra* o n.º 24, alínea a).

[545] Cfr. *supra* o ponto (v) da alínea b) do presente número.

O Estado de Direito Democrático e a nova compreensão... 579

Consequentemente, os cidadãos não se encontram mais numa situação de sujeição, potencialmente ilimitada, perante os poderes públicos e em que a sua situação era definida pelos actos destes últimos. Aqueles gozam hoje de um estatuto jurídico que, não só não está na disponibilidade dos mesmos poderes, como integra ainda a possibilidade de se defenderem eficazmente dos actos jurídicos públicos que, violando a lei, também lesem os direitos que integram tal estatuto. Acresce que tais posições jurídicas gozam, como indicado, da garantia de tutela jurisdicional prevista na Constituição.

O Código de Processo nos Tribunais Administrativos veio concretizar tal garantia, no que se refere às posições jurídicas subjectivas dos particulares de carácter jusadministrativo: "a todo o direito ou interesse legalmente protegido corresponde a tutela adequada junto dos tribunais administrativos"[546]. Isso torna-se particularmente claro no respeitante à acção administrativa comum, a qual, com ressalva dos casos de defesa de "valores e bens constitucionalmente protegidos"[547], só pode ser compreendida como concretização da tutela jurisdicional de posições jurídicas subjectivas dos cidadãos[548]. Relativamente à acção administrativa especial, verifica-se também que ela permite tutelar todas as situações de direito subjectivo ou de

---

[546] Cfr. o seu art. 2.ª, n.º 2; v. também todas as alíneas do mesmo preceito. É o que SÉRVULO CORREIA denomina como "princípio da subjectividade ou princípio da tutela jurisdicional administrativa subjectiva" (v. Autor cit., *Direito do Contencioso Administrativo*, I, cit., p. 717; sobre o alcance do mesmo, v. *idem, ibidem*, pp. 717 e ss.). Apesar de este Autor se referir a uma "posição supraordenada" da Administração, não deixa, todavia, de reconhecer que "entre os dois sujeitos da relação jurídica administrativa, reina uma situação de paridade na conjugada distribuição de posições de vantagem a cujo serviço se encontram afectados meios jurídicos" (v. Autor cit., *ibidem*, pp. 717 e 718).

[547] Cfr. o art. 9.º, n.º 2, do Código de Processo nos Tribunais Administrativos, de resto, igualmente aplicável no âmbito da acção administrativa especial (cfr. *ibidem*, os arts. 55.º, n.º 1, alínea f), e 68.º, n.º 1, alínea d)). Sobre a forma de legitimidade processual em causa, v. MÁRIO ESTEVES DE OLIVEIRA e RODRIGO ESTEVES DE OLIVEIRA, *Código...*, cit., anots. III e ss ao art. 9.º, pp. 155 e ss.; e MÁRIO AROSO DE ALMEIDA e CARLOS CADILHA, *Comentário...*, cit., anots. 4 e 5 ao art. 9.º, pp. 66 e ss. (a acção popular como "uma forma de legitimidade para desencadear os diversos tipos de acções ou providências cautelares que se tornem necessárias à defesa dos interesses difusos"; v. *ibidem*, p. 67).

[548] Cfr. os arts. 9.º, n.º 1, 37.º, n.º 2, e 40.º, todos do Código de Processo nos Tribunais Administrativos.

580   *Estado de Direito Democrático e Administração Paritária*

interesse legalmente protegido dos particulares[549]; sucede, isso sim, que a mesma não se fica por aí, podendo igualmente funcionar como meio de defesa da legalidade objectiva.

Com efeito, a lei admite como factores de legitimação processual, além do direito subjectivo (e considerando integrado neste o interesse legalmente protegido), o mero interesses individual de facto, desde que directo e pessoal; o interesse público, o interesse difuso e o interesse colectivo[550]. Acresce que, relativamente aos processos impugnatórios, e conforme já referido, a lei vai ao ponto de determinar que o próprio tribunal deva identificar a existência de causas de invalidade diversas das que tenham sido alegadas[551].

Este alargamento, por via da legislação ordinária, da protecção jurisdicional constitucionalmente garantida, em si mesmo, não põe em causa tal garantia e tão-pouco é, por si só, contraditório com a mencionada decisão constitucional favorável a um modelo de Administração paritária. No que se refere ao primeiro aspecto, há que ter em conta que o art. 268.º, n.ᵒˢ 4 e 5, apenas estabelece exigências mínimas relativamente ao sistema de justiça administrativa a consagrar pelo legislador ordinário; desde que este último acautele o programa nuclear, nada o impede de introduzir possibilidades de controlo adicionais[552]. Quanto ao segundo aspecto, é evidente que, atenta a estrutura interna do direito subjectivo público, nomeadamente a sua correlação com a norma que protege o interesse individual,

---

[549] Cfr. os arts. 55.º, n.º 1, alínea a) *in fine*, 68.º, n.º 1, alínea a), e 73.º, todos do mesmo diploma.

[550] Cfr. no Código de Processo nos Tribunais Administrativos, quanto à impugnação de actos administrativos, o art. 55.º, n.º 1, alíneas b) a f); quanto à condenação à prática de acto devido, o art. 68.º, n.º 1, alíneas b) a d); e quanto à impugnação de normas e declaração de ilegalidade por omissão, o art. 73.º, n.ᵒˢ 1 e 2. V. também MÁRIO AROSO DE ALMEIDA e CARLOS CADILHA, *Comentário...*, cit., as anots. ao art. 55.º, pp. 278 e ss.; as anots. 1 e 2 ao art. 68.º, pp. 354 e ss.; e as anots. 3, 4 e 5 ao art. 73.º, pp. 380 e ss.; e SÉRVULO CORREIA, *Direito do Contencioso Administrativo*, I, cit., p. 721.

[551] Cfr. o art. 95.º, n.º 2, daquele Código e *supra* as notas 536 e 537 e o texto correspondente. V. também SÉRVULO CORREIA, *Direito do Contencioso Administrativo*, I, cit., p. 722.

[552] Cfr., neste sentido, com referência ao Art. 19 IV do *Grundgesetz*, Wahl, "Vorbemerkung, § 42 Abs. 2", cit., Rn. 16.

O Estado de Direito Democrático e a nova compreensão... 581

primo: a sua violação implica uma ilegalidade objectiva[553]; e *secundo*: não é a circunstância de tal ilegalidade poder ser invocada por uma terceira entidade que modifica a situação do titular do interesse perante a Administração, porquanto nem esta vê reforçados os seus poderes na relação jurídica administrativa, nem aquele diminuídos os seus direitos. O que se passa é que a legalidade objectiva é valorada autonomamente do interesse individual, dando relevância a outros interesses co-envolvidos.

Os únicos limites que importa considerar, a propósito do citado alargamento da tutela jurisdicional perante actos da Administração, são aqueles que a salvaguarda da eficácia das opções constitucionais em matéria de finalidades precípuas do sistema de justiça administrativa porventura imponha e, bem assim, os que decorrem do princípio da separação dos poderes. Nessa perspectiva, e atento o peso crescente dos controlos objectivos, são de considerar as preocupações expressas por Rainer Wahl com referência à eventual sobrecarga e descaracterização da jurisdição administrativa e ao hipotético desequilíbrio das relações de poder entre Executivo e tribunais administrativos a favor destes últimos[554].

O primeiro daqueles problemas releva principalmente da administração judiciária, nomeadamente da questão de saber se o sistema se encontra dotado dos meios suficientes para responder às necessidades, e do efectivo peso relativo dos processos de controlo objectivo. O segundo é resolvido satisfatoriamente no âmbito do processo administrativo português, desde que o tribunal respeite a autonomia decisória da Administração, tal como constitucional e legalmente consignada, e não se proponha substituir-se-lhe. Com efeito, aquela é um sujeito de direito e, como tal, está subordinada à lei; enquanto os tribunais administrativos se limitarem a impor à Administração as vinculações legais, não pode haver distorção das relações de poder, tal como constitucionalmente consagradas.

---

[553] Cfr. *supra* o ponto (ii) da alínea b) do presente número
[554] Cfr. Autor cit., "Vorbemerkung, § 42 Abs. 2", cit., Rn. 16.

Bibliografia

ACHTERBERG, Norbert

- *Allgemeines Verwaltungsrecht – Ein Lehrbuch*, 2. Aufl., C. F. Müller, Heidelberg, 1986;
- "Die rechtsverhältnistheoretische Deutung absoluter Rechte" in *Recht und Rechtsbesinnung – Gedächtnisschrift für Günther Küchenhoff (1907-1983)*, Duncker & Humblot, Berlin, 1987, pp. 13 e ss.

AMARAL, Maria Lúcia

- *A Forma da República – Uma Introdução ao Estudo do Direito Constitucional*, Coimbra Editora, Coimbra, 2005.

ANDRADE, Manuel de

- *Teoria Geral da Relação Jurídica*, I (Sujeitos e Objecto), Almedina, Coimbra (reimp. 1983).

ANSCHÜTZ, Gerhard

- "Das Recht des Verwaltungszwangs in Preußen. Vornehmlich in seiner geschichtlichen Entwicklung dargestellt" in *VerwArch* 1893-1, pp. 389 e ss.

ANTUNES VARELA, João de Matos,

- "O Direito de Acção e a sua natureza jurídica" in *Revista de Legislação e de Jurisprudência*, 1993, n.°s 3824 (pp. 325-331) 3825 (pp. 357-361), 3826 (pp. 12-16), 3827 (pp. 37-41), 3828 (pp. 70-75), 3829-3830 (pp. 103-107) e 3831 (pp. 166-170);
- *Manual de Processo Civil*, 2ª ed., Coimbra Editora, Coimbra, 1985;
- *Das Obrigações em Geral*, I, 10ª ed., Almedina, Coimbra, 2000.

ARGYRIADIS-KERVÉGAN, Caroula

- "Rudolf Gneist: La justice administrative, institution nécessaire de l'État de droit" *in* OLIVIER JOUANJAN (dir.), *Figures de l'État de droit – Le «Rechtsstaat» dans l'histoire intelectuelle et constitutionnelle de l'Allemagne*, Strasbourg, 2001, pp. 235 e ss.

584 Estado de Direito Democrático e Administração Paritária

ARNDT, Gottfried

– *Der Verwaltungsakt als Grundlage der Verwaltungsvollstreckung. Ein Beitrag zur Gestaltung eines rechtsstaatlichen Verwaltungsverfahren*, Heymann, Köln,1967.

AROSO DE ALMEIDA, Mário

– *Anulação de Actos Administrativos e Relações Jurídicas Emergentes*, Almedina, Coimbra, 2002.

AROSO DE ALMEIDA, Mário / CADILHA, Carlos Alberto

– *Comentário ao Código de Processo nos Tribunais Administrativos*, Almedina, Coimbra, 2005.

BACHOF, Otto

– "Reflexwirkungen und subjektive öffentliche Rechte" in BACHOF, DRATH, GÖNNEWEIN und WALZ (Hrsg.), *Gedächtnisschrift für Walter Jellinek (12. Juli 1885 – 9. Juni 1955)*, Gunter Olzog Verlag, München, 1955, pp. 287 e ss.;
– "Über einige Entwicklungstendenzen im gegenwärtigen deutschen Verwaltungsrecht" in KÜLZ / NAUMANN (Hrsg.), *Staatsbürger und Staatsgewalt, Verwaltungsrecht und Verwaltungsgerichtsbarkeit in Geschichte und Gegenwart – Jubiläumsschrift zum hundertjährigen Bestehen der deutschen Verwaltungsgerichtsbarkeit und zum zehnjährigen Bestehen des BVerwG*, Band II, Karlsruhe, 1962, pp. 3 e ss.
– "Die Dogmatik des Verwaltungsrechts vor den Gegenwartsaufgaben der Verwaltung" in *VVDStRL*, Heft 30 (1972).

BADURA, Peter

– "Auftrag und Grenzen der Verwaltung im sozialen Rechtsstaat" in *DÖV* 1968.

BAPTISTA MACHADO, João

– *Participação e Descentralização. Democratização e Neutralidade na Constituição de 76*, Almedina, Coimbra, 1982;
– *Introdução ao Direito e ao Discurso Legitimador*, Almedina, Coimbra, 1982 (7ª reimpressão,1994).

BARBOSA DE MELO, António

– "Introdução às Formas de Concertação Social" in *Boletim da Faculdade de Direito da Universidade de Coimbra*, vol. LIX (1983), Coimbra, 1985.

BAUER, Hartmut

– *Geschichtliche Grundlagen der Lehre vom subjektiven öffentlichen Recht*, Duncker & Humblot, Berlin, 1986;
– "Subjektive öffentliche Rechte des Staates – Zugleich ein Beitrag zur Lehre vom subjektiven öffentlichen Recht" *in DVBl.* 1986, pp. 208 e ss.;
– "Informelles Verwaltungshandeln im öffentlichen Wirtschaftsrecht", *in VerwArch* 1987, pp. 241 e ss.;
– "Verwaltungsrechtslehre im Umbruch? – Rechtsformen und Rechtsverhältnisse als Elemente einer Zeitgemäßen Verwaltungsrechtsdogmatik" *in DV*, 1992, pp. 301 e ss.

O *Estado de Direito Democrático e a nova compreensão...* 585

BENDER, Bernd
- "Zum Recht der Folgenbeseitigung" in VBlBW 1985, pp. 201 e ss.

BENVENUTI, Feliciano
- "Per un diritto amministrativo paritario" in *Studi in memoria di Enrico Guicciardi*, CEDAM, Padova, 1975, pp. 807 e ss.;
- *Disegno della amministrazione italiana – linee positive e prospettive*, CEDAM, Padua, 1996.

BETTERMANN, Karl August
- "Das Verwaltungsverfahren" *in VVDStRL*, Heft 17 (1959), pp. 118 e ss.

BÖCKENFÖRDE, Ernst-Wolfgang
- *Gesetz und gesetzgebende Gewalt. Von den Anfängen der deutschen Staatsrechtslehre bis zur Höhe des staatsrechtlichen Positivismus*, Duncker & Humblot, Berlin, 1958;
- "Der deutsche Typ der konstitutionellen Monarchie im 19. Jahrhundert" in *Recht, Staat, Freiheit. Studien zur Rechtsphilosophie, Staatstheorie und Verfassungsgeschichte*, 2. Aufl., Suhrkamp, Frankfurt a.M., 1992, pp. 273 e ss. (publicado originariamente in CONZE, Hrsg., *Beiträge zur deutschen und belgischen Verfassungsgeschichte im 19. Jahrhundert*, Stuttgart, 1967, pp. 70 e ss.);
- "Entstehung und Wandel des Rechtsstaatsbegriffs" in *Recht, Staat, Freiheit. Studien zur Rechtsphilosophie, Staatstheorie und Verfassungsgeschichte*, 2. Aufl., Suhrkamp, Frankfurt a.M., 1992), pp. 143 e ss. (publicado originariamente in *Festschrift für Adolf Arndt zum 65. Geburtstag*, Frankfurt a.M. 1969, pp. 53 e ss.);
- "Die Bedeutung der Unterscheidung von Staat und Gesellschaft" in *Recht, Staat, Freiheit. Studien zur Rechtsphilosophie, Staatstheorie und Verfassungsgeschichte*, 2. Aufl., Suhrkamp, Frankfurt a.M., 1992, pp. 209 e ss. (publicado originariamente in *Rechtsfragen der Gegenwart. Festgabe für Wolfgang Hefermehl zum 65. Geburtstag*, Stuttgart 1972, pp. 11 e ss.);
- "Bemerkungen zum Verhältnis von Staat und Religion bei Hegel" in *Recht, Staat, Freiheit. Studien zur Rechtsphilosophie, Staatstheorie und Verfassungsgeschichte*, 2. Aufl., Suhrkamp, Frankfurt a.M., 1992, pp. 115 e ss (publicado originariamente in *Der Staat* 21 (1982), pp. 481 e ss.);
- "Geschichtliche Entwicklung und Bedeutungswandel der Verfassung" in *Staat, Verfassung, Demokratie. Studien zur Verfassungstheorie und zum Verfassungsrecht*, 2. Aufl., Suhrkamp, Frankfurt a.M., 1992, pp. 29 e ss. (publicado originariamente in JA 1984-6, pp. 325 e ss.);
- "Die verfassungsgebende Gewalt des Volkes – Ein Grenzbegriff des Verfassungsrechts" in *Staat, Verfassung, Demokratie – Studien zur Verfassungstheorie und zum Verfassungsrecht*, Suhrkamp, Frankfurt a.M., 1991, pp. 90 e ss. (publicado originariamente in *Würzbürger Vorträge zur Rechtsphilosophie, Rechtstheorie und Rechtssoziologie*, Heft 4, 1986).
- "Demokratie als Verfassungsprinzip" in ISENSEE und KIRCHHOF (Hrsg.), *Handbuch des Staatsrechts der Bundesrepublik Deutschland*, Band II (Verfassungsstaat), 3. Auflage, C. F. Müller,Heidelberg, 2004, pp. 429 e ss.

586 Estado de Direito Democrático e Administração Paritária

BOHNE, Eberhard

– "Informales Verwaltungs- und Regierungshandeln als Instrument des Umweltschutzes – Alternativen zu Rechtsnorm, Vertrag, Verwaltungsakt und anderen
rechtlich geregelten Handlungsformen?" in *VerwArch*, 75. Band (1984) Heft 4,
pp. 343 e ss.

BREUER, Rüdiger

– "Konditionale und finale Rechtssetzung" in *AöR* 2002, pp. 523 e ss.;
– "Konkretisierungen des Rechtsstaats- und Demokratiegebotes" *in* SCHMIDT-Aß-
MANN, SELLNER, HIRSCH, KEMPER und LEHMANN-GRUBE (Hrsg.), *Festgabe 50
Jahre Bundesverwaltungsgericht*, Carl Heymanns Verlag, Köln-Berlin-Bonn-Mün-
chen, 2003, pp. 223 e ss.

BROHM, Winfried

– "Zum Funktionenwandel der Verwaltungsgerichtsbarkeit" in *NJW* 1984, pp. 8 e ss.;
– "Die staatliche Verwaltung als eigenständige Gewalt und die Grenzen der Verwaltungsgerichtsbarkeit" in *DVBl.* 1986, pp. 329 e ss.

BROß, Siegfried

– "Zum Anwendungsbereichs des Anspruchs auf Folgenbeseitigung" in *VerwArch
1985*, pp. 217 e ss.

BRUGGER, Winfried

– "Gestalt und Begründung des Folgenbeseitigungsanspruchs" in *JuS* 1999, pp. 625 e ss.

BRUNNER, Karl

– *Die Lehre vom Verwaltungszwang. Eine rechtsvergleichende Darstellung aus dem
schweizerischen , deutschen und französischen Verwaltungsrecht*, Zürich, 1923.

BÜHLER, Ottmar

– "Altes und Neues über Begriff und Bedeutung der subjektiven öffentlichen Rechte"
in BACHOF, DRATH, GÖNNEWEIN und WALZ (Hrsg.), *Forschungen und Berichte
aus dem öffentlichen Rechte. Gedächtnisschrift für Walter Jellinek (12. Juli 1885 –
9. Juni 1955)*, Gunter Olzog Verlag, München, 1955, pp. 269 e ss.

BULL, Hans Peter
– *Allgemeines Verwaltungsrecht*, 6. Aufl., C. F. Müller, Heidelberg, 2000

CABRAL DE MONCADA, L.

– *Filosofia do Direito e do Estado*, I (Parte Histórica), 2.ª ed., Coimbra Editora,
Coimbra, 1955.

CAETANO, Marcello

– *Tratado Elementar de Direito Administrativo*, I, Coimbra, 1943;
– *Manual de Direito Administrativo*, 3.ª ed., Lisboa, 1951;

O Estado de Direito Democrático e a nova compreensão... 587

- *Manual de Direito Administrativo*, 4.ª ed., Lisboa, 1957;
- *Manual de Direito Administrativo*, 5.ª ed., Lisboa, 1960;
- *Manual de Direito Administrativo*, 6.ª ed., Lisboa, 1963;
- *Manual de Direito Administrativo*, 7.ª ed., Lisboa, 1965;
- *Manual de Direito Administrativo*, I, 8.ª ed., Lisboa, 1968;
- *Manual de Direito Administrativo*, II, 8.ª ed., Lisboa, 1969;
- *Manual de Direito Administrativo*, I e II, 9.ª ed., Lisboa, 1972 (e 3.ª reimpr. 1990, Almedina, Coimbra);
- *Manual de Direito Administrativo*, I, 10.ª ed., 1973 (4ª reimpr. 1990), Almedina, Coimbra;
- *Manual de Ciência Política e de Direito Constitucional*, I (Introdução. Estudo descritivo de algumas experiências constitucionais estrangeiras. Teoria geral do Estado), 6.ª ed., Lisboa, 1970;
- "Sobre o problema da legitimidade das partes no contencioso administrativo português – Estudo de jurisprudência" in *Estudos de Direito Administrativo*, Ática, Lisboa, 1974, pp. 11 e ss. (publicado originariamente *in O Direito*, 1933);
- "O interesse como condição de legitimidade no recurso directo de anulação" in *Estudos de Direito Administrativo*, Ática, Lisboa, 1974, pp. 219 e ss. (publicado originariamente *in O Direito*, 1959);
- "Tendências do Direito Administrativo Europeu" (1967) in *Estudos de Direito Administrativo*, Ática, Lisboa, 1974.

CANAS, Vitalino

- "Relação Jurídico-Pública" in *Dicionário Jurídico da Administração Pública*, VII, Lisboa, 1996, pp. 207 e ss.

CAPELO DE SOUSA, Rabindranath

- *O Direito Geral de Personalidade*, Coimbra Editora, Coimbra, 1995.

CARVALHO FERNANDES, Luís A.

- *Teoria Geral do Direito Civil*, I (Introdução. Pressupostos da Relação Jurídica), 3.ª ed., Universidade Católica Editora, Lisboa, 2001;
- *Teoria Geral do Direito Civil*, II (Fontes, Conteúdo e Garantia da Relação Jurídica), 3.ª ed., Universidade Católica Editora, Lisboa, 2001.

CASTRO MENDES, João

- *Direito Civil – Teoria Geral*, I, policop., AAFDL, Lisboa, 1978;
- *Direito Civil – Teoria Geral*, II, policop., AAFDL, Lisboa, 1979.

CLASSEN, Claus Dieter

- *Die Europäisierung der Verwaltungsgerichtsbarkeit – Eine vergleichende Untersuchung zum deutschen, französischen und europäischen Verwaltungsprozeßrecht*, Tübingen, 1996.

588   *Estado de Direito Democrático e Administração Paritária*

COING, Helmut

- "Zur Geschichte des Begriffs «subjektives Recht»" in COING, LAWSON und GRÖN-FORS (Hrsg.), *Das subjektive Recht und der Rechtsschutz der Persönlichkeit*, Metzner, Berlin-Frankfurt a.M., 1959;
- *Europäisches Privatrecht*, II (19. Jahrhundert; Überblick über die Entwicklung des Privatrechts in den ehemals gemeinrechtlichen Ländern), C. H. Beck, München, 1989.

CONZE, Werner

- "Staat und Gesellschaft in der frührevolutionären Epoche Deutschlands" in BÖCKENFÖRDE (Hrsg.), *Staat und Gesellschaft*, Darmstadt, 1976.

DICEY, A. V.

- *Introduction to the Study of the Law of the Constitution*, 10ª ed., London, 1959 (reimp. 1961).

DRIEHAUS, Hans-Joachim und PIETZNER, Rainer

- *Einführung in das Allgemeine Verwaltungsrecht*, 3. Aufl., C. H. Beck, München, 1996.

EHRHARDT SOARES, Rogério

- *Interesse Público, Legalidade e Mérito*, Atlântida, Coimbra, 1955;
- *Direito Administrativo* (Lições ao Curso Complementar de Ciências Jurídico-Políticas da Faculdade de Direito de Coimbra no ano lectivo de 1977/78), policop., Coimbra, 1978;
- "Princípio da legalidade e administração constitutiva" in *Boletim da Faculdade de Direito da Universidade de Coimbra*, vol. LVII (1981), Coimbra, 1983;
- *Lições de Direito Administrativo* (ao Curso de Direito no Porto da Universidade Católica Portuguesa), s.d.

ENGISCH, Karl

- *Introdução ao Pensamento Jurídico* (trad. por João Baptista Machado), 6ª ed., Fundação Calouste Gulbenkian, Lisboa, 1988.

ERICHSEN, Hans-Uwe

- *Verfassungs- und verwaltungsgerichtliche Grundlagen der Lehre vom fehlerhaften belastenden Verwaltungsakt und seiner Aufhebung im Prozeß – ein dogmengeschichlicher Beitrag zu Rechtsbindung, Rechtswidrigkeit und Rechtsschutz im Bereich staatlicher Eingriffsverwaltung*, Athenäum Verlag, Frankfurt a.M., 1971;
- "Das Verwaltungshandeln" in ERICHSEN und EHLERS (Hrsg.), *Allgemeines Verwaltungsrecht*, 12. Aufl., De Gruyter, Berlin, 2002.

ESTEVES DE OLIVEIRA,Mário, GONÇALVES, Pedro, PACHECO DE AMORIM, José,

- *Código do Procedimento Administrativo Comentado*, Almedina, Coimbra, 1997.

O Estado de Direito Democrático e a nova compreensão... 589

ESTEVES DE OLIVEIRA, Mário, ESTEVES DE OLIVEIRA, Rodrigo
- *Código de Processo nos Tribunais Administrativos*, vol. I (Arts. 1º a 96º), Almedina, Coimbra, 2004.

FABER, Heiko
- *Verwaltungsrecht*, 4. Aufl., Mohr, Tübingen, 1995.

FALCON, Giandomenico,
- "Esecutorietà ed esecuzione dell'atto amministrativo" in *Digesto delle Discipline Pubblicistiche*, vol. VI, Turim, 1991.

FEZAS Vital
- *Garantias jurisdicionais da legalidade na Administração pública: França, Inglaterra e Estados Unidos, Bélgica, Alemanha, Itália, Suiça, Espanha e Brasil*, Coimbra, 1938.

FORSTHOFF, Ernst
- "Der moderne Staat und die Tugend" in *Rechtsstaat im Wandel. Verfassungsrechtliche Abhandlungen 1950-1964*, Kohlhammer, Stuttgart, 1964, pp. 13 e ss.;
- "Begriff und Wesen des sozialen Rechtsstaates" in *Rechtsstaat im Wandel – Verfassungsrechtliche Abhandlungen 1950-1964*, Kohlhammer, Stuttgart, 1968, pp. 27 e ss. (publicado originalmente in *VVDStRL*, Heft 12 (1954), pp. 8 e ss.);
- *Lehrbuch des Verwaltungsrechts*, I (Allgemeiner Teil), 10. Aufl., C.H. Beck, München, 1973.

FREITAS DO AMARAL, Diogo
- *Direito Administrativo*, vol. IV (lições polic.), Lisboa, 1988;
- *Direito Administrativo*, vol. III (lições policop.), Lisboa, 1989;
- *Curso de Direito Administrativo*, I, 2ª ed., Almedina, Coimbra, 1994;
- *A Execução das Sentenças dos Tribunais Administrativos*, 2ª ed., Almedina, Coimbra, 1997;
- *Curso de Direito Administrativo*, II (com a colaboração de Lino Torgal), Almedina, Coimbra, 2001;
- *História das Ideias Políticas*, vol. I, 4ª reimpr. da edição de 1998, Almedina, Coimbra, 2004.

GALVÃO TELES, Miguel
- "Direitos Absolutos e Relativos" in AAVV, *Estudos em Homenagem ao Professor Doutor Joaquim Moreira da Silva Cunha*, Coimbra Editora, Coimbra, 2005, pp. 649 e ss.

GARCIA, Maria da Glória
- *Breve Reflexão sobre a Execução Coactiva dos Actos Administrativos*, separata do vol. II de Estudos editado pela Direcção-Geral das Contribuições e Impostos por ocasião da comemoração dos XX anos do Centro de Estudos Fiscais, Lisboa, 1983, pp. 525 e ss.;

590   *Estado de Direito Democrático e Administração Paritária*

- *As origens da expressão "Rechtsstaat". As concepções de Robert von Mohl, Otto von Bähr e Rudolf Gneist* (policop.), Lisboa, 1988;
- *Da Justiça Administrativa em Portugal – Sua origem e evolução*, Universidade Católica Portuguesa, Lisboa, 1994;
- *Curso de Direito do Ambiente*, lições policop., Lisboa, 2000.

GARCÍA de Enterría e TOMÁS-Ramón Fernandez

- *Curso de Derecho Administrativo*, I, 10ª ed., Civitas, Madrid, 2000.

GOMES CANOTILHO, José Joaquim

- *Direito Constitucional e Teoria da Constituição*, 7ª ed., Almedina, Coimbra, 2004.

GOMES CANOTILHO e VITAL MOREIRA

- *Constituição da República Portuguesa Anotada*, 3ª ed., Coimbra Editora, Coimbra, 1993.

GRIMM, Dieter

- *Recht und Staat der bürgerlichen Gesellschaft*, Suhrkamp, Frankfurt a.M., 1987.

GRÖSCHNER, Rolf

- *Das Überwachungsrechtsverhältnis – Wirtschaftsüberwachung in gewerbepolizei-rechtlicher Tradition und wirtschaftsverwaltungsrechtlichem Wandel*, Mohr (Paul Siebeck), Tübingen, 1992;
- "Vom Nutzen des Verwaltungsrechtsverhältnisses" in *DV* 1997, pp. 301 e ss.

GUSY, Christoph

- "Le principe du «Rechtsstaat» dans la République de Weimar: Crise de l'État de droit et crise de la science du droit public" *in* OLIVIER JOUANJAN (dir.), *Figures de l'État de droit – Le «Rechtsstaat» dans l'histoire intelectuelle et constitutionnelle de l'Allemagne*, PUS – Presses Universitaires de Strasbourg, Strasbourg, 2001, pp. 331 e ss.

HALFMANN, Ralf

- "Entwicklungen des Verwaltungsrechtsschutzes in Deutschland, Frankreich und Europa" in *VerwArch* 2000, pp. 74 e ss.

HAURIOU, Maurice

- *Précis de Droit Administratif et de Droit Public*, 11ª ed., Recueil Sirey, Paris, 1927;
- *Précis de Droit Constitutionnel*, 2ª ed., Recueil Sirey, Paris, 1929.

HAVERKATE, Görg

- *Verfassungslehre – Verfassung als Gegenseitigkeitsordnung*, C. H. Beck, München, 1992.

O *Estado de Direito Democrático e a nova compreensão...* 591

HEGEL, Georg Wilhelm Friedrich

- *Grundlinien der Philosophie des Rechts*, ed. Suhrkamp Taschenbuch Wissenschaft, Frankfurt a.M., 1986.

HENKE, Wilhelm

- *Das subjektive öffentliche Recht*, Mohr (Siebeck) Tübingen, 1968;
- "Das subjektive Recht im System des öffentlichen Rechts – Ergänzungen und Korrekturen" in *DÖV* 1980, pp. 621 e ss.;
- "Wandel der Dogmatik des öffentlichen Rechts" in *Juristenzeitung* 1992, pp. 541 e ss.

HESSE, Konrad

- "Der Rechtsstaat im Verfassungssystem des Grundgesetzes" *in* MEHDI TOHIDIPUR, Hrsg., *Der bürgerliche Rechtsstaat*, Suhrkamp, Frankfurt a.M., 1978, pp. 290 e ss.;
- *Grundzüge des Verfassungsrechts der Bundesrepublik Deutschland*, 20. Aufl., C. F. Müller, Heidelberg, 1995.

HEYDE, Wolfgang

- "Über Schwierigkeiten im praktischen Umgang mit dem Rechtsstaatsprinzip" in BENDER, BREUER, OSSENBÜHL und SENDLER (Hrsg.), *Rechtsstaat zwischen Sozialgestaltung und Rechtsschutz – Festschrift für Konrad Redeker zum 70. Geburtstag*, München 1973, pp. 187 e ss.

HEYEN Erk Volkmar

- *Otto Mayer – Studien zu den geistigen Grundlagen seiner Verwaltungsrechtswissenschaft*, Duncker & Humblot, Berlin, 1981.

HILL, Hermann

- "Das hoheitliche Moment im Verwaltungsrecht der Gegenwart" in *DVBl.* 1989, pp. 321 e ss.

HOBBES, Thomas

- *Leviatã ou Matéria, Forma e Poder de um Estado Eclesiástico e Civil*, trad. de João Paulo Monteiro e Maria Beatriz Niza da Silva, Lisboa, 1995.

HOFFMANN-BECKING, Michael

- "Folgenbeseitigung bei rechtswidrigen hoheitlichen Tathandlungen? – BVerwG, DVBl. 1971, 858" in *JuS* 1972, pp. 509 e ss.

HUEBER, Alfons

- *Otto Mayer – Die «juristische Methode» im Verwaltungsrecht*, Duncker & Humblot, Berlin, 1982.

HUFEN, Friedhelm

- *Verwaltungsprozeßrecht*, 5. Aufl., C. H. Beck, München, 2003.

592 Estado de Direito Democrático e Administração Paritária

HUMMEL, Jacky

- "État de droit, libéralisme et constitutionnalisme durant le *Vormärz" in* OLIVIER JOUANJAN (dir.), *Figures de l'État de droit – Le «Rechtsstaat» dans l'histoire intelectuelle et constitutionnelle de l'Allemagne*, PUS – Presses Universitaires de Strasbourg, Strasbourg, 2001, pp 125 e ss.

ISENSEE, Josef

- "Staat und Verfassung" in ISENSEE, Josef / KIRCHHOF, Paul (Hrsg.), *Handbuch des Staatsrechts der Bundesrepublik Deutschland*, Band II (Verfassungsstaat), 3. Aufl., C. F. Müller, Heidelberg, 2004, pp. 3 e ss.

JAUERNING, Othmar

- *Zivilprozessrecht*, 28. Aufl., C.H. Beck, München, 2003.

JELLINEK, Georg

- *System der subjektiven öffentlichen Rechte* (2.ª reimpr. da 2.ª ed. de 1905), Darmstadt, 1963.

JESCH, Dietrich

- *Gesetz und Verwaltung – Eine Problemstudie zum Wandel des Gesetzmäßigkeits-prinzipes*, Mohr, Tübingen, 1961.

KAHL, Wolfgang

- "Die rechtliche Bedeutung der Unterscheidung von Staat und Gesellschaft" in *JURA* 2002, pp. 721 e ss.

KANT, Immanuel

- *Die Metaphysik der Sitten*, Königsberg 1797 (hrsg. von Hans Ebeling), Reclam, Stuttgart, 1990.

KAUFMANN, Horst

- Zur Geschichte des aktionenrechtliches Denkens" in *Juristenzeitung*, 1964-15/16 pp. 482 e ss.

KELSEN, Hans

- "Zur Lehre vom öffentlichen Rechtsgeschäft" in *AöR*, 1913 pp. 53 e ss.;
- *Teoria Pura do Direito*, I [trad. por Baptista Machado], 2ª ed., Arménio Amado, Coimbra, 1962.

KERVEGAN, Jean-François

- "L'État de droit dans l'idéalisme allemand: Kant, Fichte, Hegel" *in* OLIVIER JOUAN-JAN (dir.), *Figures de l'État de droit – Le «Rechtsstaat» dans l'histoire intelectuelle et constitutionnelle de l'Allemagne*, PUS – Presses Universitaires de Strasbourg, Strasbourg, 2001, pp. 101 e ss.

O Estado de Direito Democrático e a nova compreensão... 593

KOENIG, Pierre

- "Le statut constitutionnel de l'administration en France" in BURMEISTER (Hrsg.), *Die verfassungsrechtliche Stellung der Verwaltung in Frankreich und in der Bundesrepublik Deutschland – Le statut constitutionnel de l'administration en France et en République Fédérale d'Allemagne*, Heymann, Köln-Berlin-Bonn-München.

KOPP und RAMSAUER

- *Verwaltungsverfahrensgesetz Kommentar*, 7. Aufl., C. H. Beck, München, 2000.

KOPP und SCHENKE

- *Verwaltungsgerichtsordnung – Kommentar*, 13. Aufl., C. H. Beck, München, 2003.

KREBS, Walter

- "Subjektiver Rechtsschutz und objektive Rechtskontrolle" in ERICHSEN, HOPPE und v. MUTIUS (Hrsg.), *System des verwaltungsgerichtlichen Rechtsschutzes – Festschrift für Christian-Friedrich Menger zum 70 Geburtstag*, Carl Heymann Verlag, Köln-Berlin-Bonn-München, 1985.

LADEUR, Karl-Heinz

- "Die Zukunft des Verwaltungsakts – Kann die Handlunsformenlehre aus dem Aufstieg des «informalen Verwaltungshandelns» lernen?" in *VerwArch* 1995-4 pp. 511 e ss.

LARENZ, Karl und CANARIS, Claus-Wilhelm

- *Methodenlehre der Rechtswissenschaft*, 3. Aufl., Springer Verlag, Berlin-Heidelberg-New York, 1995.

LARENZ, Karl

- "Zur Struktur «subjektiver Rechte»" in BAUR, LARENZ und WIEACKER (Hrsg.), *Beiträge zur europäischen Rechtsgeschichte und zum geltenden Zivilrecht – Festgabe für Johannes Sontis*, C. H. Beck, München, 1977, pp. 129 e ss.;
- *Allgemeiner Teil des deutschen Bürgerlichen Rechts*, 7. Aufl., C. H. Beck, München, 1989;
- *Metodologia da Ciência do Direito* [trad. por José Lamego], 3ª ed., Fundação Calouste Gulbenkian, Lisboa, 1997.

LIEBMAN, Enrico Tullio

- *Manuale di Diritto Processuale Civile*, vols. I e II (ristampa della quarta edizione), Giuffré, Milano, 1984.

LONG, WEIL BRAIBANT et. al

- *Les grands arrêts de la jurisprudence administrative*, 9ª ed., Dalloz, Paris, 1990.

LÖWER, Wolfgang

- "Funktion und Begriff des Verwaltungsakts" in *JuS*, 1980-11, pp. 805 e ss.

594   *Estado de Direito Democrático e Administração Paritária*

MACHETE, Pedro

- *A Audiência dos Interessados no Procedimento Administrativo*, Universidade Católica Editora, Lisboa, 1995.

MACHETE, Rui

- "Contencioso Administrativo" in *Estudos de Direito Público e Ciência Política*, Fundação Oliveira Martins, Lisboa, 1991, pp. 183 e ss. (publicado originariamente no *Dicionário Jurídico de Administração Pública*, vol. II, Coimbra, 1972).

MARTENS, Joachim

- "Normvollzug durch Verwaltungsakt und Verwaltungsvertrag" in *AöR* 89 (1964), pp. 429 e ss.;
- "Zur Begriffsbestimmung des Verwaltungsaktes" in *DVBl.* 1968, pp. 322 e ss.;
- *Die Praxis des Verwaltungsverfahrens*, C. H. Beck, München, 1985;
- "Der Bürger als Verwaltungsuntertan?" in *Kritische Vierteljahresschrift für Gesetzgebung und Rechtswissenschaft*, 1986, pp. 104 e ss.

MAURER, Hartmut

- *Allgemeines Verwaltungsrecht*, 15. Aufl., C.H. Beck, München, 2004.

MENEZES CORDEIRO, António

- *Tratado de Direito Civil Português*, I (Parte Geral), tomo I (Introdução, Doutrina Geral, Negócio Jurídico), 3ª ed., Almedina, Coimbra, 2005.

MENGER, Christian-Friedrich

- *System des verwaltungsgerichtlichen Rechtsschutzes – Eine verwaltungsgerichtliche und prozeßvergleichende Studie*, Mohr, Tübingen, 1954;
- *Deutsche Verfassungsgeschichte der Neuzeit – Eine Einführung in die Grundlagen*, UTB, Karlsruhe, 1975.

MERÊA, Manuel Paulo,

- "Suárez – Grócio – Hobbes", *Estudos de Filosofia Jurídica e de História das Doutrinas Políticas*, Imprensa Nacional, Lisboa, 2004, pp. 297 e ss. (estudo originariamente publicado em 1941, ed. Arménio Amado, Coimbra).

MERKL, Adolf

- *Allgemeines Verwaltungsrecht*, Wien, 1927.

MEYER-HESEMANN, Wolfgang

- *Methodenwandel in der Verwaltungsrechtswissenschaft*, Müller, Heidelberg-Karlsruhe, 1981.
- "Die paradigmatische Bedeutung Otto Mayers für die Entwicklung der deutschen Verwaltungsrechtswissenschaft" in *Rechtstheorie* 13 (1982), pp. 496 e ss.

O *Estado de Direito Democrático e a nova compreensão...*   595

MIRANDA, Jorge

- *Contributo para uma Teoria da Inconstitucionalidade*, Lisboa, 1968 (reimp. 1996 Coimbra Editora);
- *Textos Históricos do Direito Constitucional*, 2.ª ed., Imprensa Nacional, Lisboa, 1990;
- *Manual de Direito Constitucional*, Tomo I (Preliminares. O Estado e os sistemas constitucionais), 7.ª ed., Coimbra Editora, Coimbra, 2003;
- *Manual de Direito Constitucional*, Tomo II (Constituição), 5.ª ed., Coimbra Editora, Coimbra, 2003.

MIRANDA, Jorge e MEDEIROS, Rui

- *Constituição da República Portuguesa Anotada*, Tomo I, Coimbra Editora, Coimbra, 2005.

MONTESQUIEU, Charles-Louis de Secondat (Baron de)

- *De L'Esprit des Lois*, 1758 (tome premier, ed. por Gonzague Truc), Éditions Garnier Frères, Paris 1956.

MOTA PINTO, Carlos Alberto

- *Teoria Geral do Direito Civil*, 3ª ed., 1985 (9ª reimpressão, 1994), Coimbra Editora, Coimbra.

OTERO, Paulo

- *Legalidade e Administração Pública – O Sentido da Vinculação Administrativa à Juridicidade*, Almedina, Coimbra, 2003.

OSSENBÜHL, Fritz

- "Öffentliches Recht im Umbruch" in *Akademie-Journal der Union der deutschen Akademien der Wissenschaften*, 2002, Nr. 2, pp. 4 e ss.;
- "Die Handlungsformen der Verwaltung" in *Juristische Schulung* 1979, pp. 681 e ss.;
- "Die Weiterentwicklung der Verwaltungswissenschaft" in JESERICH, POHL und von UNRUH (Hrsg.), *Deutsche Verwaltungsgeschichte*, Band V (Die Bundesrepublik Deutschland), DVA – Deutsche Verlag-Anstalt, Stuttgart 1987, pp. 1143 e ss.

OTTO Mayer

- *Theorie des Französischen Verwaltungsrechts*, Sraßburg, 1886;
- "Zur Lehre vom öffentlich-rechtlichen Vertrage" in AöR 1888-3, pp. 1 e ss.;
- "Die juristische Person und ihre Verwertbarkeit im öffentlichen Recht" in *Staatsrechtliche Abhandlungen – Festgabe für Paul Laband*, I, Möhr, Tübingen, 1908, pp. 1 e ss.;
- *Deutsches Verwaltungsrecht*, I, 3ª ed., Berlim, 1924 (reimp. 1961 Duncker & Humblot).

PAULY, Walter

- "Der Regelungsvorbehalt" in *DVBl.* 1991-10, pp. 521 e ss.

596 *Estado de Direito Democrático e Administração Paritária*

PEINE, Franz-Joseph

- *Allgemeines Verwaltungsrecht*, 6. Aufl., C. F. Müller, Heidelberg, 2002;
- "Sonderformen des Verwaltungsakts" in *JA* 2004, pp. 417 e ss.

PEREIRA DA SILVA, Vasco

- *Em Busca do Acto Administrativo Perdido*, Almedina, Coimbra, 1996;
- *Verde Cor de Direito – Lições de Direito do Ambiente*, Almedina, Coimbra, 2002.

PIETZNER, Rainer

- "Unmittelbare Ausführung als fiktiver Verwaltungsakt – zu den historischen Entwik-klungslinien der Dogmatik des sofortigen Polizeizwanges in der Rechtsprechung der Preußischen OVG" in *VerwArch* 1991, pp. 291 e ss.;
- "Rechtsschutz in der Verwaltungsvollstreckung" in *VerwArch* 1993, pp. 261 e ss.;
- "Vorbemerkung § 167" (Gewaltmonopol und Vollstreckungszwang) in SCHOCH, SCHMIDT-AßSMANN und PIETZNER (Hrsg.), *Verwaltungsgerichtsordnung Kommentar*, C.H. Beck, München, 8. Ergänzungslieferung, Jan. 2003.

PIETZNER, Rainer und RONELLENFITSCH, Michael

- *Das Assessorenexamen im Öffentlichen Recht – Widerspruchsverfahren und Verwaltungsprozess*, 11. Aufl., Werner Verlag, Neuwied, 2005.

POSCHER, Ralf

- "Verwaltungsakt und Verwaltungsrecht in der Vollstreckung – Zur Geschichte, Theorie und Dogmatik des Verwaltungsvollstreckungsrecht" in *VerwArch*, 1998, pp. 111 e ss. ;

QUARITSCH, Helmut

- *Staat und Souveränität* (Band 1: *Die Grundlagen*), Athenäeum Verlag, Frankfurt a.M., 1970.

REBELO DE SOUSA, Marcelo

- "O acto administrativo no ensino do Professor Marcello Caetano" (1986) in *Administração Pública e Direito Administrativo em Portugal*, AAFDL, Lisboa, 1992, pp. 5 e ss.;
- *Lições de Direito Administrativo*, vol. I, Lisboa, 1999.

REIS NOVAIS, Jorge

- *As Restrições aos Direitos Fundamentais Não Expressamente Autorizadas pela Constituição*, Coimbra Editora, Coimbra, 2003;
- *Os Princípios Constitucionais Estruturantes da República Portuguesa*, Coimbra Editora, Coimbra, 2004.

RITTER, Ernst-Hasso

- "Der kooperative Staat – Bemerkungen zum Verhältnis von Staat und Wirtschaft" in *AöR* 1979, pp. 389 e ss.

O Estado de Direito Democrático e a nova compreensão... 597

ROBBERS, Gerhard
- "Die Staatsrechtslehre des 19. Jahrhunderts" in *Der Staat*, Beiheft 11 (Entstehen und Wandel verfassungsrechtlichen Denkens), Duncker & Humblot, Berlin, 1996, pp. 103 e ss.

RÜFNER, Wolfgang
- "Verwaltungsrechtsschutz in Preußen im 18. und in der ersten Hälfte des 19. Jahrhunderts" in ERICHSEN, HOPPE und v. MUTIUS (Hrsg.), *System des verwaltungsgerichtlichen Rechtsschutzes – Festschrift für Christian-Friedrich Menger zum 70. Geburtstag*, Carl Heymanns Verlag, Köln-Berlin-Bonn-München, 1985, pp. 3 e ss.

RUPP, Hans Heinrich
- *Grundfragen der heutigen Verwaltungsrechtslehre – Verwaltungsnorm und Verwaltungsrechtsverhältnis*, 2. erg. Auflage, J.C.B. Mohr (Paul Siebeck), 1991;
- "Unsicherheiten zum Thema des subjektiven öffentlichen Rechts" in BRENNER, HUBER und MÖSTL (Hrsg.), *Der Staat des Grundgesetzes – Kontinuität und Wandel – Festschrift für Peter Badura zum siebzigsten Geburtstag*, Mohr Siebeck, Tübingen, 2004, pp. 995-1007;
- "Die Unterscheidung von Staat und Gesellschaft" in ISENSEE und KIRCHHOF (Hrsg.), *Handbuch des Staatsrechts der Bundesrepublik Deutschland*, Band II (Verfassungsstaat), 3. Auflage, C. F. Müller, Heidelberg, 2004, pp. 879 e ss.;
- "Neuere Probleme um den Gesetzes- und Parlamentsvorbehalt nach deutschem Verfassungsrecht" in BLANKENAGEL, PERNICE und SCHULZE-FIELITZ, *Verfassung im Diskurs der Welt – Liber Amicorum für Peter Häberle*, Mohr Siebeck, Tübingen, 2004, pp. 731 e ss.

SACCHI MORSIANI, Gianguido
- "Esecuzione amministrativa" in *Enciclopedia Giuridica*, vol. XIII, Roma, 1989.

SAMPAIO CARAMELO, António M.
- "Da suspensão da executoriedade dos actos administrativos por decisão dos tribunais administrativos" in *O Direito*, ano 100° (1968), n.°s 1 (pp. 32-60) e 2 (pp. 219-247).

SANTI Romano
- "Poteri, Potestà" in *Frammenti di un dizionario giuridico* 1947, Giuffré, Milano (reimpr. 1983).

SCHAPP, Jan / SCHUR, Wolfgang
- *Einführung in das Bürgerliche Recht*, 3. Aufl., Vahlen, München, 2003.

SCHENKE, Wolf-Rüdiger
- *Rechtsschutz bei normativem Unrecht*, Berlin, 1978;
- "Folgenbeseitigungsanspruch und mitwirkendes Verschulden – BVerwG, NJW 1989, 2484" in *JuS* 1980, pp. 370 e ss.;

598   *Estado de Direito Democrático e Administração Paritária*

- "Der verfahrensfehlerhafte Verwaltungsakt gemäß § 46 VwVfG" in *DÖV* 1986, pp. 305 e ss.;
- "Art. 19, Abs. 4" in DOLZER und VOGEL (Hrsg.), *Bonner Kommentar zum Grundgesetz*, Band 3 (Art. 15-19), C. F. Müller, Heidelberg, Stand: 1990-1993;
- "Der Anspruch des Verletzten auf Rücknahme des Verwaltungsakts vor Ablauf der Anfechtungsfristen" in *Staat, Kirche Verwaltung – Festschrift für H. Maurer*, C. H. Beck, München, 2001, pp. 723 e ss.;
- *Verwaltungsprozessrecht*, 10. Aufl., C.F. Müller, Heidelberg, 2005.

SCHERZBERG, Arno

- "Grundlagen und Typologie des subjektiv-öffentlichen Rechts" in *DVBl.* 1988, pp. 129 e ss.;
- "Unterverfassungsrechtliche Rechtssätze als Grundlage subjektiv-öffentlicher Rechte" in *JURA* 1988, pp. 455 e ss.

SCHEUNER, Ulrich

- "Die neuere Entwicklung des Rechtsstaats in Deutschland" in FORSTHOFF (Hrsg.), *Rechtsstaatlichkeit und Sozialstaatlichkeit – Aufsätze und Essays*, Wissenschaftliche Buchgesellschaft, Darmstadt 1968.

SCHMIDT-AßMANN, Eberhard

- "Der Beitrag der Gerichte zur verwaltungsrechtlichen Systembildung" in *VBlBW* 1988-10, pp. 381 e ss.;
- "Die Lehre von den Rechtsformen des Verwaltungshandelns – Ihre Bedeutung im System des Verwaltungsrechts und für das verwaltungsrechtliche Denken der Gegenwart" in *DVBl* 1989-11 pp. 533 e ss.;
- "Zur Reform des Allgemeinen Verwaltungsrechts – Reformbedarf und Reformansätze" in HOFFMANN-RIEM, SCHMIDT-AßMANN und SCHUPPERT (Hrsg.), *Reform des Allgemeinen Verwaltungsrechts – Grundfragen*, Nomos, Baden-Baden, 1993;
- *Das allgemeine Verwaltungsrecht als Ordnungsidee – Grundlagen und Aufgaben der verwaltungsrechtlichen Systembildung*, 2. Aufl., Springer Verlag, Berlin-Heidelberg-New York, 2003;
- "Einleitung" in SCHOCH, SCHMIDT-AßMANN und PIETZNER (Hrsg.), *Verwaltungsgerichtsordnung Kommentar*, C. H. Beck, München, Stand: Januar 2003.
- "Art. 19, Abs. 4" in MAUNZ und DÜRIG (Begr.), *Grundgesetz Kommentar*, Band II (Art. 12-20), C. H. Beck, München, Lfg. 42, Februar 2003;
- "Der Rechtsstaat" in ISENSEE und KIRCHHOF (Hrsg.), *Handbuch des Staatsrechts der Bundesrepublik Deutschland*, Band II (Verfassungsstaat), 3. Auflage, C. F. Müller, Heidelberg, 2004, pp. 541 e ss.

SCHMIDT-DE CALUWE, Reimund

- *Der Verwaltungsakt in der Lehre Otto Mayer – Staatstheoretische Grundlagen, dogmatische Ausgestaltung und deren verfassungsbedingte Vergänglichkeit*, Mohr Siebeck, Tübingen, 1999.

O Estado de Direito Democrático e a nova compreensão... 599

SCHMIDT-SALZER, Joachim
- "Tatsächlich ausgehandelter Verwaltungsakt, zweiseitiger Verwaltungsakt und veraltungsrechtlicher Vertrag" in *VerwArch* 1971, pp. 135 e ss.

SCHMITT, Carl
- *Verfassungslehre*, (unveränderter Nachdruck der 1928 erschienenen ersten Auflage), Duncker & Humblot, Berlin 1965.

SCHNAPP, Friedrich E.
- "Rechtsverhältnisse in der Leistungsverwaltung" in *DÖV* 1986, pp. 811 e ss.

SCHOCH, Friedrich
- "Folgenbeseitigung und Wiedergutmachung im Öffentlichen Recht" in *VerwArch* 1988, pp. 1 e ss.;
- "Der Verwaltungsakt zwischen Stabilität und Flexibilität" in HOFFMANN-RIEM und SCHMIDT-AßSMANN (Hrsg.), *Innovation und Flexibilität des Verwaltungshandelns*, Nomos, Baden-Baden, 1994, pp. 199 e ss.

SCHÖNBERGER, Christoph
- "État de droit et État conservateur: Friedrich Julius Stahl" OLIVIER JOUANJAN (dir.), *Figures de l'État de droit – Le «Rechtsstaat» dans l'histoire intelectuelle et constitutionnelle de l'Allemagne*, PUS – Presses Universitaires de Strasbourg, Strasbourg, 2001, pp. 177 e ss.

SEIBERT, Max-Jurgen
- *Die Bindungswirkung von Verwaltungsakten*, Nomos, Baden-Baden, 1989.

SELB, Wolf
- *Die verwaltungsgerichtliche Feststellungsklage*, Duncker & Humblot, Berlin, 1998.

SÉRVULO CORREIA, José Manuel
- *Legalidade e Autonomia Contratual nos Contratos Administrativos*, Almedina, Coimbra, 1987;
- "As Relações Jurídicas de Prestação de Cuidados pelas Unidades de Saúde do Serviço Nacional de Saúde" in *Direito e Bioética*, Lisboa, 1996, pp. 13 e ss.;
- *Direito do Contencioso Administrativo*, I, Lex, Lisboa, 2005.

SOBOTA, Katharina
- *Das Prinzip Rechtsstaat – Verfassungs- und verwaltungsrechtliche Aspekte,* Mohr Siebeck, Tübingen, 1997.

SOUSA DA FÁBRICA, Luís
- *Reconhecimento de Direitos e Reintegração da Esfera Jurídica* (policop.), Lisboa, 2003.

600   *Estado de Direito Democrático e Administração Paritária*

STELKENS, Paul und BONK, Heinz J. / SACHS, Michael
- *Verwaltungsverfahrensgesetz Kommentar*, 6. Aufl., C. H. Beck, München, 2001.

STERN, Klaus
- *Das Staatsrecht der Bundesrepublik Deutschland*, I (Grundbegriffe und Grundlagen des Staatsrechts, Strukturprinzipien der Verfassung), 2. Aufl., C. H. Beck, München, 1984;
- *Das Staaatsrecht der Bundesrepublik Deutschland*, Band III/1 (Allgemeine Lehren der Grundrechte), unter Mitwirkung von Michael Sachs, C. H. Beck, München, 1988.

STOLLEIS, Michael
- "Verwaltungsrechtswissenschaft und Verwaltungslehre 1866-1914" *in DV* 1982, pp. 45 e ss.;
- *Geschichte des öffentlichen Rechts in Deutschland*, I (1600-1800), C. H. Beck, München, 1988;
- *Geschichte des öffentlichen Rechts in Deutschland*, II (Staatsrechtslehre und Verwaltungswissenschaft 1800-1914), C. H. Beck, München, 1992;
- "Verwaltungsrechtswissenschaft in der Bundesrepublik Deutschland" in DIETER SIMON (Hrsg.), *Rechtswissenschaft in der Bonner Republik – Studien zur Wissenschaftsgeschichte der Jurisprudenz*, Frankfurt a.M., 1994, pp. 227 e ss.;
- "Die Idee des souveränen Staates" in *Der Staat – Zeitschrift für Staatslehre, öffentliches Recht und Verfassungsgeschichte*, Beiheft 11 (*Entstehen und Wandel verfasssungsrechtlichen Denkens*), Berlin, 1996.

TAVARES DA SILVA, Suzana
- "Actuações Urbanísticas Informais e «Medidas de Diversão» em Matéria de Urbanismo" in *Revista do Centro de Estudos de Direito do Ordenamento, do Urbanismo e do Ambiente*, Ano III (2000), N.º 1, pp. 55 e ss.

TOCQUEVILLE, Alexis de
- *L'Ancien Régime et la Révolution*, éd. Flammarion, Paris, 1988.

VAZ, Manuel Afonso
- *Lei e Reserva da Lei – A Causa da Lei na Constituição Portuguesa de 1976*, Universidade Católica Portuguesa, Porto, 1992.

VEDEL, Georges et DELVOLVÉ, Pierre
- *Droit administratif*, I, 12ème éd., Paris, 1992.

VIEIRA DE ANDRADE, José Carlos
- *O Dever da Fundamentação Expressa de Actos Administrativo*, Almedina, Coimbra, 1991;
- *Os Direitos Fundamentais na Constituição Portuguesa de 1976*, 3.ª ed., Almedina, Coimbra, 2004;
- *A Justiça Administrativa (Lições)*, 7.ª ed., Almedina, Coimbra, 2005.

O Estado de Direito Democrático e a nova compreensão... 601

WADE and FORSYTH

- *Administrative Law*, 8.ª ed., Oxford University Press, London, 2000.

WAHL, Rainer

- "Verwaltungsverfahren zwischen Verwaltungseffizienz und Rechtsschutzauftrag" in *VVDStRL*, Heft 41 (1983), pp. 151 e ss.;
- "Die Aufgabenabhängigkeit von Verwaltung und Verwaltungsrecht" in HOFFMANN-RIEM, SCHMIDT-AßMANN und SCHUPPERT (Hrsg.), *Reform des Allgemeinen Verwaltungsrechts – Grundfragen*, Nomos, Baden-Baden, 1993, pp. 177-218;
- "Die doppelte Abhängigkeit des subjektiven öffentlichen Rechts" in *DVBl.* 1996, pp. 641 e ss.;
- "Vorbemerkung, § 42 Abs.2" (Klagebefugnis) in SCHOCH, SCHMIDT-AßMANN und PIETZNER (Hrsg.), *Verwaltungsgerichtsordnung Kommentar*, C.H. Beck, München, 8. Ergänzungslieferung, Jan. 2003.

WAHL und SCHÜTZ

- "§ 42 Abs. 2" in SCHOCH, SCHMIDT-AßMANN und PIETZNER (Hrsg.), *Verwaltungsgerichtsordnung Kommentar*, C. H. Beck, München, Stand: Januar 2003.

WASZEK, Norbert

- "L'État de droit social chez Lorenz von Stein" *in* OLIVIER JOUANJAN (dir.), *Figures de l'État de droit – Le «Rechtsstaat» dans l'histoire intelectuelle et constitutionnelle de l'Allemagne*, PUS – Presses Universitaires de Strasbourg, Strasbourg, 2001, pp. 193 e ss.

WERNER, Fritz

- "Verwaltungsrecht als konkretisiertes Verfassungsrecht" in *DVBl.* 1959, pp. 557 ss.

WIEACKER, Franz

- *Privatrechtsgeschichte der Neuzeit*, 2.ª ed., Göttingen, 1967
- *História do Direito Privado Moderno* (trad. por António Manuel Hespanha), Fundação Calouste Gulbenkian, Lisboa, 1980.

WINDSCHEID, Bernhard

- *Die Actio des römischen Civilrechts vom Standpunkte des heutigen Rechts*, Düsseldorf, 1856.

WINTERSTETTER, Alfred

- *Der Verwaltungsakt als Vollstreckungstitel*, Diss. iur., München, 1967.

WOLFF, Hans J., BACHOF, Otto und STOBER, Rolf

- *Verwaltungsrecht*, I, 11. Aufl., C. H. Beck, München, 1999;
- *Verwaltungsrecht*, II, 6. Aufl., C. H. Beck, München, 2000.

602 *Estado de Direito Democrático e Administração Paritária*

WÜRTENBERGER, Thomas
- "L'État de droit avant l'«État de droit»" in OLIVIER JOUANJAN (dir.), *Figures de l'État de droit – Le «Rechtsstaat» dans l'histoire intelectuelle et constitutionnelle de l'Allemagne*, PUS – Presses Universitaires de Strasbourg, Strasbourg, 2001, pp. 79 e ss.

XAVIER, Alberto
- *Conceito e Natureza do Acto Tributário*, Lisboa, 1972.

ZIMMER, Willy
- "Une conception organiciste de l'État de droit: Otto von Bähr et Otto von Gierke" *in* OLIVIER JOUANJAN (dir.), *Figures de l'État de droit – Le «Rechtsstaat» dans l'histoire intelectuelle et constitutionnelle de l'Allemagne*, Strasbourg, 2001, pp. 219 e ss.

Apresentação da dissertação por ocasião da sua discussão pública em 28 de Fevereiro de 2007 *

Magnífico Reitor,

Na pessoa de V. Exa quero cumprimentar todos os membros do Júri e agradecer a cada um deles, e também a V. Exa., a disponibilidade manifestada para o integrar;

Gostaria igualmente de saudar a minha Universidade e, em especial, a sua Faculdade de Direito, na qual me licenciei, da qual obtive o grau de Mestre e perante a qual me apresento agora a prestar provas;

Nesta intervenção inicial pretendo apresentar o meu trabalho focando três aspectos:

– Os objectivos visados;
– O caminho percorrido; e
– As implicações dos resultados alcançados.

Quanto ao primeiro:

A investigação centrou-se na posição jurídica recíproca da Administração e dos cidadãos no quadro do Estado de Direito democrático consagrado na Constituição.

---

* Faculdade prevista no artigo 39.º, n.º 2, do Regulamento dos Mestrados e Doutoramentos da Faculdade de Direito da Universidade Católica Portuguesa.

604 Estado de Direito Democrático e Administração Paritária

Procurei evidenciar no plano do sistema subjectivo do direito administrativo – ou seja, do seu sistema de conhecimentos – as modificações operadas na estrutura do Estado, designadamente em resultado da emergência do princípio do Estado de Direito e do princípio democrático e, bem assim, do reconhecimento de um estatuto jurídico-constitucional aos cidadãos.

Com efeito, os conceitos jurídico-públicos mostram uma interdependência entre si e uma dependência funcional relativamente à estrutura constitucional a que respeitam, de tal modo que o mesmo *nomen iuris*, por hipótese o de acto administrativo, concebido num determinado quadro constitucional pode corresponder a um conceito distinto num quadro constitucional diferente.

Este fenómeno foi observado na Alemanha com referência à teorização de Otto Mayer, a propósito da substituição da monarquia constitucional pela democracia parlamentar. Em Portugal, no tocante ao sistema teórico de Marcello Caetano, que, devido ao seu *Manual de Direito Administrativo* é ainda uma das principais referências da dogmática administrativa nacional, importará ter presente que o mesmo foi concebido no âmbito do Estado Novo da Constituição de 33 a que, entretanto, sucedeu o Estado de Direito democrático da Constituição de 76.

A minha perspectiva é, por conseguinte, assumidamente sistemática e histórico-crítica: avaliar, à luz da posição constitucional da Administração e dos cidadãos, a correspondência entre o sistema de conhecimentos – o modo de interpretar e compreender a realidade jurídica - e o sistema objectivo do direito administrativo português.

Nesse sentido, procurei analisar a dogmática jusadministrativa dominada pelo acto administrativo e desenvolvida a partir de um conceito de Estado em que este é identificado com um poder preexistente que apenas consente vincular-se ao direito e confrontá-la com as exigências de um conceito de Estado, radicado no próprio direito e informado pelo princípio democrático, a partir do qual a Administração se posiciona perante os particulares, não já como poder, mas como um outro sujeito de direito igualmente submetido, desde a origem, ao ordenamento jurídico.

No que se refere ao caminho percorrido:

O ponto de partida foi, no quadro de desenvolvimento do Estado moderno, a superação do Estado soberano pelo Estado constitucional. Ao administrativista interessa, sobretudo, considerar o Estado constitucional, visto que é no âmbito do mesmo que, por força da separação dos poderes, ocorre a autonomização jurídica da administração pública no seu duplo sentido, subjectivo e objectivo. Na análise preocupei-me em distinguir três planos: o teórico, o político-jurídico e o dogmático: o primeiro ilumina o segundo, o qual, por sua vez, condiciona o terceiro.

O conceito de Estado constitucional não é, do ponto de vista da teoria da Constituição e da teoria do Estado, unívoco: se, por um lado, significa a negação do Estado caracterizado pela concentração de poder público no rei, por outro lado, pode significar realidades distintas, consoante a importância e a função assumidas pela Constituição. Estas, por sua vez, dependem do modo como ao nível da compreensão da própria Constituição são equacionadas as questões da liberdade individual e da autonomia da sociedade perante o Estado.

Traduzindo este último uma ordem de domínio, em que condições é que a mesma é legítima? Porque é que uma dada Constituição vale como direito positivo? Porque é devida obediência aos comandos estatuídos pelos órgãos constitucionais?

Colhendo inspiração na abordagem de GÖRG HAVERKATE, proponho dois modelos teóricos de compreensão do Estado e da sua Constituição que visam equacionar e responder àquelas questões. Trata-se de conjuntos de teorias normativas que têm, cada um deles, uma perspectiva básica com referência à formação do direito, ao fundamento da sua validade e, bem assim, à vinculação jurídica do Estado. À luz dos princípios fundadores dos modelos em que respectivamente se integram, as teorias em causa procuram compreender e criticar a Constituição positiva e o direito ordinário nela fundado e redescobrir ou reformular as questões a que as opções fundamentais da mesma Constituição e do direito correspondente vieram dar resposta.

Os modelos em causa são os da unilateralidade e da reciprocidade: a norma fundamental do primeiro é a de que se deve obedecer à vontade do poder político – o cidadão é vinculado juridicamente pela decisão de quem detém o poder; já a do segundo afirma que o mesmo cidadão é vinculado pelo acordo resultante da troca com outros cidadãos de declarações de vontade referentes à questão da vinculação – cada cidadão é vinculado porque nisso consentiu.

Deste modo, relativamente a cada Estado concreto e à respectiva ordem jurídica positiva, suscita-se a questão de saber qual a proposição mais adequada à sua compreensão: os cidadãos de tal Estado são vinculados juridicamente pela decisão do poder público ou porque consentiram todos em vincular-se reciprocamente? Neste segundo caso, é óbvio que não são apenas os cidadãos que são vinculados, mas também o próprio Estado: assim como cada cidadão fica obrigado àquilo a que, juntamente com os demais, tenha dada o seu consentimento, o Estado fica vinculado a exercer apenas os poderes que lhe tenham sido atribuídos por tal acordo. Nesta perspectiva, a Constituição é, desde logo, o fundamento legitimador do próprio Estado. Já no primeiro caso, a Constituição limita-se a funcionar como quadro organizatório de um poder preexistente.

Integrando a Administração um dos poderes constituídos, é evidente a importância de tal diferença para a sua compreensão em si mesma e nas suas relações, quer com a lei, quer com os cidadãos.

No plano histórico-político, as experiências do constitucionalismo francês, da monarquia constitucional alemã e do Estado Novo português parecem enquadrar-se no modelo da unilateralidade. As teorizações de Otto Mayer e de Marcello Caetano confirmam-no plenamente.

Contudo, quer com o *Grundgesetz*, quer com a Constituição de 1976, operou-se um reposicionamento do poder executivo com consequências ao nível do entendimento do princípio da legalidade da Administração: onde antes esta podia agir com liberdade de iniciativa apenas com respeito pelos limites da lei, agora já só pode agir nos casos e nos termos legalmente previstos. A Administração passou, assim, a ser vista como uma entidade subordinada à lei que prossegue interesses próprios, numa situação estruturalmente paralela à dos particulares.

O acto administrativo, enquanto instrumento ao serviço da prossecução de tais interesses, passou a corresponder à possibilidade normativamente fundada de determinação unilateral de consequências jurídicas. Tal acto concretiza a previsão de uma norma jurídica e desencadeia as consequências constantes da respectiva estatuição ou por ela admitidos. Ao praticar um acto administrativo, a Administração não «aplica» o direito objectivo como se fosse um tribunal, mas prossegue interesses colocados pela lei a seu cargo, exercendo em vista dos mesmos os poderes jurídicos que a mesma lei lhe confere – a lei substantiva é, então, para a Administração, tal como para os particulares, norma de comportamento e não, como sucede relativamente aos tribunais, norma de juízo.

Cumpre, além disso, considerar que, por força da aplicabilidade directa dos direitos, liberdades e garantias e, bem assim, da garantia de tutela jurisdicional efectiva dos direitos dos particulares, o mesmo quadro constitucional determina uma integração jurídica plena dos cidadãos na Constituição e no ordenamento do Estado e a consequente subjectivização do direito administrativo: as normas deste não se dirigem exclusivamente à Administração, mas, num grande número de casos, simultaneamente a esta e aos particulares afectados pela sua actividade. Assim, e sem prejuízo da chamada assimetria entre deveres objectivos e direitos subjectivos, importa analisar as situações em que a Administração e os particulares se podem exigir reciprocamente determinadas condutas.

Tanto aquela, como estes, apenas podem exercer os poderes que normativamente lhes hajam sido concedidos, uma vez que estão todos, e em igual medida, subordinados à lei e ao direito. Nesse sentido, existe uma paridade jurídica entre todos. Porém, isso não significa que lhes seja concedido o mesmo tipo de poderes jurídicos ou, noutra perspectiva, que as capacidades jurídicas da Administração e dos particulares sejam idênticas: a prossecução do interesse público não tem de se reconduzir a um modelo de actuação consensual.

Os direitos subjectivos públicos dos particulares são uma consequência natural da perspectiva paritária da posição recíproca do Estado e dos cidadãos. A sua estrutura é fundamentalmente idêntica à do direito subjectivo privado. Por isso, é aplicável a teoria da combinação e, devido à referida valorização da posição constitucional do cidadão, deve valer a teoria da norma de protecção: se o direito objectivo visa proteger também os interesses do cidadão,

608 *Estado de Direito Democrático e Administração Paritária*

este, porque é um sujeito de direito activo e não um mero objecto da acção dos poderes públicos, tem de poder agir juridicamente, por sua iniciativa e sob a sua responsabilidade, contra as agressões ilícitas àqueles interesses. Assim, ao interesse normativamente protegido deve corresponder o poder jurídico de efectivar tal protecção.

Os direitos subjectivos públicos em análise podem reconduzir-se a direitos potestativos, a pretensões ou direitos a prestações e a direitos de domínio ou direitos absolutos. Todas estas posições jurídicas subjectivas são objecto de protecção assegurada pelos tribunais: a cada direito corresponde uma acção destinada a fazê-lo valer.

Olhando agora para o lado das entidades públicas, é de assinalar que a perspectivação da situação recíproca do Estado e dos cidadãos como uma relação jurídica tem como consequência natural, embora não necessária, o reconhecimento da possibilidade de direitos subjectivos públicos do Estado e das demais entidades públicas. Com efeito, tal relação, mesmo concebida como uma «relação geral», exclui que os contactos entre sujeitos de direito possam ser construídos como relações de poder. A necessidade e a conveniência de juridicizar os poderes do Estado – os quais existem independentemente de poderem ser qualificados como direitos subjectivos - e de integrar os mesmos poderes no sistema jurídico apontam no sentido de, nos casos em que se verifique uma analogia de situações devido à igualdade das constelações de interesses em causa, tornar extensivas a tais poderes do Estado relativamente aos cidadãos as regras aplicáveis aos poderes jurídicos reconhecidos a estes perante aquele.

A diferente capacidade jurídica dos poderes públicos é um dado do ordenamento que, no quadro de uma subordinação ao direito idêntica à dos particulares e da consequente igualdade estrutural das respectivas posições jurídicas subjectivas, se traduz em conteúdos jurídico-materiais distintos de tais posições: a Administração pode aprovar regulamentos ou praticar actos administrativos; os particulares não. Deste modo, suscitam-se, relativamente às posições jurídicas das entidades públicas, as questões de saber se – e, em caso afirmativo, quais as condições em que – o respectivo poder jurídico-público se pode qualificar como direito subjectivo e, bem assim, a de saber qual a natureza do mesmo poder, na medida em que não seja susceptível de tal qualificação.

Com base no reposicionamento constitucional do poder executivo, nomeadamente a submissão da Administração à lei em tudo o que extravase de relações meramente internas, defendo relativamente aos poderes públicos de regulamentação ou de conformação, nesta óptica das relações jurídicas com os particulares:

- Uma aproximação do poder regulamentar ao Estado-ordenamento, por proximidade funcional com as leis: do ponto de vista dos particulares, os regulamentos externos apresentam--se como fontes formais de direito;
- No que respeita aos actos administrativos, é necessário distinguir o aspecto organizatório e interno, em que releva a competência como uma dimensão da capacidade jurídica; do aspecto jurídico-material e relacional, em que a possibilidade concreta de o Estado-sujeito de direito numa dada relação praticar um acto administrativo é análoga a um direito potestativo, uma vez que tanto naquela possibilidade como neste tipo de direito está em causa o poder jurídico concreto conferido por uma norma de, mediante uma declaração de vontade, desencadear efeitos jurídicos na esfera jurídica de pessoas determinadas.

Em jeito de síntese, concluí que há dois modelos fundamentais diferentes de compreensão das posições recíprocas da Administração e dos particulares: um modelo de supra e infra-ordenação, centrado no poder administrativo, e um modelo paritário, fundado nos direitos subjectivos públicos dos cidadãos e do Estado. No âmbito do primeiro, a justiça administrativa tende a visar primacialmente a tutela da legalidade objectiva, enquanto, no âmbito do segundo, o que avulta como fim principal daquela actividade pública é a defesa dos direitos dos cidadãos. A Constituição de 1976 parece ter decidido consagrar o modelo paritário.

Por último, quanto às implicações dos resultados alcançados:

Na investigação que realizei procuro contribuir para a reformulação teórica do direito administrativo à luz das exigências do Estado de Direito democrático e do estatuto jurídico dos cidadãos, ambos consagrados na Constituição. Na mesma afirmo claramente o carácter substantivo daquele ramo de direito, superando a concepção do direito-como-acção, e analiso, nessa perspectiva, figuras gerais como o acto administrativo, o direito subjectivo público e a relação jurídica administrativa. Considerando os seus resultados, penso ser legítimo afirmar as seguintes exigências relativamente ao futuro:

1. Reintegrar o direito público a partir do primado da Constituição;
2. Definir a matriz do direito administrativo português tendo em conta que o exercício dos poderes públicos ocorre no quadro de relações jurídicas;
3. Abordar, a partir de tal clarificação, os problemas suscitados pela necessidade de coordenação com o direito administrativo europeu que é um sistema predominantemente objectivo;
4. Reformular institutos do direito administrativo geral como a reserva de lei quanto à prática de actos administrativos (a lei que regula a relação tem de prever a possibilidade de praticar o acto) ou a discricionariedade administrativa (limitação à previsão e condicionamento pelos princípios constitucionais que regem a actividade administativa);
5. Por fim, reformular disciplinas de direito administrativo especial: por exemplo, o direito de polícia, mormente no que se refere às medidas de polícia mencionadas no art. 272.º, n.º 2, da Constituição: as mesmas, por interferirem com direitos, liberdades e garantias, devem ser entendidas como sujeitas ao princípio da tipicidade.

Índice

Agradecimentos	5
Principais abreviaturas e siglas utilizadas	7
Estrutura	9

Introdução

1. A autonomização da Administração como um poder público	11
2. O uso da força pública contra os particulares e o poder de autotutela da Administração	19
a) O processo civil e o direito de acção cível	20
b) A chamada «autotutela declarativa» e a função tituladora do acto administrativo	24
c) A autotutela administrativa propriamente dita enquanto manifestação do princípio da autodefesa	26
3. A posição jurídica recíproca da Administração e dos particulares no quadro do Estado de Direito democrático: da Administração-poder à Administração-sujeito de relações jurídicas administrativas	30
a) O acto administrativo como expressão do poder administrativo	30
b) A Administração como sujeito de relações jurídicas administrativas	33
c) A relevância das formas típicas de actividade administrativa no novo quadro relacional	39
d) Cont.: em especial, a relevância do acto administrativo	42
4. O âmbito e o modo de actuação da Administração moderna e as suas implicações na dogmática do direito administrativo	46
5. Razão de ordem	55

612 *Estado de Direito Democrático e Administração Paritária*

Primeira Parte
A Administração Pública e a Constituição

6. A conexão entre direito administrativo e Estado constitucional 61

7. Soberania e Estado moderno 69

8. A Constituição e o Estado constitucional: a perspectiva teorético-constitucional 78
   a) A Constituição como simples quadro organizatório do Estado constitucional 101
   b) A Constituição como fundamento legitimador do Estado constitucional 105

Segunda Parte
A concepção tradicional da Administração Pública como um poder

9. Razão de ordem 109

   A) A emergência do poder administrativo em França 112

10. A separação dos poderes como garantia da liberdade individual 112

11. O Estado legal e o problema da fiscalização da legalidade, em especial, dos actos
    do poder executivo 117
12. O desenvolvimento do direito administrativo material a partir do contencioso
    administrativo 123

    B) A Administração Pública no direito inglês 127

13. O *rule of law* 127

14. Os poderes da Administração no direito inglês 132

    C) A emergência do poder administrativo na Alemanha 138

15. A soberania do direito e o conceito original de Estado de Direito 138
    a) A origem do conceito de Estado de Direito 138
    b) O antecedente kantiano 140
    c) O conceito original de Estado de Direito e o programa político correspondente 145

16. A soberania do Estado e o conceito de Estado de Direito formal 152
    a) A discussão entre liberais e conservadores na primeira metade do Séc. XIX 152
    b) A monarquia constitucional e o Estado autoritário 155

Índice

c) O consenso em torno do conceito de Estado de Direito depurado da sua carga liberal 161
    (i) Stahl e o Estado como realidade espiritual, parte do Império Moral 168
    (ii) Gneist e a defesa do Estado administrativo 172
    (iii) O Estado como corporação, segundo Bähr e Gierke 177
d) O Estado de Direito e o positivismo jurídico do constitucionalismo tardio ... 182

17. A "legalização do Estado de polícia" como base da teorização do poder administrativo em Otto Mayer 187
    a) A importância teorética e dogmática de Otto Mayer 187
    b) A juridicização do poder executivo do Estado segundo o modelo da justiça . 197
        (i) A separação dos poderes legislativo e executivo como base da autonomia da Administração e do seu direito 198
        (ii) A garantia da liberdade política fundada na interacção dos poderes do Estado com as forças sociais 212
        (iii) A importância do acto de autoridade definidor da acção jurídica e material do poder executivo 214
    c) As especificidades do acto administrativo enquanto manifestação do poder executivo do Estado 220

18. Apreciação crítica das bases autoritárias da construção de Otto Mayer relativamente ao acto administrativo 234
    a) Razão de ordem 234
    b) A anterioridade e superioridade do poder do Estado e a sua organização constitucional na base da separação dos poderes legislativo e executivo 236
        (i) Apreciação crítica na perspectiva lógico-jurídica: a incompatibilidade da construção de Otto Mayer com a ideia de Estado de Direito 239
        (ii) Apreciação crítica na perspectiva histórico-jurídica: a ineficácia da separação dos poderes para moderar ou limitar a soberania do Estado 253
        (iii) Apreciação crítica na perspectiva filosófico-jurídica: o afastamento dos pressupostos filosóficos hegelianos em benefício da defesa da autoridade do poder do Estado num quadro político-constitucional liberal ... 257
    c) A delimitação entre Administração e Justiça no seio do poder executivo e a consequente vinculação legal diferenciada da Administração e dos particulares 267
        (i) A divisão dualista do poder executivo e a negação da sujeição da Administração ao controlo jurisdicional 269
        (ii) A vinculação diferenciada à lei da Administração e dos particulares 277
    d) A força vinculativa autónoma do acto administrativo e a sua conciliação problemática com a ideia de Estado de Direito 283
        (i) As inconsistências do paralelismo entre o acto administrativo e a sentença judicial 286
        (ii) A inconsistência da dissociação, no domínio da reserva de lei, entre o poder de decidir livremente através de acto administrativo e o condicionamento do respectivo conteúdo decisório 291

614   *Estado de Direito Democrático e Administração Paritária*

(iii) A contradição entre a teoria da força vinculativa autónoma dos actos administrativos e a capacidade destes de atestarem a verificação concreta dos pressupostos de que depende a sua validade 294

(iv) A incompatibilidade da força vinculativa autónoma do acto administrativo e da vinculação jurídica ao mesmo da Administração 298

D) O caso português, em especial, a concepção de Marcello Caetano 304

19. A concentração de poderes jurídico-públicos na Administração e o consequente esvaziamento do Estado de Direito como base da teorização do poder administrativo 304

a) A Administração como autoridade pública 304

(i) A "Administração condicionante" como dimensão do Estado de legalidade 304

(ii) A concepção do Estado como função do poder político e a consequente noção de «soberania do Estado» 307

(iii) A questão da limitação do poder político 313

(iv) A autonomização do poder administrativo e a caracterização da Administração como um poder paralelo ao Judiciário 315

(v) Os termos e limites da subordinação da Administração à lei 321

b) O acto administrativo como expressão do poder administrativo 326

(i) A autoridade específica dos actos administrativos 326

(ii) O sentido e alcance das referências legais ao acto administrativo definitivo e executório 333

c) A posição jurídica dos particulares perante a Administração 341

(i) A importância dos direitos subjectivos dos particulares para o direito administrativo 341

(ii) Tipos de posições jurídicas dos particulares perante a Administração .. 345

(iii) A relação jurídica administrativa 353

20. Apreciação crítica das bases autoritárias da teoria do direito administrativo de Marcello Caetano 356

a) A negação do Estado de Direito pelo Estado de legalidade 356

b) A relevância jurídico-administrativa da Administração exclusivamente como instância decisória e a consequente não consideração dos direitos subjectivos dos particulares 359

Terceira Parte
O Estado de Direito democrático e a nova compreensão das posições
jurídicas recíprocas da Administração e dos particulares

21. Razão de ordem 367

22. A democratização do Estado de Direito 377

Índice

615

a) A perspectiva político-constitucional	377
b) O sentido e alcance da locução «Estado de Direito democrático»	382
c) A perspectiva dogmática da articulação do princípio do Estado de Direito com o princípio democrático	394
(i) O princípio do Estado de Direito	394
(ii) O princípio democrático	398
(iii) A relação entre Estado de Direito e democracia	403
d) A perspectiva dogmática da articulação do princípio do Estado de Direito com o princípio do Estado social	406

23. O sentido fundamental da subordinação da Administração à lei ... 413

a) Da lei-limite à lei-fundamento da actuação da Administração	413
(i) A perspectiva francesa	414
(ii) A perspectiva alemã	415
(iii) A situação em Portugal	420
(iv) Os dois principais fundamentos da exigência de conformidade da administração com a lei: o princípio democrático e o princípio do Estado de Direito	423
b) A diferente posição da Administração e dos tribunais perante a lei	430

24. O estatuto constitucional dos particulares e as suas consequências para o relacionamento com a Administração ... 444

a) A juridicização das posições recíprocas do Estado e dos cidadãos	444
b) O sentido e alcance da paridade jurídica entre a Administração e os particulares	457
(i) O modelo da Administração paritária	457
(ii) As críticas ao modelo da Administração paritária: os seus alegados excessos e insuficiências	467
(iii) Refutação das críticas ao modelo da Administração paritária	471

25. As posições jurídicas subjectivas dos particulares e da Administratração e os modos de compreensão das suas posições recíprocas ... 484

a) Razão de ordem	484
b) Os direitos subjectivos públicos dos particulares	485
(i) O conceito de direito subjectivo público: a sua origem e evolução, em especial, a ligação inicial ao processo administrativo e a posterior autonomização	485
(ii) Cont.: a sua natureza e estrutura	489
(iii) Os direitos subjectivos públicos e a tese dos direitos reactivos	505
(iv) Apreciação crítica da tese dos direitos reactivos	515
(v) Espécies de direitos subjectivos públicos dos particulares	524
c) Os direitos subjectivos públicos do Estado e de outras entidades públicas ...	540
(i) A questão da sua admissibilidade	540

(ii) A questão da sua natureza jurídica 556

(iii) Cont.: a tese dos direitos formais absolutos 562

(iv) Cont.: a tese da analogia com os direitos subjectivos públicos dos particulares 568

d) Os modos de compreensão das posições recíprocas da Administração e dos particulares 573

(i) O modelo de supra e infra-ordenação centrado no poder administrativo 574

(ii) O modelo paritário fundado nos direitos subjectivos públicos dos cidadãos e do Estado 577

Bibliografia 583

Apresentação da dissertação por ocasião da sua discussão pública em 28 de Fevereiro de 2007 603